教育部高等学校高职高专汽车类专业教学指导委员会规划教材
总主编 仪垂杰

汽车机械制图（上册）

主　编　蔡俊霞
副主编　刘文霞　程　云
参　编　王　臣　李聚霞　刘祥泽
主　审　卢　明

山东大学出版社

内容简介

本书分上下两册。上册为教材部分，共分十章，其内容主要包括：制图的基本知识；投影基础；基本立体视图；组合体；轴测图；机件的表达方法；标准件和常用件；零件图；装配图和计算机绘图等。下册为习题集部分，编排顺序与教材一致，内容重在应用与创新的训练。本书可作为高职高专院校汽车类和近机械类各专业机械制图教材，也可供其他工科院校、电视大学、职工大学、函授大学相关专业使用，还可作为汽车行业技术人员自学和参考用书。

图书在版编目(CIP)数据

汽车机械制图/蔡俊霞主编．—济南：山东大学出版社，2011.8
教育部高等学校高职高专汽车类专业教学指导委员会规划教材/仪垂杰总主编
ISBN 978-7-5607-3750-8

Ⅰ．①汽…
Ⅱ．①蔡…
Ⅲ．①汽车—机械制图—高等职业教育—教材
Ⅳ．①U462

中国版本图书馆 CIP 数据核字(2011)第 159048 号

山东大学出版社出版发行
(山东省济南市山大南路 20 号　邮政编码：250100)
山东省新华书店经销
山东省英华印刷厂印刷
787×1092 毫米　1/16　24.75 印张　566 千字
2011 年 8 月第 1 版　2011 年 8 月第 1 次印刷

定价：42.00 元(上、下册)

教育部高等学校高职高专汽车类专业教学指导委员会规划教材

编审委员会

总　序

进入新世纪以来，我国加快了转变经济发展方式的步伐，从而有力地推动着各领域的科学发展。随着科技创新能力的不断提高，科学技术的产业化进程日益加快，制造业不断优化结构，改善品种质量，并淘汰落后产能，汽车制造业尤其如此。《中华人民共和国国民经济和社会发展十二五规划纲要》提出的培育发展新能源汽车等新兴产业的战略目标就充分体现了这一点。

2010年，中国汽车产销量已超过1800万辆，居全球首位，市场潜力巨大。中国汽车与装备制造业已进入了一个新的发展阶段。汽车工业的飞速发展带动了汽车与制造相关产业链的发展，为汽车和机械制造类相关专业毕业生提供了广阔的就业空间和很好的发展前景。然而，老版本的汽车类教材已经远远不能满足汽车专业的教学需求，为广大汽车专业的师生提供一套新版教材成为当务之急。同时，为贯彻《教育部财政部关于实施国家示范性高等职业院校建设计划加快高等职业教育改革与发展的意见》(教高[2006]14号)和《教育部关于全面提高高等职业教育教学质量的若干意见》(教高[2006]16号)的精神，进一步推动职业教育由"重视规模发展"向"注重提高质量"的工作重心转变，适应我国现代汽车工业和职业教育发展的需要，教育部高等学校高职高专汽车类专业教学指导委员会决定在工学结合课程开发和教材建设方面进行探索，组织高校富有经验的教师和企业专家共同编写一套理论性和实践性相结合的汽车类专业教材。

教学质量是学校的生命线。提高教学质量，专业建设是龙头，课程建设是关键。高职教育的课程改革是一项长期的工作，它不是片面的课程内容的解构与重构，必须以人才培养模式创新为核心，以双师素质教师团队建设、实训条件建设、实训项目开发、教学方法改革、教学实施创新等一系列条件为支撑。多年来，在教育部高等学校高职高专汽车类专业教学指导委员会指导下，各高职高专院校进行了广泛的调研，以课程建设为抓手，以校企合作、工学结合为突破口，狠抓课程实施，在教材建设方面做出了高等职业教育的特色。本套教材既注重技能的提高,又兼顾理论的提升,力求满足广大高职高专汽车类专业学生学习的需要,为学生的就业和继续深造打下坚实的基础,充分体现了工学结合的职业教育特色。

经过各分册编写者和主审们的辛勤劳动,本套教材即将陆续面世。希望教育部高等学校高职高专汽车类专业教学指导委员会的工作可以为各高职院校提供一些借鉴,并通过这套教材进一步推动各地的高职高专教学与课程改革。同时,也希望业内专家和同仁对本套教材提出指导性和建设性意见,以便在教学实践中共同完善和提高。

在本套教材编写过程中,得到了教育部领导、行业专家、各高职高专院校和企业专家的支持,山东大学出版社对教材的出版给予了大力支持和帮助,在此一并致谢。

教育部高等学校高职高专汽车类专业
教学指导委员会主任委员　仪垂杰

2010年12月于青岛

前 言

随着我国汽车工业的迅速发展，汽车的新技术和新工艺更新加快，对有关汽车专业人才的需求，特别是汽车使用、保养、维修等专业人才的需求与日俱增。为此，全国许多高职高专类学院设立了相应的汽车专业，但能够适应此专业的《汽车机械制图》教科书还不完善。本书就是根据高职高专汽车专业教育特点，以能力培养为基础，重在应用与创新，在总结各院校多年来汽车专业机械制图课程教学改革经验和成果的基础上编写的。其指导思想是以培养仪器绘图、徒手绘制草图和计算机绘图能力为基础，以提高学生空间思维能力为核心，实现学生工程设计表达和分析应用为目标，强化读图能力。作为适应21世纪高等汽车职业技术教育的新教材，本书有以下特点：

1. 本书贯彻了国家最新《机械制图》标准和《技术制图》标准，同时采用较新的AutoCAD2006中文版计算机绘图软件。

2. 结构与内容是以形成职业能力为目标，着重提高学生的分析与应用能力，融传统的机械制图内容与计算机绘图内容于一体，融课堂教学与自学于一体。遵循“必须、够用”的原则，选择教学内容。

3. 习题集部分保留了传统经典的机械制图练习题，增强了徒手绘图内容的训练；编排上由浅入深，由易到难循序渐进，符合教学规律，目的是增强学生设计表达和分析应用的能力。

4. 习题集中安排了一定数量的构形练习、由浅入深的读图训练以提高学生的空间思维能力。

参加本书编写的有：包头职业技术学院蔡俊霞（编写第3、4、10章），包头职业技术学院刘文霞（编写第1、2章和第5章），包头职业技术学院王臣（编写第6、7章），石家庄信息工程职业学院李聚霞（编写第8章），日照职业技术学院刘祥泽(编写第9章及附录),山东轻工业学院程云(编写第10章的10.1、10.2部分)。全书由蔡俊霞任主编,广西柳州职业技术学院卢明教授担任本书的主审。

由于我们水平所限,书中难免存在不足之处,恳请读者批评指正。

编　者

2010年12月

目　录

绪　论

工程技术上根据投影方法并遵照国家标准的规定绘制成的用于工程施工或产品制造等用途的图叫做工程图样。工程图样是表达和交流技术思想的重要工具，是工程技术部门的一项重要技术文件。它按规定的方法表达出及其或建筑物的形状、大小、材料和技术要求。现代工业中，设计、制造、安装各种设备都离不开工程图样，因此，每位工程技术人员都必须绘制和阅读工程图样。

学习本课程的主要任务是：

(1)学习正投影法的基本原理及其应用。

(2)培养绘制和阅读中等复杂程度工程图样的能力。

(3)所绘图样要求做到：投影正确，视图选择和配置恰当，尺寸完整、清晰、字体工整、线型标准，符合国家标准的规定。并能按给定的要求标注技术要求。

(4)培养对三维形状与相关位置的空间逻辑和形象思维能力。

(5)培养计算机绘图的能力。

此外，在教学过程中还必须有意识地培养自学能力，分析问题和解决问题的能力，以及认真负责的工作态度和一丝不苟的工作作风。

本课程的主要内容包括五部分：

第一部分　投影作图基础——主要学习用正投影法绘制各种形体的三视图。

第二部分　表达方法——主要学习中等复杂形体的绘制方法。

第三部分　零件图——主要学习标准件和一般类零件的绘制和识读。

第四部分　装配图——主要学习中等复杂程度的装配图的绘制和识读。

第五部分　计算机绘图——学习 Auto CAD 绘图软件并能熟练绘制工程图样。

本课程的学习方法：工程制图是一门既有系统理论又有较强实践性的技术基础课。为适应生产上对计算机辅助设计日益增长及今后学习的需要，要求掌握计算机绘图。要认真学习投影理论，掌握正投影的基本作图方法及应用，在理解基本概念的基础上，由浅入深地通过一系列的绘图和读图实践，不断地由物画图，由图想物，分析和想象空间形体与图纸上图形之间的对应关系，逐步提高空间想象和空间分析的能力。做习题作业时，应按照正确的方法和步骤作图，养成遵守《技术制图》、《机械制图》国家标准的有关规定，并学习查阅和使用有关手册及国家标准，通过作业培养绘图和读图能力。

本课程只能为学生的绘图和识图能力打下初步基础，在后续课程、生产实践、课程设计中，还要继续培养与提高这种能力。

第 1 章　制图的基本知识

图样是现代工业生产的重要技术文件，是人们表达设计思想、进行技术交流、组织生产与施工的重要工具之一，是工程技术人员的“语言”。

因此，国家标准对图样的画法、格式和尺寸标注等做出统一规定，近年又参照国际标准(ISO)再次进行修订，使之更加完善、合理和便于国际间的技术交流和贸易往来。国家标准《技术制图》(GB/T14689-14692-2008、GB10609. 1-2008、GB/T16675. 2-1996)是一项基础技术标准，国家标准《机械制图》(B/T4457. 4-2002、GB/T4458. 4-2003)是一项机械专业制图标准，它们是图样的绘制与使用的准绳，必须认真学习和遵守。“GB/T”为推荐性国家标准代号，一般可简称“国标”。“14689”、“4457. 4”为标准批准顺序号，“1996”、“2002”、“2003”、“2008”表示该标准发布的年号。

1.1　技术制图国家标准简介

本节参照最新的国家标准，将介绍《技术制图》和《机械制图》中的有关规定，如图纸幅面和格式、比例、图线、字体和尺寸等。制图时必须严格遵守。

1.1.1　图纸幅面与格式(GB/T14689-2008)

1. 图纸幅面

绘制图样时，应优先采用表 1-1 中规定的图纸幅面。必要时，也允许采用加长幅面，其尺寸是由基本幅面的短边成整数倍增加后得出的，如图 1-1 所示。

表 1-1　　**图纸幅面**　　**单位：mm**

<table>
<tr><td>幅面代号</td><td>A0</td><td>A1</td><td>A2</td><td>A3</td><td>A4</td></tr>
<tr><td>$B\times L$</td><td>841×1189</td><td>594×841</td><td>420×594</td><td>297×420</td><td>210×297</td></tr>
<tr><td>a</td><td colspan="5">25</td></tr>
<tr><td>c</td><td colspan="3">10</td><td>5</td><td></td></tr>
<tr><td>e</td><td colspan="2">20</td><td colspan="3">10</td></tr>
</table>

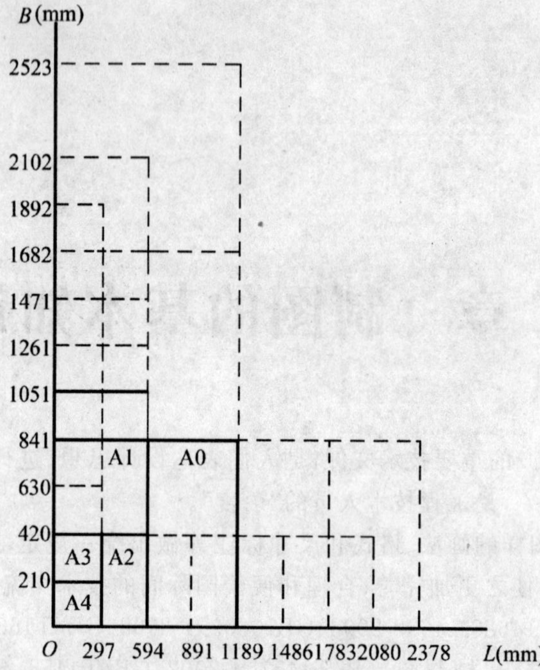

图 1-1 图纸幅面

2. 图框格式

图框格式分为不留装订边[见图 1-2(a)(b)]和留装订边[见图 1-3(a)(b)]两种。但同一产品图样只能采用一种格式。无论哪种格式的图纸,其图框线均应采用粗实线绘制。装订时可采用 A4 幅面竖装或 A3、A2 幅面横装。

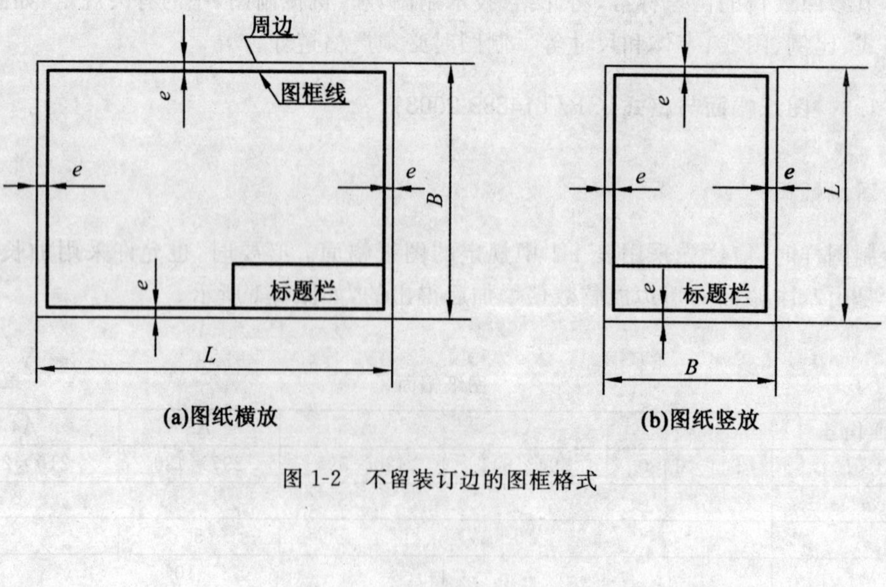

图 1-2 不留装订边的图框格式

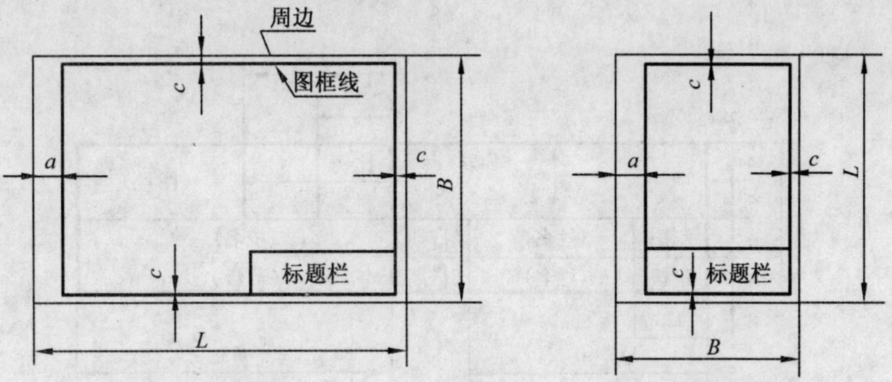

(a)图纸横放　　(b)图纸竖放

图 1-3　留装订边的图框格式

3. 标题栏方位

(1)每张图样上必须画出标题栏,标题栏的格式和尺寸应符合 GB10609. 1-2008 的规定。标题栏的位置一般位于图纸的右下角。因为 A4 图纸通常竖放,所以标题栏在图纸的下方,如图 1-2(a)(b)、图 1-3(a)(b)所示。

(2)标题栏的长边置于水平方向并与图纸的长边平行时,则构成 X 型图纸,如图 1-2(a)和图 1-3(a)所示。当标题栏的长边与图纸长边方向垂直时,则构成 Y 型图纸,如图 1-2(b)和图 1-3(b)所示。

(3)标题栏中的文字方向与看图方向一致。

(4)允许将 X 型图纸按图 1-4(a)所示方位使用,将 Y 型图纸按图 1-4(b)所示方位使用。但必须画出方向符号,指示看图方向。

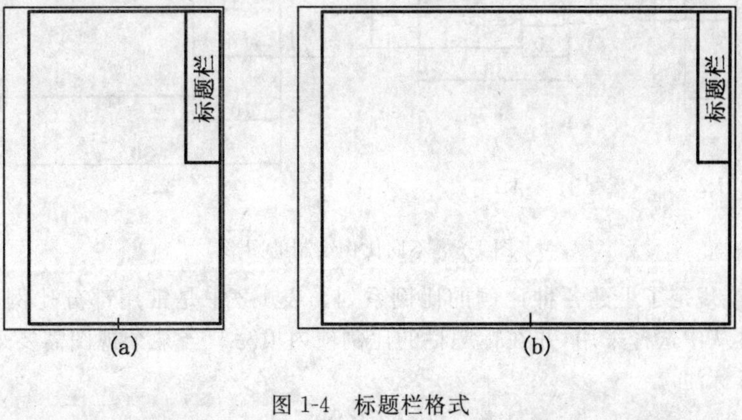

(a)　　(b)

图 1-4　标题栏格式

(5)其他附加符号　为了阅读、管理图样方便,图框线上还可以绘制一些附加符号、剪切符号、图幅分区符号等。它们的画法及含义可查阅 GB/14689-2008 中的有关规定。

(6)标题栏内容、格式及尺寸　GB/T10609. 1-2008 对标题栏的内容、格式与尺寸作了规定。制图作业的标题栏建议采用如图 1-5 所示的格式,外框线及竖线为粗实线,横线为细实线。

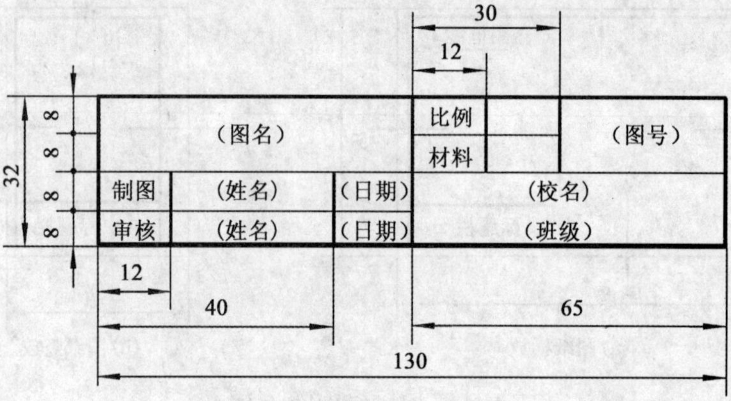

图 1-5　制图作业的标题栏(单位:mm)

1.1.2　比例(GB/T 14690-2008)

图样中图形与其实物相应要素的线性尺寸之比称为比例。

比例有三种类型:原值比例、放大比例、缩小比例。比值为 1 的比例,即 1∶1,称为原值比例;比值大于 1 的比例,如 2∶1 等,称为放大比例;比值小于 1 的比例,如 1∶2 等,称为缩小比例。但是,不管用哪种比例绘制图形,图中的尺寸均应按照实物的实际大小进行标注。图 1-6 为用不同比例绘图的效果。

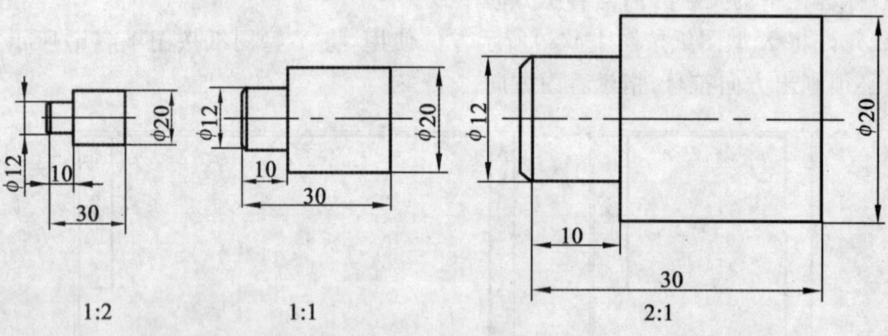

图 1-6　不同比例绘制的图形

国家标准规定了上述各种比例的比例系列。表 1-2 中是常用部分比例系列,绘制图样时,一般可从中选择采用,并在标题栏的比例项内填写。当某个视图需要采用不同比例时,必须另行标注。

表 1-2　　**优先比例**

种类	比 例
原值比例	1∶1
缩小比例	1∶1.5　1∶2　1∶2.5　1∶3　1∶4　1∶5
放大比例	2∶1　2.5∶1　4∶1　5∶1　10∶1

1.1.3　字体（GB/T14691-2008）

图样中除了用图形表达机件的结构形状外，还需要用文字、数字说明机件的名称、大小、材料和技术要求等。为使字体美观、易写、整齐，要求在图样中书写的汉字、数字、字母必须做到“字体工整、笔画清楚、间隔均匀、排列整齐”。各种字体的大小要选择适当。字体大小分为 20、14、10、7、5、3.5、2.5、1.8 八种号数。字体的号数即字体的高度（单位：mm）。

1. 汉字

图样上的汉字应写成长仿宋体，并应采用国家正式公布推行的简化字。汉字的高度不应小于 3.5mm，字宽约等于字高的 2/3。

长仿宋字的要领是：横平竖直、注意起落、结构匀称、填满方格。

2. 阿拉伯数字、罗马数字、拉丁字母和希腊字母

数字和字母有正体和斜体之分，一般情况下用斜体。斜体字字头向右倾斜，与水平基准线成 75°。字母和数字按笔画宽度情况分为 A 型和 B 型两类，A 型字体的笔画宽度（d）为字高（h）的 1/14，B 型字的笔画宽度为字高的 1/10，即 B 型字体比 A 型字体的笔画要粗一点。

3. 字体示例

汉字、字母和数字的示例见表 1-3。

表 1-3　　字体

字体		示例
长仿宋体汉字	10号	字体工整　笔画清楚　间隔均匀　排列整齐
	7号	横平竖直　注意起落　结构匀称　填满方格
	5号	技术制图石油化工机械电子汽车航空船舶土木
	3.5号	螺纹齿轮端子接线飞行指导驾驶舱位挖填施工引水通风闸阀
拉丁字母	大写斜体	*ABCDEFGHIJKLMNOPQRSTUVWXYZ*
	小写斜体	*abcdefghijklmnopqrstuvwxyz*
阿拉伯数字	斜体	*0 1 2 3 4 5 6 7 8 9*
	正体	0 1 2 3 4 5 6 7 8 9
罗马数字	斜体	*I II III IV V VI VII VIII IX X*
	正体	I II III IV V VI VII VIII IX X
字体的应用		$\phi 20^{+0.010}_{-0.023}$　7^{+1}_{-2}　$\frac{3}{5}$　10Js5(±0.003)　M24-6h $\phi 25\ \frac{H6}{m5}$　$\frac{II}{2:1}$　$\frac{A}{5:1}$　6.3　R8　5%　3.50

1.1.4 图线(GB/T17450-1998)

1. 线型及图线尺寸

国家标准《技术制图》中,规定了十五种基本线型。所有线型的图线宽度 d 应按图样的类型和尺寸大小在下列公比为 $1:\sqrt{2}$ 的系数中选择:0.13mm,0.18mm,0.25mm,0.35mm,0.5mm,0.7mm,1mm,1.4mm,2mm。

粗线、中粗线和细线的宽度比例为 4:2:1。在同一图样中,同类图线宽度应一致。

在手工绘图时,线素(不连续线的独立部分,如点、长度不同的画线和间隔)的长度应符合表 1-4 的规定。

表 1-4　线素的长度

线素	名称	长度
点	细点画线、粗点画线、细双点画线	$0.5d$
短间隔	虚线、细点画线、粗点画线、细双点画线	$3d$
画	虚线	$12d$
长画	细点画线、粗点画线	$24d$

基本线型和线素的计算公式在 GB/T14665-1993 中有规定,这些公式也便于使用 CAD 系统绘制各种技术图样。

2. 图线的应用

国家标准《技术制图》图线(GB/T17450-1998)规定了工程图样中各种图线的名称、形式及画法,如图 1-7 所示。常用图线的名称、形式、宽度以及在图样上的应用见表 1-5。

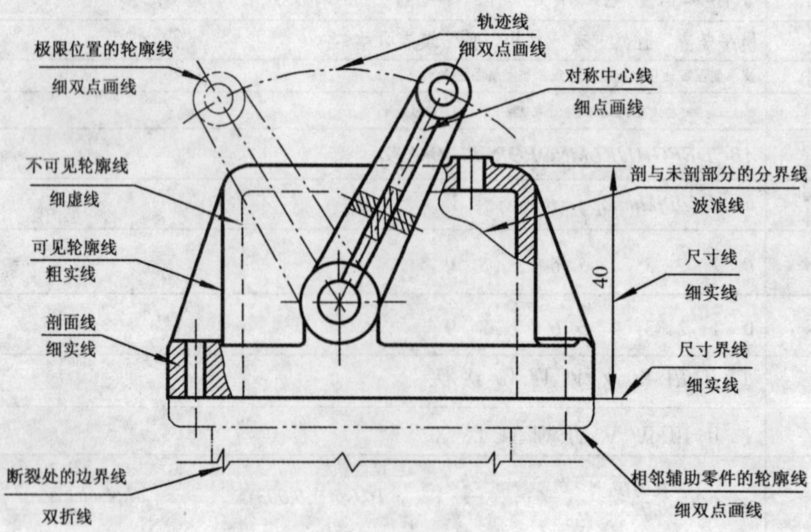

图 1-7　图线应用举例

表 1-5　　　　　　　　　　　　　　　　机械制图常用图线

No	线　型		名称	图线宽度	在图上的一般应用
01	实线	d	粗实线	d	可见轮廓线
			细实线	约 $d/2$	(1)尺寸线及尺寸界线 (2)剖面线 (3)重合断面的轮廓线 (4)螺纹的牙底线及齿轮的齿根线 (5)指引线 (6)分界线及范围线 (7)过渡线
			波浪线	约 $d/2$	(1)断裂处的边界线 (2)剖与未剖部分的分界线
			双折线	约 $d/2$	(1)断裂处的边界线 (2)局部剖视图中剖与未剖部分的分界线
02			细虚线	约 $d/2$	不可见轮廓线
03			细点画线	约 $d/2$	(1)轴线 (2)对称线和中心线 (3)齿轮的分度圆或线
			粗点画线	d	限定范围的表示线
04			细双点画线	约 $d/2$	(1)相邻辅助零件的轮廓线 (2)极限位置的轮廓线 (3)假想投影轮廓线 (4)中断线

3. 图线的画法

(1)在同一图样中，同类图线的宽度应基本一致。虚线、点画线及细双点画线的线段长度和间隔应各自大致相等；点画线、细双点画线的首末两端应是线，而不是点。

(2)两条平行线之间的最小间隙不得小于 0.7mm。

(3)绘制圆的对称中心线（简称中心线）时，圆心应为线的交点。细点画线的长线长度应为 8～12mm，细点画线的两端应超出轮廓线 2～5mm；当圆的图形较小，绘制点画线有困难时，允许用细实线代替细点画线。

(4)各种线型相交时，都应以线相交，不应在空隙或点处相交，如图 1-8(a)所示。

(5)当细虚线处于粗实线的延长线上时，粗实线应画到分界点，而细虚线应留有空隙[见图 1-8(b)]。当细虚线圆弧和细虚线直线相切时，细虚线圆弧要画到中心线上而细虚线直线需与中心线留有空隙，如图 1-9 所示。

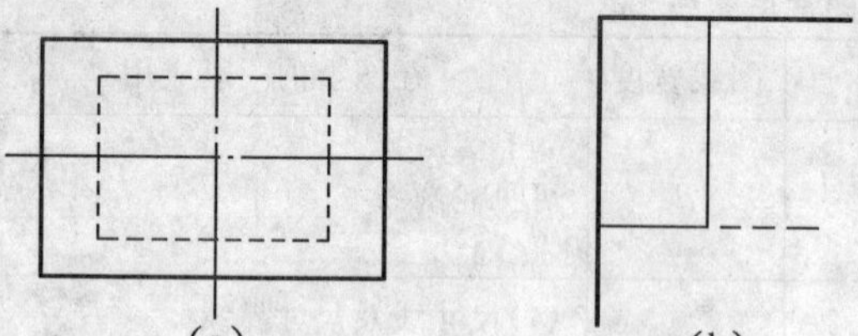

(a)　　(b)

图 1-8　两线相交的画法

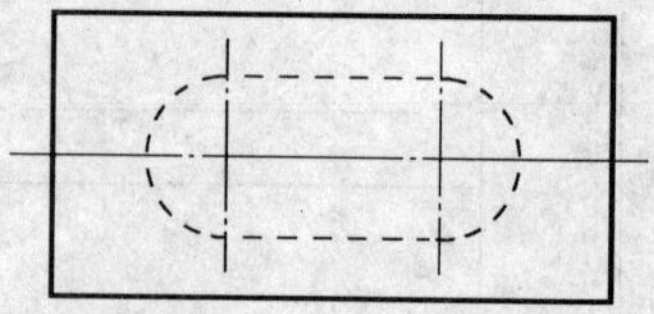

图 1-9　直线和圆弧相交的画法

1.2　绘图工具及作图方法

正确地使用绘图工具,既能保证绘图质量,又能提高绘图速度,而且能延长绘图工具的使用寿命。

1.2.1　绘制工具及使用方法

一般用三种方法绘制图样,分别是:计算机绘图、徒手绘图和仪器绘图。

(1)计算机绘图。应用计算机软件绘制图样。

(2)徒手绘图。以目测估计图形与实物比例,按一定画法要求徒手(或部分使用绘图仪器)绘制图样的草图。具体画法见后续章节。

(3)仪器绘图。使用绘图仪器和绘图工具绘制图样。常见的绘图工具有:图板、丁字尺、三角板等。

1. 图板

图板是供铺放和固定图纸用的木板。它由板面和四周的边框组成,板面应平整光滑,左右两导边必须平直。图纸可用胶带纸固定在图板上,如图 1-10(a)所示。使用时注意图板不能受潮,不要在图板上按图钉,更不能在图板上切纸。

常用图板规格有 0 号(900mm×1200mm)、1 号(600mm×900mm)和 2 号(450mm×600mm),可以根据图纸幅面的大小选择图板。

2. 丁字尺和三角板

丁字尺由尺头和尺身组成,尺头和尺身的结合处必须牢固,尺头的内侧面必须平直。丁字尺主要用来画水平线。使用时左手把住尺头,靠紧图板左侧导边(不能用其余三边),上下移动丁字尺,自左向右画不同位置的水平线。三角板由 45°和 30°(60°)两块组成为一副。三角板与丁字尺配合使用可画竖直线和 15°倍角的斜线,比如 30°、45°、60°,如图 1-10(a)所示。两块三角板互相配合,可以画出任意直线的平行线和垂线,以及画与水平线成 15°、75°倾斜线,如图 1-10(b)所示。三角板和丁字尺要经常用细布揩拭干净。

两者配合使用,可以画水平线、垂直线和特殊角度线。

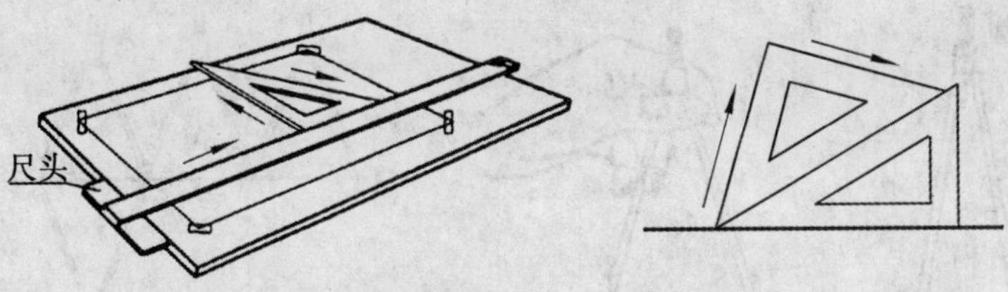

（a）画水平线、竖直线和60°斜线　　（b）画15°、75°斜线

图 1-10　图板、丁字尺和三角板的用法

常见的绘图仪器有：圆规、分规、曲线板、绘图铅笔等。

3. 圆规与分规

圆规是画圆或圆弧的工具。为了扩大圆规的功能，圆规一般配有铅笔插腿（画铅笔线圆用）、鸭嘴插腿（画墨线圆用）、钢针插腿（代替分规用）三种插腿和一支延长杆（画大圆用）。圆规钢针有两种不同的针尖。画圆或圆弧时，应使用有台阶的一端，并把它插入图板中。使用圆规时需注意，圆规的两条腿应该垂直于纸面，如图 1-11(b)所示。

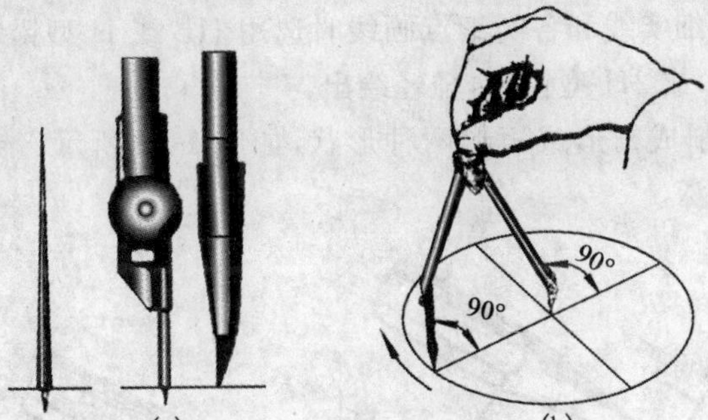

(a)　(b)

图 1-11　圆规的用法

分规是等分线段、移置线段及从尺上量取尺寸的工具，如图 1-12(a)所示。图 1-12(b)举例说明“等分线段”，用分规三等分已知线段 AB 的等分方法：首先将分规两针张开约线段 AB 的三分之一长，在线段 AB 上连续量取三次。若分规的终点 C 落在 B 点之外，应将张开的两针间距缩短线段 BC 的三分之一；若终点 C 落在 B 点之内，则将张开的两针间距增大线段 BC 的三分之一，重新量取，直到 C 点与 B 点重合为止。此时分规张开的距离即可将线段 AB 三等分。等分圆弧的方法类似于等分线段的方法。使用分规时需注意：分规的两针尖并拢时应对齐。

4. 曲线板

曲线板主要用来描绘由一系列已知点确定的自由曲线。使用时，从曲线一端开始选择曲线板与曲线相吻合的四个点，用铅笔沿曲线板轮廓画出前三点之间的曲线，留下第三点和第四点之间的曲线不画；下一步再从第三点开始，包括第四点，再选四个点，绘制第二段曲线……直至绘制完整段曲线，使绘制的曲线比较光滑。

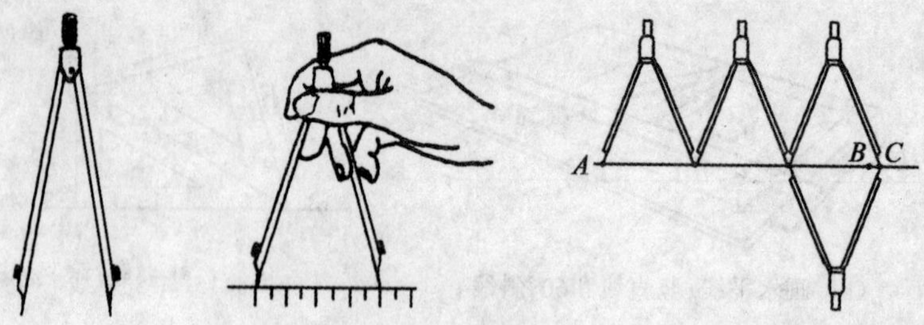

(a) 量取尺寸　　(b) 等分线段

图 1-12　分规的使用方法

5. 绘图铅笔

绘制工程图样应使用绘图铅笔。绘图铅笔依笔芯的软硬有 2B、B、HB、H 等多种标号。B 前面的数字越大,表示铅芯越软。H 前面的数字越大,表示铅芯越硬。HB 标号的铅芯软硬适中。绘图时建议按下列标号选用绘图铅笔:

(1)画粗实线时选用 HB 或 B 型铅笔;画粗实线圆选用 2B 铅笔。

(2)写字,画箭头、细实线和各类细点画线时选用 HB 或 H 型铅笔。

(3)打底稿时用 H 或 2H 型铅笔,轻轻绘出。

铅笔的笔芯可磨削成锥形或矩形两种形状,如图 1-13 所示。锥形用来写字和打底稿,矩形用来加粗和描深。

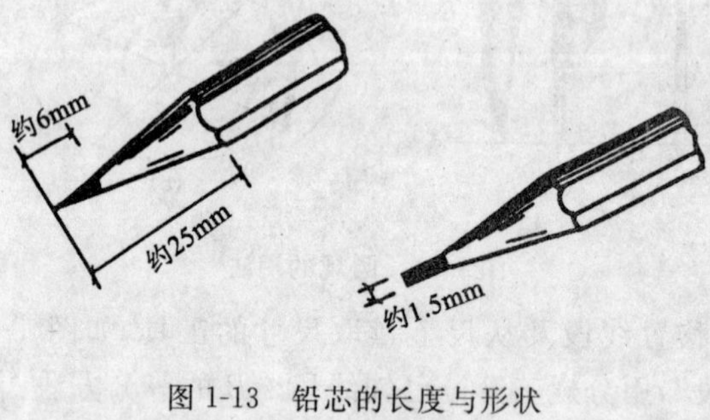

图 1-13　铅芯的长度与形状

6. 绘图纸

绘图纸的质地应坚实,用橡皮擦拭时不易起毛。绘图时必须用图纸的正面,识别正面的方法是用橡皮擦拭一下,不易起毛的一面为正面。

1.2.2　几何作图

虽然机件的轮廓形状是多种多样的,但它们的图样基本上都是由直线、圆弧和其他一些曲线所组成的几何图形。因此,为了正确地画出图样,必须掌握各种几何图形的作图方法。

1. 等分线段

分割一直线段为几等份的方法如图 1-14 所示。步骤如下：

(1)过已知直线段 AB 的一个端点 A 任作一射线 AC，由此端点起在射线上以任意长度截取几等份。

(2)将射线上的等分终点与已知直线段的另一端点连线，并过射线上各等分点作此连线的平行线与已知直线段相交，交点即为所求。

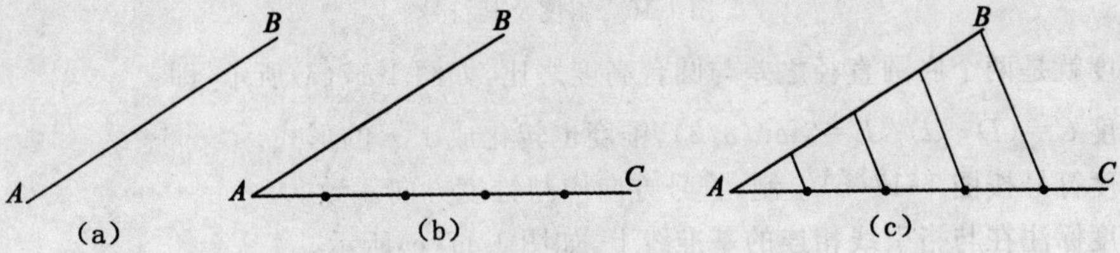

图 1-14 分割直线段 AB 为 4 等份

2. 圆的内接正六边形

用绘图工具作圆的内接正六边形的方法有两种，如图 1-15 所示。

第一种方法：以点 A、B 为圆心，以原圆的半径为半径画圆弧，截圆于点 1、2、3、4，即得圆周六等分点，如图 1-15(a)所示。

第二种方法：用 60°三角板自 2 作弧 21，右移至 5 作弦 45，旋转三角板作弦 23、65。用丁字尺连接 16 和 34，即得正六边形，如图 1-15(b)(c)所示。

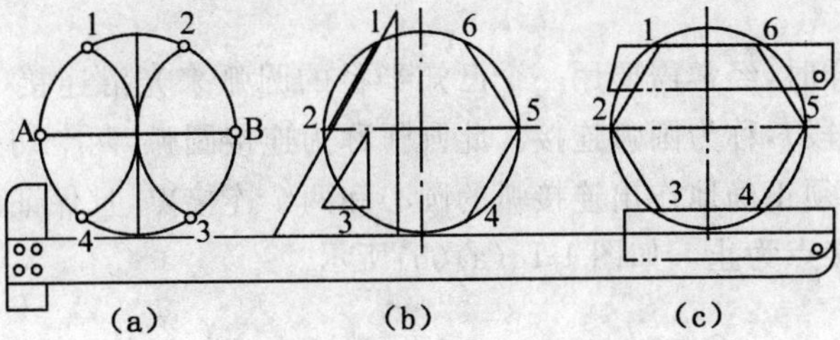

图 1-15 正六边形画法

3. 斜度和锥度

(1)斜度 S 是一直线对另一直线或一平面对另一平面的倾斜程度。其大小以它们之间夹角的正切表示，如图 1-16(a)所示，并把比值化为 $1:n$ 的形式。

$S=\tan\alpha=H:L=1:(L/H)=1:n$

斜度符号如图 1-16(b)所示，符号的斜度方向应与斜度方向一致。

如图 1-16(c)所示，工字翼缘的斜度为 1:6。

(2)锥度 C(GB/T15754-1995)是指正圆锥的底圆直径与圆锥高度之比，即$D:H$。而

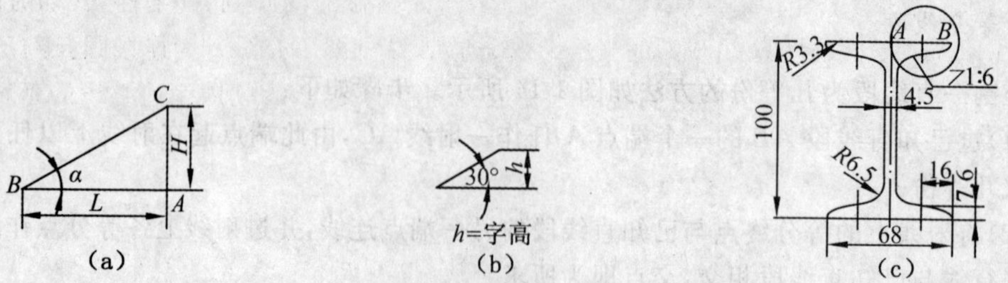

图 1-16　斜度及其符号

圆台锥度就是两个底圆直径之差与圆台高度之比,如图 1-17(a)所示,即:

锥度 $C=(D-d)/L=2\tan(\alpha/2)$,锥度也转化成 1∶$n$ 的形式。

锥度符号按图 1-17(b)绘制,符号方向应与锥度方向一致。

锥度标注在与指引线相连的基准线上,如图 1-17(c)所示。

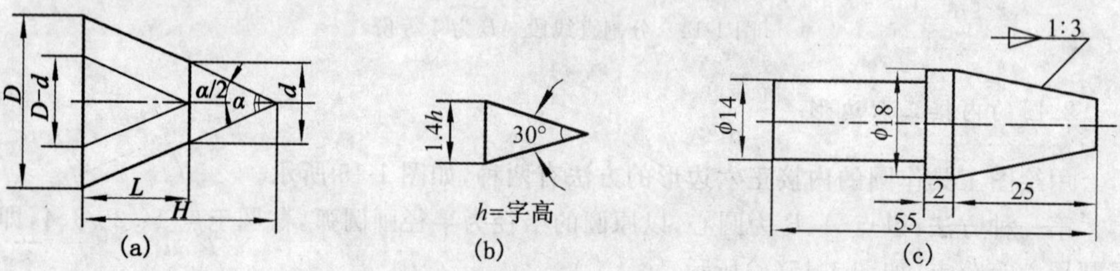

图 1-17　锥度及其符号

4.圆弧连接

在绘制机械图样时,经常需要用一个已知半径的圆弧来光滑连接(即相切)两个已知线段(直线段或曲线段),称为圆弧连接。此圆弧称为连接圆弧,两个切点称为连接点。为了保证光滑连接,必须正确地作出连接弧的圆心和两个连接点,且保证两个被连接的线段都要正确地画到连接点为止。如图 1-18(a)(b)所示。

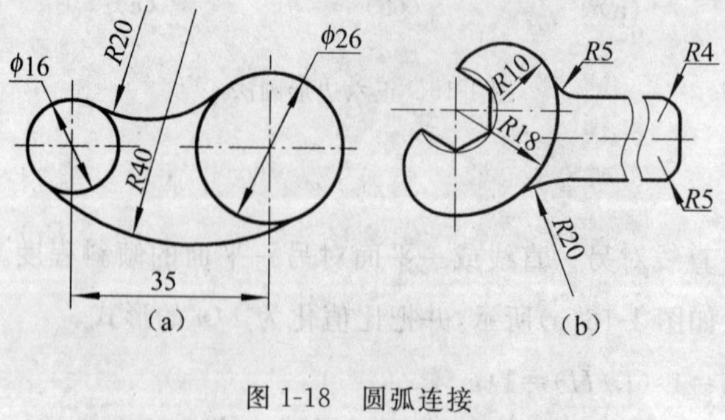

图 1-18　圆弧连接

画连接弧时,需要用到平面几何中以下两条原理(见图 1-19):

(1)与已知直线相切且半径为 R 的圆弧,其圆心轨迹为与已知直线平行且距离为 R 的两直线,连接点为圆心向已知直线所作垂线的垂足,如图 1-19(a)所示。

(2)与已知圆弧相切的圆弧，其圆心轨迹为已知圆弧的同心圆，其半径：外切时[见图 1-19(b)]为连接圆弧与已知圆弧的半径之和；内切时[见图 1-19(c)]为连接圆弧与已知圆弧的半径之差。连接点：外切时为连心线与已知圆弧的交点；内切时为连心线的延长线与已知圆弧的交点。

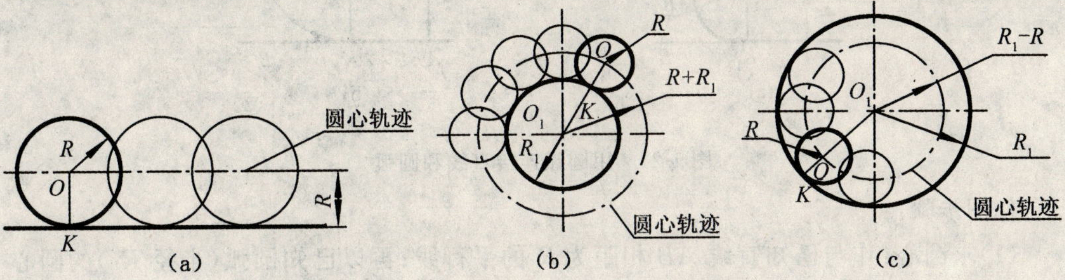

图 1-19　求连接圆弧的圆心和切点的基本作图原理

例 1.1　用半径为 R 的圆弧连接两直线 AB 和 BC，如图 1-20 所示。

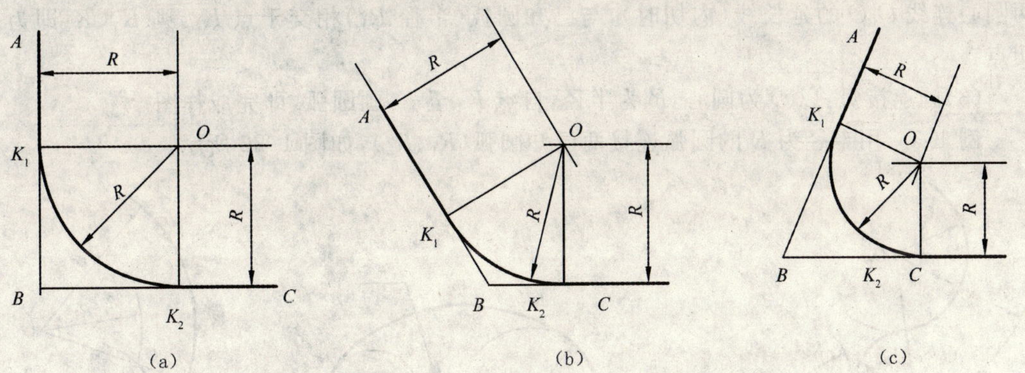

图 1-20　用圆弧连接两直线

作图步骤：

(1)求圆心：分别作与已知直线 AB、BC 相距为 R 的平行线，其交点 O 即为连接弧(半径 R)的圆心[见图 1-20(a)]。

(2)求切点：自点 O 分别向直线 AB 及 BC 作垂线，得到的垂足 K_1 和 K_2 即为切点[见图 1-20(b)]。

(3)画连接弧：以 O 为圆心，R 为半径，自点 K_1 至 K_2 画圆弧，即完成作图[见图 1-20(c)]。

例 1.2　用半径为 R 的圆弧连接已知直线 AB 和圆弧(半径 R_1)，如图 1-21 所示。

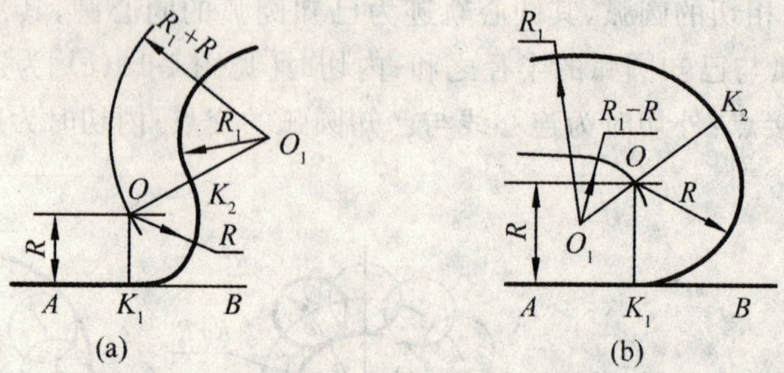

图 1-21　用圆弧连接直线和圆弧

作图步骤:

(1)求圆心:作与已知直线 AB 相距为 R 的平行线;再以已知圆弧(半径 R_1)的圆心 O_1 为圆心,R_1+R[外切时,如图 1-19(a)所示]或 R_1-R[内切时,如图 1-19(b)所示]为半径画弧,此弧与所作平行线的交点 O 即为连接弧(半径 R)的圆心。

(2)求切点:自点 O 向直线 AB 作垂线,得垂足 K_1;再作两圆心连线 O_1O(外切时)或两圆心连线 O_1O 的延长线(内切时),与已知圆弧(半径 R_1)相交于点 K_2,则 K_1、K_2 即为切点。

(3)画连接弧:以 O 为圆心,R 为半径,自点 K_1 至 K_2 画圆弧,即完成作图。

例 1.3　用半径为 R 的圆弧连接两已知圆弧(R_1、R_2),如图 1-22 所示。

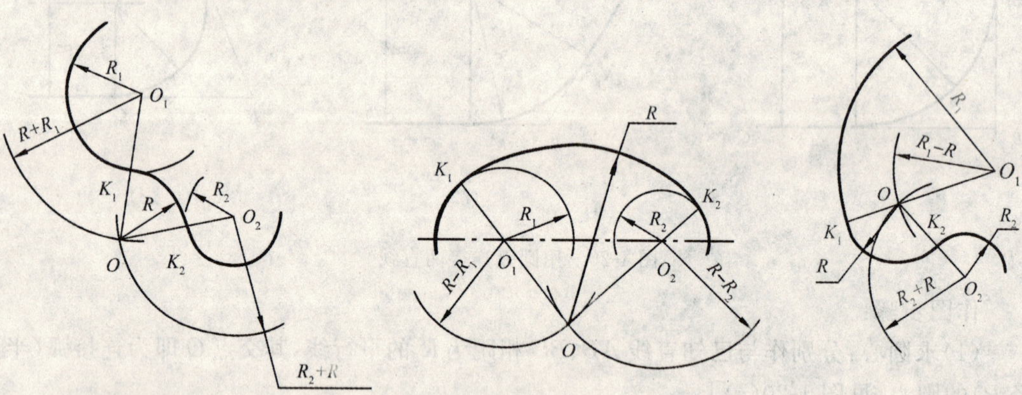

图 1-22　用圆弧连接两圆弧

作图步骤:

(1)求圆心:分别以 O_1、O_2 为圆心,R_1+R 和 R_2+R[外切时,如图 1-22(a)所示]或 $R-R_1$ 和 $R-R_2$[内切时,如图 1-22(b)所示]或 R_1-R 和 R_2+R[内、外切,如图 1-22(c)所示]为半径画弧,得交点 O,即为连接弧(半径 R)的圆心。

(2)求切点:作两圆心连线 O_1O、O_2O 或 O_1O、O_2O 的延长线,与两已知圆弧(半径 R_1、R_2)相交于点 K_1、K_2,则 K_1、K_2 即为切点。

(3)画连接弧:以 O 为圆心,R 为半径,自点 K_1 至 K_2 画圆弧,即完成作图。

1.2.3　平面图形的分析及作图步骤

平面图形由许多线段连接而成，这些线段之间的相对位置和连接关系靠给定的尺寸确定。画图时，只有通过分析尺寸和线段间的关系，才能明确画该平面图形应从何处着手，以及按什么顺序作图。

1. 尺寸分析

根据在平面图形中所起的作用，尺寸可分为定形尺寸与定位尺寸两大类。

(1)定形尺寸。用于确定线段的长度、圆弧的半径(圆的直径)和角度等大小的尺寸称为定形尺寸，如图 1-23 中的 $\phi5$、$\phi20$、$R12$、$R50$ 等。

(2)定位尺寸。用于确定线段在平面图形中所处位置的尺寸，称为定位尺寸，如图 1-23 中的尺寸 8、45 等。定位尺寸应从基准出发标注，平面图形中常用的尺寸基准多为图形的对称线、较大圆的中心线或图形的轮廓边线等。定形与定位这两类尺寸在绘制平面图形时经常出现。

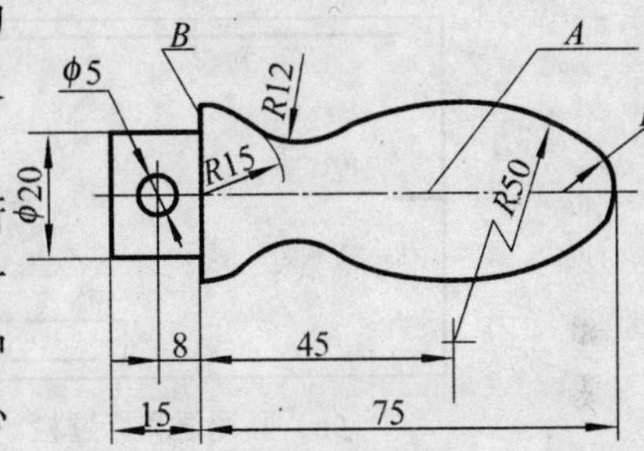

图 1-23　手柄平面图

2. 线段分析

平面图形中的线段经常由直线和圆弧组成，根据定位尺寸完整与否，可分为三类。

(1)已知线段。定形尺寸和定位尺寸都齐全的线段，如图 1-23 中尺寸 $R15$。

(2)中间线段。只有定形尺寸和一个定位尺寸，而缺少一个定位尺寸的线段，如图 1-21中的尺寸 $R50$(图中手柄部分曲线就是 $R50$)。

(3)连接线段。只有定形尺寸而无定位尺寸的线段，如图 1-23 中尺寸 $R12$。作图时由于缺少定位尺寸会影响作图，因此平面图形的线段中如缺少一个定位尺寸，必须同时补充一个连接条件；如缺少两个定位尺寸，则应同时补充两个连接条件，这样才能作图。

画图时应先画已知线段，再画中间线段，最后画连接线段。

1.2.4　仪器绘图的一般步骤

1. 准备工作

(1)分析图形的尺寸及其线段。

(2)确定比例，选择图幅，固定图纸。

(3)拟定具体的作图顺序。

2. 绘制底稿

(1)画底稿的步骤(见图 1-24)

1)画出基准线,并根据各个封闭图形的定位尺寸画出定位线。

2)画出已知线段。

3)画出中间线段。

4)画出连接线段。

(2)画底稿时,应注意以下几点:

1)画底稿用 H 或 2H 铅笔,笔芯应经常修磨以保持尖锐。

2)底稿上,要分清线型,但线型均暂时不分粗细,并要画得很轻很细,作图力求准确。

3)画错的地方,在不影响画图的情况下,可先做记号,待底稿完成后一起擦掉。

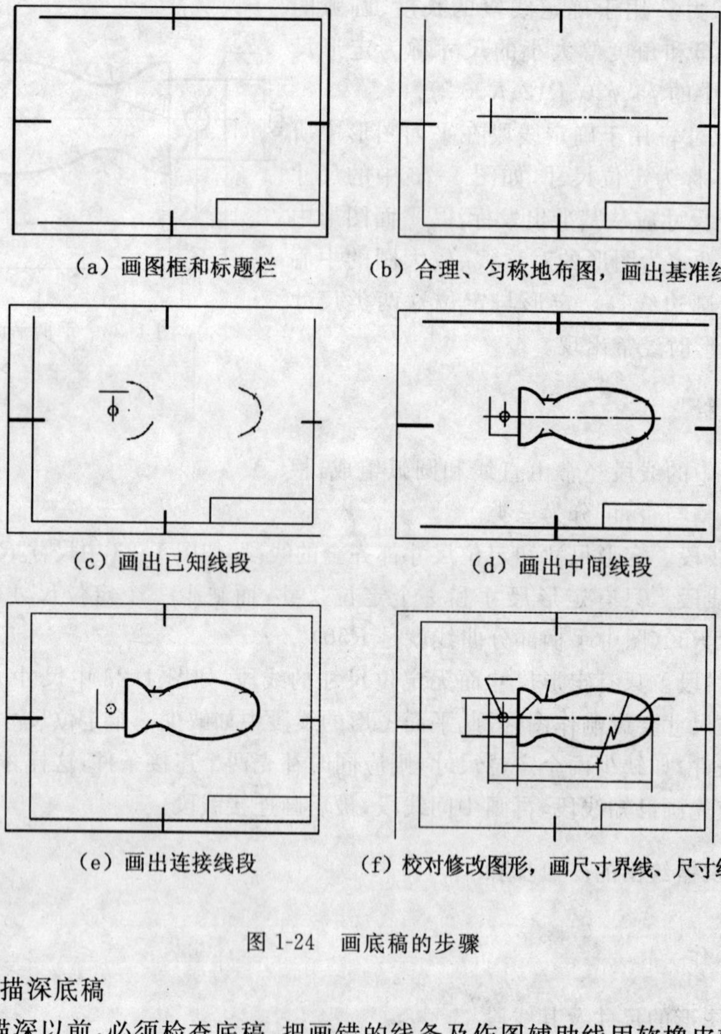

(a) 画图框和标题栏　(b) 合理、匀称地布图,画出基准线

(c) 画出已知线段　(d) 画出中间线段

(e) 画出连接线段　(f) 校对修改图形,画尺寸界线、尺寸线

图 1-24　画底稿的步骤

(3)铅笔描深底稿

在铅笔描深以前,必须检查底稿,把画错的线条及作图辅助线用软橡皮轻轻擦净。加深后的图纸应整洁、没有错误,线型层次清晰,线条光滑、均匀并浓淡一致。

加深步骤:应先曲后直、先粗后细;先用丁字尺画水平线,后用三角板画竖、斜的直线;最后画箭头、填写尺寸数字、标题栏等。

1.3　徒手绘图

徒手图也称草图，是用目测来估计物体的大小，不借助绘图工具，徒手绘制的图样。工程技术人员不仅要会使用仪器绘图，也应具备徒手画图的能力，以便针对不同的条件，用不同的方式记录产品的图样或表达设计思想。

1.3.1　徒手画草图的要求

绘制草图时应做到图形清晰、线型分明、比例匀称，并应尽可能使图线光滑、整齐，绘图速度要快，标注尺寸要准确、齐全，字体工整。

初学者徒手画图，最好在方格纸上进行，以便控制图线的平直和图形大小。经过一定的训练后，最后达到在白纸上画出匀称、工整的草图的目的。

具体画线方法，如图 1-25 和图 1-26 所示。

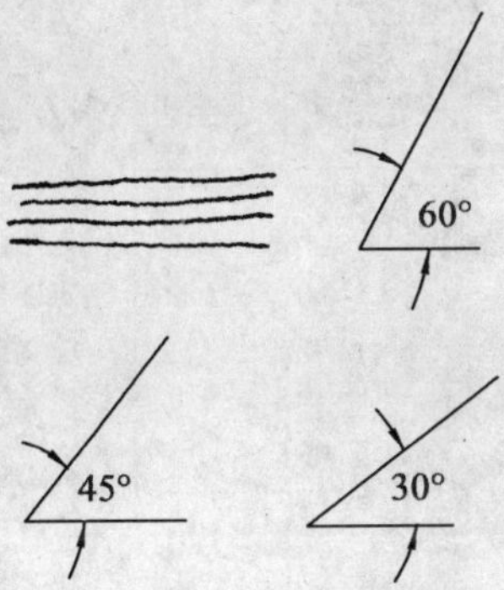

图 1-25　徒手画直线

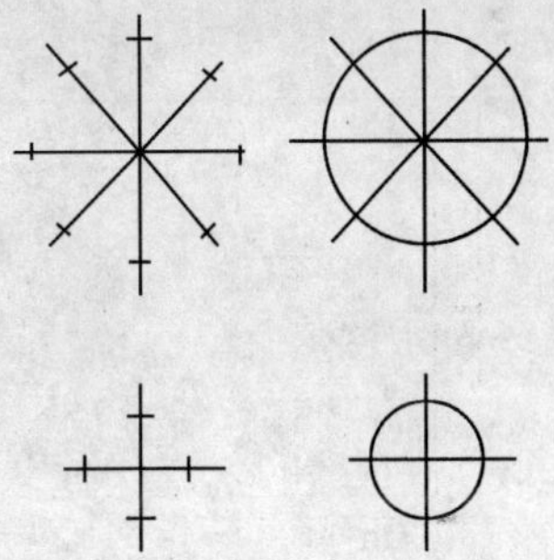

图 1-26　徒手画圆

1.3.2　徒手画草图的方法

1. 画直线

执笔要稳，眼睛看着图线的终点，均匀用力，匀速运笔。画水平线时，为了便于运笔，可将图纸微微左倾，自左向右画线；画竖直线时，应自上而下运笔画线；画 30°、45°、60°等常见角度斜线时，可根据两直角边的比例关系，先定出两端点，然后连接两端点即为所画角度线，如图 1-25 所示。

2. 画圆

画圆时，先确定圆心位置，并过圆心画出两条中心线；画小圆时，可在中心线上按半径目测出四点，然后徒手连点；当圆直径较大时，可以通过圆心多画几条不同方向的直线，按半径目测出一些直径端点，再徒手连点画圆，如图 1-26 所示。徒手画图，最重要的是要保持物体各部分的比例关系,确定出长、宽、高的相对比例。画图过程中随时注意将测定线段与参照线段进行比较、修改,避免图形与实物失真太大。对于小的机件可利用手中的笔估量各部分的大小,对于大的机件则应取一参照尺度,目测机件各部分与参照尺度的倍数关系。

第 2 章 投影基础

2.1 投影法的基本知识

2.1.1 投影法的概念及分类

1. 投影法的概念

生活中，物体在光线照射下，就会在地面或墙壁上产生影子。影子在某些方面反映出物体的形状特征，这就是常见的投影现象。人们根据生产活动的需要，对这种现象加以抽象和总结，逐步形成了投影法。

所谓投影法，就是一组投射线通过物体射向某一平面上得到图形的方法。这一平面 P 称为投影面，在 P 面上所得到的图形称为投影，如图 2-1 所示。

2. 投影法的分类

工程上常见的投影法有中心投影法和平行投影法。

(1)中心投影法

投射线汇交于一点的投影法称为中心投影法，如图 2-1 所示。由图可见，空间四边形 $ABCD$ 比其投影 $abcd$ 四边形小。所以，中心投影法所得投影不能反映物体的真实形状和大小，因此在机械图样中很少使用。

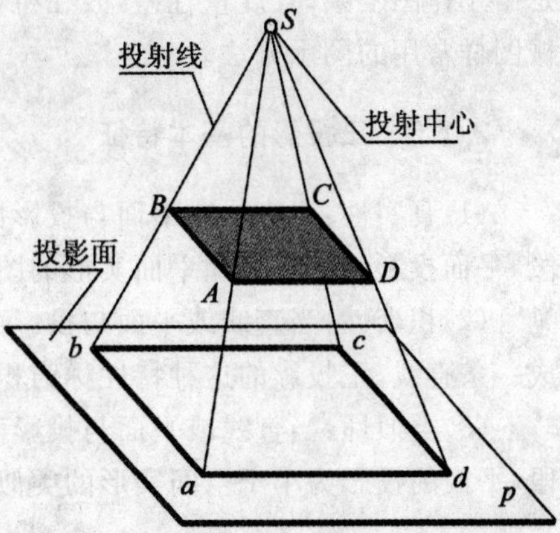

图 2-1 中心投影法

(2)平行投影法

若将图 2-1 的投射中心 S 移至无穷远处，则投射线互相平行，如图 2-2 所示。这种投射线互相平行的投影法称为平行投影法。

1)斜投影法——投射线与投影面斜交。根据斜投影法所得到的图形，称为斜投影或斜投影图(见图 2-2)。

2)正投影法——投射线与投影面垂直。根据正投影法所得到的图形,称为正投影或正投影图(见图 2-3)。

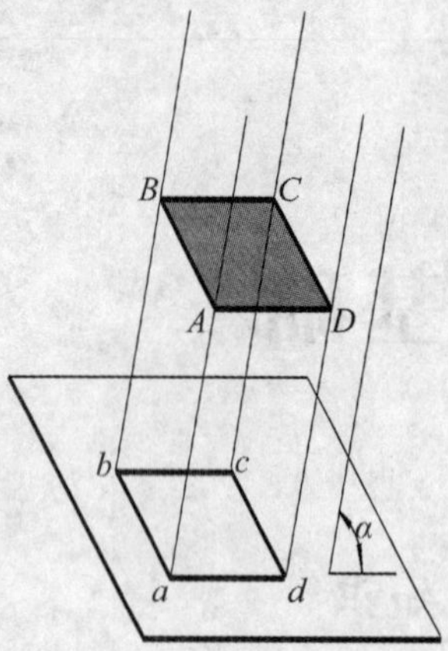

图 2-2 斜投影法

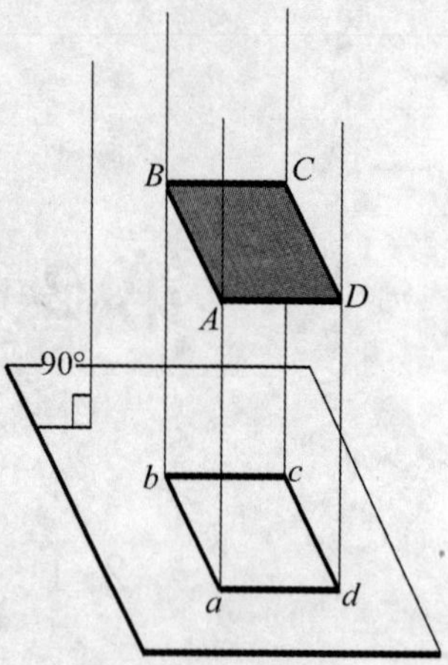

图 2-3 正投影法

由于正投影法的投射线相互平行且垂直于投影面,正投影在投影图上容易如实表达空间物体的形状和大小,作图比较方便,因此绘制机械图样主要采用正投影法,并将正投影简称为投影。

2.1.2 工程上常用的几种投影图

工程图学中常用中心投影法的原理画透视图(见图 2-4),平行投影法的原理画视图(见图 2-5)。透视图接近于视觉映象,直观性强,是绘制建筑物常用的一种图示方法。但是由于作图复杂,且度量性差,故在机械图样中较少采用。视图作图简单,度量性好,是机械图样常用的图示方法。

2.1.3 正投影的基本特征

(1)真实性:当直线或平面与投影面平行时,直线的投影为反映空间直线实长的直线段,平面投影为反映空间平面实形的图形,正投影这种特性称为真实性。

(2)积聚性:当直线或平面与投影面垂直时,直线的投影积聚成一点,平面的投影积聚成一条直线,正投影的这种特性称为积聚性。

(3)类似性:当直线或平面与投影面倾斜时,直线的投影为小于空间直线实长的直线段,平面的投影为小于空间实形的类似形,正投影的这种特性称为类似性。

图 2-4　透视图

2.2　物体的三视图

2.2.1　三投影面体系的建立

在图 2-5 中，分别从物体的前面、上面和左侧面三个方向进行投射，因而需要建立三个互相垂直的投影面。这三个互相垂直的投影面即构成一个三投影面体系。三个投影面分别为：正立投影面，简称正面，用 V 表示；水平投影面，简称水平面，用 H 表示；侧立投影面，简称侧面，用 W 表示。每两个投影面的交线称为投影轴，如 OX、OY、OZ，分别简称为 X 轴、Y 轴、Z 轴。三根投影轴相互垂直，其交点 O 称为原点。

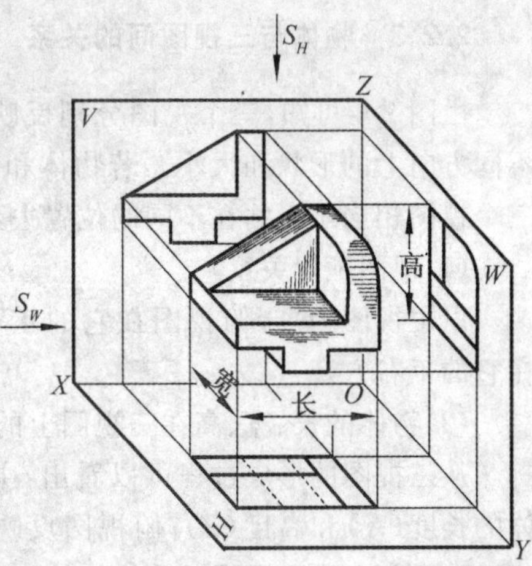

图 2-5　物体在三投影面体系中的投影

2.2.2　物体的三视图

将物体放置在三投影面体系中，按正投影法向各投影面投射，即可分别得到物体的正面投影、水平投影和侧面投影，如图 2-5 所示。

为了画图方便，需将相互垂直的三个投影面摊平在同一个平面上。展开的方法：正立投影面不动，将水平投影面绕 OX 轴向下旋转 90°，将侧立投影面绕 OZ 轴向右旋转 90°，如图 2-6(a)所示，分别重合于正立投影面上，如图 2-6(b)所示。应注意当水平投影面和侧立投影面旋转时，OY 轴分为两处，分别用 OYH（在 H 面上）和 OYW（在 W 面上）表示。这样用正投影法得到的三个投影图称为物体的三视图，即：

主视图——物体在正立投影面上的投影，也就是由前向后投射所得的视图。

俯视图——物体在水平投影面上的投影，也就是由上向下投射所得的视图。

左视图——物体在侧立投影面上的投影，也就是由左向右投射所得的视图。

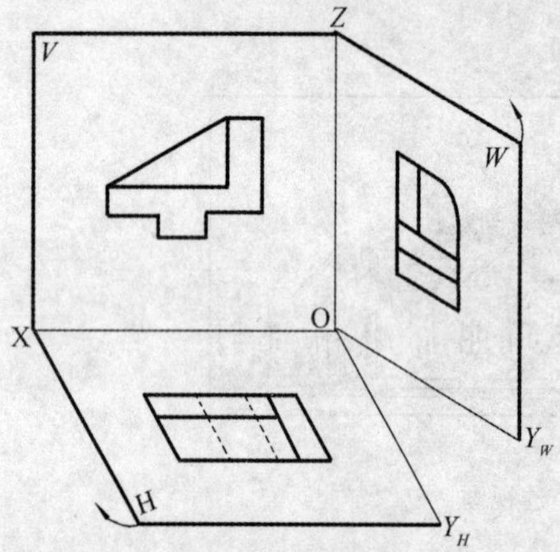

(a) 投影面的展开法

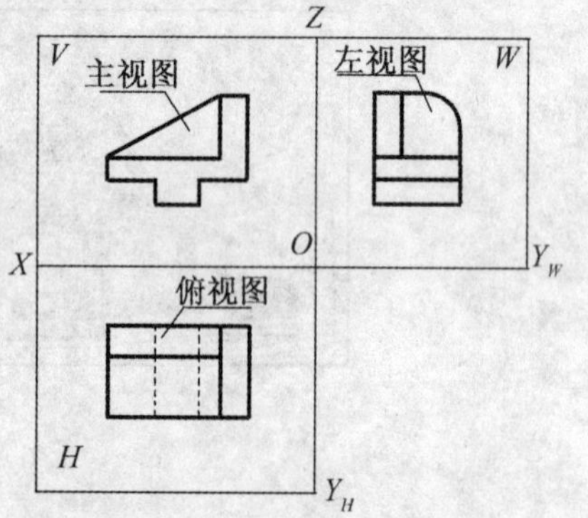

(b) 三投影面摊平在同一平面上

图 2-6　三投影面的展开

今后画图时，不必画出投影面的范围，因为它的大小与视图无关。这样三视图则更加清晰，如图 2-7 所示。

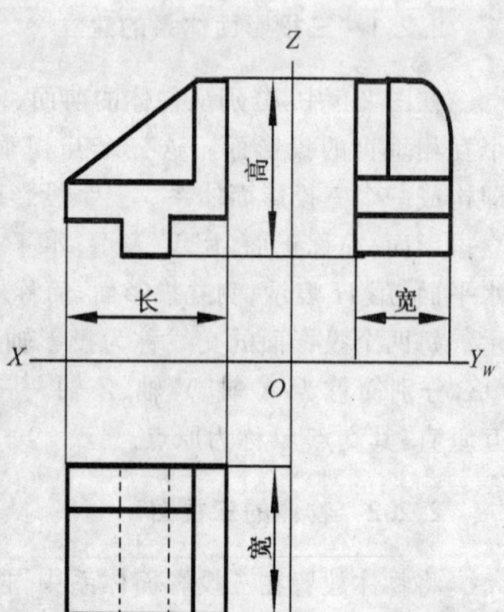

图 2-7　物体的三视图

2.2.3　物体与三视图间的关系

由图 2-6 可知，三个视图分别反映物体在三个不同方向上的形状和大小。若物体和投影面不动，三个视图相当于人站在不同的位置去看物体。

(1)视图配置关系

以主视图为准，俯视图在它的正下方，左视图在它的正右方。

(2)物体的长、宽、高在三视图上的对应关系

从三视图的形成过程可以看出：主视图反映物体的长度(X)和高度(Z)；俯视图反映物体的长度(X)和宽度(Y)；左视图反映物体的高度(Z)和宽度(Y)。

由此可归纳出三视图间的"三等"关系（见图 2-7）：主、俯视图——长对正；主、左视

图——高平齐；俯、左视图——宽相等。

(3)物体的六个方位在三视图中的对应关系

物体在三投影面体系内的位置确定后，它的前后、左右和上下的位置关系也就在三视图上明确地反映出来，如图 2-8 所示。

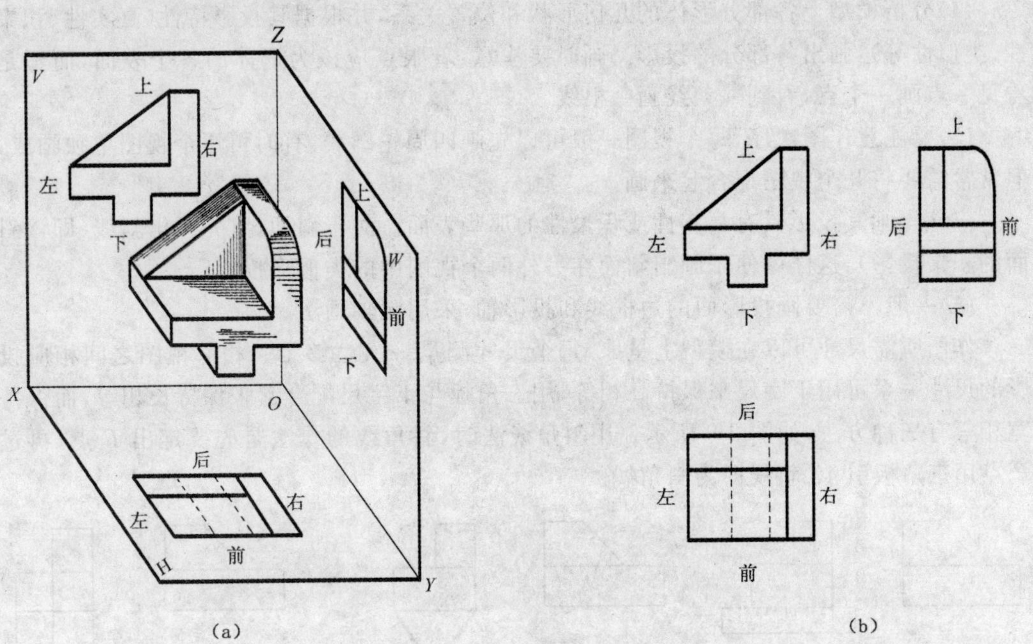

图 2-8　三视图中的物体的方位关系

一般将三视图中任意两视图组合起来看，才能完全看清物体的上、下、左、右、前、后六个方位的相对位置。其中物体的前后位置在左视图中最容易弄错。左视图中的左、右反映了物体的后面和前面，不要误认为是物体的左面和右面。

2.3　三视图作图方法及步骤

画形体的三视图时，需要我们根据在前面所学的多面正投影法原理和正投影的投影特性以及三视图间的各种关系，将理性认识变成画图能力，直接在图纸上画出各个视图。

为了便于画图和读图时想象形体的形状，我们可以把每一个视图都看作是垂直于相应投影面的视线(设视线互相平行)所看到的形体的真实图像。如果要得到形体的主视图，观察者设想自己置身于形体的正前方观察形体，视线垂直于正立投影面。为了获得俯视图，形体保持不动，观察者自上而下地俯视该形体。左视图也可用同样的方法来得到。应用这种方法时也可设想观察者的位置固定不动而改变形体的位置，结果也是一样的。

初学者最好根据教学模型来练习画三视图，并应注意以下几点：

(1)首先，应把模型位置放正，同时选定主视图方向。最好将模型上能反映其形状特征的一面选为画主视图的方向，同时尽可能考虑其余两视图简明好画，虚线少。

(2)开始作图前，应先定出各视图的位置，画出作图基准线，如中心线或某些边线。各视图之间的距离应适当。

(3)作图的线型应按机械制图国标的规定。底稿应画得轻而细,以便修改。

如果不同的图线恰巧重合在一起,应以粗实线、虚线、细实线、点画线的次序画。例如粗实线与虚线重合,应画出粗实线。

(4)分析模型上各部分形体的几何形状和位置关系,并根据其投影特性(真实性、积聚性、类似性等),画出各部分的投影。画时要注意:着眼点应该为形体的各个表面,而不是看见一点画一个点,看到一条线画一根线。

(5)要注意作图次序,每个视图一般可以先画四周轮廓线,有时可逐个视图单独画成,但常常需要将几个视图配合起来画。

应该先画其投影具有真实性或积聚性的那些表面。对于斜面,宜先画出斜线(即该斜面的积聚投影),这样就便于画出斜面在另外两个视图中的类似形投影。

(6)一般不需要画投影面的边框线和投影轴,采用无轴画法。

作图所需尺寸可以在模型上量取,每个尺寸测量一次就够了。相邻视图之间相应投影的尺寸关系可用丁字尺来保持高相等,用三角板与丁字尺配合起来保持长相等,而保持宽相等有三种方法,如图 2-9 所示。用斜角线法时,斜角线的作法是先要定出 P 点,再过 P 点用三角板引 45°斜线即为斜角线。

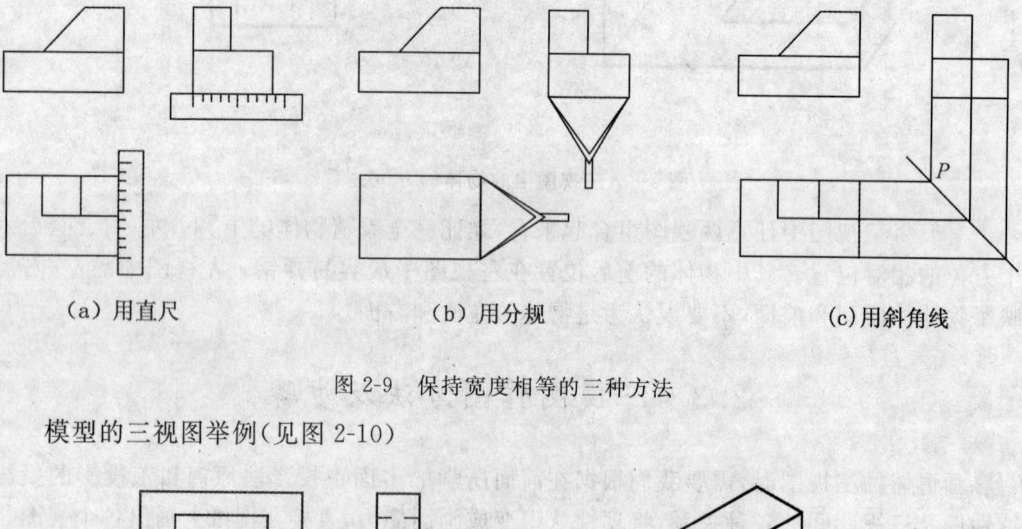

(a) 用直尺　　(b) 用分规　　(c)用斜角线

图 2-9　保持宽度相等的三种方法

模型的三视图举例(见图 2-10)

图 2-10　模型的三视图

第3章　基本立体视图

机器零件不论其结构形状多么复杂，一般都可以看作是由一些棱柱、棱锥、圆柱和圆锥及圆球等基本立体经叠加、切割、相交而形成。

3.1　基本立体的三视图

基本立体根据其表面的几何性质可分为平面立体和曲面立体两类。

3.1.1　平面立体的三视图

平面立体是由平面围成的形体，其表面都是平面，如棱柱、棱锥等。平面立体的各表面都是平面图形，面与面的交线是棱线。棱线与棱线的交点为顶点。

1. 棱柱

(1) 棱柱的三视图：棱柱的表面是棱面和底面，各棱线相互平行。当棱线与底面垂直时，称为直棱柱；倾斜时称为斜棱柱；当直棱柱的顶、底面为正多边形时，称为正棱柱。

如图 3-1(a)所示，为便于画图和看图，常使棱柱的主要表面处于与投影面平行或垂直的位置。其顶面和底面平行于 H 面，在俯视图上反映实形，前后棱面是正平面，在主视图上反映实形，六棱柱的另外 4 个棱面为铅垂面，6 个棱面在俯视图上积聚成直线并与六边形的边重合。

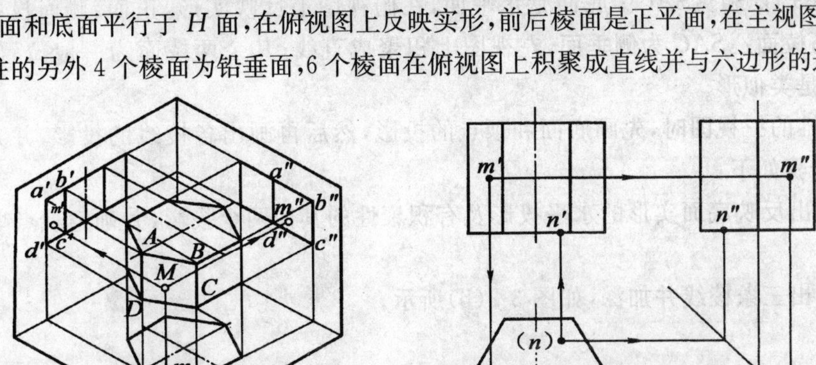

图 3-1　正六棱柱的三视图与表面上的点

六棱柱的6条棱线为铅垂线,其水平投影积聚在六边形的6个顶点上,正面投影和侧面投影都是垂直线。

画棱柱体的三视图时,一般先画反映实形的顶、底面的投影,然后再画棱面的投影,并判断可见性。正六棱柱的画图步骤如下:

1) 画对称中心线。

2) 画出反映顶、底面实形(正六边形)的水平投影。

3) 根据棱柱的高度按三视图的投影关系画出其余两视图,如图3-1(b)所示。

(2) 棱柱表面上的点:平面立体表面上取点与平面上取点的方法相同。首先要根据点的投影位置和可见性确定点在哪个面上,对于特殊位置平面上点的投影,可以利用平面的积聚性求出。对于一般位置平面上的点,则须用辅助线的方法求出。

例 3.1 如图3-1(b)所示,已知正六棱柱表面上点 M 的正面投影和点 N 的水平投影,求其另两个投影并判断可见性。

分析:由图3-1可知,由于 m' 可见,点 M 在左前棱面上,该棱面为铅垂面,水平投影有积聚性,因此点 M 的水平投影 m 可直接求出,由 m 和 m' 即可求出 m''。由于点 N 的水平投影 n 不可见,因此判断点 N 在底面上,该底面的正面投影和侧面投影均积聚成直线段,因此可利用积聚性求出 n' 和 n''。

作图:

1) 由 m' 作投影连线求得 m,由 m' 和 m 求得 m''。

2) 由 n 作投影连线求得 n',由 n 和 n' 求得 n''。

3) 判断可见性。可见性判断原则是:如果点所在面的投影可见(或者有积聚性),则点的投影也可见。由此可知 m' 和 m''、n' 和 n'' 均可见。

2. 棱锥

(1)棱锥的三视图:棱锥的表面有底面和棱面,各条棱线汇交于一点(锥顶),各棱面都是三角形,底面为多边形。正棱锥的底面是正多边形,侧面为等腰三角形。

图3-2(a)为一正三棱锥,它的底面为一正三角形 ABC,三个棱面都是等腰三角形 $\triangle SBC$、$\triangle SAB$ 和 $\triangle SAC$。底面是水平面,在俯视图上反映实形,正面、侧面投影均积聚为直线段;棱面 $\triangle SAC$ 为侧垂面,左视图上积聚成直线;其余两棱面为一般位置平面,三面投影都是类似形。

画棱锥的三视图时,先画底面和顶点的投影,然后再画出各棱线的投影,并判断可见性,画图步骤如下:

1) 画出反映底面实形的水平投影及有积聚性的其他两个投影,并确定顶点 S 的三面投影。

2) 画出三条棱线并加深,如图3-2(b)所示。

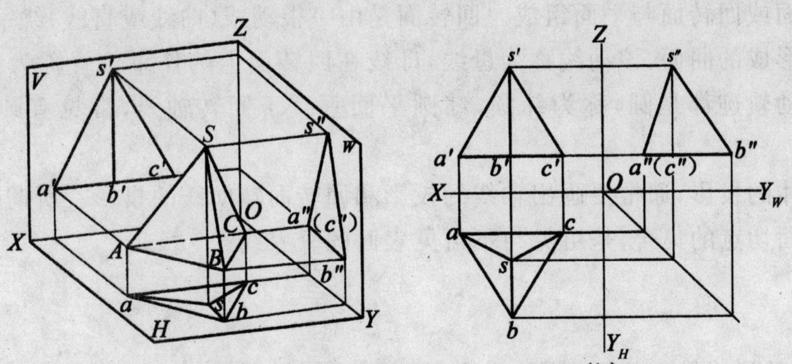

(a)　　　　(b)

图 3-2　三棱锥的三视图

(2) 棱锥表面上的点：现举例说明。

例 3.2　如图 3-3(a)所示，已知三棱锥表面上 2 点 M、N 的正面投影，求作 M、N 两点的其余两投影。

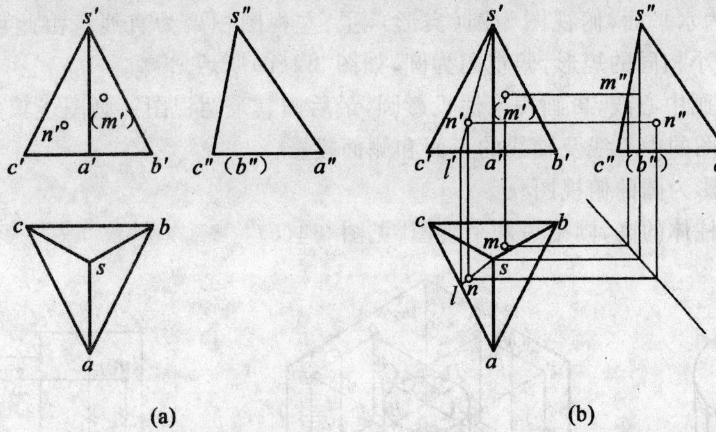

(a)　　　　(b)

图 3-3　三棱锥表面上的点

分析：由于 m' 不可见，可知点 M 在棱面△SBC 上，且平面 SBC 的侧面投影有积聚性，可利用积聚性求 m''，如图 3-3(b)所示，再由 m' 和 m'' 求出 m。点 N 处在△SAC 棱面上，为一般位置平面，需要通过在平面上作辅助线的方法，求出点 N 的其余两投影。

作图：

1)过 m' 作投影连线求得 m''，由 m' 和 m'' 求得 m。

2)过点 N 作辅助线 SL，即连 $s'n'$ 交底边 $a'c'$ 于 l'，并求得 sl，由 n' 作投影连线交 sl 上得 n，由 n' 和 n 求得 n''。

3)判断可见性，△SBC 水平投影可见，侧面投影有积聚性，所以 m 和 m'' 均可见。棱面△SAC 的三投影均可见，因此点 N 的三面投影也都可见。

3.1.2　回转体的三视图

曲面立体是由曲面或曲面和平面围成的实体，物体中常见的曲面立体是回转体。回转体由回转面或回转面与平面组成。回转面是由一根动线(曲线或直线)绕一条固定的轴线旋转一周形成的曲面,该动线称为母线,母线在回转面上的任意位置称为素线;母线上任一点的运动轨迹都是圆,称为纬圆,纬圆平面垂直于回转轴线,常见有圆柱、圆锥、圆球等。

画回转体的投影,通常要画出轴线的投影和回转面转向线的投影。所谓转向线,即投影线与回转面切点的集合,是可见与不可见表面的分界线。

1. 圆柱

(1)圆柱的形成及三视图:圆柱由上下底面及圆柱面组成。圆柱面可看成是一直线 AA_1 即母线绕与其平行的轴线旋转而成。圆柱面上任意平行于轴线的直线都称为素线,如图 3-4 所示。

当圆柱的轴线垂直于 H 面时,圆柱面上所有素线也都垂直于水平投影面,即圆柱面为铅垂面。圆柱面的俯视图积聚在圆周上,圆柱面在主视图中的轮廓线是圆柱面上最左、最右两条素线的投影,在左视图中的轮廓线是圆柱面上最前、最后两条素线的投影;圆柱体的上下底面为水平面,俯视图为圆(实形),主、左视图积聚为直线。由此可见:圆柱的主、左视图为大小相同的矩形,俯视图为圆,如图 3-4(b)所示。

画圆时,先画中心线,再画积聚性投影圆,最后画其余两视图。画图步骤如下:

1) 画俯视图的中心线及轴线的正面和侧面投影。

2) 画出投影为圆的俯视图。

3) 根据圆柱体的高,画出另两个视图[见图 3-4(c)]。

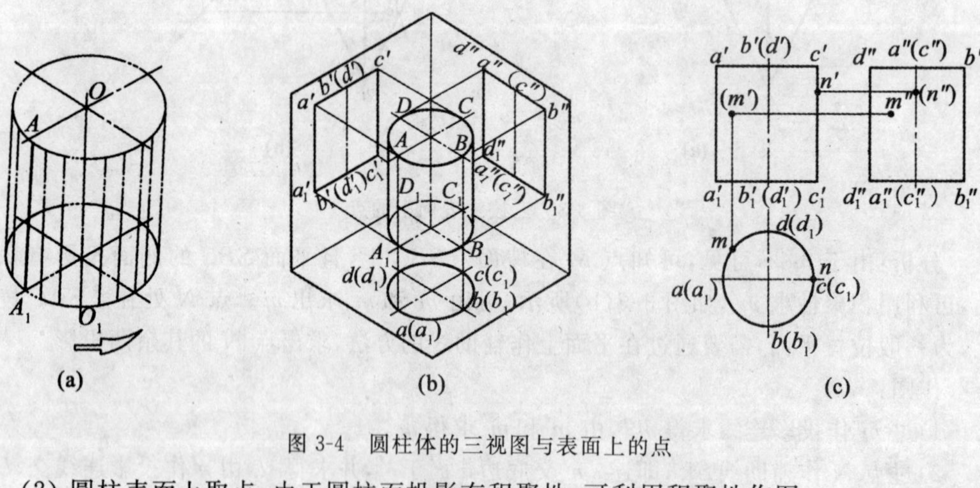

图 3-4 圆柱体的三视图与表面上的点

(2) 圆柱表面上取点:由于圆柱面投影有积聚性,可利用积聚性作图。

例 3.3 如图 3-4(c)所示,已知圆柱面上 2 点 M、N 的正面投影 m' 和 n',求水平投影和侧面投影。

分析:由于圆柱面的水平投影有积聚性,所以圆柱面上 2 点 M、N 的水平投影也在该圆上,可直接求出 m、n,由 m'、n' 和 m、n 可求出 m''、n''。

作图：

1）从 m'、n' 作投影线与圆周相交，由于 m' 不可见，故其在后半圆柱面上，又由 n' 在最右素线上，可求出 m、n。

2）由点 M、N 的两面投影可求出侧面投影 m'' 和 n''，如图 3-4(c)所示。

3）可见性判断：点 M 在后左圆柱面上，m'' 可见。点 N 在右半圆柱面上，n'' 不可见，如图 3-4(c)所示。

2. 圆锥

(1)圆锥的形成及三视图：圆锥体由圆锥面与底平面组成。圆锥面可看成是由一条母线 SA 绕与它相交的轴线回转而成。圆锥面上过锥顶 S 的任一直线称为素线，如图 3-5(a)所示。

如图 3-5(b)所示，当圆锥的轴线垂直于水平投影面时，圆锥的俯视图是圆，该圆既是圆锥面的投影，又是底平面圆的实形投影；主视图为一等腰三角形，三角形的底边是圆锥底平面的积聚投影，两腰是圆锥面上最左、最右两条素线的投影；左视图也是等腰三角形，三角形的底边是圆锥底平面的积聚投影，两腰是圆锥面上最前和最后两素线的投影。

画图时，应先画中心线和轴线，再画投影为圆的视图，最后画锥顶和轮廓线的投影，画图步骤如下：

1）画俯视图的中心线及轴线的正面和侧面投影。

2）画投影为圆的俯视图。

3）根据圆锥体的高画出另两个视图，如图 3-5(c)所示。

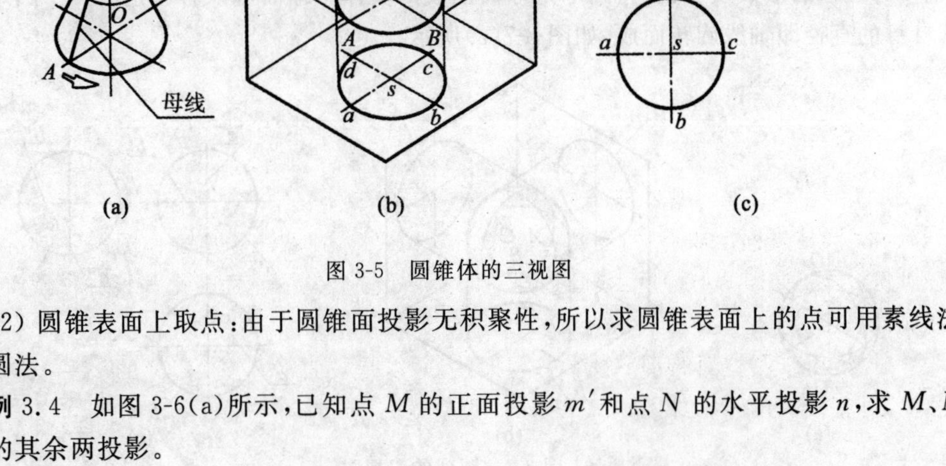

图 3-5　圆锥体的三视图

(2) 圆锥表面上取点：由于圆锥面投影无积聚性，所以求圆锥表面上的点可用素线法和纬圆法。

例 3.4　如图 3-6(a)所示，已知点 M 的正面投影 m' 和点 N 的水平投影 n，求 M、N 两点的其余两投影。

分析:由于圆锥的三面视图均无积聚性,所以圆锥面上求点方法必须用素线法或纬圆法,求出素线或纬圆的三面投影,然后在线或圆上确定点的投影。作图步骤如下[见图 3-6(b)]:

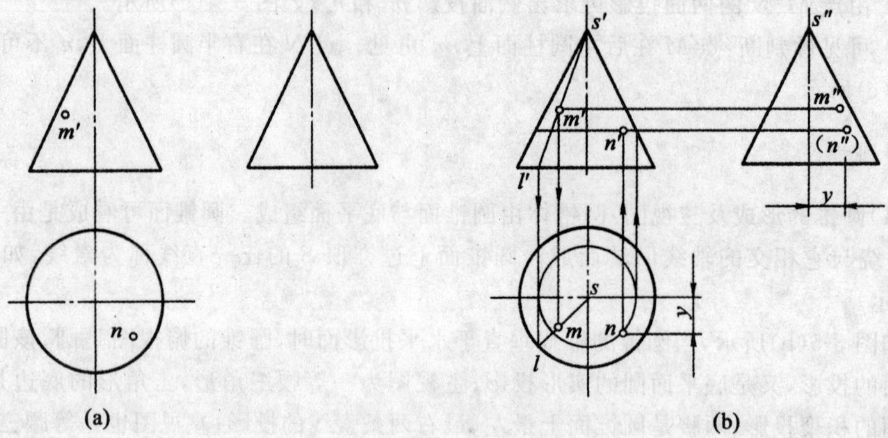

图 3-6 圆锥体表面上的点

方法一:用素线法求解

先过 m' 与锥顶 s' 作一辅助素线 $s'l'$,求出 sl,再利用直线上点的从属性求出 m,由 m'、m 可求出 m''。

方法二:用纬圆法求解

过 n 作纬圆的水平投影,此水平圆与圆锥底平面圆同心。其正面投影和侧面投影为垂直于轴线的直线,长度为纬圆的直径,n'、n''在此线上。

可见性判断:由于点 M 在左前圆锥面上,三面投影均可见;点 N 在右前圆锥面上,所以 n''不可见。

3. 圆球

(1)圆球的形成及三视图:圆球是球面围成的实体。球面可以看成是由一个圆母线绕其自身的直径即轴线旋转而成,如图 3-7(a)所示。

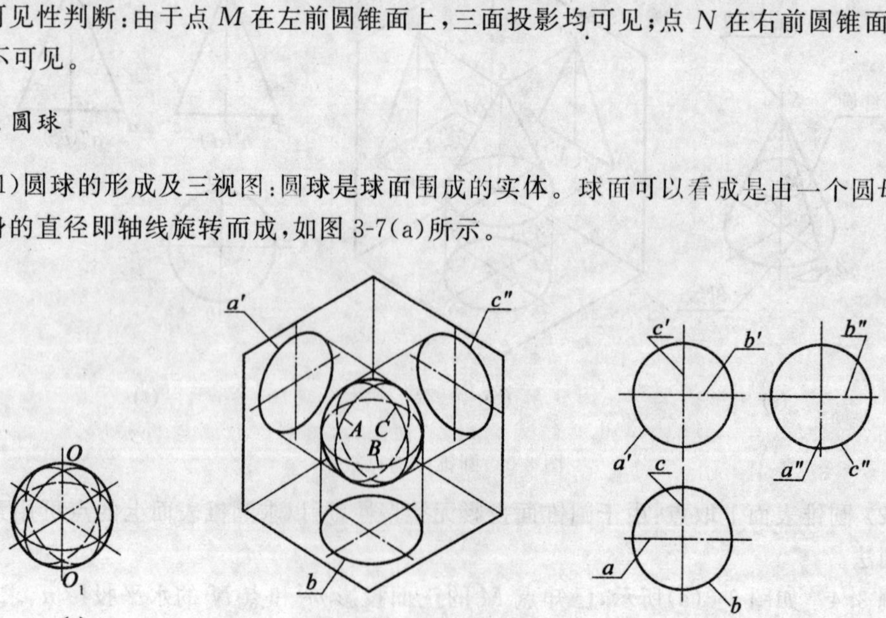

图 3-7 圆球的三视图

圆球从任意方向投影都是圆，因此其三面投影都是直径相同的圆。3 个圆分别是球面在 3 个投影方向上转向轮廓素线圆 A、B、C 的投影，如图 3-7(b)所示。A 在主视图中是 a'，它是前后半球可见与不可见的分界圆，在俯视图和左视图中都积聚成直线 a 和 a''，并与中心线重合，不必画出；同理，B 在俯视图上反映为 b，是上下半球可见和不可见的分界圆，其余两个视图为 b' 和 b''，与中心线重合，不必画出；C 在左视图上反映为 c''，它是左右半球可见与不可见的分界圆，其余两个视图为 c 和 c'，与中心线重合，不必画出。

画圆球的三视图时，先画中心线，再画圆球的轮廓线并加深，画图步骤如下：

1）画三个视图的中心线。

2）画出三个直径等于圆球直径的圆，如图 3-7(c)所示。

(2) 圆球表面上的点：可以用纬圆法来确定圆球面上的点的投影。圆球面的纬圆可以是平行于 V 面、H 面或 W 面的圆。当点处于圆球的最大圆上时，可以直接求出点的投影。

例 3.5　如图 3-8 所示，已知圆球面上点 M 的水平面投影 m，求其他两面投影。

分析：由于圆球面在 3 个投影面上均没有积聚性，要求点的另两面投影必须在圆球面上作辅助纬圆，纬圆为平行于 V 面、H 面或 W 面的圆。图 3-8(a)为平行于 V 面的纬圆。根据点 M 的位置和不可见性，可知点 M 位于圆球的前、右、下部分。

作图：

1）过 m 作辅助正平纬圆的水平投影 12。

2）求出辅助圆的正面投影即圆，点 M 在此圆上，由 m 可求出 m'。

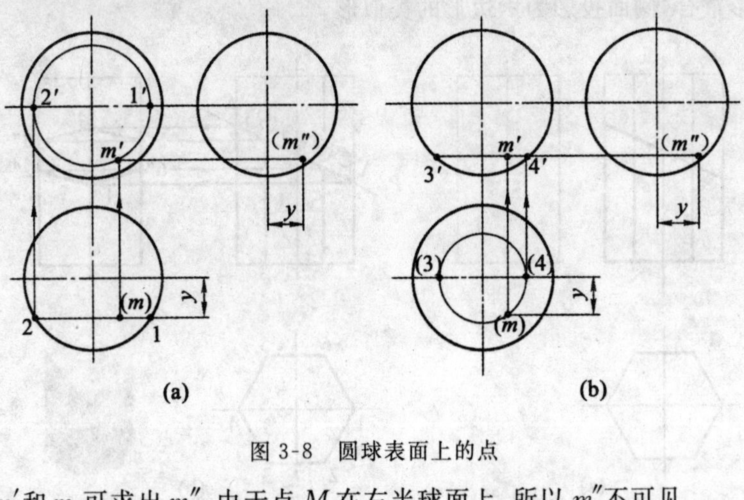

图 3-8　圆球表面上的点

3）由 m' 和 m 可求出 m''，由于点 M 在右半球面上，所以 m'' 不可见。

图 3-8(b)为过 m 作辅助水平纬圆。求 m'' 和 m' 的过程请读者自行分析。

3.2　立体的切割与截交线的画法

如图 3-9 所示，当立体被平面 P 所截时，该平面 P 称为截平面。它与立体表面的交线称为截交线，由截交线所围成的平面图形称为截断面。

截交线的形状取决于立体的形状及截平面与立体的相对位置。截交线具有下列性质:

(1) 封闭性:由于立体有一定的范围,所以截交线一般是由直线或者曲线或者直线和曲线围成的封闭的平面图形。

(2) 共有性:截交线一般是截平面和立体表面的共有线,是截平面和立体表面共有点的集合。

由截交线的性质可知,求截交线实质上是求截平面与立体表面上的一系列交点,并顺次相连,即得截交线的投影。

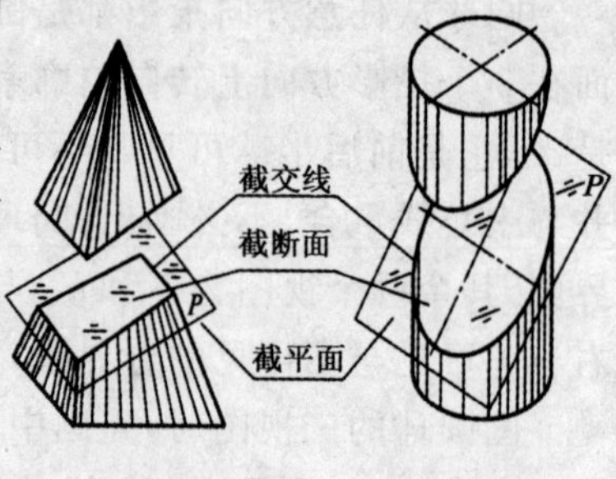

图 3-9　截交的基本概念

3.2.1　平面立体的截切

平面与平面立体相交,其截交线是由直线组成的封闭的平面多边形,多边形的各条边是截平面与平面立体各表面的交线,多边形的顶点是平面立体的各棱线与截平面的交点。因此,作平面立体的截交线,就是求出截平面与平面立体各棱线的交点,然后依次连接各点同面投影,并判断其可见性即得截交线的投影。

例 3.6　如图 3-10(a)所示,已知正六棱柱被正垂面截切后的两视图,求其左视图。

分析:由于截平面与正六棱柱的 6 个棱面相交,所以截交线是六边形,六边形的顶点是正六棱柱的 6 条棱线与截平面的交点。截交线的正面投影积聚在 P_V 上,水平投影与正六棱柱投影重合,侧面投影为六边形的类似形。

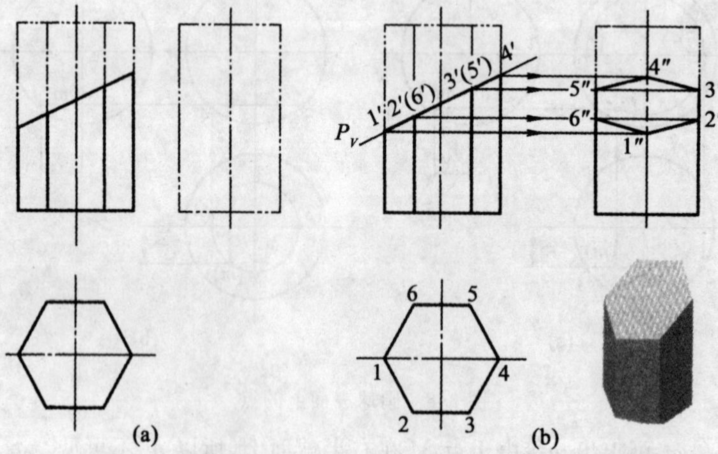

图 3-10　平面截切六棱柱

作图:

1) 先画出没有截切的正六棱柱的左视图。

2) 求出截平面与各条棱线交点的侧面投影 1″、2″、3″、4″、5″、6″。

3) 依次连接各交点即得截交线的侧面投影,如图 3-10(b)所示。

4) 擦去多余的线,完成左视图。

例 3.7　如图 3-11(a)所示，已知正四棱锥切口，试完成三视图。

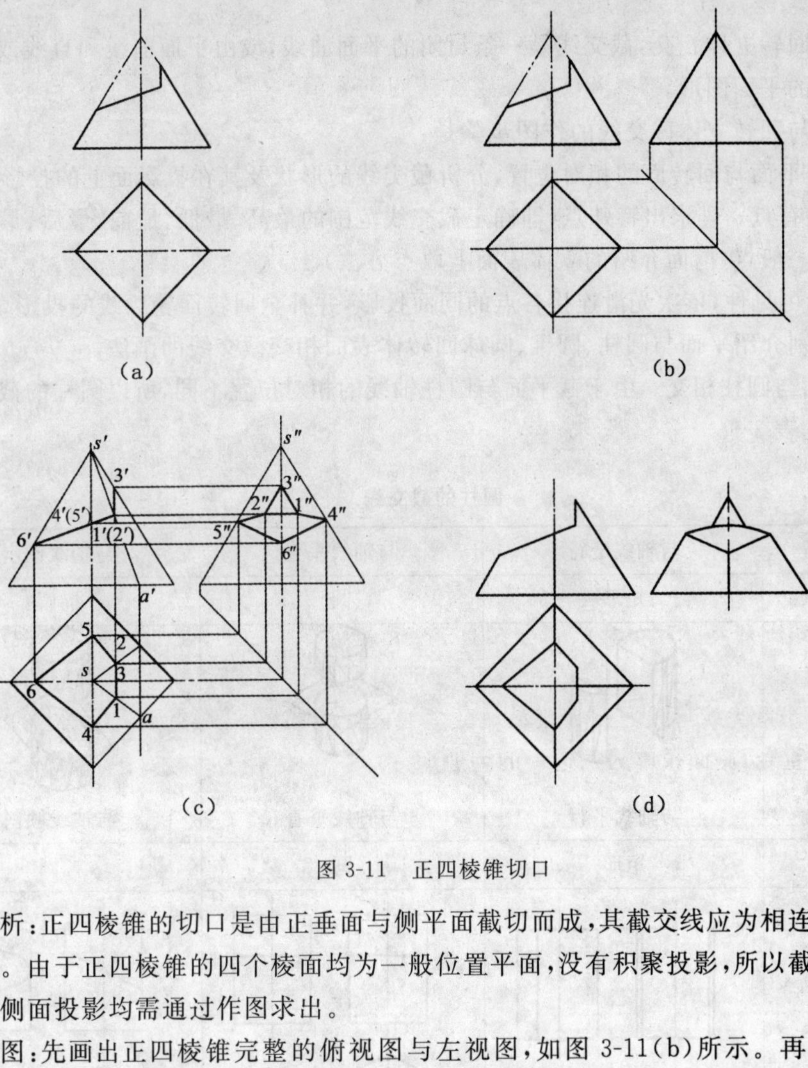

图 3-11　正四棱锥切口

分析：正四棱锥的切口是由正垂面与侧平面截切而成，其截交线应为相连的五边形与三角形。由于正四棱锥的四个棱面均为一般位置平面，没有积聚投影，所以截交线的水平投影与侧面投影均需通过作图求出。

作图：先画出正四棱锥完整的俯视图与左视图，如图 3-11(b)所示。再求切口的投影，两截切面的交线是正垂线，首先求出交线的两面投影，再完成切口的投影。具体作图步骤如下：

1）求两截平面的交线ⅠⅡ的投影：连接锥顶 S 和点Ⅰ交底边于点 A，求出 SA 的投影，即由 $s'a'\rightarrow sa\rightarrow s''a''$；最后求出ⅠⅡ的投影 1′(2′)→12→1″2″。

2）求侧平面与四棱锥的截交线：先求侧平面与右侧棱交点Ⅲ的投影；由 3′得 3″、3，再连接 1、2、3 和 1″、2″、3″完成截交线的投影，如图 3-11(c)所示。

3）求正垂面与四棱锥的截交线：先求正垂面与侧棱交点Ⅳ、Ⅴ、Ⅵ的投影，由 4′、(5′)、6′得 4、5、6 和 4″、5″、6″，再连接 1、2、4、5、6 和 1″、2″、3″、4″、5″、6″完成截交线的投影，如图 3-11(c)所示。

4）判断轮廓线的完整性与棱线的可见性：擦去多余线条完成三视图，如图 3-11(d)所示。

3.2.2 回转立体的截切

平面与回转立体相交,截交线是一条封闭的平面曲线,或由平面曲线和直线或完全由直线所组成的平面图形。

求平面与回转立体截交线的作图步骤是:

1)根据平面与回转面的相对位置,分析截交线的形状及其在投影面上的投影特点。

2)求共有点。先求出特殊点(即确定截交线范围的最高、最低、最前、最后、最左和最右点),后求一般点(前面介绍的立体表面上取点方法)。

3)判断可见性,依次光滑连接各点的同面投影,并补全回转面轮廓线的投影。

下面分别介绍平面与圆柱、圆锥、圆球回转体表面相交截交线的画法。

(1)平面与圆柱相交。由于截平面与圆柱轴线的相对位置不同,所以圆柱的截交线有三种形状,见表 3-1。

表 3-1　　圆柱的截交线

截平面位置	与轴线平行	与轴线垂直	与轴线倾斜
截交线形状	矩形	圆	椭圆
立体图		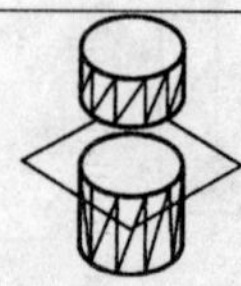	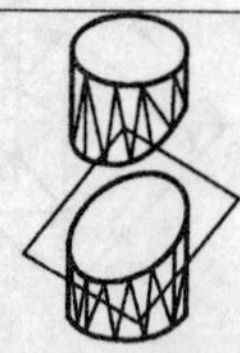
截平面位置	与轴线平行	与轴线垂直	与轴线倾斜
截交线形状	矩形	圆	椭圆
投影图	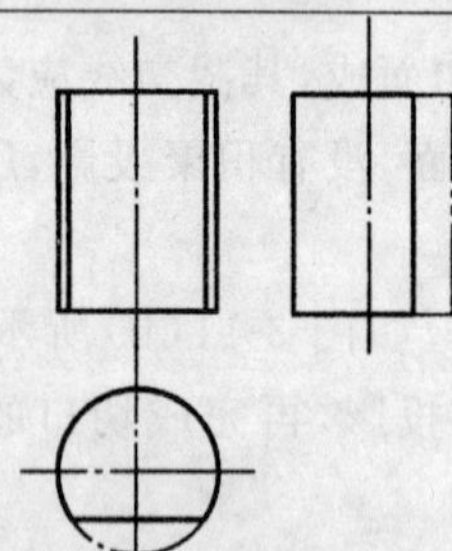	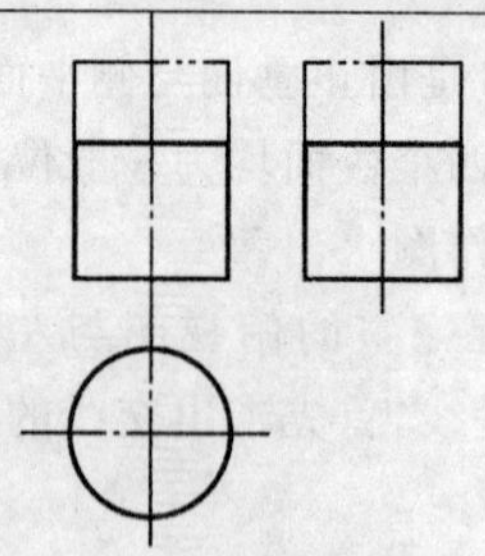	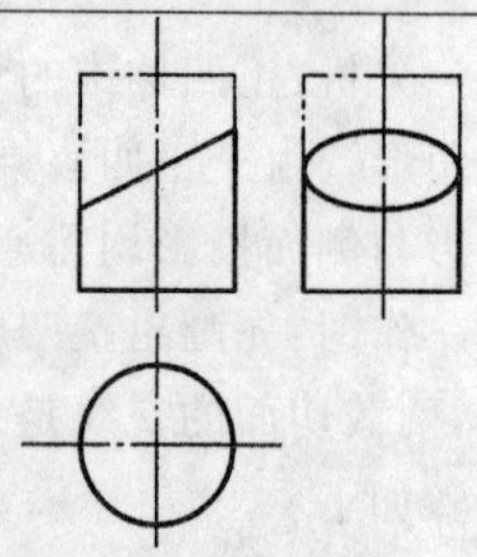

圆柱的截交线求法:圆柱的投影有积聚性,可利用积聚性求出截交线的投影。表3-1中前两种的情况,直接按截平面的位置找好投影关系即可得到截交线。第三种情况的截交线是椭圆,椭圆的形状和大小随截平面对圆柱轴线的倾斜程度不同而变化,但长短轴中总有一轴与圆柱的直径相等。因此,需先找出系列的特殊点,即截交线上极限位置点、截交线的特征点和回转轮廓线上的点等。再找出一般点,最后光滑连接这些点即得到截交线。

例 3.8　如图 3-12(a)所示,求圆柱被正垂面斜切的截交线。

分析:截平面为正垂面斜切圆柱,因此截交线是椭圆。椭圆的正面投影有积聚性,水平投影与圆柱面的投影重合为圆，侧面投影为椭圆。根据投影规律，可由正面和水平投影求出侧面投影。

作图[见图 3-12(b)]：

1) 先求出截交线上的特殊位置点，即首先求长、短轴的 4 个端点的投影。长轴上Ⅰ、Ⅱ点是最低点和最高点，短轴上Ⅲ、Ⅳ点是最前点和最后点。Ⅰ、Ⅱ、Ⅲ、Ⅳ点也在圆柱的最左、最右、最前和最后素线上。根据水平投影 1、2、3、4 和正面投影 1′、2′、3′、4′可求出侧面投影 1″、2″、3″、4″。

2)再求截交线上的一般位置点。在截交线上任取Ⅴ、Ⅵ、Ⅷ、Ⅷ点，根据水平投影 5、6、7、8 和正面投影 5′、(6′)、7′、(8′)，可求出侧面投影 5″、6″、7″、8″。

3) 最后依次光滑连接各点，即可得到截交线的侧面投影。

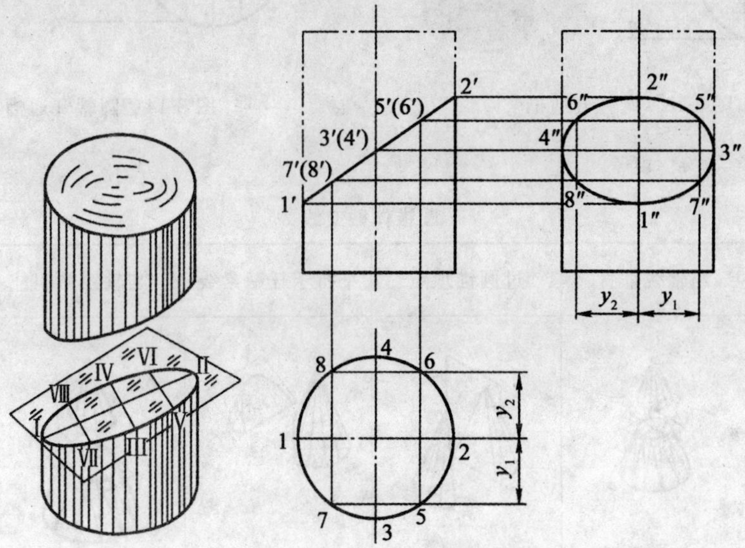

图 3-12　圆柱被截平面斜切

例 3.9　如图 3-13 所示，已知开槽圆柱的正面投影，求其水平投影和侧面投影。

分析：通槽可看作是圆柱被两平行于圆柱轴线的侧平面及一个垂直于圆柱轴线的水平面所截切，两侧平面截切圆柱的截交线为一矩形，水平面截切圆柱为前后各一段圆弧。图 3-14 为一圆管开通槽的三视图。

(2)平面与圆锥相交。由于截平面与圆锥轴线的相对位置不同，其截交线有五种不同的形状，见表 3-2。

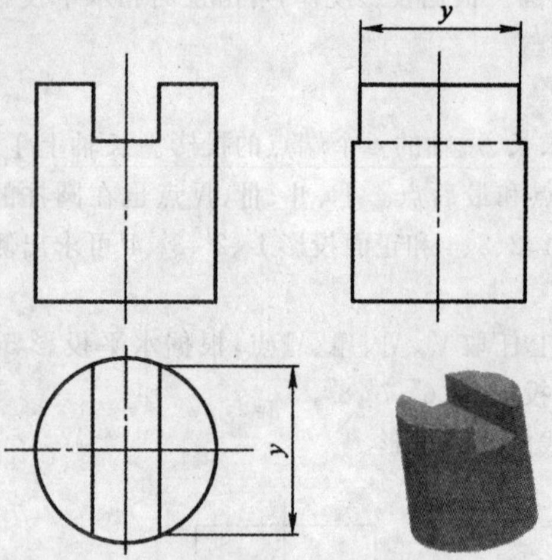

图 3-13　圆柱开通槽

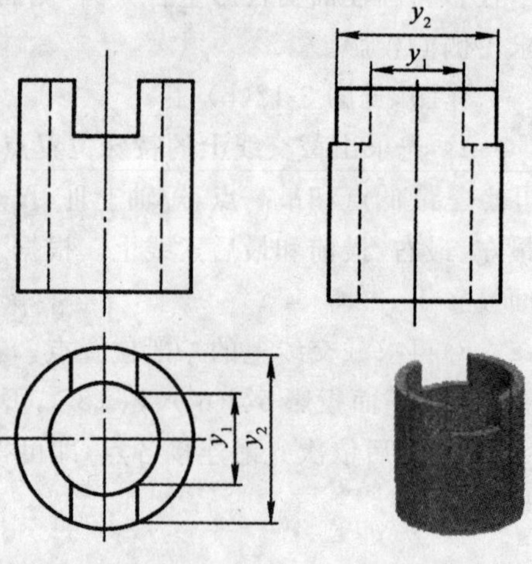

图 3-14　圆管开通槽

表 3-2　　圆锥体截交线

截平面的位置	与轴线垂直	过圆锥顶点	平行于任一素线	与轴线倾斜	与轴线平行
立体图		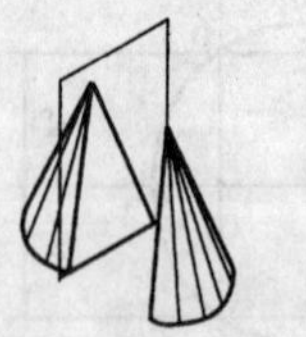	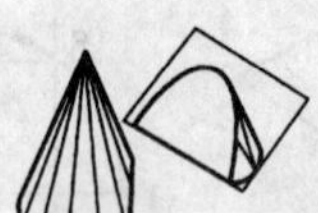		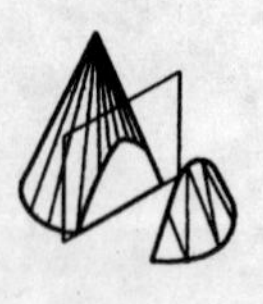
投影图		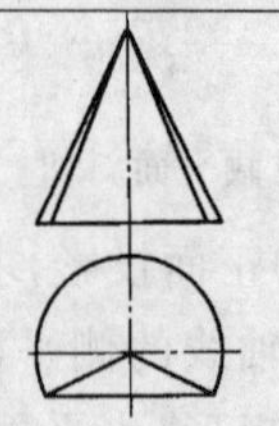	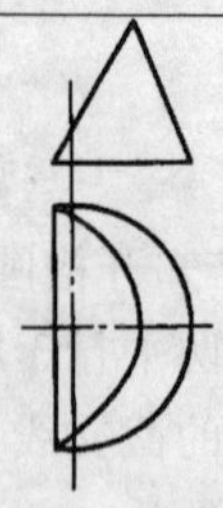	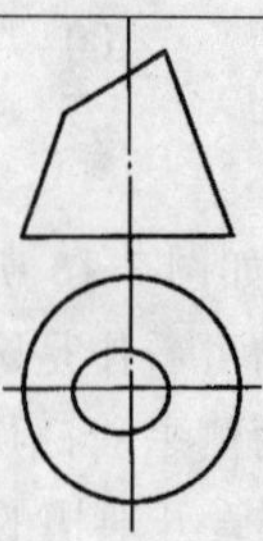	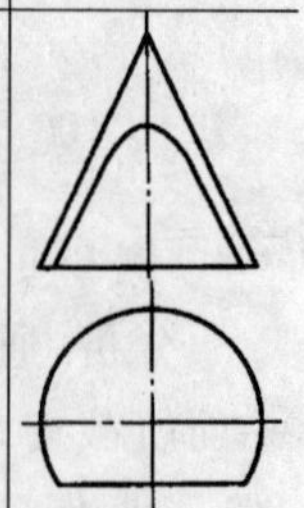
截交线的形状	圆	三角形	抛物线及直线	椭圆	双曲线及直线
截交线求法要点	求圆心及半径	交点为锥顶，另两点在纬圆上	求特殊点，即最高、最低、最前、最后、最左、最右等极限位置点，转向轮廓线上的点及椭圆的长、短轴上的点；求一般点，采用纬圆法可得；判断可见性，光滑连接		

例 3.10　如图 3-15 所示，已知主视图，完成俯视图并画出左视图。

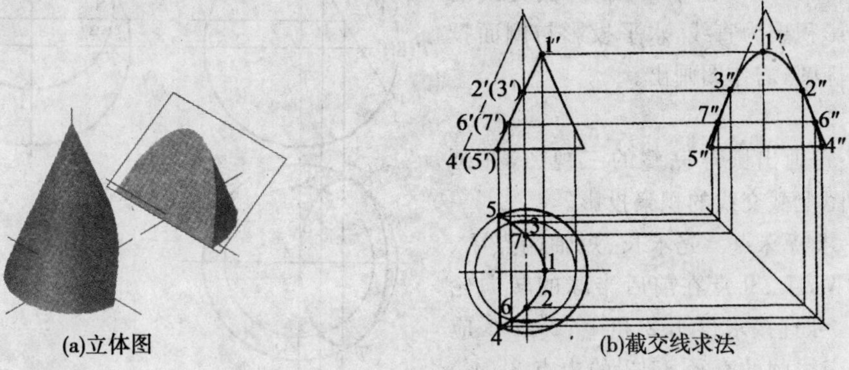

图 3-15　圆锥与平面相交

分析：截平面是正垂面且与素线平行，截交线形状为抛物线，主视图积聚成与轴线相交的线段，水平投影和侧面投影均为抛物线的类似形。

作图［见图 3-15(b)］：

1) 求特殊点。抛物线的最高点Ⅰ位于最右素线上，由 1′可求出 1 和 1″。点Ⅱ、Ⅲ位于圆锥的最前、最后素线上，可由 2′、3′得 2″、3″和 2、3。点Ⅳ、Ⅴ为最低点，也是位于底圆上的两个点，可直接求出 4、5 和 4″、5″。

2) 求一般点可用纬圆法。在截交线的主视图上（直线）过点Ⅵ、Ⅷ作纬线圆，求出纬线圆的水平投影（圆）和侧面投影（直线），可由 6′、7′得 6、7；由 6、7 和 6′、7′求出 6″、7″（此两点也在纬线圆的投影上）。

3) 依次光滑连接各点即得截交线的另两个投影。

(3) 平面与圆球相交。圆球被任意平面截切，得到的截交线都是圆。当截平面是投影面平行面时，截交线在所平行的投影面上的投影是一个圆，其他两面的投影均为直线；当截平面是投影面垂直面时，截交线在所垂直的投影面上积聚为直线，其他两面的投影为椭圆。图 3-16 是球被水平面截切的求解过程。

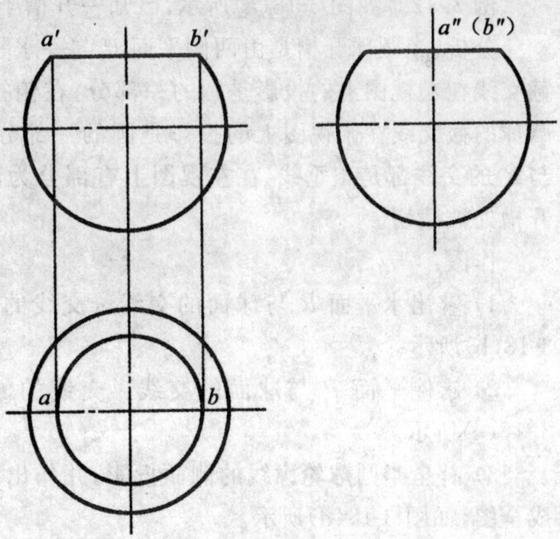

图 3-16　圆球被平行面截切的截交线

例 3.11　如图 3-17 所示,已知球体被正垂面截切,完成其三视图。

分析:圆球被正垂面截切,截交线的正面投影积聚为直线,水平投影与侧面投影均是椭圆,需作图画出。

作图:

1) 先画出圆球完整的三视图,并画出主视图上截交线的积聚投影。

2) 求特殊点。先求长、短轴端点Ⅰ、Ⅱ、Ⅲ、Ⅳ,Ⅰ、Ⅱ点在前后半球的转向轮廓线上,可直接求得 1、2 和 1″、2″,1′2′应等于截交线圆的直径。1′2′的中点 3′(4′)应是长轴Ⅲ Ⅳ(正垂线)在正面上有积聚性的投影,投影 3 4 和 3″4″的长度也应等于截交线圆的直径(等于 1′2′);再求截交线上处于上、下半球分界圆上的点Ⅶ、Ⅷ,由 7′、(8′)得 7、8 与 7″、8″。

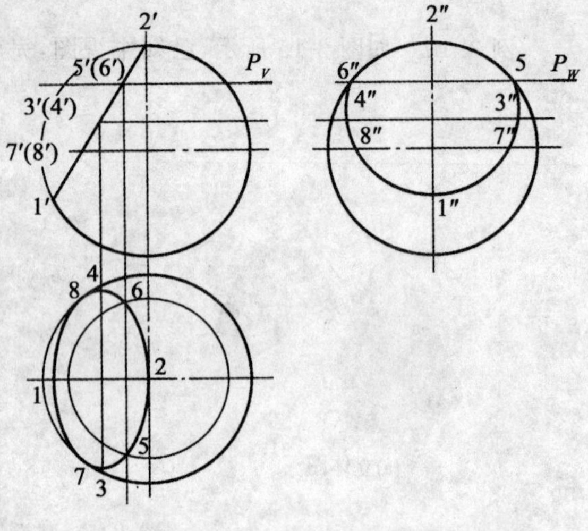

图 3-17　圆球的截交线

3) 求一般点。作辅助水平纬线圆 P,由 5′、(6′)得 5、6 和 5″、6″,根据作图需要,还可求出其他一系列一般位置点。

4) 将同面投影点依次光滑连接,处理圆球轮廓线,完成全图,如图 3-17 所示。

例 3.12　如图 3-18(a)所示,已知一开槽半圆球的主视图,求其俯视图和左视图。

分析:半圆球开槽是由两侧平面 P 与一水平面 R 截切而成的。侧平面 P 与半圆球的截交线在左视图上的投影是圆的一部分,在俯视图上的投影积聚为直线;水平面 R 与半圆球的截交线在俯视图上的投影是圆的一部分,在左视图上的投影积聚为直线;平面 P 与 R 的交线都是正垂线,在左视图上有部分为不可见。注意:左视图中半球的轮廓线在开槽处被截切。

作图:

1) 求出水平面 R 与球面的交线。交线的水平投影为圆弧,侧面投影为直线,如图 3-18(b)所示。

2) 求侧平面 P 与球面的交线。交线的侧面投影为圆弧,水平投影为直线,如图 3-18(c)所示。

3) 补全半圆球轮廓线的侧面投影,并作出两截平面的交线的侧面投影(为虚线),完成全图,如图 3-18(d)所示。

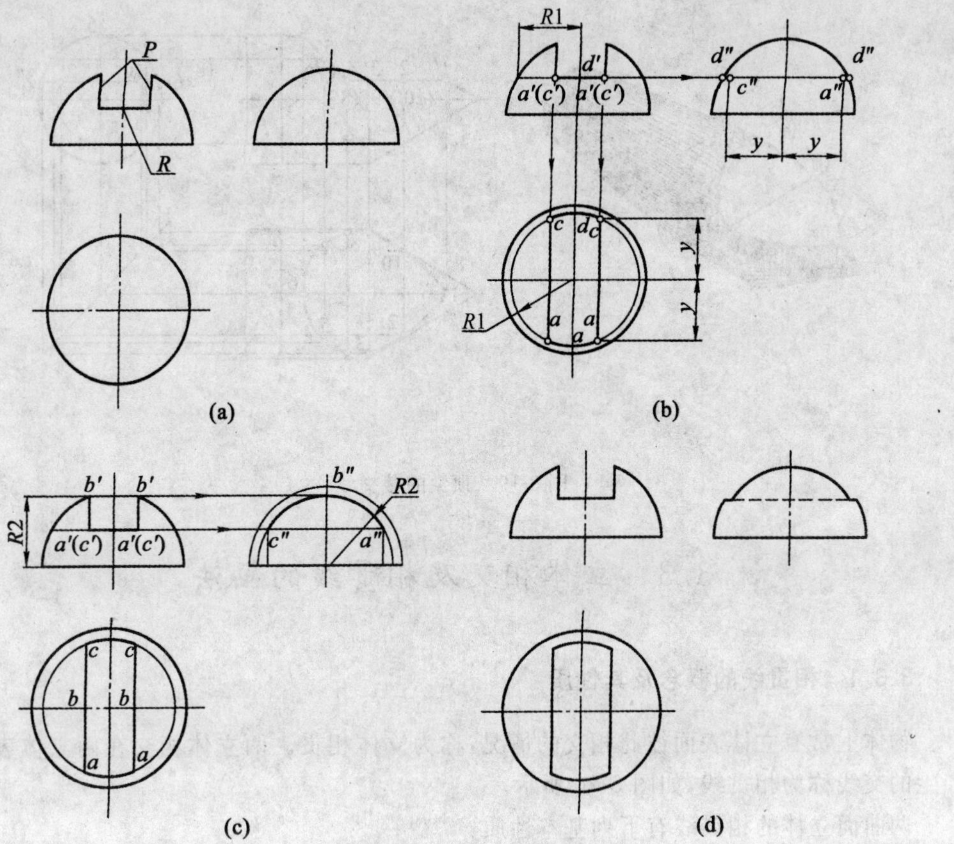

图 3-18　半球开槽

例 3.13　如图 3-19(a)所示，已知顶尖的主视图和左视图，完成顶尖的俯视图。

分析：该零件是由圆锥和圆柱叠加而成。用水平面 P 和正垂面 Q 切去一部分[见图 3-19(a)]。P 面与圆锥的截交线为双曲线，与圆柱的截交线为两条直线。Q 面与圆柱的截交线为椭圆的一部分。两个切平面的交线为正垂线。截交线的正面投影与截平面的投影重合，即积聚为两直线，侧面投影分别为圆柱面的投影（圆弧）及截平面 P 的投影（直线）重合。水平投影需要求出。

作图：

1）求特殊点。根据截交线的正面投影和侧面投影（积聚性投影）可求出特殊点的水平投影 1、3、4、6、8、9。

2）求一般点。利用截交线的正面投影和侧面投影（积聚投影），可求出一般点的水平投影 5 和 7；用纬圆法求出水平投影点 2 和 10。

3）光滑连接各点即为所求，如图 3-19(b)所示。

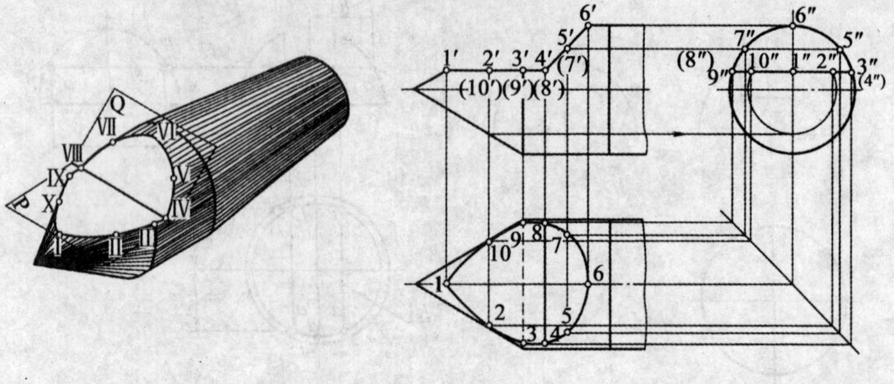

(a)　　(b)

图 3-19　顶尖的截交线

3.3　立体相交及相贯线的画法

3.3.1　相贯线的概念及其性质

物体上常有立体表面彼此相交的情况,称为立体相贯。两立体相交在两立体表面所产生的交线称为相贯线,如图 3-20 所示。

两曲面立体的相贯线有下列基本性质:

(1) 共有性:相贯线为相交两立体表面所共有,相贯线上的点是两曲面立体表面的共有点。

(2) 封闭性:因为相贯两曲面体表面都是有限的,所以相贯线一般是闭合的空间曲线,特殊情况下是平面曲线或直线或不闭合的相贯线(如两立体部分相贯)。

1.相贯线的空间形状

(1) 两平面立体相贯,相贯线为空间折线,如图 3-20(a)所示。

(2) 平面立体与曲面立体相贯,相贯线为若干平面曲线组合的空间曲线,如图 3-20(b)所示。

(3) 两曲面立体相贯,相贯线为空间曲线,如图 3-20(c)所示。

上述两立体相交的三种情况,由于前两种情况所产生的交线和平面与立体相交所产生的交线相同,所以本节不作讨论。这里只讨论两曲面立体相贯线的求法。

(a)两平面立体相贯　(b)平面立体与曲面立体相贯　(c)两曲面立体相贯

图 3-20　两立体表面的交线

2. 相贯线的求法

相贯线的求法通常有两种,即积聚法和辅助平面法。

求相贯线时首先应进行空间及投影分析,分析两相交立体的几何形状、相对位置和相对大小,弄清相贯线是空间曲线还是平面曲线或直线。当相贯线为空间曲线时,一般按如下步骤求相贯线:

(1) 求特殊点:包括曲面转向线上的点和极限位置点,即最高、最低、最前、最后、最左、最右的点。

(2) 求一般点:用积聚法、辅助平面法求一般点。

(3) 判断可见性,光滑连接:当相贯线上的点同时处于两立体表面的可见部分时,这些点可见,否则为不可见点。然后,用粗实线或虚线依次光滑连接。

3.3.2　利用积聚性求相贯线

当两相贯立体表面在两个投影面上分别具有积聚性时,相贯线上的点可利用积聚性,在立体表面取点求得。

例 3.14　图 3-21(a)为两圆柱正贯,求其相贯线的投影。

分析:两圆柱轴线垂直相交,相贯线为前后、左右对称的一条闭合空间曲线。由于大小两圆柱的轴线分别为侧垂线和铅垂线,因此小圆柱的水平投影积聚为圆。由相贯线的共有性可知,相贯线水平投影也在该圆上。同样,大圆柱的侧面投影积聚为圆,相贯线的侧面投影是大圆柱与小圆柱共有部分的侧面投影,即一段圆弧。只需求出相贯线的正面投影。

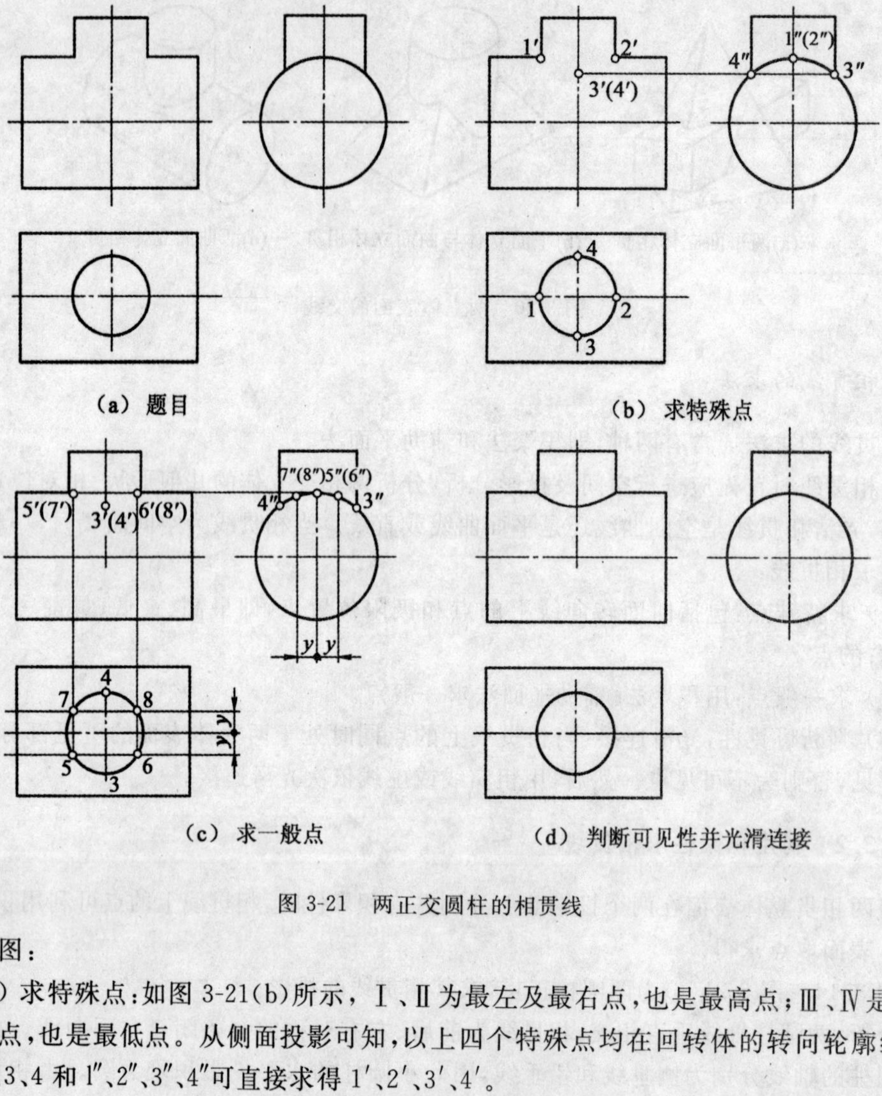

图 3-21　两正交圆柱的相贯线

作图：

(1) 求特殊点：如图 3-21(b)所示，Ⅰ、Ⅱ为最左及最右点，也是最高点；Ⅲ、Ⅳ是最前及最后点，也是最低点。从侧面投影可知，以上四个特殊点均在回转体的转向轮廓线上，由 1、2、3、4 和 1″、2″、3″、4″可直接求得 1′、2′、3′、4′。

(2) 求一般点：根据需要，在特殊点之间作一般点Ⅴ、Ⅵ、Ⅶ、Ⅷ，首先在相贯线的水平投影上取 5、6、7、8，按照投影规律找出 5″、6″、7″、8″，再求出 5′、6′、7′、8′，如图 3-21(c)所示。

(3) 将 5′(7′)、3′(4′)、6′(8′)各点用光滑线连接起来即可得相贯线的投影，如图 3-21(d)所示。

必须指出：不仅两实体相贯有相贯线，实体上开有孔或槽等也有相贯线，图 3-22 为内外都有相贯线的示例，作图方法与上述相同。

3.3.3　相贯线的特殊情况

一般情况下，相贯线是一条封闭的空间曲线，但在特殊情况下，可成为直线或平面曲线。

(1)两圆柱轴线平行或两圆锥共顶时，相贯线为直线，如图 3-23 所示。

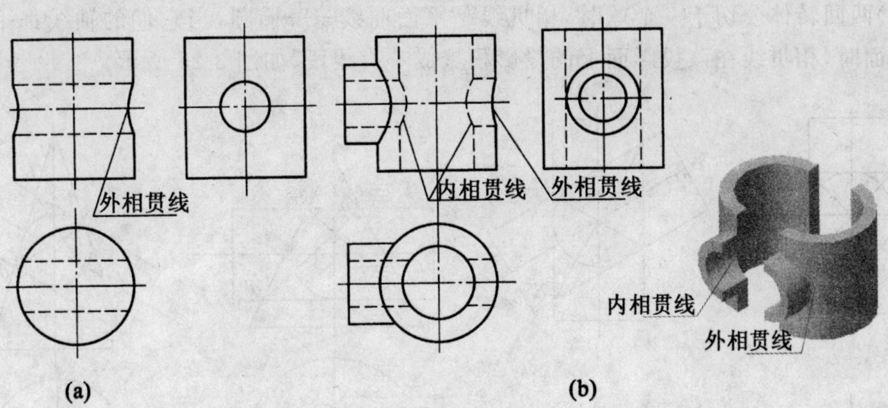

图 3-22　相贯线示例

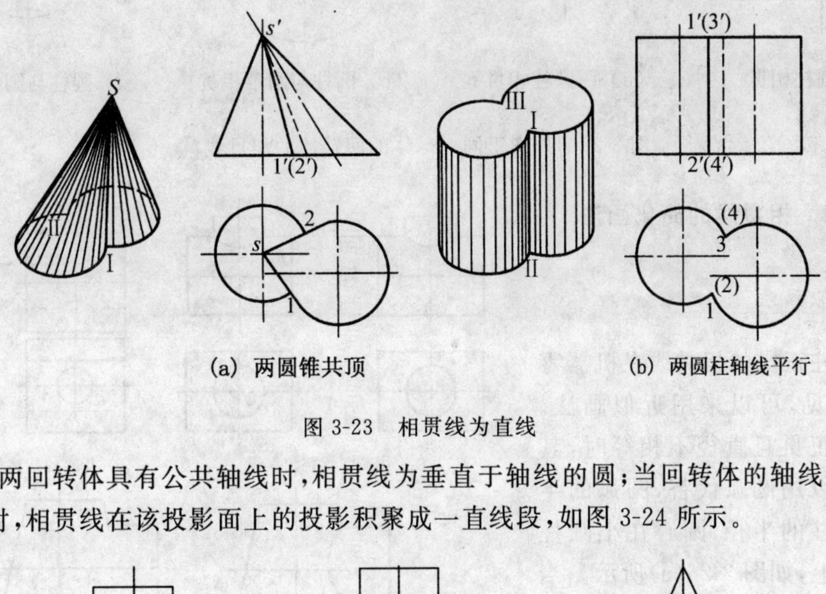

(a) 两圆锥共顶　　(b) 两圆柱轴线平行

图 3-23　相贯线为直线

(2)两回转体具有公共轴线时，相贯线为垂直于轴线的圆；当回转体的轴线平行于某投影面时，相贯线在该投影面上的投影积聚成一直线段，如图 3-24 所示。

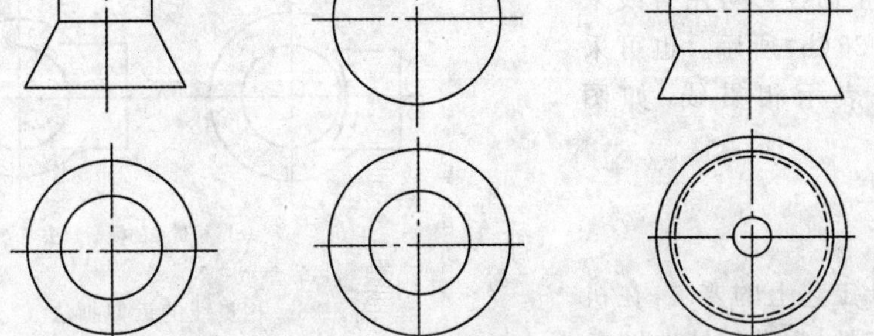

(a) 圆柱与圆锥相贯　(b) 圆柱与圆球相贯　(c) 圆球与圆锥相贯

图 3-24　两同轴回转体的相贯线

(3)两回转体公切于一个球时,相贯线是平面曲线——椭圆,当它们的轴线都平行于某投影面时,相贯线在该投影面上的投影积聚成一直线段,如图 3-25 所示。

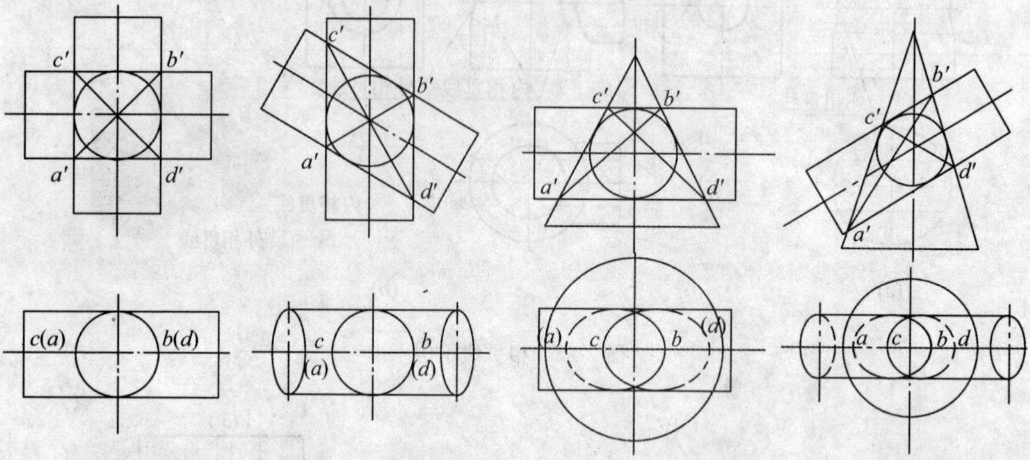

(a) 两圆柱相贯　(b) 两圆柱相贯　(c) 圆柱与圆锥相贯　(d) 圆柱与圆锥相贯

图 3-25　外切于同一球体的回转体的相贯线

3.3.4　相贯线的简化画法

1.近似画法

两圆柱正贯的相贯线在机器零件中最常见,可以采用近似画法。当两圆柱正贯且直径不相等时,其相贯线可以用圆弧代替,圆弧的半径为大圆柱的半径,圆心在小圆柱体的轴线上,如图 3-26(a)所示。当小圆柱的直径与大圆柱相差很大时,相贯线的正面投影可用直线来代替,如图 3-26(b)所示。也可采用模糊画法表示相贯线,如图 3-26(c)所示。

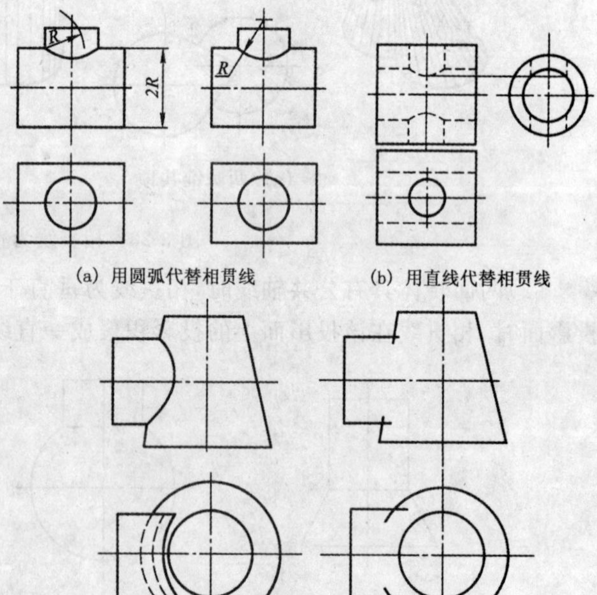

(a) 用圆弧代替相贯线　(b) 用直线代替相贯线

(c) 相贯线的模糊画法

图 3-26　相贯线的近似画法

2.过渡线

由于设计工艺上的要求,在机件的表面相交处,常常用铸造圆角或锻造圆角进行过渡,而使物体表面的交线变得不明显,这种不明显的交线称为过渡线。为了区别相邻表面,需画出过渡线,它与相贯线形状相同,只是在圆角处断开。国家标准 GB/T4457.4-2002 规定过渡线用细实线绘制。常见的过渡线及其画法如图 3-27 所示。

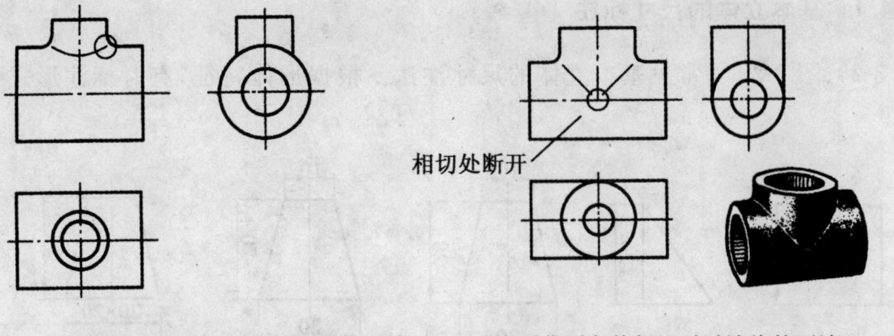

(a)两曲面立体相交时过渡线的画法　　(b)两曲面立体相切时过渡线的画法

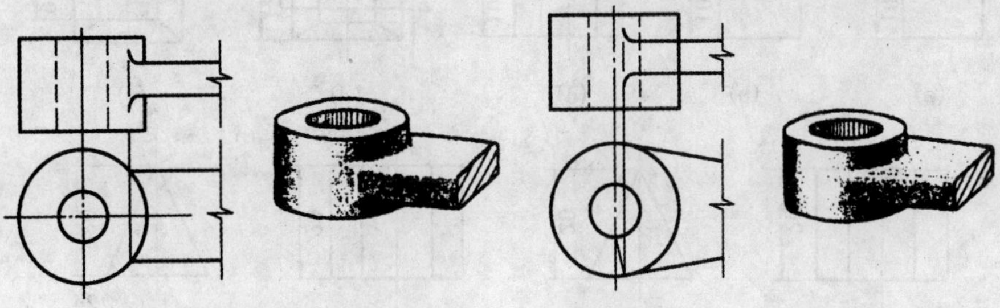

(c)平面与曲面相交时过渡线的画法　　(d)平面与曲面相切时过度线的画法

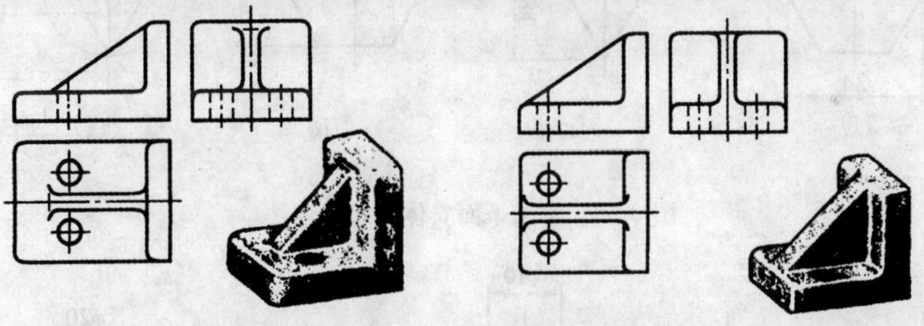

(e)平面与平面相交时过渡线的画法　　(f)平面与曲面相切时过度线的画法

图 3-27　过渡线

3.4　立体的尺寸标注

无论绘制的图样多么准确，都不能用它的大小作为加工的尺寸依据，只有标注在图样上的尺寸才是可靠的依据。对形体的尺寸标注，应遵守第 1 章所述尺寸标注的基本规则，并注意以下几点：

(1)形体的尺寸应标注在反映形体特征最明显的视图中，半径尺寸一定要标注在反映圆弧的视图中。

(2)直径尺寸可以标注在非圆视图中，标注时在尺寸数字前加字符“ϕ”。

(3)标注尺寸不能重复。

3.4.1 基本立体的尺寸标注

图 3-28、图 3-29 为常见基本立体的尺寸注法。根据形体特征,有时标注形式可能有所改变。

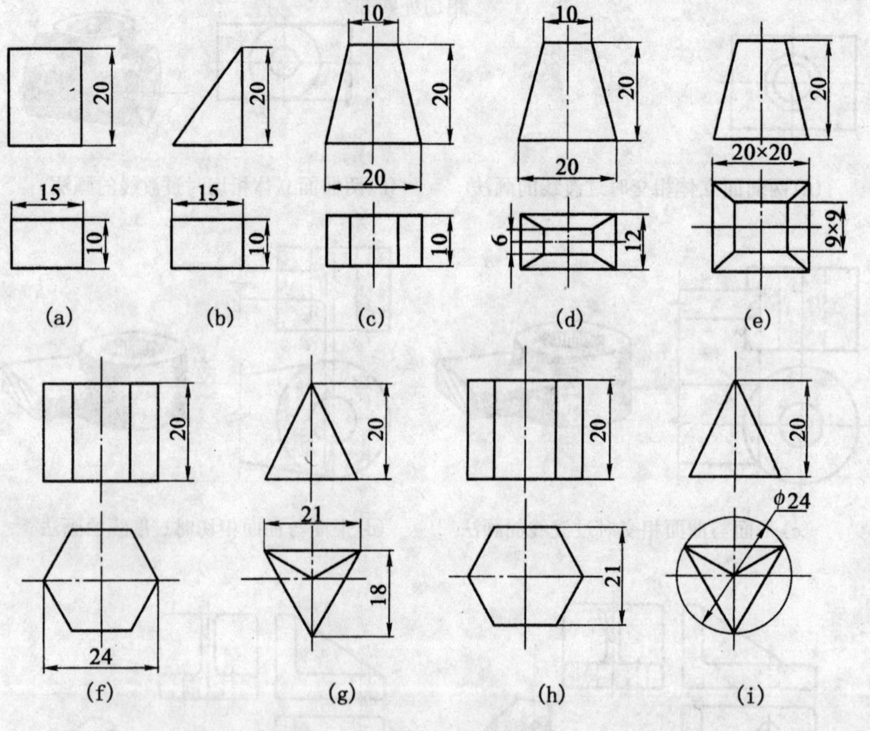

图 3-28 常见平面立体的尺寸注法

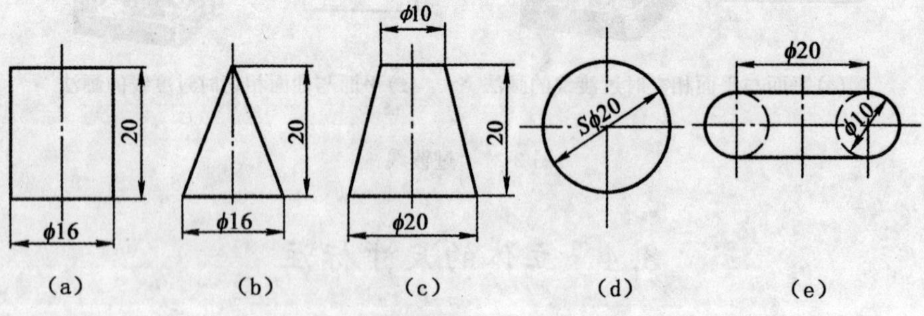

图 3-29 常见回转立体的尺寸注法

3.4.2 带切口基本立体的尺寸标注

被截切的基本体除了要标注基本体的尺寸外,还要标注切口(截切)定位尺寸。因为截平面与立体的相对位置确定后,截交线已完全确定,所以不需标注截交线形状尺寸。常见切割体尺寸注法如图 3-30 所示,图中打"×"的尺寸为错误的注法,应当避免。

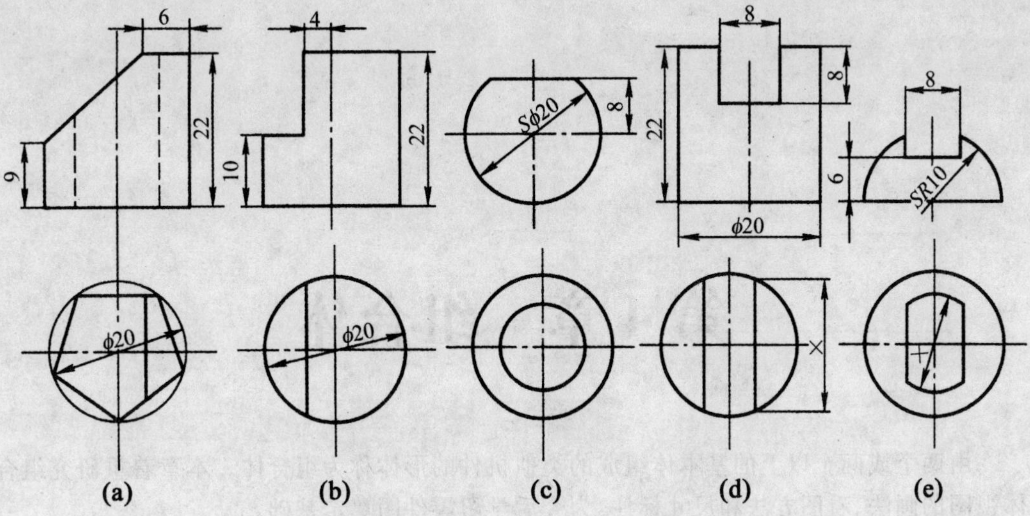

图 3-30　常见切割体的尺寸注法

第 4 章　组合体

由两个或两个以上的基本体组成的类似机件的形体称为组合体。本章着重研究组合体视图的画法、看图方法和尺寸标注，为今后学习零件图奠定基础。

4.1　组合体的形体分析和组合形式

4.1.1　组合体的形体分析

任何复杂的物体都可以看成是由若干个基本几何体组合而成。这些基本体可以是完整的，也可以是经过钻孔、切槽等方法加工的。图 4-1(a)的支座可看成由圆筒、底板、肋板、耳板和凸台组合而成，如图 4-1(b)所示。在绘制组合体视图时，应首先将组合体分解成若干简单的基本体，并按各部分的位置关系和组合形式画出各基本几何体的投影，综合起来，即得到整个组合体视图。这种假想把复杂的组合体分解成若干个基本形体，分析它们的形状、组合形式、相对位置和表面连接关系，使复杂问题简单化的分析方法称为形体分析法。它是组合体的画图、尺寸标注和看图的基本方法。

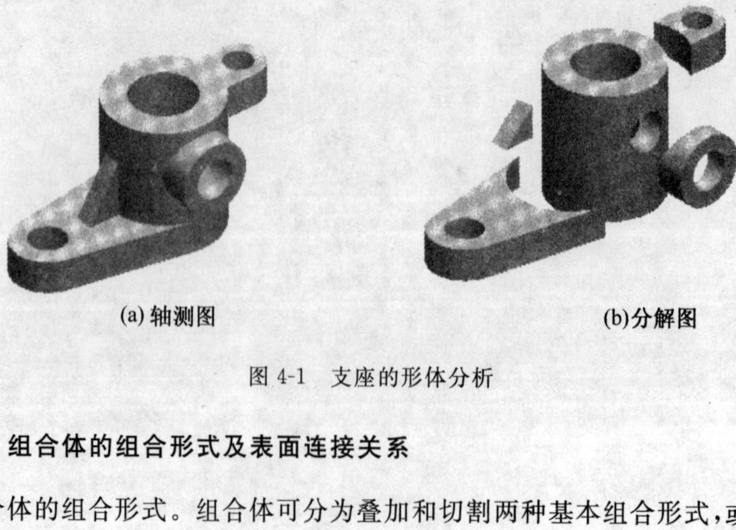

(a) 轴测图　　(b)分解图

图 4-1　支座的形体分析

4.1.2　组合体的组合形式及表面连接关系

(1)组合体的组合形式。组合体可分为叠加和切割两种基本组合形式，或者是两种组合形式的综合。叠加是将各基本体以平面接触相互堆积、叠加后形成的组合体，如图 4-2(a)所示。切割是在基本体上进行切块、挖槽、穿孔等操作形成的组合体。如图 4-2(b)所示的组合体则是叠加和切割两种形式的综合。

(2)组合体的表面连接关系。组合体表面连接关系有平齐、相交和相切三种形式。弄清组合体表面连接关系，对画图和看图都很重要。

1）当组合体中两基本体的表面平齐(共面)时，在视图中不应画出分界线，如图 4-3 所示。

(a)叠加式组合体　(b)切割式组合体　(c)综合式组合体

图 4-2　组合体的组合形式

2）当组合体中两基本体的表面相交时，在视图中的相交处应画出交线，如图 4-4、图 4-5、图 4-6 所示。

3)当组合体中两基本体的表面相切时，在视图中的相切处不应画线，如图 4-7 所示。

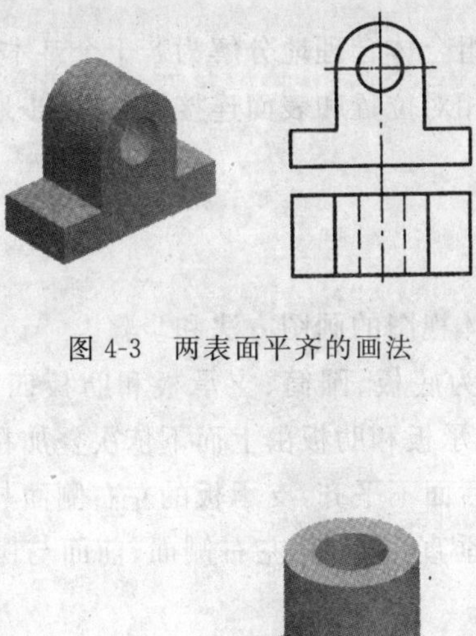

图 4-3　两表面平齐的画法

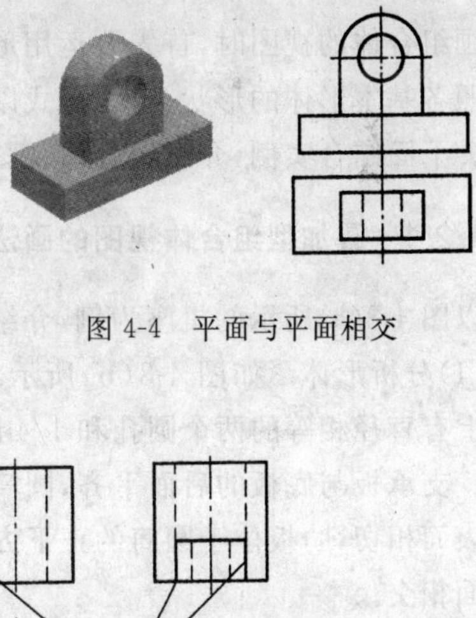

图 4-4　平面与平面相交

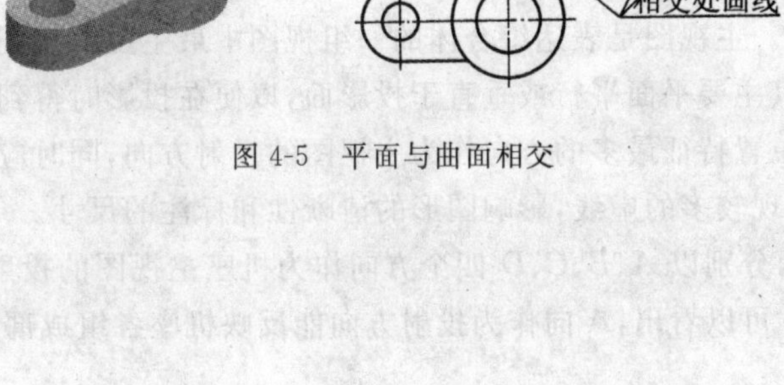

图 4-5　平面与曲面相交

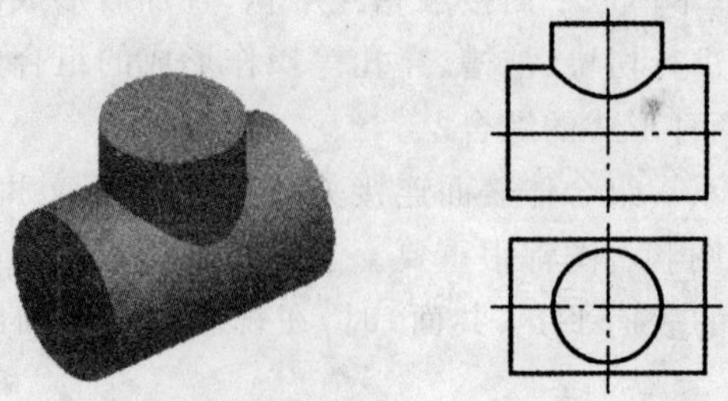

图 4-6　曲面与曲面相交

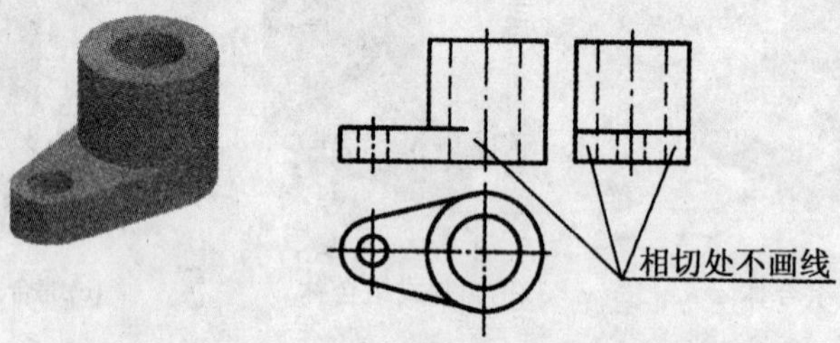

图 4-7　两表面相切的画法

4.2　组合体视图的画法

画组合体的视图时,首先要运用形体分析法将组合体合理地分解为若干个基本形体,并按照各基本形体的形状、组合形式以及形体间的相对位置和表面连接关系,逐步地进行作图。下面结合实例,介绍组合体视图的画法。

4.2.1　叠加型组合体视图的画法

以图 4-8(a)所示的机座为例,介绍叠加型组合体视图的画图方法和步骤。

(1)分析形体。如图 4-8(b)所示,机座可分解为底板、圆筒、支承板和肋板四部分。底板上有直径相等的两个圆孔和 1/4 圆角,圆筒、支承板和肋板由上而下依次叠加在底板上面。支承板与底板的后面平齐,圆筒与支承板的后面不平齐,支承板的左右侧面与圆筒的外表面相切,肋板位于圆筒的正下方并与支承板垂直相交,其左右侧面、前面与圆筒的外表面相交。

(2)选择视图。选择视图包括确定主视图的投射方向和视图数量。

1)选择主视图。主视图是表达组合体的一组视图中最主要的视图。选择主视图时应将组合体放正,使其主要平面平行或垂直于投影面,以便在投影时得到实形。一般应选择形状特征最明显、位置特征最多的方向作为主视图的投射方向,同时应考虑投影作图时避免在其他视图上出现较多的虚线,影响图形的清晰性和标注的尺寸。

如图 4-9 所示,分别以 *A*、*B*、*C*、*D* 四个方向作为机座主视图的投射方向,比照后确定主视图。由图 4-10 可以看出,*A* 向作为投射方向能反映机座各组成部分的主要形状特征和较多的位置特征，符合主视图的要求。

(a)轴测图　　(b)分解图

图 4-8　机座的形体分析

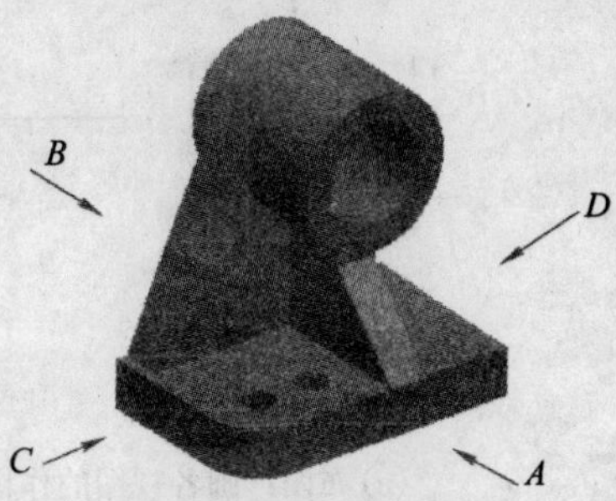

图 4-9　主视图投射方向

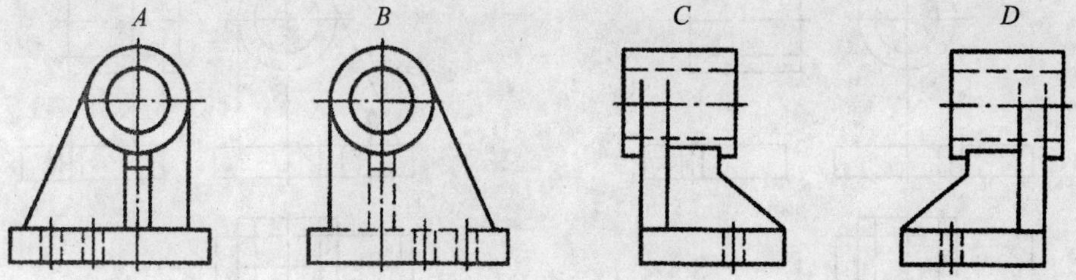

图 4-10　主视图投射方向的选择

2）确定视图数量。确定其他视图数量的原则是最少的视图最清楚地表达组合体各组成部分的形状结构、相对位置和表面连接关系。

因此，主视图投射方向选定后，根据机座的表达需要，画出俯视图来表达底板的形状和两孔的相对位置，画出左视图来表达肋板的形状以及支承板和圆筒的宽度。所以，机座需要用主、俯、左三个视图才能表达清楚。

(3)选比例、定图幅。选定视图后，要根据组合体的实际大小，按国标规定选择比例和图幅。一般情况下，应采用 1∶1 的比例作图。选择图幅时，应留有足够的空间标注尺寸。

(4)布置视图。根据组合体的总长、宽、高确定各视图在图框内的具体位置，使视图分布均匀。因此，画图时应首先画出各视图两个方向的基准线，常用的基准线是视图的对称线、大圆柱体的轴线以及大的底面或端面。

(5)底稿。底图中的图线应表示出线型，线要画得细而轻淡，以便修改和保持图面整洁。

(6)检查、描深。底稿完成后，要仔细检查全图，改正错误。准确无误后，按国家标准规定的线型加粗、描深。描深时应先画圆或圆弧，后画直线；先画虚线、点画线、细实线，后画粗实线，最后标注尺寸。

绘图具体方法与步骤如图 4-11 所示。

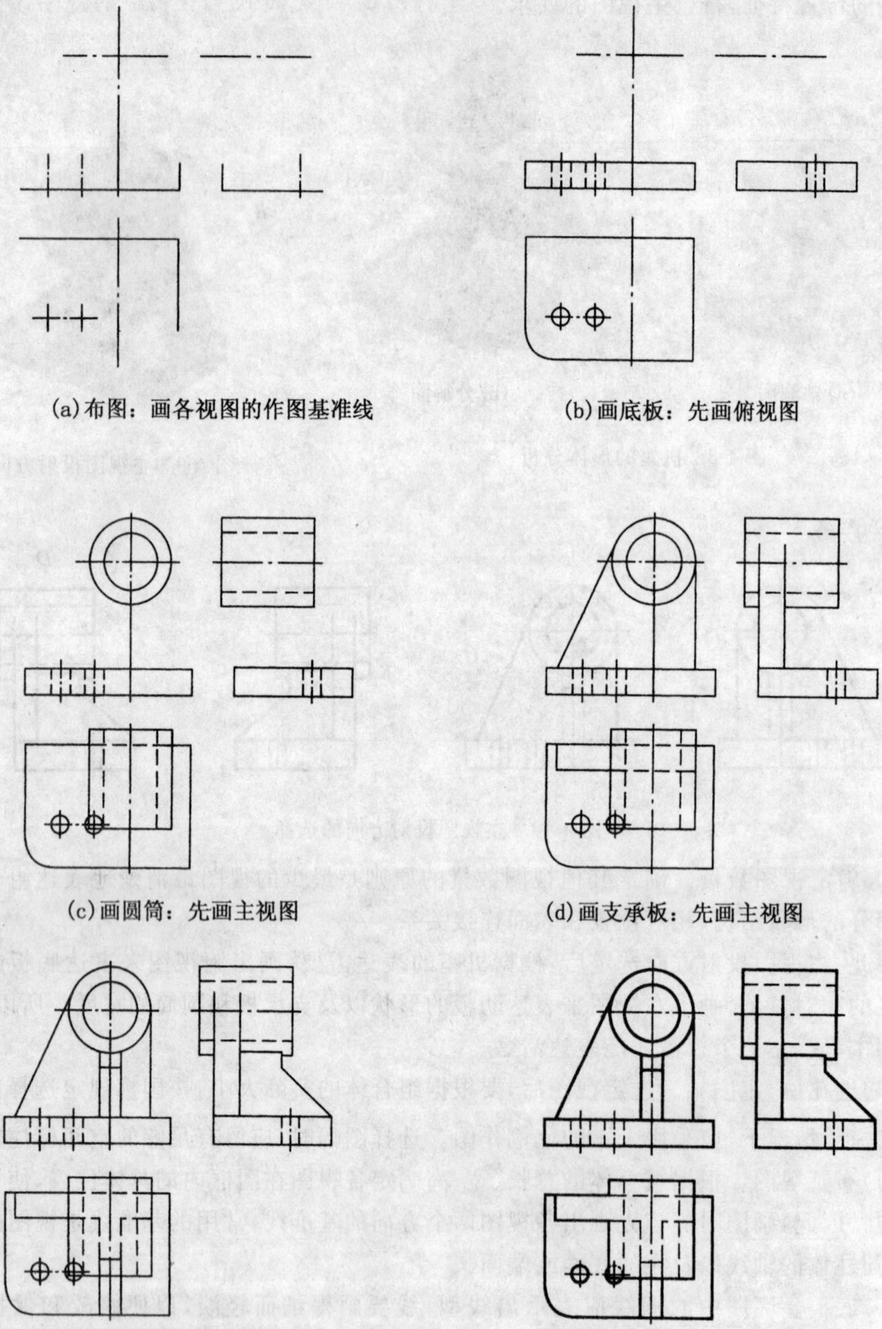

(a)布图：画各视图的作图基准线　(b)画底板：先画俯视图

(c)画圆筒：先画主视图　(d)画支承板：先画主视图

(e)画肋板：先画左视图　(f)检查、描深

图 4-11　机座的画图方法和步骤

绘图时应注意的问题：

1）画图时，应运用形体分析法，将组合体的各组成部分从主要部分到次要部分、从大

形体到小形体，逐个画出它们的三视图。绘图时，应先画出反映形状特征的视图，再画其他视图，三个视图应配合画出，各视图注意保持“长对正、高平齐、宽相等”，如图 4-11(b)～(e)所示。

2) 在作图过程中，每增加一个组成部分，要特别注意分析该部分与其他部分之间的相对位置关系和表面连接关系，同时注意被遮挡部分应随手改为虚线，避免画图时出错。

4.2.2　切割型组合体视图的画法

以图 4-12 所示的组合体为例，介绍切割型组合体视图的画图方法和步骤。

(1)形体分析。该组合体的原始形体是四棱柱，在此基础上用不同位置的截平面分别切去形体 1(四棱柱)、形体 2(三棱柱)、形体 3(四棱柱)，最后形成切割型组合体，如图 4-12 所示。

(2)画原始形体的三视图。先画基准线，布好图，再画出其原始形体的三视图，如图 4-13(a)(b)所示。

(3)画截平面的三视图。画各截平面的三视图时，应从各截平面具有积聚性和反映其形状特征的视图开始画起，如图 4-13(c)～(e)所示。

图 4-12　切割型组合体的形体分析

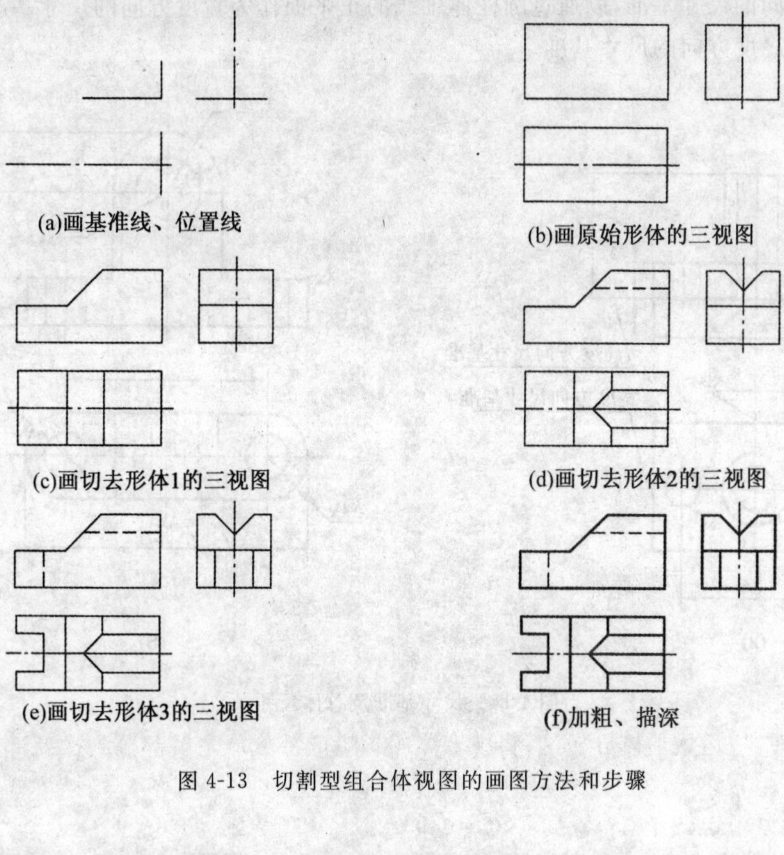

图 4-13　切割型组合体视图的画图方法和步骤

(4)检查、描深。各截平面的投影完成后,仔细检查投影是否正确,是否有缺漏和多余的图线,准确无误后,按国家标准规定的线型加粗、描深,如图 4-13(f)所示。

4.3 组合体的尺寸标注

4.3.1 尺寸标注的基本要求

(1)正确。标注的尺寸数值应准确无误,标注方法要符合国家标准中有关尺寸注法的基本规定。

(2)完整。标注尺寸必须能唯一确定组合体及各基本形体的大小和相对位置,做到无遗漏、不重复。

(3)清晰。尺寸的布局要整齐、清晰,便于查找和看图。

4.3.2 尺寸基准的确定

确定尺寸位置的几何元素称为尺寸基准。

组合体的尺寸基准,常选用其底面、重要的端面、对称平面、回转体的轴线以及圆的中心线等作为尺寸基准。

在组合体的长、宽、高三个方向中,每个方向至少要有一个主要尺寸基准。当形体复杂时,允许有一个或几个辅助尺寸基准。如图 4-14(a)所示,以通过圆柱体轴线的侧平面作为长度方向的尺寸基准,以通过圆柱体轴线的正平面作为宽度方向的尺寸基准;以底板的底面作为高度方向的尺寸基准。

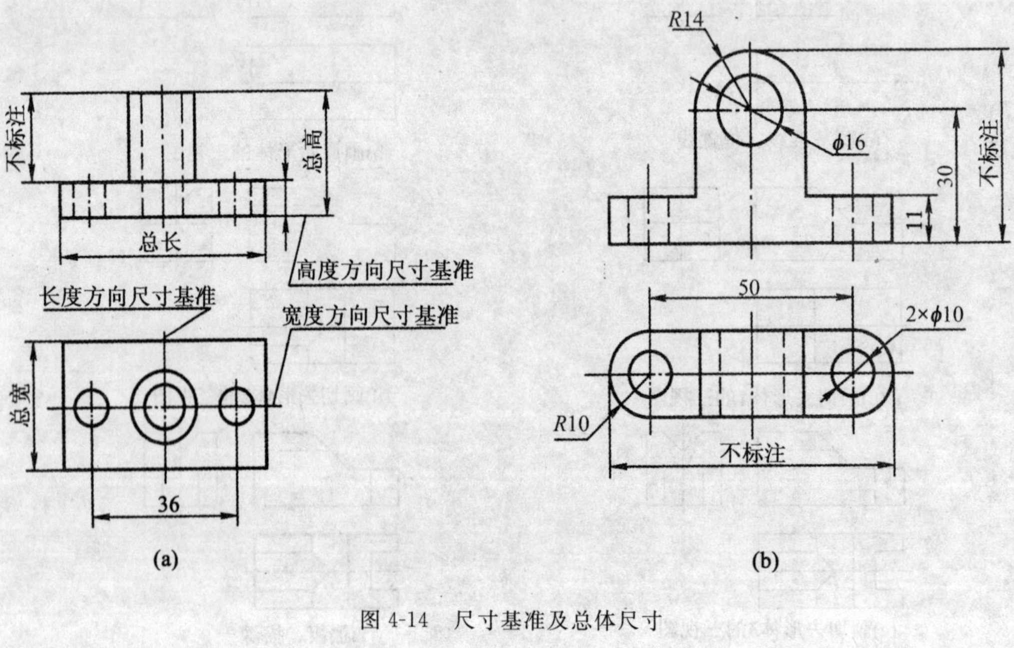

图 4-14 尺寸基准及总体尺寸

4.3.3 组合体的尺寸种类

(1)定形尺寸:确定组合体中各基本体的形状和大小的尺寸。如图 4-14(b)中 $R14$、$2\times\phi10$、$\phi16$ 等尺寸均属于定形尺寸。

(2)定位尺寸:确定组合体中各组成部分相对位置的尺寸。基本体的定位尺寸最多有三个,若基本体在某方向上处于叠加、平齐、对称、同轴之一者,则应省略该方向上的一个定位尺寸。在图 4-14(a)中,圆筒长度、宽度方向的定位尺寸均省略。

(3)总体尺寸:确定组合体外形的总长、总宽以及总高的尺寸。若定形、定位尺寸已标注完整,在加注总体尺寸时,应对相关的尺寸作适当调整,避免出现封闭尺寸。如图 4-14(a)所示,删除小圆柱的高度尺寸,标注总高。另外,当组合体的一端为有同心孔的回转体时,该方向上一般不注总体尺寸,如图 4-14(b)所示。

4.3.4 标注组合体尺寸的步骤

标注组合体的尺寸时,首先应运用形体分析法分析形体,找出该组合体长、宽、高三个方向的主要基准,分别注出各基本形体之间的定位尺寸和各基本形体的定形尺寸,再标注总体尺寸并进行调整,最后校对全部尺寸。

现以支座为例,说明标注组合体尺寸的具体步骤。

(1)对组合体进行形体分析,确定尺寸基准。如图 4-15 所示,依次确定支座长、宽、高三个方向上的主要基准:将通过圆筒轴线的侧平面作为长方向的主要基准,通过圆筒轴线的正平面作为宽方向的主要基准,底板的底面作为高方向的主要基准,耳板和圆筒顶面作为高度方向的辅助尺寸基准。

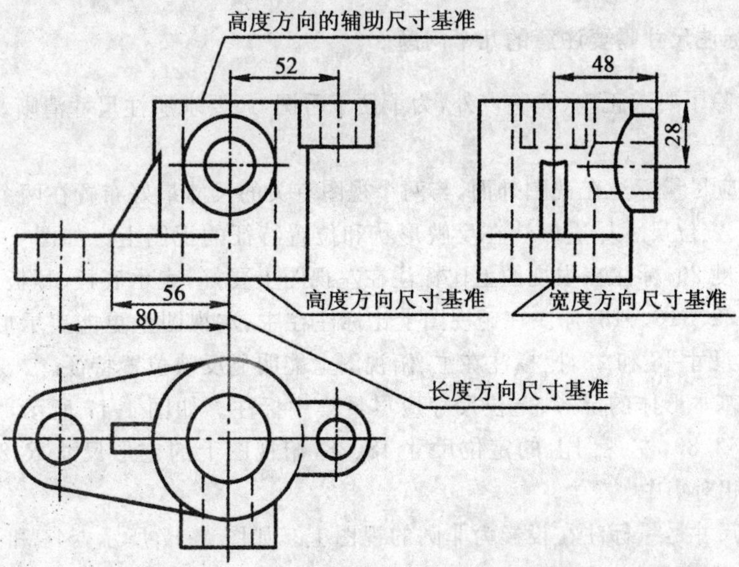

图 4-15 支座的尺寸基准和定位尺寸

(2)标注定位尺寸:从组合体长、宽、高 3 个方向的主要基准和辅助基准出发依次注出各基本形体的定位尺寸。如图 4-15 所示，标注出 80、56、52，确定底板和耳板相对于圆筒的左右位置；在宽度和高度方向上标注出 48、28，确定凸台相对于圆筒的前后和上下位置。

(3)标注定形尺寸：依次标注支座各组成部分的定形尺寸，如图 4-16 所示。

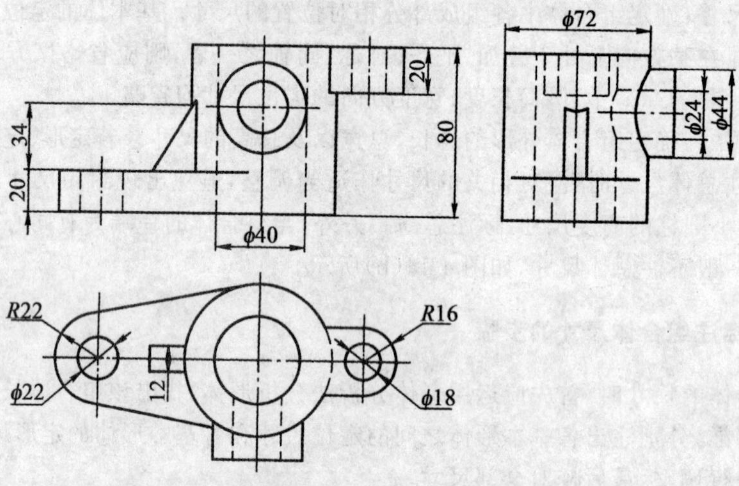

图 4-16 支座的定形尺寸

(4)标注总体尺寸：为了表示组合体外形的总长、总宽和总高，应标注相应的总体尺寸。如图 4-17 所示，支座的总高尺寸为 80，它也是圆筒的高度尺寸；因为已标注了定位尺寸 80、20，圆孔距 52 和 *R*22、*R*16 后，不再标注总长(80＋52＋22＋16＝170)，左视图上标注了定位尺寸 48 后，不再标注总宽(48＋72/2＝84)。

4.3.5 标注尺寸需要注意的几个问题

标注尺寸除了要求正确、完整以外，为了便于看图，还要求所注尺寸清晰。为此，必须注意以下几点：

(1) 尺寸应尽量标注在视图外面，与两个视图有关的尺寸最好布置在两个视图之间。

(2) 定形、定位尺寸尽量标注在反映形状和位置特征的视图上。如图 4-17 所示，底板和耳板的高度 20，标注在主视图上比标注在左视图上要好；表示底板、耳板直径和半径的尺寸 *R*22、ϕ22、*R*16、ϕ18，标注在俯视图上比标注在主、左视图上更能表示形状特征；在左视图上标注尺寸 48 和 28，比标注在主、俯视图上能明显反映位置特征。

(3) 同一基本形体的定形、定位尺寸应尽量集中标注。如图 4-17 所示，主视图上的定位尺寸 56、52、80，左视图上的定位尺寸 48、28，俯视图上的定形尺寸 *R*22、ϕ22、*R*16、ϕ18、ϕ40 等就相对集中。

(4) 直径尺寸尽量标注在投影为非圆的视图上。如图 4-17 所示，ϕ44 和 ϕ24 就标注在左视图上。而圆弧的半径则应标注在投影为圆的视图上，如图 4-17 所示俯视图上的 *R*22 和 *R*16。

(5) 尺寸尽量不标注在虚线上。但为了布局需要和尺寸清晰，有时也可标注在虚线上，如图 4-17 所示左视图上的 ϕ24。

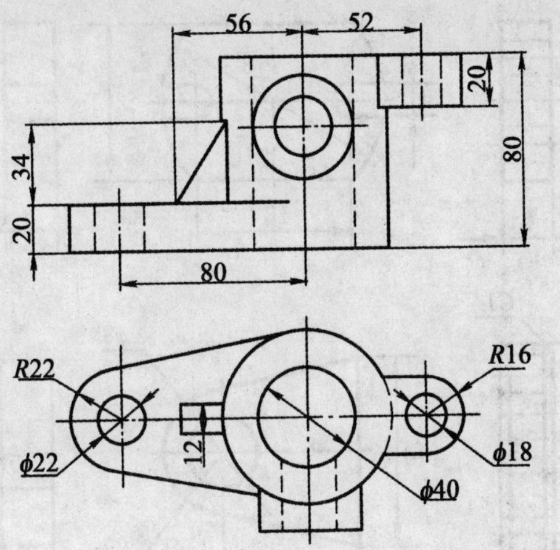

图 4-17　支座的尺寸标注

(6) 尺寸线、尺寸界线与轮廓线尽量不要相交。同方向的并联尺寸，应使小尺寸注在里边(靠近视图)，大尺寸注在外边；同方向的串联尺寸，箭头应互相对齐并排列在一条线上。

以上各点，并非标注尺寸的固定模式，在实际标注尺寸时，有时会出现不能完全兼顾的情况，应在保证尺寸标注正确、完整、清晰的基础上，根据尺寸布置的需要灵活运用和进行适当的调整。如图 4-17 所示，主视图上的 56，左视图上的 ϕ24、28、48，俯视图上的 ϕ40 等尺寸，均为调整后重新标注的尺寸。

图 4-18 为一些常见结构的尺寸标注，供标注尺寸时参考。

4.4　看组合体的视图

画组合体的视图是将三维形体用正投影的方法表示成二维图形。而看组合体的视图，则是将多个二维图形依据它们之间的投影关系，想象出三维的形状。可以说，看图是画图的逆过程。所以，看图同样也要运用形体分析法。但对于复杂的形体，还要对局部的结构进行线面分析，想象出局部结构的形状，从而想象出组合体的空间形状。

4.4.1　看图要点

(1)弄清视图中线条与线框的含义

1) 视图中的每一条线：表示具有积聚性的面(平面或柱面)的投影，表示表面与表面(两平面、两曲面或一平面和一曲面)交线的投影，表示曲面转向轮廓线在某方向上的投影，如图 4-19(a)所示的线条 *a*、*b*、*c*。

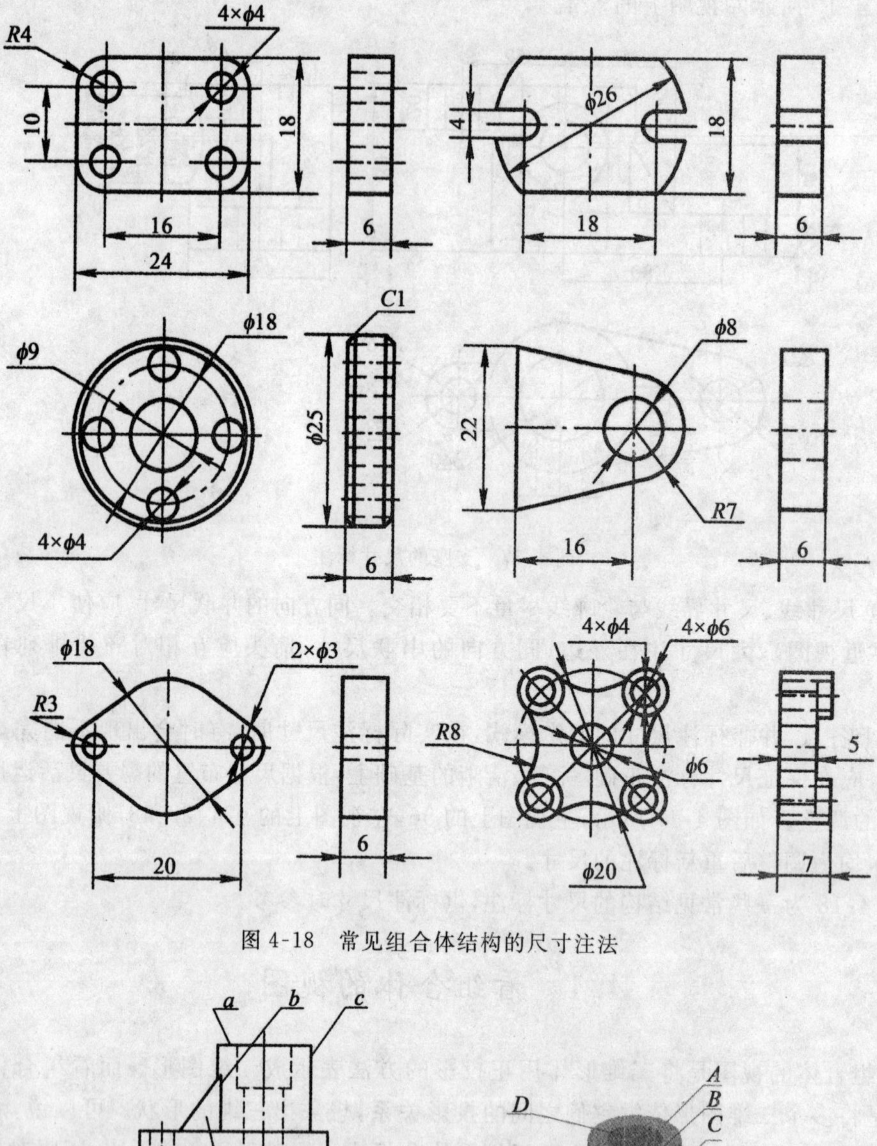

图 4-18　常见组合体结构的尺寸注法

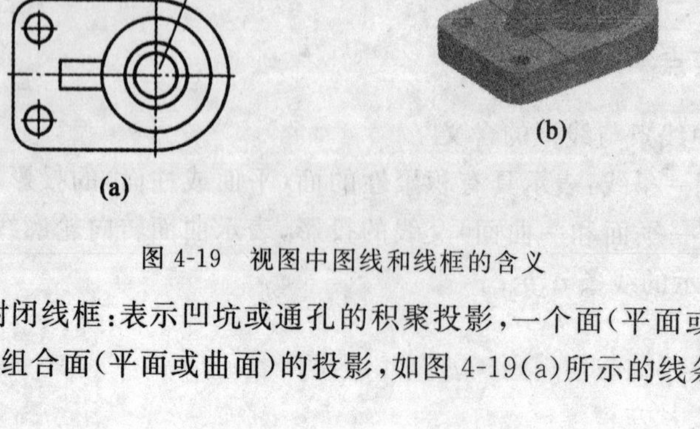

图 4-19　视图中图线和线框的含义

2）视图中的封闭线框：表示凹坑或通孔的积聚投影，一个面（平面或曲面）的投影，表示曲面及其相切的组合面（平面或曲面）的投影，如图 4-19(a)所示的线条 d、e、f。

3) 视图中相邻封闭线框：表示不共面、不相切的两不同位置的表面，如图 4-20(a)所示；线框里有另一线框，可以表示凸起或凹下的表面，如图 4-20(b)所示。线框边上有开口线框和闭口线框，分别表示通槽和不通槽，如图 4-20(c)所示。

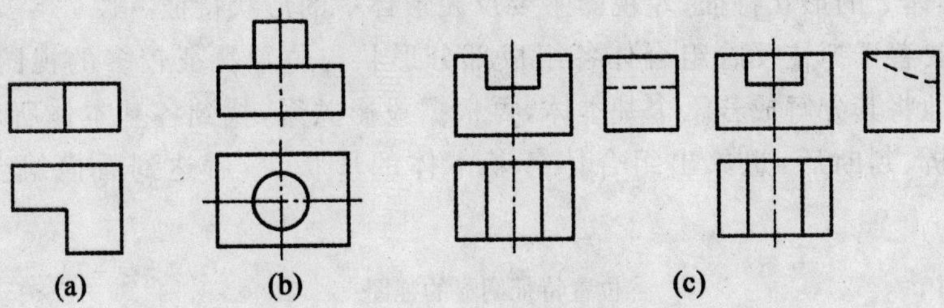

图 4-20　相邻封闭线框的含义

(2)要把几个视图联系起来进行分析。在一般情况下，一个视图不能完全确定组合体的形状，在如图 4-21 所示的两组视图中，主视图相同，但两组视图表达的组合体却完全不相同。有时，两个视图也不能完全确定组合体的形状，在如图 4-22 所示的两组三视图中，俯、左视图相同，两组三视图表达的组合体形状却不相同。由此可见，表达组合体必须要有反映形状特征的视图，看图时，要把几个视图联系起来进行分析，才能想象出组合体的形状。

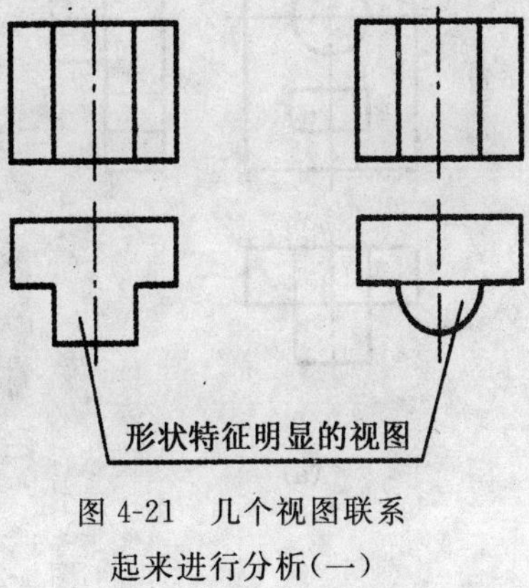

图 4-21　几个视图联系起来进行分析(一)

(3)从最能反映组合体形状和位置特征的视图读起，首先要分清反映形状与位置特征的视图。

看图时，应当从反映形状特征的视图读起，在如图4-21所示的视图中，要从俯视图读起；在如图4-22所示的视图中，要从主视图读起。

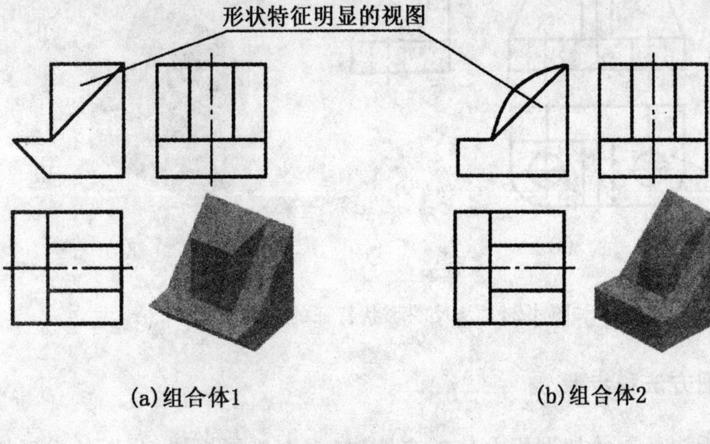

图 4-22　几个视图联系起来进行分析(二)

看图时，应当从反映位置特征的视图读起，如图 4-23(a)(c)所示，左视图明显反映了形体的位置特征，要从左视图读起。

通常,主视图是反映组合体整体的主要形状和位置特征的视图。但组合体的各组成部分的形状和位置特征不一定全部集中在主视图上。例如,图 4-24 所示支架由三个基本体叠加而成,主视图反映了该组合体的形状特征,同时,也反映了形体 1 的形状特征;俯视图主要反映形体 2 的形状特征;左视图主要反映形体 3 的形状特征。

看图时,要善于抓住反映组合体各组成部分形状与位置特征较多的视图,并从它入手,就能较快地将其分解成若干个基本体,再根据投影关系,找到各基本体所对应的其他视图,并经分析、判断后,想象出组合体各基本体的形状,最后达到看懂组合体视图的目的。

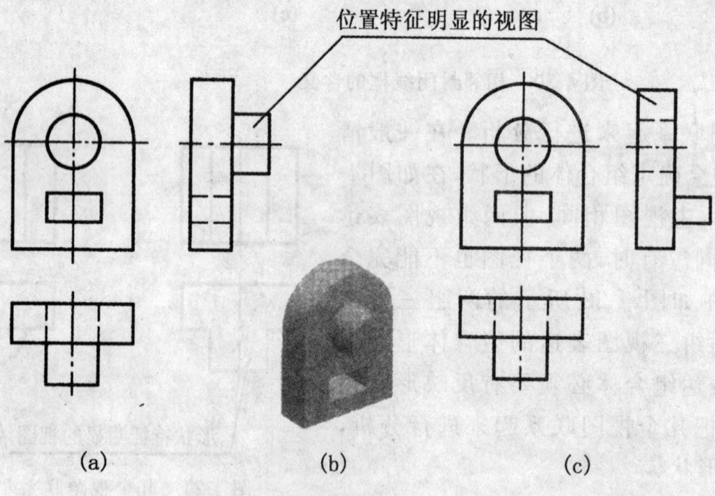

图 4-23　从反映位置特征的视图看起

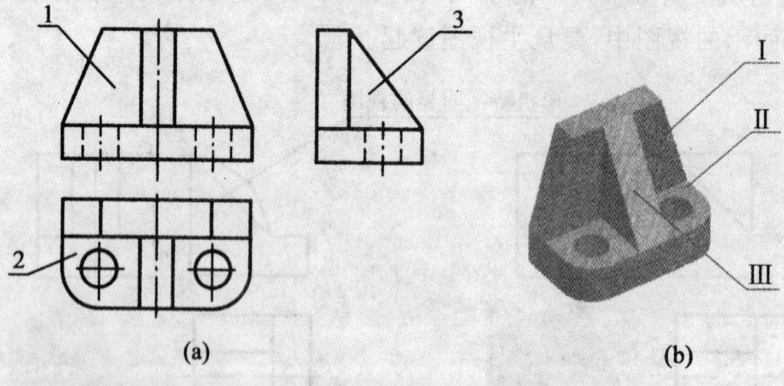

图 4-24　从反映形状特征的视图看起

4.4.2　看图方法和步骤

(1)形体分析法。看叠加型组合体的视图时,根据投影规律,分析基本形体的三视图,从图上逐个识别出基本形体的形状和相互位置,再确定它们的组合形式及其表面连接关系,综合想象出组合体的形状。

应用形体分析法看图的特点是：从形体出发，在视图上分解线框。

下面以图 4-25 所示的支承架为例，介绍形体分析法看图的方法和步骤。

1）划线框、分形体：从主视图看起，并将主视图按线框划分为 1′、2′、3′，并在俯视图和左视图上找出其对应的线框 1、2、3 和 1″、2″、3″，将该组合体分为立板Ⅰ、凸台Ⅱ和底板Ⅲ三部分，如图 4-25(a)所示。

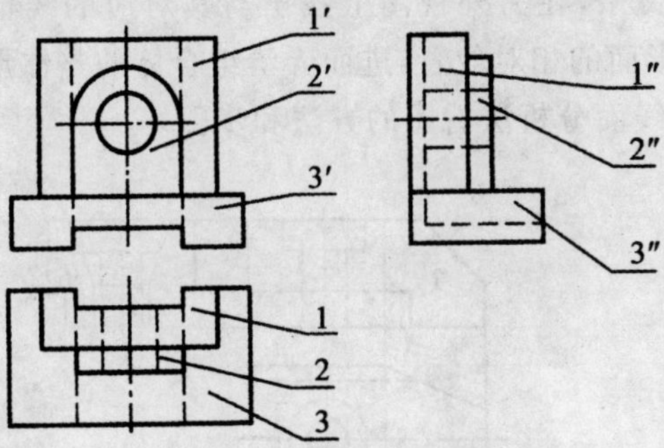

(a)划线框、分形体

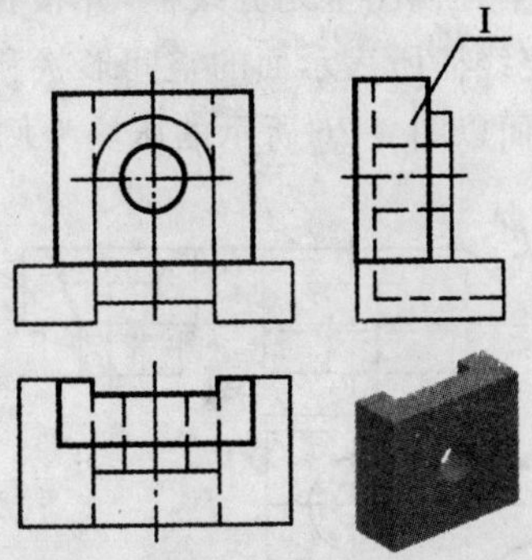

(b)想立板Ⅰ的形状

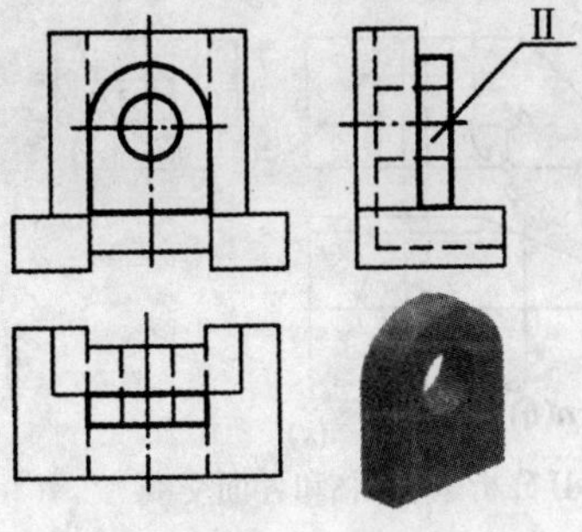

(c)想凸台Ⅱ的形状

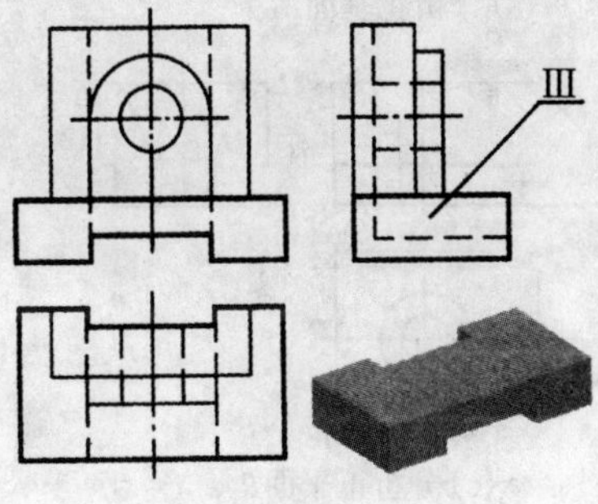

(d)想底板Ⅲ的形状

(e)综合想象支承架的整体形状

图 4-25　用形体分析法看图(支承架)的方法和步骤

2）对投影、想形状：按照“长对正、高平齐、宽相等”的投影关系，从每一基本形体的特征视图开始，找出另外两个投影，想象出每一基本形体的形状，如图 4-25(b)～(d)所示。

3）综合起来想整体：根据各基本形体所在的方位，确定各部分之间的相互位置及组合形式，从而想象出支承架的整体形状，如图 4-25(e)所示。

(2)线面分析法。看图时,在应用形体分析法的基础上,对一些较难看懂的部分,特别是对切割型组合体的被切割部位,还要根据线面的投影特性,分析视图中线和线框的含义,弄清组合体表面的形状和相对位置,综合起来想象出组合体的形状。这种看图方法为线面分析法。

线面分析法的看图的特点是:从面出发,在视图上分线框。

从某一视图上划分线框,并根据投影关系,在另外视图上找出与其对应的线框或图线,确定线框所表示面的空间形状和对投影面的相对位置,进而弄清组合体的整体形状。

下面以图 4-26 所示的压块为例,介绍线面分析法看图的方法和步骤。

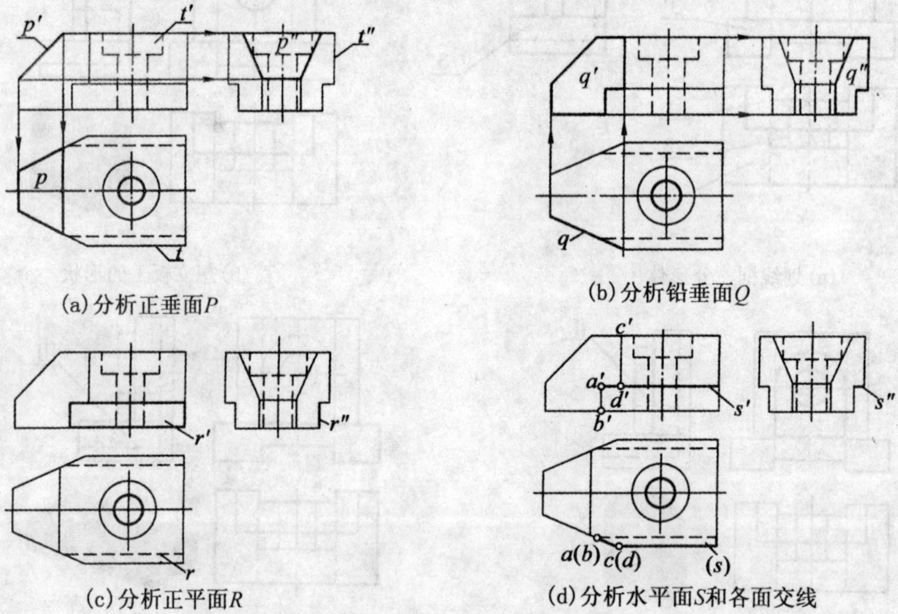

(a)分析正垂面P　(b)分析铅垂面Q　(c)分析正平面R　(d)分析水平面S和各面交线

图 4-26　用线面分析法看压块的视图

先分析整体形状,由于压块三个视图的轮廓基本上都是矩形,所以它的原始形体是个长方体。再分析细节部分,压块的右上方有一阶梯孔,其左上方和前后面分别被切掉一角。

1) 压块左上方的缺角:如图 4-26(a)所示,在俯、左视图上相对应的等腰梯形线框 p 和 p'',在主视图上与其对应的投影是一倾斜的直线 p'。由正垂面的投影特性可知,P 平面是梯形的正垂面。

2) 压块左方前、后对称的缺角:如图 4-26(b)所示,在主、左视图上所对应的投影为七边形线框 q'和 q'',在俯视图上与其对应的投影为一倾斜直线 q,由铅垂面的投影特性可知,Q 平面是七边形铅垂面。同理,处于后方与之对称的位置也是七边形铅垂面。

3) 压块下方前、后对称的缺角:如图 4-26(c)(d)所示,它们是由两个平面切割而成,其中一个平面 R 在主视图上为一可见的矩形线框 r',在俯视图上的对应投影为水平线 r(虚线),在左视图上的对应投影为垂直线 r''。另一个平面 S 在俯视图上是有一边为虚线的直角梯形 s,在主、左视图上的对应投影分别为水平线 s'和 s''。由投影面平行面的投影特性可知，R 平面是长方形的正平面，S 平面是直角梯形的水平面。压块下方后面的缺角与前面的缺角对称，不再赘述。

在图 4-26(d)中，$a'b'$不是平面的投影，而是 R 面和 Q 面的交线，同理，$c'd'$是长方体前端面 T 和 Q 面的交线，其余线框及其投影读者自行分析。这样，既从形体上，又从线面的投影上，弄清了压块的三视图，综合起来，便可想象出压块的整体形状，如图 4-27 所示。

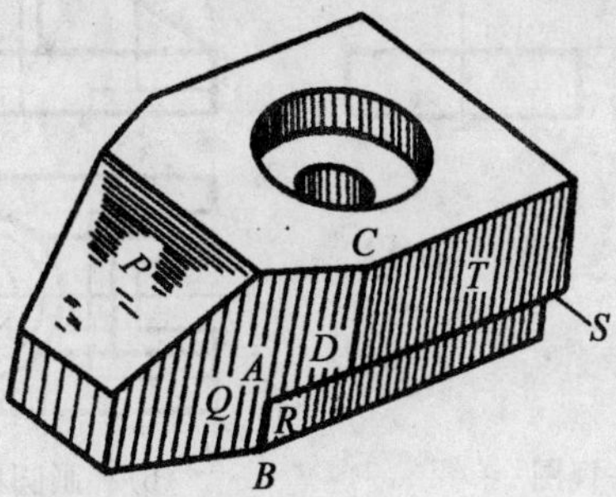

图 4-27　压块

4.4.3　已知组合体两视图补画第三视图

已知组合体两视图补画第三视图，是看图和画图的综合训练，一般的方法和步骤为：根据已知视图，用形体分析法和必要的线面分析法弄清组合体的形状，在此基础上，按投影关系补画出所缺的视图。

补画视图时，应根据各组成部分逐步进行。对叠加型组合体，先画局部后画整体。对切割型组合体，先画整体后切割，并按先实后虚、先外后内的顺序进行。

例 4.1　如图 4-28(a)所示，已知机座的主、俯视图，补画左视图。

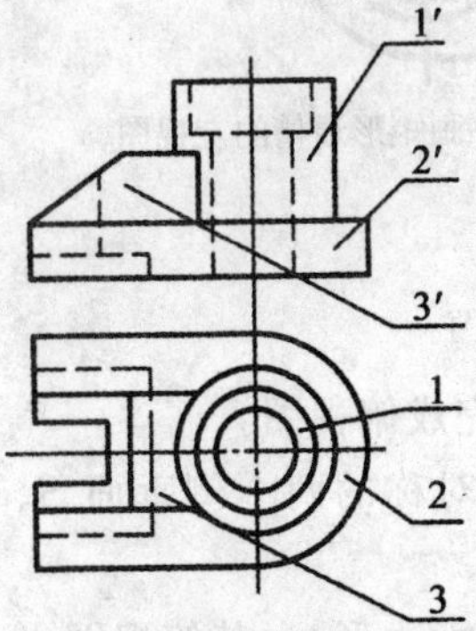

(a) 将机座分解成三部分，找出对应的投影

(b)想象三部分形体的形状

(c)想象出机座左端的长方形凹槽、矩形通槽和阶梯圆柱孔位置和形状

图 4-28　机座

(1) 分析：按主视图上的封闭线框，将机座分为线框 1(圆柱体)、线框 2(底板)、线框 3(左端与圆柱面相交的厚肋板)，再分别找出三部分在俯视图上对应的投影，想象出它们各自的形状，如图 4-28(a)(b)所示。再进一步分析细节，如主视图右边的虚线表示阶梯

圆柱孔,主、俯视图左边的虚线表示长方形凹槽和矩形通槽。综合起来想象出机座的整体形状,如图 4-28(c)所示。

(2) 补画左视图,其过程如图 4-29 所示。

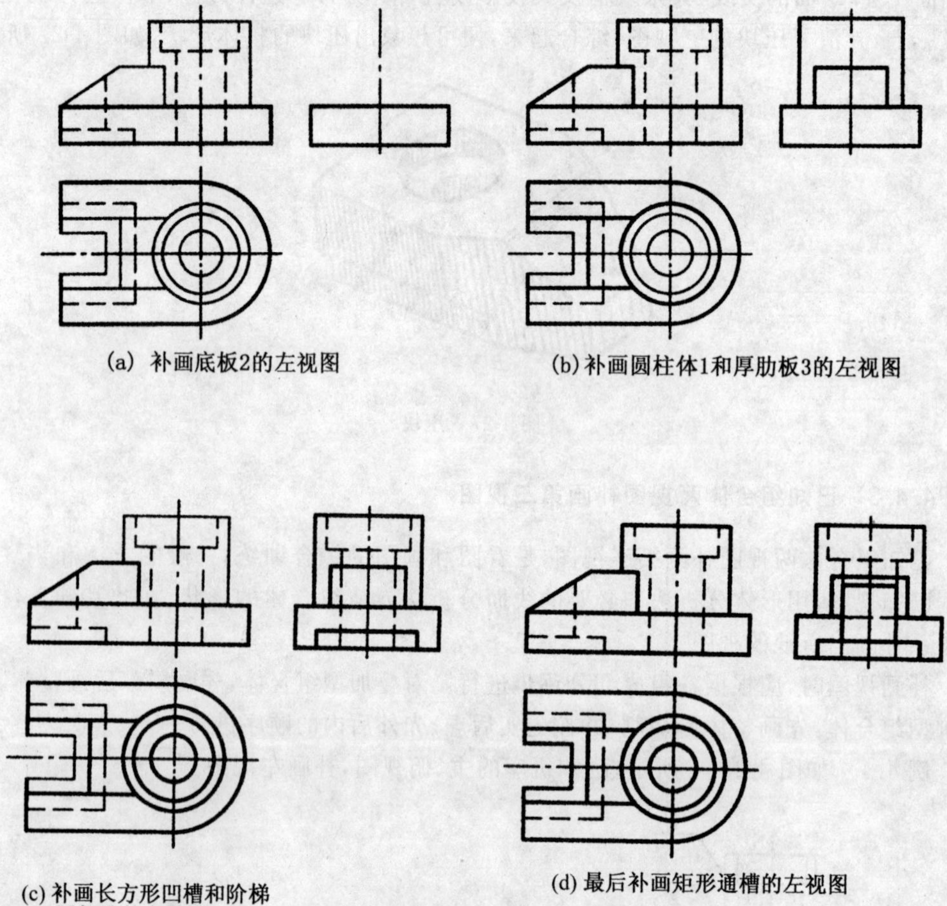

(a) 补画底板2的左视图

(b) 补画圆柱体1和厚肋板3的左视图

(c) 补画长方形凹槽和阶梯圆柱孔的左视图

(d) 最后补画矩形通槽的左视图

图 4-29　由两已知视图补画第三视图

例 4.2　如图 4-30(a)所示,已知组合体的主、左视图,完成俯视图。

(1) 形体分析:形体可以看成是一个正四棱柱,前后被对称的两个侧垂面 S、正垂面 P、侧平面 K 及水平面 R 截切而成,如图 4-30(a)(b)所示。

(2) 线面分析:两侧垂面 S,对应主视图中的封闭线框(六边形)。其俯视图必为前后对称的两个类似形。在形体左端的正垂面 P 对应左视图中的梯形,其俯视图左边必为类似的梯形。水平面 R 和 Q 在俯视图反映实形,具体的形状大小由“长对正、宽相等”可得,如图 4-30(a)(b)所示。

(3) 补画俯视图:先画出前后对称的侧垂面 S 的俯视图的投影,如图 4-30(c)所示。画出正垂面 P 的俯视图,再画出水平面 R 和 Q 的俯视图,如图 4-30(d)所示。

(4) 最后,检查、加深,完成全图,如图 4-30(e)所示。

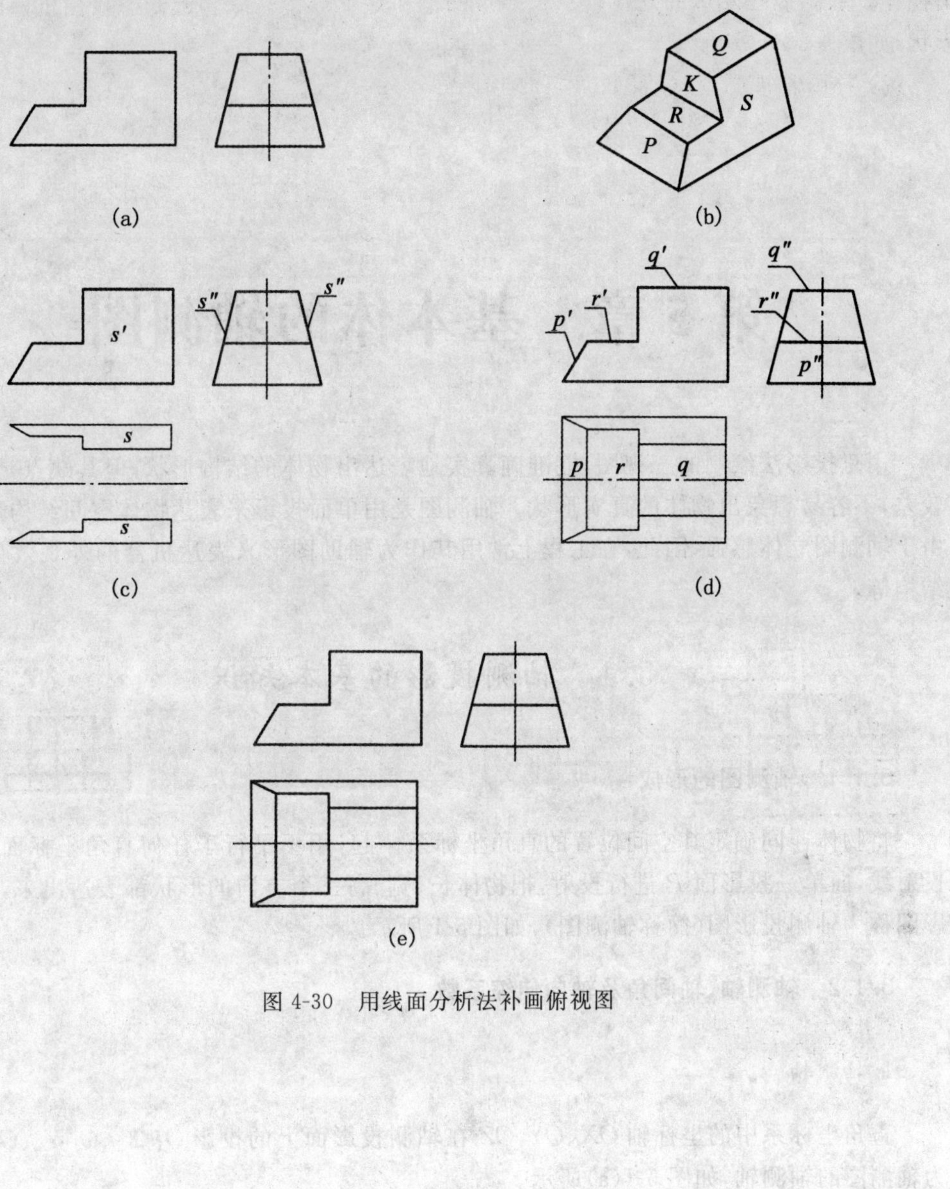

图 4-30 用线面分析法补画俯视图

第 5 章　基本体的轴测图

用正投影法绘制的三视图，能准确真实地表达出物体的结构形状，但其缺点是直观性较差，不容易想象出物体的真实形状。轴测图是用单面投影来表达物体空间结构形状的。由于轴测图立体感强，因此，在工程上常用其作为辅助图形来表达机器的外观效果、内部结构等。

5.1　轴测投影的基本知识

5.1.1　轴测图的形成

将物体连同确定其空间位置的直角坐标系一起，用不平行于任何直角坐标面的平行投射线，向单一投影面 P 进行投射，把物体长、宽、高三个方向的形状都表达出来，这种投影图称为轴测投影图（简称轴测图），如图 5-1 所示。

5.1.2　轴测轴、轴间角及轴向伸缩系数

1. 轴测轴

直角坐标系中的坐标轴 OX、OY、OZ 在轴测投影面上的投影 O_1X_1、O_1Y_1、O_1Z_1 称为轴测图的轴测轴，如图 5-1(a)所示。

2. 轴间角

轴测图中相邻两轴测轴之间的夹角 $\angle X_1O_1Y_1$、$\angle X_1O_1Z_1$、$\angle Y_1O_1Z_1$ 称为轴间角，如图 5-1(b)所示。

3. 轴向伸缩系数

沿轴测轴方向，线段的投影长度与其在空间的真实长度之比称为轴向伸缩系数，并分别用 p、q、r 表示 OX、OY、OZ 轴的轴向伸缩系数，即 $p=O_1A_1/OA$，$q=O_1B_1/OB$，$r=O_1C_1/OC$。

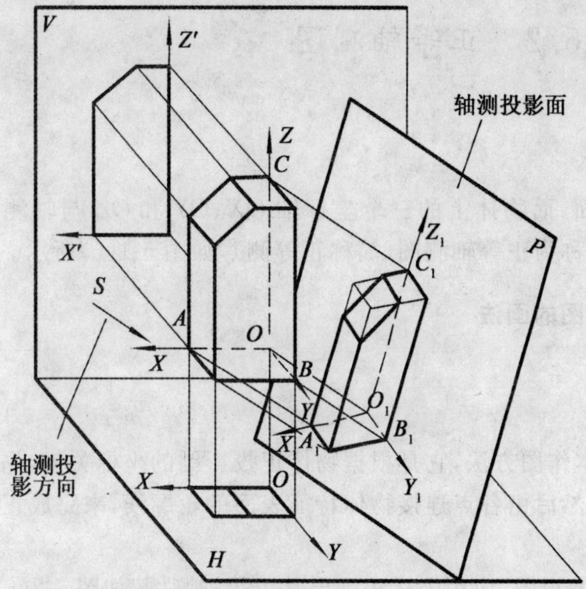

(a)轴测图形成

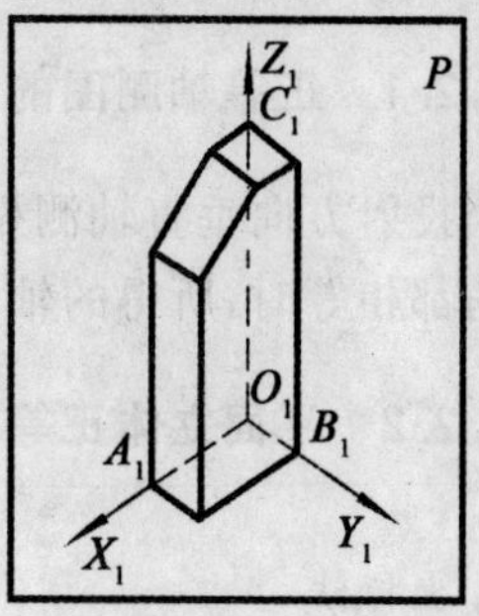

(b)轴测图放正

图 5-1　轴测图的形成

5.1.3　轴测图的投影特性、画法和种类

由于轴测图是用平行投影法绘制的，所以其具有平行投影的特性，画图时要注意：

(1)立体上分别平行于 X、Y、Z 三坐标轴的棱线，在轴测图上分别平行于相应的轴测轴，画图时可按规定的轴向伸缩系数度量其长度。

(2)立体上不平行于 X、Y、Z 三直角坐标轴的棱线，则在轴测图上不平行于任一轴测轴，画图时不能直接度量其长度。

(3)立体上互相平行的棱线，在轴测图上仍然互相平行。

(4)轴测图中一般只画出可见部分的轮廓线，必要时可用细虚线画出其不可见的轮廓线。

5.1.4　轴测图的分类

由轴测图的形成过程可知，轴测图可以有很多种，每一种都有一套轴间角及相应的轴向伸缩系数，国家标准推荐了两种作图比较简便的轴测图，即正等轴测图(简称正等测)和斜二轴测图(简称斜二测)。这两种常用轴测图的轴测轴位置、轴间角大小及各轴向伸缩系数也各不相同，但表示物体高度方向的 Z 轴，始终处于竖直方向，以便于符合人们观察物体的习惯。

5.2 正等轴测图

5.2.1 正等轴测图的形成

当投射方向垂直轴测投影面,而物体上的三个坐标轴 OX、OY 和 OZ 与轴测投影面的倾角都相等时,所得的轴测图称为正等轴测图(简称正等测),如图 5-1(b)所示。

5.2.2 平面立体正等轴测图的画法

1. 坐标法

坐标法是轴测图常用的基本作图方法,它是根据物体正投影图的坐标关系,先画出物体特征表面上各点的轴测投影,然后由各点连接物体特征表面的轮廓线,来完成正等轴测图的作图。

例 5.1　由正六棱柱的主、俯视图,应用坐标法画出其正等轴测图,如图 5-2(a)所示。

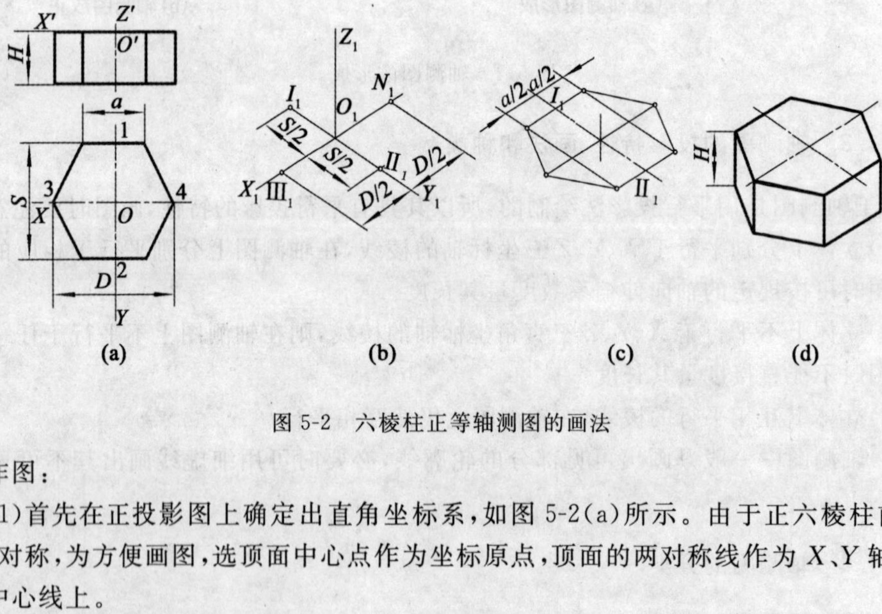

图 5-2　六棱柱正等轴测图的画法

作图:

(1)首先在正投影图上确定出直角坐标系,如图 5-2(a)所示。由于正六棱柱前、后、左、右对称,为方便画图,选顶面中心点作为坐标原点,顶面的两对称线作为 X、Y 轴,Z 轴在其中心线上。

(2)再画出轴测轴 O_1X_1、O_1Y_1、O_1Z_1,在轴测轴上,根据正投影图顶面的尺寸 S、D 定出 Ⅰ$_1$、Ⅱ$_1$、Ⅲ$_1$、Ⅳ$_1$ 的位置,如图 5-2(b)所示。根据轴测图的特性,过 Ⅰ$_1$、Ⅱ$_1$ 作平行于 O_1X_1 的直线,并以 Y_1 轴为界各取 $a/2$,然后连接各点,如图 5-2(c)所示。

(3)过顶面各点向下量取 H 值画出平行于 Z_1 轴的侧棱;再过各侧棱顶点画出底面各边,擦去作图辅助线、细虚线,描深,完成六棱柱的正等轴测图,如图 5-2(d)所示。

由上例可见,画平面立体的正等轴测图时,应首先找出其特征面,画出该特征面的轴测图,然后完成立体的轴测图。根据轴测图中不可见的轮廓线一般不画的规定,故常常先画特征面的上面、左面、前面,再画出下面、右面、后面。图 5-3 是两个平面立体,用坐标法从特征面出发画正等轴测图的实例。

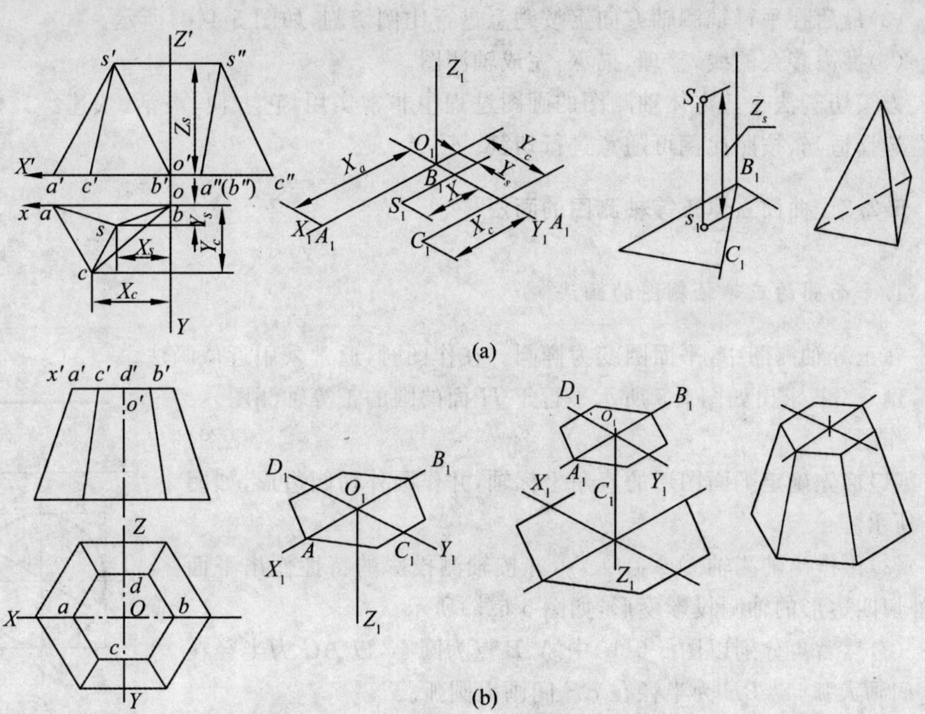

图 5-3 由特征面画正等轴测图的两个实例

2. 方箱切割法

大多数的平面立体，可以看成为由长方体切割而成的，因此，先画出长方体的正等轴测图，然后进行轴测切割，从而完成物体的轴测图的画图方法称为方箱切割法。

例 5.2 如图 5-4(a)所示物体的主、俯视图，应用方箱切割法画出其正等轴测图。

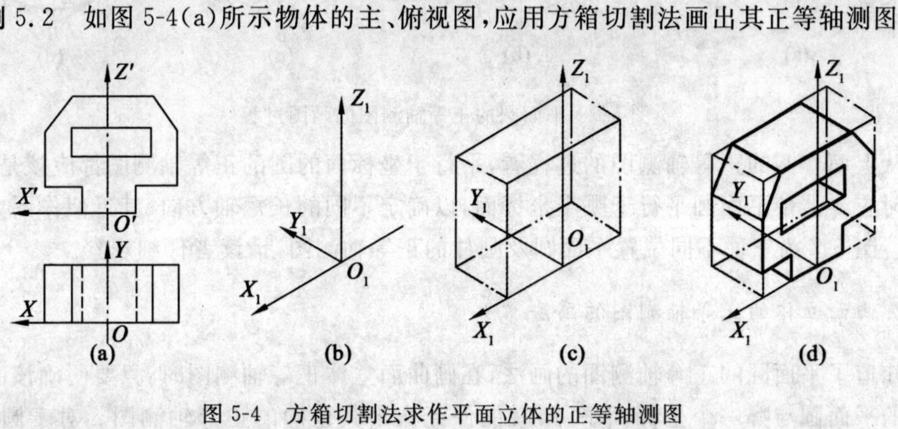

图 5-4 方箱切割法求作平面立体的正等轴测图

作图：

(1)首先设置主、俯视图的直角坐标轴。如图 5-4(a)所示。

(2)画轴测轴，如图 5-4(b)所示，这种轴测轴的选择方法是为了将物体的特征面放在前面。按主、俯视图的总长、总宽、总高作出辅助长方体的轴测图,如图 5-4(c)所示。

(3)最后在平行轴测轴方向上按题意进行比例切割,如图 5-4(d)所示。

(4)擦去多余的线,整理、描深,完成轴测图。

方箱切割法在基本体轴测图的画图过程中非常实用,它方便、灵活、快速。只要坐标位置选择适当,按照比例可随意进行切割。

5.2.3 曲面立体正等轴测图的画法

1. 平面圆的正等轴测图的画法

在正等轴测图中,平面圆变为椭圆。在作图时,通常采用近似画法。

例 5.3 求出如图 5-5 所示平行于 H 面的圆的正等轴测图。

作图:

(1)首先确定平面图形的直角坐标轴,并作圆外切四边形,如图 5-5 所示。

(2)再作出轴测轴 O_1X_1、O_1Y_1,并按轴测投影的特性作出平面圆外切四边形的轴测投影菱形,如图 5-6(a)所示。

(3)然后再分别以图 5-6(b)中 A、B 点为圆心,以 AC 为半径在 CD 间画大弧,以 BE 为半径在 EF 间画大圆弧。

(4)连接 AC 和 AD 交长轴于Ⅰ、Ⅱ两点,如图 5-6(c)所示。

(5)分别以Ⅰ、Ⅱ两点为圆心,ⅠD、ⅡC 为半径画两小圆弧,在 C、F、D、E 处与大圆弧相切,即完成平面圆的正等轴测图[见图 5-6(d)]。

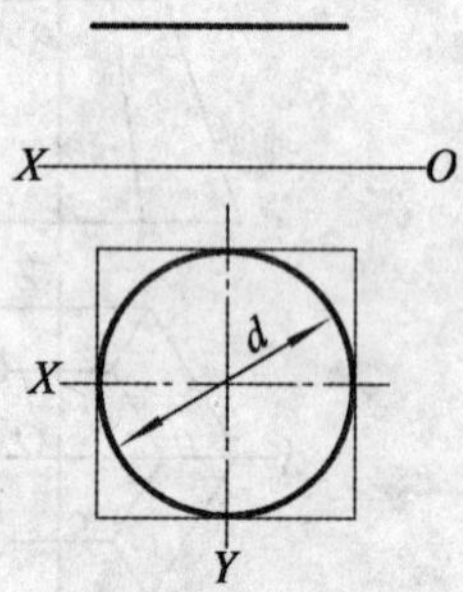

图 5-5 平行于 H 面的圆的投影图

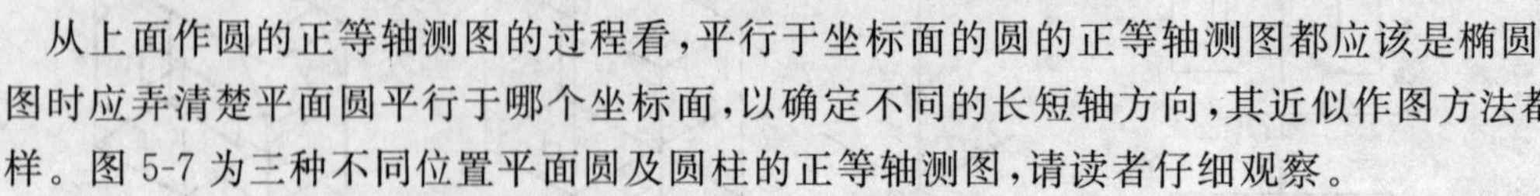

图 5-6 平面圆的正等轴测图的画图过程

从上面作圆的正等轴测图的过程看,平行于坐标面的圆的正等轴测图都应该是椭圆,作图时应弄清楚平面圆平行于哪个坐标面,以确定不同的长短轴方向,其近似作图方法都一样。图 5-7 为三种不同位置平面圆及圆柱的正等轴测图,请读者仔细观察。

2. 曲面立体的正等轴测图的画法

知道了平面圆的正等轴测图的画法,在画曲面立体正等轴测图时,只要明确该曲面立体上的平面圆与哪一个坐标面平行,就能保证作出其正确的正等轴测图。对于圆柱、圆锥、圆台和圆球,其作图方法和步骤都是一样的。

例 5.4　求出如图 5-8(a)所示圆台的正等轴测图。

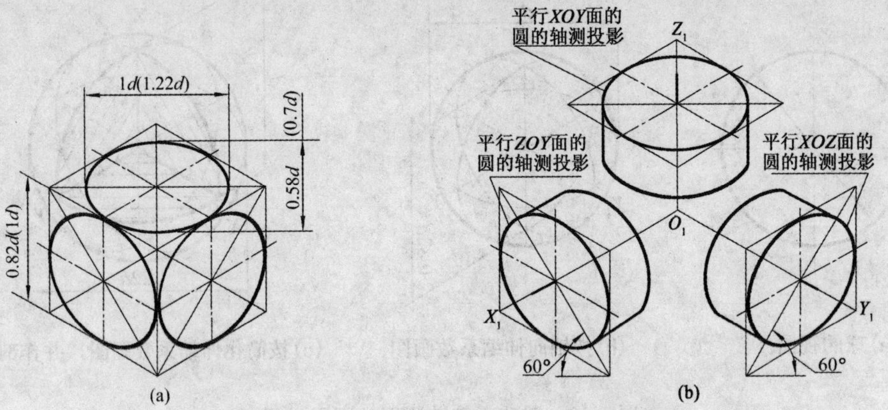

图 5-7　三种位置平面圆及圆柱的正等测轴测图

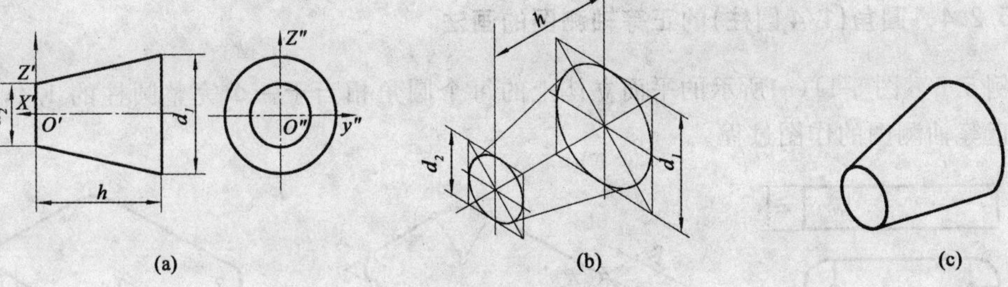

图 5-8　圆台的正等轴测图的画图过程

作图：

(1)首先由给定的两面投影图，分析该圆台表面的平面圆是平行于 W 面的侧平面，所以确定平面圆上的直角坐标轴位置，如图 5-8(a)所示。

(2)再作出两平面圆的轴测轴，并作出两平面圆的正等轴测图，如图 5-8(b)所示。

(3)最后作出两椭圆的公切线，并擦去不可见以及多余的作图辅助线，描深完成。如图 5-8(c)所示。

图 5-9、图 5-10 所示分别是圆柱、圆球正等轴测图的画图过程，请读者仔细观察。

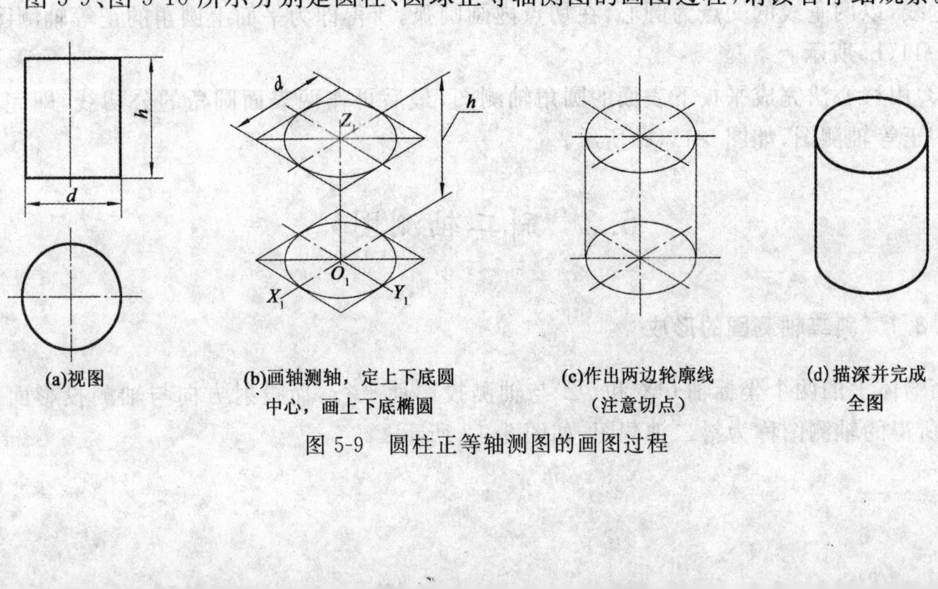

图 5-9　圆柱正等轴测图的画图过程

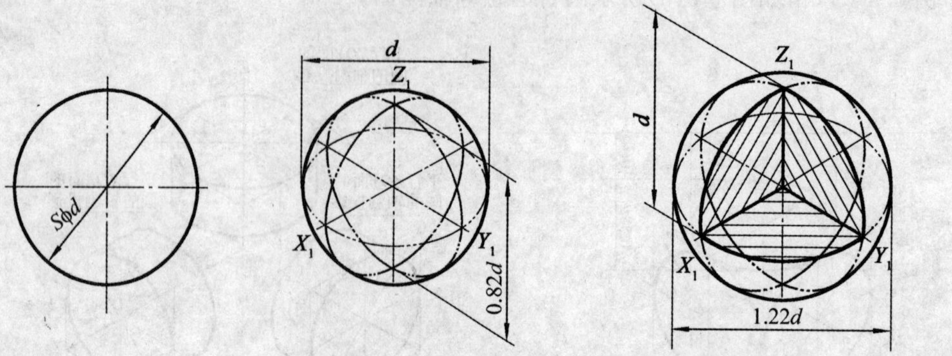

(a)球的视图　　(b)按轴向伸缩系数画图　　(c)按简化伸缩系数画图，并作剖切

图 5-10　圆球正等轴测图的画图过程

5.2.4　圆角(1/4 圆柱)的正等轴测图的画法

例 5.5　图 5-11(a)所示的平面立体上的每个圆角相当于一个完整圆柱的 1/4，试叙述其正等轴测图的作图过程。

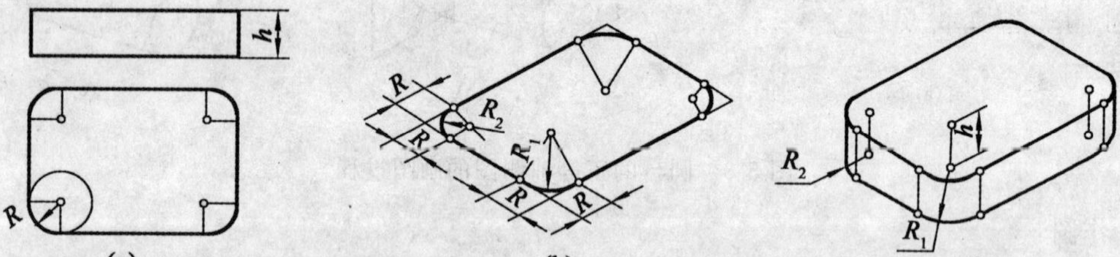

(a)　　(b)　　(c)

图 5-11　圆角的正等轴测图画图过程

作图：

(1)首先在正投影图上确定出圆角半径 R 的圆心和切点的位置，如图 5-11(a)所示。

(2)再画出平板上表面的正等轴测图，在对应边上量取 R，自量取得的点(切点)作边线的垂线，以两垂线的交点为圆心，在切点内画圆弧，所得即为平面上圆角的正等轴测图，如图 5-11(b)所示。

(3)用移心法完成平板下表面的圆角轴测图，最后再作两表面圆角的公切线，即完成圆角的正等轴测图，如图 5-11(c)所示。

5.3　斜二轴测图

5.3.1　斜二轴测图的形成

当物体上的两个坐标轴 OX 和 OZ 与轴测投影面平行，而投射方向与轴测投影面倾斜时，所得的轴测图称为斜二轴测图，如图 5-12 所示。

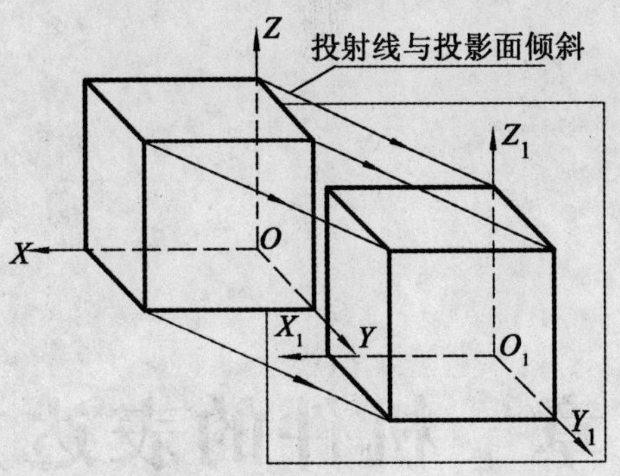

图 5-12　斜二测轴测投影图

5.3.2　斜二轴测图的轴测轴、轴间角和轴向伸缩系数

斜二轴测图的轴间角：$\angle X_1O_1Z_1=90°$，$\angle X_1O_1Y_1=\angle Y_1O_1Z_1=135°$。

轴向伸缩系数：X_1、Z_1 轴的轴向伸缩系数 $p=r=1$，Y_1 轴的轴向伸缩系数 $q=1/2$。

如图 5-12 所示，斜二轴测图的轴测轴有一个显著的特征，即物体正面 X 轴和 Z 轴的轴测投影没有变形。这一轴测投影的特征，对于那些在正面上形状复杂以及在正面上有圆或曲线的物体（见图 5-13），画成斜二轴测图十分简便。

5.3.3　斜二轴测图的画法

例 5.6　作出如图 5-13 所示正面形状复杂的单方向物体的斜二轴测图。

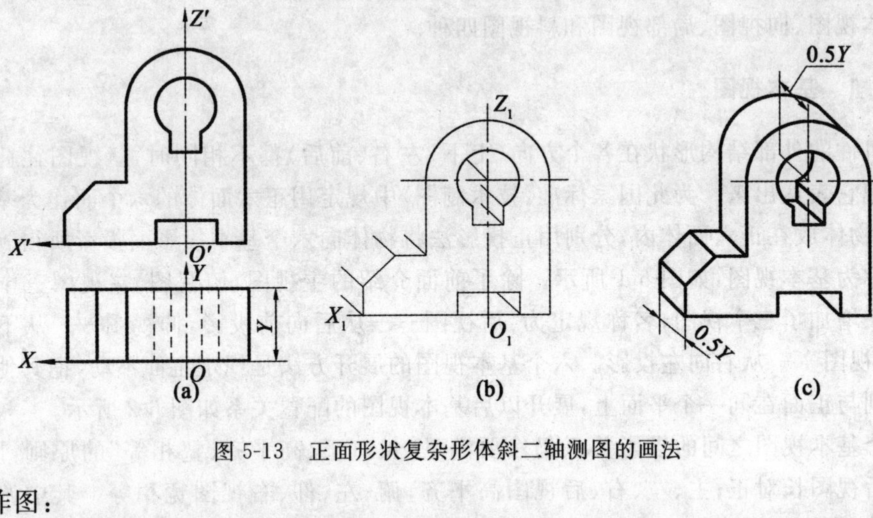

图 5-13　正面形状复杂形体斜二轴测图的画法

作图：

(1)选择正投影图的坐标位置，如图 5-13(a)所示。

(2)画轴测轴，作正面特征平面的斜二轴测图（与正投影完全相同），再从特征面的各点作平行于 O_1Y_1 轴的直线，如图 5-13(b)所示。

(3)将正面特征平面及圆心后移 0.5Y 作出后面圆及其他可见轮廓线，描深，完成轴测图，如图 5-13(c)所示。

第 6 章　机件的表达方法

前面已经介绍了用主、俯、左三个视图表达机件的结构形状。在生产实际中，有些简单的机件只用一个或两个视图并标注尺寸就可以表达清楚了。但是有些复杂的机件，就是用三个视图也难以将其内外结构形状清楚地表达出来。为此，国家标准《技术制图》和《机械制图》规定了机件的各种表达方法。本章将介绍视图、剖视图、断面图、简化画法等常用表达方法。画图时应根据机件的实际结构形状特点，选用恰当的表达方法。

6.1　视　图

视图是用正投影法将机件向投影面投影所得的图形。它主要用来表达机件的外部结构和形状。一般只画出机件的可见部分，必要时才用细虚线表达其不可见部分。视图通常有基本视图、向视图、局部视图和斜视图四种。

6.1.1　基本视图

当机件的外部结构形状在各个方向(上下、左右、前后)都不相同时，三视图往往不能清晰地把它表达出来。为此国家标准《技术制图》中规定用正六面体的六个面作为基本投影面，将物体放在正六面体内，分别用正投影法将物体向六个基本投影面投影所得到的六个视图称为基本视图，如图 6-1 所示。除了前面介绍的主视图、俯视图、左视图三个基本视图外又增加了三个视图，名称规定为：后视图——从后向前投影，仰视图——从下向上投影，右视图——从右向左投影。六个基本视图的展开方法是规定正面不动，把其他投影面展开到与正面在同一个平面上，展开以后基本视图的配置关系如图 6-2 所示。

六个基本视图之间的投影关系仍然要满足“长对正、高平齐、宽相等”的原则，即主、俯、仰、后视图长对正；主、左、右、后视图高平齐；俯、左、仰、右视图宽相等。其中俯、左、仰、右视图靠近主视图的一面表示物体的后面，而远离主视图的一面表示物体的前面；后视图的左侧反映物体的右面，右侧反映物体的左面。它们的位置关系按图 6-2 配置时，一律不标注视图的名称。

实际绘图时，应根据机件的复杂程度，合理选用必要的基本视图。

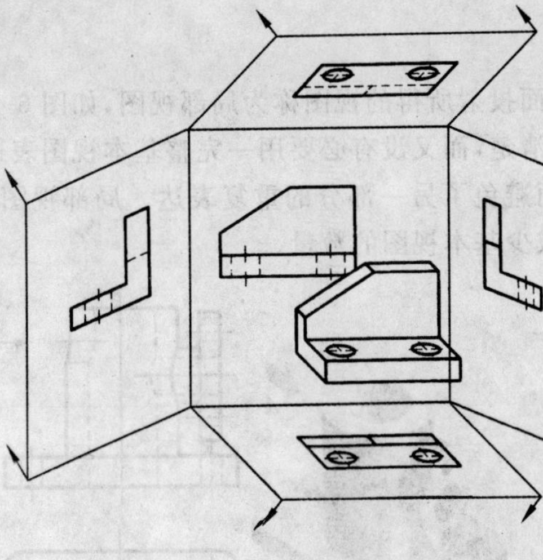

图 6-1　六个基本视图的形成及展开

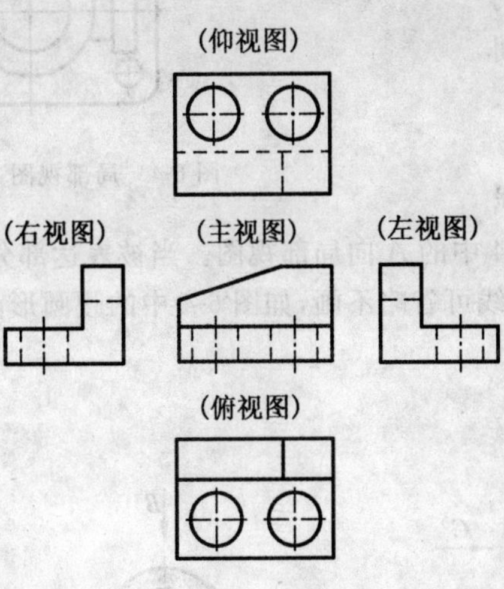

图 6-2　基本视图的配置

6.1.2　向视图

在实际设计绘图中，由于考虑到视图在图纸中的布局问题，视图可不按图 6-2 所示的位置配置，此时应在视图的上方标出视图的名称"×"(×为大写拉丁字母)，并用箭头在相应视图附近指明投射方向，并标注相同的字母，这种视图称为向视图，如图 6-3 所示(注意所用字母或箭头要比图中所注尺寸数字和尺寸线上的箭头大一号或两号，字母一律水平书写)。向视图是可以自由配置的视图。基本视图和向视图均用于表示机件的整体外形。

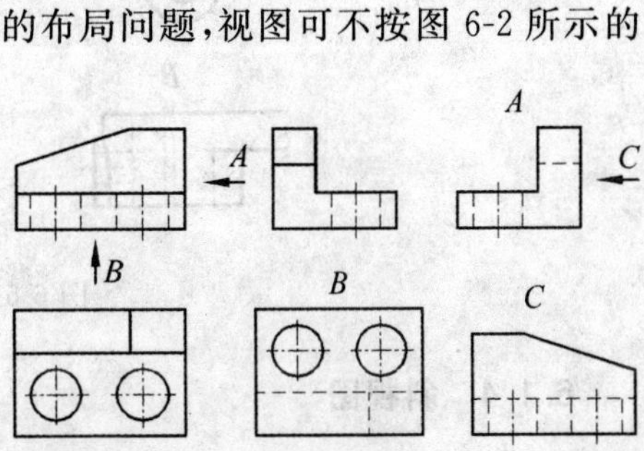

图 6-3　向视图

6.1.3 局部视图

将机件的某一部分向基本投影面投射所得的视图称为局部视图，如图6-4所示。

当机件某一局部形状没有表达清楚，而又没有必要用一完整基本视图表达时，可单独将这一部分向基本投影面投影，从而避免了另一部分的重复表达。局部视图是一个不完整的基本视图，利用局部视图可以减少基本视图的数量。

画局部视图时应注意：

(1)局部视图可按基本视图的配置形式配置，也可按向视图的形式配置并标注，一般应在局部视图上方标出视图的名称"×"，在相应视图的附近，用箭头指明投射方向，并在箭头旁按水平方向注上相同的字母，如图6-4中A向局部视图。局部视图按投影关系配置时，中间没有其他图形隔开时，可省略标注，如图6-4机件左边的腰圆形凸台。

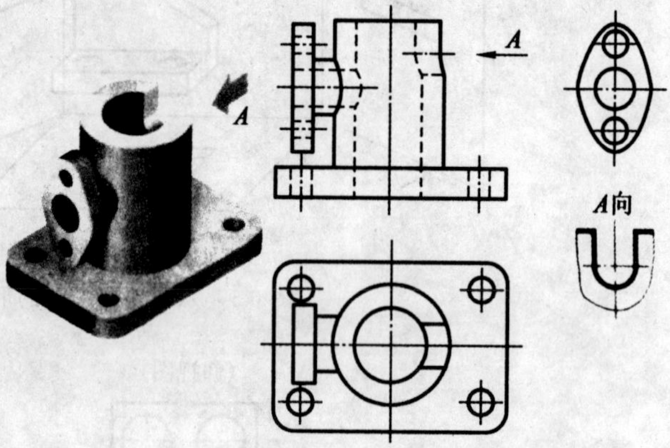

图6-4 局部视图

(2)局部视图断裂处的边界线以波浪线(或双折线)表示，如图6-4中的A向局部视图。当被表达部分的结构是完整的，其图形的外轮廓线成封闭时，波浪线可省略不画，如图6-4中的腰圆形凸台、图6-5中的C向局部视图。

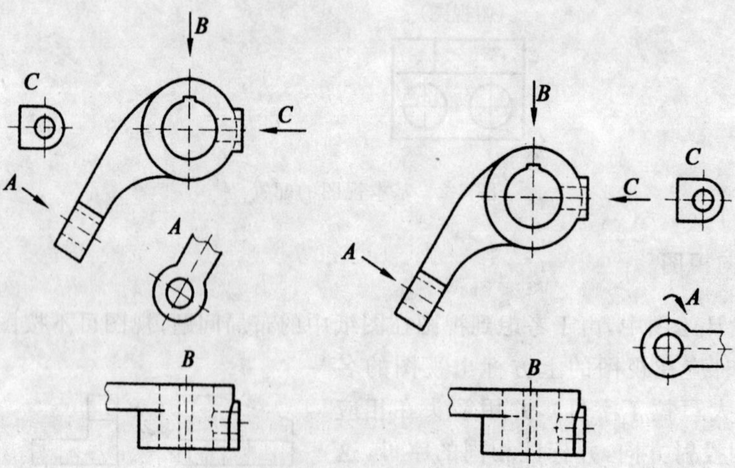

图6-5 压紧杆的斜视图

6.1.4 斜视图

机件向不平行于任何基本投影面的平面投射所得的视图称为斜视图。如图6-6(a)所示压紧杆的三视图，具有倾斜表面，在基本视图上无法反映结构表面的真实形状，给读图、绘图、标注尺寸带来困难。为此可设置一个与倾斜结构平行的辅助投影面，把倾斜结构向该投影面用正投影法投影即可得到反映该部分实形的斜视图，如图 6-6(b)所示。

斜视图只需要表达倾斜表面的局部实形，其余部分不必全部画出，其断裂边界以波浪线或双折线表示。画斜视图，必须在斜视图的上方标出视图名称“×”，在相应的视图附近用箭头指明投射方向，并在箭头旁按水平方向注上同样的字母，如图 6-5 中的 A 向斜视图。

斜视图一般应按投影关系配置，必要时也可配置在其他适当位置，在不致引起误解时允许将倾斜的图形旋转，但需画出旋转符号(如图 6-5 所示)，表示该视图名称的大写拉丁字母应靠近旋转符号的箭头端。

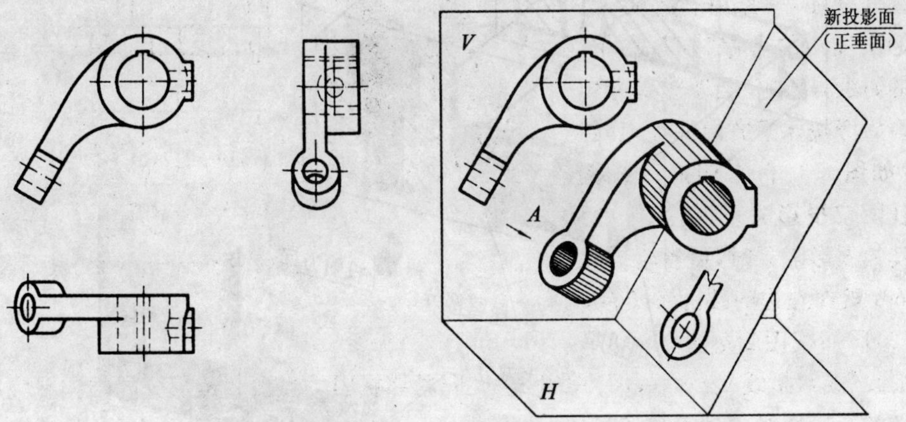

(a)　　(b)

图 6-6　压紧杆的三视图及斜视图的形成

6.2　剖视图

在用视图表达机件的结构形状时，机件的内部结构形状规定用虚线表示。当机件内部结构复杂时，视图上出现许多虚线，会使图形不清晰。为了将内部结构表达清楚，同时又避免出现虚线，国家标准规定可采用剖视图的方法来表达。剖视图主要用来表达机件的内部结构形状。

6.2.1　剖视的概念

假想用剖切面剖开机件，将处在观察者和剖切面之间的部分移去，而将其余部分向投影面投射所得的图形，称为剖视图，简称剖视。剖切面就是剖切机件的假想平面或柱面。如图 6-7 所示。

由图 6-8 中的视图与剖视相比较，不难发现，主视图采用剖视图的画法，视图中不可见的部分变成可见，原有的虚线变成了粗实线，再加上剖面线的作用，使图形显得非常清晰，又有层次感。同时，画图、看图和标注尺寸也都更为方便。

1.剖视图的画法

(1)确定剖切平面的位置。为了能确切地表达物体的真实形状,所选剖切面一般应与某基本投影面平行,并应通过物体内部孔、槽的轴线或对称面,如图 6-8(b)的剖切平面就是通过机件前、后对称平面的正平面。

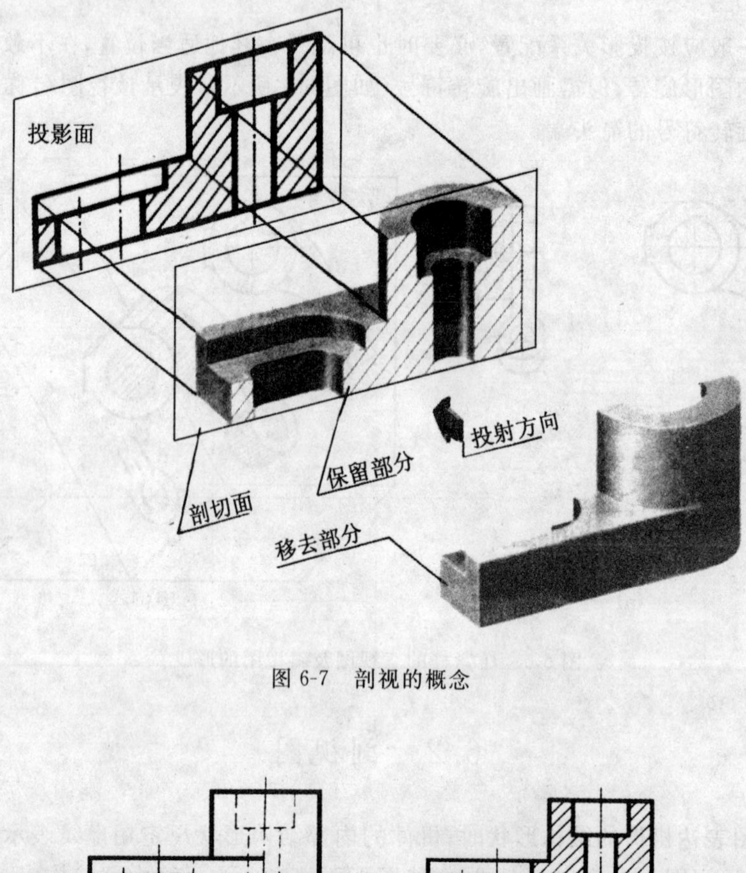

图 6-7　剖视的概念

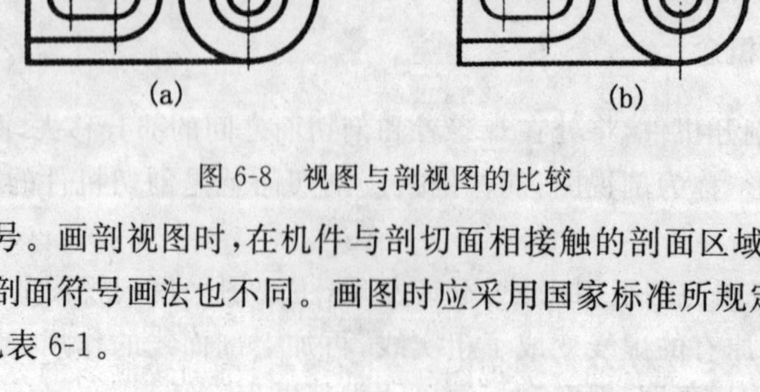

图 6-8　视图与剖视图的比较

(2)画剖面符号。画剖视图时,在机件与剖切面相接触的剖面区域,应画上剖面符号。机件材料不同,其剖面符号画法也不同。画图时应采用国家标准所规定的剖面符号,常见材料的剖面符号见表 6-1。

表 6-1　　材料的剖面符号

金属材料（已有规定剖面符号者除外）	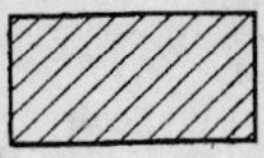	型砂、填砂、粉末冶金、砂轮等	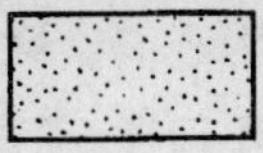	木质纵剖面	
非金属材料（已有规定剖面符号者除外）		钢筋混凝土		木材横剖面	
转子、电枢、变压器和电航器等的叠钢片	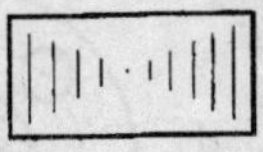	玻璃及供观察用的透明材料	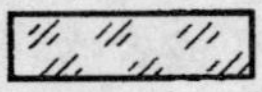	液体	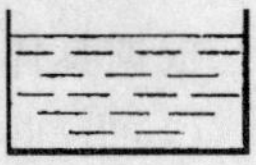
线圈绕组元件	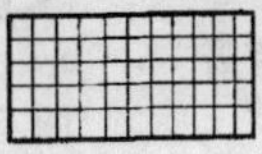	基础周围的泥土		木质胶合板（不分层）	
混凝土	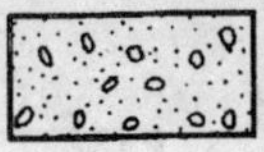	砖	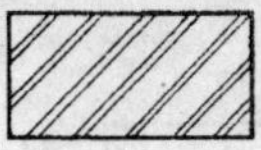	格网（筛网、过滤网等）	

国标规定，当不需要在剖面区域表示材料的类别时，可采用通用剖面线表示。通用剖面线应采用适当角度的细实线，最好与主要轮廓或剖面区域的对称线成 45°，如图 6-9 所示。同一物体的各个剖面区域，其剖面线的方向和间隔应一致。如果图形中的主要轮廓线与水平线成 45°，应将该图形的剖面线画成与水平线成 30°或 60°的平行线，但其倾斜方向仍应与其他图形的剖面线一致，如图 6-10 所示。

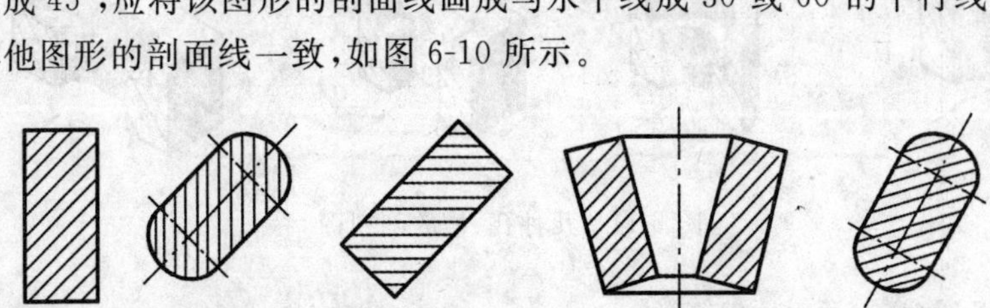

(a)　(b)　(c)　(d)　(e)

图 6-9　通用剖面线的画法

对于同一机件来说，在它的各剖视图和断面图中，剖面线倾斜的方向应一致，间隔要相同。

(3)画剖切面后面的投影。剖切平面后的可见轮廓线,一定要用粗实线画出,不能漏画,如图 6-11 所示。

2. 剖视图的标注

绘制剖视图时,应按国标的规定标注:一般应在剖视图的上方用字母标出剖视图的名称"×—×"(×为大写拉丁字母),在相应的视图上用剖切符号和箭头表示剖切位置和投射方向,并注上同样的字母。

剖切符号是指剖切面起、迄和转折位置(用粗短画表示)及投射方向(用箭头表示)的符号,如图 6-10、图 6-11 所示。

根据具体情况,标注可以简化或省略。

(1)当剖视图按投影关系配置,中间又没有其他图形隔开时,可省略箭头,如图 6-14、图 6-17(b)、图 6-23、图 6-24 所示。

(2)当单一剖切平面通过机件的对称平面或基本对称平面,且剖视图按投影关系配置,中间又没有其他图形隔开时,可省略标注,如图 6-8(b)、图 6-12(b)、图 6-13、图 6-16 所示。

(3)当单一剖切平面的剖切位置明显时,局部剖视图的标注可省略,如图 6-18、图 6-19 所示。

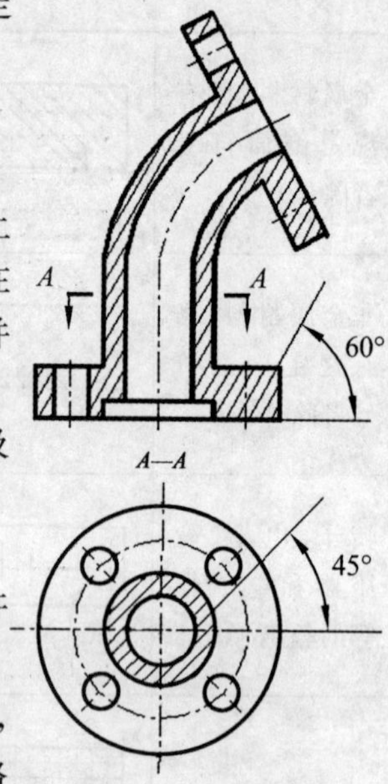

图 6-10 特殊角度的剖面线画法

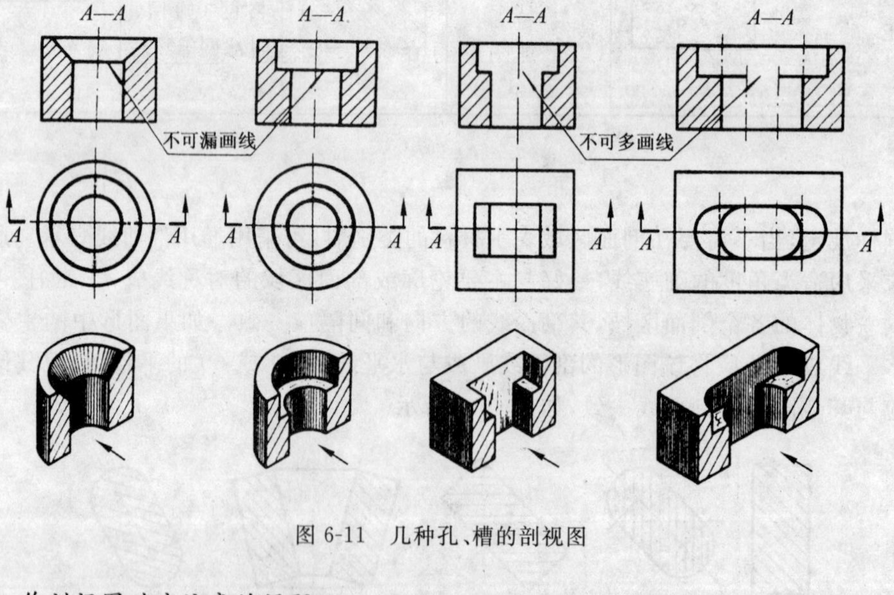

图 6-11 几种孔、槽的剖视图

3. 作剖视图时应注意的问题

(1)剖视图是一个假想的作图过程,因此一个视图画成剖视图后,其他视图仍应按完整机件画出,如图 6-12 所示。

(2)画剖视图时,在剖切面后的可见轮廓线也应画出,初学者常常会忽略这一点而只画出与剖切面重合部分的图形,如图 6-13 所示。

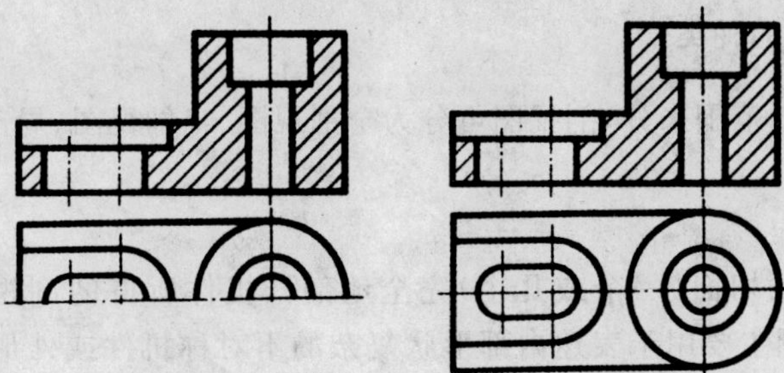

(a) 错误　　　　(b) 正确

图 6-12　画剖视图时应注意机件的完整性

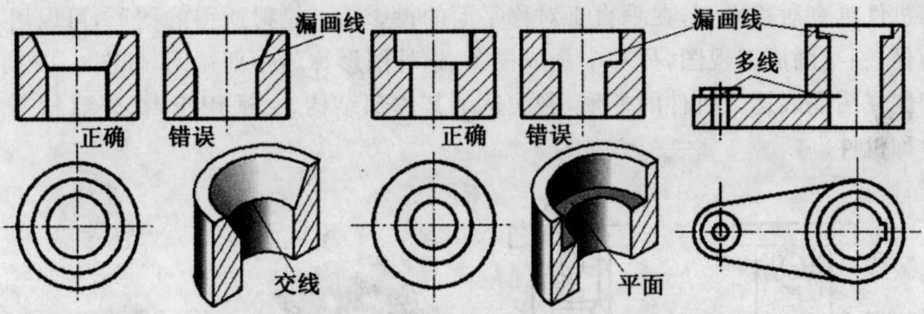

图 6-13　剖视图不应漏画可见轮廓线

(3)剖视图上一般不画虚线，以增加图形的清晰性，但若画少量虚线可减少视图数量时，也可画出必要的虚线，如图 6-14 所示。

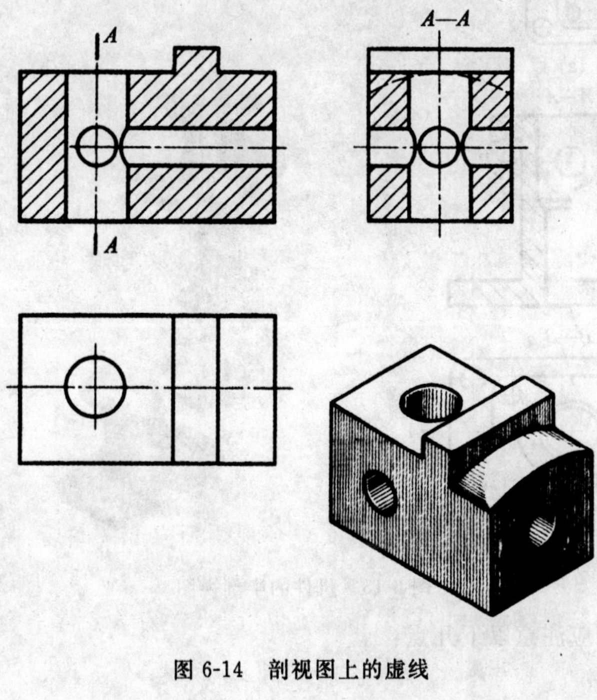

图 6-14　剖视图上的虚线

6.2.2　剖视图的种类

按机件被剖开的范围来分,剖视图可分为全剖视图、半剖视图、局部剖视图三种。

1. 全剖视图

全剖视图是用剖切面(一个或几个)完全地剖开机件所得的剖视图,如图 6-8 至图 6-14所示。全剖视图主要用于表达内部形状复杂的不对称机件或外形简单的对称机件。不论是用哪一种剖切方法,只要是"完全剖开,全部移去"所得的剖视图,都是全剖视图。

2. 半剖视图

当机件具有对称平面,在垂直于对称平面的投影面上投射所得的图形,可以用对称中心线为界,一半画成剖视图,另一半画成视图,这种图形称为半剖视图,如图 6-15 所示。

半剖视图既表达了机件的外形,又表达了其内部结构,它适用于内、外形状都需要表达的对称机件。

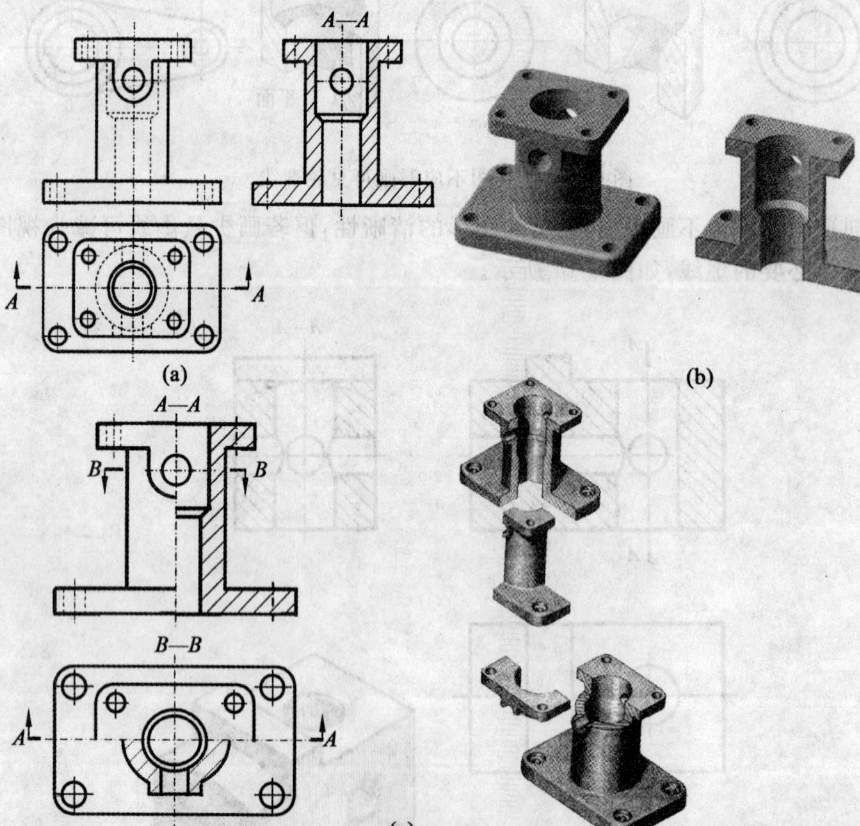

图 6-15　机件的半剖视图

画半剖视图时应注意以下几点:

(1)半个视图和半个剖视图应以细点划线为界。

(2)在表示外形的半个视图中一般不画虚线,在半个剖视图中未表达清楚的结构,可在半个视图中作局部剖视,同时对未剖到的孔或槽等,应画出中心线位置[见图6-15(c)主视图]。

(3)一般用于对称机件。但当机件的形状接近对称,且不对称部分已在其他视图上表达清楚时,也可以画成半剖视图,如图 6-16 所示。

半剖视图标注的方法与全剖视图相同,如图 6-15(c)、图6-17所示。

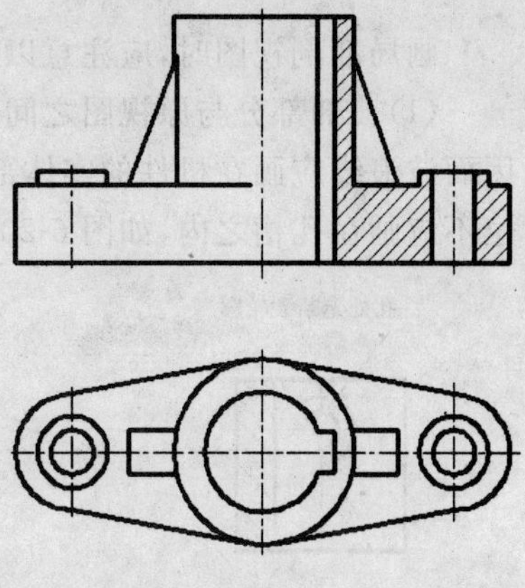

图 6-16　基本对称机件的半剖视图

3.局部剖视图

用剖切面局部地剖开机件所得的剖视图称为局部剖视图,如图 6-18 所示。

局部剖视只需要表达机件上局部结构的内部形状,只有局部内部形状需要表达,而不必或不宜采用全剖视图时(如轴、连杆、螺钉等实心零件上的某些孔或槽等),可用局部剖视图表达,剖切平面的位置与范围应根据机件需要而决定。

物体内、外形状需表达而又不对称时,可用局部剖视图表达,如图 6-19 所示。

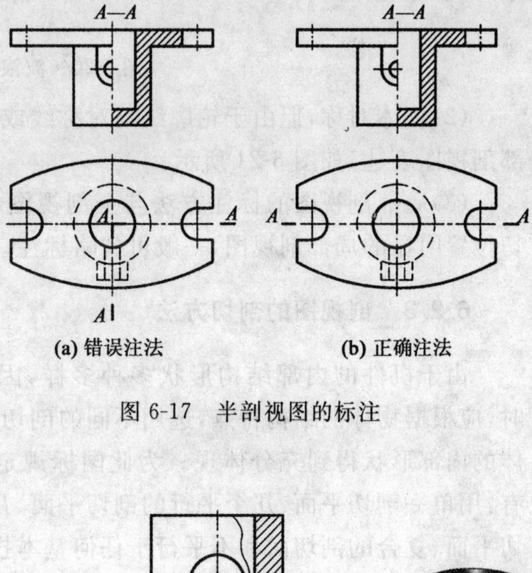

(a) 错误注法　(b) 正确注法

图 6-17　半剖视图的标注

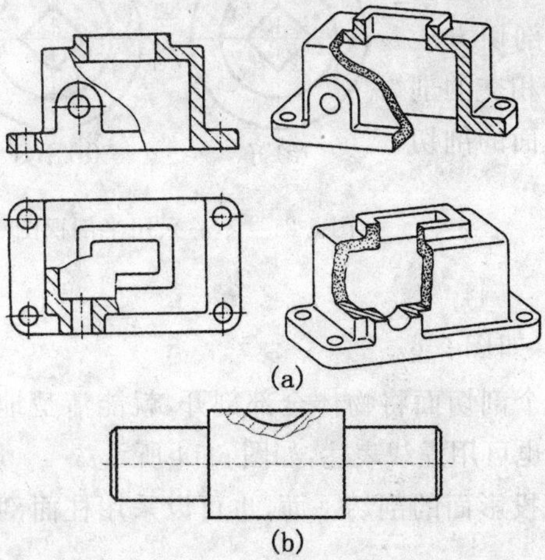

(a)

(b)

图 6-18　局部剖视图(一)

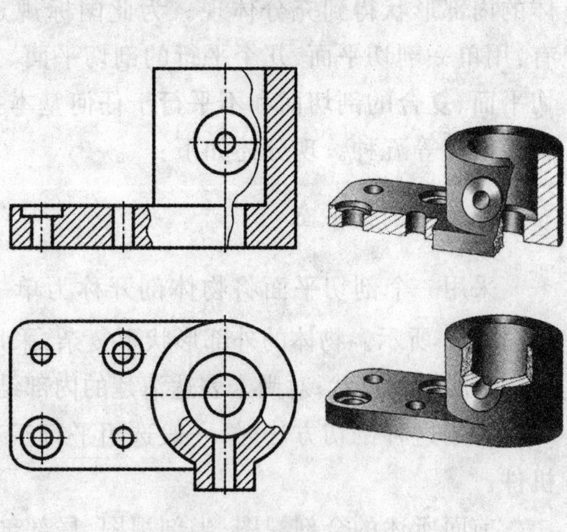

图 6-19　局部剖视图(二)

画局部剖视图时,应注意以下几点:

(1)被剖部分与原视图之间用波浪线分开,波浪线表示机件断裂处的边界线的投影,因而波浪线应画在机件的实体部分,不能超出视图的轮廓线或和图样上其他图线相重合,也不应画在孔槽之内,如图 6-20 所示。

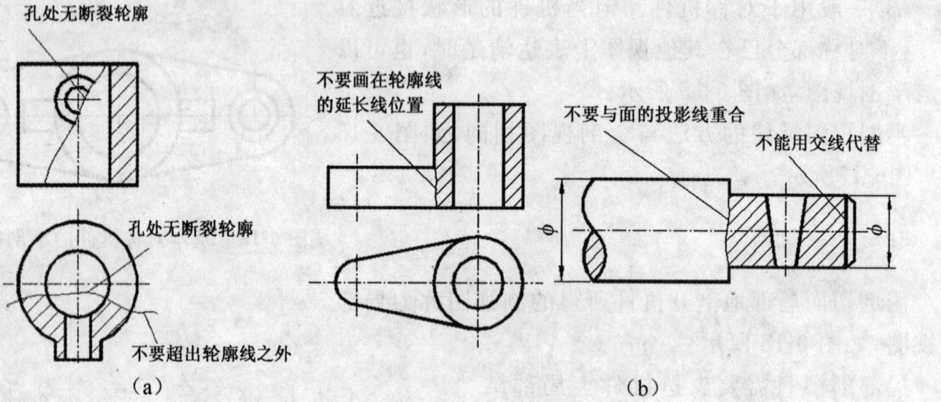

图 6-20　波浪线的错误画法

(2)物体对称,但由于轮廓线与对称线或中心线重合而不宜采用半剖视图时,可用局部剖视图表达,如图 6-21 所示。

(3)局部剖视图的标注方法与全剖视图相同,对于剖切位置明显的局部剖视图,一般可省略标注。

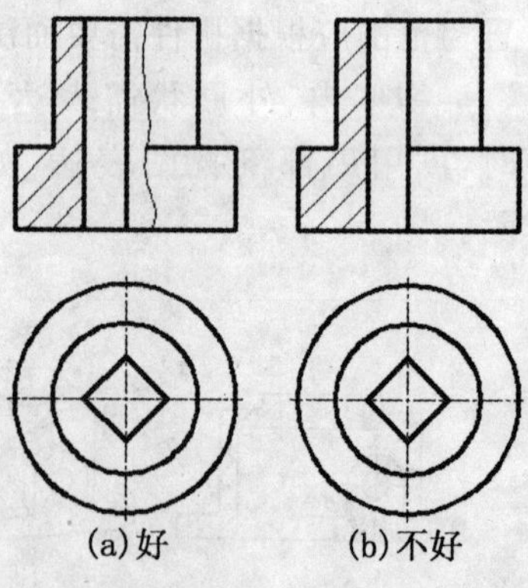

图 6-21　不易采用半剖视图

6.2.3　剖视图的剖切方法

由于机件的内部结构形状多种多样,因此画剖视图时,应根据物体的结构特点,选用不同的剖切面,以便使物体的内部形状得到充分体现。为此国标规定的剖切方法有:用单一剖切平面、几个平行的剖切平面、几个相交的剖切平面、复合的剖切面和不平行于任何基本投影面的剖切平面剖切等五种。现分述如下:

1.单一剖切平面

采用一个剖切平面将物体剖开称为单一剖,如图 6-8 至图 6-13 所示。物体的外部形状不复杂,采用一个剖切面将物体全部剖开,就能清楚地表达内部的结构形状;对尚未表达清楚的内部结构,也可用虚线表达,如图 6-14 所示。

采用这种剖切方法时,一般选用平行于基本投影面的剖切平面,也可以采用柱面剖切机件。

前面所述的全剖视图、半剖视图、局部剖视图均为用单一剖切平面剖切得到的,可见单一剖应用最为广泛。

2. 几个平行的剖切平面

用几个相互平行的剖切平面剖开物体的方法称为阶梯剖，如图 6-22、图 6-23 所示。

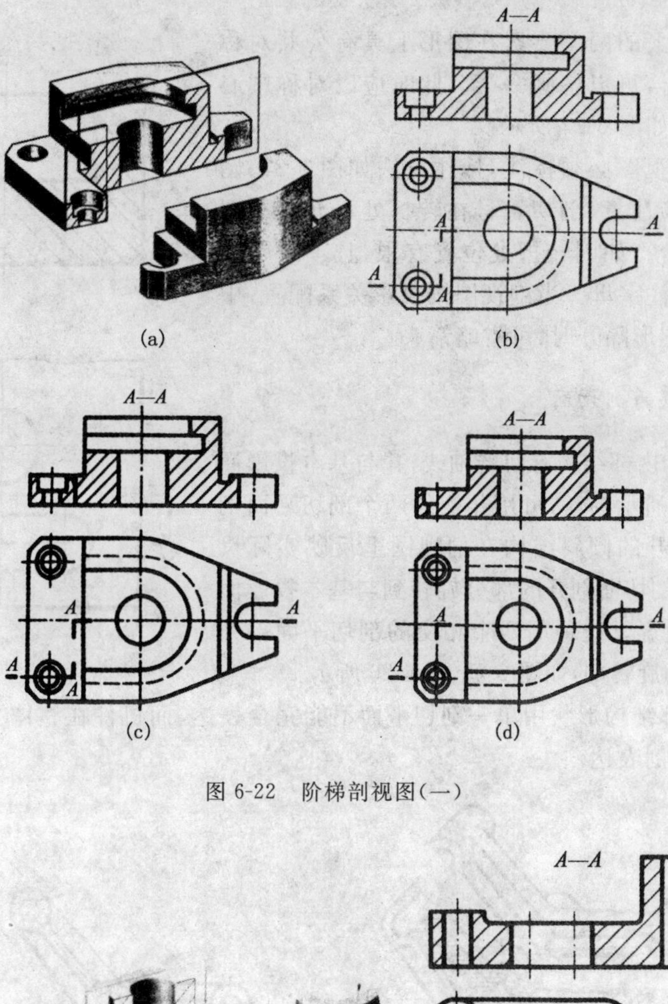

图 6-22　阶梯剖视图(一)

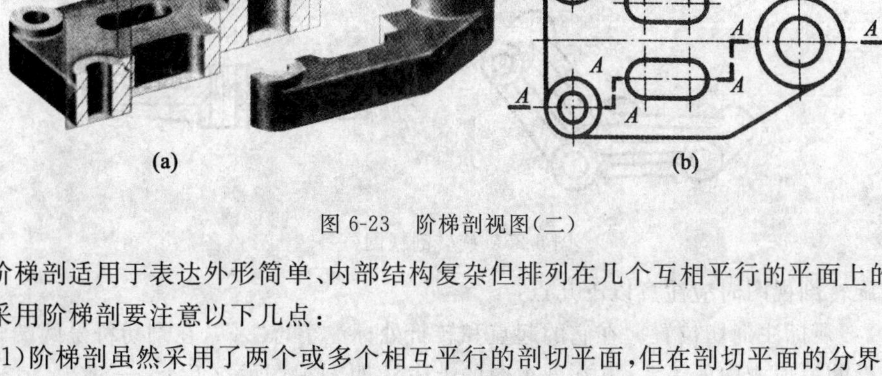

图 6-23　阶梯剖视图(二)

阶梯剖适用于表达外形简单、内部结构复杂但排列在几个互相平行的平面上的机件。

采用阶梯剖要注意以下几点：

(1)阶梯剖虽然采用了两个或多个相互平行的剖切平面，但在剖切平面的分界处不能画出分界线(即不能画出各剖切平面的交线),如图 6-22(c)所示,图中主视图是错误的。

(2)剖切平面的转折处不应与图中的实线或虚线重合。另外,一般情况下也不要在孔或槽的中间部分转折,以免孔或槽的结构仅有一部分被剖切,如图 6-22(d)所示,主视图也是错误的。

(3)当机件上的两个要素在图形上具有公共对称中心线或轴线时,可以各画一半。此时应以对称中心线或轴线为界,如图 6-24 所示。

(4)阶梯剖视图必须标注,标注方法如图 6-22、图 6-23 所示。但应注意,剖切符号在转折处不允许与图上的轮廓线重合。如因转折处位置有限,且不致引起误解时,可以不注字母。当剖视图按投影关系配置,中间又没有其他图形隔开时,可省略箭头。

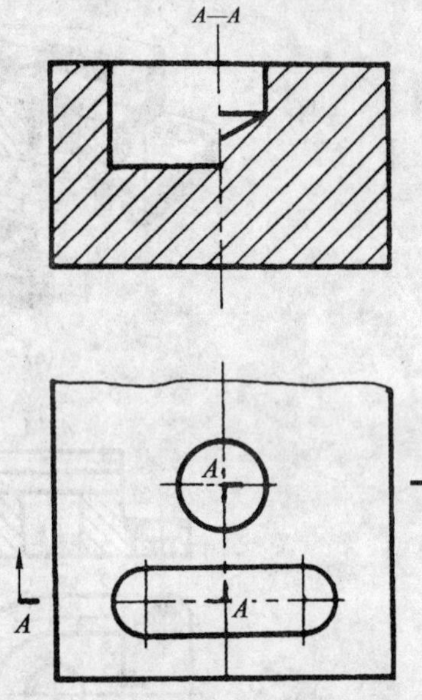

图 6-24　各画一半的图例

3. 几个相交的剖切面

有些物体的内部结构有回转轴线,并与基本投影面倾斜,如图 6-26 所示圆盘,可用相交的两个剖切平面剖开物体,为使剖开的倾斜结构在剖视图上反映实际尺寸,可以将倾斜剖切面剖开的部分旋转到与基本投影面平行后再进行投影。这种用两个相交的剖切平面剖开物体的方法称为旋转剖,如图 6-25、图 6-26 所示。

当机件内部结构形状用单一剖切平面不能完全表达,而机件在整体上又有回转轴线时,则可用旋转剖表达。

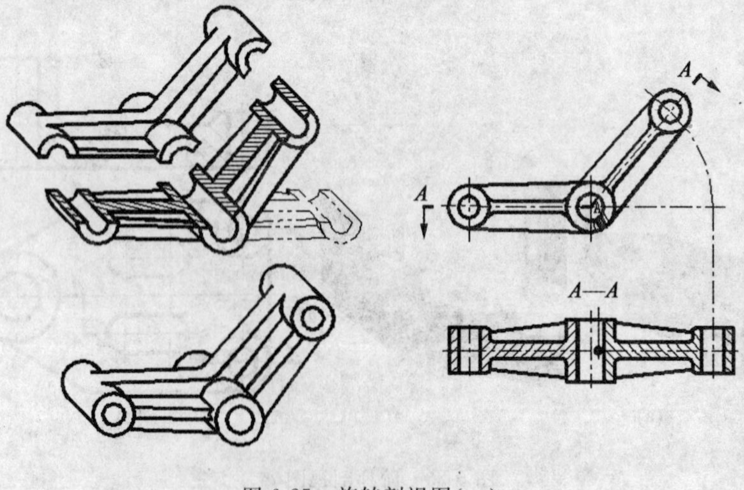

图 6-25　旋转剖视图(一)

画旋转剖视图时应注意以下几点:

(1)必须标注剖切位置。在它的起点和转折处标注字母"×",在剖切符号两端画出表示剖切后的投射方向的箭头,并在剖视图的上方注明剖视图的名称"×－×"。但当转折处位置有限又不致引起误解时，允许省略标注转折处的字母。

(2)处在剖切平面后的其他结构要素，一般仍按原来的位置投影，如图 6-25 中的小孔。

(3)强调的是"先剖开后旋转"，而不是将要表达的结构先旋转，然后再剖开(见图 6-25、图 6-26)。

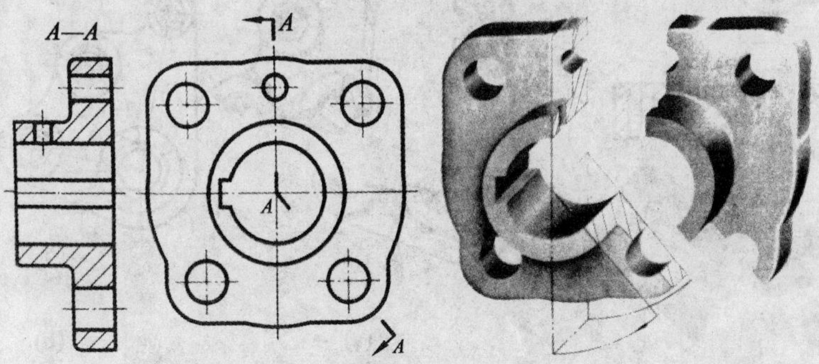

(a)

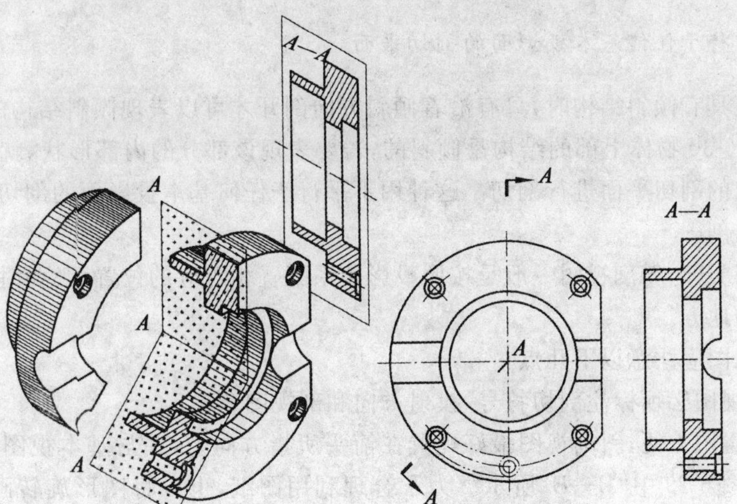

(b)

图 6-26　旋转剖视图(二)

4.复合的剖切平面

当机件的内部结构复杂，用阶梯剖和旋转剖仍不能表达清楚时，可以用复合的剖切平面剖开机件，这种方法称为复合剖，如图 6-27、图 6-28 所示。

画图时应注意：

(1)复合剖常用来表达多孔的结构和复杂的机件内形。

(2)当采用几个旋转剖组成的复合剖时，一般采用展开画法，如图 6-27、图 6-28 所示。

(3)复合剖的画图方法和标注方法与旋转剖和阶梯剖的方法基本相同。但展开的复合剖应在剖视图上方注出“×—×展开”。

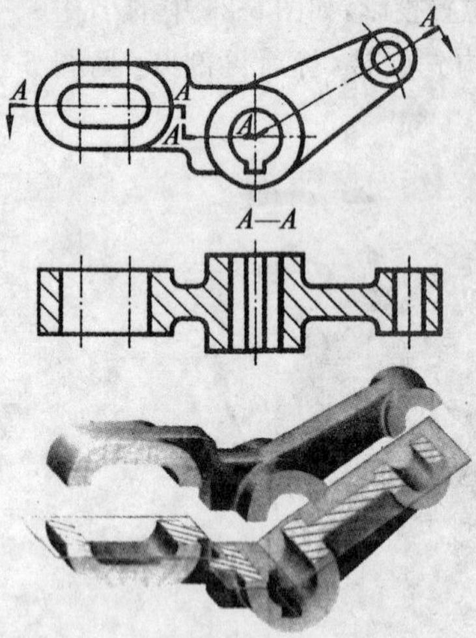

图 6-27　复合剖(一)

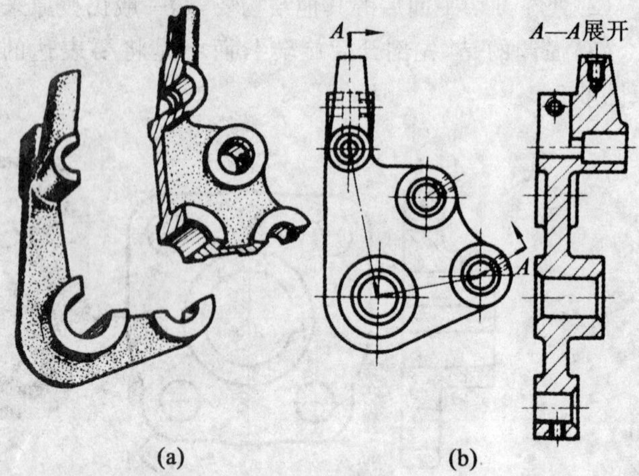

图 6-28　复合剖(二)

5.用不平行于任何基本投影面的剖切平面

当物体上具有倾斜结构时，只有沿着倾斜方向剖开才可以表现倾斜结构的内部形状。如图 6-29、图 6-30 物体上部的结构是倾斜的，若要表现该部分的内部形状，就需采用通过两圆柱中心线的剖切平面进行剖切。这种用不平行于任何基本投影面的剖切平面剖开物体的方法叫斜剖。

与斜视图类似，斜剖视图一般是按照投影关系配置相对应的位置，必要时可将它放置于其他适当的地方。

画斜剖视图应注意以下几点：

(1)斜剖视图必须标注剖切符号、投射方向和剖视图名称。

(2)为了看图方便，斜剖视图最好配置在箭头所指方向上，并与基本视图保持对应的投影关系，如图 6-29 中“B—B”所示。为了合理利用图纸，也可将图形旋转画出，标注如图 6-29“B—B ⌒”所示。

(3)斜剖视图主要用来表达倾斜部分的实形，应避免在斜剖视图中表达物体上其余失真的投影，如图 6-29 所示的“B—B”，而 A 向视图采用局部视图画出，避免了结构的失真投影。

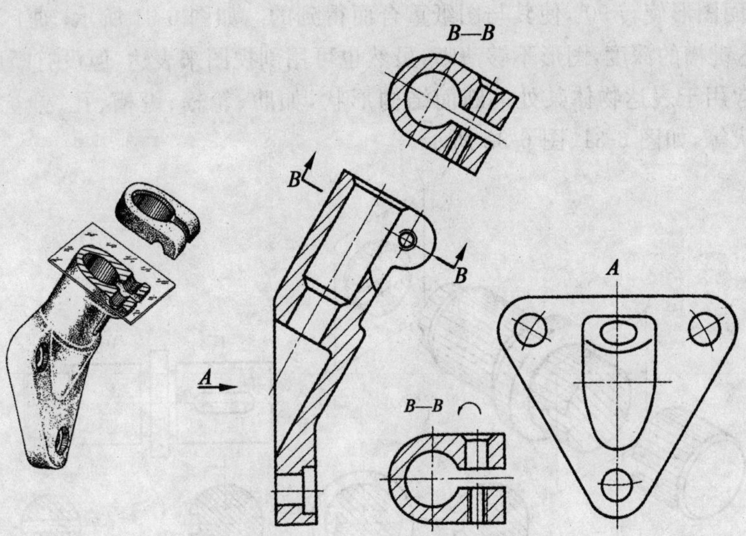

图 6-29　斜剖视图

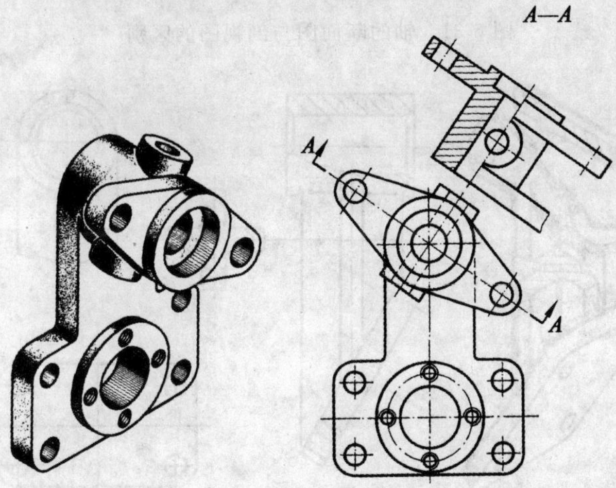

图 6-30　斜剖视图

6.3　断面图

6.3.1　断面图的概念

假想用剖切面将物体的某处切断，仅画出该剖切面与物体接触部分的图形，称为断面图，又称断面（见图 6-31）。

断面图与剖视图的区别是：断面图只画出物体被切处的断面形状；而剖视图除了画出其断面形状外，还必须画出断面之后所有的可见轮廓。

断面图实际上就是使剖切平面垂直于结构要素的中心线（轴线或主要轮廓线）进行剖

切,然后将断面图形旋转 90°,使其与图纸重合而得到的。如图 6-31 所示,轴上开有键槽,如用视图来表达键槽的深度,图形不够清晰,虽然也可用剖视图来表达,但没有断面图简便。

断面图常用于表达物体某处的断面结构形状,如肋、轮辐、键槽、孔、锥坑以及各种型材的断面形状等,如图 6-31、图 6-32 所示。

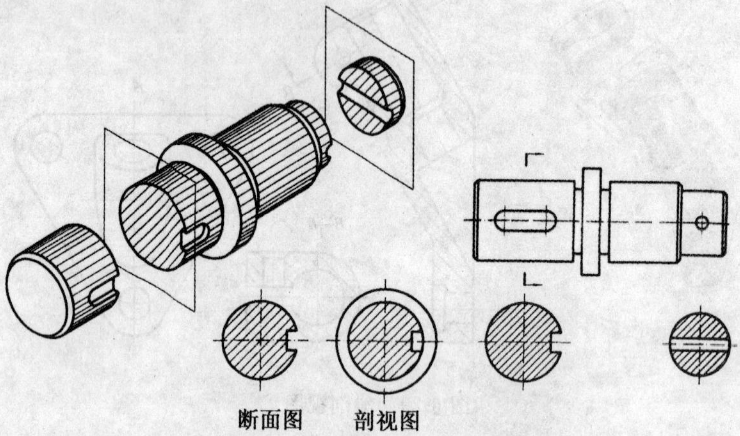

图 6-31　轴的断面图与剖视图的区别

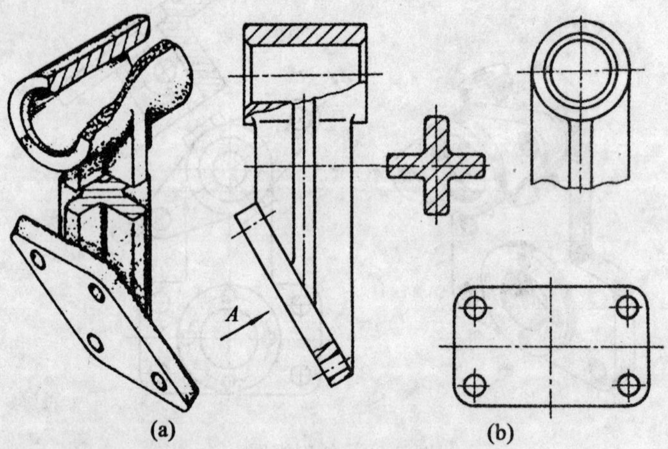

图 6-32　断面图应用示例

6.3.2　断面图的种类

断面图按其配置的位置不同,可分为移出断面和重合断面两种。

1. 移出断面

画在视图外的断面,称为移出断面,如图 6-31 至图 6-35 所示。

移出断面通常按以下原则绘制:

(1)移出断面的轮廓线用粗实线绘制。

(2)移出断面图应尽量配置在剖切符号或剖切平面迹线(剖切平面与投影面的交线,

用细点画线表示)的延长线上,如图 6-31、图 6-32 所示。

(3)当断面图形对称时也可画在图形的中断处,图 6-33 是画在视图中断处的断面图。

(4)由两个或多个相交的剖切平面剖切得出的移出断面图,中间应断开(见图 6-34)。

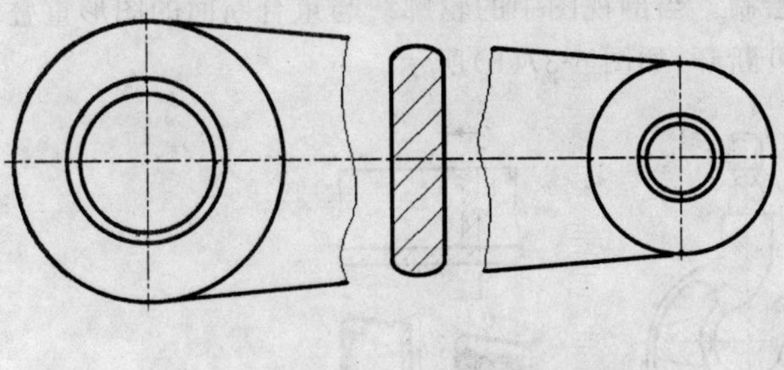

图 6-33　画在视图中断处的断面图

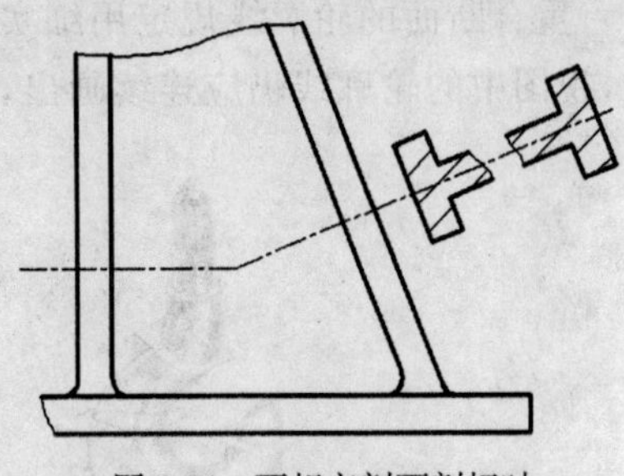

图 6-34　两相交剖面剖切时断面图的画法

(5)当剖切平面通过回转面形成的孔和凹坑的轴线时,这些结构按剖视图绘制(见图 6-35)。

(6)当剖切平面通过非圆孔,会导致出现完全分离的两个断面时,则此结构应按剖视绘制(见图 6-36)。

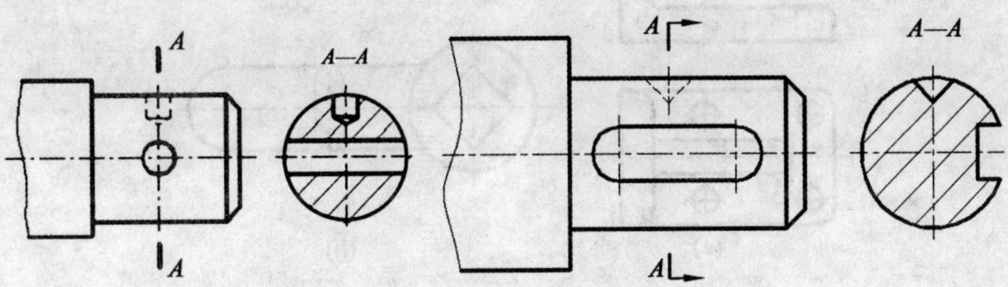

图 6-35　按剖视图绘制的断面图(一)

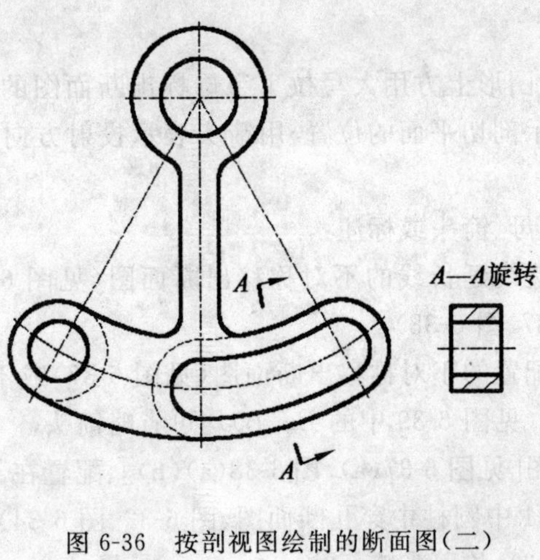

图 6-36　按剖视图绘制的断面图(二)

2.重合断面

画在视图轮廓线内的断面图,称为重合断面图,如图 6-37、图 6-38 所示。

重合断面的轮廓线规定用细实线绘制。当剖视图中的轮廓线与重合断面的图形重叠时,视图中的轮廓线仍应连续画出,不可断开,如图 6-37(b)所示。

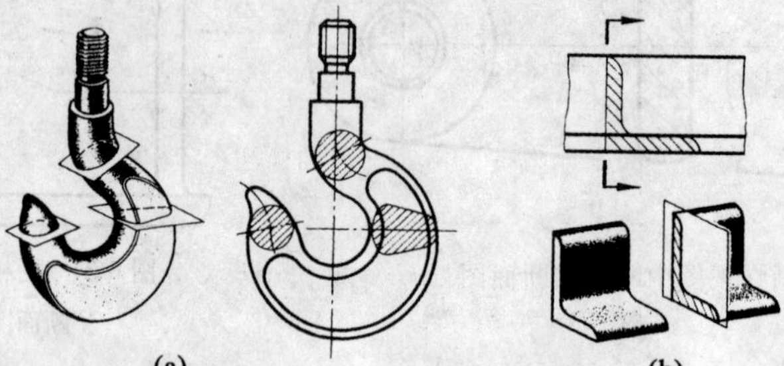

(a) (b)

图 6-37 重合断面(一)

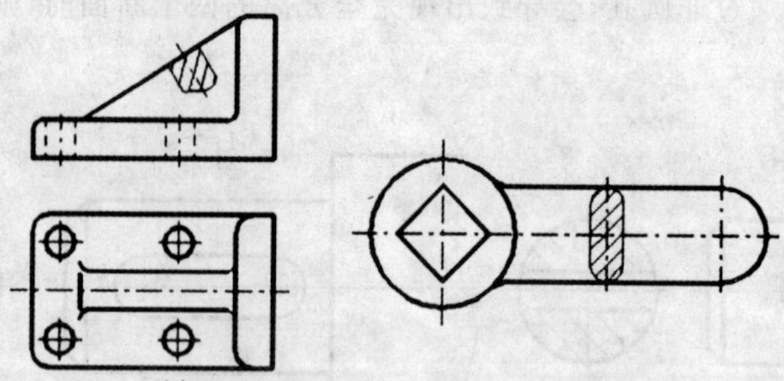

(a) (b)

图 6-38 重合断面(二)

3.断面图的标注

移出断面图一般应在图形上方用大写拉丁字母标出断面图的名称"×—×",在相应的视图上,用剖切符号表示剖切平面的位置,用箭头表示投射方向并注上相同的字母(图 6-39 中的 $B—B$)。

下列情况可以省略字母、箭头或标注:

(1)配置在剖切平面迹线延长线的不对称移出断面图(见图 6-34、图 6-39)或重合断面图可省略字母(见图 6-37、图 6-38)。

(2)按基本视图位置配置的不对称移出断面图(见图 6-37)或不配置在剖切平面迹线延长线上的对称移出断面(见图 6-39 中的 $B—B$)均可省略箭头。

(3)对称的重合断面图[见图 6-37(a)、图 6-38(a)(b)]、配置在剖切平面迹线延长线的对称移出断面图(见图 6-31 中圆柱中穿孔断面图、图 6-32、图 6-34),以及配置在视图中断处的移出断面图(见图 6-33),均可省略标注。

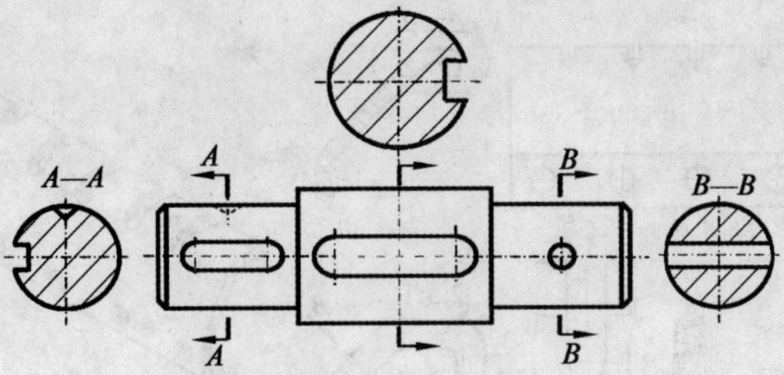

图 6-39　断面图的标注

6.4　其他表达方法

为使图形清晰和画图简便，国家标准还规定了局部放大图和简化画法等表达方法，供绘图时选用。

6.4.1　局部放大图

将物体的部分结构，用大于原图形所采用的比例所绘出的图形，称为局部放大图（见图 6-40）。当物体上的细小结构在视图中表达不清楚或不便于标注尺寸和技术要求时，可采用局部放大图。

局部放大图可以根据需要画成视图、剖视图、断面图，它与被放大部分的表达方式无关（见图 6-40 中放大图Ⅰ、Ⅱ及图 6-41）。必要时可用几个图形来表达同一个被放大的结构。

局部放大图应用细实线圆圈出被放大的部位，当同一物体有几个被放大的部位时，必须用罗马数字依次标明被放大的部位，局部放大图的上方标注出相应的罗马数字和所采用的比例（见图 6-40）。局部放大图的比例为图中图形与其实物相应要素的线性尺寸之比，并非与原图形之比。为使看图方便，局部放大图应尽量配置在被放大部位的附近。

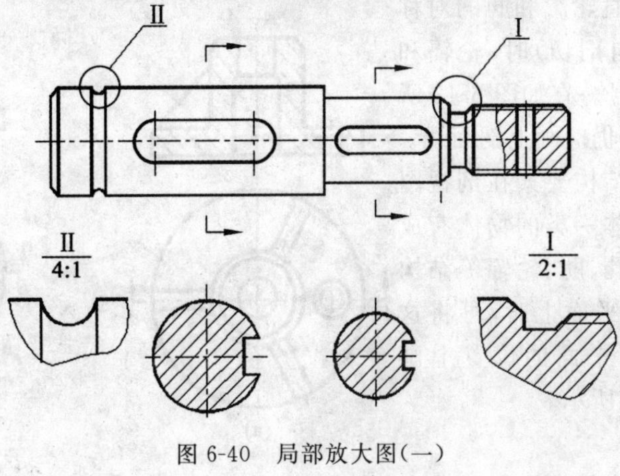

图 6-40　局部放大图（一）

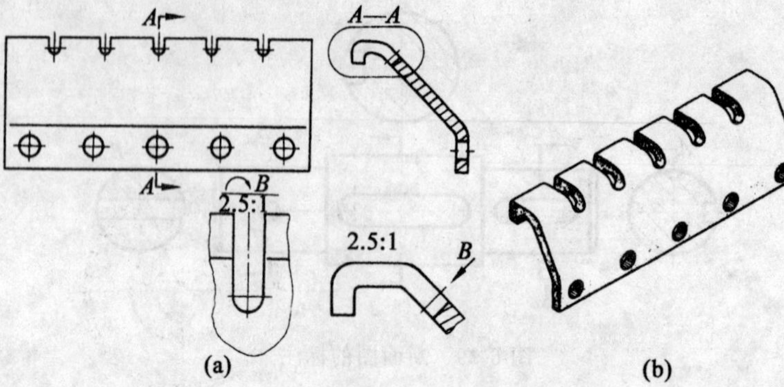

图 6-41　局部放大图(二)

6.4.2　常用简化画法

(1)剖视图中的规定画法

1)对于机件的肋、轮辐及薄壁等,如按纵向剖切,这些结构都不画剖面符号,而用粗实线将它与其邻接部分分开,如图 6-42 所示。

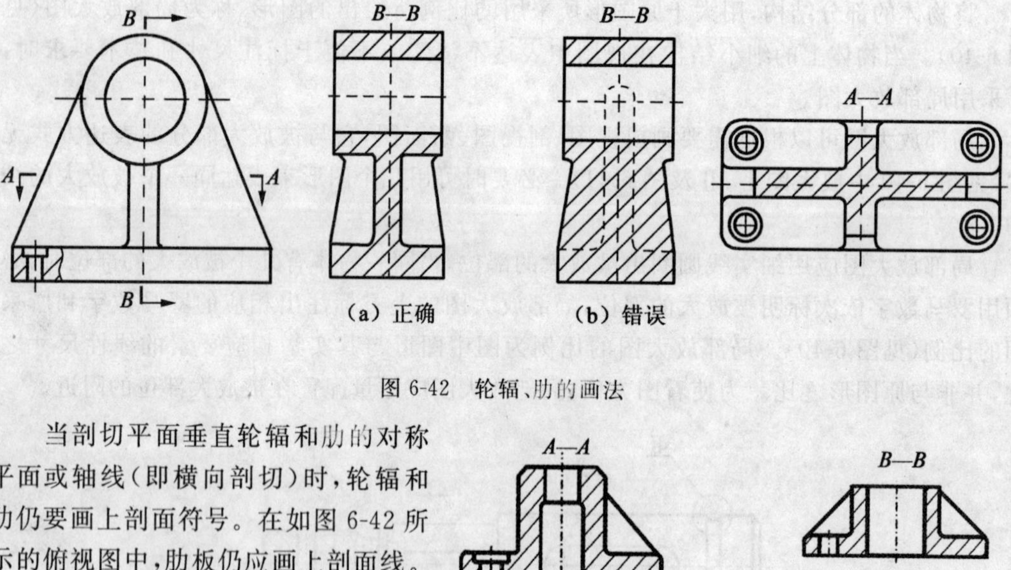

图 6-42　轮辐、肋的画法

当剖切平面垂直轮辐和肋的对称平面或轴线(即横向剖切)时,轮辐和肋仍要画上剖面符号。在如图 6-42 所示的俯视图中,肋板仍应画上剖面线。

2)均匀分布的结构要素在剖视图中的画法。当回转体一类的物体有成辐射状均匀分布的孔、肋、轮辐等结构且它们不处于剖切平面上时,可将这些机构旋转到剖切平面的位置上画出,如图 6-43(a)(b)所示。

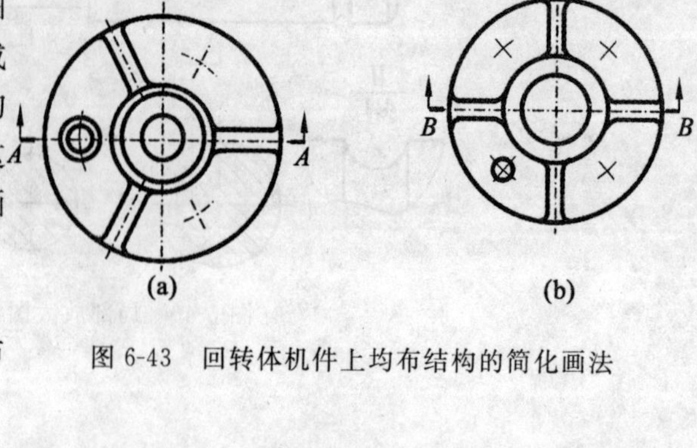

图 6-43　回转体机件上均布结构的简化画法

(2)相同结构

当物体具有多个按一定规律分布

的相同结构(齿、槽等)时,只需画出几个完整的结构,其余用细实线连接,并注明该结构的总数。对于多个直径相同且成规律分布的孔(圆孔、螺孔、沉孔等),可以只画一个或几个孔,其余孔只需用点画线表示其位置,并注明孔的总数,如图 6-44 所示。

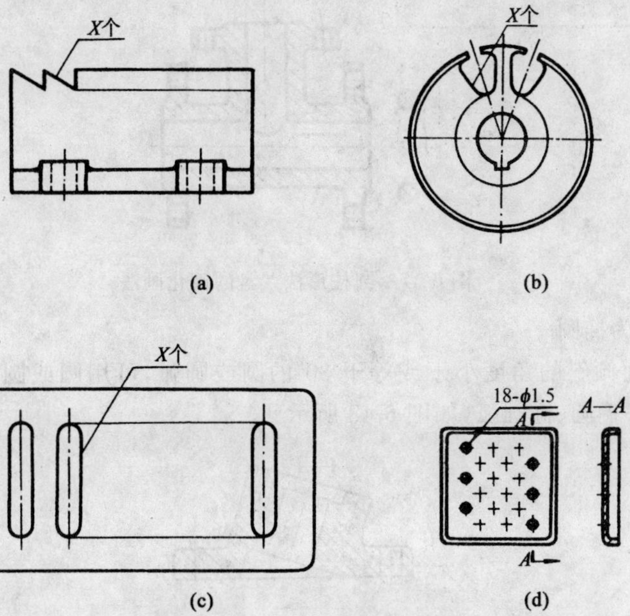

图 6-44　相同结构要素的简化画法

(3)网状物或物体上的滚花

可在轮廓线附近用粗实线示意画出,并在零件图或技术要求中注明这些结构的具体要求,如图 6-45 所示。

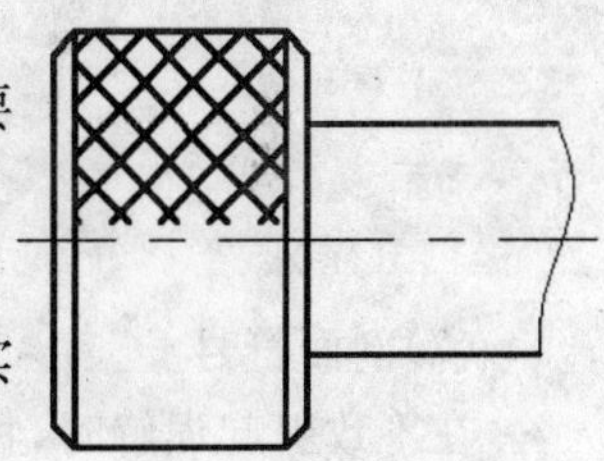

图 6-45　机件上滚花的简化画法

(4)不能充分表达的平面

当图形不能充分表达平面时,可用平面符号(相交两细实线)表示,如图 6-46 所示。

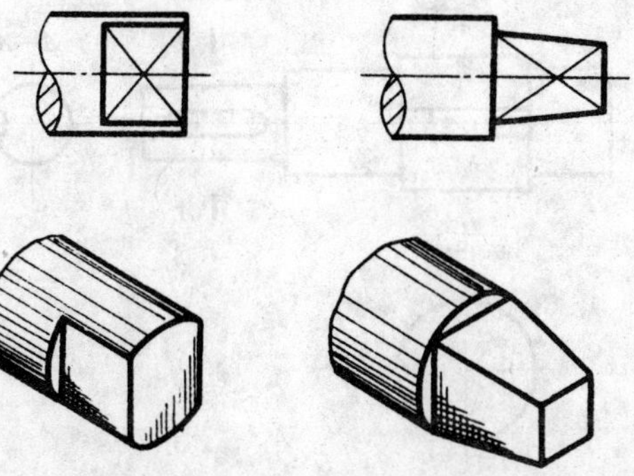

图 6-46　平面的表示方法

(5)法兰盘上的孔

圆柱形法兰盘及与其类似物体上均布的孔,可按图 6-47 所示方法绘制。

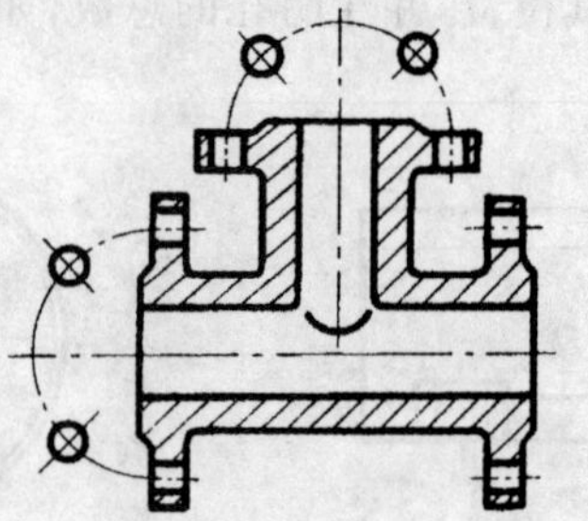

图 6-47　圆柱形法兰盘的简化画法

(6)圆投影为椭圆

与其投影面倾斜的角度小于或等于 30°的圆或圆弧,可用圆或圆弧来代替其在投影面上的投影——椭圆、椭圆弧,如图 6-48 所示。

图 6-48　倾斜圆的简化画法

(7)剖面符号

在不致引起误解时,物体的移出断面图允许省略剖面符号,但剖切位置和断面图的标注必须符合规定,如图 6-49 所示。

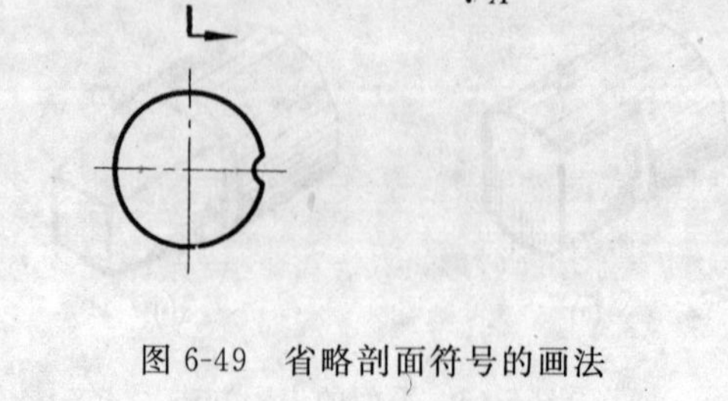

图 6-49　省略剖面符号的画法

(8)折断画法

较长的物体(轴、杆、型材、连杆等)沿长度方向的形状一致或按一定规律变化时,可断开后缩短绘制,如图 6-50 所示,但断开后的尺寸按实际长度标注。

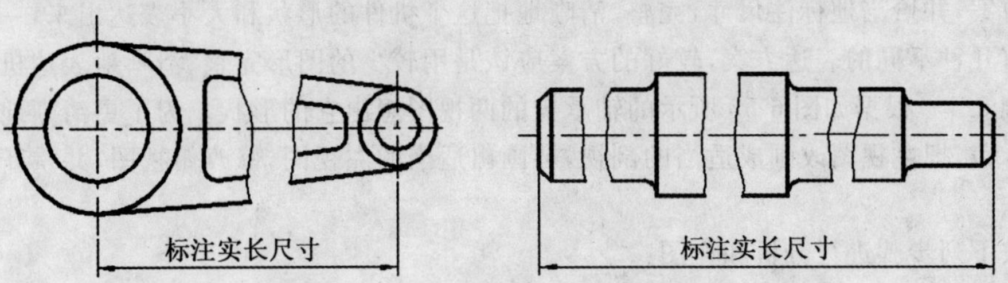

图 6-50　较长机件折断画法

(9)对称机件的简化画法

在不致引起误解时,对称机件的视图可只画一半或四分之一,并在对称中心线的两端画出两条与其垂直的平行细实线,如图 6-51 所示。

(10)小结构的画法

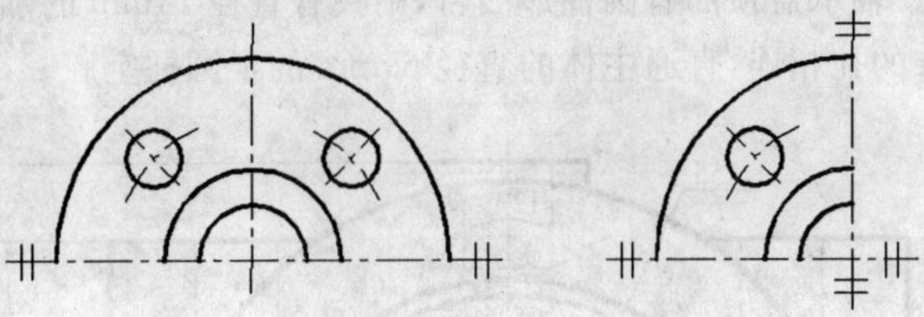

图 6-51　对称机件的简化画法

当机件上较小的结构及斜度已在一个图形中表达清楚时,在其他图形中应当简化或省略,如图 6-52 所示。

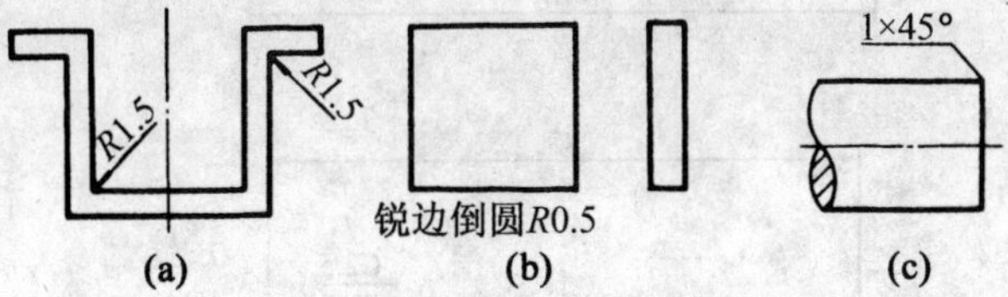

图 6-52　小结构的画法

6.5　综合应用举例

前面介绍了视图、剖视图、断面图、局部放大图和简化画法等各种表达方法,每种表达方法都有自己的特点和使用范围,而机件的结构形状也是多种多样,在应用时要根据具体情况合理选用。

6.5.1 画图举例

在表达一个机件时，首先要对机件进行形体分析，根据机件的具体形状，选用适当的表达方案，并恰当地标注尺寸，完整、清晰地把这个机件的形状和大小表达出来，一个机件可能有几种不同的表达方案，较好的方案应该是用较少的图形完整、清晰地表达机件。

例 6.1 根据如图 6-53 所示的轴承盖的两视图想出它的形状。为了更清晰地表达这个轴承盖，把主视图改画成适当的剖视，补画出适当的左视图，修改俯视图，并重新安排尺寸注法。

按下列步骤进行分析和作图：

(1)由两视图(见图 6-53)想出轴承盖的形状。这个轴承盖是前后、左右对称的，其下部与轴承座相配合。

轴承盖的主体是一个下部两侧带有缺口的 $R55$ 的半圆柱；前后各有一个半圆台凸部；主体中间挖成直径 65mm 的半圆柱空腔，前后两端也分别挖成直径 60mm 的半圆柱孔，并带有倒角；轴承盖左右侧各有一耳，两耳分别由 $R20$ 的半圆柱以及与它相切的长方体组成，与主体相交，并有直径 13mm 的圆柱孔。主体的底部用沿着两耳底面的水平面和侧平面分别截切成一个小缺口。轴承盖顶部有圆柱形凸台，中央有直径 14mm 的加油孔，经过 120°的锥顶角，与直径 10mm 的孔相连，直通主体的直径 65mm 的半圆柱空腔。

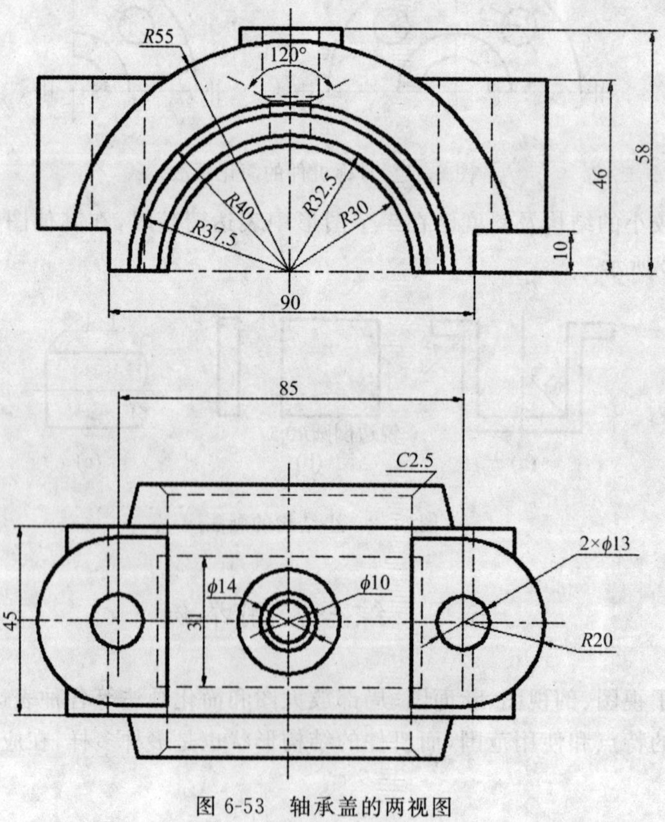

图 6-53 轴承盖的两视图

综合上述情况，就可以想出这个轴承盖的形状，如图 6-54 所示。

(2)选择适当的表达方法和重新安排尺寸标注方法。由于轴承盖左右对称，主视图采用半剖视图，又由于这个轴承盖前后也对称，所以左视图也采用半剖视图。用半剖视图表达的主视图、左视图，都能同时反映内外形状，因而俯视图中用虚线画出的不可见结构的投影，由于分别在两个半剖视中已能明显表达，便可省略不画。

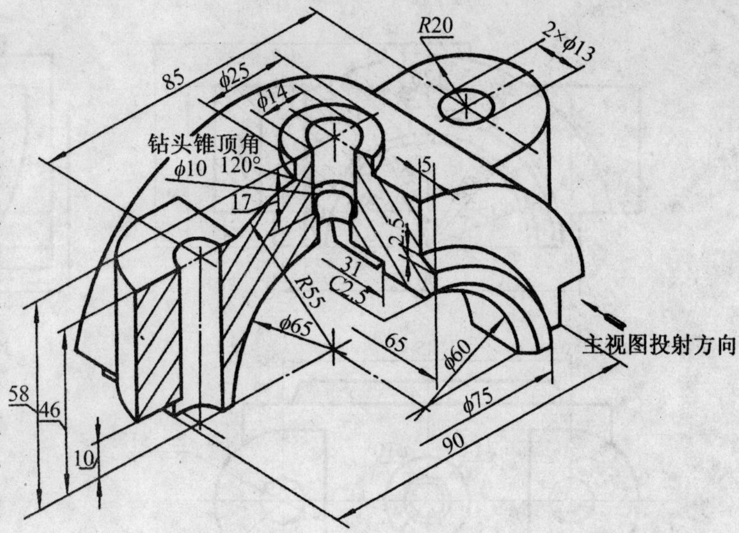

图 6-54　轴承盖的轴测图

按“正确、完整、清晰”的要求，调整尺寸的注法。例如，应该把图 6-53 中注在俯视图的虚线处的尺寸 31、$C2.5$ 等，移到左视图的半剖视中；把轴承盖主体的宽度尺寸 55 和总宽 65 移到左视图上标注，也是比较好的。

(3)重画轴承盖的视图。可根据已知两视图补画左视图，然后把主、左视图改成半剖视图，擦去各个视图中不必要的虚线，就画出了三个图形的底稿。实际上，可按照上面的考虑，直接画出用半剖视图表达的主、左视图以及仅表达外形的俯视图的底稿。

在画底稿时，如遇到截交线、相贯线，以及投影比较复杂的地方，应该按投影或规定的简化画法画出。例如，在左视图的半剖视中，画成视图的一侧需绘制相贯线和截交线的投影；凸台和轴承盖主体的相贯线的投影，可按简化画法画出；左耳下部和轴承主体的相贯线的投影，可按投影求得若干点后连出；轴承盖主体左下缺口的侧平面与左耳的圆柱形孔壁的截交线，也应按投影画出。而在画成剖视图的一侧，除了同轴回转面形成的孔的相贯线可按投影特性直接画出外，直径 10mm 的加油孔壁和轴承盖主体直径 65mm 圆柱形空腔的相贯线投影，可按简化画法画出。

底稿画好后，经校核修正，按规定线型加深，并标注尺寸。最后进行总的校核，就画出了这个轴承盖的三视图，如图 6-55 所示。

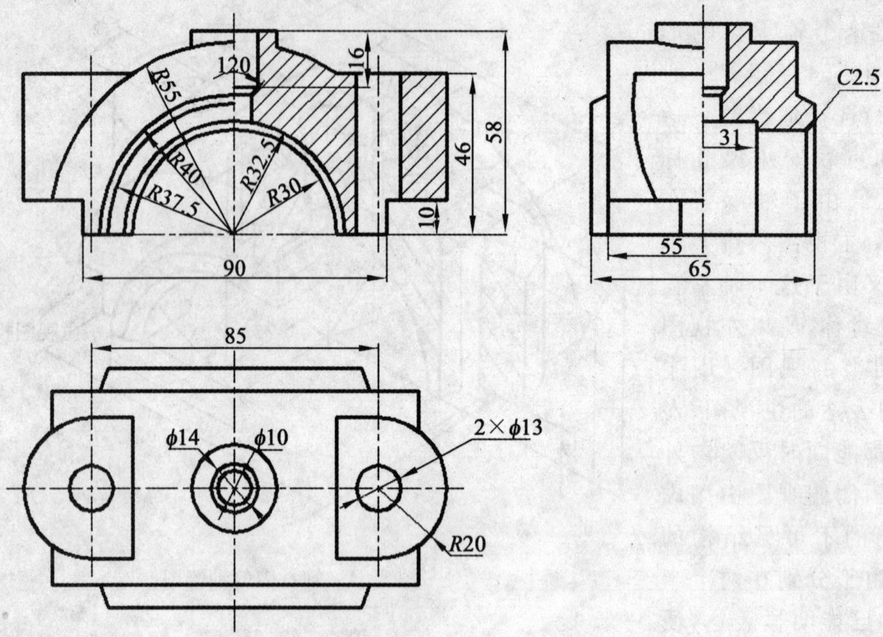

图 6-55　重画后的轴承盖的三视图

6.5.2　看图举例

由于本章在“三视图”的基础上增加了许多内容，所以看图也有所不同，下面以图6-56为例，说明看图的方法和步骤。

例 6.2　根据图 6-56 的表达方案，想出机件的空间形状。

(1)概括了解

根据图形的数量、位置及其标注，对机件的复杂程度有个初步认识，阀体的表达方案共有五个图形：其中四个剖视图：全剖主视图“*B*—*B*”、全剖俯视图“*A*—*A*”、全剖右视图“*C*—*C*”、斜剖的全剖视图 “*E*—*E* 旋转”和一个局部视图 *D* 向。

主视图“*B*—*B*”是采用旋转剖画出的全剖视图，表达阀体的内部结构形状；俯视图“*A*—*A*”是采用阶梯剖画出的全剖视图，着重表达左、右管道的相对位置，还表达了下连接板的外形及 4×ϕ5 小孔的位置；“*C*—*C*”剖视图，表达左端管连接板的外形及其上4×ϕ4孔的大小和相对位置；*D* 向局部视图，相当于俯视图的补充，表达了上连接板的外形及其上4×ϕ6孔的大小和位置，因右端管与正投影面倾斜 45°，所以采用斜剖画出“*E*—*E*”全剖视图，以表达右连接板的形状。

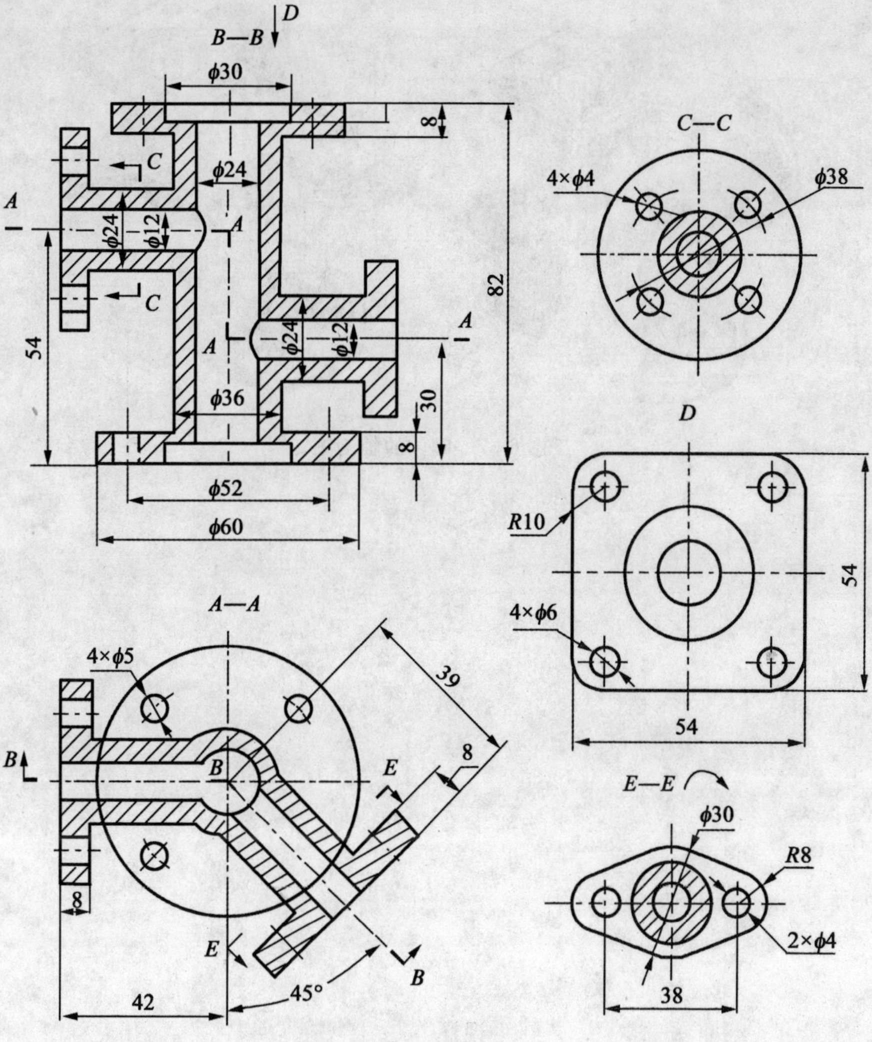

图 6-56　机件(阀体)的表达方案

(2)形体分析

由图形分析可见,阀体的构成大体可分为管体、上连接板、下连接板、左连接板、右连接板等五个部分。管体的内外形状通过主、俯视图已表达清楚,它是由中间一个外径为 36、内径为 24 的竖管,左边一个距底面 54、外径为 24、内径为 12 的横管,右边一个距底面 30、外径为 24、内径为 12、向前方倾斜 45°的横管三部分组合而成。三段管子的内径互相连通,形成有四个通口的管件。阀体的上、下、左、右四块连接板形状大小各异,这可以分别由主视图以外的四个图形看清它们的轮廓,它们的厚度为 8 。

(3)综合归纳,想出整体

通过分析形体,想象出各部分的空间形状,再按它们之间的相对位置组合起来,便可想象出机件(阀体)的整体形状,如图 6-57 所示。

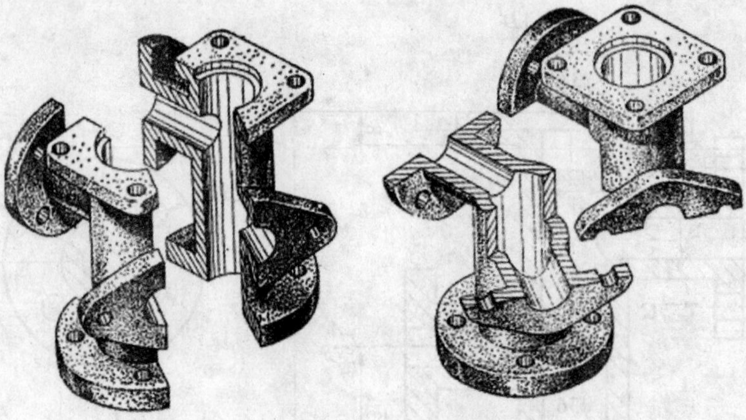

图 6-57　阀体的轴测图

第 7 章　标准件和常用件

在机器和部件中，除了一般零件外，还有许多常用零件，如螺纹紧固件（螺栓、螺钉、螺母、垫圈等）、键、销和滚动轴承等，它们的结构尺寸都已经标准化，称为标准件。另外一些零件，如齿轮、弹簧等，它们的部分结构和参数也已标准化，称为常用件。对上述零、部件某些结构和形状不必按真实投影画出，而是根据国家标准所规定的画法、代号和标记进行绘图和标注。

本章主要介绍标准件和常用件的基本知识、规定画法、代号和标记方法以及有关标准的查用。

7.1　螺纹与螺纹紧固件

7.1.1　螺纹

在圆柱（或圆锥）表面沿着螺旋线形成的、具有相同断面的连续的凸起和沟槽，称为螺纹。螺纹分外螺纹和内螺纹两种，成对使用，加工在圆柱（或圆锥）外表面的螺纹称为外螺纹，加工在圆柱（或圆锥）内表面的螺纹称为内螺纹。如图 7-1 所示为在车床上加工螺纹的方法，如图 7-2 所示为用钻头和丝锥加工内螺纹的方法。

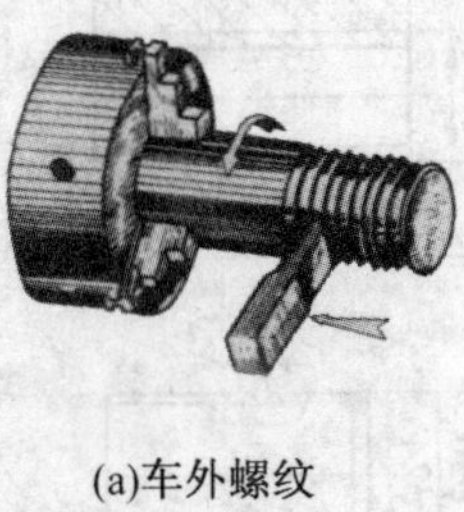

(a)车外螺纹

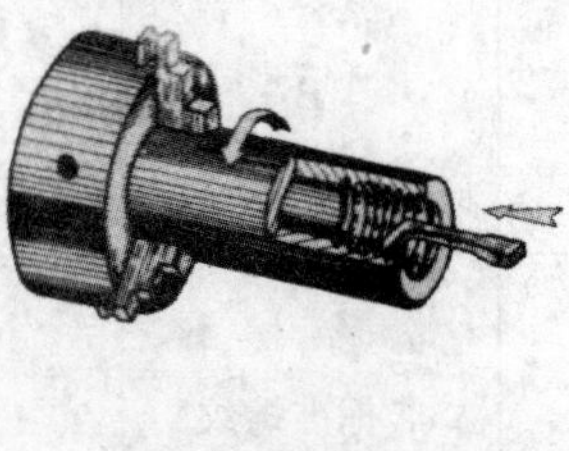

(b)车内螺纹

图 7-1　在车床上加工螺纹

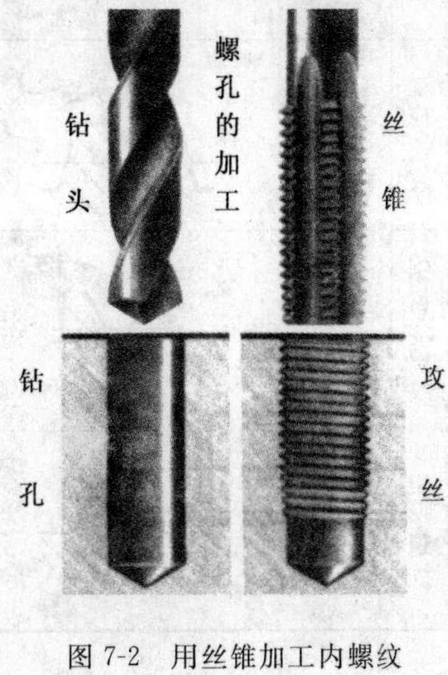

图 7-2　用丝锥加工内螺纹

1. 螺纹要素

(1)牙型

在通过螺纹轴线的剖面上，螺纹的轮廓形状称为牙型。常见的螺纹牙型有三角形、梯形、锯齿形等，见表 7-1。

表 7-1　螺纹牙型、代号和标注

螺纹种类			牙型放大图	牙型代号	标注示例
连接螺纹	普通螺纹	粗牙	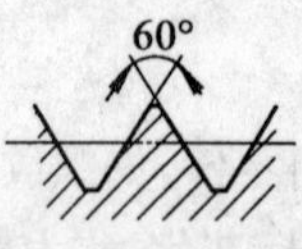	M	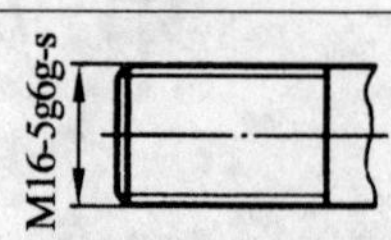
		细牙			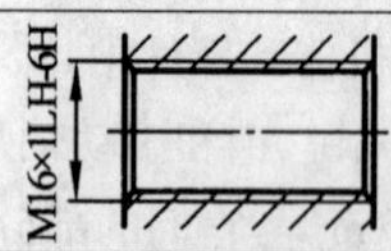
	管螺纹	螺纹密封	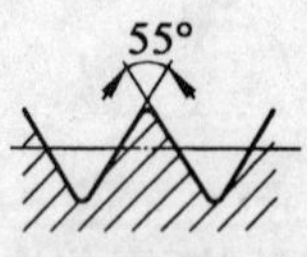	R Rc Rp	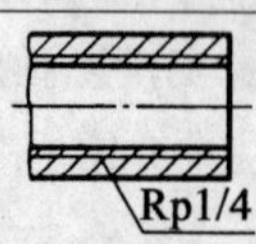 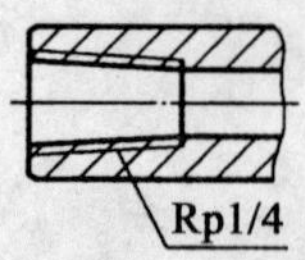
		非螺纹密封		G	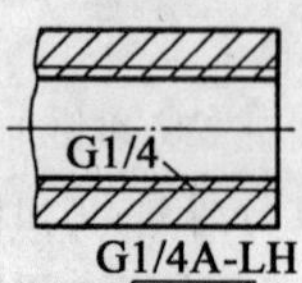 
传动螺纹	梯形螺纹		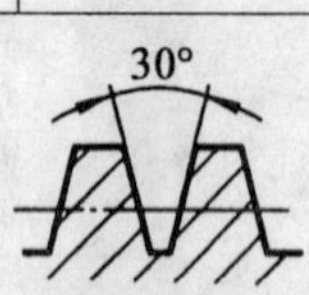	Tr	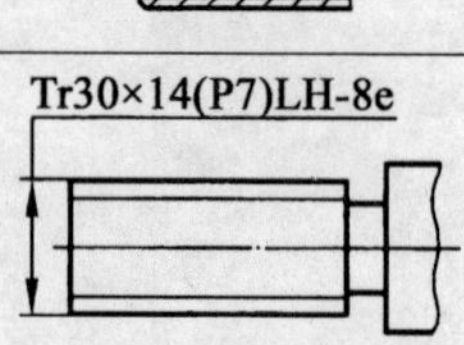
	锯齿形螺纹		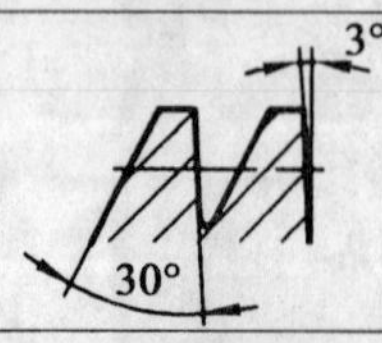	B	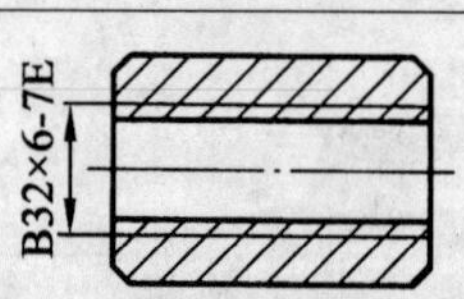
	矩形螺纹		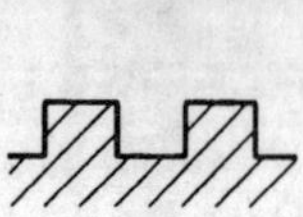	非标准螺纹	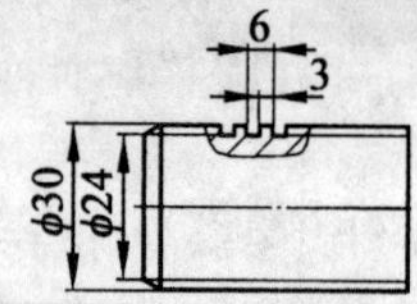

(2)螺纹直径

螺纹的直径有大径、小径和中径。直径符号小写字母表示外螺纹,大写字母表示内螺纹,如图 7-3 所示。

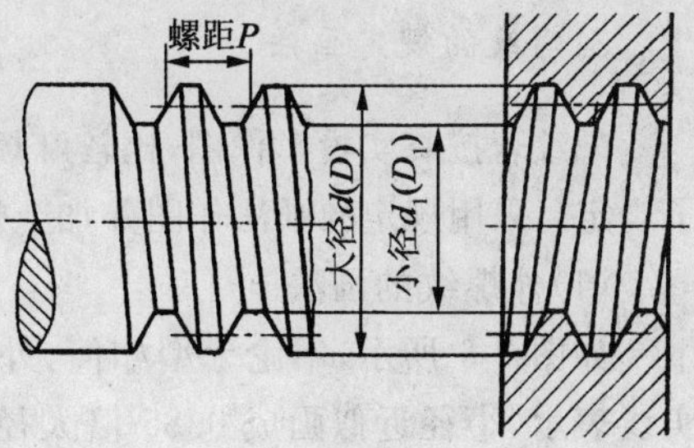

图 7-3　螺纹的要素

大径(d、D) ——也称公称直径。

小径(d_1、D_1)——与外螺纹牙底或内螺纹牙顶相重合的假想圆柱的直径。

中径(d_2、D_2)——假想有一圆柱,其母线通过牙型上沟槽和凸起宽度相等的地方,该假想的圆柱直径称为中径。

(3)线数

螺纹有单线和多线之分。沿一条螺旋线形成的螺纹,称为单线螺纹。沿两条或两条以上在轴向等距分布的螺旋线形成的螺纹,称为多线螺纹,线数以 n 表示。

(4)螺距与导程

相邻两牙在中径线上对应两点间的轴向距离,称为螺距,用 P 表示。在同一条螺旋线上的相邻两牙在中径线上对应两点的轴向距离,称为导程,用 S 表示。螺距与导程的关系如图 7-4 所示。

单线螺纹 $P=S$　　多线螺纹 $P=S/n$

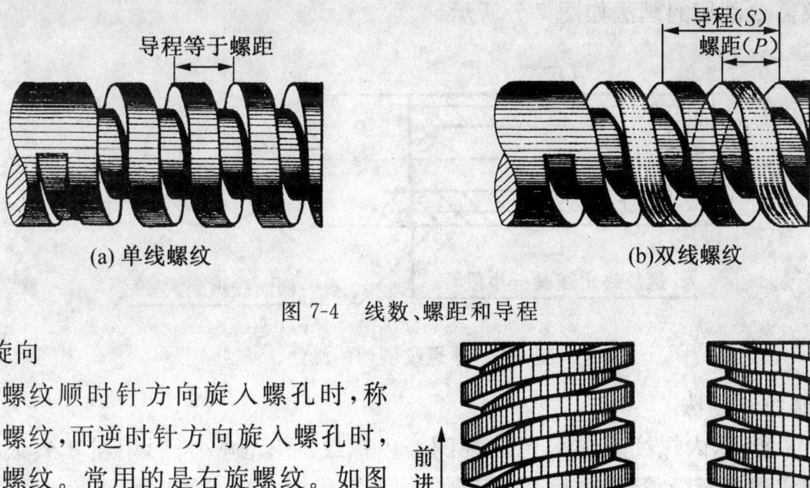

(a) 单线螺纹　　(b)双线螺纹

图 7-4　线数、螺距和导程

(5)旋向

当外螺纹顺时针方向旋入螺孔时,称其为右旋螺纹,而逆时针方向旋入螺孔时,称为左旋螺纹。常用的是右旋螺纹。如图 7-5 所示。

旋向也可以用以下方法判定:将外螺纹轴线垂直放置,螺纹的可见部分是右高左低者是右旋螺纹;左高右低者是左旋螺纹。

内、外螺纹是配对使用的。只有牙型、大径、小径、导程、线数、旋向等六个要素完全相同的内、外螺纹才能相互旋合。

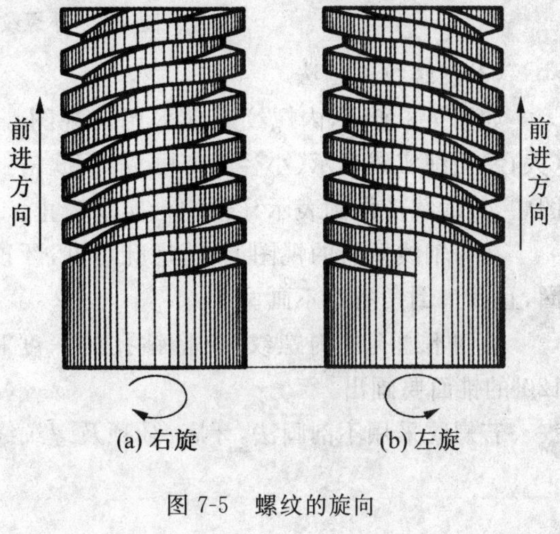

(a) 右旋　　(b) 左旋

图 7-5　螺纹的旋向

2.螺纹的规定画法

螺纹若按真实投影作图，比较麻烦。为简化作图，《机械制图》国家标准对螺纹的画法做了规定。采用规定的画法作图并加上螺纹标注(或标记)就能清楚地表示螺纹及其规格。

(1)外螺纹的画法

如图 7-6 所示，不论牙型如何，外螺纹的牙顶(大径)用粗实线表示，牙底(小径)用细实线表示(小径近似画成 0.85 倍大径)；在与轴线平行的视图上，表示牙底的细实线画进倒角，螺纹终止线用粗实线表示；在与轴线垂直的视图上，表示牙底的细实线圆只画大约 3/4 圈，且螺杆的倒角省略不画。

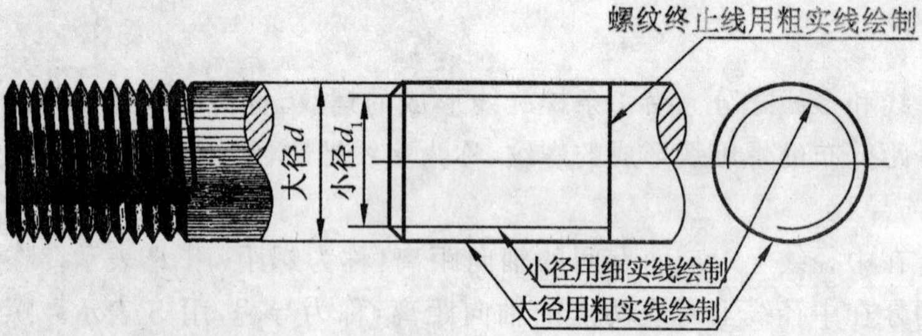

图 7-6 外螺纹的规定画法

外螺纹需要剖切的画法如图 7-7 所示。

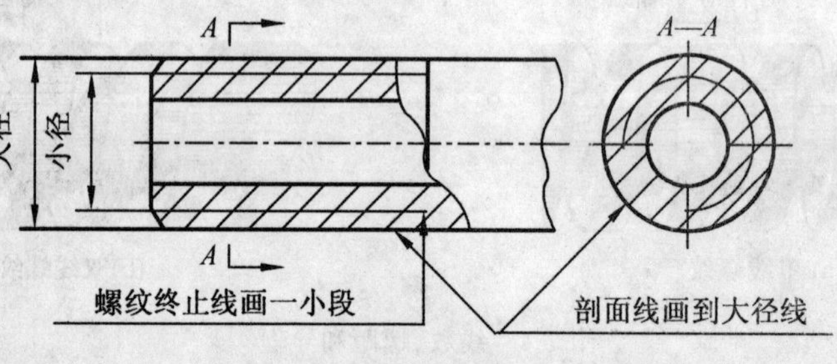

图 7-7 外螺纹剖切的画法

(2)内螺纹的画法

如图 7-8 所示，内螺纹通常采用剖视图。内螺纹的牙顶(小径)用粗实线表示，牙底(大径)用细实线表示(小径近似画成 0.85 倍的大径)，螺纹终止线用粗实线画出。在剖视图中，剖面线应画到表示牙顶的粗实线为止。

在与轴线垂直的视图上，若螺孔可见，牙顶用粗实线，表示牙底的细实线圆画大约3/4圈，且孔口倒角省略不画。

绘制不通孔的内螺纹，应将钻孔的深度和螺纹深度分别画出。孔底由钻头钻成的120°的锥面要画出。

若螺纹采用不剖画法，牙底、牙顶及螺纹终止线均用虚线表示。

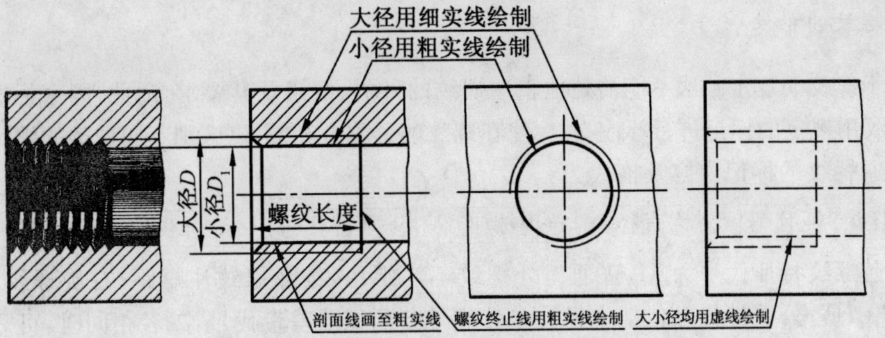

图 7-8　内螺纹的规定画法

(3)螺纹连接画法

螺纹连接通常采用剖视图。在剖视图中,内、外螺纹旋合部分应按外螺纹的规定画法绘制,其余部分仍按各自的规定画法画出,如图 7-9 所示。

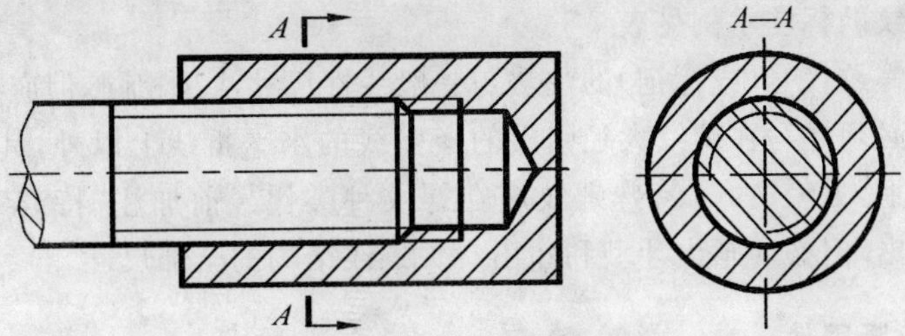

图 7-9　螺纹连接的规定画法

画图时必须注意:表示内、外螺纹大径的细实线和粗实线,以及表示内、外螺纹小径的粗实线和细实线应分别对齐,这与倒角的大小无关,表示内、外螺纹具有相同的大径和小径。在剖切平面通过螺纹轴线的剖视图中,实心螺杆按不剖绘制。

3. 螺纹的种类

螺纹按用途可分为连接螺纹和传动螺纹两类。

(1)连接螺纹

连接螺纹为起连接作用的螺纹,普通螺纹和管螺纹都属于连接螺纹,其中普通螺纹根据螺距的不同有粗牙普通螺纹和细牙普通螺纹两种,牙型为等边三角形,牙型角为 60°;管螺纹牙型为三角形,牙型角为 55°,管螺纹又分为用螺纹密封的管螺纹和非螺纹密封的管螺纹两种,用螺纹密封的管螺纹有圆锥外螺纹、圆锥内螺纹和圆柱内螺纹三种,它们的配合具有一定的密封能力,多用于高温高压系统;非螺纹密封的管螺纹,其内、外螺纹都是圆柱管螺纹,相配合的螺纹副本身没有密封能力,所以多用于润滑管路系统。

(2)传动螺纹

传动螺纹为用于传递运动和动力的螺纹,梯形螺纹和锯齿形螺纹是两种常用的传动螺纹。

4. 螺纹的标注

由于螺纹的规定画法不能清楚地表达螺纹的种类、要素及其要求,因此,国家标准规定标准螺纹用规定的标记进行标注,并标注在螺纹的公称直径上,以区别不同种类的螺纹。

普通螺纹的标记内容及格式为:

螺纹特征代号 公称直径 × 导程 螺距 — 公差带代号 — 旋合长度代号 — 旋向

普通螺纹特征代号为M,普通粗牙螺纹不注螺距,细牙螺纹注螺距;右旋螺纹不注,左旋注“LH”;公差带代号包括中径公差带代号和顶径公差带代号,二者相同时,可只注一个公差代号,外螺纹用小写字母表示,内螺纹用大写字母表示;旋合长度分短、中、长三种,代号分别为“S、N、L”,中等旋合长度不必标注,长或短旋合长度必须标注;特殊的旋合长度可直接注出长度数值。

例:M20-5g6g-S

粗牙普通螺纹,公称直径为20,右旋,中径、顶径公差带分别为5g、6g,短旋合长度。

各种常用螺纹的标注示例见表7-1。

标准螺纹的螺纹代号(或标记)的注法与一般线性尺寸注法相同,但应特别注意,除管螺纹的标注内容必须注写在螺纹大径引出的指引线的水平折线上以外,其他的都应注写在大径的尺寸线上,见表7-1。特殊螺纹应在螺纹种类代号前加注“特”字。非标准螺纹可按规定画法画出,但必须画出牙型和注出有关螺纹结构的全部尺寸。

7.1.2 螺纹紧固件

螺纹连接是工程上应用最广泛的连接方式。常见的连接形式有螺栓连接、双头螺柱连接和螺钉连接。

常用的螺纹紧固件有螺栓、双头螺柱、螺钉、螺母、垫圈等,如图7-10所示。它们的类型和结构形式多样,但大多已标准化,通称标准件。它们的尺寸数据可以从有关标准中查到。

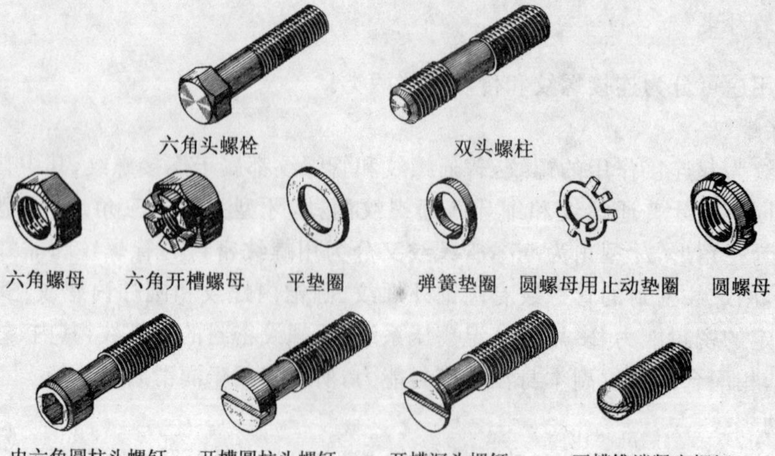

图7-10 常用螺纹连接件

1. 螺栓连接

螺栓连接适用于被连接件不太厚并且允许钻成通孔的情况。螺栓连接的连接件有螺栓、螺母和垫圈。

(1) 螺栓

螺栓的规格尺寸是螺纹大径(d)和螺杆长度(L)，其规定标记为：

名称　标准代号　螺纹代号 × 长度

例：螺栓　GB/T 5782-2003　M20×100

螺杆的公称直径不同，对应各部分大小不同，其各部分尺寸关系见附表，可以查表进行绘图。为了快速画图，习惯上采用比例画法绘图。所谓比例画法就是以螺纹的公称直径(d、D)为基准，其余各部分结构尺寸均按与公称直径成一定比例关系绘制，如图 7-11 所示。

(2) 螺母

螺母的规格尺寸是螺纹大径(D)，标记为：

名称 标准代号 螺纹代号

例：螺母 GB/T6170 M30

常用的螺母为六角螺母，见附表，其比例画法如图 7-12 所示。

(3) 垫圈

垫圈的规格尺寸为螺杆公称直径(d)，标记为：

名称　标准代号　公称尺寸一性能等级

例：垫圈　GB/T 97.2　10

　　垫圈　GB/T 97.1 8-140HV

各部分尺寸见附表，比例画法如图 7-13 所示。

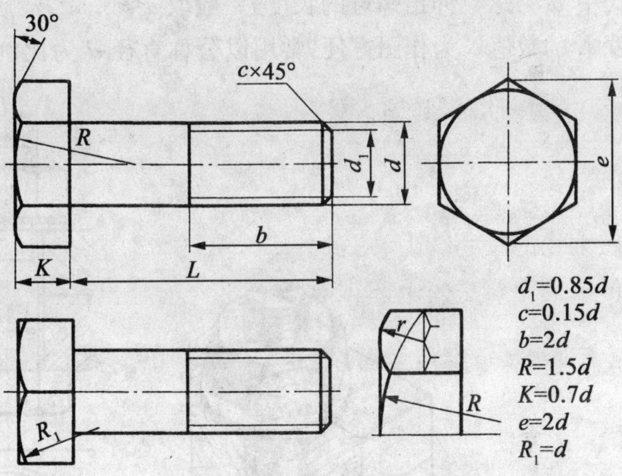

图 7-11　六角头螺栓的比例画法

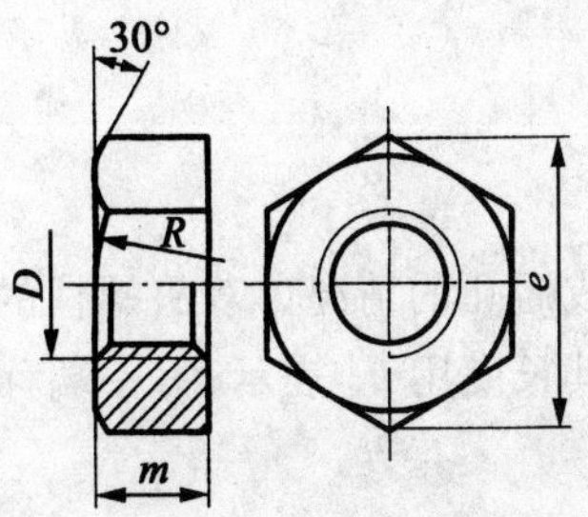

图 7-12　六角螺母的比例画法

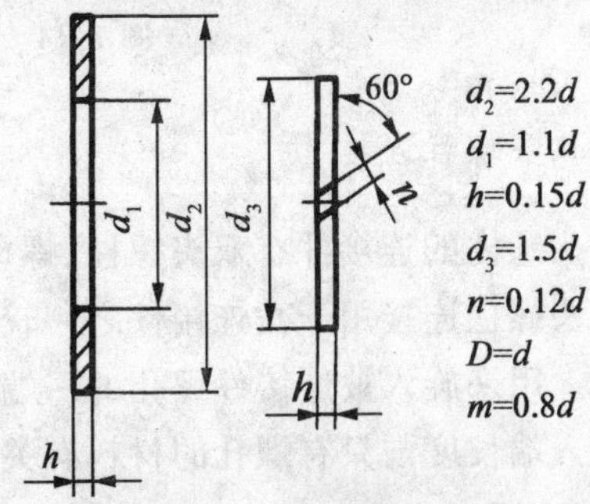

图 7-13　垫圈的比例画法

(4)螺栓连接装配图的画法

螺栓连接时，先将螺栓的杆身穿过两个被连接件中间的通孔，再装上垫圈，最后用螺

母拧紧。装配图中,常用比例画法近似画出,画图时应遵循以下规定:

1)相邻零件的表面接触时,画一条粗实线作为分界线,不能画成两条线或加粗。凡不接触的表面,不论间隙多小,都必须画两条线,间隙过小时,应夸大画出,如螺杆和零件孔之间就应画两条线。

2)在剖视图中,相邻两零件的剖面线方向应相反,或方向相同,但间距不同或错开。在同一张图纸上,同一零件在各个剖视图中的剖面线方向、间距应一致。

3)当剖切平面通过螺栓、螺母、垫圈等连接件的轴线时,连接件按不剖画出,即只画出其外形。

画图时,首先已知两被连接零件的厚度(δ_1、δ_2),各连接件的形式、规格,然后从标准中查出螺母、垫圈的厚度(m、h),再按下式算出螺栓的参考长度 L':

$$L'=\delta_1+\delta_2+m+h+a$$

式中 a 为螺栓伸出螺母的长度,一般取 $a\approx0.5d$;最后从标准中选取与 L' 相近的螺栓公称长度 L 的数值。为作图方便,常用以公称直径 d 为比例值画装配图。如图 7-14 所示。

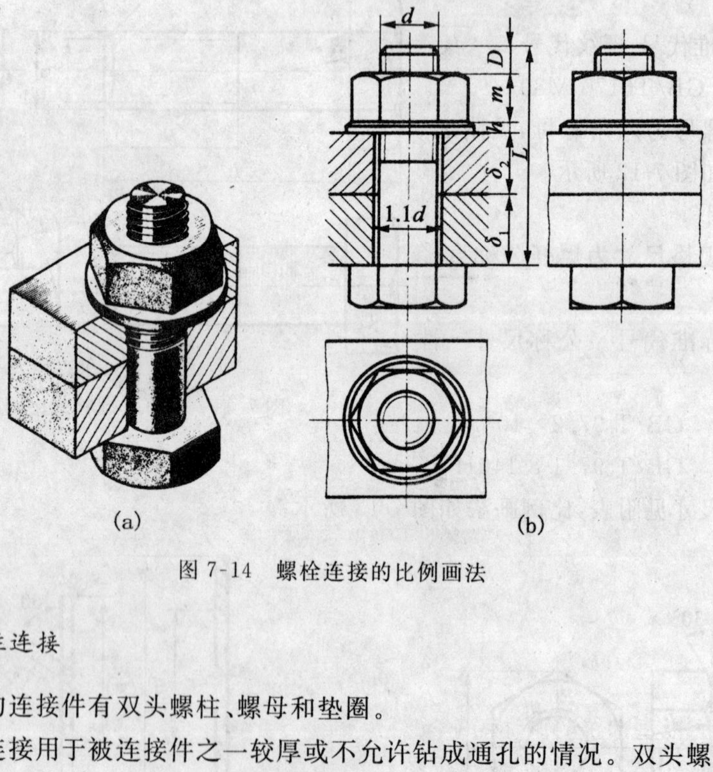

(a) (b)

图 7-14 螺栓连接的比例画法

2.双头螺柱连接

双头螺柱的连接件有双头螺柱、螺母和垫圈。

双头螺柱连接用于被连接件之一较厚或不允许钻成通孔的情况。双头螺柱的两端都有螺纹。用来旋入被连接件螺孔的一端,称为旋入端,其长度用 b_m 表示;另一端称为紧固端。旋入端长度与只有螺孔的材料有关,标准规定是:

钢、青铜:$b_m=d$

铸铁:$b_m=1.25d$

铸铁或铝合金:$b_m=1.5d$

铝合金:$b_m=2d$

双头螺柱的规格尺寸是螺纹大径(d)和螺柱长度(L)，其规定标记为：

名称　标准代号　类型　螺纹代号×长度

例：螺柱　GB/T 897-2003　M20×50

　　螺柱　GB/T 897-2003　AM10×1×50

画图前，应已知制有螺孔的零件的材料(以确定旋入端的长度)、只有光孔的零件的厚度 δ 和螺柱的公称直径 d，然后查表得到螺母、垫圈的厚度(m、h)，再计算出双头螺柱的参考长度 L'：

$$L'=\delta+m+h+a$$

式中，a 为螺柱伸出螺母外的长度，一般取 $a\approx0.5d$；最后查标准选定与参考长度相近的公称长度 L。

画螺柱连接图时要特别注意：

1)螺柱旋入端的螺纹终止线要与两零件的结合面平齐，表示旋入端全部拧入，完全拧紧。

2)螺柱连接时经常会用弹簧垫圈，以防松动，画弹簧垫圈时，应画两条与水平线成120°的两条平行线(或一条加粗线)，如图 7-15 所示。

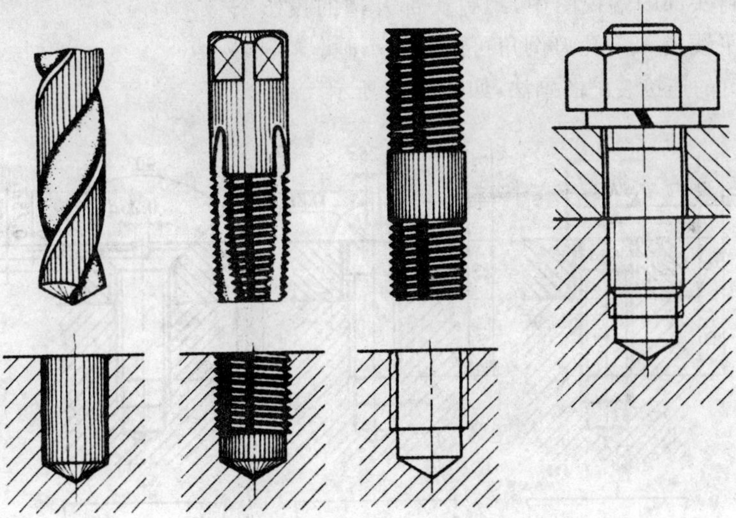

(a)　(b)

图 7-15　双头螺柱连接画法

3)结合面以上部位的画法与螺栓连接相同。

双头螺柱连接装配图的画法，如图 7-15 所示。

螺栓连接和螺柱连接提倡采用简化画法，将螺母和螺栓头部因倒角而产生的交线省略不画，如图 7-16 所示。

3. 螺钉连接

螺钉连接按其用途可分为连接螺钉连接和紧定螺钉连接。连接螺钉与紧定螺钉的运用场合有些相似,但多用于不需经常拆卸且受力不大的地方。紧定螺钉连接主要用于固定两零件的相对位置。

(1) 连接螺钉

连接螺钉的被连接件一般是较厚的零件加工出螺孔、较薄的零件加工出通孔(通孔直径稍大于螺钉杆的直径),不用螺母,直接将螺钉穿过通孔拧入螺孔中,其画法拧入螺孔端与螺柱连接相似,穿过通孔端与螺栓连接相似。

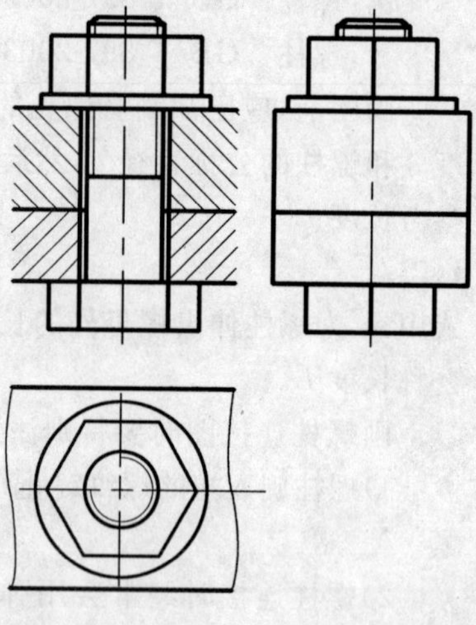

图 7-16 提倡采用的简化画法

常见的连接螺钉按钉头形状可分为:开槽盘头、开槽沉头和内六角圆柱头螺钉,见附表。

画螺钉连接图时要注意:

1)螺纹终止线应高于两零件的结合面,表示螺钉有拧紧余地,以保证连接紧固。

2)柱孔与螺钉头部有间隙,薄零件通孔与螺钉杆部有间隙,分别要画两条轮廓线。

3)在螺钉头部的端视图中,螺钉头部开槽的投影一般画成与水平线成 45°,孔口倒角可以省略不画。

连接螺钉的连接装配图画法,如图 7-17 所示。

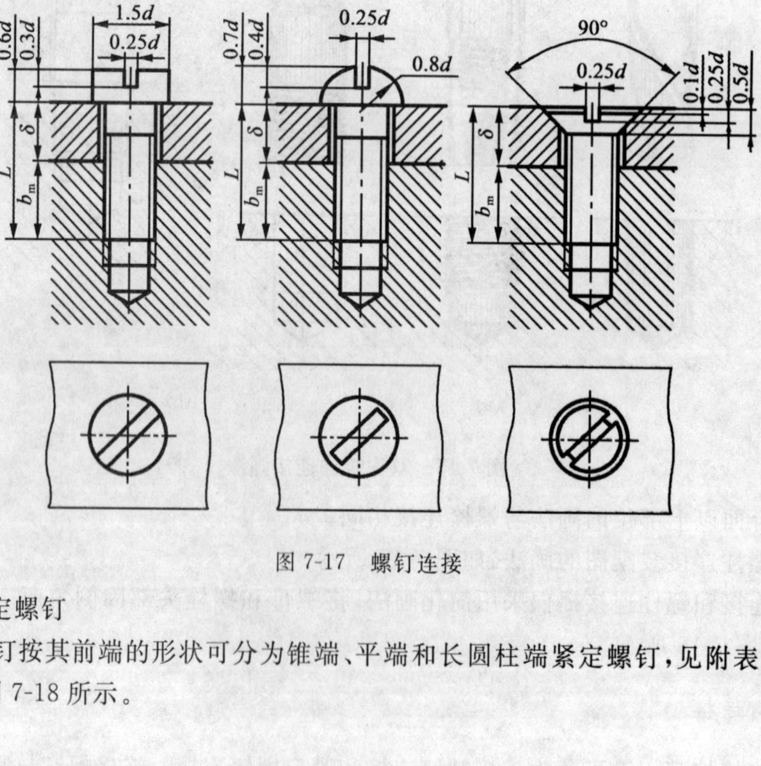

图 7-17 螺钉连接

(2) 紧定螺钉

紧定螺钉按其前端的形状可分为锥端、平端和长圆柱端紧定螺钉,见附表,紧定螺钉的画法,如图 7-18 所示。

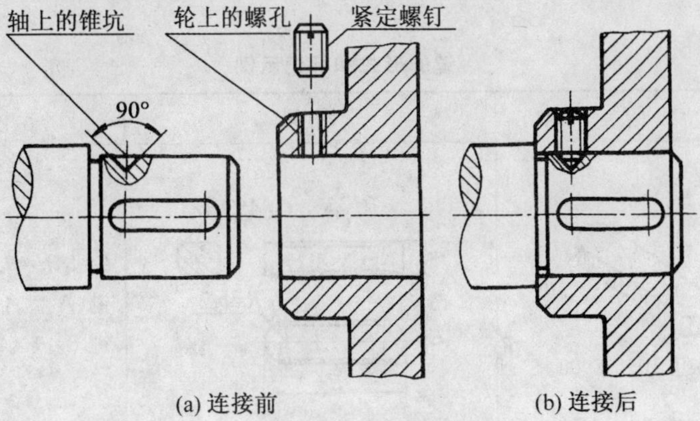

图 7-18　紧定螺钉连接

7.2　键连接、销连接

7.2.1　键连接

1. 常用键及其标记

在机器中，为了使齿轮、皮带轮等零件和轴一起转动，通常在轮孔和轴上分别切制出键槽，用键将轴、轮连接起来进行传动，这种连接称为键连接，如图 7-19 所示。常用的键有平键、半圆键、钩头楔键、花键等，如图 7-20 所示。

图 7-19　键连接

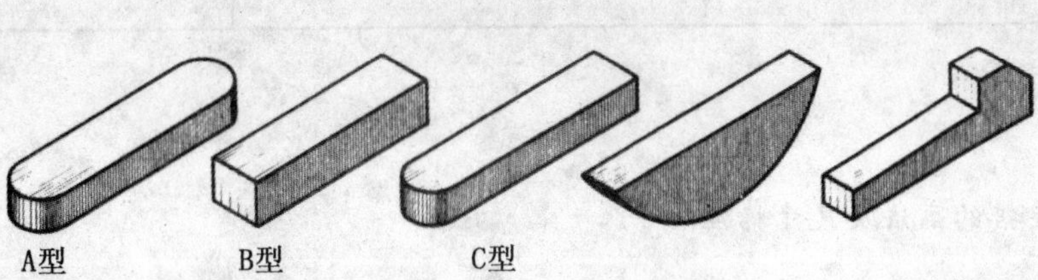

图 7-20　常用键

常用键的规定标记及其示例见表 7-2。

表 7-2　　键的形式和标记示例

名称	标准号	图 例	标记示例
普通平键	 GB/T 1096-2003	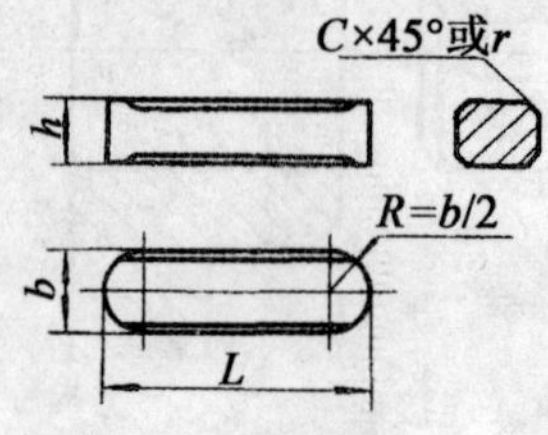	$b=8$,$h=7$、$L=25$ 的普通平键(A 型): 键 8×7×25 GB 1096-2003
半圆键	 GB/T 1099.1-2003	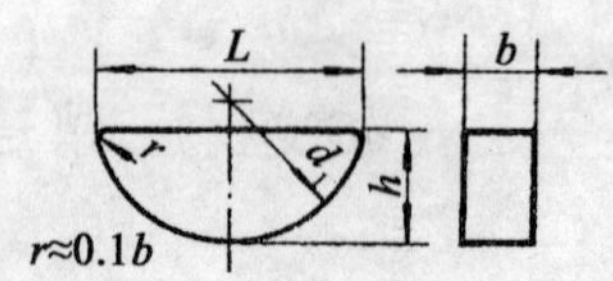	$b=6$、$h=10$、$d_1=25$、$L=24.5$的半圆键: 键 6×10×25 GB/T 1099.1-2003
钩头楔键	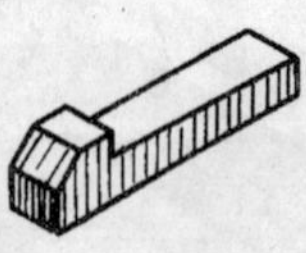 GB/T 1565-2003	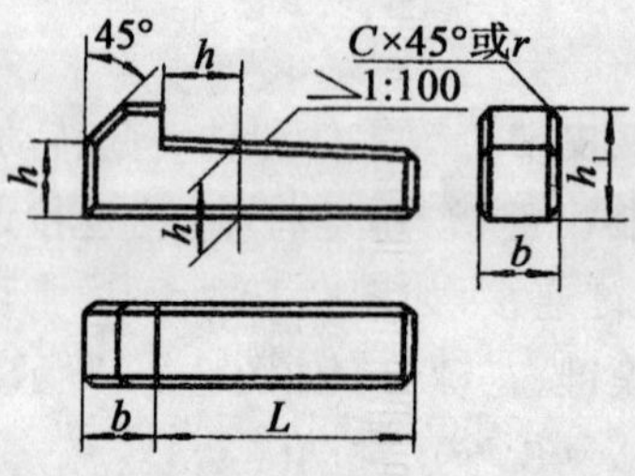	$b=18$、$h=11$、$L=100$ 的钩头楔键:键 18 ×100 GB/T 1565-2003

2. 键连接的画法及尺寸标注

(1) 平键连接

平键的两侧面是工作面,键的侧面、底面与键槽的侧面及轴的键槽底面接触,只画一条粗实线;而键的顶面与轮毂上键槽的底面有间隙,要画两条线;剖切平面通过轴线和键的对称平面作纵向剖切时,键按不剖绘制,如图 7-21 所示。

(2)半圆键连接

半圆键连接常用于载荷不大的传动轴上,其工作原理和画法与普通平键相似,其连接图如图 7-22 所示。

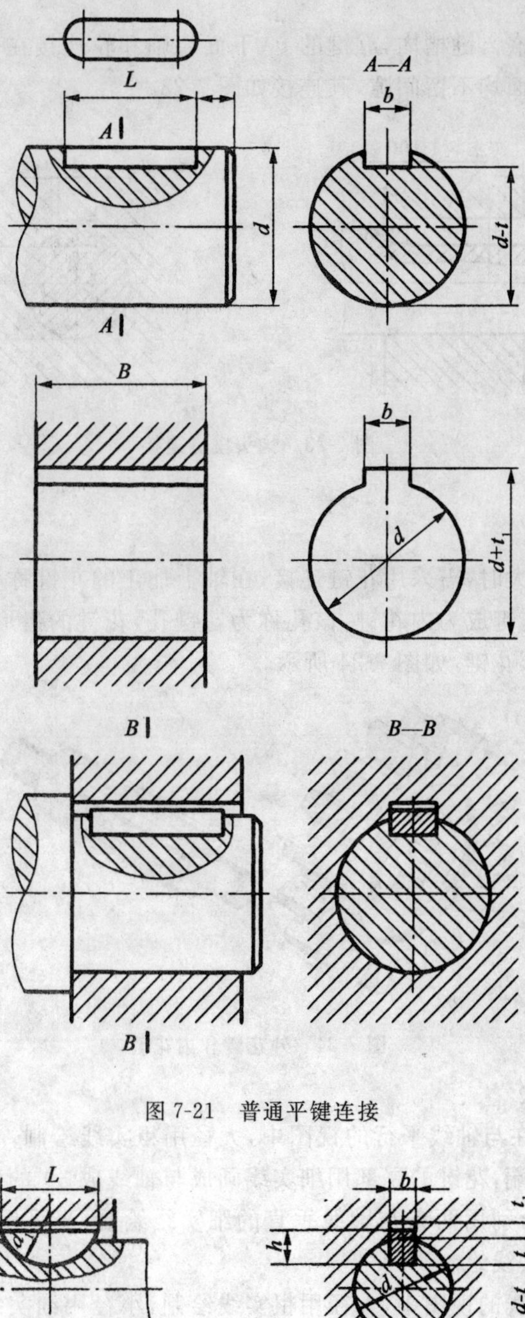

图 7-21　普通平键连接

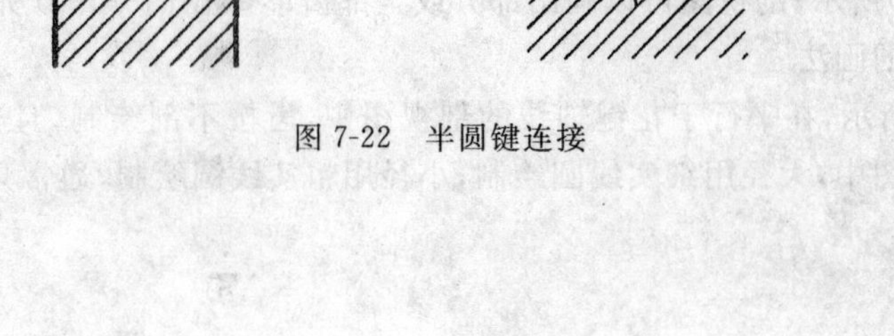

图 7-22　半圆键连接

(3)钩头楔键连接

钩头楔键是将键嵌入键槽内,靠键的上、下面将轴和轮连接在一起,键的侧面为非工作面,绘图时顶面、侧面均不留间隙,其连接如图 7-23 所示。

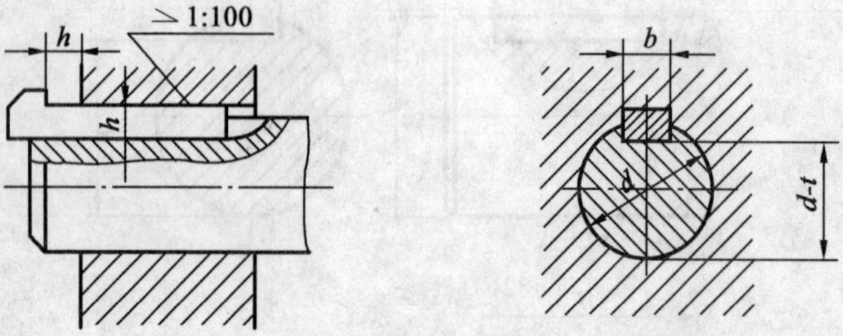

图 7-23　钩头楔键连接

3. 花键表示法

当传递的载荷较大时,需采用花键连接,在轴上加工的花键称为外花键,该轴称为花键轴,在孔内加工的花键成为内花键,该孔称为花键孔,花键的齿形有矩形、三角形、渐开线形等,常见的是矩形花键,如图 7-24 所示。

图 7-24　外花键和内花键

(1)外花键的画法

如图 7-25 所示,在与轴线平行的视图中,大径用粗实线绘制,小径用细实线绘制,细实线通过倒角画到轴端,花键的尾部用细实线画成与轴线成 30°的斜线,花键工作长度的终止端和尾部末端,分别用两条与轴线垂直的细实线绘制,当采用剖视时齿按照不剖画出,此时小径也用粗实线绘制。

在垂直于花键轴线的视图中,大径用粗实线绘制,小径用细实线绘制,倒角圆省略不画,如图 7-25(b)所示;剖视图可以画出部分或全部齿形,如图 7-25(a)所示。

(2)内花键的画法

如图 7-26 所示,在平行于花键轴线的剖视图中,齿按不剖绘制,且大、小径都用粗实线画出,在端视图中,大径用细实线圆绘制,小径用粗实线圆绘制,通常只画出部分齿形。

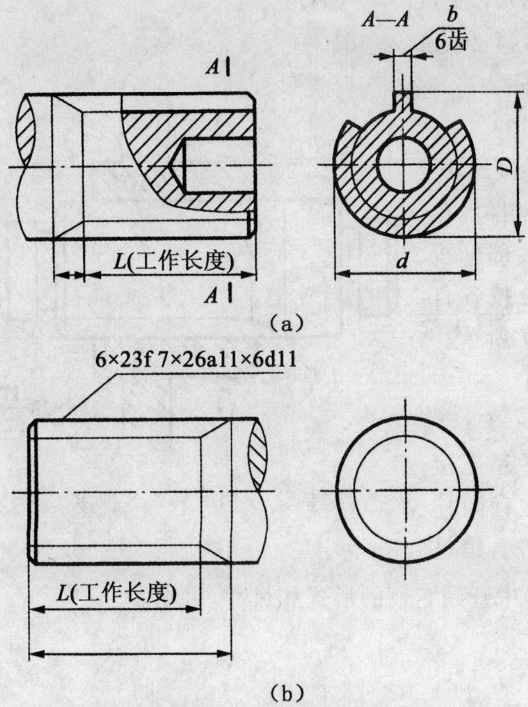

图 7-25　外花键的画法和标注

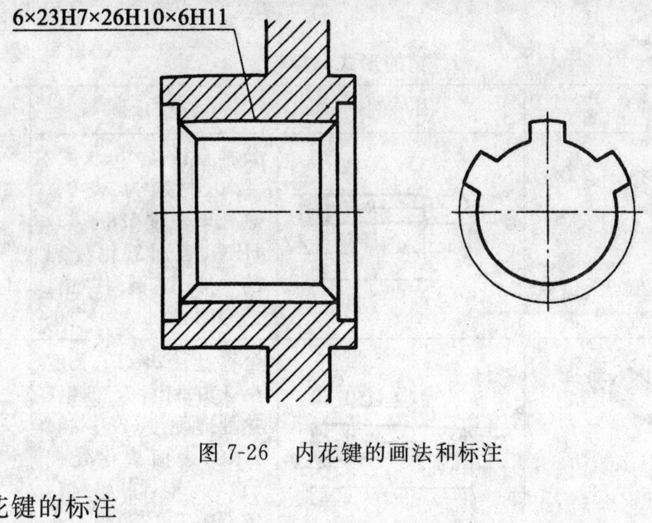

图 7-26　内花键的画法和标注

(3)矩形花键的标注

花键的标注可采用一般尺寸标注法和代号标注法两种：一般尺寸标注法应注出齿数 N、大径 D、小径 d、键宽 B(及齿数 N)、工作长度 L；用代号标注时，指引线用细实线从大径引出，如图 7-25、图 7-26、图 7-27 所示，标记形式为：

齿数×小径(小径公差带代号)×大径(大径公差带代号)×键宽(键宽公差带代号)

其中内花键公差带代号用大写字母表示、外花键用小写字母表示。

例：花键 $N=6$，$d=23\text{H7/f7}$，$D=26\text{H10/a11}$，$B=6\text{H11/d10}$ 的标记如下：

内花键:6 × 23H7 ×26H10 × 6H11

外花键:6 ×23f7 × 26a11 × 6d10

花键副:6 × 23H7/f7 × 26H10/a11 × 6H11/d10

(4)矩形花键的连接画法

和螺纹连接画法相似,花键连接的画法为:连接部分按外花键画出,其余部分按各自的规定绘制,如图 7-27 所示。

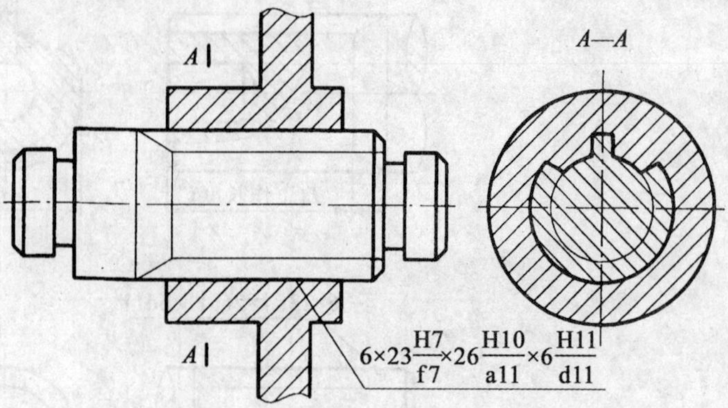

图 7-27 花键连接画法及标注

7.2.2 销连接

销在机器中主要起连接和定位作用。常用的有圆柱销、圆锥销和开口销等。销是标准件,可在国家标准中查到它们的形式和尺寸,见附表。

1. 销及其规定标记

销的规格、尺寸都可以从标准中查出,圆柱销和圆锥销的规格尺寸均为直径 d 和长度 L,表 7-3 列出了三种销及其标记。

表 7-3 销的形式和标记

名称	标准号	图例	标记示例	说明
圆柱销	 GB 119.1-2000	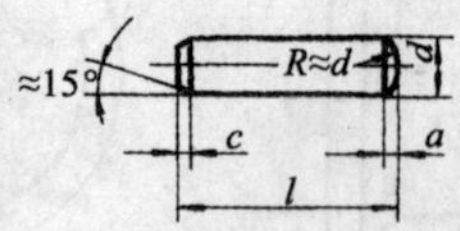	公称直径 d=8、长度 l=30、材料为 35 钢、热处理硬度(28～38)HRC、表面氧化处理的 A 型圆柱销:销 GB119.1 A8 ×30	圆柱销按配合性质不同分为 A、B、C、D 四种形式
圆锥销	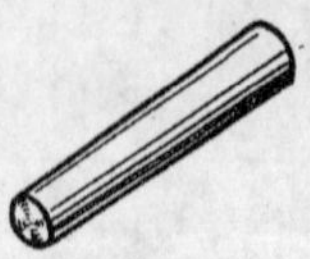 GB 117-2000	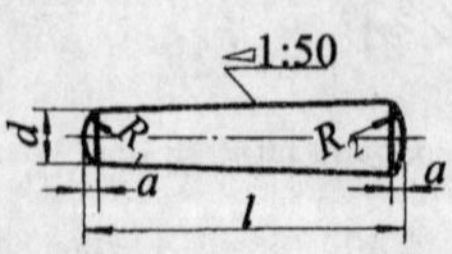	公称直径 d=10、长度 l=100、材料为 35 钢、热处理硬度(28～38)HRC、表面氧化处理的 A 型圆锥销:销 GB/T117 10×100	圆锥销分为 A、B 两种形式。公称直径指小端直径
开口销	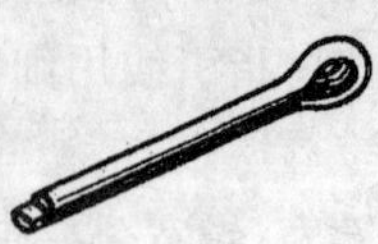 GB 91-2000	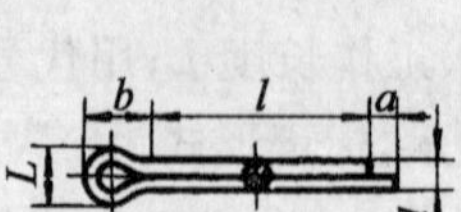	公称直径 d=4mm(指销孔直径)、长度 l=20、材料为低碳钢、不经表面处理:销 GB/T91 4× 20	公称直径指与之相配的销孔直径,故开口销公称直径都大于其实际直径

2. 销连接的画法

圆柱销和圆锥销连接，要求被连接件先装在一起，再加工销孔，并在零件图上加以注明。销连接的画法如图 7-28 所示。

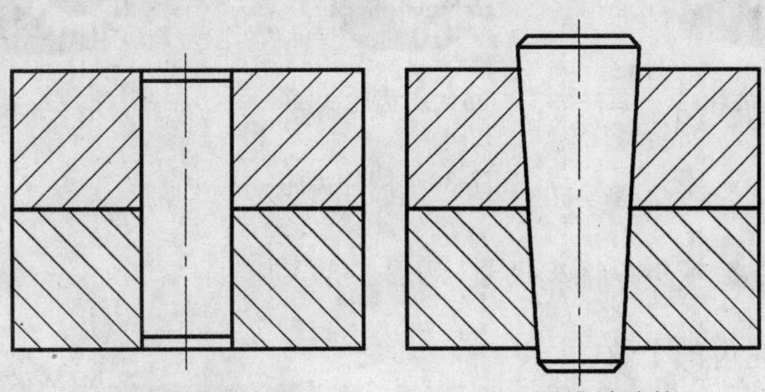

(a) 圆柱销连接　(b) 圆锥销连接

图 7-28　销连接的画法

7.3 齿　轮

齿轮是传动零件，它能将一根轴的动力及旋转运动传递给另一根轴，用以改变转速和旋转方向。常用的齿轮按两轴的相互位置不同分为如下三种，如图 7-29 所示。

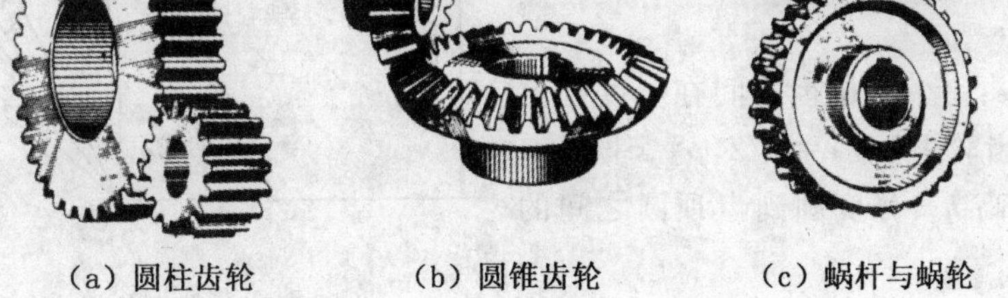

(a) 圆柱齿轮　(b) 圆锥齿轮　(c) 蜗杆与蜗轮

图 7-29　常见的齿轮传动种类

(1)圆柱齿轮：用于平行两轴间的传动[见图 7-29(a)]。

(2)圆锥齿轮：用于相交两轴间的传动[见图 7-29(b)]。

(3)蜗轮与蜗杆：用于交叉两轴间的传动[见图 7-29(c)]。

7.3.1　直齿圆柱齿轮

齿轮上每一个用于啮合的凸起部分，称为轮齿，圆柱齿轮的轮齿有直齿、斜齿、人字齿等，如图 7-30 所示。直齿圆柱齿轮是齿轮中常用的一种。

(a) 直齿轮　　(b) 斜齿轮　　(c) 人字齿轮

图 7-30　圆柱齿轮

1. 直齿圆柱齿轮各部分名称及代号(见图 7-31)

齿数 z:齿轮上轮齿的个数。

(1)齿顶圆直径 d_a:齿顶圆柱面的直径。

(2)齿根圆直径 d_f:齿根圆柱面的直径。

(3)分度圆直径 d:齿轮设计和加工时计算尺寸的基准圆称为分度圆,它位于齿顶圆和齿根圆之间,是一个约定的假想圆。

(4)节圆直径 d':连心线 O_1O_2 上两相切的圆称为节圆。

(5)齿距 p:分度圆上相邻两齿廓对应点之间的弧长。

(6)齿厚 s:一个轮齿齿廓间在分度圆上的弧长。

(7)槽宽 e:一个齿槽齿廓间在分度圆上的弧长,标准齿轮中,$s=e=p/2$,$p=s+e$。

(8)齿顶高 h_a:分度圆到齿顶圆之间的径向距离。

(9)齿根高 h_f:分度圆到齿根圆之间的径向距离。

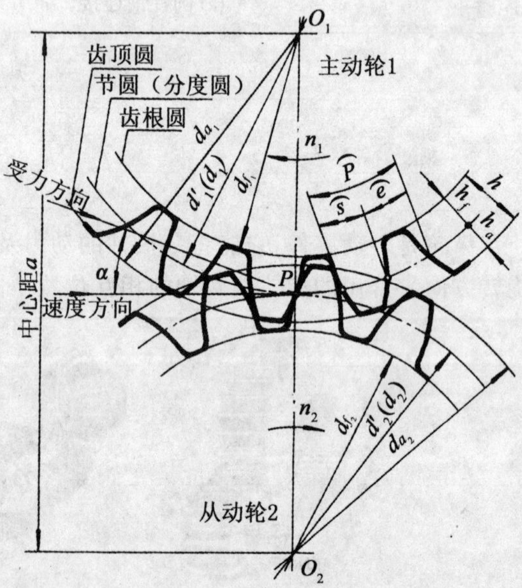

图 7-31　轮齿各部分名称

(10)齿高 h:齿顶圆到齿根圆之间的径向距离。

(11)齿宽 b:沿齿轮轴线方向的轮齿宽度。

(12)齿形角(压力角)α:齿轮在分度圆上的啮合点 P 点的齿廓公法线与两节圆的公切线所夹的锐角,标准齿轮的齿形角规定为 20°。

2. 直齿圆柱齿轮的基本参数与齿轮各部分的尺寸关系

(1)模数 m

由于分度圆周长 $\pi d=pz$ 则 $d=\frac{p}{\pi}z$。

令：$m=\frac{p}{\pi}$ 则 $d=mz$

m 为齿轮的模数，以 mm 为单位，模数是设计、制造齿轮的重要参数，齿数一定时，模数越大，轮齿的尺寸越大，承载能力越大。为了便于制造，减少加工齿轮刀具的数量，国家标准对齿轮的模数做了统一规定，见表 7-4。

表 7-4　　渐开线圆柱齿轮模数

第一系列	1　1.25　1.5　3　4　5　6　8　10　12　16　20　25　32　40　50
第二系列	1.75　2.25　2.75 (3.75) 4.5　5.5 (6.5) 7　9 (11)　14　18　22　28　36　45

注：优先选用第一系列，其次是第二系列，括号内的数值尽可能不用。

(2)各部分的尺寸关系(见表 7-5)

表 7-5　　标准直齿圆柱齿轮各部分尺寸计算

序号	名称	符号	计算公式
1	齿顶高	h_a	$h_a=m$
2	齿根高	h_f	$h_f=1.25m$
3	齿高	h	$h=h_a+h_f=2.25m$
4	分度圆直径	d	$d=zm$
5	齿顶圆直径	d_a	$d_a=(z+2)m$
6	齿根圆直径	d_f	$d_f=(z-2.5)m$
7	中心距	a	$a=m(z_1+z_2)/2$
8	齿距	p	$p=\pi m$

3. 直齿圆柱齿轮的画法

(1)单个直齿圆柱齿轮的画法

在端视图中，齿顶圆用粗实线绘制；齿根圆用细实线或省略不画；分度圆用点画线画出，如图 7-32(a)所示。

另一个视图一般画成全剖视图，齿顶线和齿根线规定用粗实线画出，分度线还是点画线，若不剖切，齿根线可以省略不画，轮齿按不剖处理。轮齿为斜齿、人字齿时，如图 7-32(c)(d)所示。

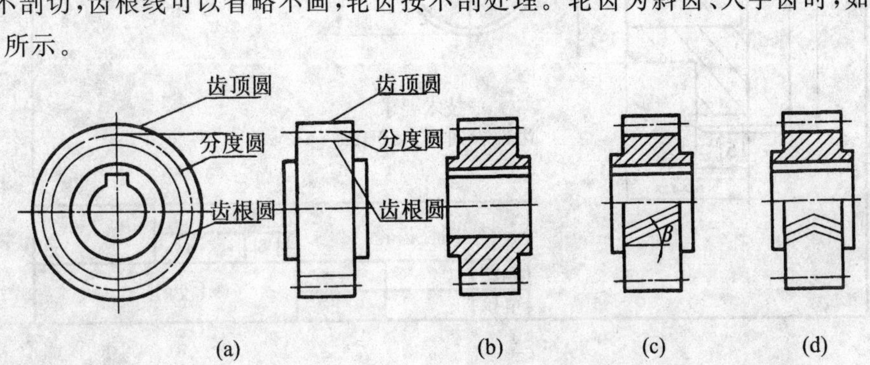

图 7-32　单个齿轮的规定画法

(2)圆柱齿轮啮合的画法

在端视图中,齿顶圆用粗实线绘制,啮合区内可以不画;相切的两个分度圆必须用点画线画出;齿根圆省略不画。

在另一个视图中,当采用剖视时,在啮合区域,分度线必须画出,两条齿根线必须用粗实线画出,齿顶线有一条为粗实线,另一条被遮挡,应画成虚线(也可省略),齿顶线和齿根线之间的距离为 $0.25m$;若不剖时,在啮合区,齿顶线不画,只用一条粗实线表示分度线。如图 7-33 所示。

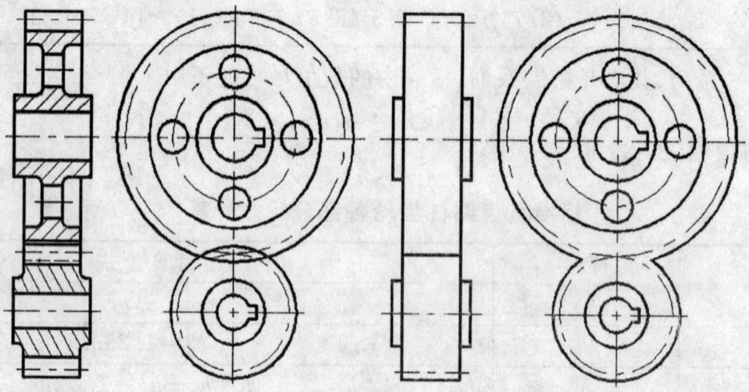

图 7-33　齿轮啮合的规定画法

(3)直齿圆柱齿轮零件图

在零件图中,只能表示出分度圆、齿顶圆、齿宽等一部分尺寸,其他参数如模数、齿数、压力角、精度等在图形上反映不出来,所以一般都在零件图的右上角用表格说明,如图 7-34 所示。

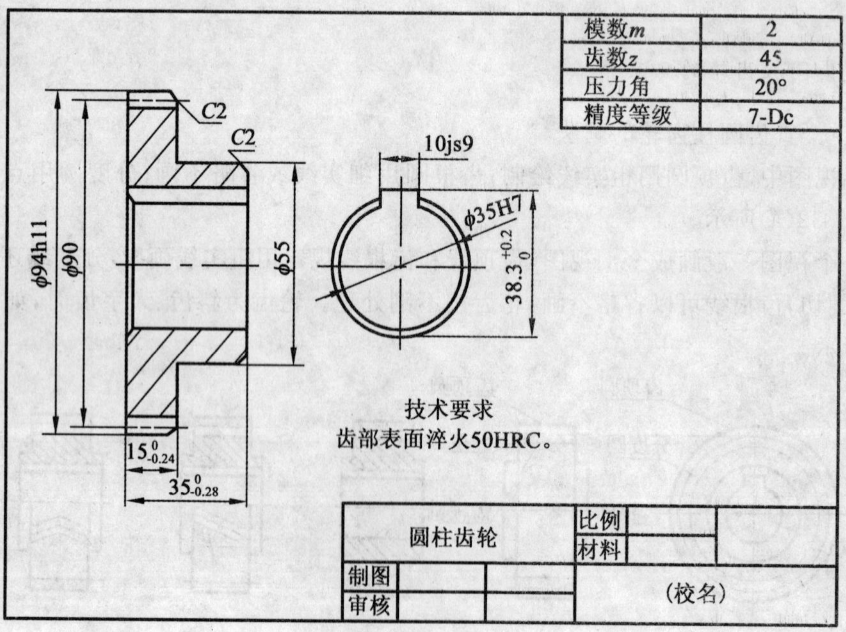

图 7-34　直齿圆柱齿轮零件图

7.3.2　斜齿圆柱齿轮

1. 斜齿圆柱齿轮的各部分尺寸关系

斜齿圆柱齿轮又称斜齿轮，斜齿轮的轮齿排列方向与齿轮轴线方向间有一个倾斜角，用 β 表示，称为螺旋角。由于轮齿倾斜，轮齿端面齿形与垂直于轮齿方向的法向截面的齿形不同，因此，斜齿轮有端面齿距 P_t 和法向齿距 P_n，同时也有端面模数 M_t 和法向模数 M_n，如图 7-35 所示。它们的关系为：

$$P_n = P_t \cos\beta$$
$$M_n = M_t \cos\beta$$

法向模数是斜齿圆柱齿轮的主要参数，设计时取标准值。标准的法向啮合角 $\alpha = 20°$。

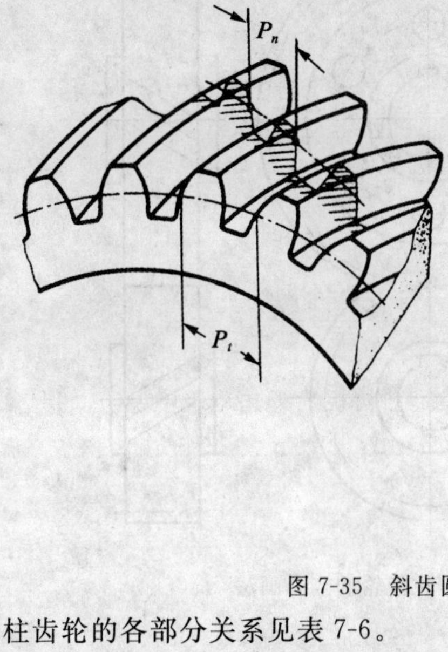

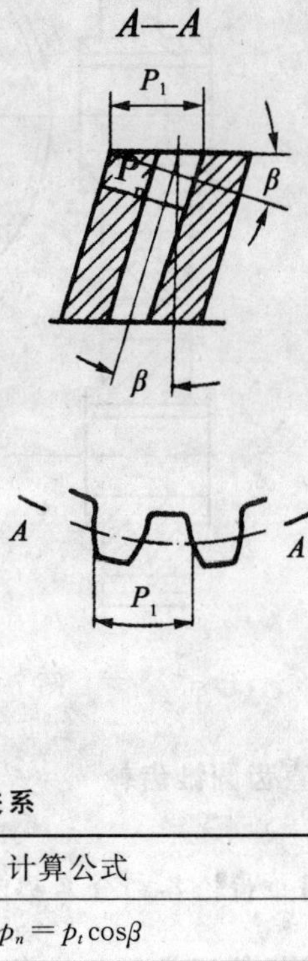

图 7-35　斜齿圆柱齿轮

斜齿圆柱齿轮的各部分关系见表 7-6。

表 7-6　　斜齿圆柱齿轮的各部分尺寸关系

名　称	符　号	计算公式
法向齿距	p_n	$p_n = p_t \cos\beta$
分度圆直径	d	$d = z \cdot m_n / \cos\beta$
齿顶高	h_a	$h_a = m_n$
齿根高	h_f	$h_f = 1.25 m_n$
齿高	h	$h = h_a + h_f = 2.25 m_n$
齿顶圆直径	d_a	$d_a = d + 2m_n$
齿根圆直径	d_f	$d_f = d - 2.5m$
中心距	a	$a = m_n(z_1 + z_2)/\cos\beta$

2.斜齿圆柱齿轮的画法

斜齿圆柱齿轮的画法和直齿齿轮相同,不同点是要用三条与轮齿方向相同的细实线表示倾斜角的方向。

(1)单个斜齿轮的画法。在非圆视图中,一般画成半剖或局部剖视图,在未剖的部分用细实线画出倾斜方向,如图7-32(c)所示。

(2)斜齿轮的啮合画法。啮合区的画法同直齿轮,对于斜齿的表示,应在非圆视图中,在两个齿轮上画出方向相反的细实线(相互啮合的斜齿轮,其轮齿的旋向应相反),如图7-36所示。

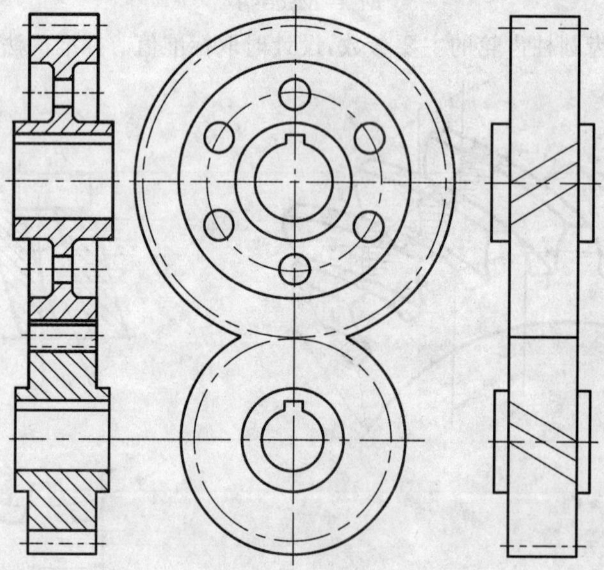

图7-36 斜齿圆柱齿轮的啮合画法

7.3.3 直齿圆锥齿轮

1.直齿圆锥齿轮各部分名称和尺寸计算

直齿圆锥齿轮通常用于交角为90°的两轴间的传动,由于锥齿轮的轮齿是在圆锥面上切制出的,因此轮齿的厚度和高度都沿着齿宽的方向逐渐变化,即模数也是变化的,为了便于计算和制造,规定以大端模数为标准,计算大端轮齿各部分的尺寸,其标准模数仍从表7-4中选用。其各部分名称如图7-37所示。

锥齿轮各部分的尺寸关系见表7-7。

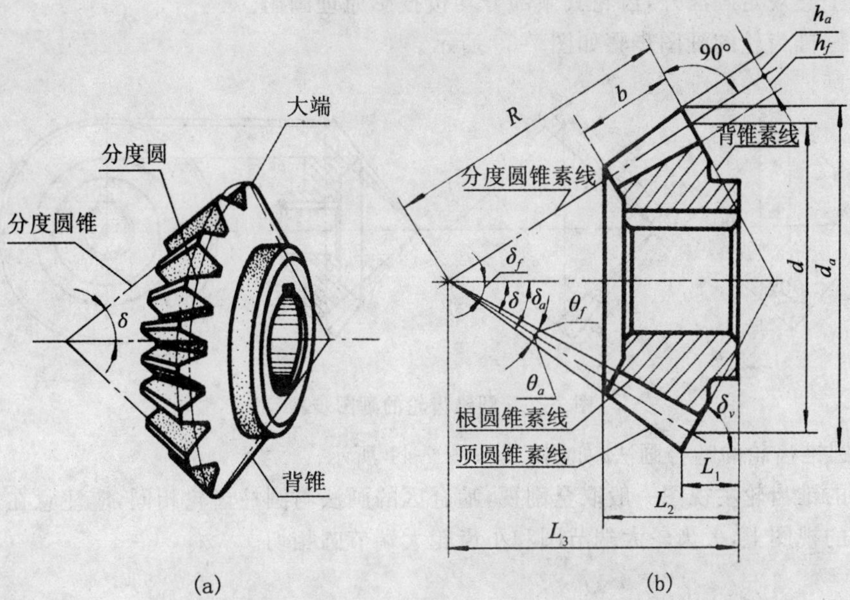

图 7-37　直齿圆锥齿轮各部分名称

表 7-7　　**标准直齿圆锥齿轮各部分尺寸关系**

名称	符号	计算公式
大端分度圆直径	d	$d=z\cdot m_e$
大端齿顶高	h_a	$h_a=m_e$
大端齿根高	h_f	$h_f=1.2m_e$
大端齿高	h	$h=h_a+h_f=2.2m_e$
大端齿顶圆直径	d_a	$d_a=m_e(z+2\cos\delta)$

2. 直齿圆锥齿轮的画法

(1)单个直齿圆锥齿轮的画法，如图 7-38 所示。

在投影为非圆的视图中，画法与圆柱齿轮类似，常用剖视，轮齿按不剖处理，用粗实线画出齿顶线和齿根线，用点划线画出分度线。

在投影为圆的视图中，轮齿部分用粗实线画出大端和小端的齿顶圆，用点画线画出大端的分度圆，大、小端齿根圆和小端分度圆均不画出。

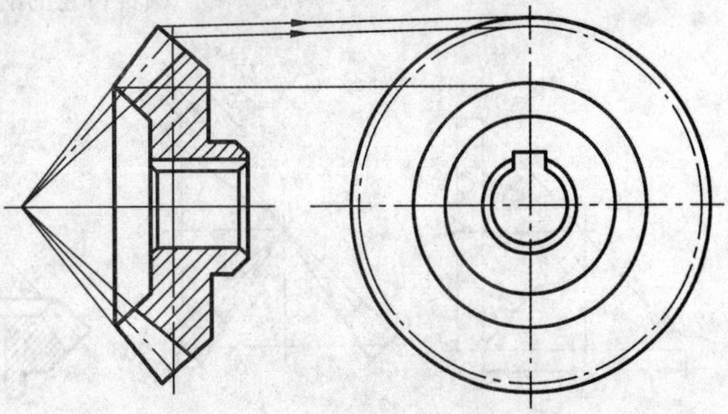

图 7-38　圆锥齿轮的规定画法

除了上述规定画法外,齿轮其余部分均按投影原理画出。

单个圆锥齿轮的画图步骤如图 7-39 所示。

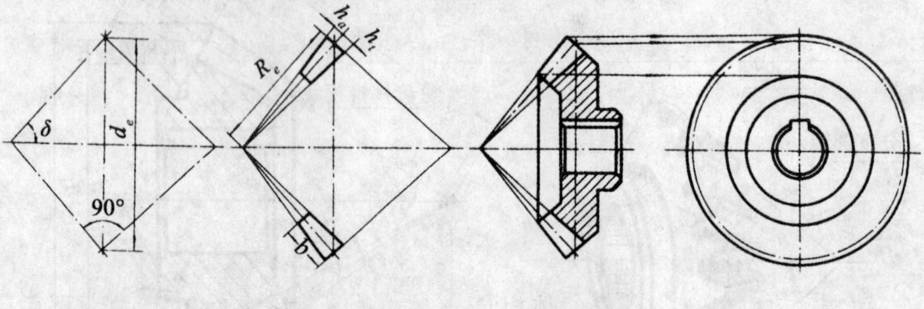

图 7-39 圆锥齿轮的画图步骤

(2) 圆锥齿轮的啮合画法,如图 7-40、图 7-41 所示。

啮合的锥齿轮主视图一般取全剖视,啮合区的画法与圆柱齿轮相同,应注意在反映大齿轮为圆的视图上,大齿轮大端节圆和小齿轮大端节圆相切。

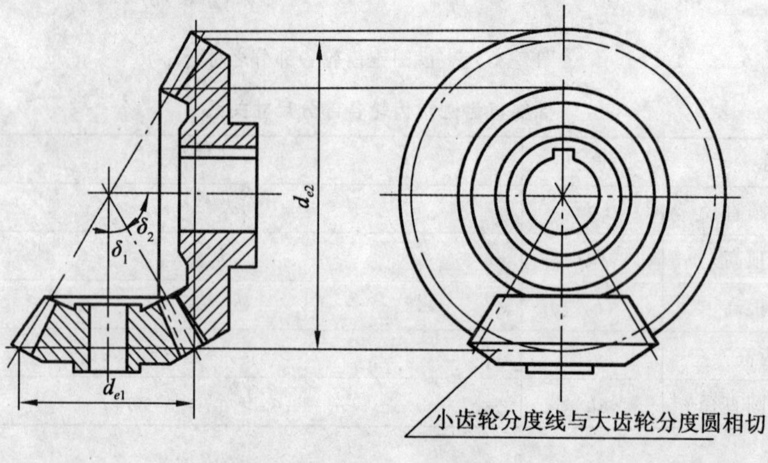

图 7-40 圆锥齿轮的啮合画法

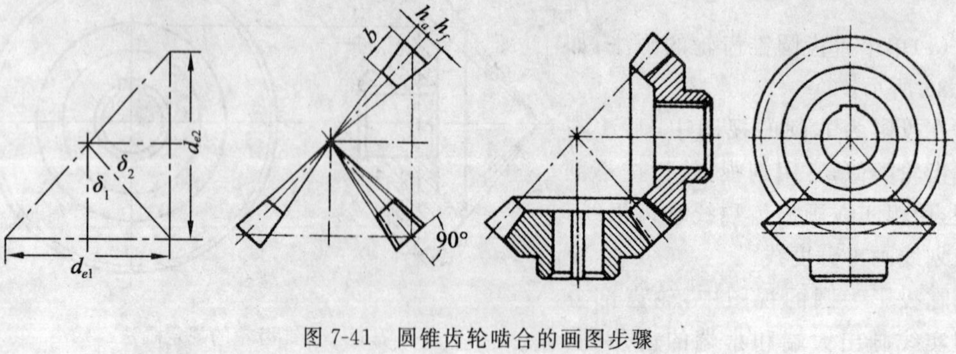

图 7-41 圆锥齿轮啮合的画图步骤

7.4　滚动轴承

滚动轴承是标准部件，规格型号很多，用来支承传动轴，具有结构紧凑、摩擦力小等特点。因此，广泛运用在各类机器中。

7.4.1　滚动轴承的结构和类型

1. 滚动轴承的结构

滚动轴承类型很多，但其结构大体相同，一般由外圈、内圈、滚动体和保持架等零件组成，如图 7-42 所示。

外圈——装在机体或轴承座内，一般固定不动或偶作少许转动。

内圈——紧套在轴上，且随轴一起转动。

滚动体——装在内、外圈之间的滚道中，有滚珠（球）、滚子（圆柱、圆锥形等）形状。

保持架——用以均匀分开滚动体，防止它们相互之间的摩擦和碰撞，故又称隔离圈。

2. 滚动轴承的类型

滚动轴承按承受载荷的方向可分为三种：

(1) 向心轴承：主要承受径向载荷，如深沟球轴承，如图 7-42(a)所示。

(2) 推力轴承：只承受轴向载荷，如推力球轴承，如图 7-42(b)所示。

(3) 向心推力轴承：能同时承受径向和轴向载荷，如圆锥滚子轴承，如图 7-42(c)所示。

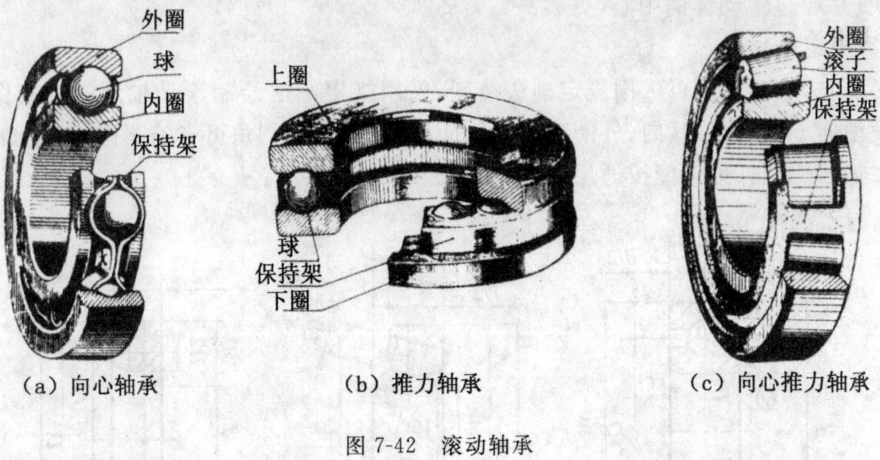

(a) 向心轴承　　(b) 推力轴承　　(c) 向心推力轴承

图 7-42　滚动轴承

7.4.2　滚动轴承的画法及标注

1. 滚动轴承的画法

滚动轴承是标准部件，所以无须画出其零件图，只要在装配图上根据外径 D、内径 d

和宽度 B 等几个主要尺寸(见附表)，按比例采用简化画法和规定画法即可，而同一图样中一般只采用其中的一种画法。

(1)简化画法

简化画法有通用画法和特征画法两种。

1)通用画法。在剖视图中，当不需要确切地表示滚动轴承的外形轮廓、载荷特性和结构特征时，可用通用画法绘制。通用画法是用矩形线框及位于线框中央的符号表示，矩形线框和符号均用粗实线绘制，符号不应与矩形线框接触，如图 7-43 所示。

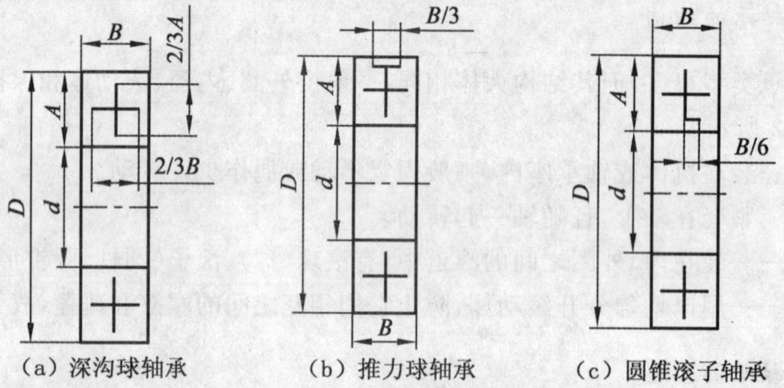

图 7-43　滚动轴承的通用画法

2)特征画法。在剖视图中，如需形象地表示滚动轴承的结构特征时，可采用特征画法。特征画法是在矩形线框内画出其结构要素符号的方法，结构要素符号由长粗线和短粗线组成，长粗线表示滚动体的滚动轴线，短粗线表示滚动体的列数和位置，长、短粗线相交成 90°并通过滚动体的中心，见表 7-8。

(2)规定画法

必要时，滚动轴承可采用规定画法绘制，采用规定画法绘制滚动轴承的剖视图时，轴承的滚动体不画剖面线，内、外圈应画上剖面线，保持架和倒角可省略不画，规定画法一般绘制在轴的一侧。另一侧按通用画法绘制，如图 7-44 所示。

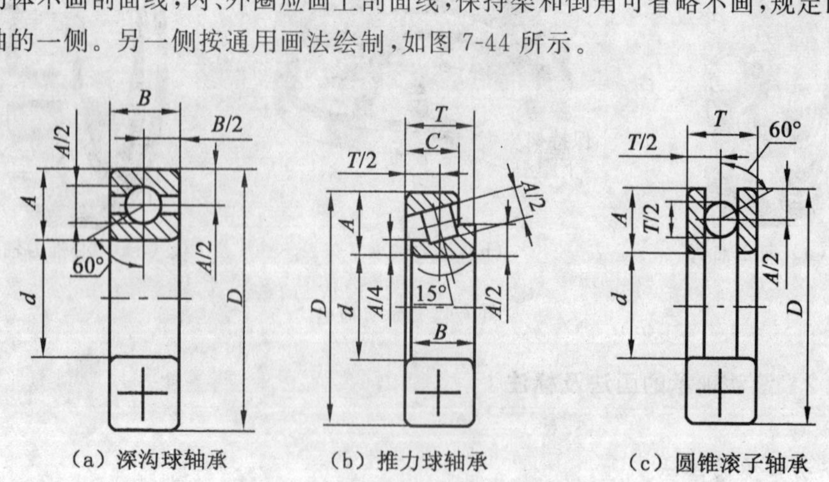

图 7-44　滚动轴承的规定画法

规定画法的各部分尺寸比例见表 7-8。

2. 滚动轴承的标注

滚动轴承的种类很多，又是标准组件，为了便于选择和使用，滚动轴承的结构、尺寸、公差等级等特征，用标准中规定的代号来标注。

表 7-8　　滚动轴承的规定画法和特征画法（摘自 GB/T4451.8-1998）

名称和标准号	查表主要依据	画法		
		规定画法	特征画法	装配画法
深沟球轴承 GB/T 276-94	D D B	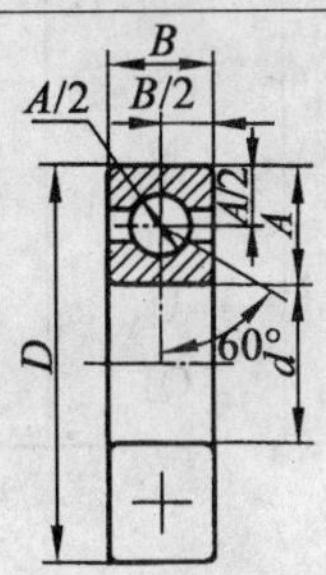	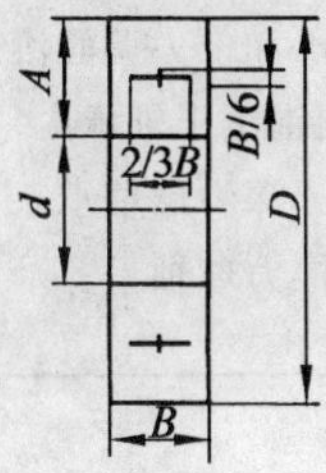	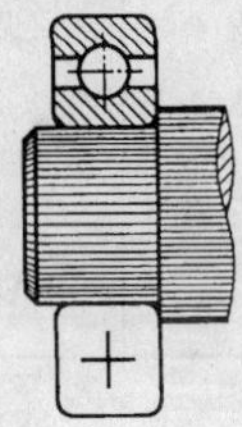
圆锥滚子轴承 GB/T 297-94	D d B T C	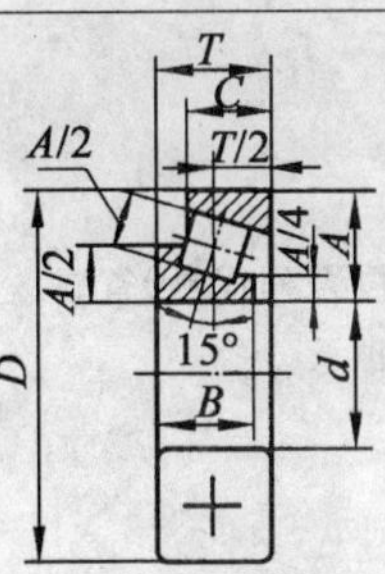	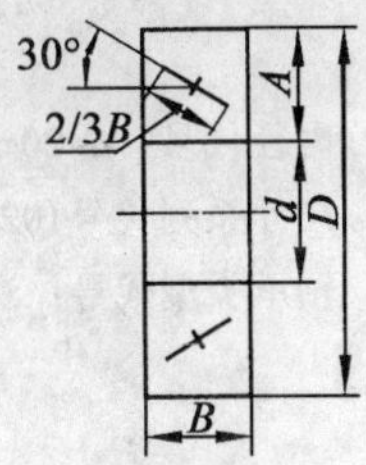	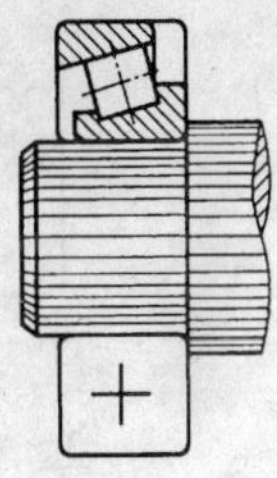
推力球轴承 GB/T 301-95	D d T	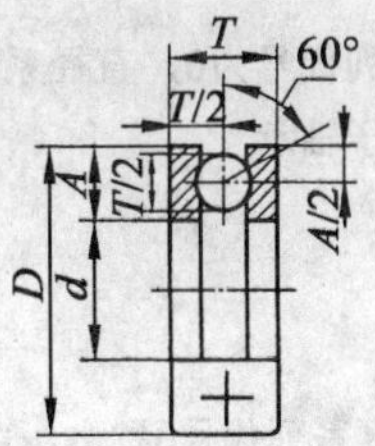	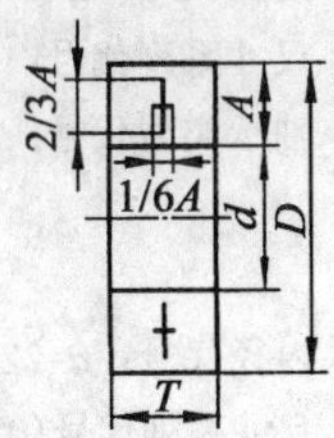	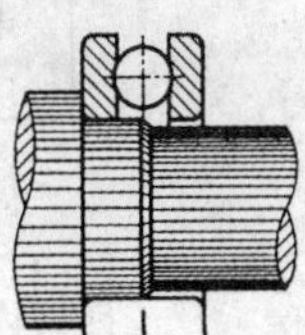

滚动轴承的代号由前置代号、基本代号和后置代号构成，其排列为：

前置代号、基本代号、后置代号

基本代号表示轴承的基本类型、结构和尺寸，是滚动轴承代号的基础，由轴承类型代号、尺寸系列代号、内径代号组成。

（1）轴承类型代号：用数字或字母表示，见表 7-9。

（2）尺寸系列代号：由轴承的宽（高）度系列代号和直径系列代号组成，用两位阿拉伯数字表示，是指同一内径的轴承具有不同的外径和宽度，因而有不同的承载能力，2、3、4

分别为轻、中、重窄尺寸系列,具体代号需查阅相关标准。

(3) 内径代号:表示轴承的公称内径,一般用两个阿拉伯数字表示。

1)代号数字为 00,01,02,03 时,分别表示轴承内径 d=10,12,15,17mm。

2)代号数字为 04~96 时,轴承内径 d=代号数字×5;

3)轴承公称内径为 1~9,大于或等于 500 以及 22,28,32 时,用公称内径毫米数直接表示,但应与尺寸系列代号之间用"/"隔开。

表 7-9　　滚动轴承代号类型

代号	轴承类型	代号	轴承类型
		6	深沟球轴承
0	双列角接触球轴承	7	角接触球轴承
1	调心球轴承	8	推力圆柱滚子轴承
2	调心滚子轴承和推力调心滚子轴承	N	圆柱滚子轴承
3	圆锥滚子轴承		双列或多列用字母 NN 表示
4	双列深沟球轴承	U	外球面球轴承
5	推力球轴承	QJ	四点接触球轴承

轴承基本代号举例:

6 2 04
- 04 — 内径代号：d=20mm
- 2 — 尺寸系列代号(02)：宽度系列代号0省略，直径系列代号为2
- 6 — 轴承类型代号：深沟球轴承

3 02 12
- 12 — 内径代号：d=60mm
- 02 — 尺寸系列代号：宽度系列代号为0，直径系列代号为2
- 3 — 轴承类型代号：圆锥滚子轴承

6 2 / 22
- 22 — 内径代号：d=22mm
- 2 — 尺寸系列代号(02)：宽度系列代号0省略，直径系列代号为2
- 6 — 轴承类型代号：深沟球轴承

3. 前置、后置代号

前置、后置代号是轴承在结构形状、尺寸、公差技术要求等有改变时,在其基本代号左、右添加的补充代号,前置代号用字母表示,后置代号用字母或字母加数字表示。

例:L N 207

L 是前置代号;N207 是基本代号,其中:N 为类型代号,(0) 2 为尺寸系列代号,07 为内径代号。

轴承代号中数字、字母的含义可查阅国家标准 GB/T272-1993。

第 8 章　零件图

8.1　零件图的作用与内容

8.1.1　零件图的作用

零件图是生产部门的重要技术文件，它反映了设计者的意图，表达了机器或部件对该零件的要求，是指导零件制造和检验的依据。

8.1.2　零件图的内容

零件图是生产中指导制造和检验该零件的主要图样，它不仅仅是把零件的内、外结构形状和大小表达清楚，还需要对零件的材料、加工、检验、测量提出必要的技术要求。零件图必须包含制造和检验零件的全部技术资料。因此，一张完整的零件图一般应包括以下几项内容(见图 8-1)：

(1)一组图形：用于正确、完整、清晰和简便地表达出零件内外形状的图形，其中包括机件的各种表达方法，如视图、剖视图、断面图、局部放大图和简化画法等。

(2)完整的尺寸：零件图中应正确、完整、清晰、合理地注出制造零件所需的全部尺寸。

(3)技术要求：用一些规定的代(符)号、数字、字母和文字注解说明零件制造和检验时在技术指标上应达到的要求。如表面粗糙度、尺寸公差、形状和位置公差、材料和热处理、检验方法以及其他特殊要求等。

(4)标题栏：标题栏应配置在图框的右下角。它一般由更改区、签字区、其他区、名称以及代号区组成。填写的内容主要有零件的名称、材料、数量、比例、图样代号以及设计、审核、批准者的姓名、日期等。

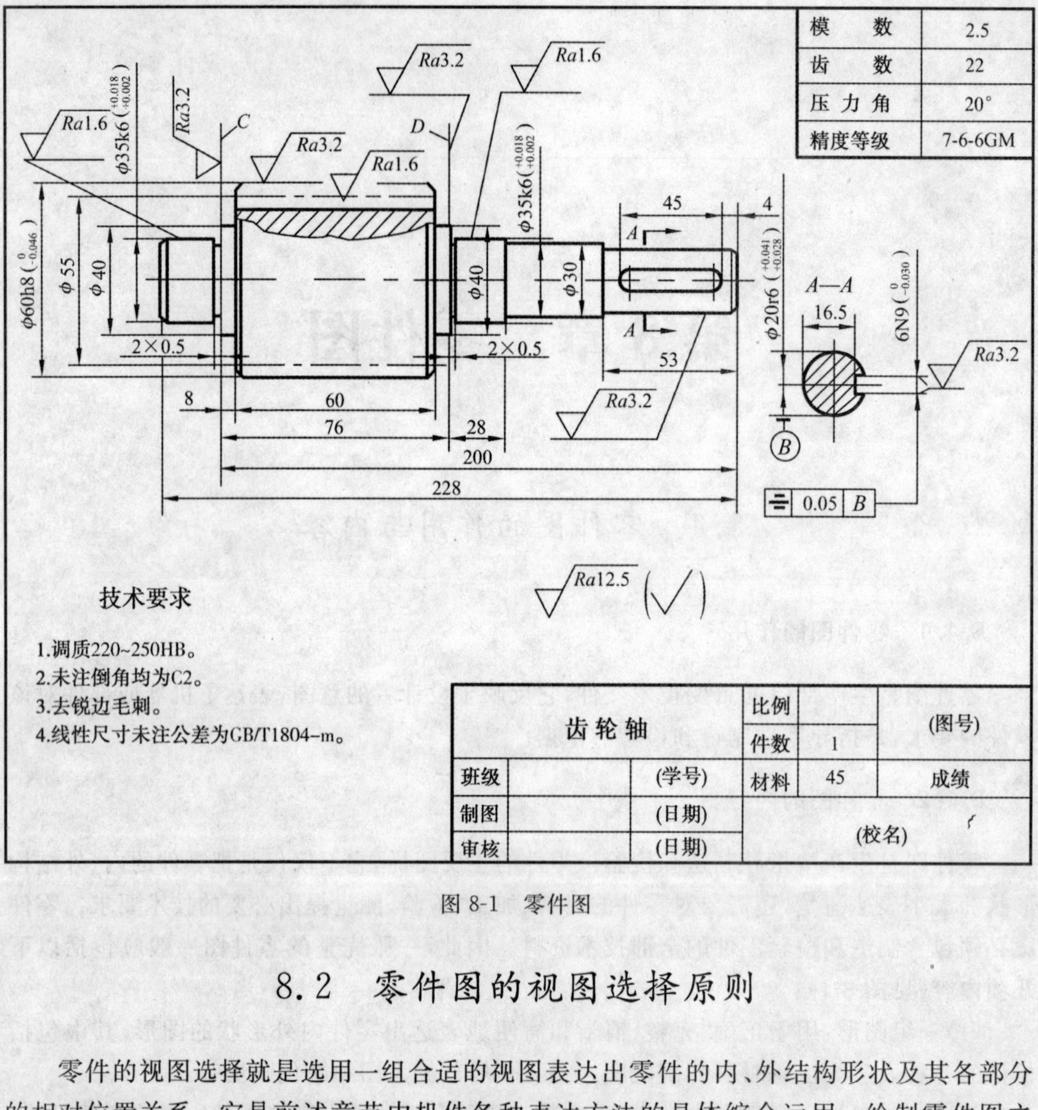

图 8-1 零件图

8.2 零件图的视图选择原则

零件的视图选择就是选用一组合适的视图表达出零件的内、外结构形状及其各部分的相对位置关系。它是前述章节中机件各种表达方法的具体综合运用。绘制零件图之前,首先要根据零件的结构形状、加工方法和在机器中的位置确定零件合理的表达方案。

8.2.1 主视图的选择原则

主视图是表达零件形状最重要的视图,其选择是否合理将直接影响其他视图的选择和看图是否方便,甚至影响到画图时图幅的合理利用。一般来说,零件主视图的选择应满足以下三个原则:

1. 加工位置原则

加工位置是零件在加工时所处的位置。主视图应尽量表示零件在机床上加工时所处的位置。这样在加工时可以直接进行图物对照,既便于看图和测量尺寸,又可减少差错。如轴套类零件的加工,大部分工序是在车床或磨床上进行,因此通常要按加工位置(即轴线水平放置)画其主视图,如图 8-2 所示。

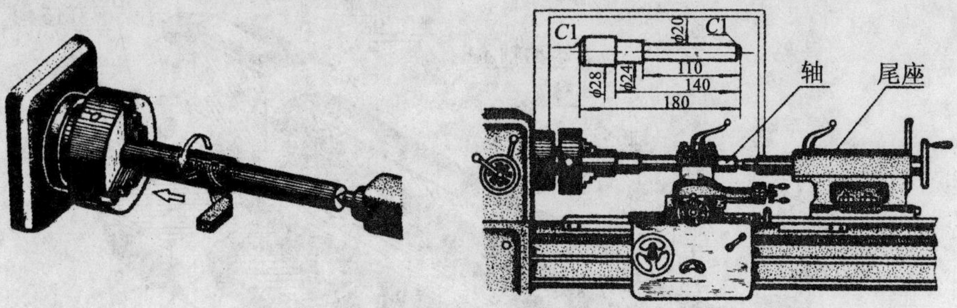

图 8-2 轴类零件的加工位置

2. 工作位置原则

工作位置是零件在装配体中所处的位置。零件主视图的放置,应尽量与零件在机器或部件中的工作位置一致。这样便于根据装配关系来考虑零件的形状及有关尺寸,便于校对。如图 8-3 所示的吊钩零件的主视图就是按工作位置选择的。对于工作位置歪斜放置的零件,因为不便于绘图,应将零件放正。

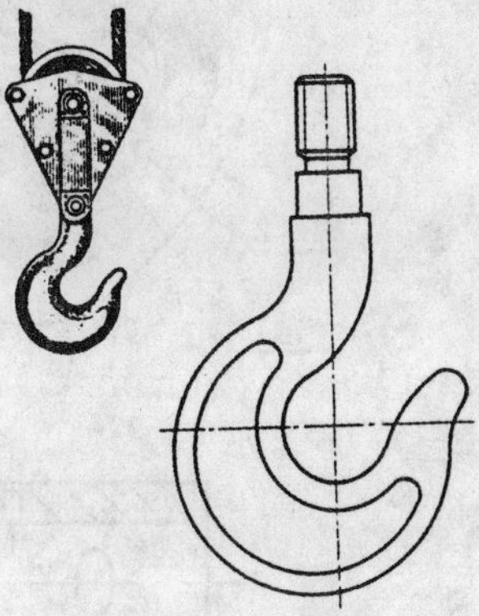

图 8-3 轴类零件的工作位置

3. 形状特征原则

确定了零件的安放位置后,还要确定主视图的投影方向。形状特征原则就是将最能反映零件形状特征的方向作为主视图的投影方向,即主视图要较多地反映零件各部分的形状及它们之间的相对位置,以满足表达零件清晰的要求。如图 8-4 所示是确定机床尾架主视图投影方向的比较。由图可知,图 8-4(a)的表达效果显然比图 8-4(b)表达效果要好得多。

8.2.2 其他视图的选择

一般来讲,仅用一个主视图是不能完全反映零件的结构形状的,必须选择其他视图,包括剖视、断面、局部放大图和简化画法等各种表达方法。主视图确定后,对其表达未尽的部分,再选择其他视图予以完善表达。具体选用时,应注意以下几点:

(1)根据零件的复杂程度及内、外结构形状,全面地考虑还应需要的其他视图,使每个所选视图应具有独立存在的意义及明确的表达重点,注意避免不必要的细节重复,在明确表达零件的前提下,使视图数量为最少。

(2)优先考虑采用基本视图,当有内部结构时应尽量在基本视图上作剖视;对尚未表达清楚的局部结构和倾斜部分结构,可增加必要的局部(剖)视图和局部放大图;有关的视图应尽量保持直接投影关系,配置在相关视图附近。

(3)按照视图表达零件形状要正确、完整、清晰、简便的要求,进一步综合、比较、调整、完善,选出最佳的表达方案。

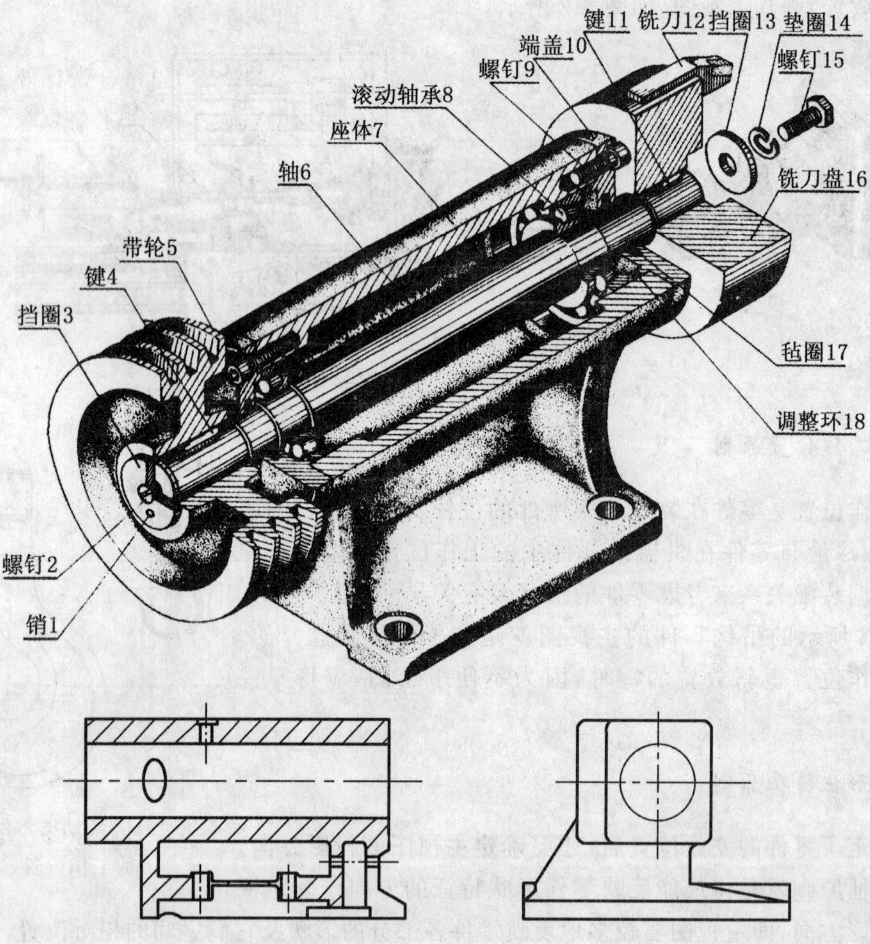

(a) (b)

图 8-4 确定主视图投影方向的比较

8.3 零件图的尺寸标注

零件图中的尺寸,不但要按前面的要求标注得正确、清晰、完整,而且必须标注得合理。所谓尺寸的合理性是指标注的尺寸能符合零件的设计要求(满足使用性能)和工艺要求(满足加工和检验要求)。关于正确、清晰、完整的要求,在前面有关章节中已经叙述过,本章重点讨论零件图尺寸标注的合理性问题。

8.3.1 尺寸基准的选择

零件图尺寸标注既要保证设计要求又要满足工艺要求,首先应当正确选择尺寸基准。所谓尺寸基准,就是指零件装配到机器上或在加工测量时,用以确定其位置的一些面、线或点。它可以是零件上对称平面、安装底平面、端面、零件的结合面、主要孔和轴的轴线等。

1. 选择尺寸基准的目的

一是为了确定零件在机器中的位置或零件上几何元素的位置，以符合设计要求；二是为了在制作零件时，确定测量尺寸的起点位置，便于加工和测量，以符合工艺要求。

2. 尺寸基准的分类

根据基准作用不同，一般将基准分为设计基准和工艺基准两类。

(1)设计基准

根据零件结构特点和设计要求而选定的基准，称为设计基准。零件有长、宽、高三个方向，每个方向都要有一个设计基准，该基准又称为主要基准，如图 8-5(a)所示。

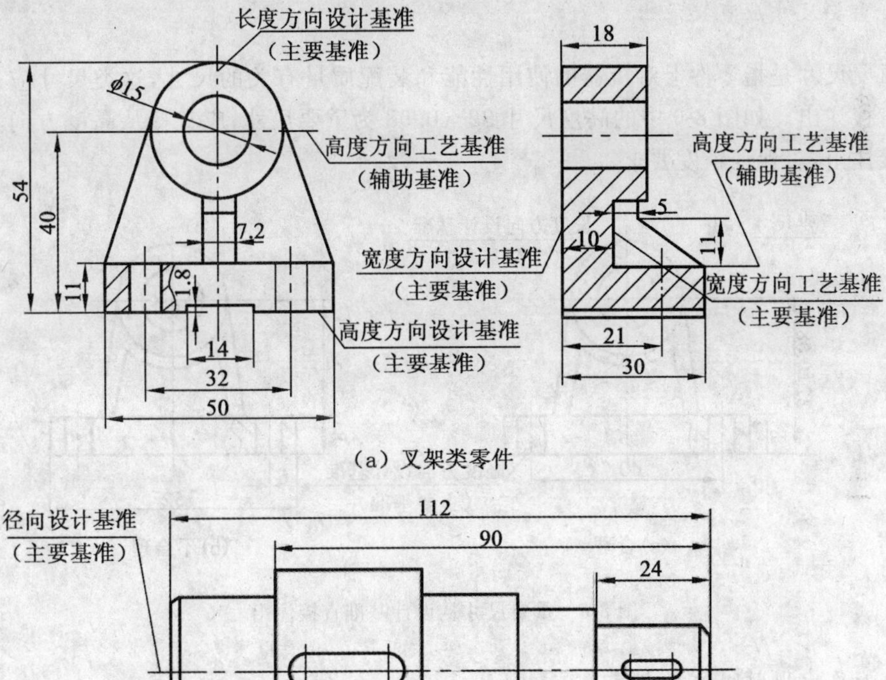

(a) 叉架类零件

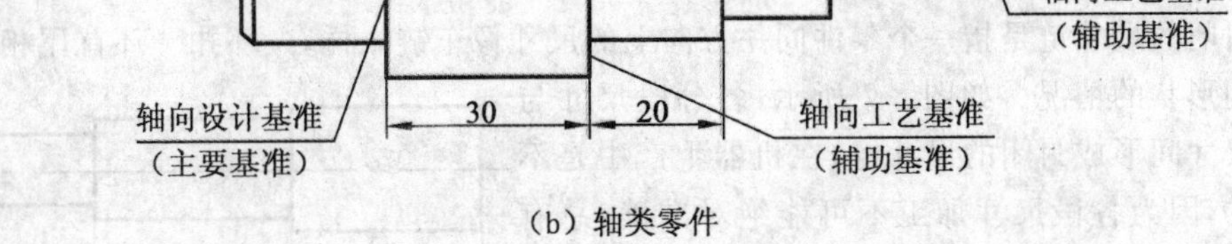

(b) 轴类零件

图 8-5 零件的尺寸基准

对于轴套类和轮盘类零件，实际设计中经常采用的是轴向基准和径向基准，而不用长、宽、高基准，如图 8-5(b)所示。

(2)工艺基准

在零件加工过程中，为满足加工和测量要求而确定的基准，称为工艺基准。工艺基准有时可能与设计基准重合,该基准不与设计基准重合时又称为辅助基准。零件同一方向有多个尺寸基准时,主要基准只有一个,其余均为辅助基准,辅助基准必有一个尺寸与主要基准相联系,该尺寸称为联系尺寸。如图 8-5(a)中的 40、11、30,图 8-5(b)中的 30、90。

3. 选择基准的原则

尽可能使设计基准与工艺基准一致,以减少两个基准不重合而引起的尺寸误差。当设计基准与工艺基准不一致时,应以保证设计要求为主,将重要尺寸从设计基准注出,次要基准从工艺基准注出,以便加工和测量。

8.3.2 尺寸标注的注意事项

1. 重要尺寸应直接注出

重要尺寸是指零件上对机器的使用性能和装配质量有关的尺寸,这类尺寸应从设计基准直接注出。如图 8-6 中的高度尺寸 32±0.08 为重要尺寸,应直接从高度方向主要基准直接注出,以保证精度要求。

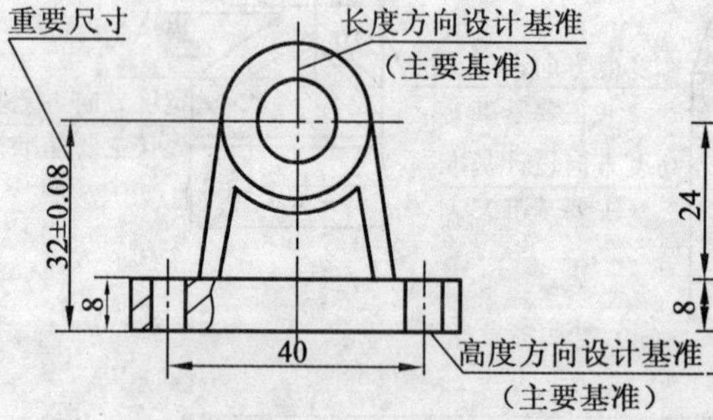

图 8-6 重要尺寸从设计基准直接注出

2. 避免出现封闭的尺寸链

封闭的尺寸链是指一个零件同一方向上的尺寸像车链一样,一环扣一环首尾相连,成为封闭形状的情况。如图 8-7 所示,各分段尺寸与总体尺寸间形成封闭的尺寸链,在机器生产中是不允许的,因为各段尺寸加工不可能绝对准确,总有一定尺寸误差,而各段尺寸误差的和不可能正好等于总体尺寸的误差。为此,在标注尺寸时,应将次要的轴段尺寸空出不注(称为开口环),如图 8-8(a)所示。这样,其他各段加工的误差都积累至这个不要求检验的尺寸上,而全长及主要轴段的尺寸则因此得到保证。如需标注开口环的尺寸时,可将其注成参考尺寸,如图 8-8(b)所示。

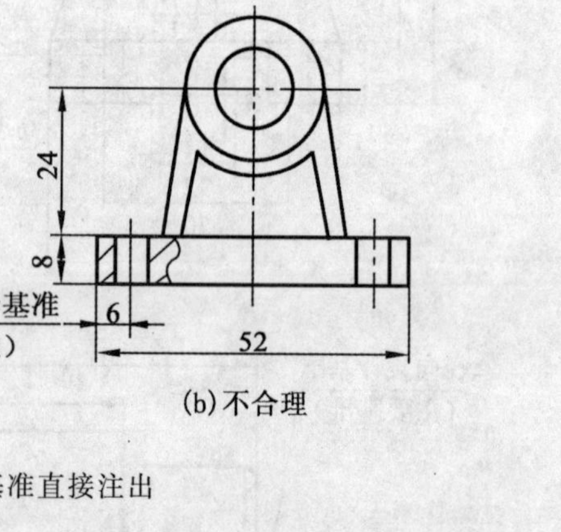

图 8-7 封闭的尺寸链

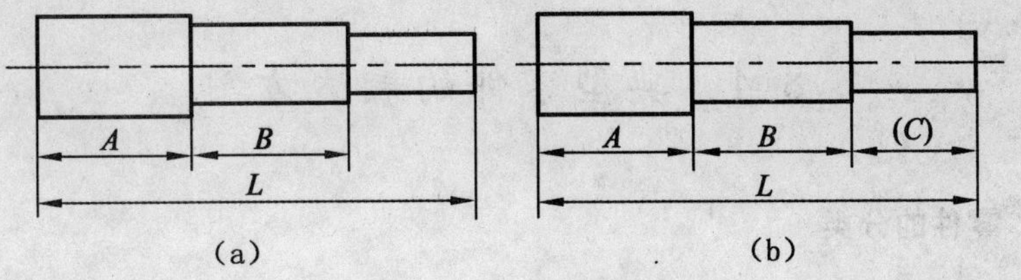

图 8-8　开口环的确定

3. 考虑加工看图方便

不同加工方法所用尺寸分开标注，便于看图加工，如图 8-9 所示，把车削与铣削所需要的尺寸分开标注。

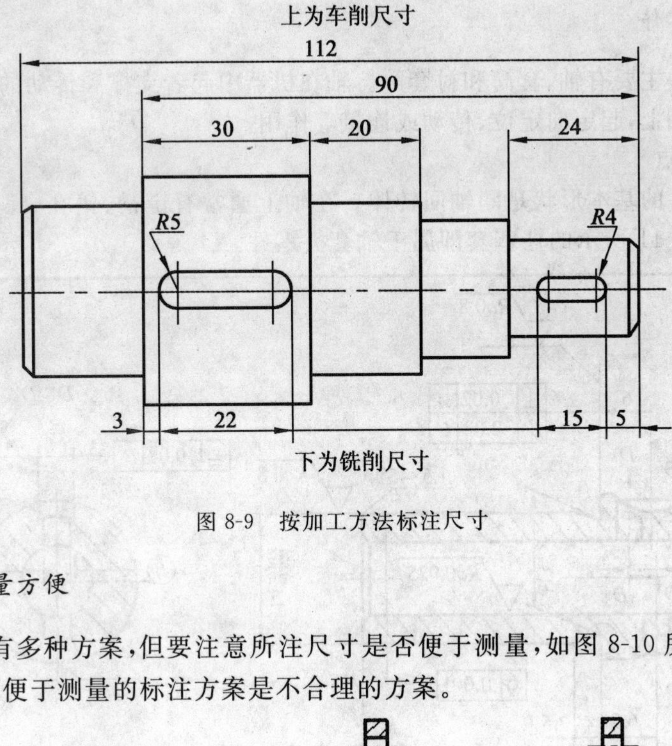

图 8-9　按加工方法标注尺寸

4. 考虑测量方便

尺寸标注有多种方案，但要注意所注尺寸是否便于测量，如图 8-10 所示。两种不同标注方案中，不便于测量的标注方案是不合理的方案。

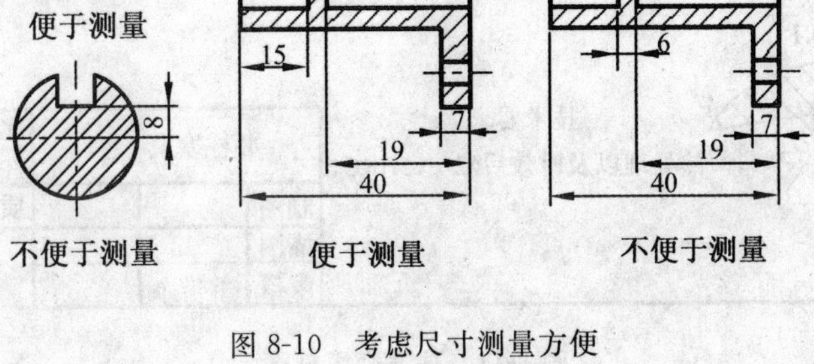

图 8-10　考虑尺寸测量方便

8.4 典型零件的表达方案

8.4.1 零件的分类

虽然零件的形状、用途多种多样，加工方法各不相同，但零件也有许多共同之处。根据零件在机器(或部件)中的作用和形状特征，通过比较、分析和归纳，可将它们分为四种类型：轴套类零件、轮盘类零件、叉架类零件和箱体类零件。

8.4.2 典型零件表达方案的选择

1.轴套类零件

轴套类零件主要有轴、套筒和衬套等。轴在机器中起着支撑和传动的作用，套类零件通常是安装在轴上，起定向定位、传动或连接等作用。

(1)结构特点

轴套类零件的基本形状是同轴回转体。在轴上通常有键槽、销孔、螺纹退刀槽、倒圆等结构。如图 8-11 所示的柱塞套即属于轴套类零件。

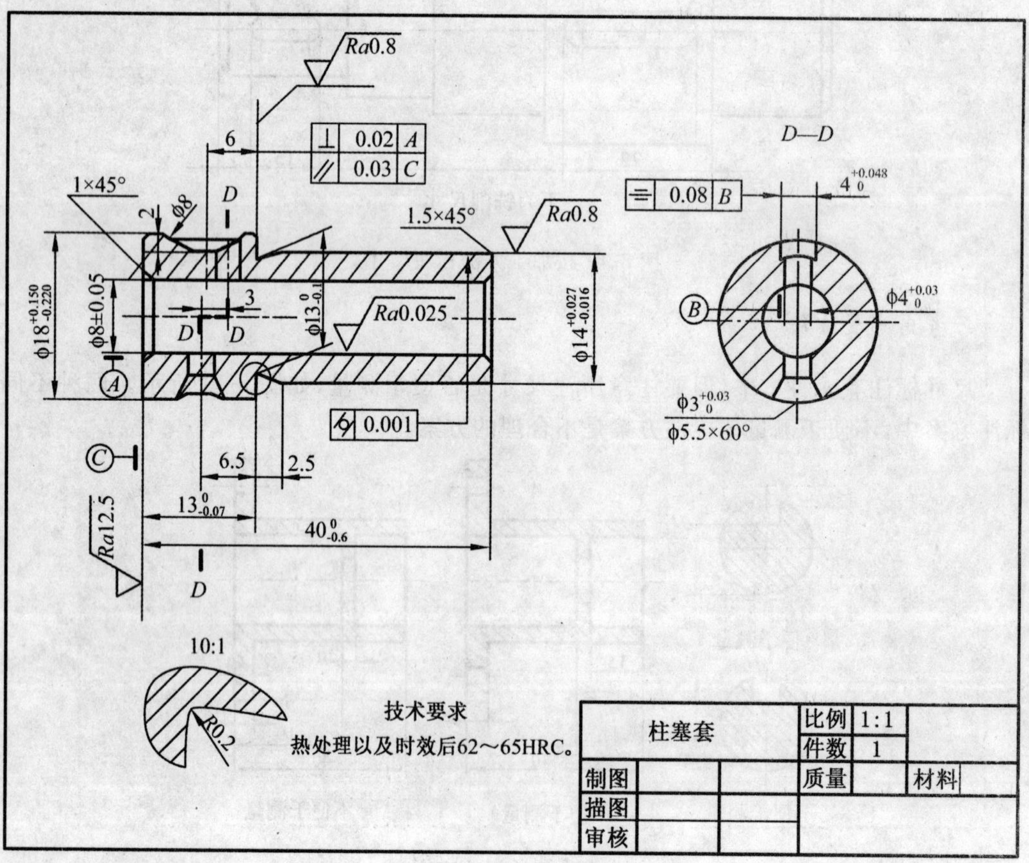

图 8-11 柱塞套零件图

(2)表达方法

轴套类零件主要是在车床或磨床上加工。为了加工时看图方便，轴套类零件的主视图按其加工位置选择，一般将轴线按水平位置放置。这样既可把各段形体的相对位置表示清楚，同时又能反映出轴上轴肩、退刀槽等结构。对于零件上的键槽、孔等结构，一般可采用局部视图、局部剖视图、移出断面和局部放大图，如图 8-11 所示。

(3)尺寸标注

轴套类零件有径向尺寸和轴向尺寸。径向尺寸的尺寸基准为回转轴线，轴向尺寸的尺寸基准一般选取重要的定位面或端面。

(4)技术要求

有配合要求或有相对运动的轴段，其表面粗糙度、尺寸公差和形位公差比其他轴段要求严格。为了提高强度、韧性和耐磨性，往往需要对轴类零件进行热处理。对热处理方法和要求应在技术要求中注写清楚。

2. 盘盖类零件

盘盖类零件主要有齿轮、带轮、手轮、法兰盘和端盖等。这类零件在机器中主要起传动、支撑、轴向定位或密封等作用。

(1)结构特点

盘盖类零件的基本形体一般为回转体或其他几何形状的扁平的盘状体，通常还带有各种形状的凸缘、均布的圆孔和肋等局部结构，其轴向尺寸往往比其他两个方向的尺寸小，如图 8-12 所示的轴承盖。

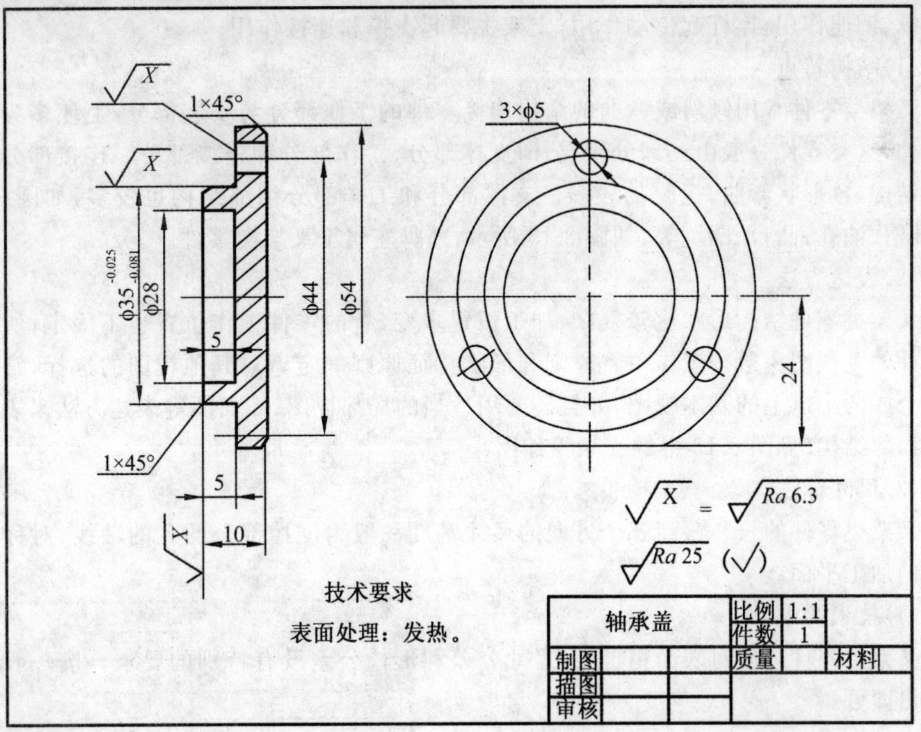

图 8-12　轴承盖零件图

(2)表达方法

盘盖类零件的毛坯有铸件或锻件,机械加工以车削为主,主视图一般按加工位置水平放置,但有些较复杂的盘盖,因加工工序较多,主视图也可按工作位置画出。为了表达零件内部结构,主视图常取全剖视。

盘盖类零件一般需要两个以上基本视图表达,除主视图外,为了表示零件上均布的孔、槽、肋、轮辐等结构,还需选用一个端面视图(左视图或右视图),图 8-12 中就增加了一个左视图,以表达凸缘和三个均布的通孔。此外,为了表达细小结构,有时还常采用局部放大图。

(3)尺寸标注

盘盖类零件主要有两个方向的尺寸,即径向尺寸和轴向尺寸。径向尺寸往往以回转轴线或对称面为基准,轴向尺寸以经过机械加工并与其他零件表面相接触的较大的端面为基准。

(4)技术要求

盘盖类零件有配合关系的内、外表面及起轴向定位作用的断面,其粗糙度值要小。有配合关系的孔、轴的尺寸应给出恰当的尺寸公差;与其他零件表面相接触的表面,尤其是与运动零件相接触的表面应有平行度或垂直度要求。

3. 叉架类零件

叉架类零件主要有拨叉、连杆和各种支架等。拨叉主要用在各种机器的操纵机构上,起操纵、调速作用;连杆起传动作用;支架主要起支撑和连接作用。

(1)结构特点

叉架类零件常用倾斜或弯曲的结构连接零件的工作部分与安装部分,毛坯多为铸件或锻件,这类零件一般由三部分构成,即支撑部分、工作部分和连接部分。连接部分多为肋板结构,且形状弯曲、扭斜的较多。支撑部分和工作部分细部结构也较多,如圆孔、螺孔、油槽、油孔、凸台、凹坑等,如图 8-13 所示,踏脚座属于叉架类零件。

(2)表达方法

叉架类零件结构形状比较复杂,加工位置多变,有的零件工作位置也不固定,所以这类零件的主视图一般按工作位置原则和形状特征原则确定。对其他视图的选择,常常需要两个或两个以上的基本视图,并且还要用适当的局部视图、断面图等表达方法来表达零件的局部结构(见图 8-13 中的支架零件图)。

(3)尺寸标注

叉架类零件的长、宽、高三个方向的尺寸基准一般为支撑部分的孔的轴线、对称面和较大的加工平面。

(4)技术要求

叉架类零件一般对表面粗糙度、尺寸公差和形位公差没有特别的要求。按一般的规律给出即可。

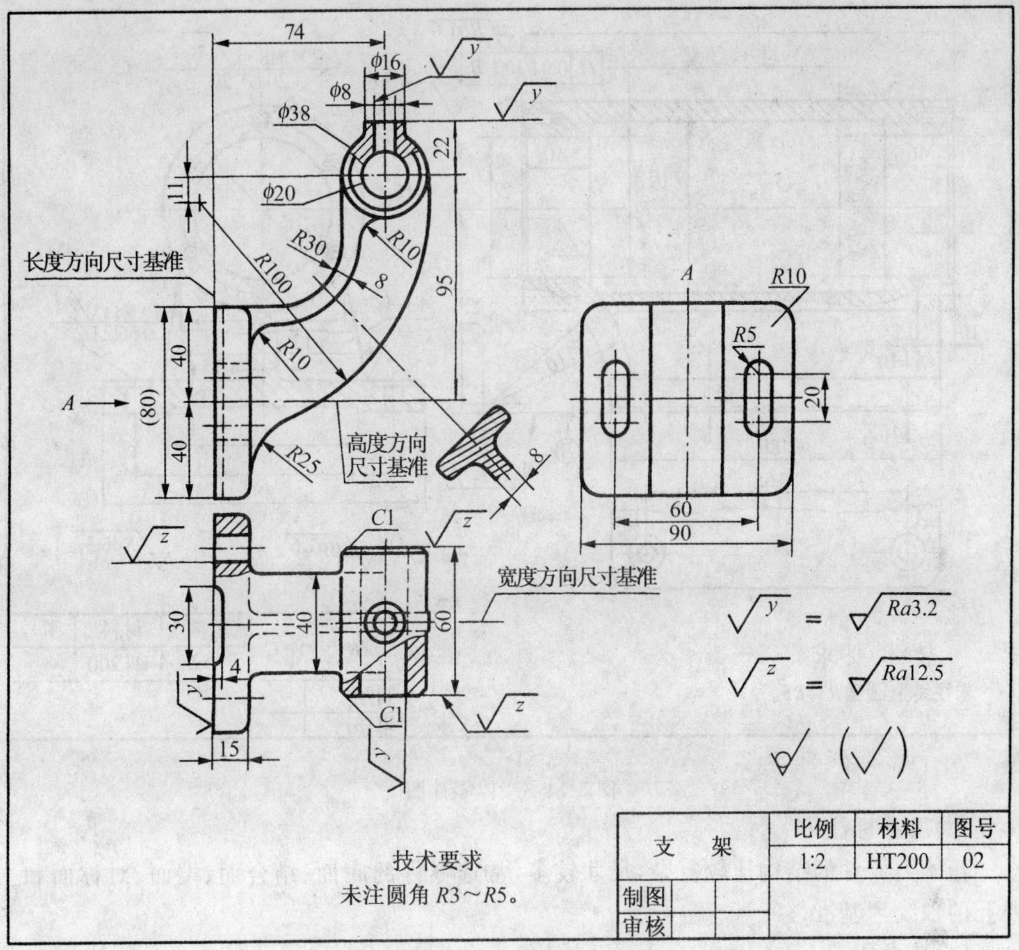

图 8-13　支架零件图

4. 箱体类零件

箱体类零件主要有阀体、泵体、减速器箱体、机座等，其作用是支持或包容其他零件。

(1)结构特点

箱体类零件多为铸件，有复杂的内腔和外形结构，并带有轴承孔、凸台、肋板，此外还有安装孔、螺孔等结构。

(2)表达方法

由于箱体类零件加工工序较多，加工位置多变，所以在选择主视图时，主要根据工作位置原则和形状特征原则来考虑，并采用剖视，以重点反映其内部结构，一般需要用几个基本视图再配以其他辅助视图，才能将零件表达清楚。如图 8-14 所示的座体的表达方案：共用三个视图，由于主视图上无对称面，采用了大范围的局部剖视来表达内外形状，并选用了局部视图。

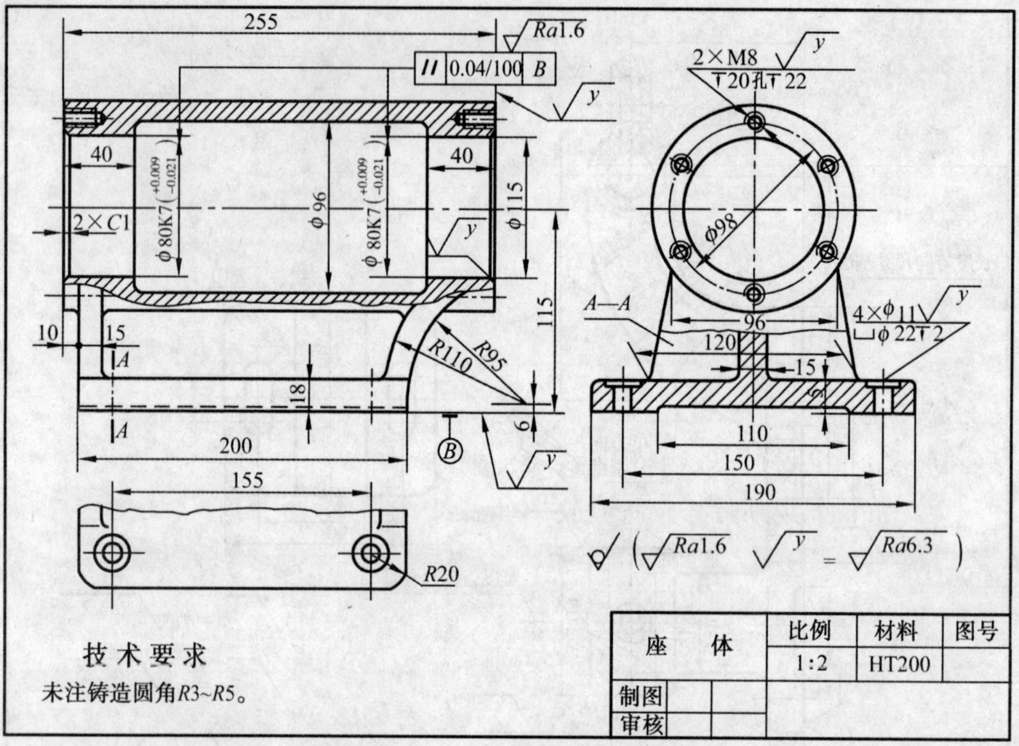

图 8-14　座体零件图

(3)尺寸标注

箱体类零件的结构比较复杂,尺寸较多,常选零件的底面、结合面、端面、对称面和主要孔的轴线为基准。

(4)技术要求

重要的箱体孔和重要的表面,其粗糙度的值要低,对箱体上某些重要的表面和重要的轴孔中心线应给出形位公差要求。

8.5　零件图的技术要求

8.5.1　技术要求的内容

零件图的技术要求有两种表达方式:一种是在图形上标注,如表面结构要求、尺寸公差、形状和位置公差等;另一种是用文字直接在图面上注写出来,如金属材料的热处理和表面处理等。本节重点介绍零件表面粗糙度、尺寸公差、形状和位置公差的有关内容。

8.5.2　零件表面结构要求

1.零件表面结构的概念

零件的表面结构是指零件表面的微观几何形貌,如图 8-15 所示为零件表面结构的几何意义。

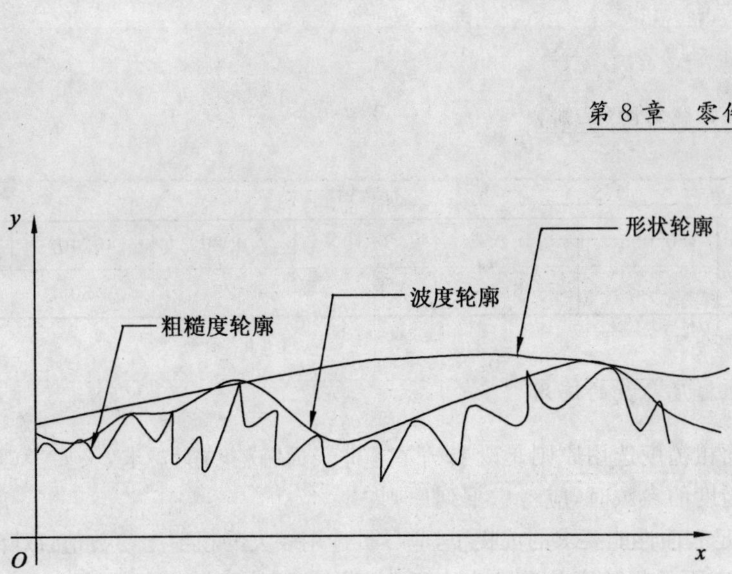

图 8-15　零件的表面结构

图 8-15 中波纹最小的是表面粗糙度轮廓——R 轮廓；包络 R 轮廓的峰形成的轮廓是波度轮廓——W 轮廓；通过短波滤波器后生成的总轮廓是原始轮廓——P 轮廓。

国家标准对这些表面结构都给出了相应的指标评定标准。这些轮廓都能在特定的仪器中观察到，在零件的实际加工中，一般用对照块规来比照鉴定，控制加工精度。

表面结构的三个参数描述意义不同但标注方式相同，其中表面粗糙度参数使用最为广泛，所以本书重点介绍表面粗糙度。

2. 表面粗糙度

零件表面上具有较小间距的峰谷所组成的微观几何形状特征称为表面粗糙度，如图 8-16(a)所示。不同的加工方法形成不同的表面粗糙度。

表面粗糙度是评定零件表面质量的一项重要的指标，降低零件表面粗糙度可以提高其表面耐腐蚀、耐磨性和抗疲劳等能力，但其加工成本也相应提高。因此，零件表面粗糙度的选择原则是：在满足零件表面功能的前提下，表面粗糙度允许值尽可能大一些。表面结构参数是评定零件表面结构质量的技术指标，其优先选用的主要参数是结构轮廓算术平均偏差 Ra，如图 8-16(b)所示。

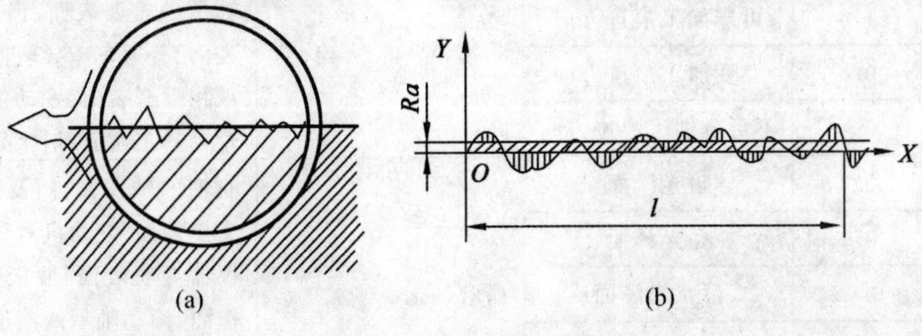

(a)　(b)

图 8-16　表面粗糙度

R 轮廓(粗糙度参数)，其 Ra 的数值越小，零件表面结构越趋于平整光滑；Ra 的数值越大，零件表面结构越粗糙。Ra 的数值见表 8-1(GB/T 1031-1995，单位为 μm)。

表 8-1 Ra 值 单位:μm

0.012	0.025	0.05	0.10	0.20	0.40	0.80
1.6	3.2	6.3	12.5	25	50	100

3. 表面粗糙度参数的选用

零件表面粗糙度选用原则是既要满足零件表面结构功能要求,又要考虑经济合理性。确定表面粗糙度的参数时,应考虑下列原则:

(1)在满足表面性能要求的前提下,应尽量选用较大的粗糙度参数值,以降低加工成本。

(2)工作表面的粗糙度参数值应小于非工作表面的粗糙度参数值。

(3)受循环载荷的表面极易引起应力集中,表面粗糙度参数值要小。

(4)配合表面的粗糙度参数值应小于非配合表面的粗糙度参数值。

(5)运动速度高、单位压力大的摩擦表面的粗糙度参数值应小于运动速度低、单位压力小的摩擦表面的粗糙度参数值。

(6)要求密封性、耐腐蚀的表面其粗糙度参数值要小。

表 8-2 列出了 Ra 值与其对应的主要加工方法(GB/T 6060. 1 1997、GB/T 6060. 2-2006)和应用举例,可供选用时参考。

表 8-2 Ra 值与表面特征、加工方法应用举例

表面特征	Ra/μm	表面形状	主要加工方法	应用举例
粗糙	100	明显可见刀痕	锯削、粗车、粗铣、钻孔及粗纹锉刀和粗砂轮加工	管的端部断面和其他半成品的表面、带轮法兰盘的结合面、轴的非接触端面、倒角、铆钉孔等
	50	可见刀痕		
	25	微见刀痕		
半光	12.5	可见加工痕迹	精车、精铣、粗铰、粗磨、刮研	支架、箱体、离合器、轴或孔的退刀槽、量板、套筒等非配合面、齿轮非工作面、主轴的非接触外表面等
	6.3	微见加工痕迹		
	3.2	看不见加工痕迹		
光	1.6	可辨加工痕迹方向	精磨、精车、精铰、精拉	轴承的重要表面、齿轮轮齿的表面、普通车床导轨面、滚动轴承相配合表面、发动机曲轴、凸轮轴的工作面、活塞外表面等
	0.8	微变加工痕迹方向		
	0.4	不可辨加工痕迹方向		
最光	0.2	暗光泽面	研磨加工	曲轴的轴颈、气门及气门座的支撑表面、发动机汽缸内表面、仪器导轨表面、液压传动件工作面、滚动轴承的滚道、滚动体表面、仪器的测量表面、量块的测量面等
	0.1	亮光泽面		
	0.05	镜状光泽面		
	0.025	雾状光泽面		
	0.012	镜面		

注:通常情况下,一般接触面 Ra 值取 6.3~3.2μm;配合面 Ra 值取 0.8~1.6μm;钻孔表面 Ra 值取 12.5μm。

4. 表面结构要求的标注符号与代号

(1)对产品表面结构要求的几何量技术规范的符号、代号见表 8-3(GB/T 131-2006)。

表 8-3　　表面结构基本图形符号和扩展图形符号

符　　号	含　　义
	基本图形符号,表示表面可用任何方法获得,当通过一个注释解释时可单独使用
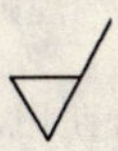	扩展图形符号,表示表面是用去除材料的方法获得,仅当其含义为"被加工表面"时可以单独使用
	扩展图形符号,表示表面是用不除材料的方法获得,或是用于保持原供应状况的表面
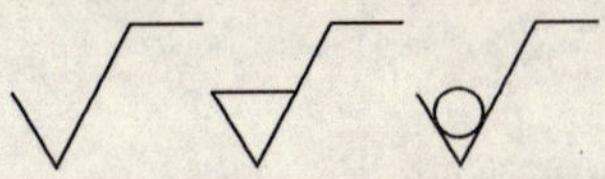	完整图形符号,当要求标注表面结构特征的信息时,应在上述图形符号的长边上加一段横线
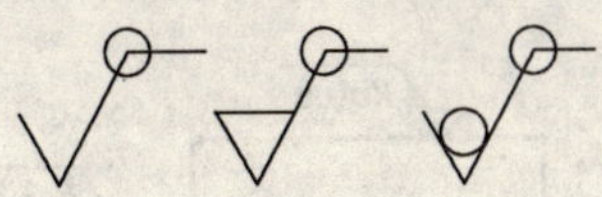	在上述三个符号上均加一个小圆,表示对投影视图上封闭的轮廓线所表示的各表面有相同的表面粗糙度要求

(2)表面结构完整图形符号和表面结构代号

完整图形符号是在基本图形符号或扩展图形符号的长边上加一横线,用以标注表面结构特征的补充信息,构成表面结构代号。

在完整符号中,除了标注表面结构参数和数值外,必要时应标注补充要求,补充要求包括传输带、取样长度、加工工艺、表面纹理及方向、加工余量等。对表面结构的单一要求和补充要求应注写在如图 8-17 所示的指定位置。

图 8-17 中位置 a～e 分别注写以下内容:

位置 a:注写表面结构的单一要求。

位置 a 和 b:注写两个或多个表面结构要求。

位置 c:注写加工方法、表面处理、涂层或其他加工工艺要求。

位置 d:注写表面纹理和方向。

位置 e:注写加工余量。

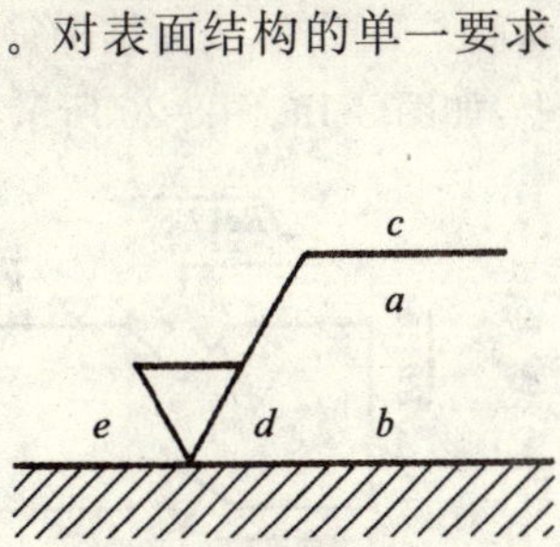

图 8-17　表面结构要求注写位置

(3)常见的粗糙度参数 Ra 值的标注方法及其含义见表 8-4。

表 8-4　　　　表面粗糙度参数 *Ra* 值的标注及含义

符　号	含　义
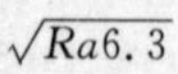 $\sqrt{Ra6.3}$	表示任意加工方法,单向上限值,默认传输带,*R* 轮廓,算术平均偏差为 6.3μm,评定长度为 5 个取样长度(默认),"16%规则"(默认)
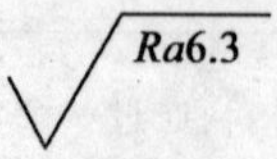 Ra6.3	表示去除材料,单向上限值,默认传输带,*R* 轮廓,算术平均偏差为 6.3μm,评定长度为 5 个取样长度(默认),"16%规则"(默认)
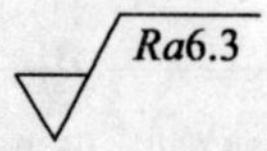 Ra6.3	表示不允许去除材料,单向上限值,默认传输带,*R* 轮廓,算术平均偏差为 6.3μm,评定长度为 5 个取样长度(默认),"16%规则"(默认)
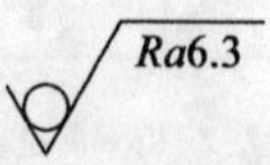 Ra6.3	表示不允许去除材料,双向极限值,两个极限值使用默认传输带,*R* 轮廓,上限值:算术平均偏差为 6.3μm,评定长度为 5 个取样长度(默认),"最大规则",下限值:算术平均偏差为 6.3μm,评定长度为 5 个取样长度(默认),"16%规则"(默认)

5.表面结构要求在图样上的标注规则

表面结构要求多用表面粗糙度参数来表示,因此在本书中提到的表面结构要求均特指表面粗糙度。

(1)标注总则:在同一图样上,每一表面只标注一次表面结构要求,并应标注在可见轮廓线、尺寸线、尺寸界线或它们的延长线上,必要时可注在指引线上。除非另有说明,所标注的表面结构要求是对完工零件表面的要求。

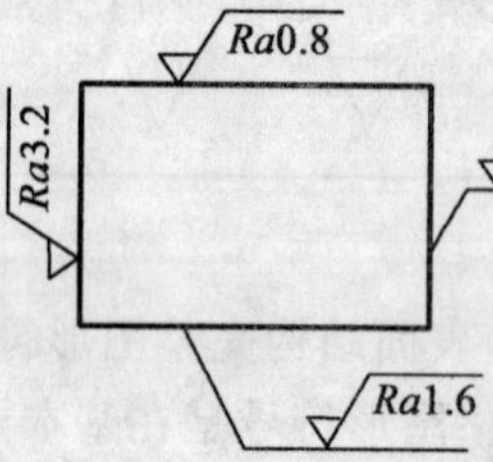

图 8-18　表面结构要求的注写方向

表面结构符号、代号的标注位置和方向,总的原则是与尺寸的标注和读取方向一致,如图 8-18 所示(GB/T 4458.4)。

(2)标注要求:符号的尖角应从材料外指向并接触标注表面。必要时,表面结构符号也可用带箭头或黑点的指引线引出标注,或直接标注在延长线上,如图 8-19、图 8-20 所示。

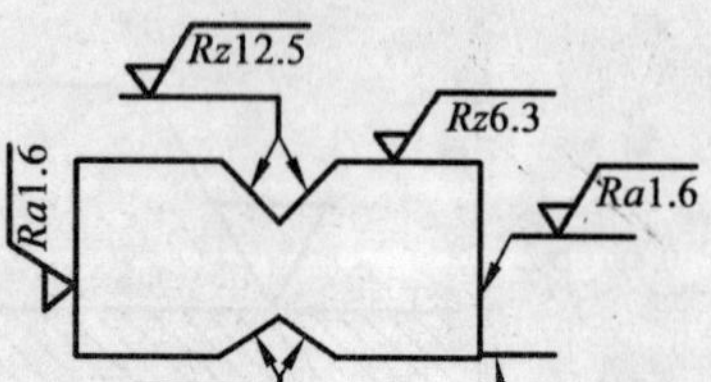

图 8-19　表面结构要求在轮廓线上的标注

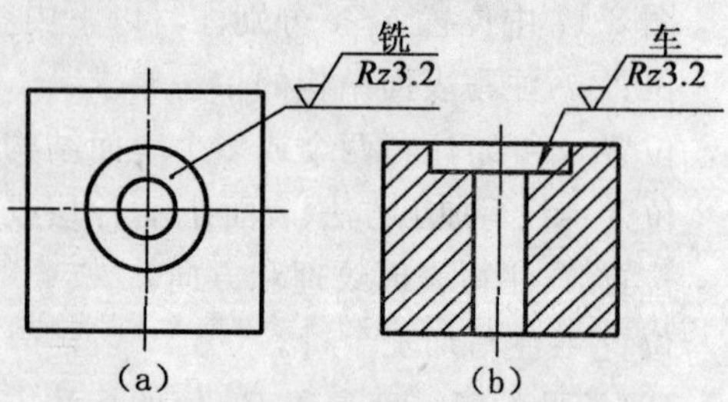

图 8-20　用指引线引出标注表面结构要求

在不至于引起误解时,表面结构要求可以标注在指定的尺寸线上,如图 8-21 所示。

(3)表面结构要求可标注在几何公差框格的上方,如图 8-22 所示。

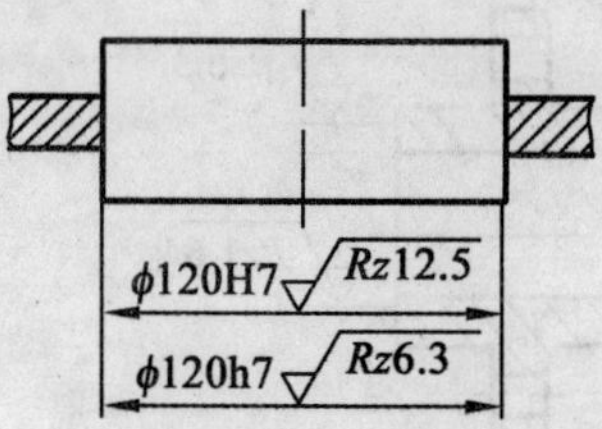

图 8-21　表面结构要求标注在尺寸线上

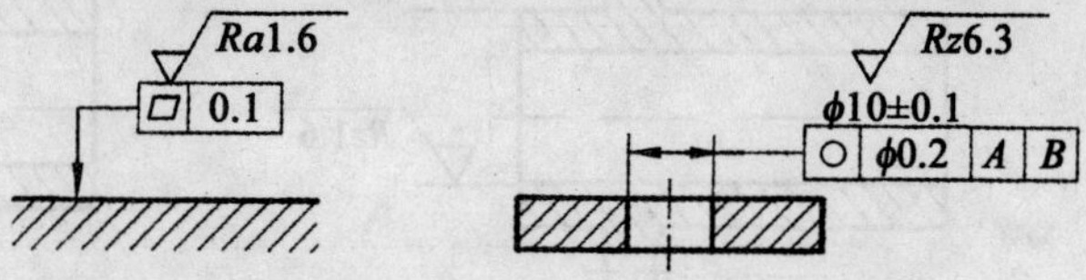

图 8-22　表面结构要求标注在几何公差框格的上方

(4)圆柱和棱柱表面的表面结构要求只标注一次。如果每个圆柱和棱柱表面有不同的表面结构要求,则应分别单独标注,如图 8-23 所示。

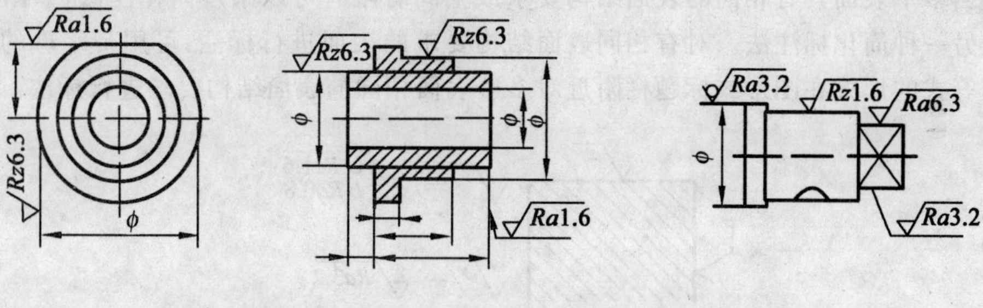

图 8-23　圆柱和棱柱表面结构要求的注法

(5)常见的机械结构如圆角、倒角、螺纹、退刀槽、键槽的表面结构要求的标注,如图 8-24 所示。

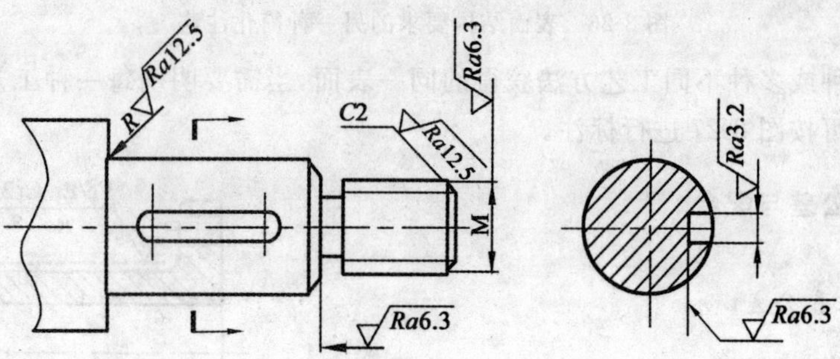

图 8-24　常见的机械结构的表面结构要求的标注

(6)简化标注法有以下两种:

1)如果在工件的多数表面(包括全部)有相同的表面结构要求时,可将其统一标注在图样的标题栏附近。表面结构要求的符号后面应有两种情况,如图 8-25 所示。

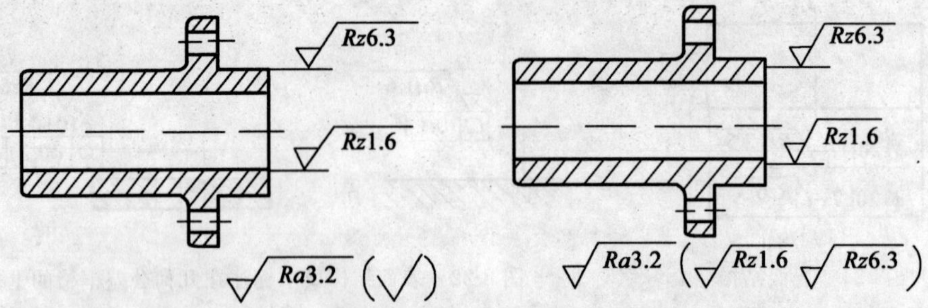

(a) 在圆括号内给出无任何其他标注的基本符号　(b)在圆括号内给出不同的表面结构要求

图 8-25　表面结构要求的简化注法

2)当多个表面具有相同的表面结构要求或空间有限时可以采用简化注法,如图 8-26 所示为另一种简化标注法。对有相同表面结构要求的表面进行标注,可用带字母的完整符号以等式的形式在图形或标题栏附近对多个表面相同的表面结构要求进行标注。

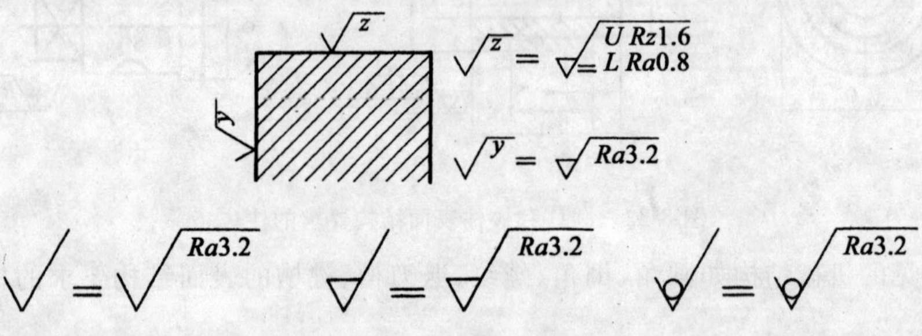

图 8-26　表面结构要求的另一种简化注法

(7)由两种或多种不同工艺方法获得的同一表面,当需要明确每一种工艺方法的表面结构要求时,可按图 8-27 进行标注。

8.5.3　公差与配合

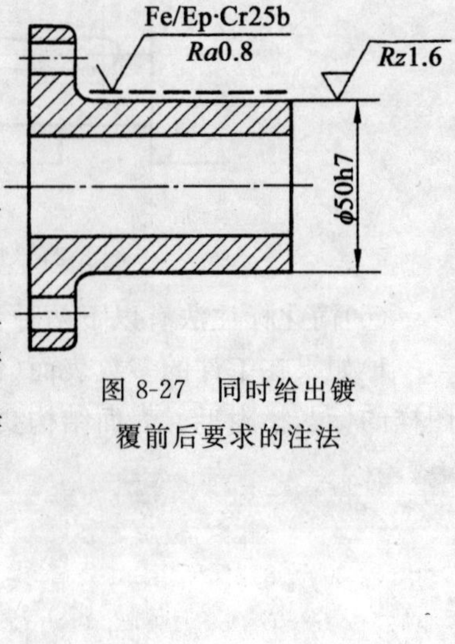

图 8-27　同时给出镀覆前后要求的注法

1. 互换性和公差

所谓零件的互换性,就是从一批相同的零件中任取一件,不经修配就能装配使用,并能保证使用性能要求,零、部件的这种性质称为互换性。零、部件具有互换性,不但给装配、修理机器带来方便,还可用专用设备生产,提高产品数量和质量,同时降低产品的成本。要满足零件的互换性,就要求有配合关系的尺寸在一个允许的范围内变动,并且在制造上又是经济合理的。

公差配合制度是实现互换性的重要基础。

2.基本术语

在加工过程中，不可能把零件的尺寸做得绝对准确。为了保证互换性，必须将零件尺寸的加工误差限制在一定的范围内，规定出加工尺寸的可变动量，这种规定的实际尺寸允许的变动量称为公差，有关公差的一些常用术语如图 8-28 所示。

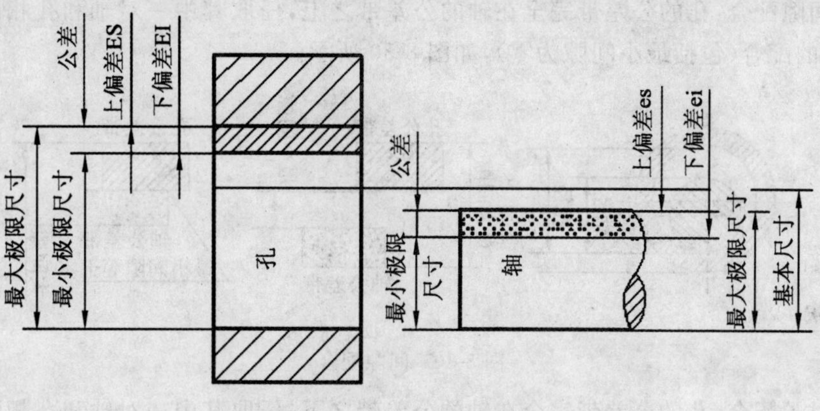

图 8-28 尺寸公差术语图解

(1)基本尺寸：根据零件强度、结构和工艺性要求，设计确定的尺寸。

(2)实际尺寸：通过测量所得到的尺寸。

(3)极限尺寸：允许尺寸变化的两个界限值。它以基本尺寸为基数来确定。两个界限值中较大的一个称为最大极限尺寸；较小的一个称为最小极限尺寸。

(4)尺寸偏差(简称偏差)：某一尺寸减其相应的基本尺寸所得的代数差。尺寸偏差有：

上偏差＝最大极限尺寸－基本尺寸

下偏差＝最小极限尺寸－基本尺寸

上、下偏差统称极限偏差。上、下偏差可以是正值、负值或零。

国家标准规定：孔的上偏差代号为 ES，孔的下偏差代号为 EI；轴的上偏差代号为 es，轴的下偏差代号为 ei。

(5)尺寸公差(简称公差)：允许实际尺寸的变动量。

尺寸公差＝最大极限尺寸－最小极限尺寸
＝上偏差－下偏差

因为最大极限尺寸总是大于最小极限尺寸，所以尺寸公差一定为正值。

(6)公差带图：公差带图由尺寸公差带和零线等组成，如图 8-29 所示。公差带由代表上、下偏差的矩形区域构成。矩形的上边代表上偏差，下边代

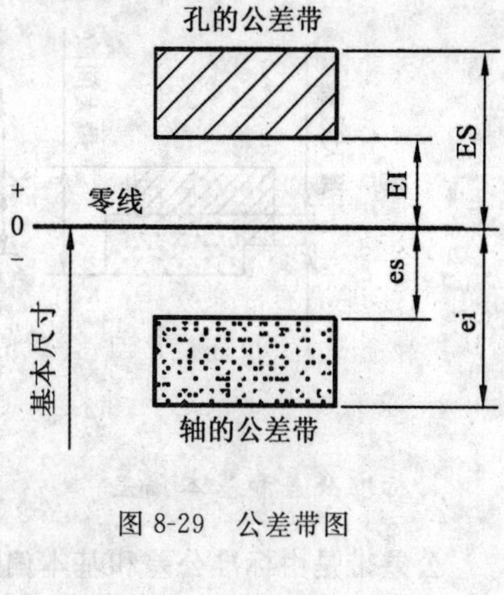

图 8-29 公差带图

表下偏差,高度代表公差。矩形的长度无实际意义(绘制时可大可小)。

3.配合

基本尺寸相同,相互结合的孔和轴公差带之间的关系称为配合。由于使用要求的不同,配合有松有紧。配合分为以下几类:

(1)间隙配合:孔的公差带完全在轴的公差带之上,任取其中一对轴和孔相配都成为具有间隙的配合(包括最小间隙为零),如图 8-30 所示。

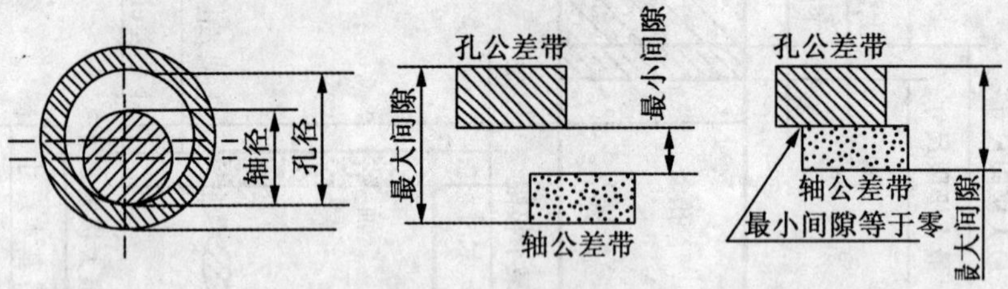

图 8-30 间隙配合

(2)过盈配合:孔的公差带完全在轴的公差带之下,任取其中一对轴和孔相配都成为具有过盈的配合(包括最小过盈为零),如图 8-31 所示。

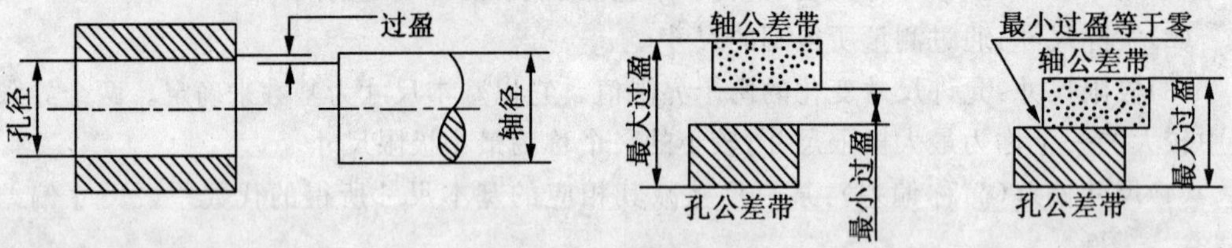

图 8-31 过盈配合

(3)过渡配合:孔和轴的公差带相互交叠,任取其中一对孔和轴相配合,可能具有间隙,也可能具有过盈的配合,如图 8-32 所示。

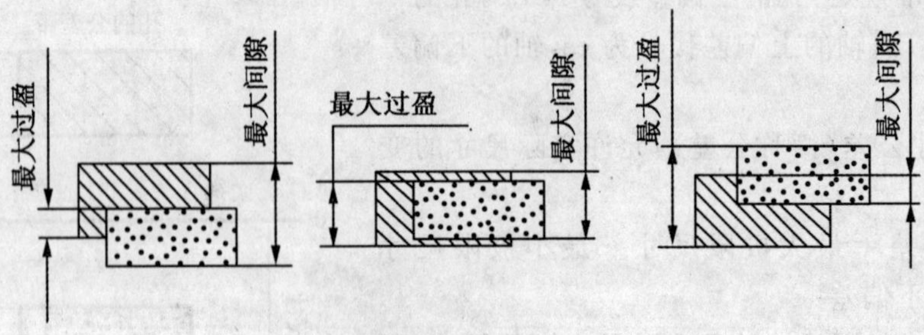

图 8-32 过渡配合

4.标准公差和基本偏差

公差带是由标准公差和基本偏差组成。标准公差确定公差带的大小,基本偏差确定公差带的位置。

(1)标准公差：用以确定公差带大小的公差称为标准公差。国家标准将公差等级分为 20 级：IT01、IT0、IT1、…、IT18。IT01 公差等级最高，IT18 公差等级最低，因此标准公差反映了尺寸的精确程度即精度等级。

(2)基本偏差：用以确定公差带相对于零线位置的上偏差或下偏差。一般是指靠近零线的那个偏差。根据实际需要，国家标准分别对孔和轴各规定了 28 个不同的基本偏差，基本偏差系列如图 8-33 所示。

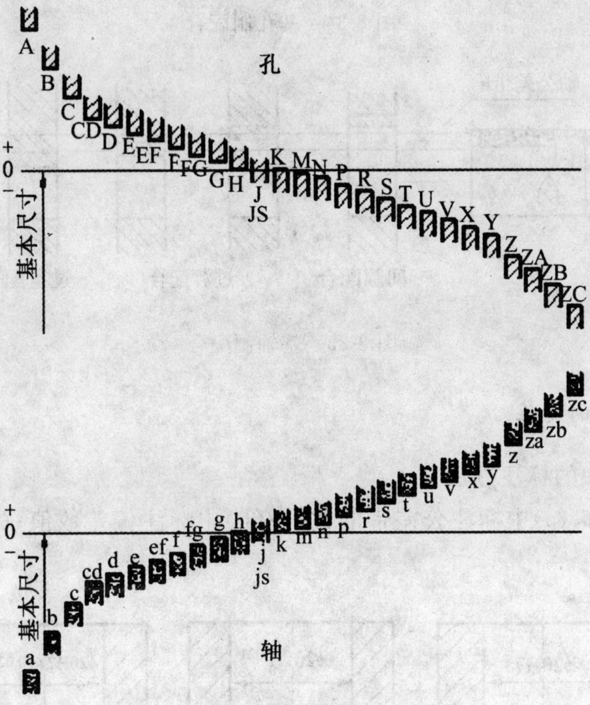

图 8-33　基本偏差系列图

5. 基准制

在制造相互配合的零件中，使其中一种零件作为基准件，它的基本偏差值固定，通过改变另一种非基准件的基本偏差来获得各种配合的制度称为基准制。国家标准规定了两种基准制：

(1)基孔制：基本偏差为一定的孔的公差带，与不同基本偏差的轴的公差带构成各种配合的一种制度称为基孔制。这种制度在同一基本尺寸的配合中，是将孔的公差带位置固定，通过变动轴的公差带位置，得到各种不同的配合，如图 8-34 所示。基准孔的下偏差为零，并用“H”表示。

(2)基轴制：基本偏差为一定的轴的公差带与不同基本偏差的孔的公差带构成各种配合的一种制度称为基轴制。这种制度在同一基本尺寸的配合中，是将轴的公差带位置固定，通过变动孔的公差带位置，得到各种不同的配合，如图 8-35 所示。基准轴的上偏差为零，并用“h”表示。

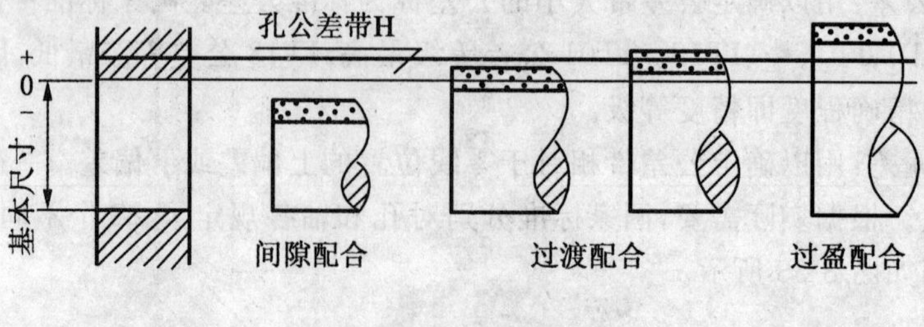

图 8-34　基孔制配合

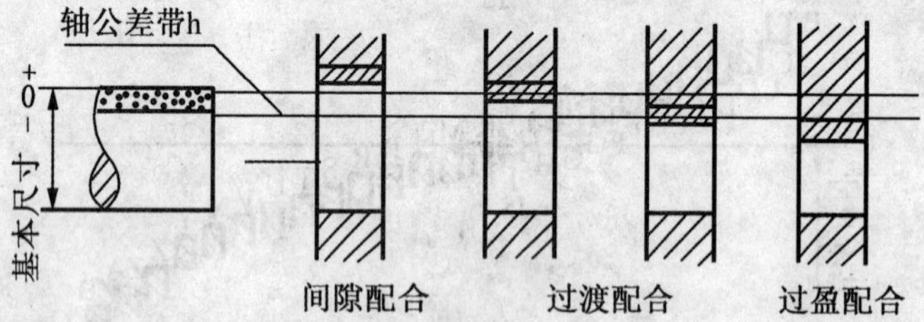

图 8-35　基轴制配合

6.公差与配合的标注

(1)在零件图中的标注方法

如图 8-36 所示,(a)中标注公差带的代号;(b)中标注偏差数值;(c)中公差带代号和偏差数值一起标注。

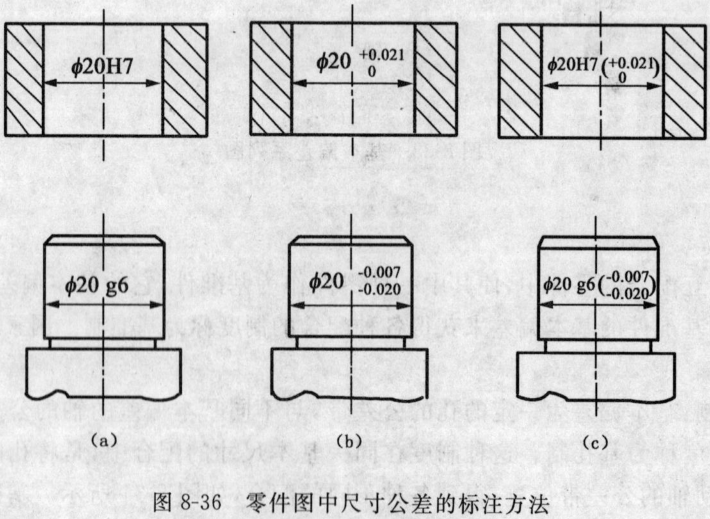

图 8-36　零件图中尺寸公差的标注方法

(2)在装配图中的标注方法

配合的代号由两个相互结合的孔和轴的公差带的代号组成,用分数形式表示,分子为孔的公差带代号,分母为轴的公差带代号,标注的通用形式如图 8-37 所示。

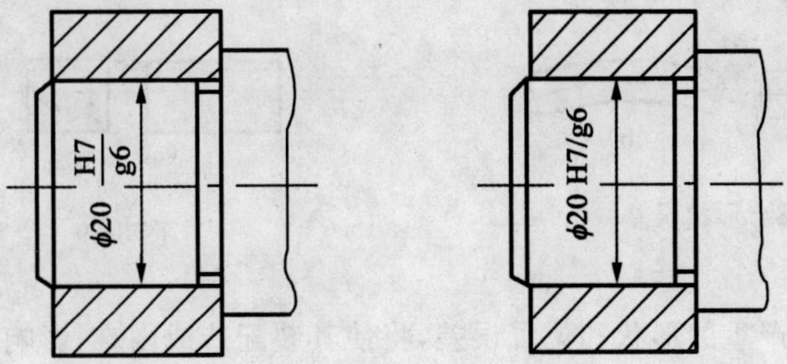

图 8-37　装配图中尺寸公差的标注方法

7. 孔、轴的公差带代号

由基本偏差与公差等级代号组成，并且要用同一号字母和数字书写。例如 φ50H8 的含义是：

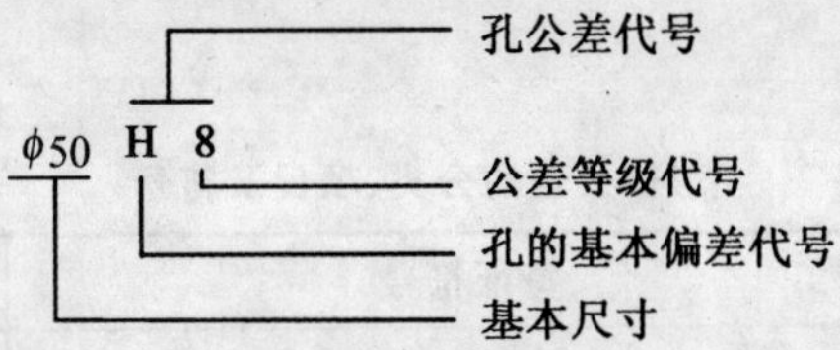

此公差带的全称是：基本尺寸为 φ50，公差等级为 8 级，基本偏差为 H 的孔的公差带。

又如 φ50f7 的含义是：

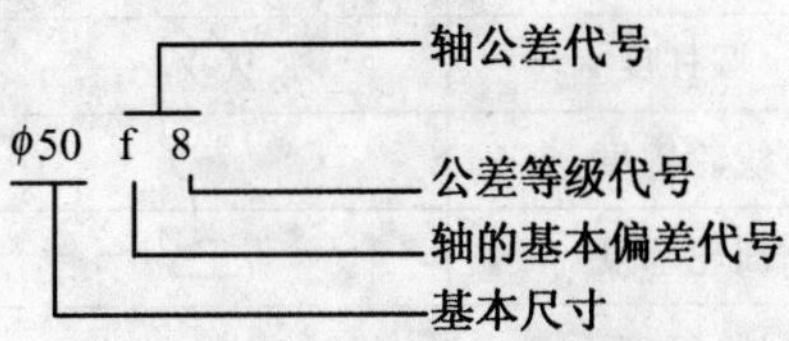

此公差带的全称是：基本尺寸为 φ50，公差等级为 8 级，基本偏差为 f 的轴的公差带。

8.5.4　形状和位置公差

评定零件的质量的因素是多方面的，不仅零件的尺寸影响零件的质量，零件的几何形状和结构的位置也大大影响零件的质量。

1. 形状和位置公差的基本概念

形状和位置公差简称形位公差，是指零件的实际形状和实际位置对理想形状和理想位置的允许变动量。

图 8-38(a)所示为一理想形状的销轴，而加工后的实际形状则是轴线变弯了[见图 8-38(b)]，因而产生了直线度误差。

图 8-39(a)所示为一要求严格的四棱柱，加工后的实际位置却是上表面倾斜了[见图

8-39(b)],因而产生了平行度误差。

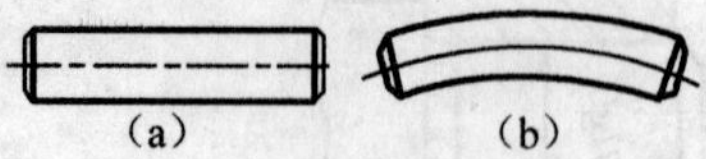

图 8-38 形状误差

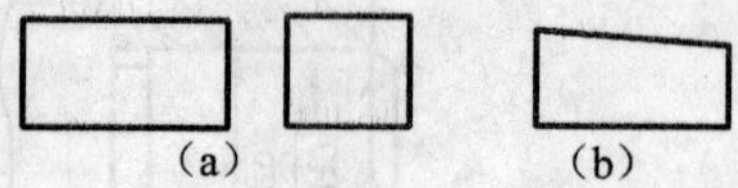

图 8-39 位置误差

如果零件存在严重的形状和位置误差,将使其装配造成困难,影响机器的质量,因此,对于精度要求较高的零件,除给出尺寸公差外,还应根据设计要求,合理地确定出形状和位置误差的最大允许值。

2.形位公差的项目、符号及公差带

(1)形位公差

形位公差代号包括形位公差符号、行为框格及指引线、形位公差数值、基准符号等。表 8-5 列出了形位公差各特征项目的符号。

表 8-5 **形位公差的分类、项目及符号**

分类	项 目	特征符号		有或无基准要求
形状	形状	直线度	—	无
		平面度	▱	无
		圆度	○	无
		圆柱度	⌭	无
形状或位置	轮廓	线轮廓度	⌒	有或无
		面轮廓度	⌓	有或无
位置	定向	平行度	//	有
		垂直度	⊥	有
		倾斜度	∠	有
	定位	位置度	⌖	有或无
		同轴度(同心度)	◎	有
		对称度	⌯	有
	跳动	圆跳动	↗	有
		全跳动	⌰	有

图 8-40 表示形位公差代号、基准代号的内容。

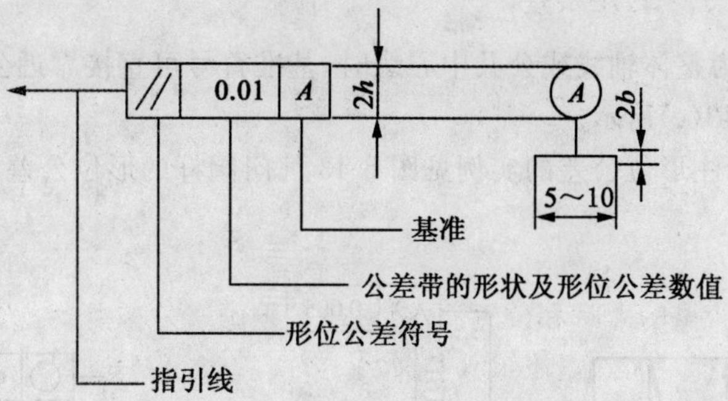

图 8-40 形位公差代号及基准代号

(2)被测要素

用带箭头的指引线将被测要素与公差框格一端相连，指引线箭头指向公差带的宽度方向或直径方向。指引线箭头所指部位可有：

1)当被测要素为整体轴线或公共中心平面时，指引线箭头可直接指在轴线或中心线上，如图 8-41(a)所示。

2)当被测要素为轴线、球心或中心平面时，指引线箭头应与该要素的尺寸线对齐，如图 8-41(b)所示。

3)当被测要素为线或表面时，指引线箭头应指在该要素的轮廓线或其引出线上，并应明显地与尺寸线错开，如图 8-41(c)所示。

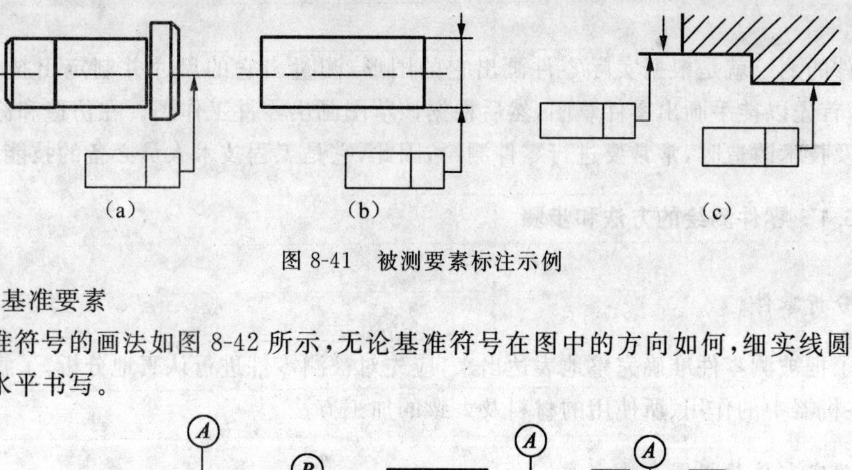

图 8-41 被测要素标注示例

(3)基准要素

基准符号的画法如图 8-42 所示，无论基准符号在图中的方向如何，细实线圆内的字母一律水平书写。

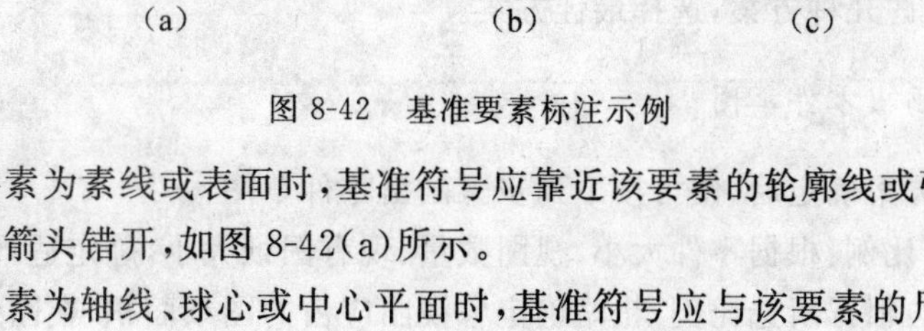

图 8-42 基准要素标注示例

1)当基准要素为素线或表面时，基准符号应靠近该要素的轮廓线或引出线标注，并应明显地与尺寸线箭头错开，如图 8-42(a)所示。

2)当基准要素为轴线、球心或中心平面时，基准符号应与该要素的尺寸线箭头对齐，如图 8-42(b)所示。

3)当基准要素为整体轴线或公共中心线时,基准符号可直接靠近公共轴线(或公共中心线)标注,如图 8-42(c)所示。

(4)零件图上标注形位公差的实例见图 8-43 气门阀杆的形位公差标注。

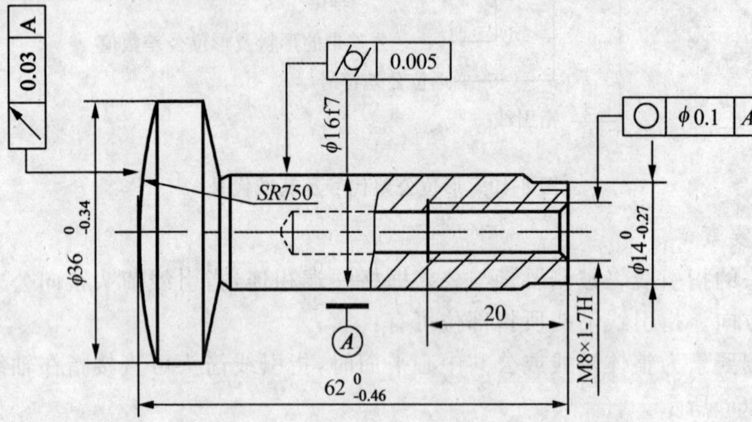

图 8-43 气门阀杆的形位公差标注

8.6 零件测绘

零件的测绘就是根据实际零件画出它的图形,测量出它的尺寸并制定出技术要求。测绘时,首先以徒手画出零件草图,然后根据该草图画出零件工作图。在仿造和修配机器部件以及技术改造时,常常要进行零件测绘,因此,它是工程技术人员必备的技能之一。

8.6.1 零件测绘的方法和步骤

1.分析零件

为了把被测零件准确完整地表达出来,应先对被测零件进行认真地分析,了解零件的类型、在机器中的作用、所使用的材料及大致的加工方法。

2.确定零件的视图表达方案

关于零件的表达方案,前面已经讨论过。需要重申的是,一个零件,其表达方案并非是唯一的,可多考虑几种方案,选择最佳方案。

3.目测徒手画出零件草图

零件的表达方案确定后,便可按下列步骤画出零件草图:

(1)确定绘图比例:根据零件大小、视图数量、现有图纸大小,确定适当的比例。

(2)定位布局:根据所选比例,粗略确定各视图应占的图纸面积,在图纸上作出主要视图的作图基准线、中心线。注意留出标注尺寸和画其他补充视图的地方。

(3)详细画出零件的内外结构和形状,注意各部分结构之间的比例应协调。

(4)检查、加深有关图线。

(5)画尺寸界线、尺寸线,将应该标注的尺寸的尺寸界线、尺寸线全部画出。

(6)制定并注写技术要求:根据实践经验或用样板比较,确定表面粗糙度;查阅有关资料,确定零件的材料、尺寸公差、形位公差及热处理等要求。

(7)最后检查、修改全图并填写标题栏,完成草图。

8.6.2　画零件工作图

由于绘制零件草图时,往往受地点条件的限制,有些问题有可能处理得不够完善,因此在画零件工作图时,还需要对草图进一步检查和校对,然后用仪器或计算机画出零件工作图,经批准后,整个零件测绘的工作就进行完了。

8.6.3　零件尺寸的测量方法

(1)测量长度尺寸

长度尺寸一般可用直尺或游标卡尺直接量得读数,如图 8-44 所示。

(2)测量直径

一般直径尺寸,用内、外卡钳和钢直尺配合测量即可。较精确的直径尺寸,多用游标卡尺或内、外千分尺测量,如图 8-44 所示。

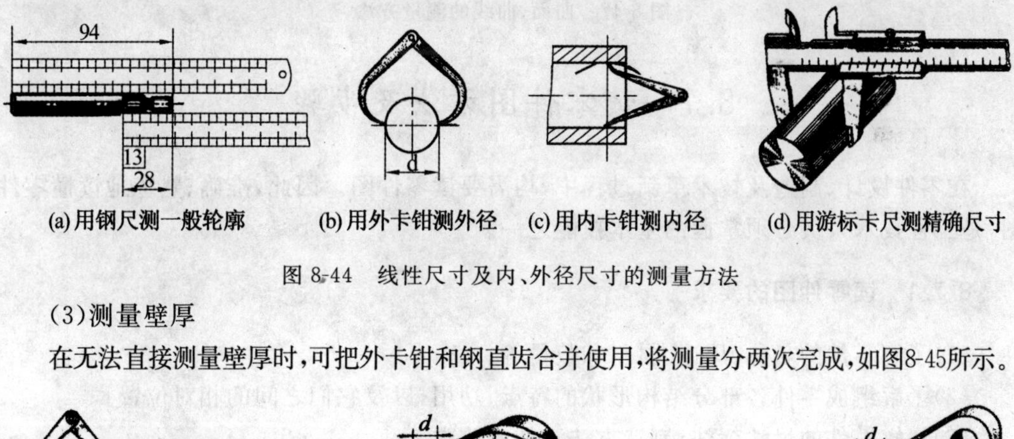

(a)用钢尺测一般轮廓　(b)用外卡钳测外径　(c)用内卡钳测内径　(d)用游标卡尺测精确尺寸

图 8-44　线性尺寸及内、外径尺寸的测量方法

(3)测量壁厚

在无法直接测量壁厚时,可把外卡钳和钢直齿合并使用,将测量分两次完成,如图8-45所示。

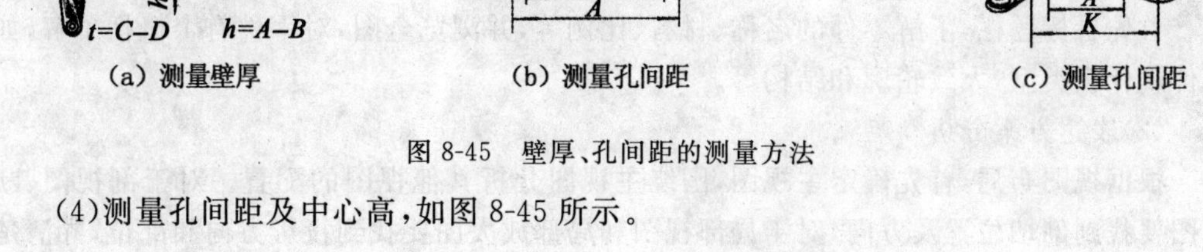

(a) 测量壁厚　(b) 测量孔间距　(c) 测量孔间距

图 8-45　壁厚、孔间距的测量方法

(4)测量孔间距及中心高,如图 8-45 所示。

(5)测量圆弧及螺距

测量较小的圆弧,可直接用圆角规;测量螺距,可用螺纹规直接测量,如图 8-46 所示。测量螺距也可用拓印法;大的圆弧也可用拓印法、坐标法等方法,如图 8-47 所示。

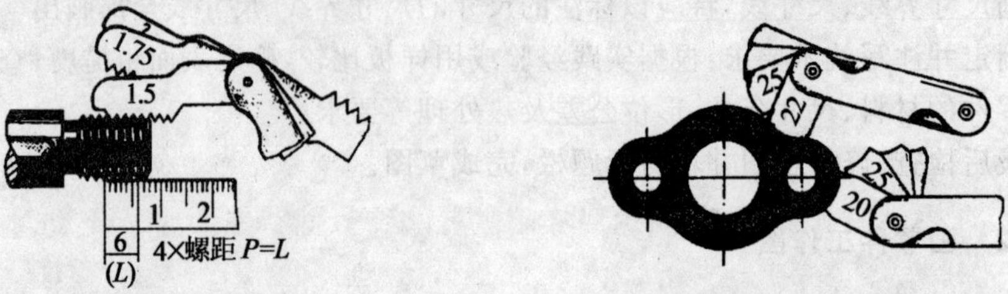

(a) 用螺纹规测量螺距　　(b) 用圆角规测量圆弧半径

图 8-46　螺距、圆弧半径的测量方法

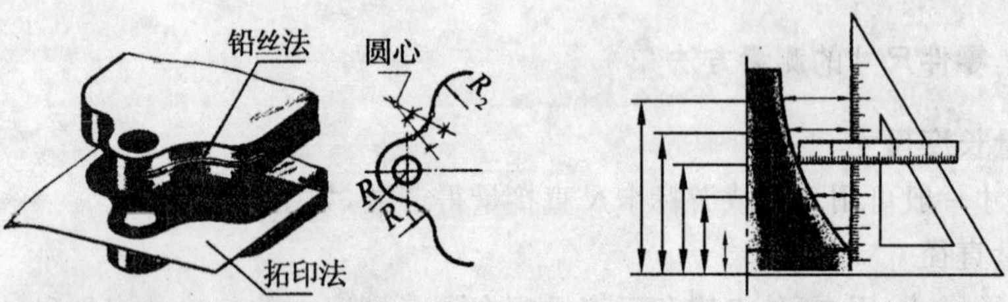

(a) 用铅丝法和拓印法测量曲面　　(b) 用坐标法测量曲线

图 8-47　曲面、曲线的测量方法

8.7　读零件图方法及步骤

在零件设计、制造及技术革新过程中,均需要读零件图。因此,准确、熟练地读懂零件图,是工程技术人员必须掌握的基本技能之一。

8.7.1　读零件图的要求

(1)了解零件的名称、用途、材料和数量等。

(2)了解组成零件各部分结构形状的特点、功用,以及它们之间的相对位置。

(3)了解零件的尺寸标注、制造方法和技术要求。

8.7.2　读零件图的方法和步骤

(1)看标题栏

首先看标题栏,了解零件的名称、材料、比例等,并浏览全图,对零件有个概括了解,如零件属什么类型,大致轮廓和结构等。

(2)表达方案分析

根据视图布局,首先确定主视图,围绕主视图分析其他视图的配置。对于剖视图、断面图要找到剖切位置及方向,对于局部视图和局部放大图要找到投影方向和部位,弄清楚各个图形彼此间的投影关系。

(3)形体分析

首先利用形体分析法，将零件按功能分解为主体、安装、连接等几个部分，然后明确每一部分在各个视图中的投影范围与各部分之间的相对位置，最后仔细分析每一部分的形状和作用。

(4)分析尺寸和技术要求

根据零件的形体结构，分析确定长、宽、高各方向的主要基准。分析尺寸标注和技术要求，找出各部分的定形和定位尺寸，明确哪些是主要尺寸和主要加工面，进而分析制造方法等，以便保证质量要求。

(5)综合考虑

综上所述，将零件的结构形状、尺寸标注及技术要求综合起来，就能比较全面地阅读这张零件图。在实际读图过程中，上述步骤常常是穿插进行的。

8.8 应用举例

现在我们来举一个例子来具体说明读零件图的方法及步骤。图 8-48 为刹车支架零件图，具体读图过程如下：

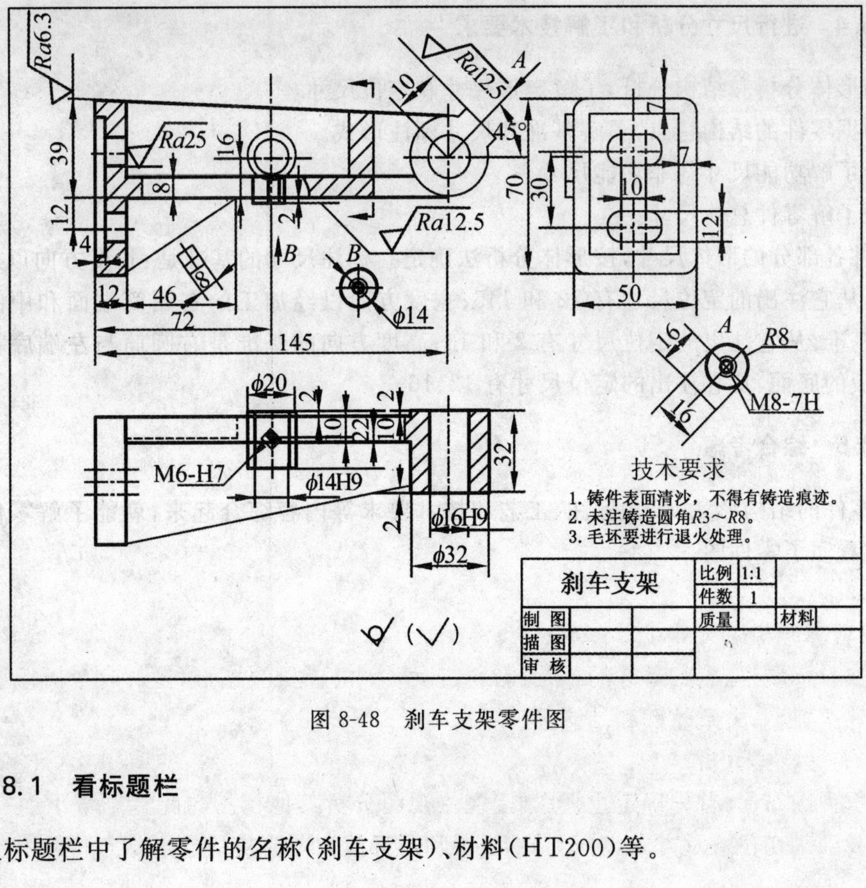

图 8-48　刹车支架零件图

8.8.1　看标题栏

从标题栏中了解零件的名称(刹车支架)、材料(HT200)等。

8.8.2 表达方案分析

(1)找出主视图。

(2)分析用多少视图、剖视、断面等,找出它们的名称、相互位置和投影关系。

(3)凡有剖视、断面处要找到剖切平面位置。

(4)有局部视图和斜视图的地方必须找到表示投影部位的字母和表示投影方向的箭头。

(5)有无局部放大图及简化画法。

该支架零件图由主视图、俯视图、左视图、一个局部视图、一个斜视图、一个移出断面组成。主视图上用了两个局部剖视和一个重合断面,俯视图上也用了两个局部剖视,左视图只画外形图,用以补充表示某些形体的相关位置。

8.8.3 进行形体分析和线面分析

(1)先看大致轮廓,再分几个较大的独立部分进行形体分析。

(2)对外部结构逐个分析。

(3)对内部结构逐个分析。

(4)对不便于形体分析的部分进行线面分析。

8.8.4 进行尺寸分析和了解技术要求

(1)形体分析和结构分析,了解定形尺寸和定位尺寸。

(2)据零件的结构特点,了解基准和尺寸标注形式。

(3)了解功能尺寸与非功能尺寸。

(4)了解零件总体尺寸。

零件各部分的形体尺寸,按形体分析法确定。标注尺寸的基准是:长度方向以左端面为基准,从它注出的定位尺寸有 72 和 145;宽度方向以经加工的右圆筒端面和中间圆筒端面为基准,从它注出的定位尺寸有 2 和 10;高度方向的基准是右圆筒与左端底板相连的水平板的底面,从它注出的定位尺寸有 12、16。

8.8.5 综合考虑

把零件的结构形状、尺寸标注、工艺和技术要求等内容综合起来,就能了解零件的全貌,也就看懂了零件图。

第 9 章　装配图

9.1　装配图的作用和内容

装配图是表达机器、部件或组件的图样。表达一台完整机器的装配图，称为总装配图（总图），表达机器中某个部件或组件的装配图，称为部件装配图或组件装配图。通常总图只表示各部件间的相对位置和机器的整体情况，而把整台机器按各部件分别画出装配图。

9.1.1　装配图的作用

装配图是机器设计中设计意图的反映，是机器设计、制造的重要的技术依据。在机器或部件的设计制造及装配时都需要装配图。用装配图来表达机器翻译或部件的工作原理、零件间的装配线关系和各零件的主要结构形状，以及装配、检验和安装时所需的尺寸和技术要求。

(1)在新设计或测绘装配体（机器或间件）时，要画出装配图表示该机器或部件的构造和装配线关系，并确定各零件的结构形状和协调各零件的尺寸等，是绘制零件图的依据。

(2)在生产中装配线机器翻译时，要根据装配图制定装配工艺规程，装配图是机器装配、检验、调试和安装工作的依据。

(3)使用和维修中，装配图是了解机器或部件工作原理、结构性能，从而决定操作、保养、拆装和维修方法的依据。

在进行技术交流、引进先进技术或更新改造原有设备时，装配图也是不可缺少的资料。

9.1.2　装配图的内容

以球阀的装配图（见图 9-1）为例，装配图应包括以下四方面内容：

1. 一组图形

用一组图形（包括各种表达方法）正确、完整、清晰和简便地表达机器或部件的工作原理、零件间的装配线关系及零件的主要结构形状。如图 9-1 所示，采用了全剖主视图、半剖左视图和局部剖的俯视图来满足表达要求。

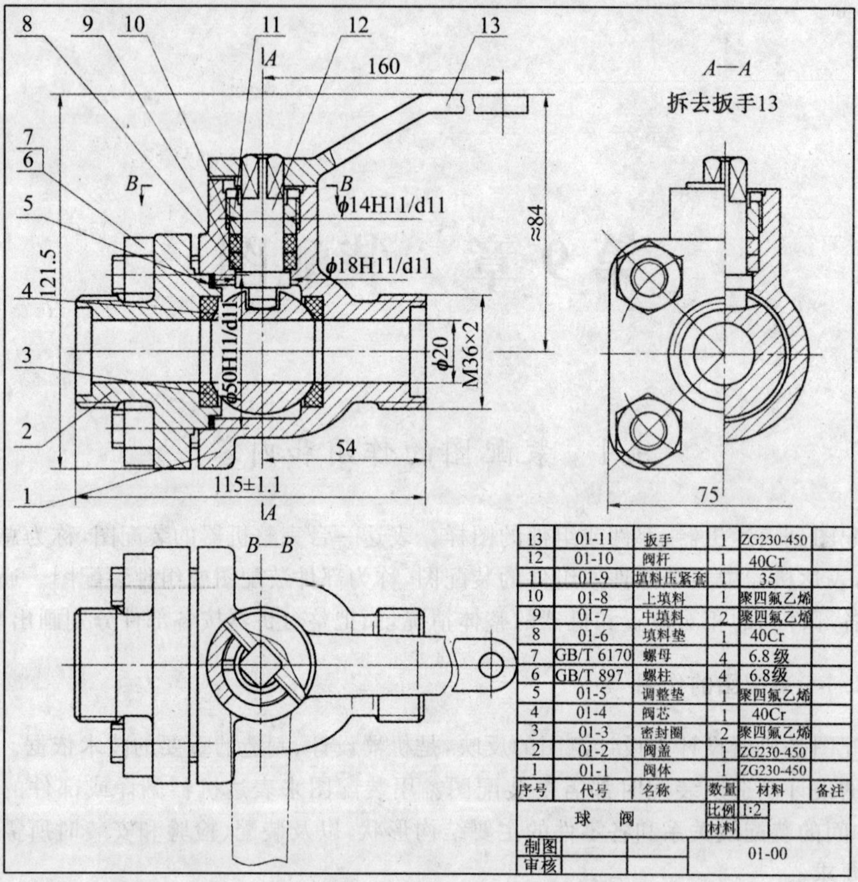

13	01-11	扳手	1	ZG230-450	
12	01-10	阀杆	1	40Cr	
11	01-9	填料压紧套	1	35	
10	01-8	上填料	1	聚四氟乙烯	
9	01-7	中填料	2	聚四氟乙烯	
8	01-6	填料垫	1	40Cr	
7	GB/T 6170	螺母	4	6.8级	
6	GB/T 897	螺柱	4	6.8级	
5	01-5	调整垫	1	聚四氟乙烯	
4	01-4	阀芯	1	40Cr	
3	01-3	密封圈	2	聚四氟乙烯	
2	01-2	阀盖	1	ZG230-450	
1	01-1	阀体	1	ZG230-450	
序号	代号	名称	数量	材料	备注

球　阀		比例	1:2	
		材料		
制图			01-00	
审核				

图 9-1　球阀装配图

2. 必要的尺寸

只标注出反映机器或部件的性能、规格、外形以及装配、检验、安装时所需要的一些尺寸。

3. 技术要求

用文字或符号准确、简明地表示机器或部件的性能、装配、检验、调整要求，验收条件，试验和使用、维修规则等。

4. 标题栏、序号和明细栏

用标题栏注明机器或部件的名称、规格、比例、图号以及设计、制图者的姓名等。装配图上对每种零件或组件必须进行编号，并依次编制明细栏，依次写出各种零件的序号、名称、规格、数量、材料等内容。

9.2 装配图表达方案的选择

9.2.1 装配图的表达方法

1. 装配图的规定画法

两相邻零件的接触表面和配合表面只画一条线，非接触表面(即使间隙很小)画成两条线。

同一个零件所有视图上的剖面线方向相同、间隔相等，相邻两个或多个零件的剖面线方向相反或方向相同而间隔不相等。其目的是有利于找出同一零件的各个视图，想象其形状和装配关系。

对于紧固件以及实心的球、轴、键等零件，若剖切平面通过其对称平面或基本轴线时，则这些零件均按不剖绘制。如需要表达这些零件上的孔、槽等构造时，可用局部剖视图表示。

2. 装配图的特殊表达方法

(1)假想画法。在装配图中，为表达某些零件的运动范围和极限位置，可用双点画线画出其极限位置的外形图，如图 9-2 所示。当需表达与本部件有关但又不属于本部件的相邻零件时，用双点画线画出该零件的轮廓，如图 9-3 所示。

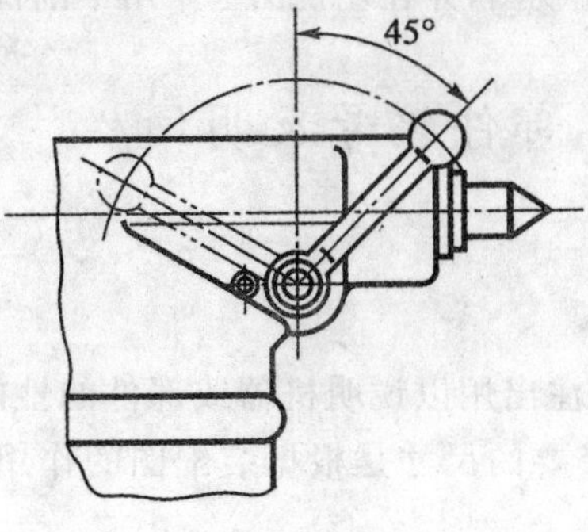

图 9-2 运动极限位置表示

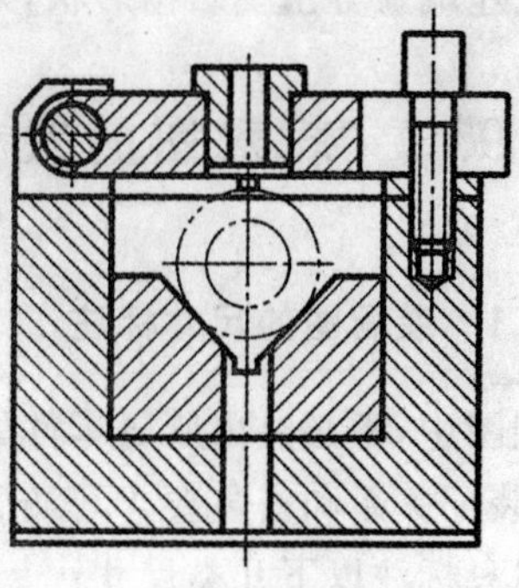

图 9-3 钻夹具中工件的表示法

(2)拆卸画法。当某些零件的图形遮住了其后的需要表达的零件，或在某一视图上不需要画出某些零件时，可拆去某些零件后绘制，也可选择沿零件结合面进行剖切的画法。采用拆卸画法后，为避免误解，在该视图上方标注“拆去件××”(如图 9-1 所示标注的“拆去扳手 13”)。

(3)简化画法。对于装配图中若干相同的零件和部件组，如螺栓连接等，可详细地画出一组，其余只需用点画线表示其位置即可；对薄的垫片等不易画出的零件，可将其涂黑；零件的工艺结构，如小圆角、倒角、退刀槽、起模斜度等，可不画出。如图 9-4 所示。

9.2.2 选择装配图的表达方案

在对装配体充分了解、主要装配关系和零件的主要结构完全明确后，可运用各种表示方法，选择该装配体的表达方案，装配图的视图选择原则与零件图有共同之处。

1. 确定主视图

主视图的选择应能较好地表达机器或部件的工作原理和主要装配关系，并尽可能按工作位置放置，使主要装配轴线处于水平或垂直位置。

2. 选择其他视图

针对主视图还没有表达清楚的装配关系和零件间的相对位置，选用其他视图及采用视图上的剖视图（包括拆卸画法、沿零件结合面剖切）和断面等表达清楚。装配图中的每一个视图，都应有其表达的侧重内容。

如图 9-1 所示，主视图采用全剖并以工作位置放置，可清楚地反映球阀的工作原理和装配关系。为补充表达阀杆与阀芯的装配关系及压套、手柄、左端盖等主要结构形状，采用了俯视图和左视图，并在左视图上采用半剖视。

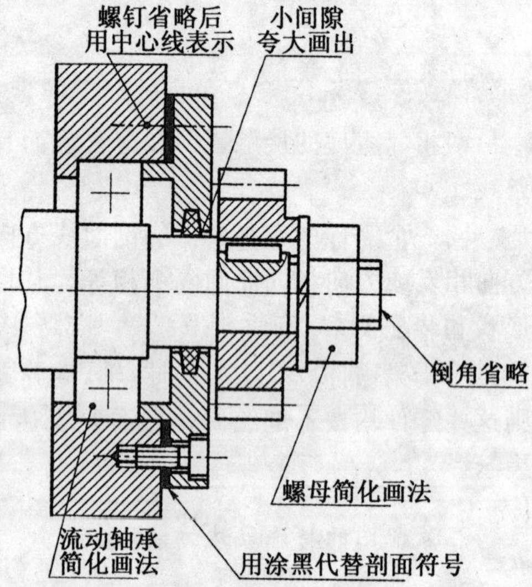

图 9-4　装配图的简化画法

9.3 装配图的尺寸标注与零、部件编号及明细栏

9.3.1 装配图的尺寸标注

装配图中，不必注出所属零件的全部尺寸，只需注出用以说明机器或部件的性能、工作原理、装配关系和安装要求等方面的尺寸，这些必要的尺寸是根据装配图的作用确定的。一般只标注以下几类尺寸：

1. 性能尺寸（规格尺寸）

它是表示机器或部件的性能、规格的尺寸。这类尺寸在设计时就已确定，是设计机器、了解和选用机器的依据，如图 9-1 球阀的公称直径为 $\phi 20$。

2. 装配尺寸

装配尺寸包括作为装配依据的配合尺寸和重要的相对位置尺寸。如图 9-1 中阀盖和阀体的配合尺寸为 $\phi 20$ H11/h11 等。

3. 安装尺寸

表示将机器或部件安装在地基上或与其他部件相连时所需要的尺寸。

4. 外形尺寸

表示机器或部件外形的总长、总宽、总高的尺寸。它反映了机器或部件的大小，是机器或部件在包装、运输和安装过程中确定其所占空间大小的依据。如图 9-1 中球阀的总长 115±1.1、总宽 75、总高 121.5。

5. 其他重要尺寸

它是设计过程中经过计算确定或选定的尺寸，但又不包括在上述几类尺寸之中和重要尺寸。这类尺寸在拆画零件图时，同样要保证。如轴向设计尺寸、主要零件的结构尺寸、主要定位尺寸、运动件极限位置尺寸等。

上述五类尺寸，在每张装配图上不一定都有，有时同一尺寸可能具有几种含义，分属于几类尺寸。例如图 9-1 中的尺寸 115±1.1 既是球阀装配图中的相对位置尺寸，又是外形尺寸。因此，装配图中究竟标注哪些尺寸，要根据具体情况分析确定。

9.3.2　零、部件编号

为了便于看图，便于图样管理、备料和组织生产，对装配图中每种零、部件都必须编注序号，并填写明细栏。

1. 序号的一般规定

(1)装配图中每种零、部件都必须编注序号。同一装配图中相同的零、部件只编注一个序号，且一般只标注一次。

(2)零、部件的序号应与明细栏中的序号一致。

(3)同一装配图中编注序号的形式一致。

2. 序号的编排方式

(1)序号的通用编注形式

在指引线的横线(细实线)上或圆圈(细实线)内注写序号的字高比该装配图中所注尺寸数字高度大一号，如图 9-5(a)所示；或大两号，如图 9-5(b)所示。

在指引线附近注写序号，序号的字号比该装配图中所注尺寸数字高度大两号，如图 9-5(c)所示。

(2)序号的指引线

指引线应自所指零部件的可见轮廓内引出，并在末端画一小圆点，如图 9-6 所示。若所指部分(很薄的零件或涂黑的断面)内不便画圆点时，可在指引线的末端画出箭头，并指向该部分的轮廓，如图 9-6 所示。

引线应尽可能排布均匀，且不宜过长，相互不能相交，应当穿过或少穿过其他零件的轮廓,当穿过有剖面线的区域时不应与剖面线平行,如图 9-6 所示。

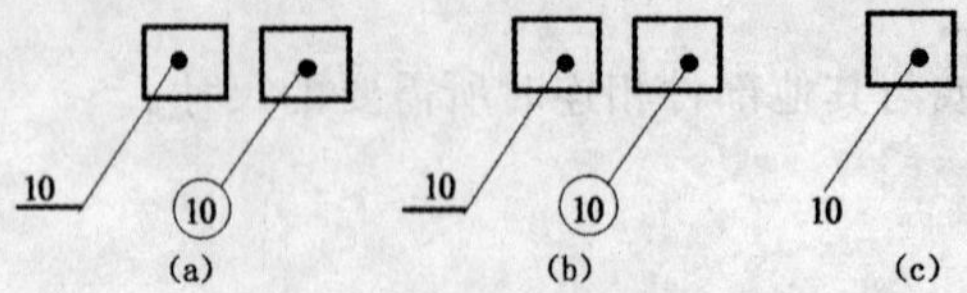

图 9-5　序号的三种通用形式

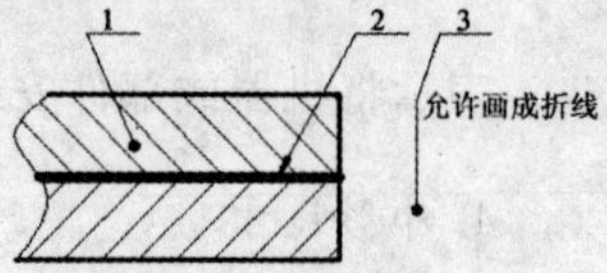

图 9-6　指引线的画法

指引线在必要时允许画成折线,但只可弯折一次,如图 9-6 所示。同一组紧固件以及装配关系清楚的零件组,允许用公共指引线,如图 9-7 所示。

对于标准部件(如滚动轴承、油杯等)可看成一整体,只编一个序号,用一条指引线。

(3)序号的排列形式

按顺时针或逆时针方向在整个一组图形外围顺次整齐排列,不得跳号。

在整个一组图形外围无法连续排列时,可只在某个图形周围的水平或竖直方向顺次整齐排列,不得跳号,如图 9-1 中的序号排列。

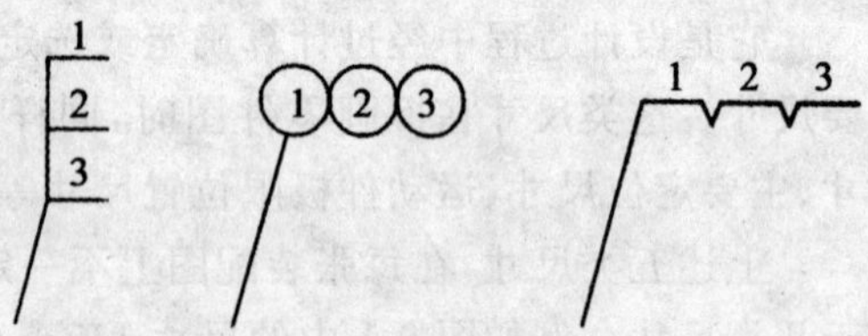

图 9-7　公共指引线的画法

9.3.3　标题栏及明细栏

明细栏画在标题栏上方,当标题栏上方位置不够用时,可续接在标题栏的左方。格式和内容如图 9-8 所示。

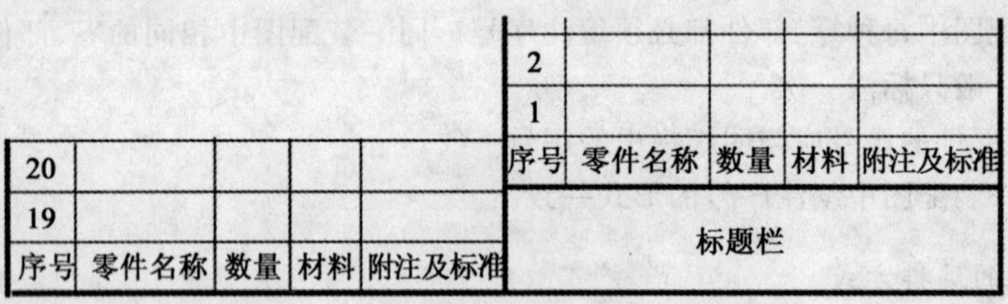

图 9-8　标题栏、明细栏的格式和内容

明细栏中,零、部件序号应按自下而上的顺序填写,以便在增加零件时可继续向上画格。

所填零件序号应和图中所编零件序号一致。

明细栏中的字体采用 5 号字,最上面的边框线用细实线画。

9.4　常见装配工艺结构

9.4.1　装配工艺结构

为了保证装配体的质量，在设计装配体时，必须考虑装配体上装配结构的合理性。在装配图上，除允许简化画出的情况外，都应尽量把装配工艺结构正确地反映出来。现举例说明，供绘图时参考。

为避免干涉，两零件在同一方向上只应有一个接触面，如图 9-9 所示。

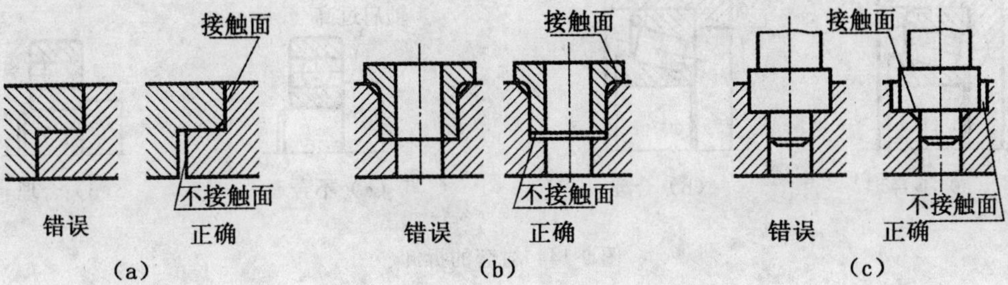

图 9-9　同一方向上接触面的数量

两零件有相交表面接触时，在转角处应制出倒角、圆角、凹槽等，以保证表面接触良好，如图 9-10 所示。

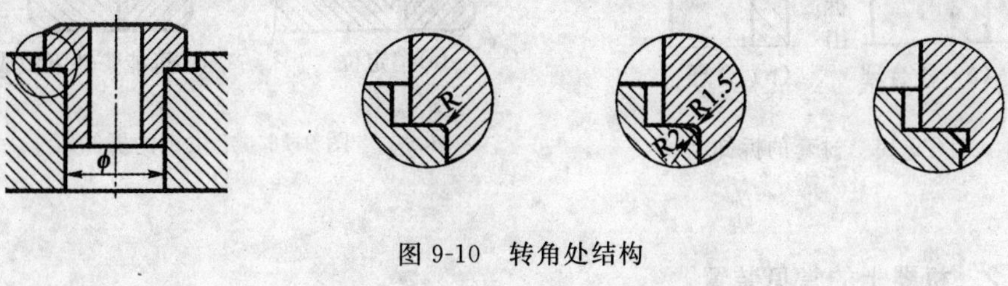

图 9-10　转角处结构

零件的结构设计要考虑维修时拆卸方便，如图 9-11 至图 9-16 所示。

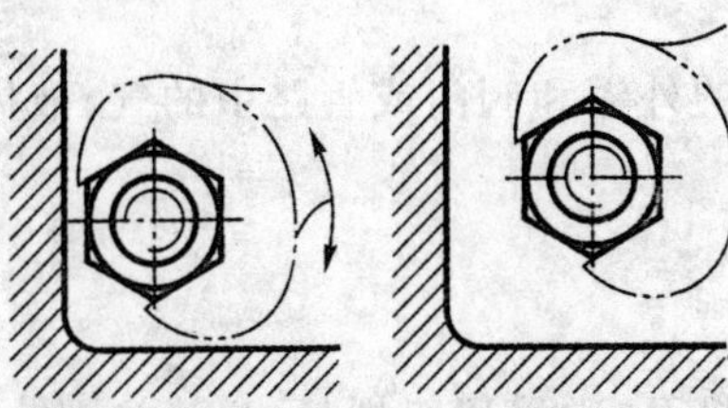

图 9-11　留出扳手活动空间

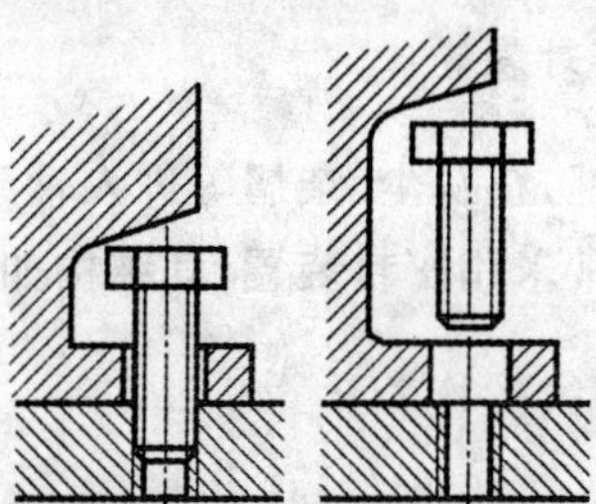

图 9-12　留出拆卸空间

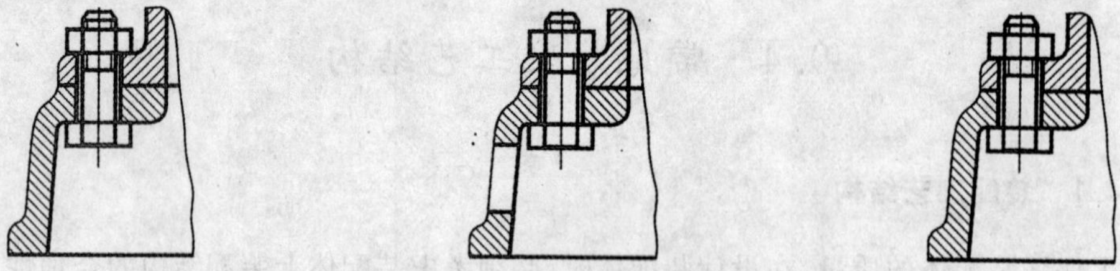

(a) 不合理　(b) 合理　(c) 合理

图 9-13　装拆螺栓方便

(a) 不合理　(b) 合理　(c) 不合理　(d) 合理

图 9-14　衬套的拆卸

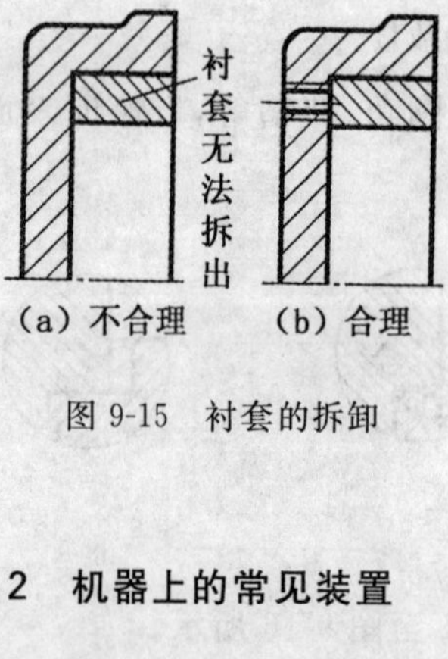

(a) 不合理　(b) 合理

图 9-15　衬套的拆卸

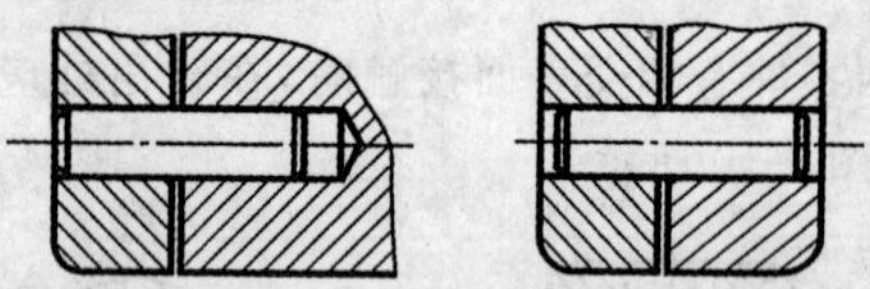

(a)销定位　(b)可能条件下做成通孔

图 9-16　定位销的拆卸

9.4.2　机器上的常见装置

1. 密封装置

为了防止灰尘、杂屑等进入轴承，并防止润滑油的外溢和阀门或管路中的气、液体的泄漏，通常采用密封装置，其结构如图 9-17 所示。

2. 螺纹防松装置

为防止机器在工作中由于振动而使螺纹紧固件松开，常采用双螺母、弹簧垫圈、止动垫圈、开口销等防松装置，其结构如图 9-18 所示。

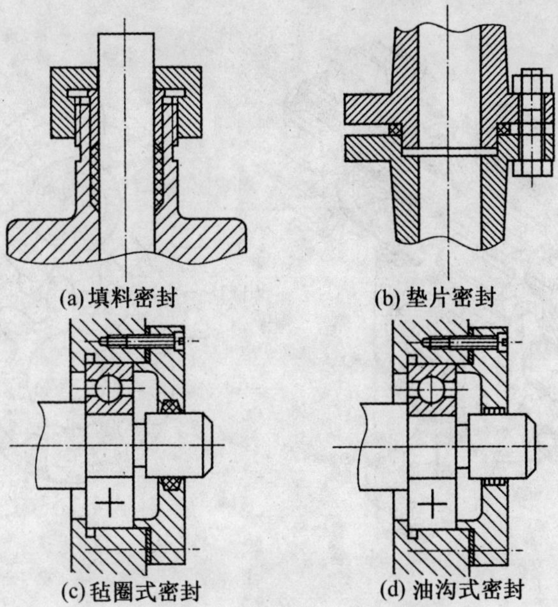

(a) 填料密封　(b) 垫片密封

(c) 毡圈式密封　(d) 油沟式密封

图 9-17　密封装置

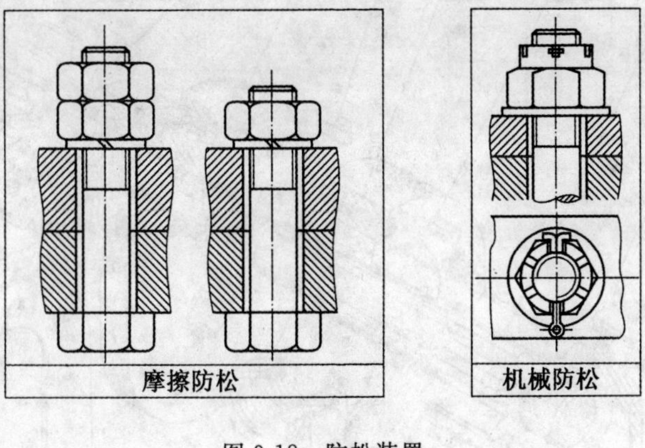

图 9-18　防松装置

9.5　部件测绘

9.5.1　部件测绘的基本方法

根据现有部件(或机器)画出其装配图和零件图的过程称为部件测绘。在新产品设计、引进先进设备以及对原有设备进行技术改造和维修时,有时需要对现有的机器或零、部件进行测绘,画出装配图和零件图。因此,掌握测绘技术对工程技术人员具有重要意义。以齿轮油泵为例,部件测绘的一般方法和步骤如下:

(1)了解和分析部件结构:部件测绘时,首先要对部件进行研究分析,了解其工作原理和结构特点,如图 9-19、图 9-20 所示。

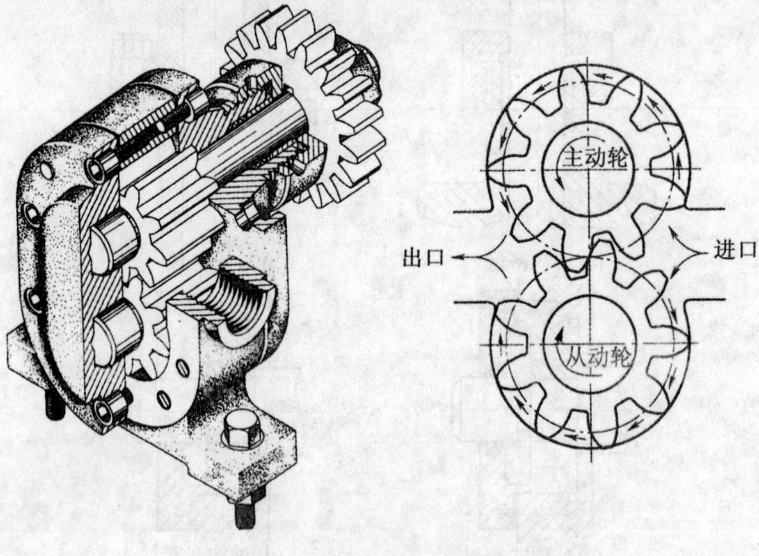

图 9-19　齿轮油泵立体图及工作原理图

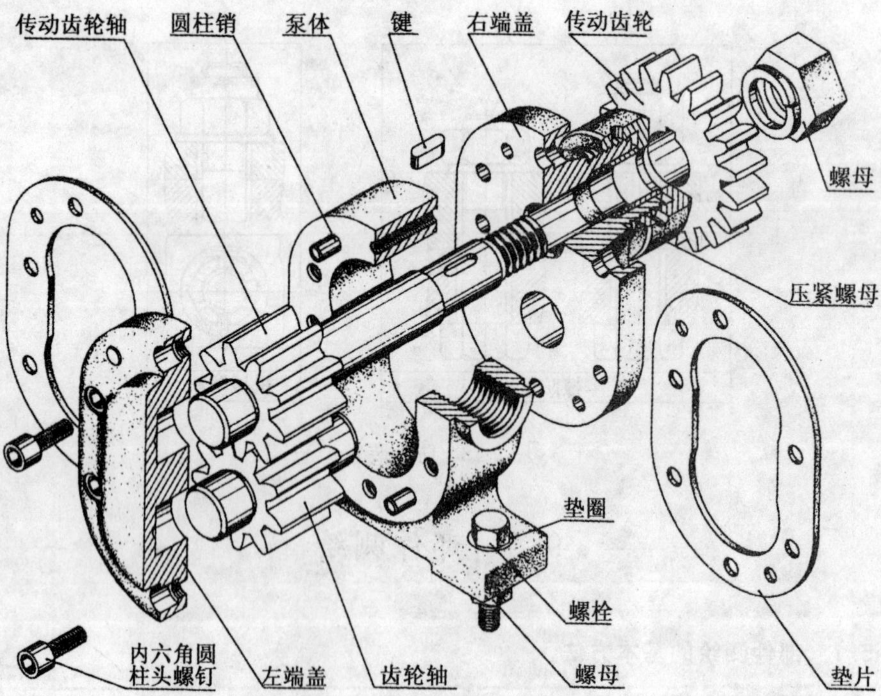

图 9-20　齿轮油泵分解图

(2)拆卸零件、画出装配示意图:拆卸零件前要研究拆卸方法和拆卸顺序,不可拆的部分要尽量不拆,不能采用破坏性拆卸方法。拆卸前要测量一些重要尺寸,如运动部件的极限位置和装配间隙等。装配示意图用来表示部件中各零件的相互位置和装配关系,是部件拆卸后重新装配和画装配图的依据，如图 9-21 所示。

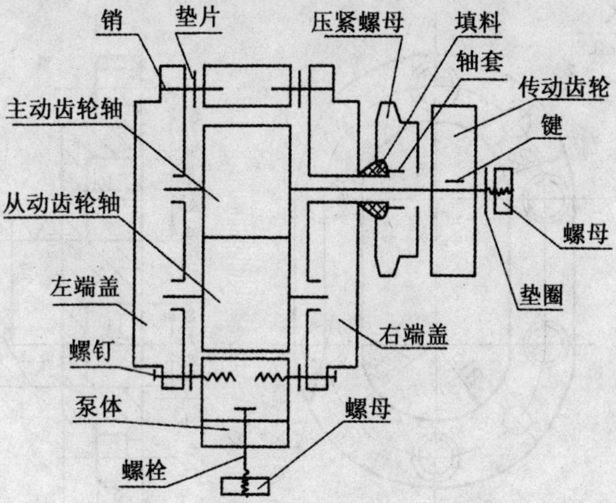

图 9-21　齿轮油泵的装配示意图

(3)画零件草图：对所有非标准零件，均要绘制零件草图。零件草图应包括零件图的所有内容，如图 9-22 所示。

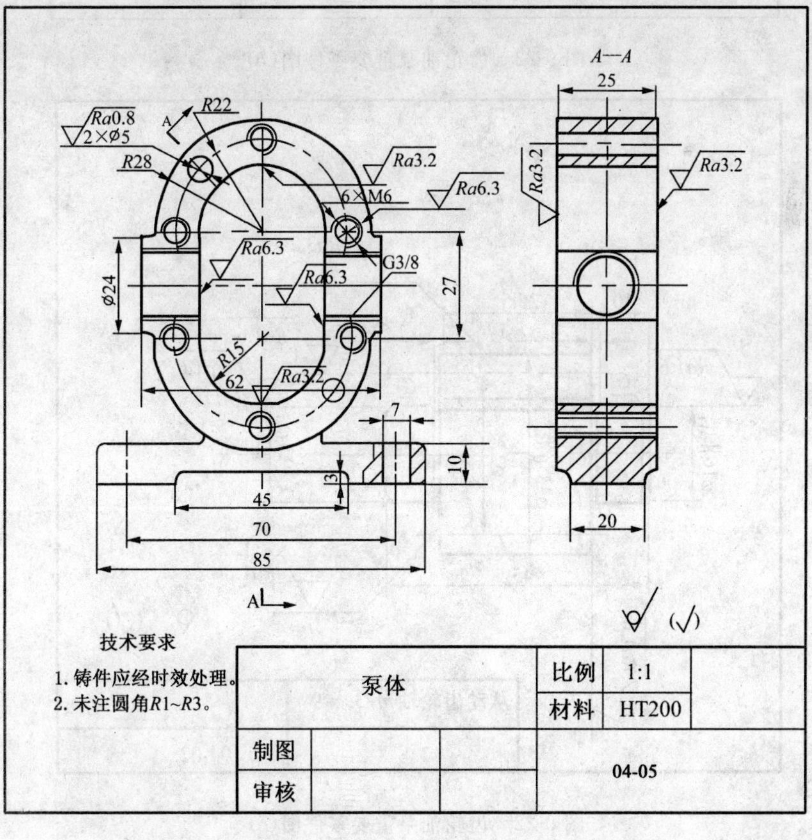

图 9-22　齿轮油泵重要零件图(a)

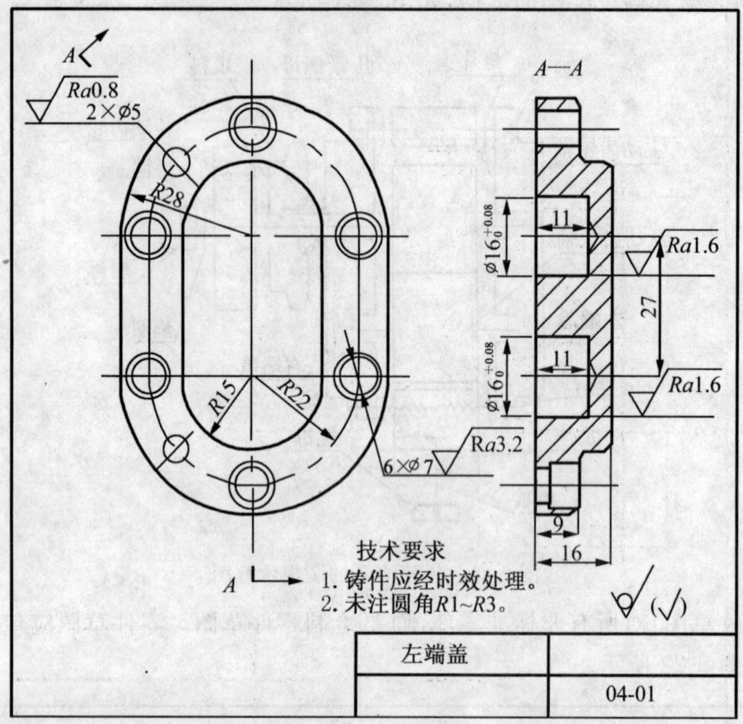

图 9-22　齿轮油泵重要零件图(b)

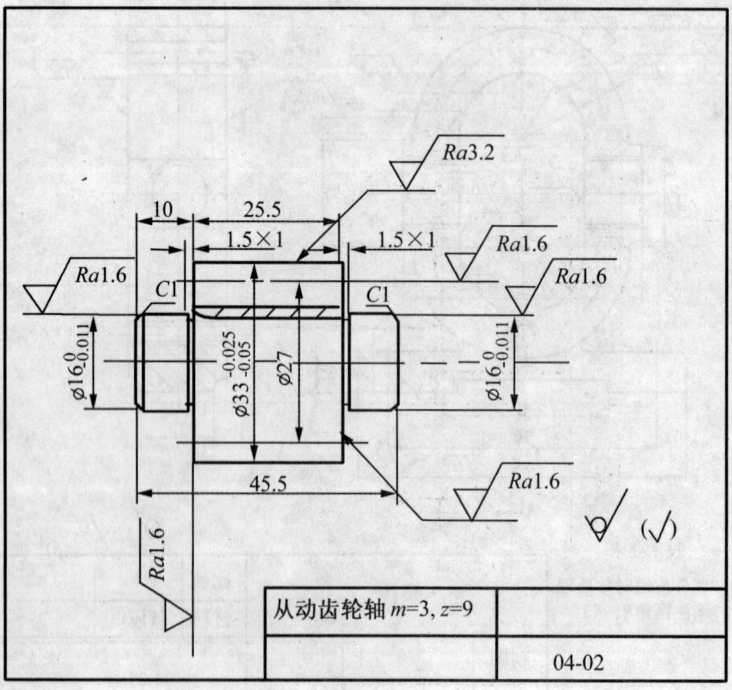

图 9-22　齿轮油泵重要零件图(c)

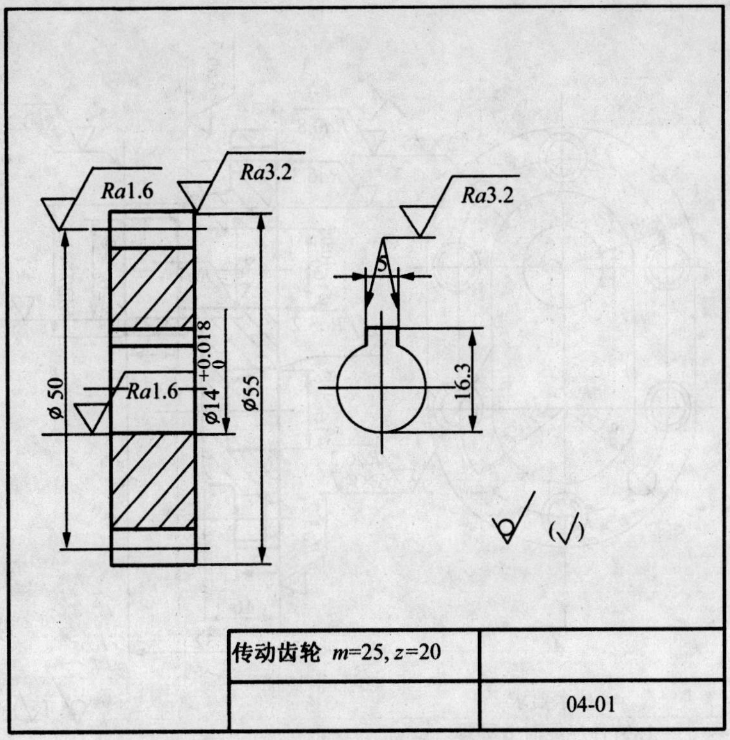

图 9-22　齿轮油泵重要零件图(d)

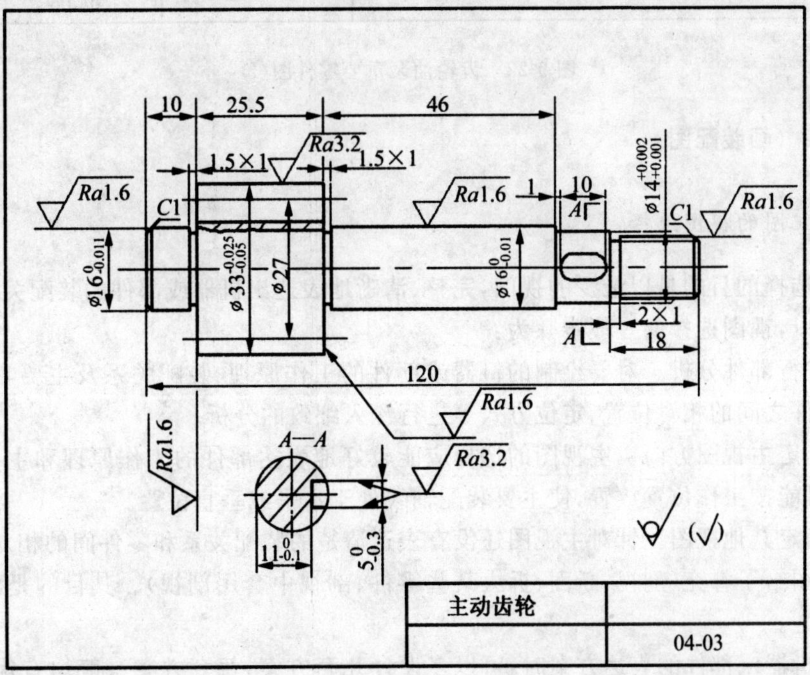

图 9-22　齿轮油泵重要零件图(e)

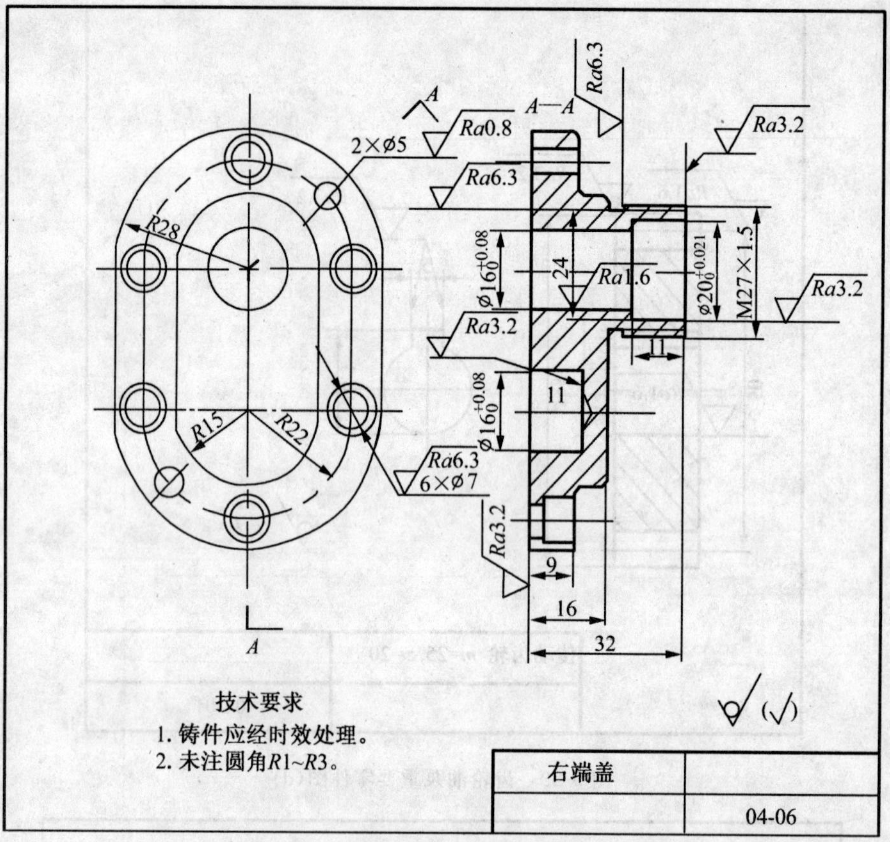

图 9-22 齿轮油泵重要零件图(f)

9.5.2 画装配图

1. 装配图的视图选择

视图选择的目的是以最少的视图,完整、清晰地表达出机器或部件的装配关系和工作原理。所以,视图选择的一般步骤为:

(1)进行部件分析。对要绘制的机器或部件的工作原理、装配关系及主要零件形状、零件与零件之间的相对位置、定位方式等进行深入细致的分析。

(2)确定主视图方向。主视图的选择应能较好地表达部件的工作原理和主要装配关系,并尽可能按工作位置放置,使主要装配轴线处于水平或垂直位置。

(3)确定其他视图。针对主视图还没有表达清楚的装配关系和零件间的相对位置,选用其他视图给予补充(剖视、断面、拆去某些零件、剖视中套用剖视)。其目的是将装配关系表达清楚。

确定机器或部件的表达方案时,可以多设计几套方案,每套方案一般均有优缺点,通过分析再选择比较理想的表达方案。

2.装配图的画图步骤

确定表达方案后，就可着手画图。画图时必须遵循以下步骤：

(1)选比例，定图幅，布图。应先画出各视图的主要轴线、对称中心线和某些零件的基线或端面，如图 9-23(a)所示。

(2)绘制主要零件的轮廓线。齿轮油泵的主要零件是泵体、泵盖和齿轮。画出齿轮的主要轮廓线后，接着画泵体、泵盖的轮廓线，如图 9-23(b)所示。

(3)绘制细部零件及结构。画完齿轮油泵的主要零件的基本轮廓线之后，可继续绘制详细部件、零件的结构，如螺钉连接、填料、压盖、压紧螺母等，如图 9-23(c)所示。

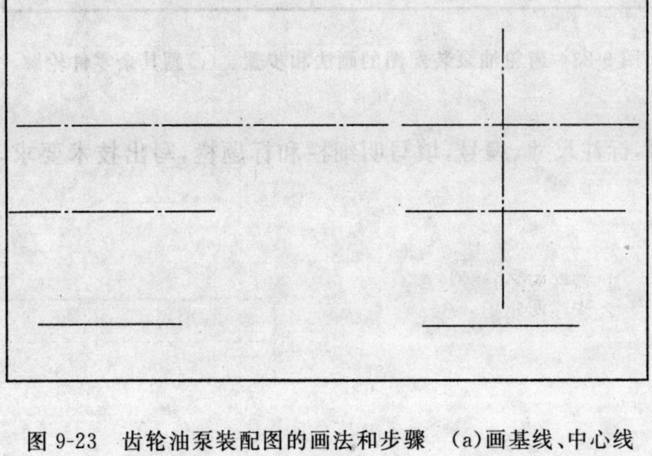

图 9-23　齿轮油泵装配图的画法和步骤　(a)画基线、中心线

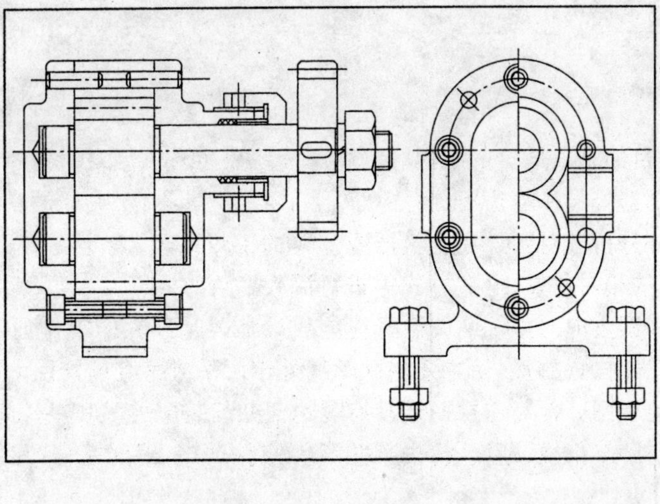

图 9-23　齿轮油泵装配图的画法和步骤　(b)画主要零件轮廓

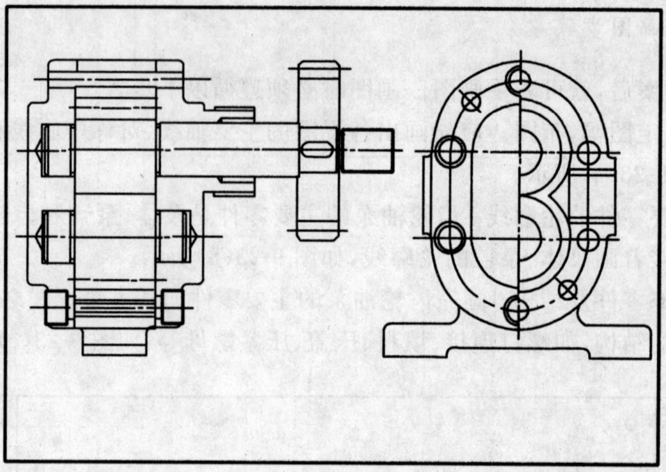

图 9-23　齿轮油泵装配图的画法和步骤　(c)画其余零件轮廓

(4)整理加深,标注尺寸、编号,填写明细栏和标题栏,写出技术要求,完成全图,如图9-24 所示。

教育部高等学校高职高专汽车类专业教学指导委员会规划教材

总主编 仪垂杰

汽车机械制图（下册）

习题集

主　编　蔡俊霞
副主编　刘文霞　程　云
参　编　王　臣　李聚霞　刘祥泽
主　审　卢　明

山东大学出版社

目　录

第 1 章　制图的基本知识	班级：	姓名：	学号：	审核：

1—1　中文字体练习

箱体座齿轮蜗杆螺母钉键销滚动轴承支架弹簧油泵球阀钢

锥斜度技术要求拉钩工作原理序号名称材料件数备注代号

东北工学院机械系材料自控无线电计算机钢冶管理工程热能应用采矿矿建选矿机制

第 1 章　制图的基本知识	班级：	姓名：	学号：	审核：

1—2　数字练习

1 2 3 4 5 6 7 8 9 0 R Φ

第 1 章　制图的基本知识	班级：	姓名：	学号：	审核：

1—3　字母练习

ABCDEFGHIJKLMNOPQRSTUVWXYZ

abcdefghijklmnopqrstuvwxyz

第 1 章　制图的基本知识	班级：	姓名：	学号：	审核：

1—4　线型练习

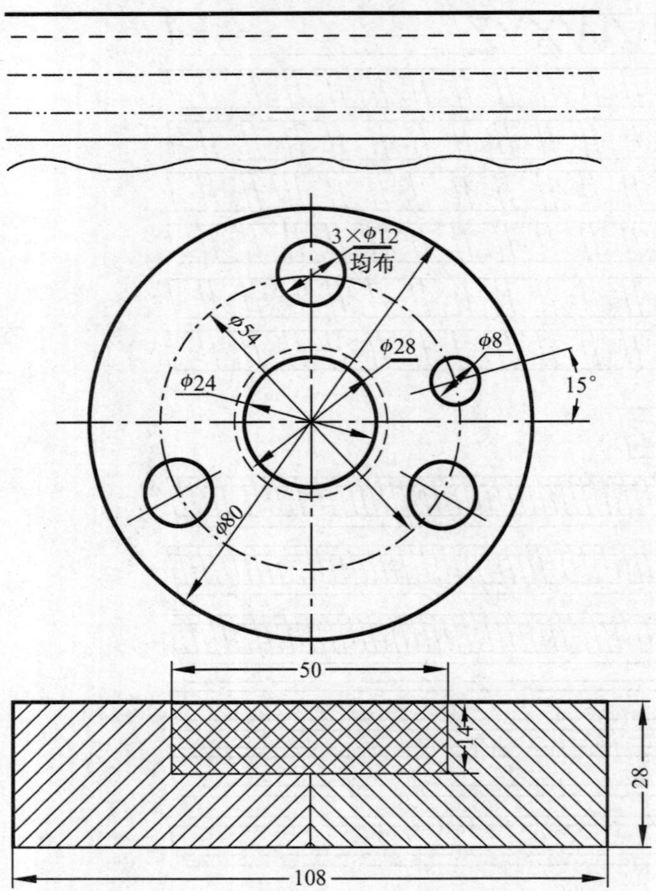

第 1 章　制图的基本知识	班级：	姓名：	学号：	审核：

1—5　尺寸标注

1. 对比下列两图，以防止初学者标注尺寸时常犯的错误。

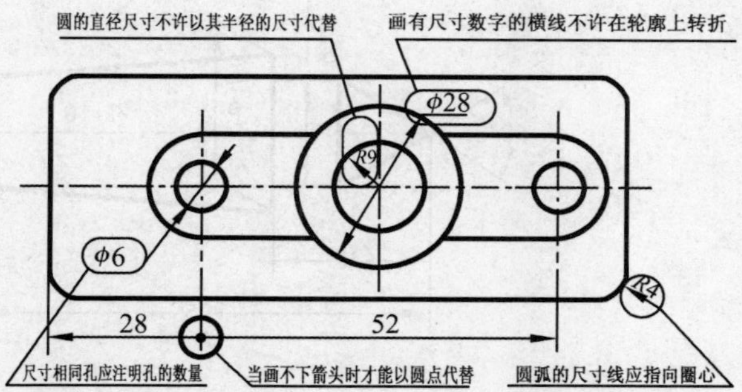

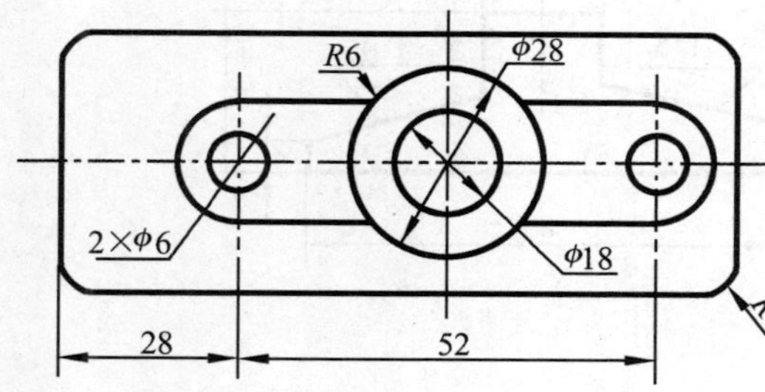

2. 在下图中填写未注的尺寸数字和补画遗漏的尺寸箭头，其数字的大小和箭头的大小，以图中注出的数字和箭头为准，尺寸数字按 1∶1 的比例从图中量取，取整数。

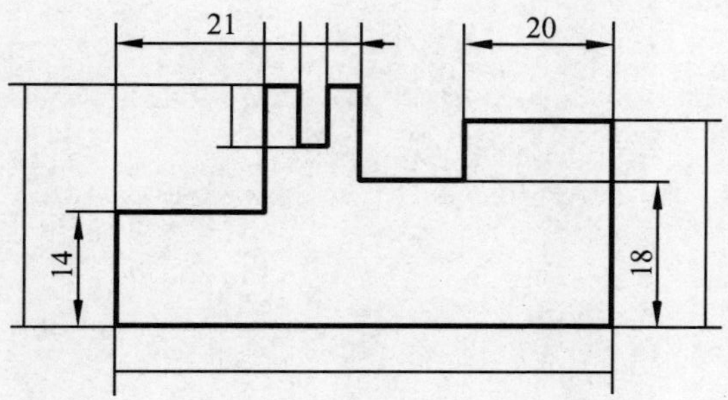

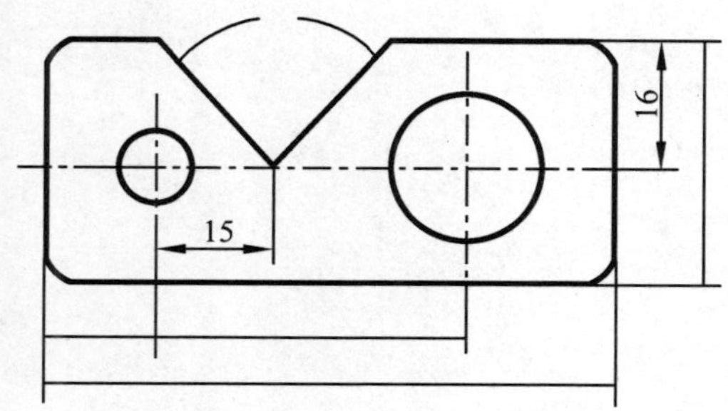

第 1 章　制图的基本知识	班级：	姓名：	学号：	审核：

1—6　斜度、锥度练习(按给定尺寸用 1∶2 的比例将下列两图抄画在下边)

1.

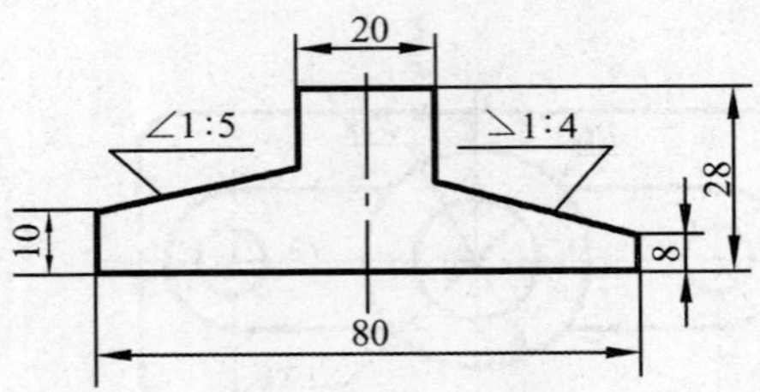

2.

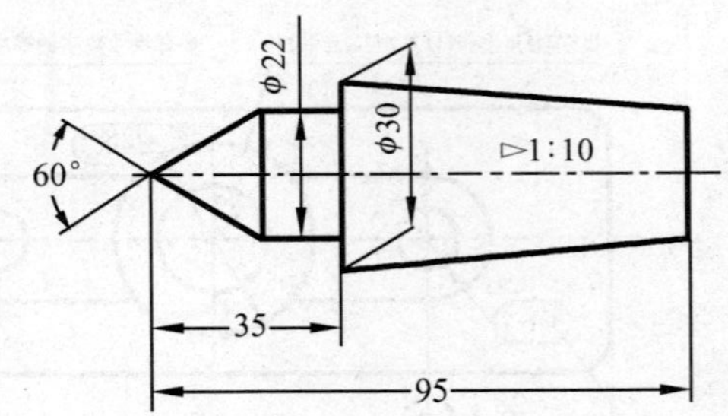

第 1 章　制图的基本知识	班级：	姓名：	学号：	审核：

1—7　几何作图

1. 画出圆内接正六边形。

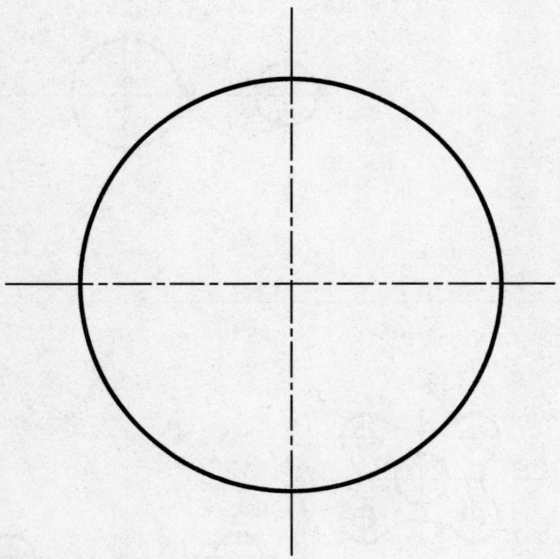

2. 用同心圆法画椭圆，它的长轴为 90，短轴为 52。

第1章　制图的基本知识	班级:	姓名:	学号:	审核:

1—8　圆弧连接练习(按各分题中小图所给的尺寸完成各个图形)

1.

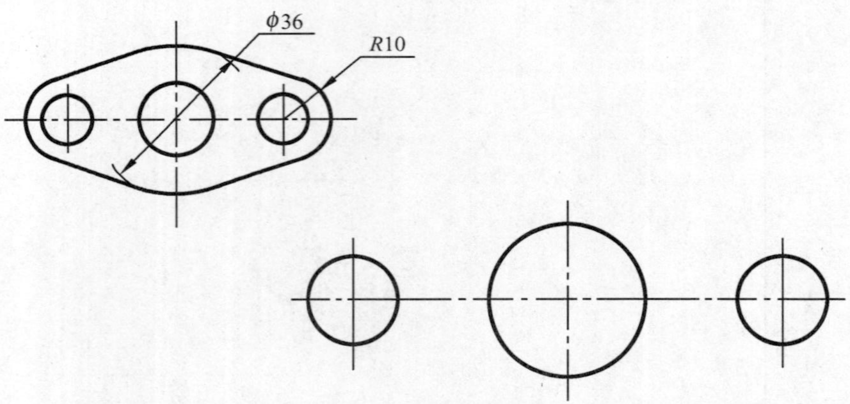

2.

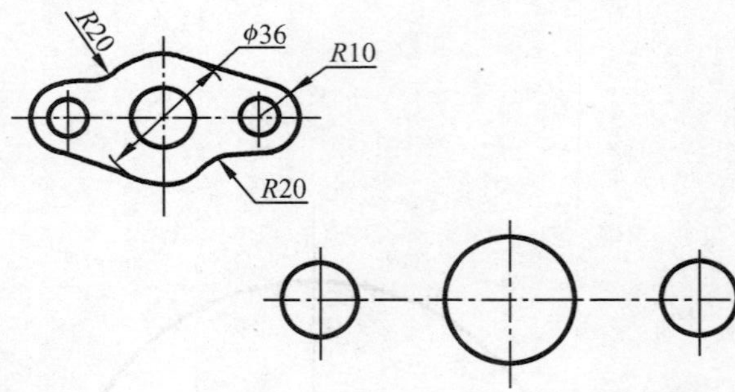

3.

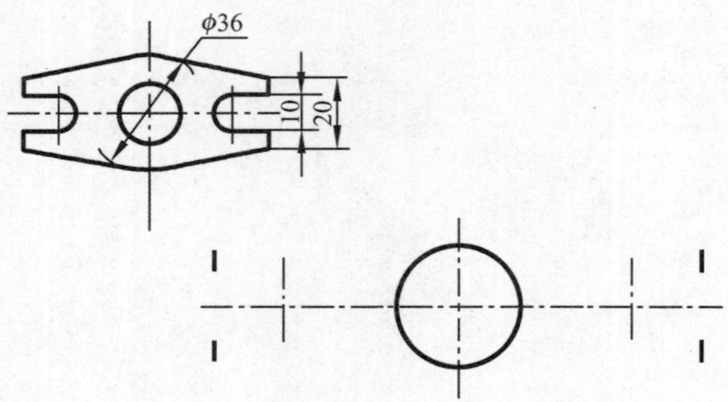

4.

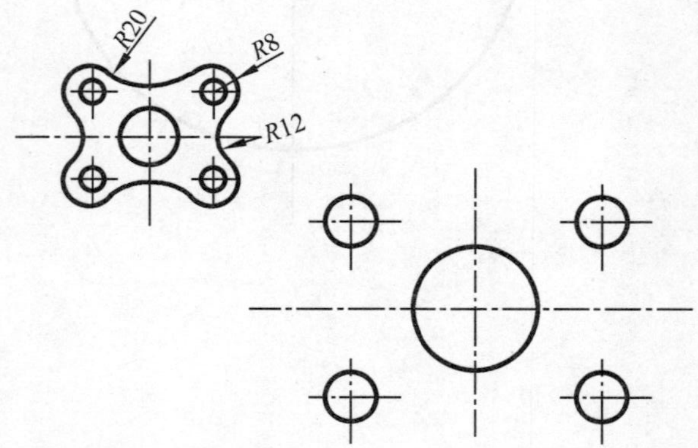

第 1 章　制图的基本知识	班级：	姓名：	学号：	审核：

1—9　徒手画图（将左图徒手画在右边方格纸上）

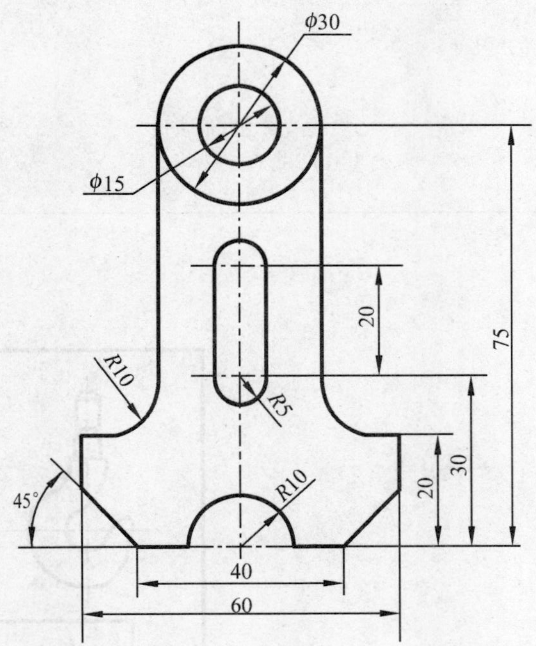

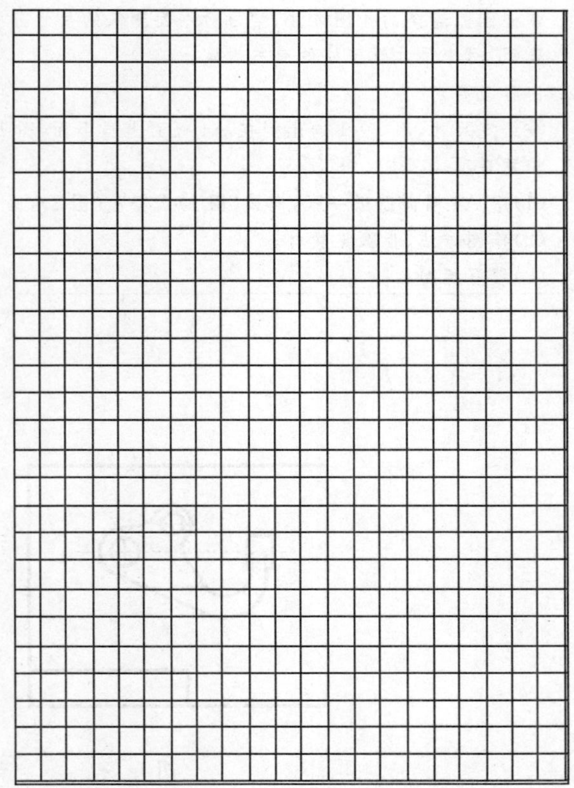

第 1 章　制图的基本知识	班级:	姓名:	学号:	审核:

1—10　平面图形大作业

作图要求

1. 作业目的

掌握圆弧连接的作图方法,学习对平面图像的尺寸分析,熟悉 GB/T4458—2003《机械制图　尺寸注法》和 GB/T16675.2—1996《技术制图　简化表示法》中尺寸标注法的有关规定。

2. 内容与要求

按给定尺寸,用 1∶1 的比例在 A4 幅面上画下面(图 1 或图 2)所示的图形,并注尺寸。

3. 注意事项

(1)用 A4 幅面图纸一张,横放(图 1)或竖放(图 2),画图框和标题栏。

(2)作图方法、步骤见教材。

(3)填写标题栏。

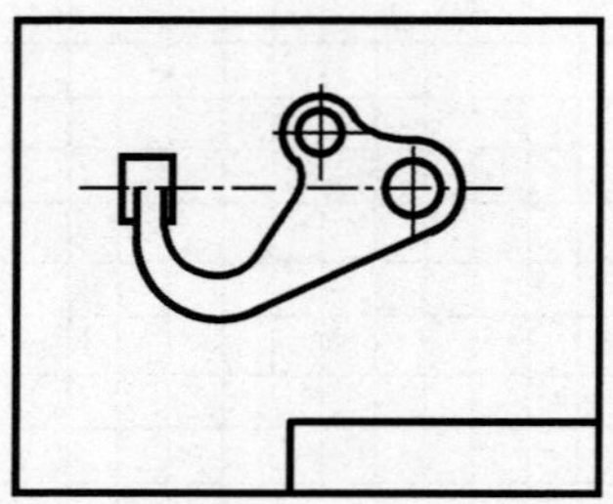

图 1

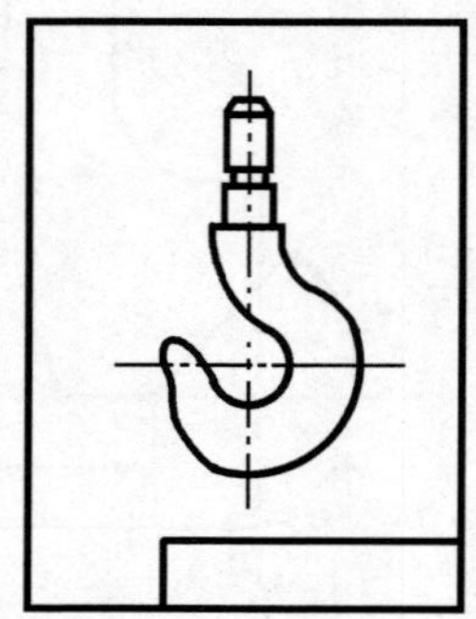

图 2

第 1 章　制图的基本知识	班级：	姓名：	学号：	审核：

1—11　平面图形大作业

1.

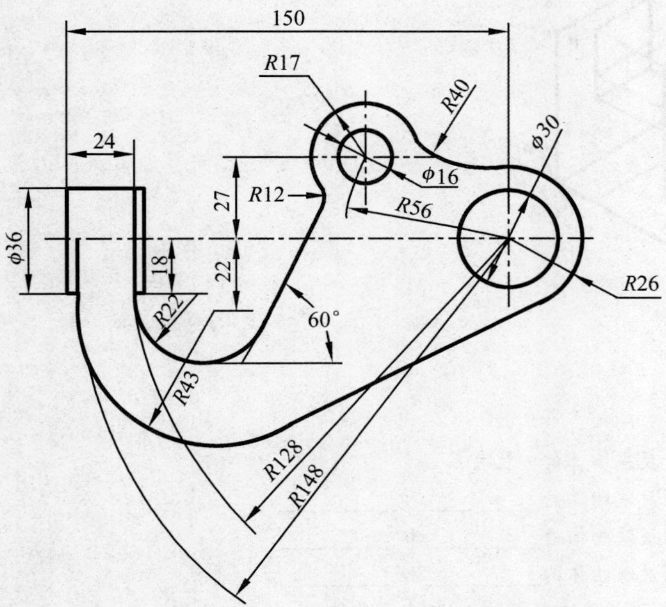

2.

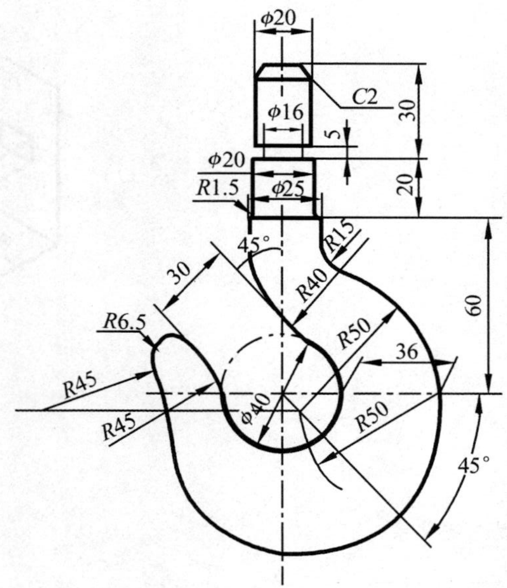

第 2 章　投影基础	班级：	姓名：	学号：	审核：

2—1　根据轴测图及其在三投影面体系中所处的位置，画出它的三视图，并回答问题

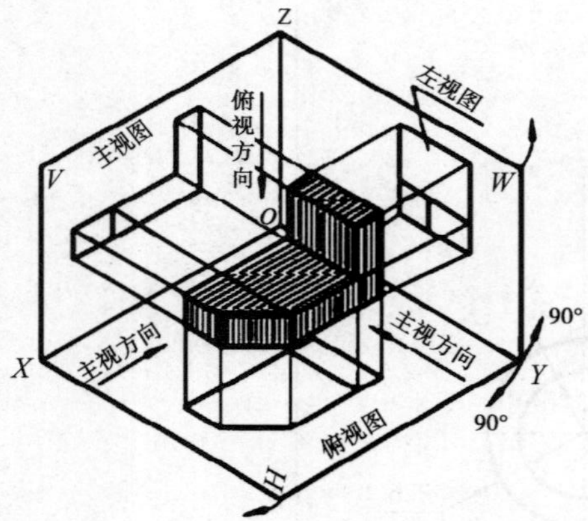

写出视图的三等关系

主、俯视图________

主、左视图________

俯、左视图________

视图所反应物体的方位关系

主视图反映物体的________和________；

左视图反映物体的________和________；

俯视图反映物体的________和________。

俯、左视图远离主视图的一边，表示物体的________面；靠近主视图的一边，表示物体的________面。

第 2 章　投影基础	班级：	姓名：	学号：	审核：

2—2　完成三视图

1.

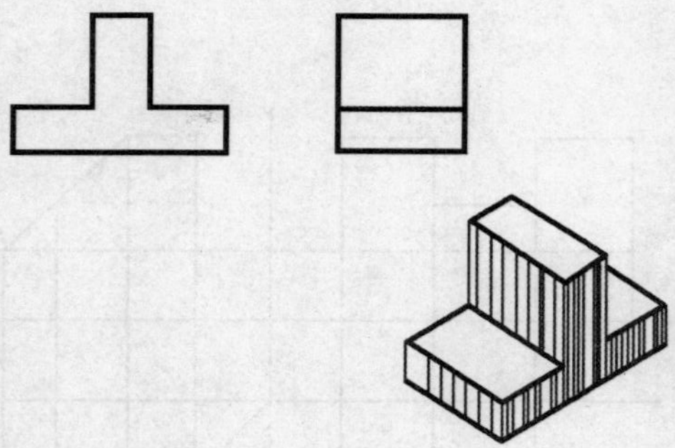

2.

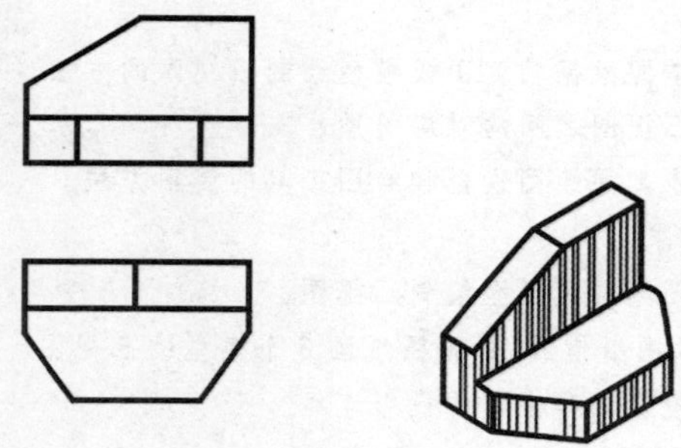

3.

4.

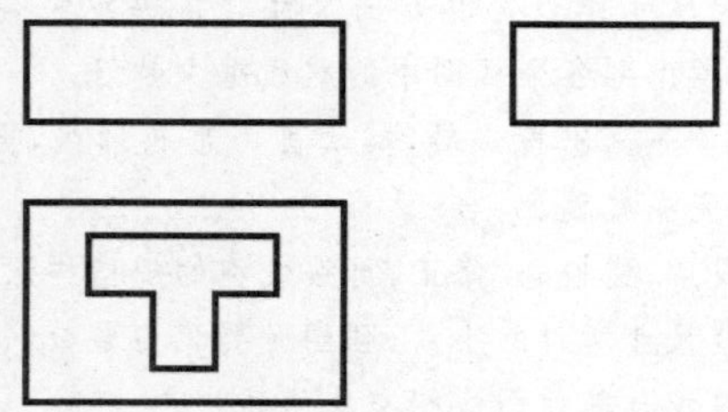

第2章　投影基础	班级:	姓名:	学号:	审核:

2—3　根据轴测图画三视图

作业指导

1. 作业目的

(1)初步掌握根据轴测图或模型绘制三视图的方法。

(2)掌握三视图之间的对应关系。

(3)进一步掌握绘图仪器和绘图工具的使用方法。

2. 内容与要求

(1)根据轴测图或模型绘制三视图。

(2)用 A3 图纸横放,每张图纸画 6 个模型的三视图。

(3)画出投影轴和全部的投影连线。

(4)绘图比例自定。

3. 注意事项

(1)布图时,三视图之间的距离应适当,六组三视图的总体布局也应协调、匀称,三视图应按规定的位置配置,且符合"长对正、高平齐、宽相等"的"三等"关系。

(2)主视图的选择。应能明显地表现模型的形状特征,一般常以模型的最大尺寸作为长度方向尺寸。在决定主视图的投射方向时,还应考虑到各个视图中的虚线越少越好。

(3)作图时,首先画出投影轴,其次画外形轮廓线,再按顺序画内部轮廓线,完成底稿。

(4)底稿完成后,经检查、修正,再按线型的规格描深。

(5)度量模型尺寸所得的小数,画图时要化为整数。

(6)应注意虚线与其他图线相交处的画法。

例图

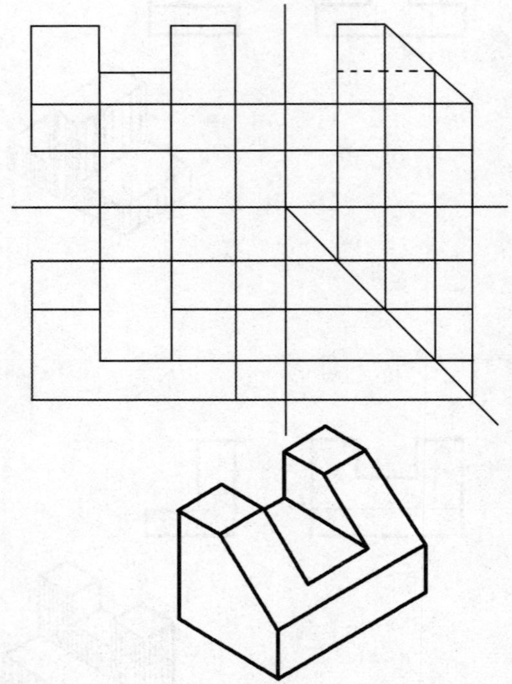

第 2 章　投影基础	班级：	姓名：	学号：	审核：

2—4　根据轴测图画三视图大作业

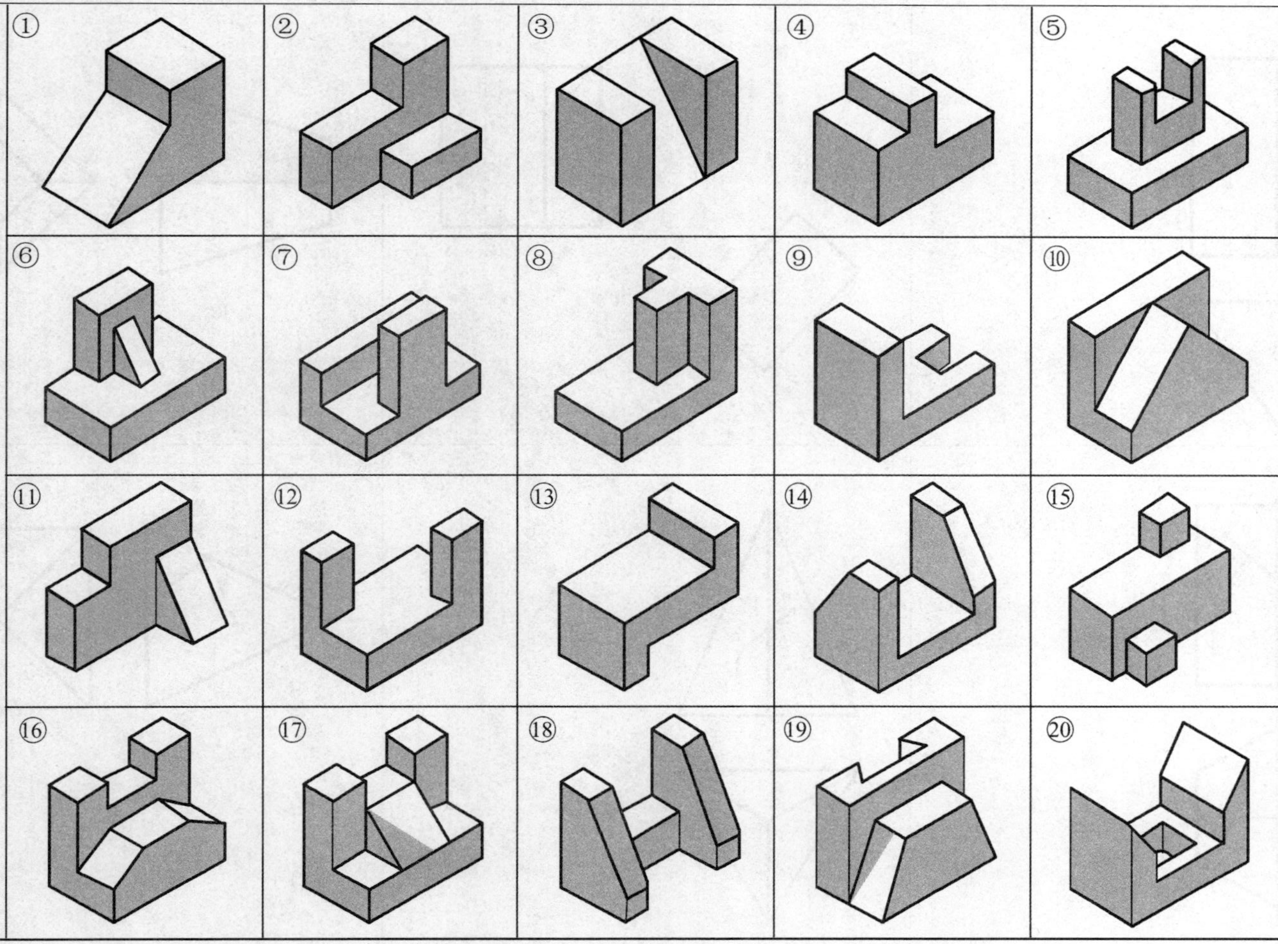

第3章　基本立体视图	班级:	姓名:	学号:	审核:

3—1　平面上取点、取线:画出立体的第三视图,并求作立体表面上各点、直线的其余二面投影

1.

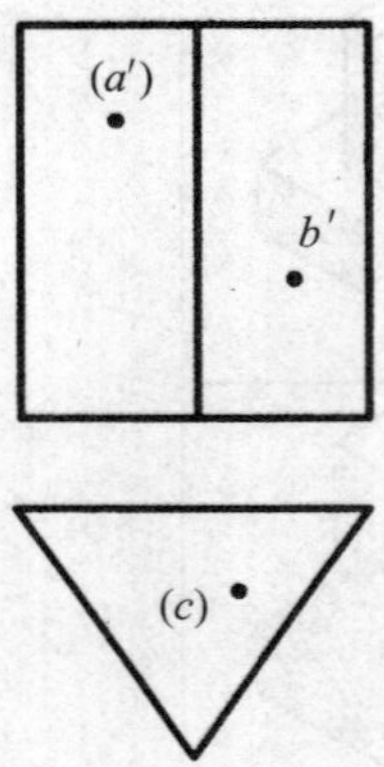

2.

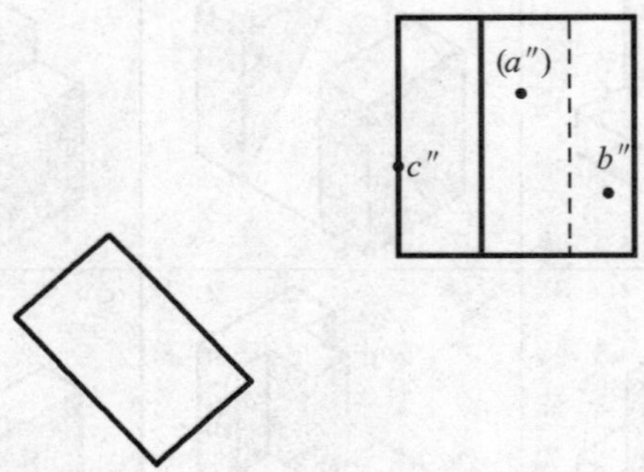

3.

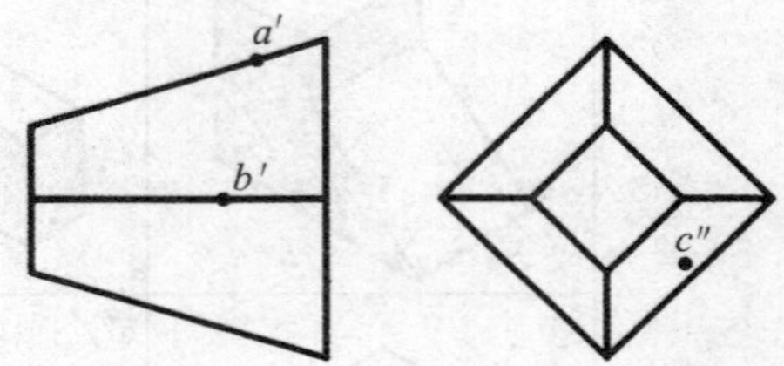

4.

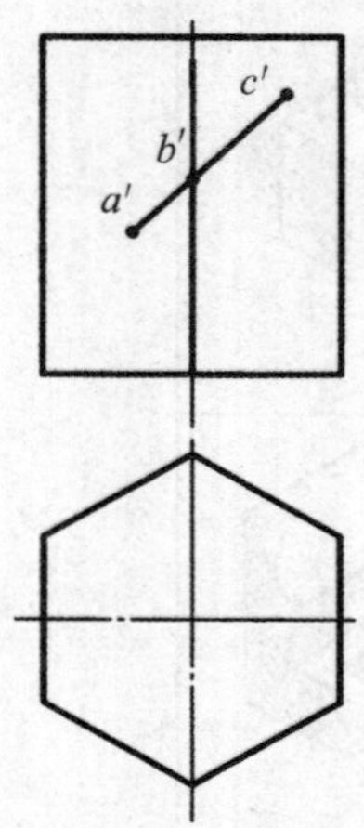

5.

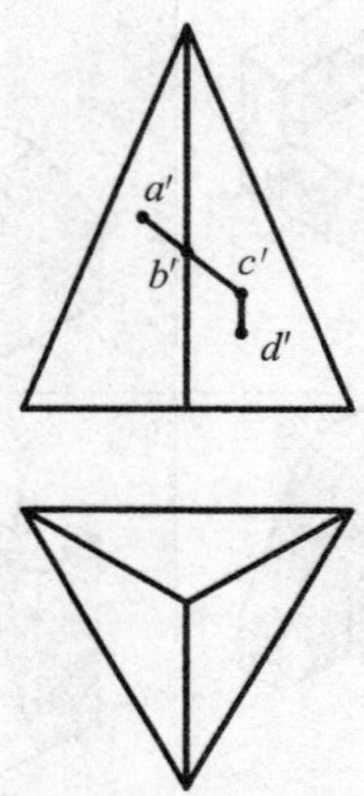

6.

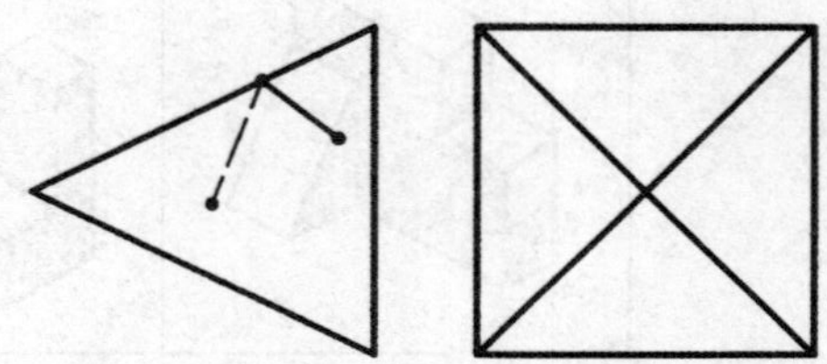

第 3 章 基本立体视图	班级：	姓名：	学号：	审核：

3—2 补画立体的第三视图，并求立体表面点的另两面投影

1.

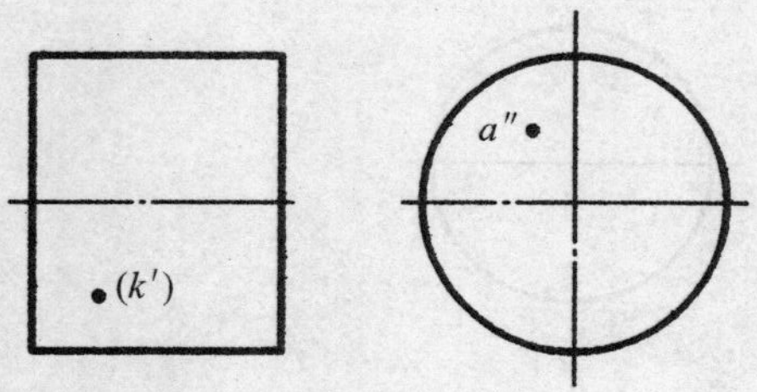

2.

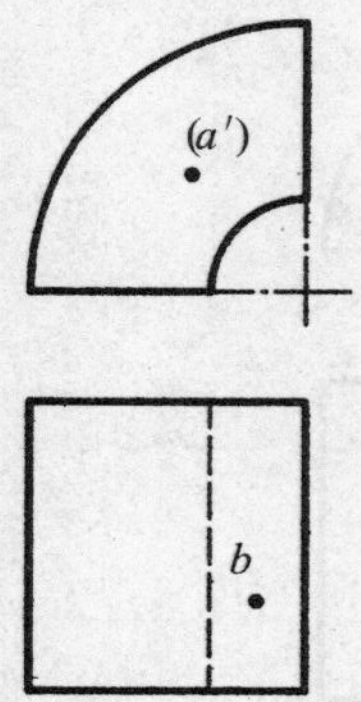

3.

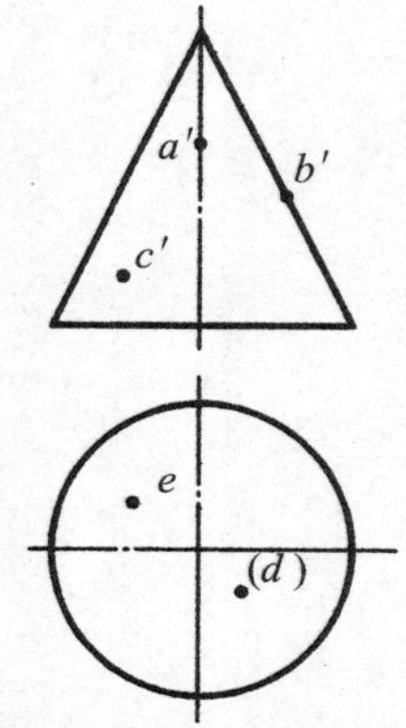

4.

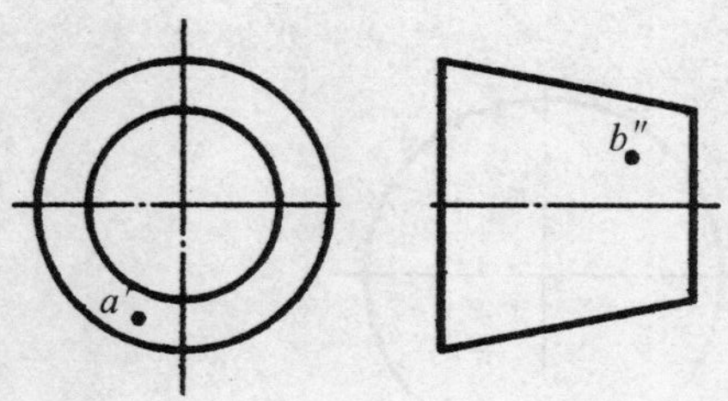

5.

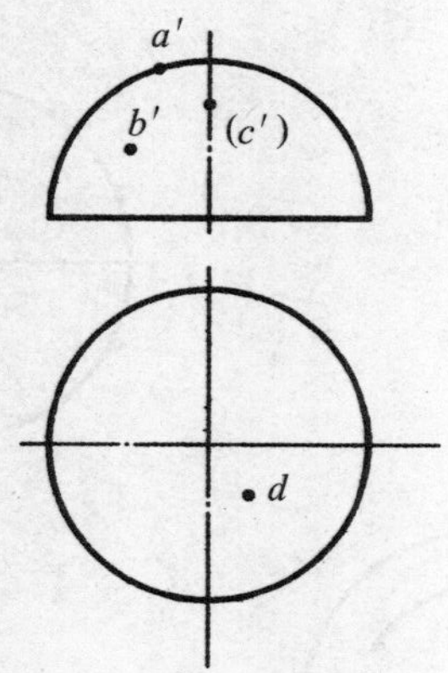

6.

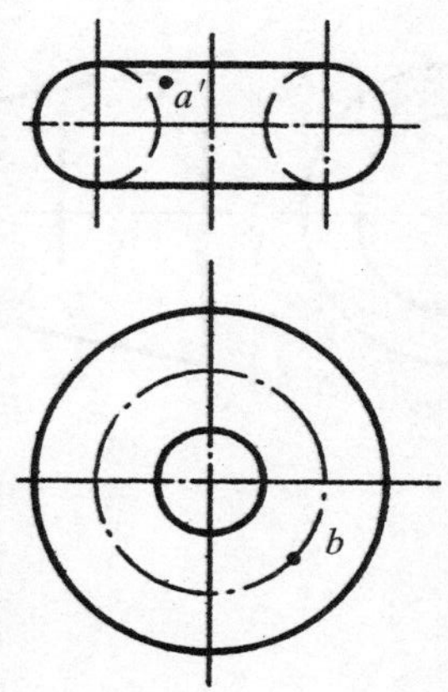

第 3 章　基本立体视图	班级:	姓名:	学号:	审核:

3—3　补画第三视图,并求立体表面上线的另两面投影

1.

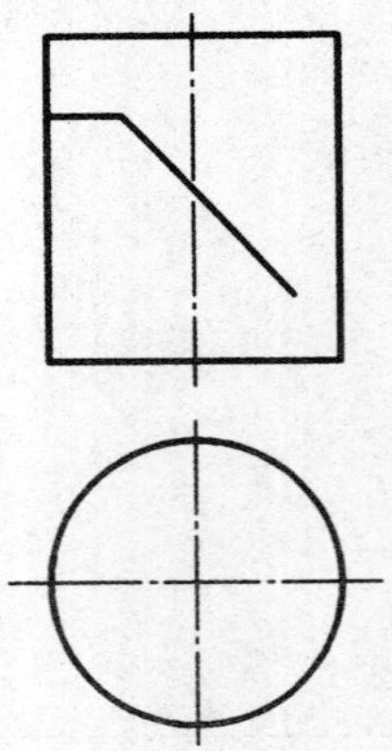

2.

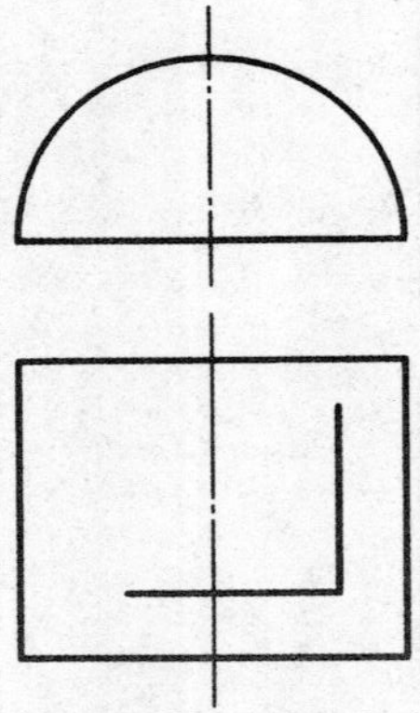

3.

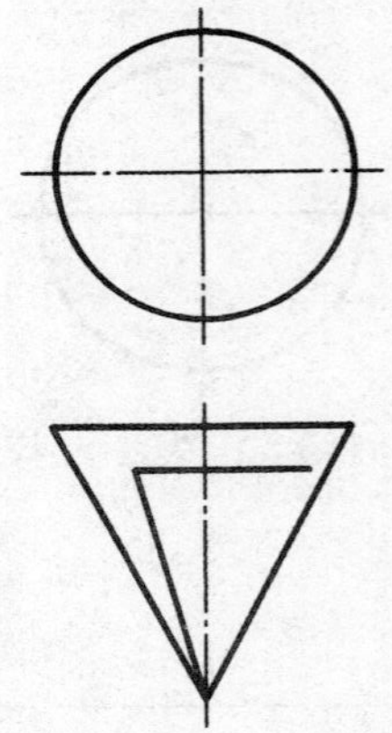

4.

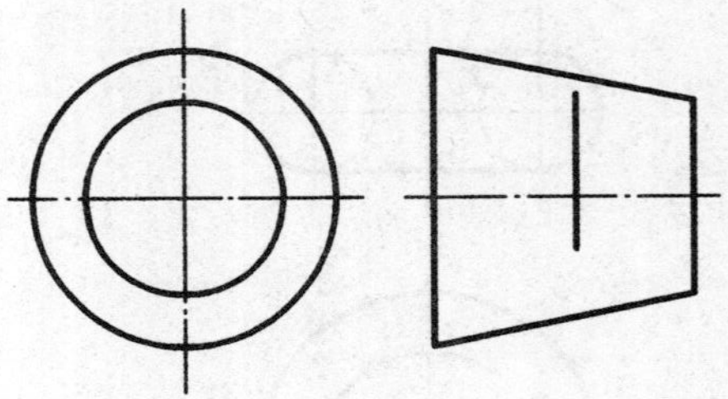

5.

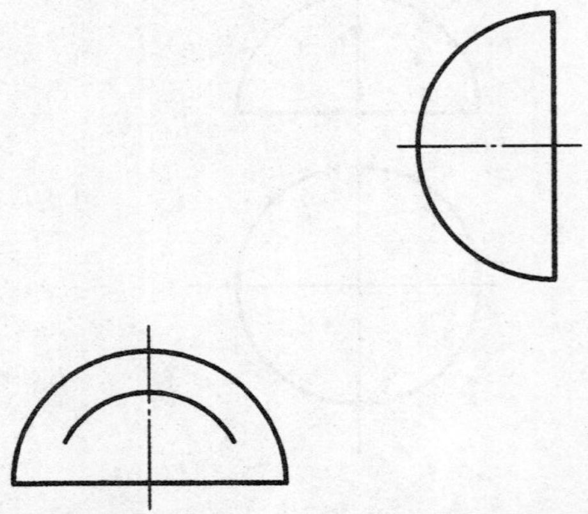

6.

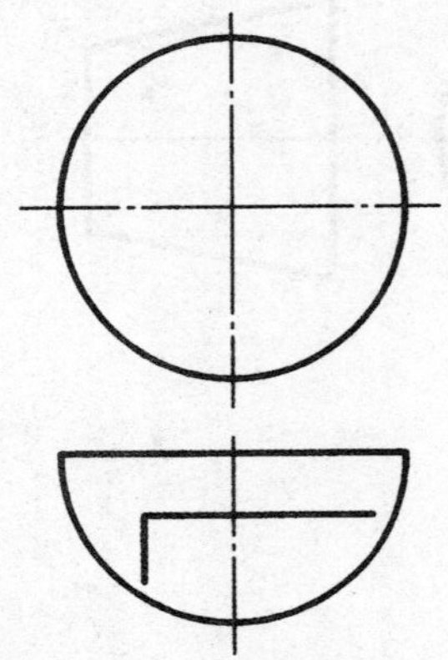

第 3 章　基本立体视图	班级：	姓名：	学号：	审核：

3—4　补全平面与平面立体的交线，完成三视图

1.

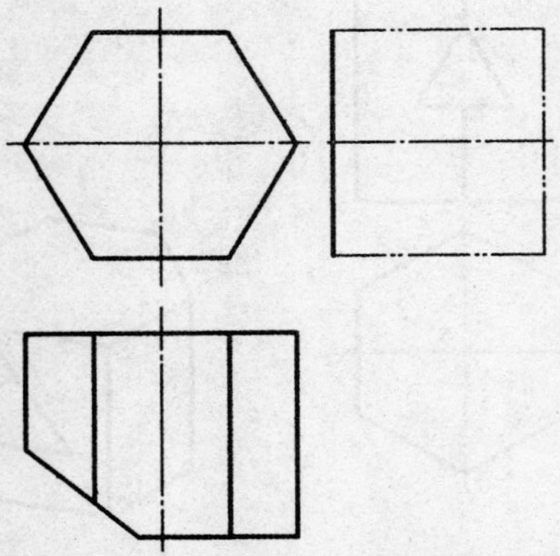

2.

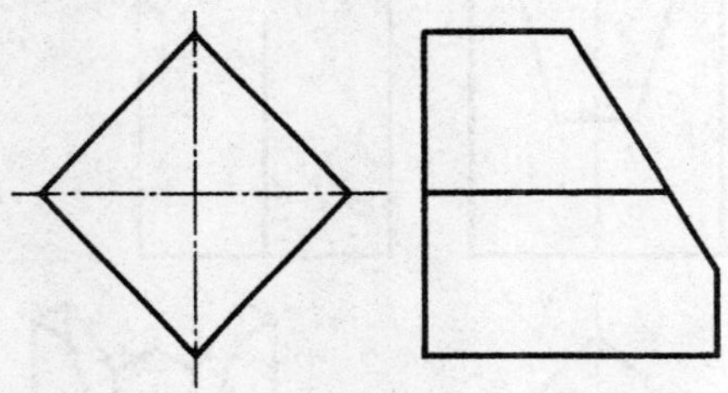

3.

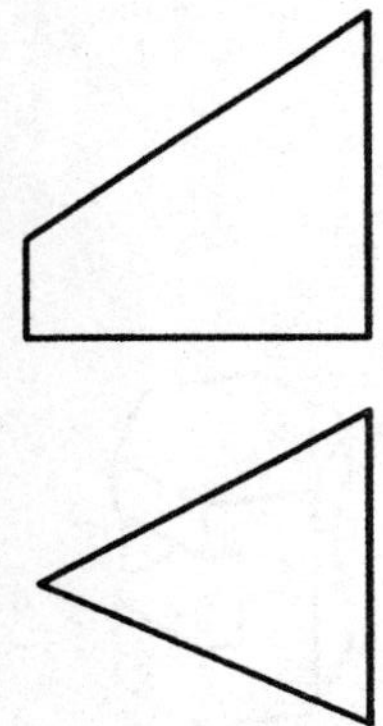

4.

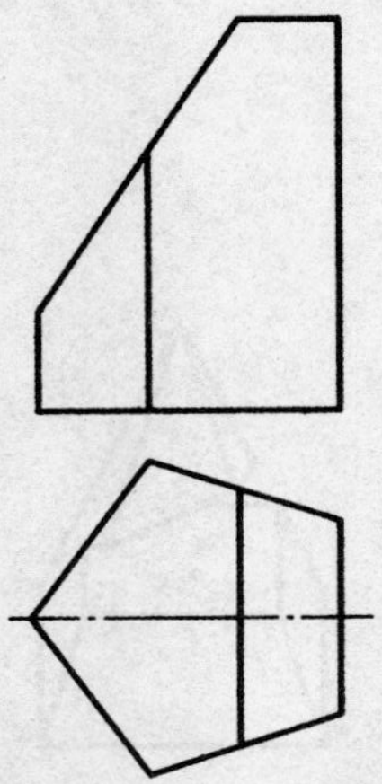

5.

6.

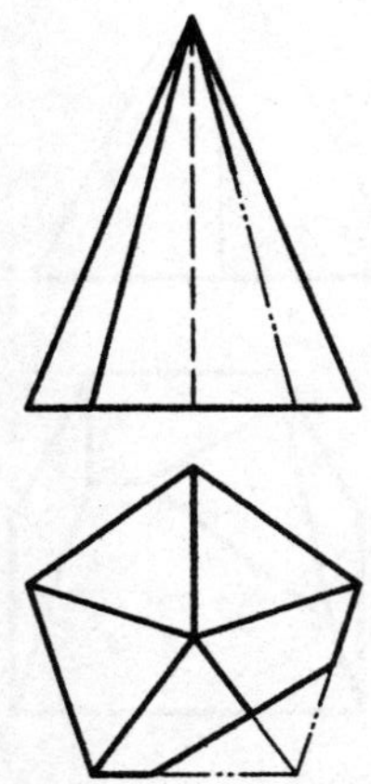

第 3 章　基本立体视图	班级：	姓名：	学号：	审核：

3—5　补全俯视图，并补画左视图

1.

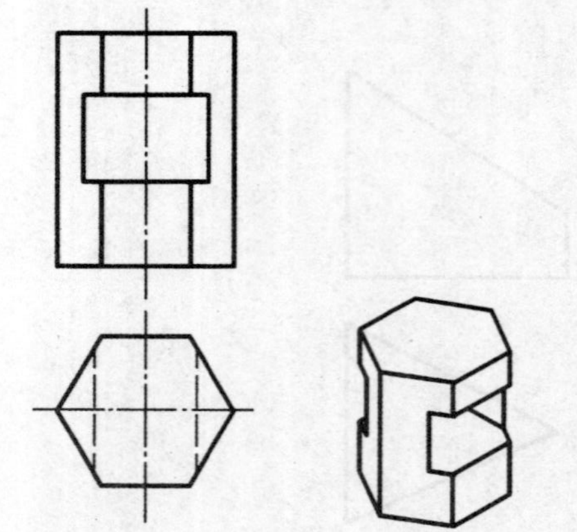

2.

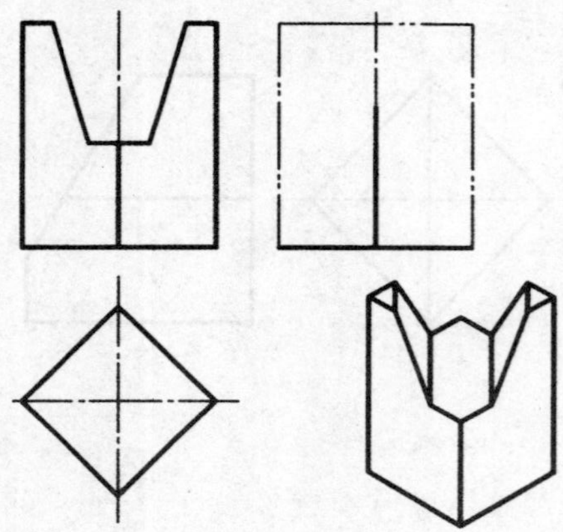

3.

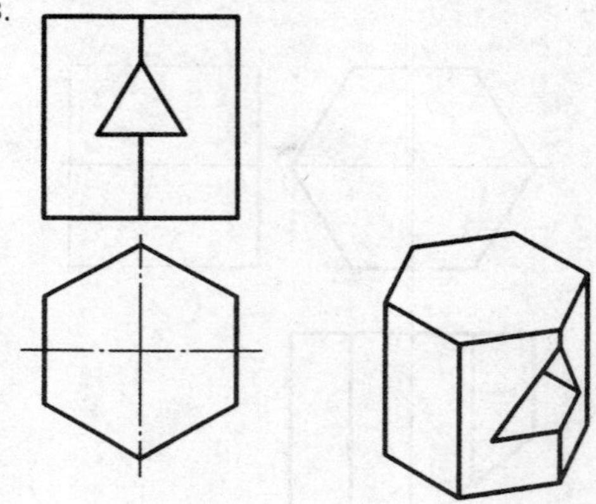

4.

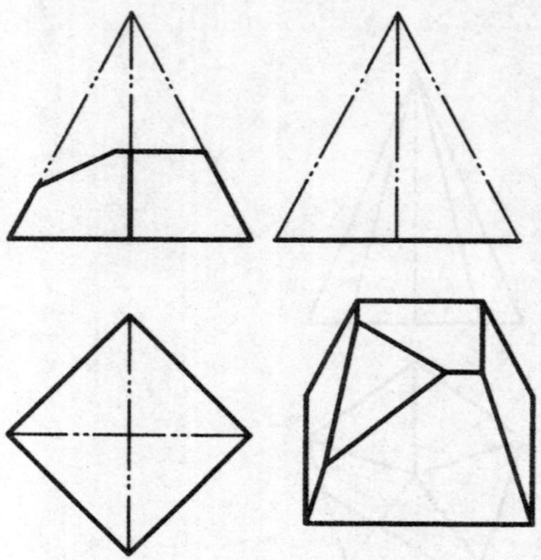

5.

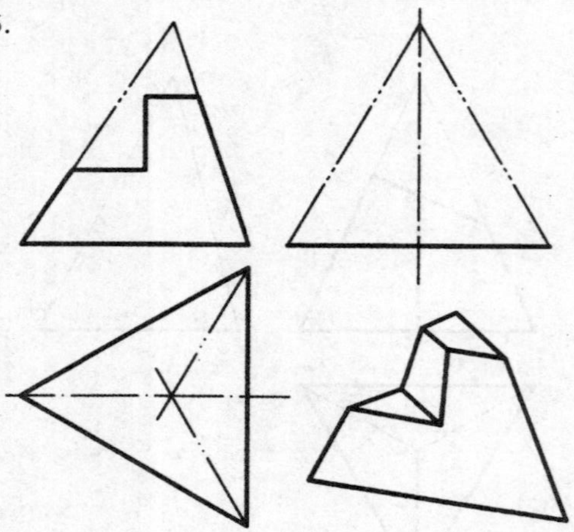

6.

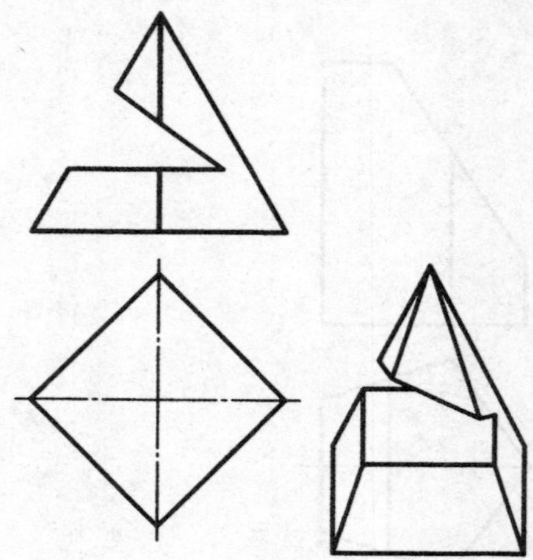

第 3 章　基本立体视图	班级：	姓名：	学号：	审核：

3—6　补画第三视图

1.

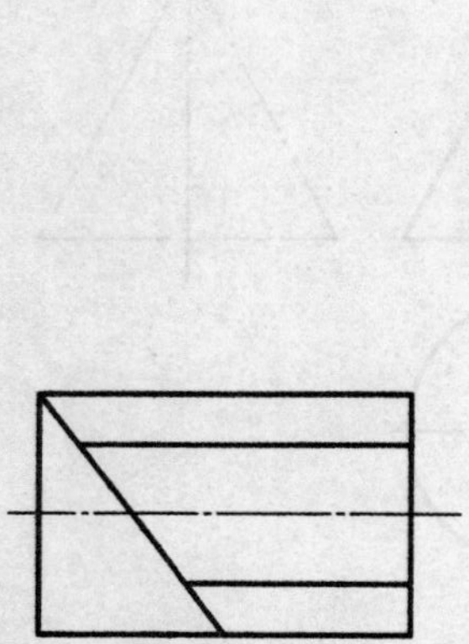

2.

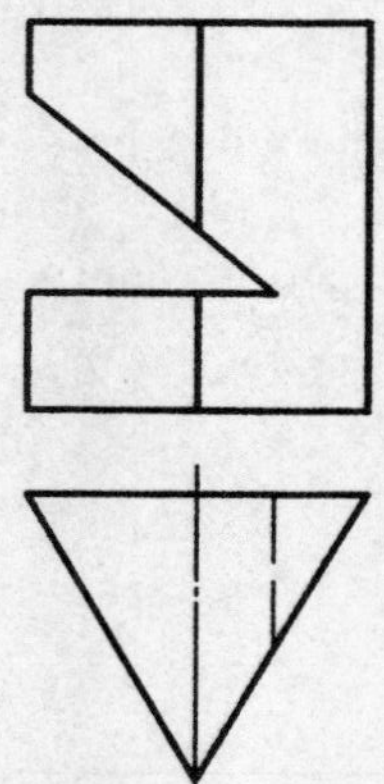

3.

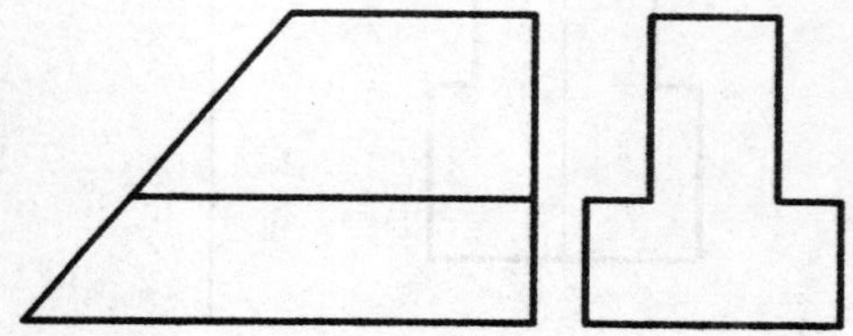

4.

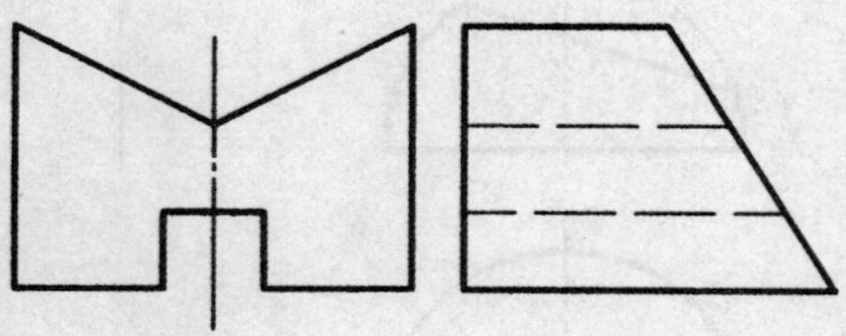

5.

6.

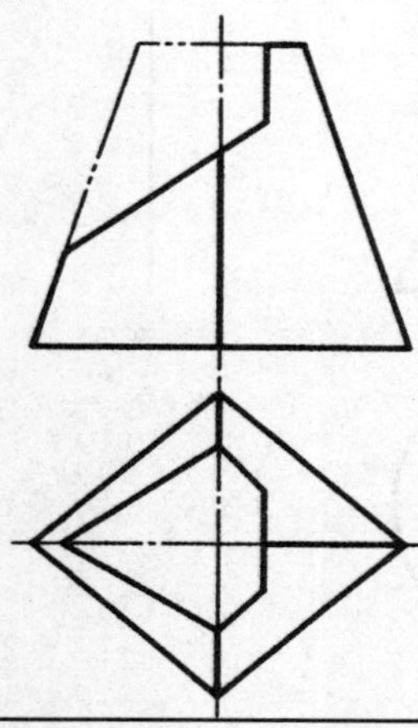

第 3 章　基本立体视图	班级:	姓名:	学号:	审核:

3—7　补全视图所缺的线,补画第三视图

1.

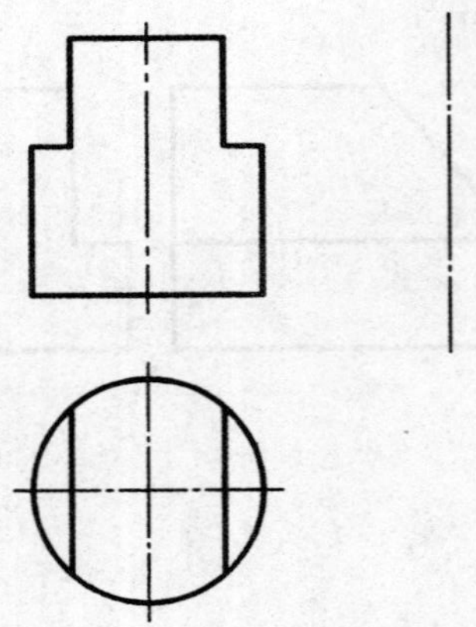

2.

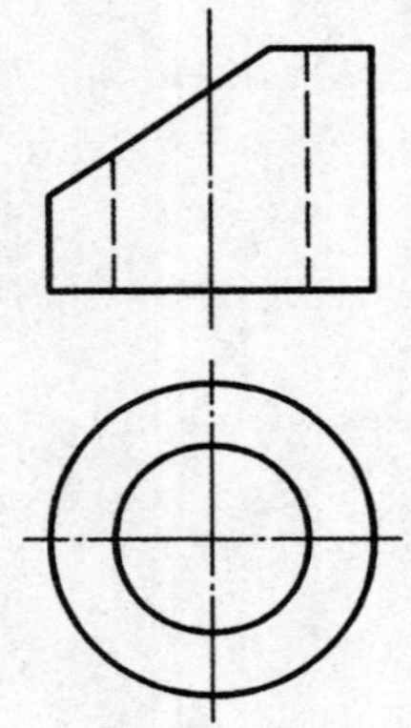

3.

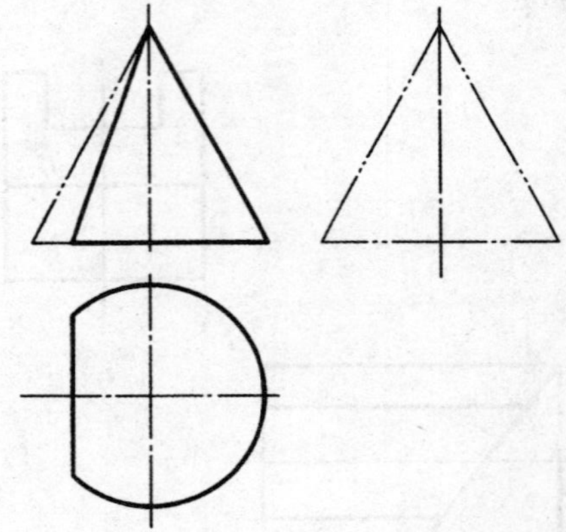

4.

5.

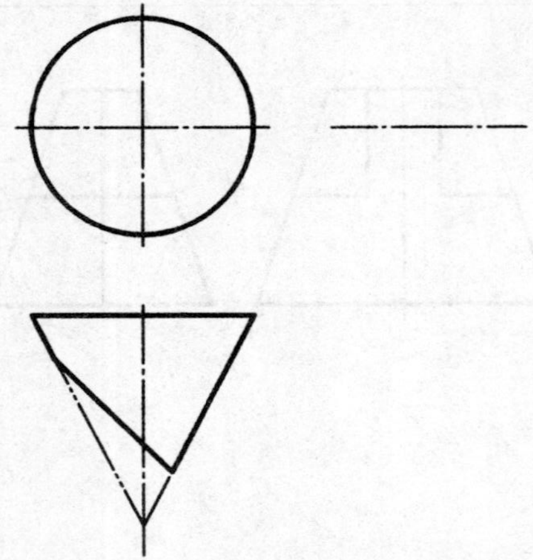

6.

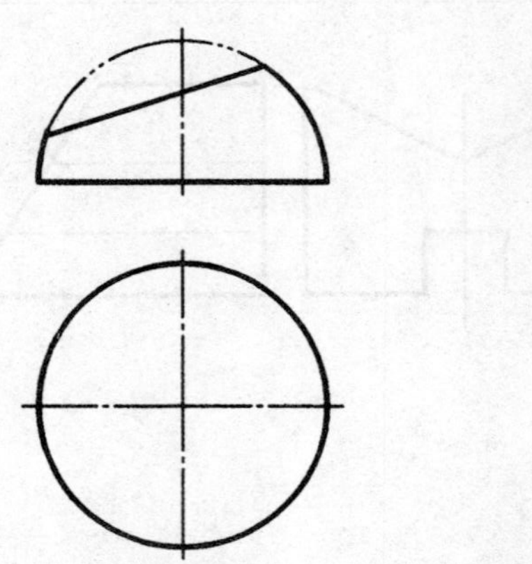

第 3 章　基本立体视图	班级：	姓名：	学号：	审核：

3—8　补全视图所缺的线，补画第三视图

1.

2.

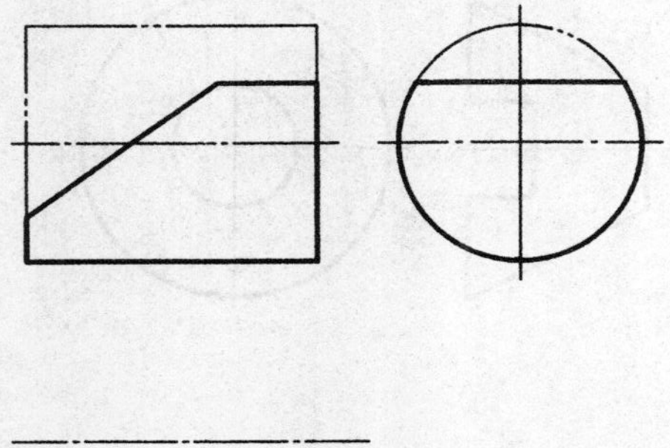

3.

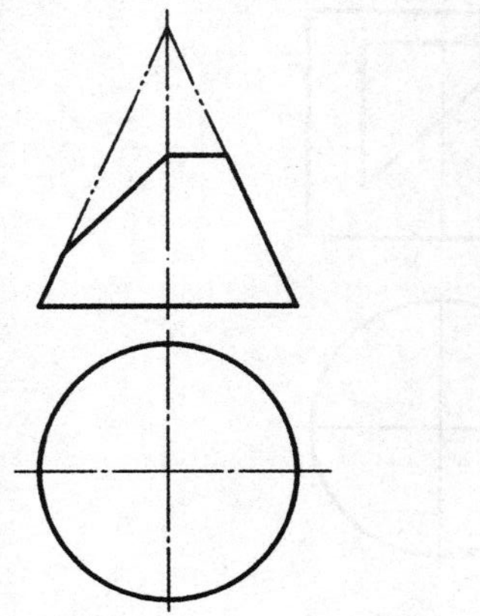

4.

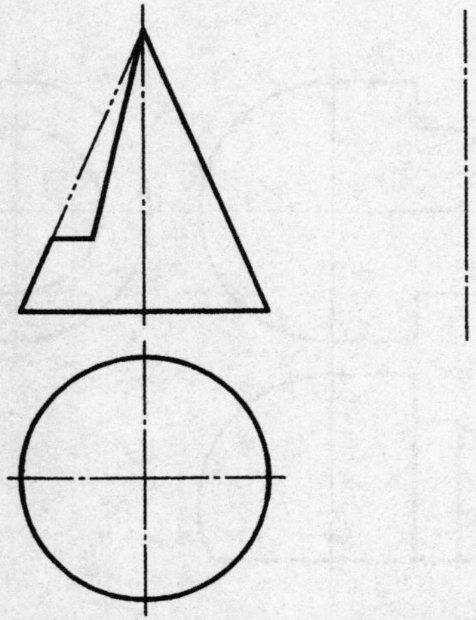

5.

6.

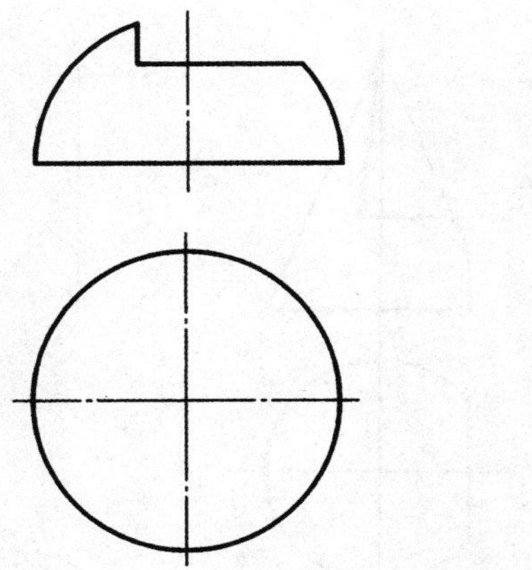

第 3 章　基本立体视图	班级：	姓名：	学号：	审核：

3—9　补全视图所缺的线，补画第三视图

1.

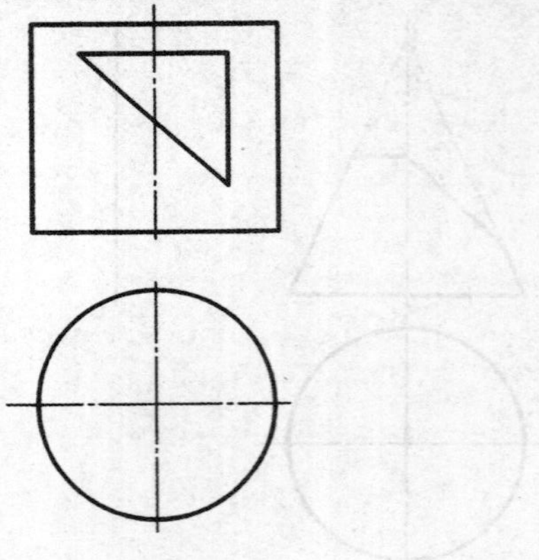

2.

3.

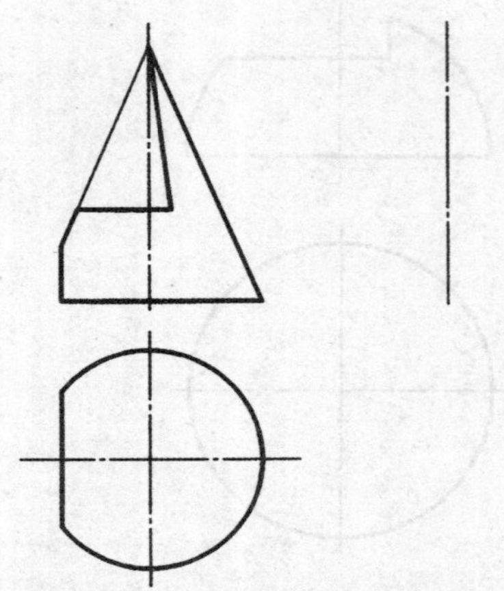

4.

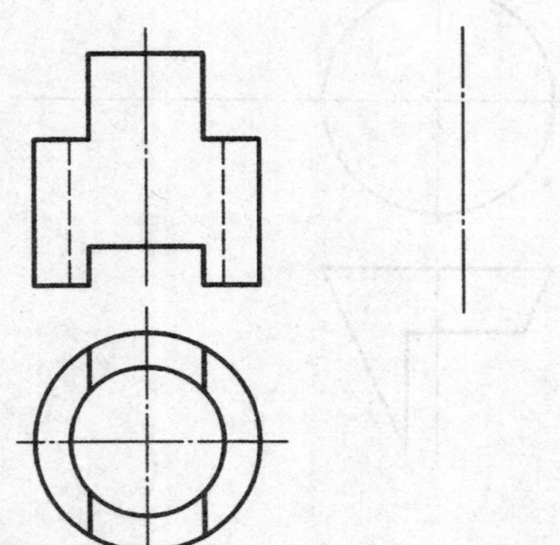

3—10　补全视图所缺的线，完成其三视图

1.

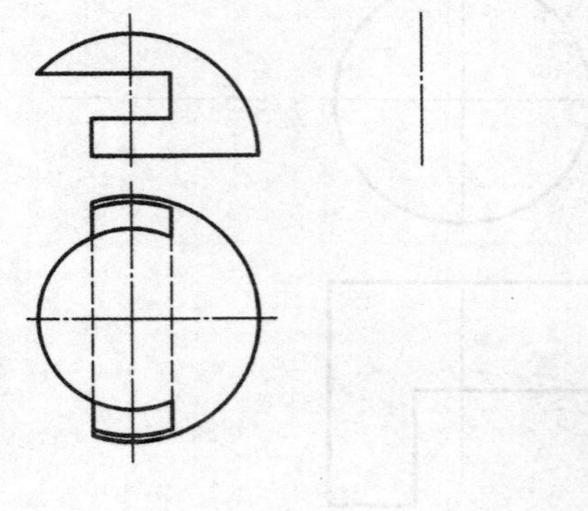

2.

第 3 章　基本立体视图	班级：	姓名：	学号：	审核：

3—11　利用积聚性求相贯线

1.

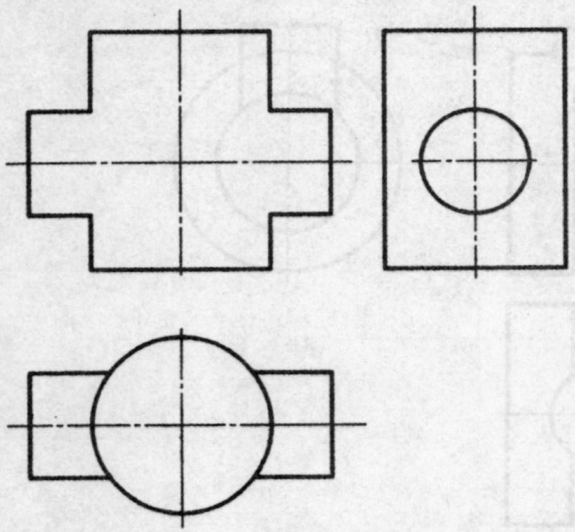

2.

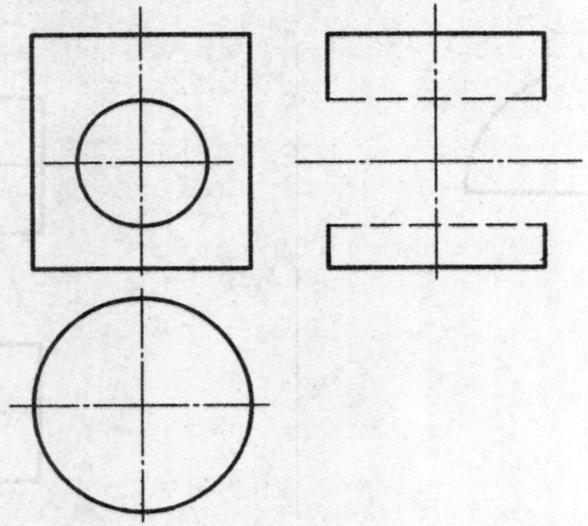

3.

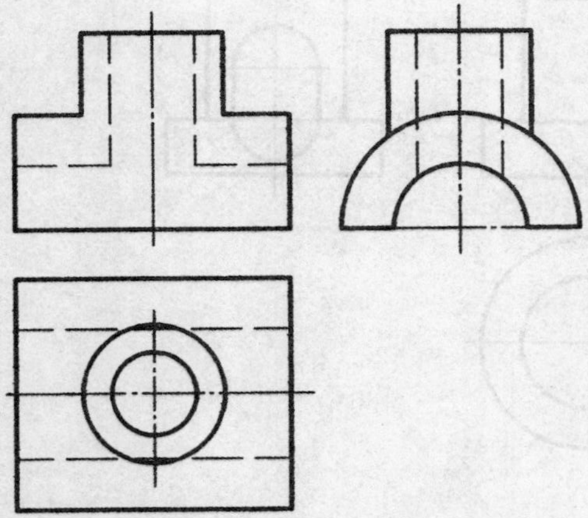

4.

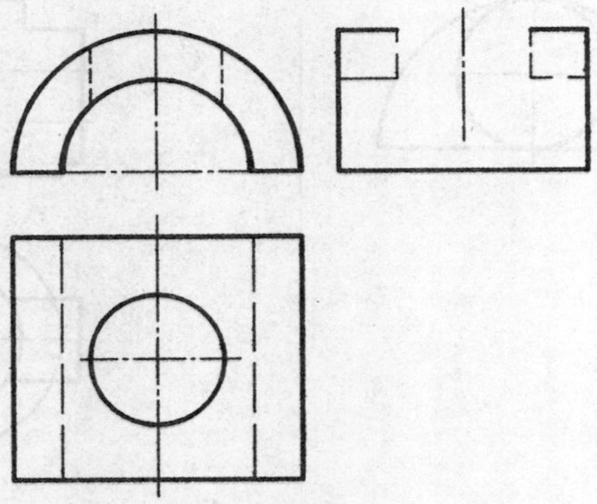

3—12　利用辅助平面求相贯线

1.

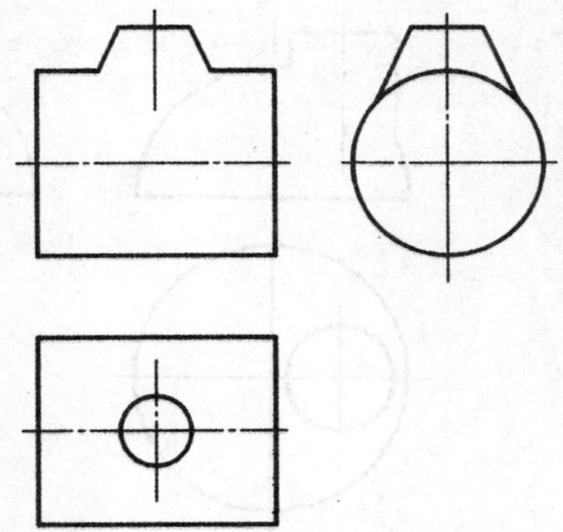

2.

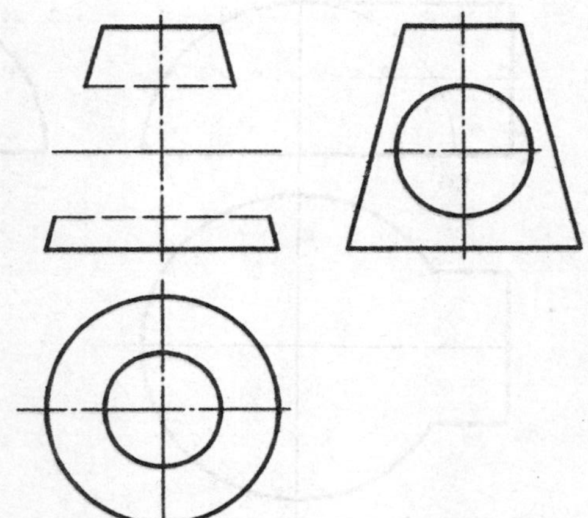

第 3 章　基本立体视图　　班级：　　姓名：　　学号：　　审核：

3—12　利用辅助平面求相贯线(续)

3.

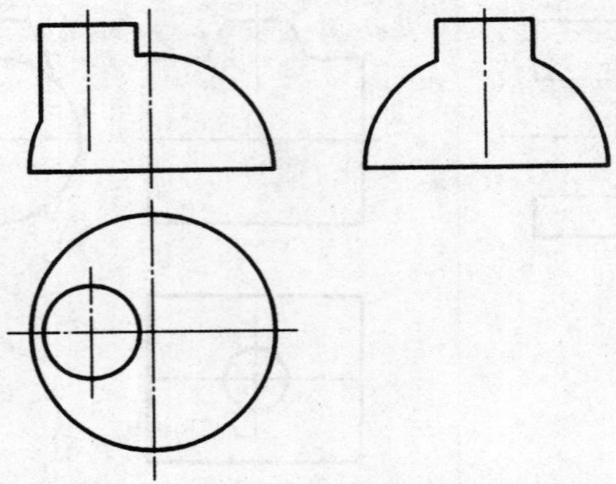

4.

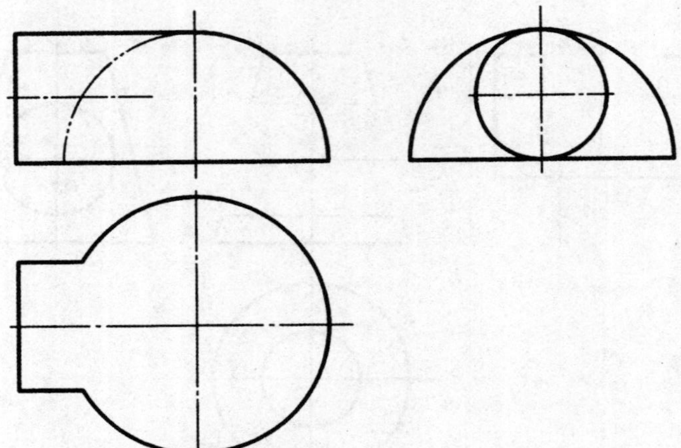

3—13　分析和求相贯线，并完成投影图

1.

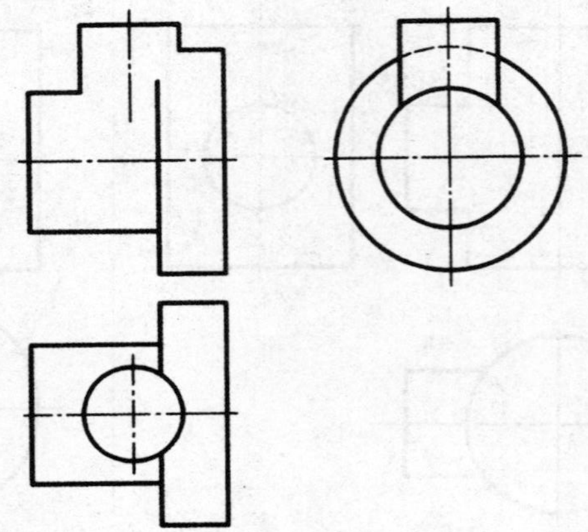

2.

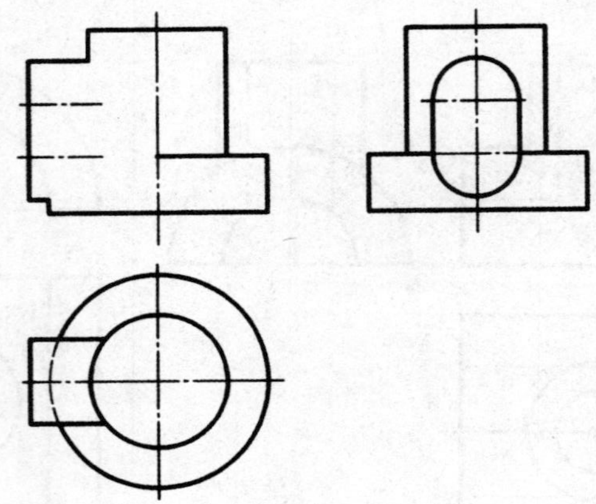

第 3 章　基本立体视图	班级：	姓名：	学号：	审核：

3—14　求特殊情况下的相贯线

1.

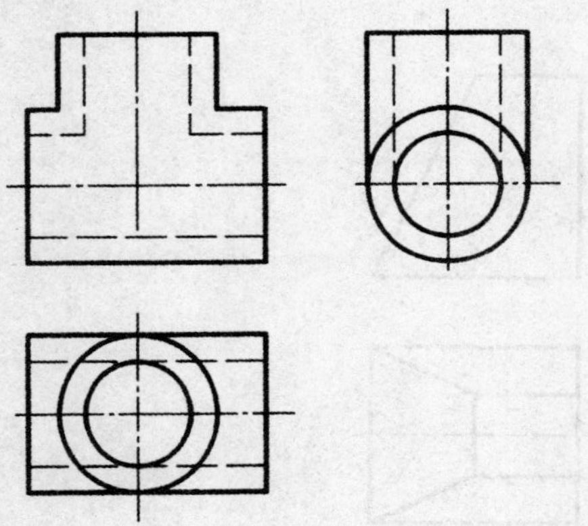

2.

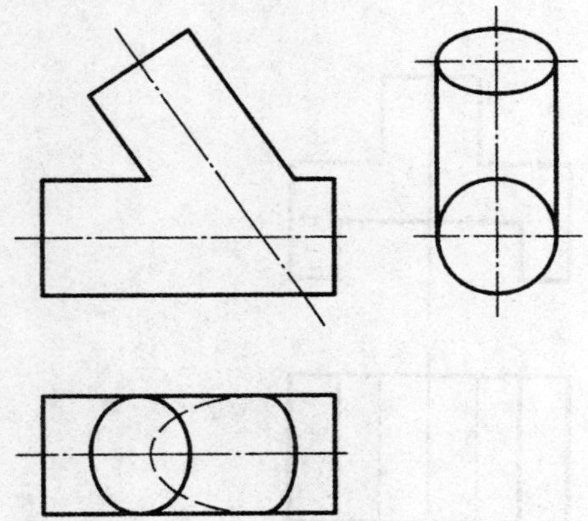

3.

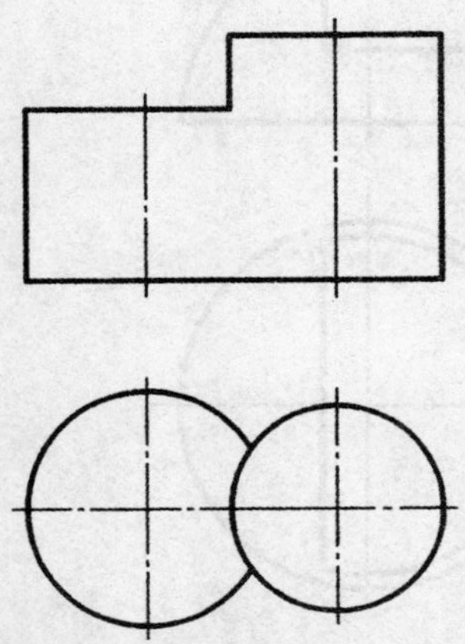

4.

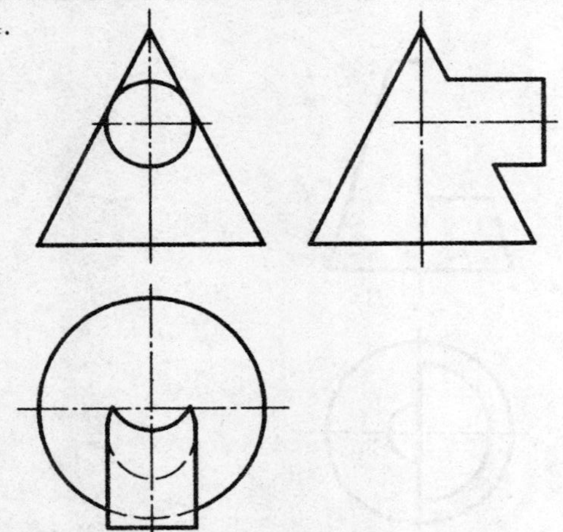

3—15　补画过渡线

1.

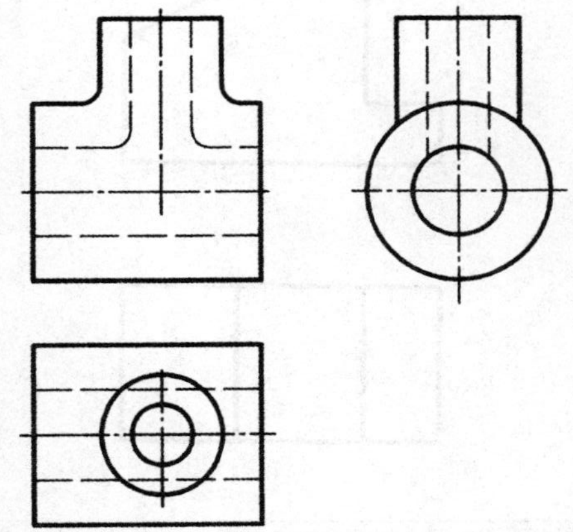

2.

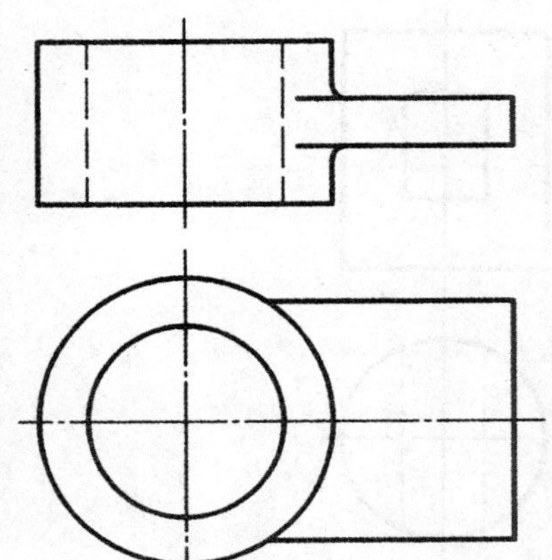

第 3 章　基本立体视图	班级：	姓名：	学号：	审核：

3—16　标注下例立体的尺寸（数值从图中直接量取并取整数）

1.

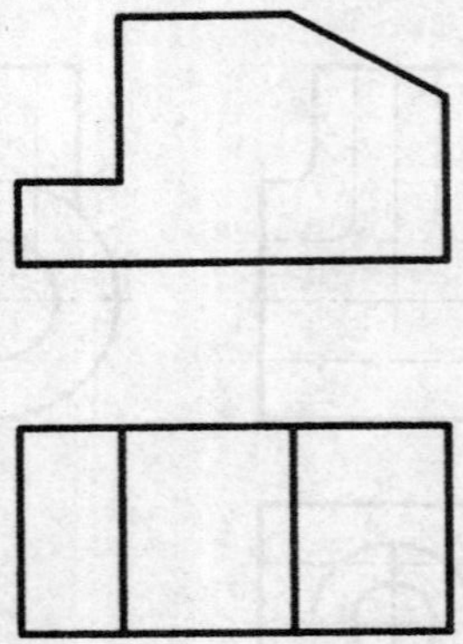

2.

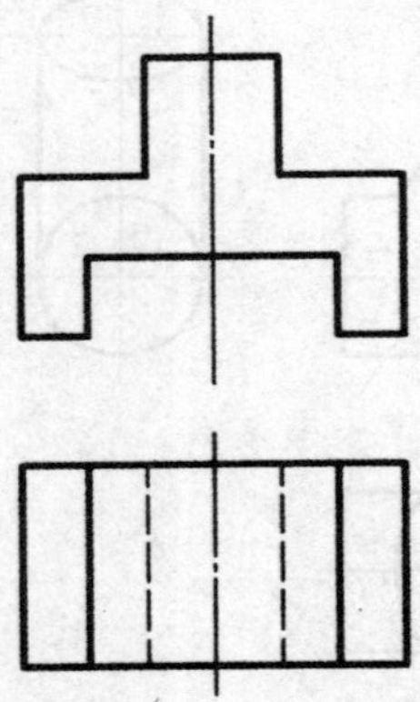

3.

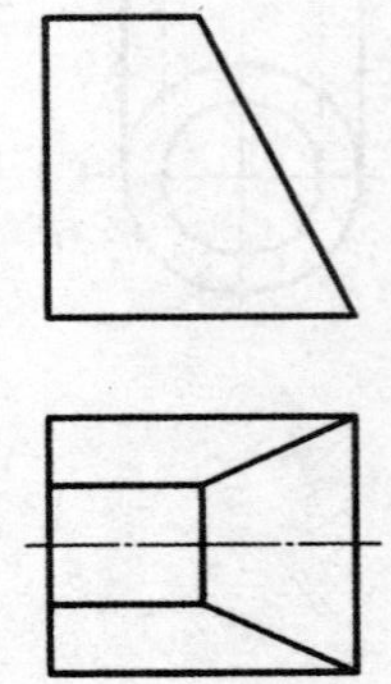

4.

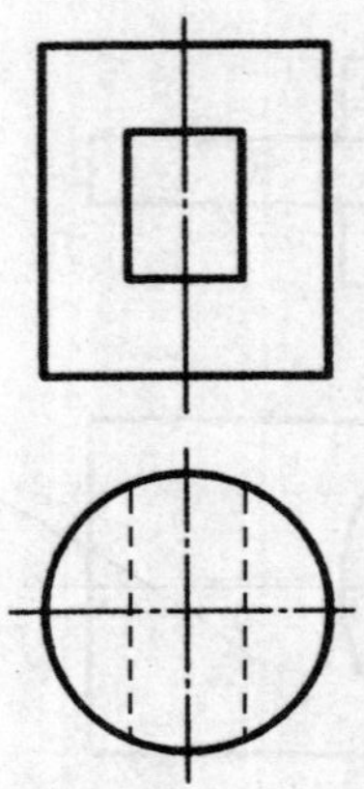

5.

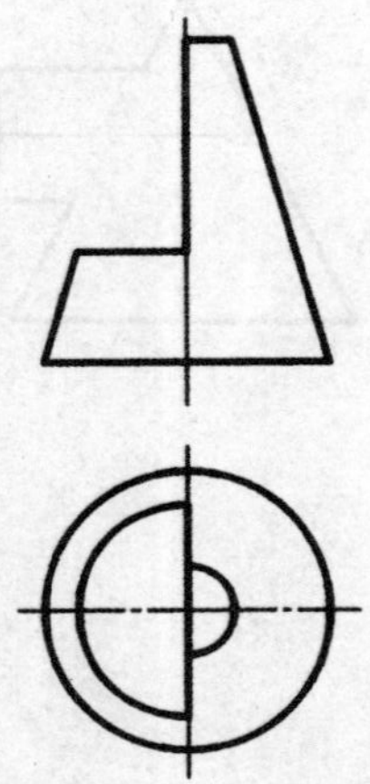

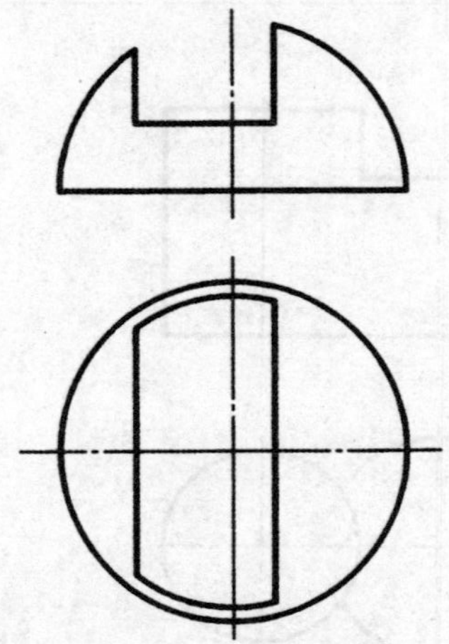

第 4 章　组合体	班级：	姓名：	学号：	审核：

4—1　根据轴测图，绘制下列组合体的三视图（比例自定）

1.

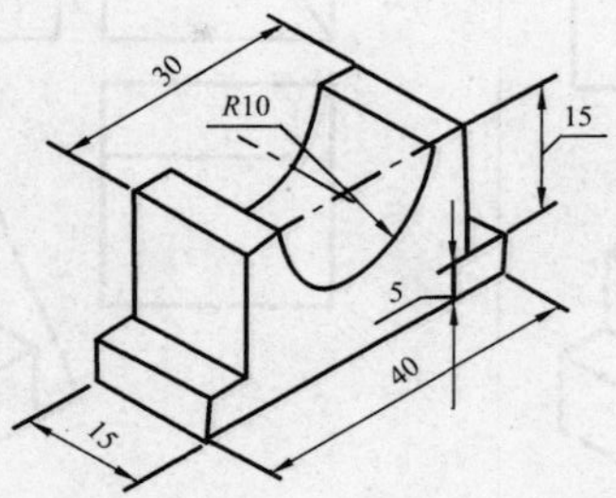

2.

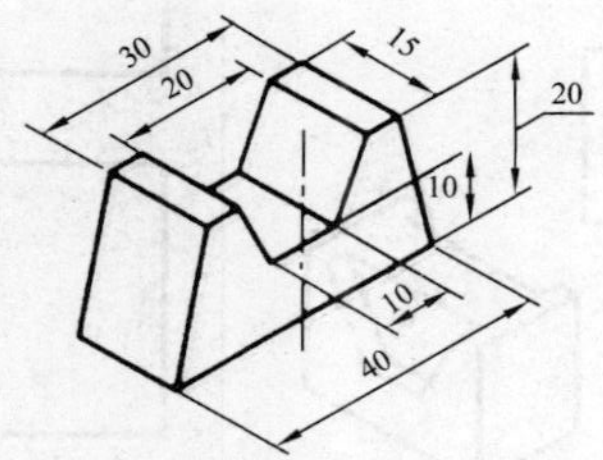

3.

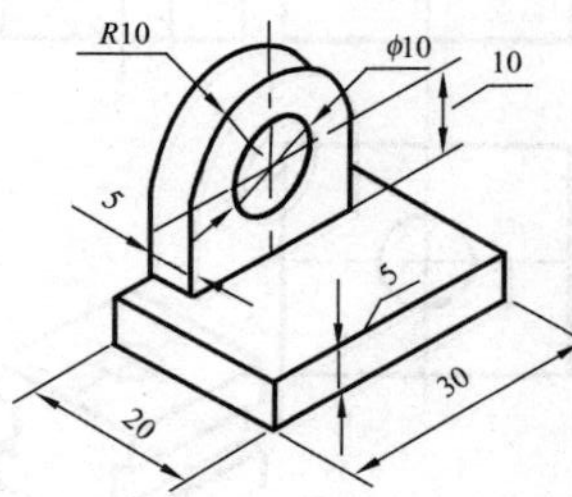

4.

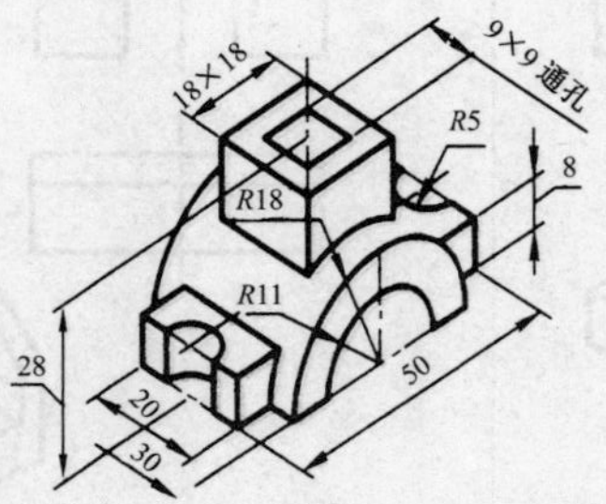

5.

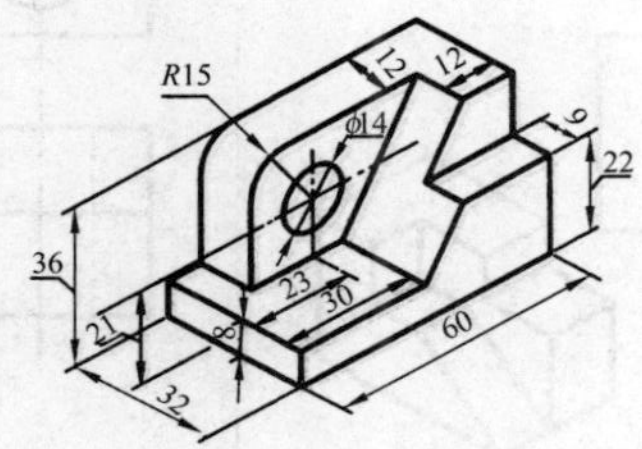

6.

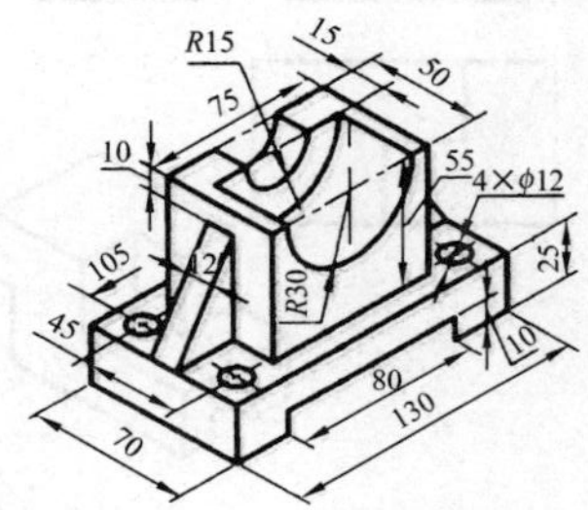

第 4 章　组合体	班级:	姓名:	学号:	审核:

4—2　根据轴测图及三视图补全视图中所缺的线

1.

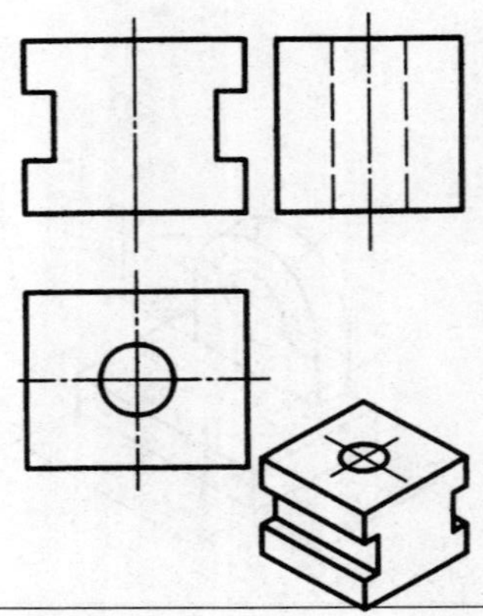

2.

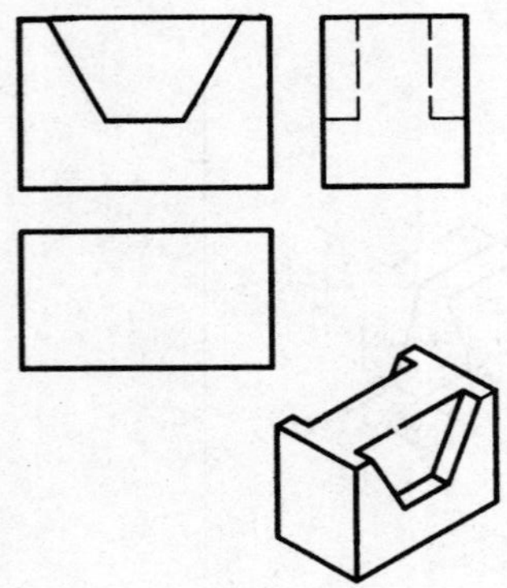

3.

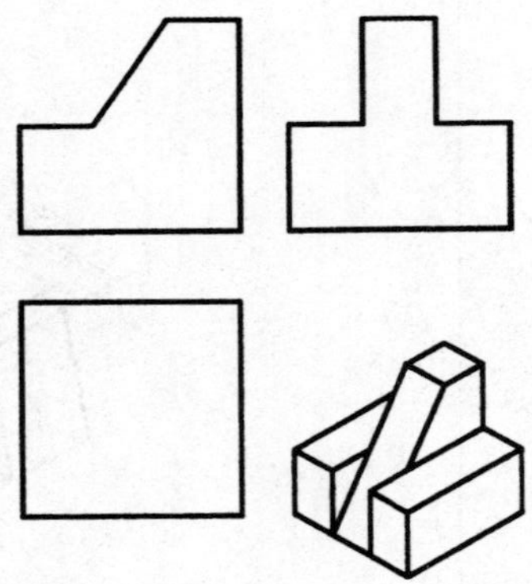

4.

5.

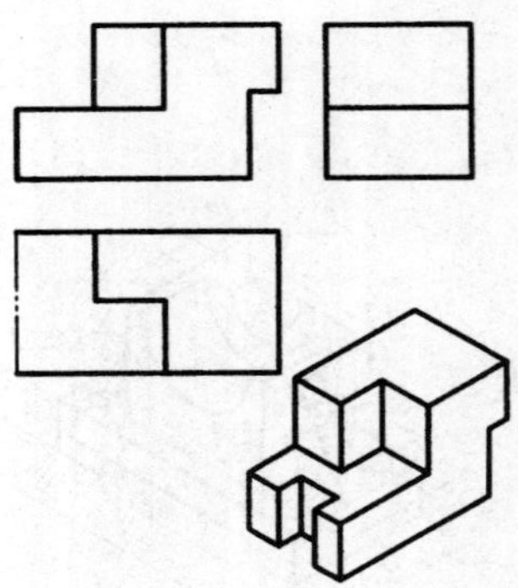

6.

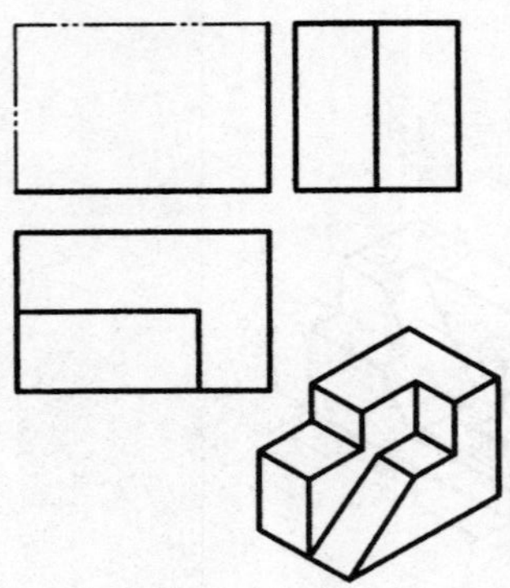

7.

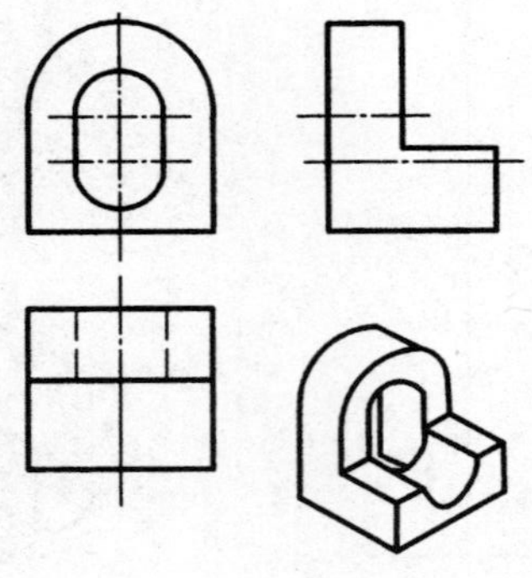

8.

第 4 章　组合体	班级：	姓名：	学号：	审核：

4—3　补全视图中所缺的线

1.

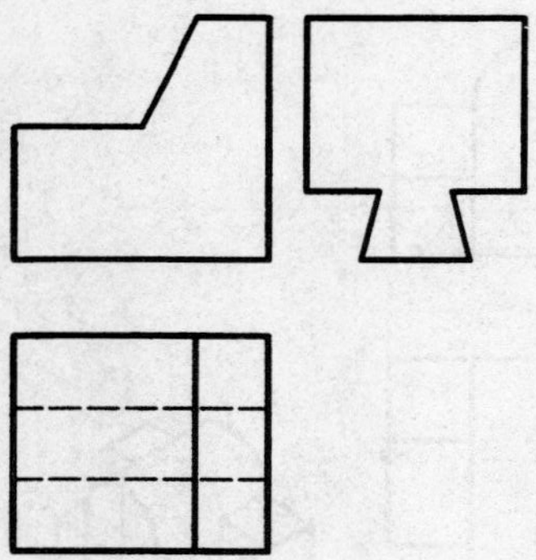

2.

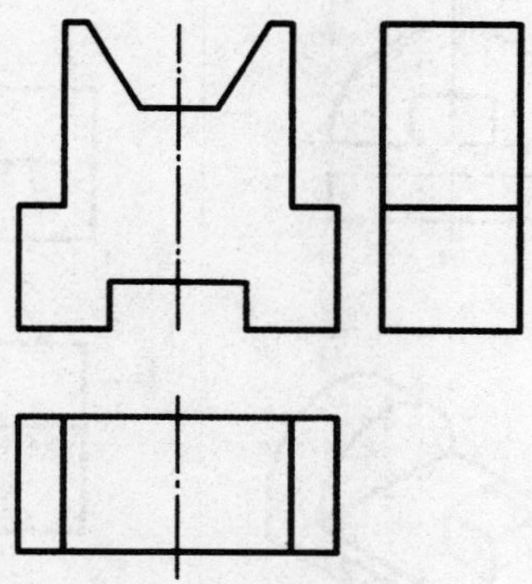

3.

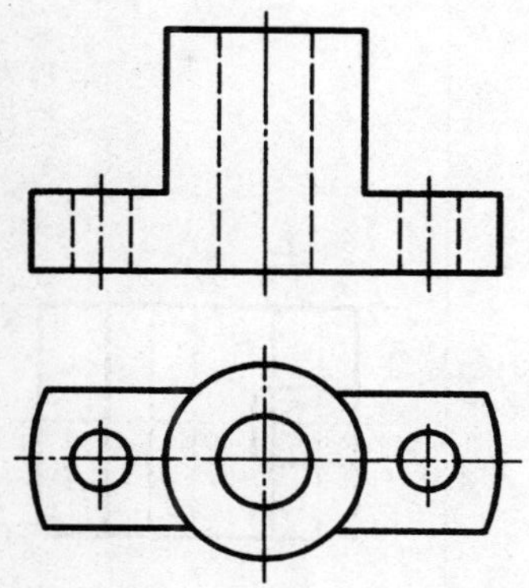

4.

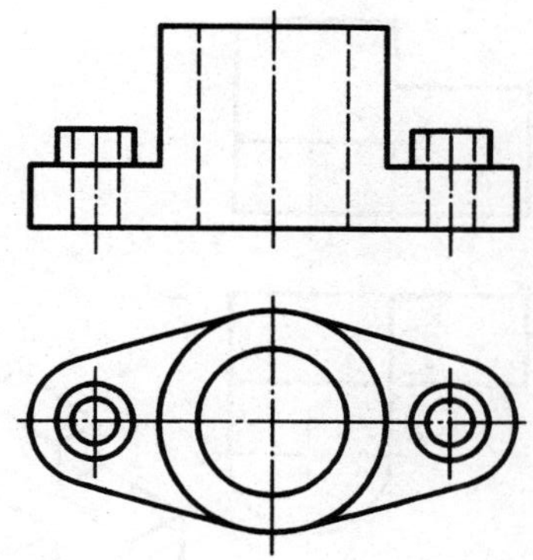

5.

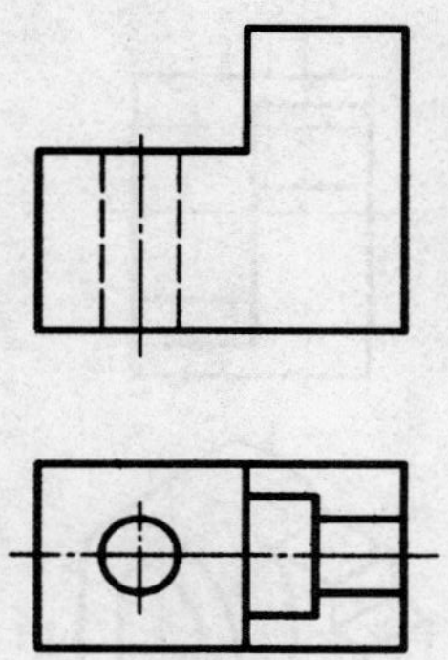

6.

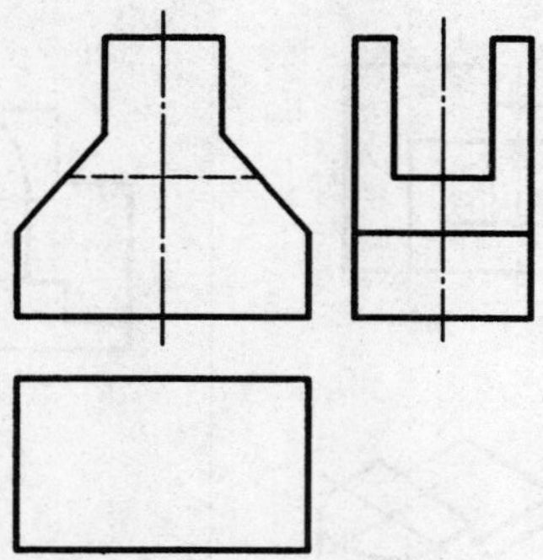

7.

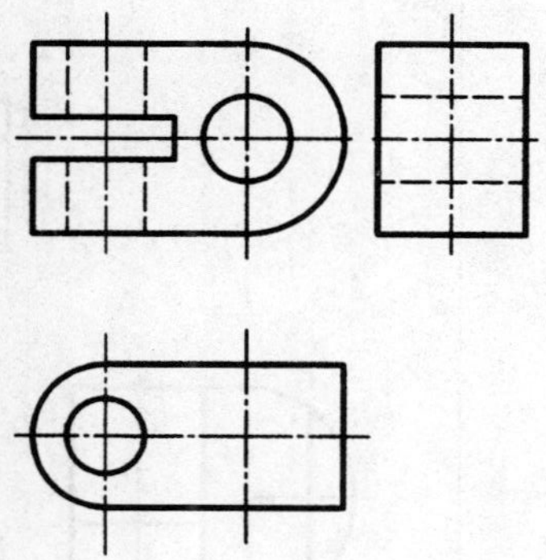

8.

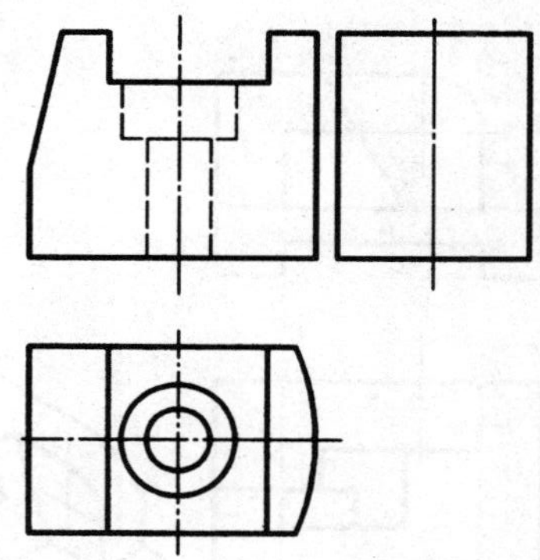

第 4 章　组合体	班级：	姓名：	学号：	审核：

4—4　根据组合体的轴测图和两视图，补画第三视图

1.

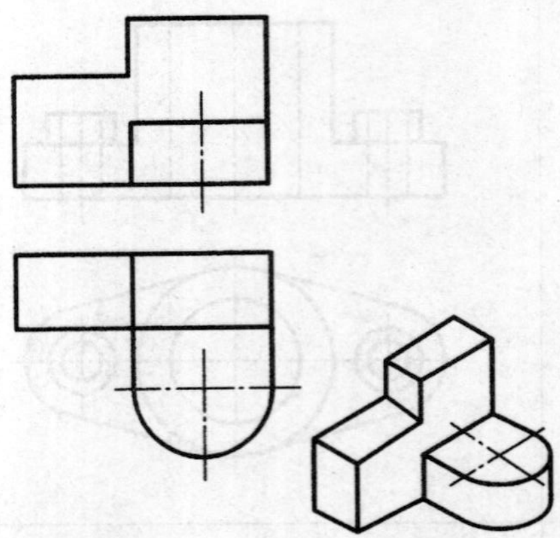

2.

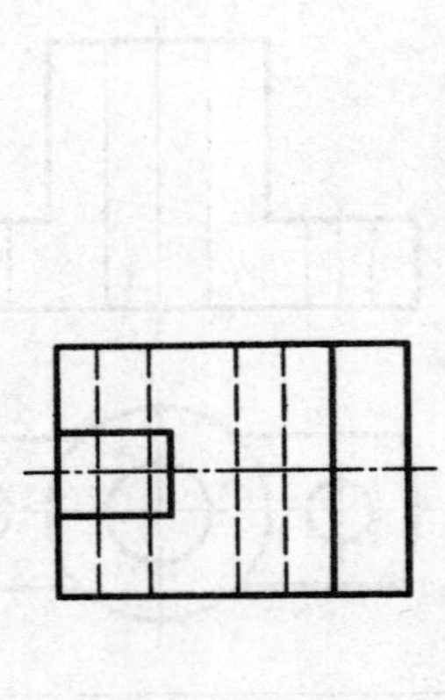

3.

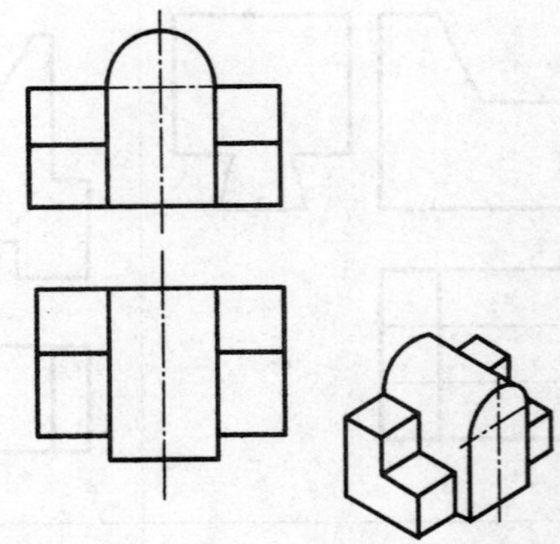

4.

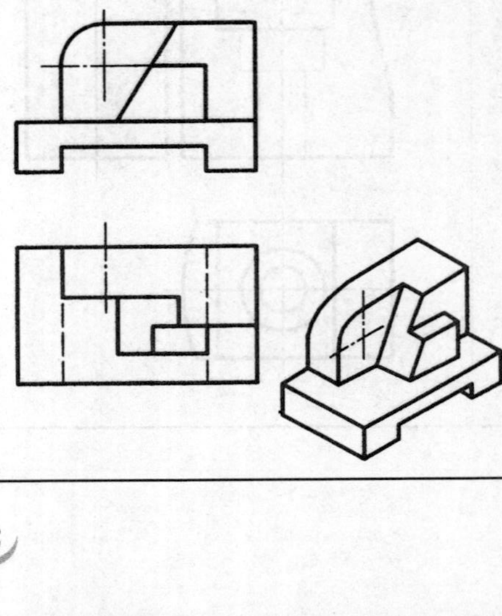

5.

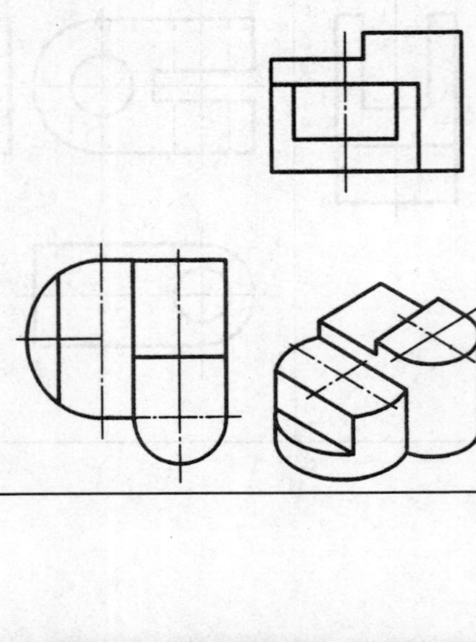

6.

第 4 章　组合体	班级：	姓名：	学号：	审核：

4—5　根据组合体的两视图，补画第三视图

1.

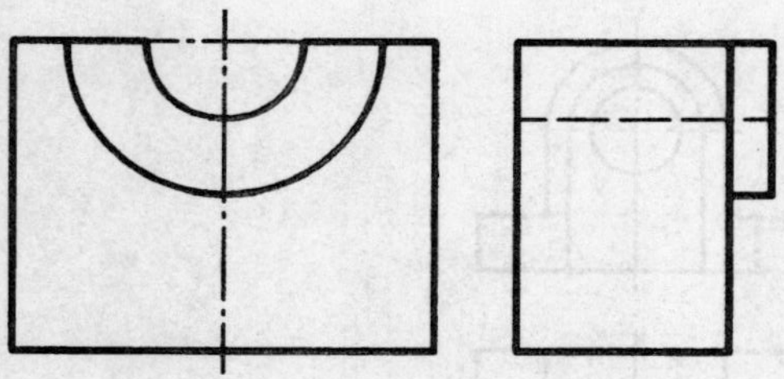

2.

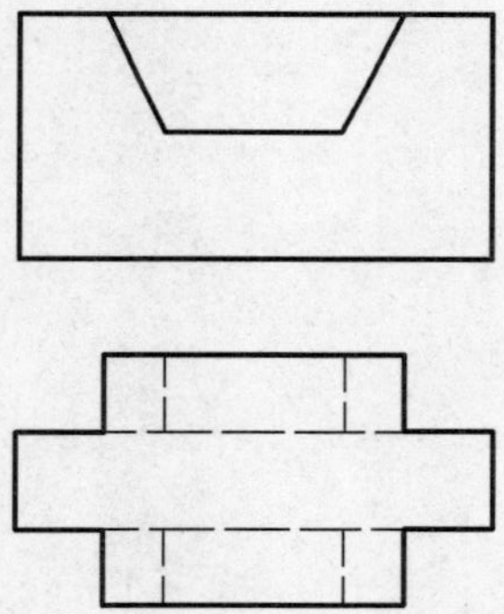

3.

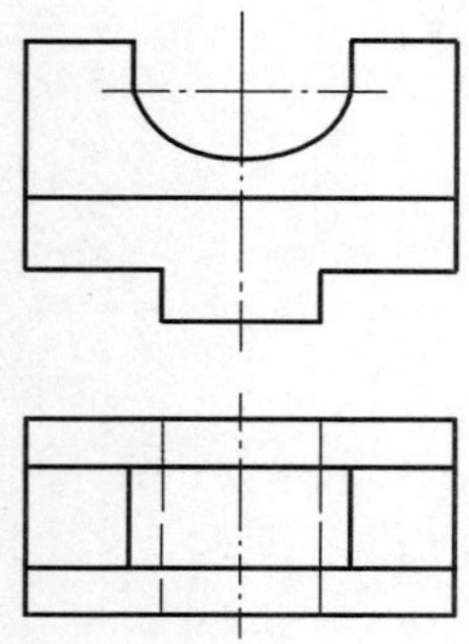

4.

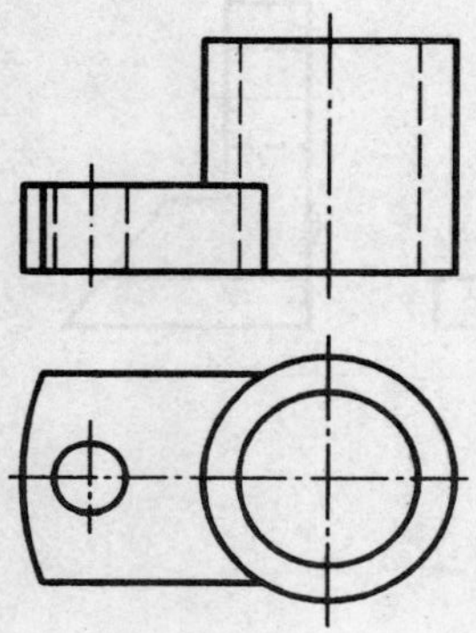

5.

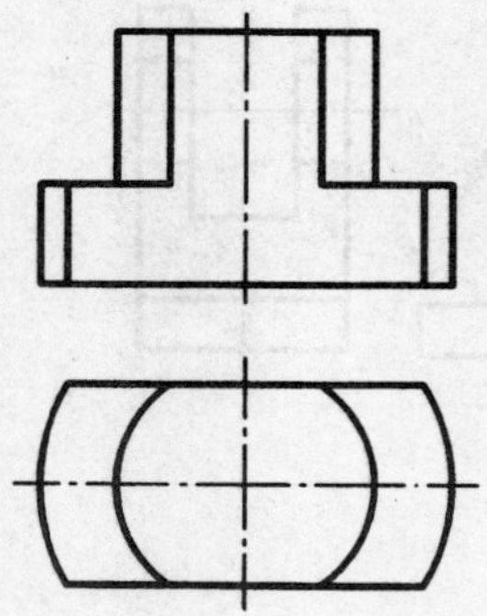

6.

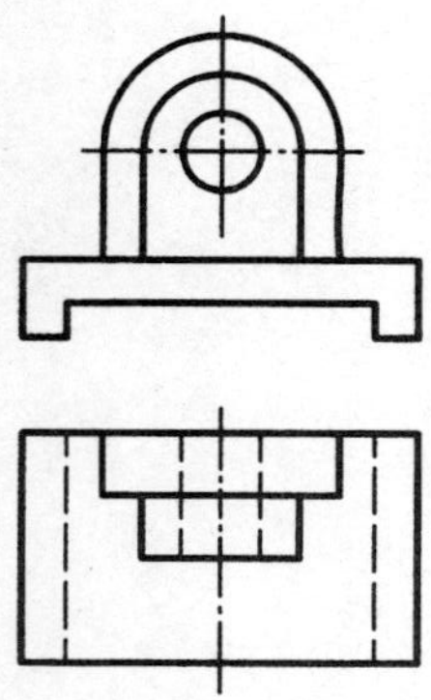

第 4 章　组合体	班级：	姓名：	学号：	审核：

4—6　根据组合体的两视图，补画第三视图

1.

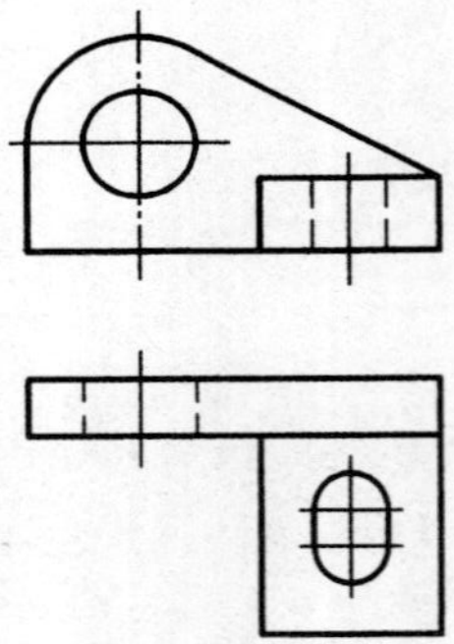

2.

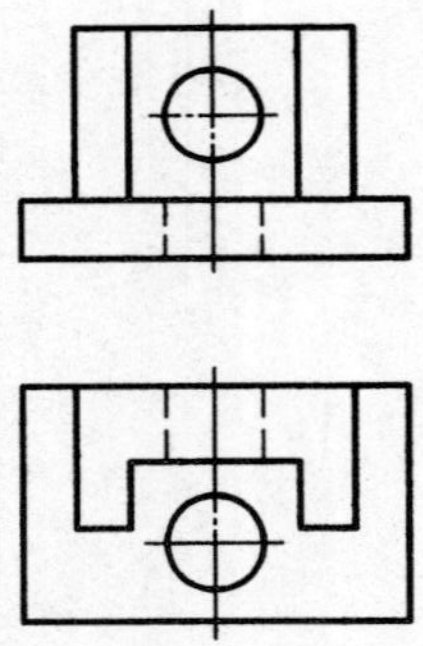

3.

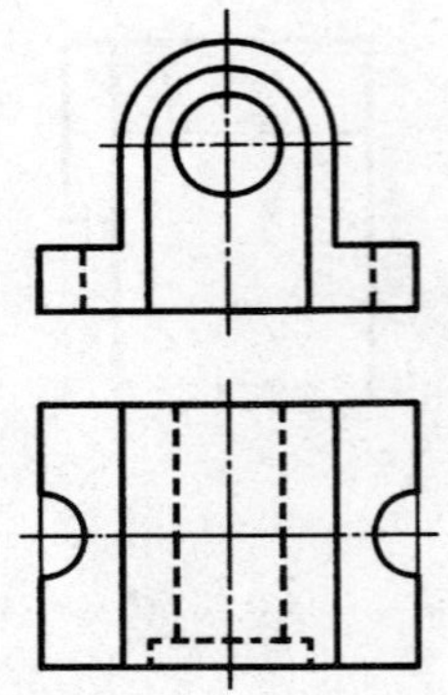

4.

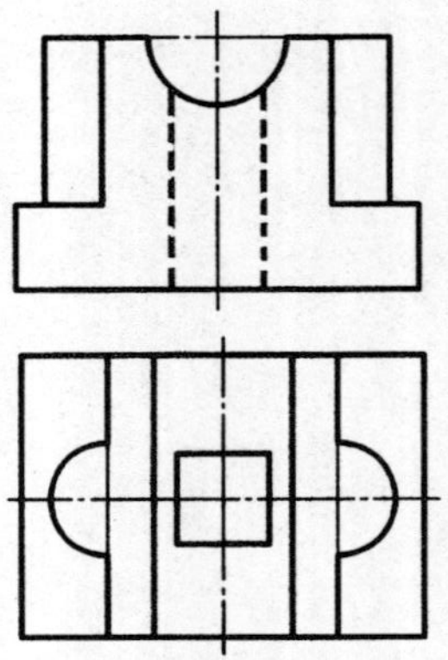

5.

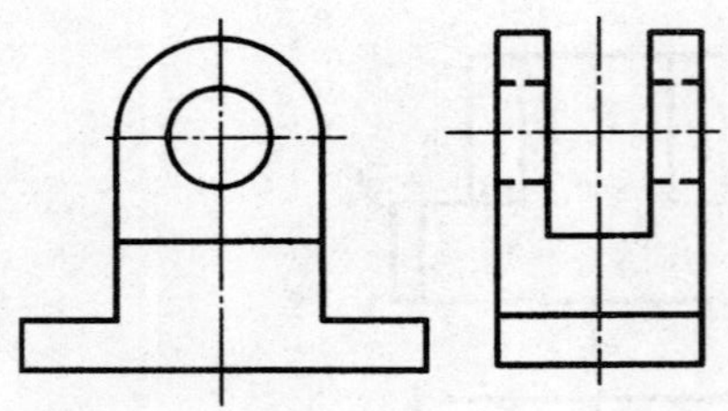

6.

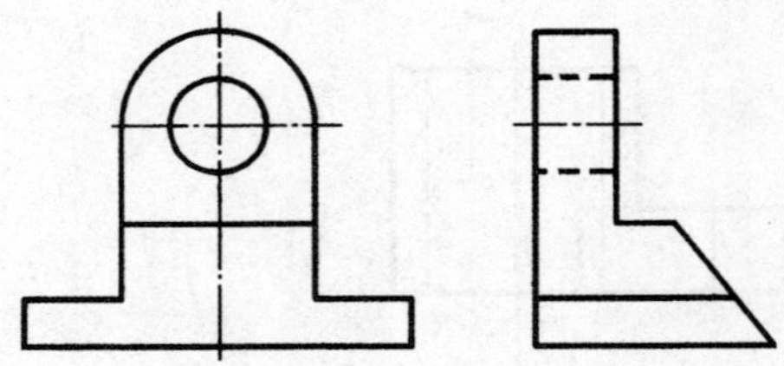

第 4 章　组合体	班级：	姓名：	学号：	审核：

4—7　补全尺寸

1.

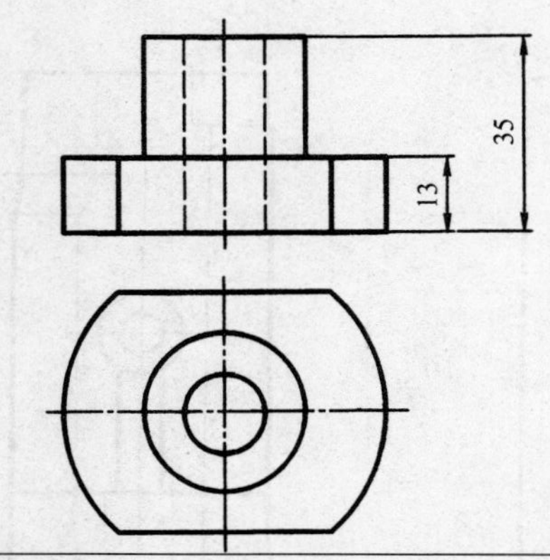

2.

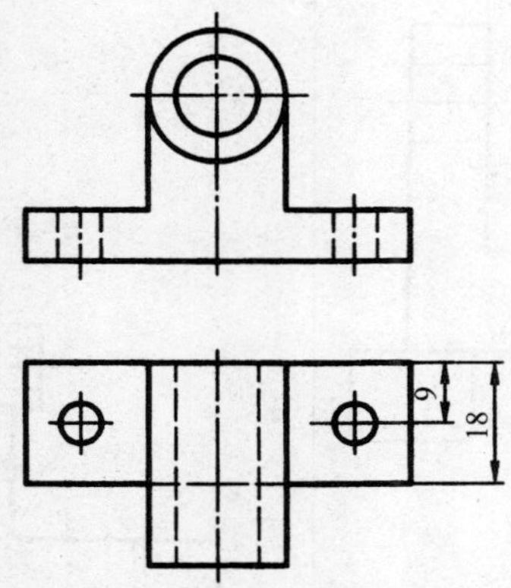

3.

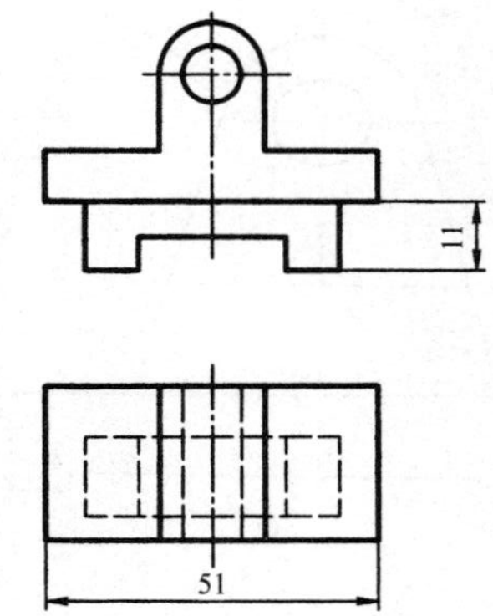

4.

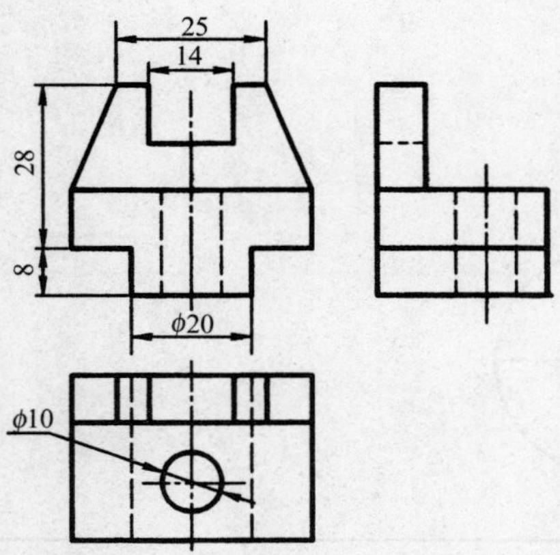

5.

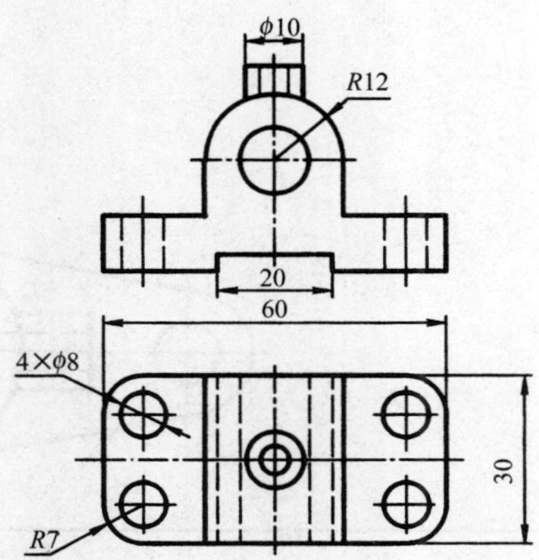

6.

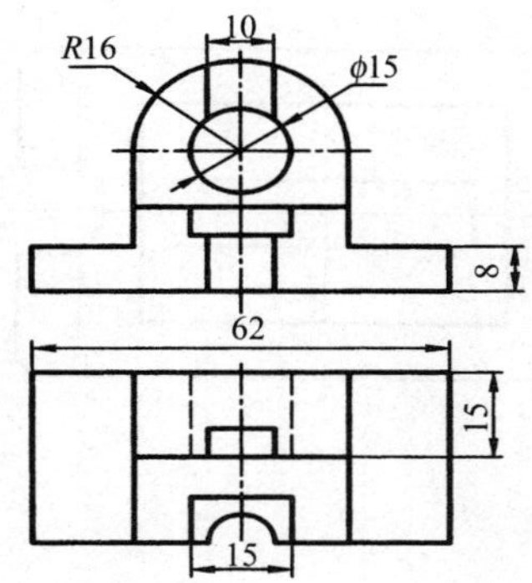

第 4 章　组合体	班级：	姓名：	学号：	审核：

4—8　标注下列组合体的尺寸(数值从图中按 1∶1 量取并取整数)

1.

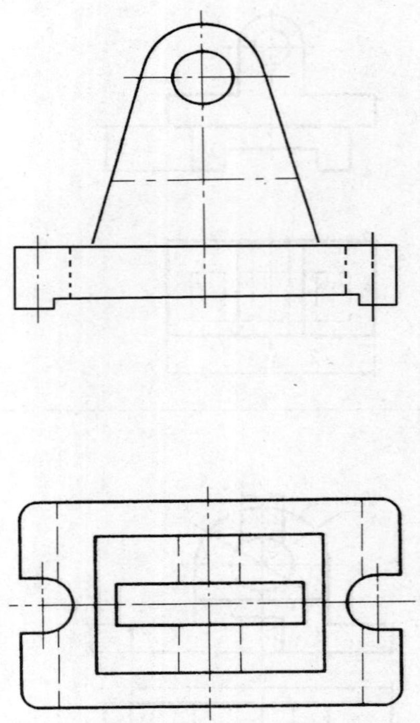

2.

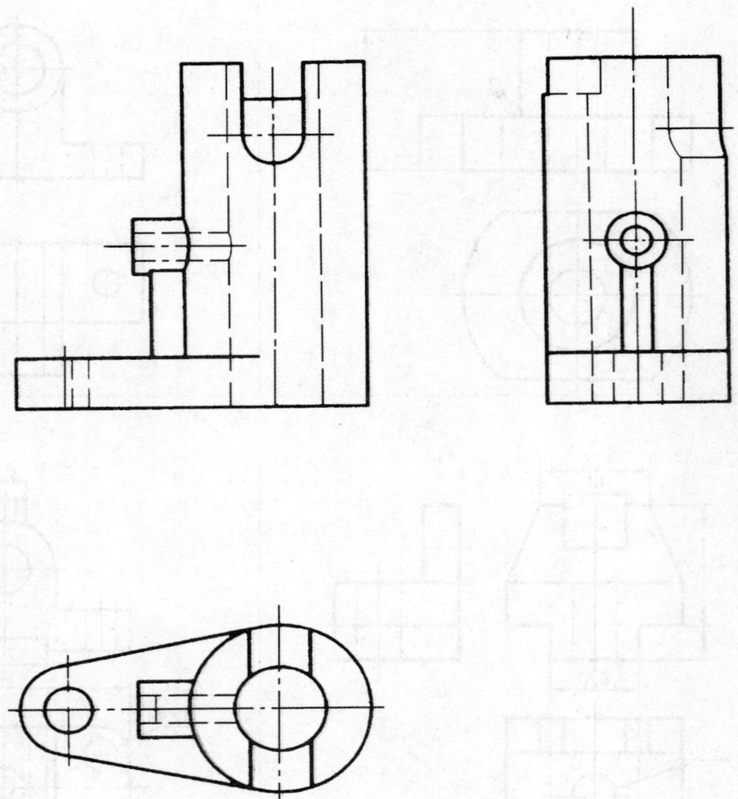

第 4 章　组合体	班级：	姓名：	学号：	审核：

4—9　根据轴测图，绘制组合体三视图，并标注尺寸（采用 A3 图幅，比例 1∶1，内容由教师指定）

1.

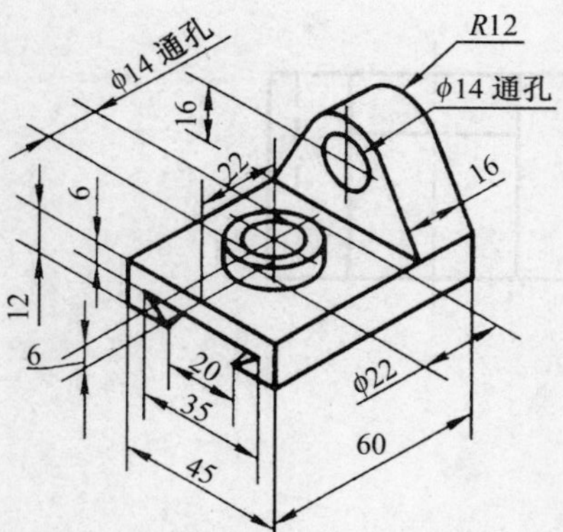

2.

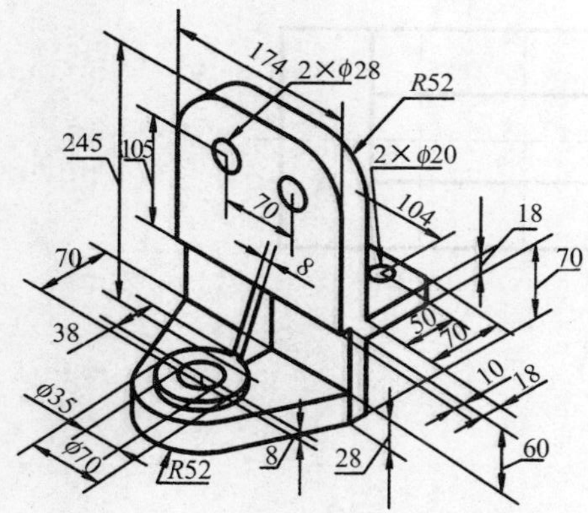

3.

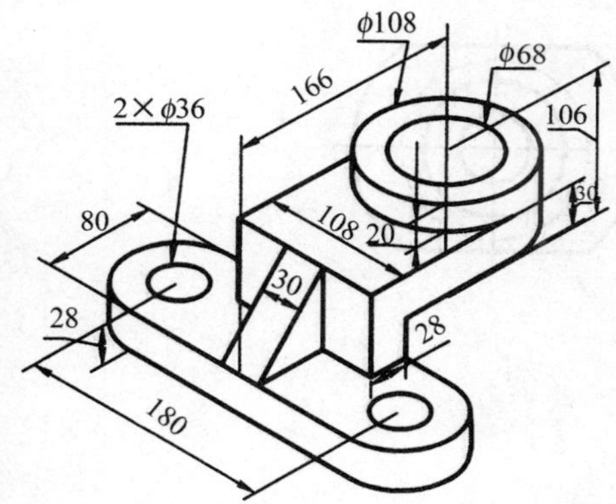

4.

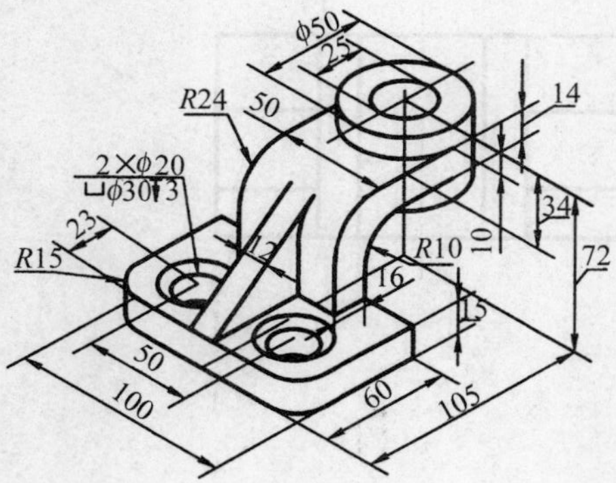

5.

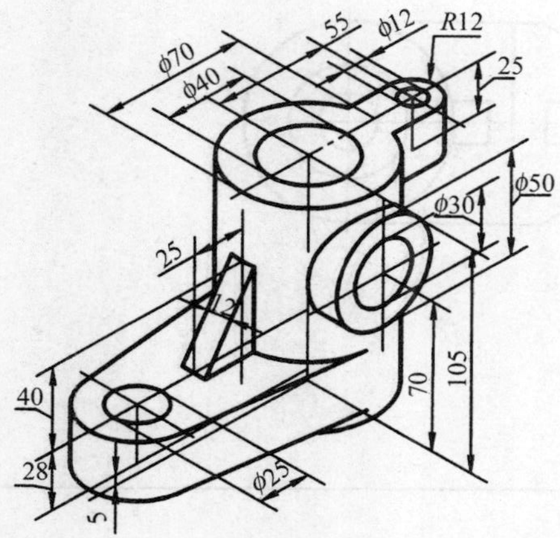

6.

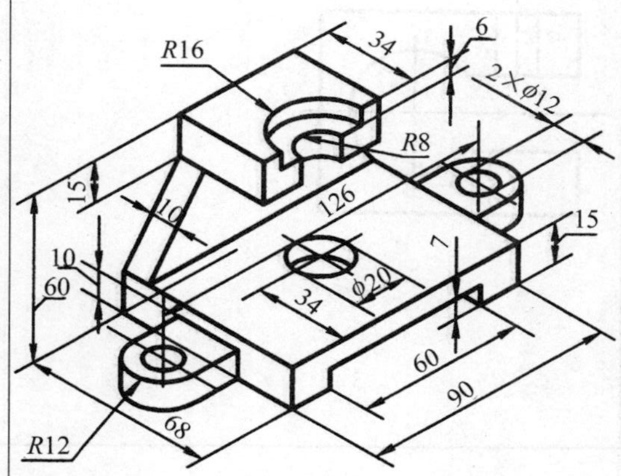

第 4 章　组合体	班级:	姓名:	学号:	审核:

4—10　由一个视图构思组合体的三视图

1.

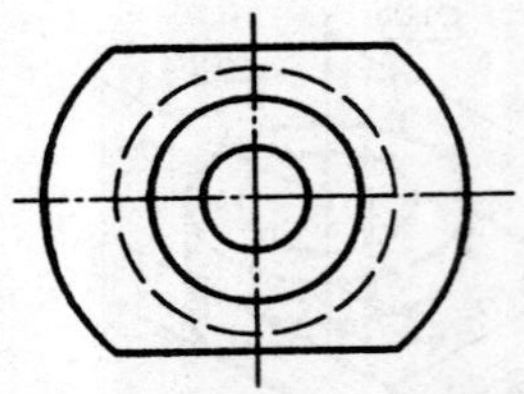

2.

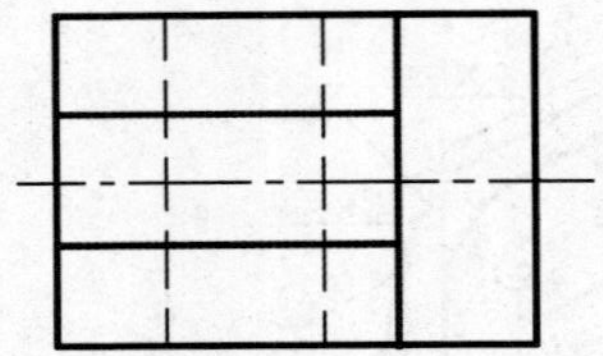

3.

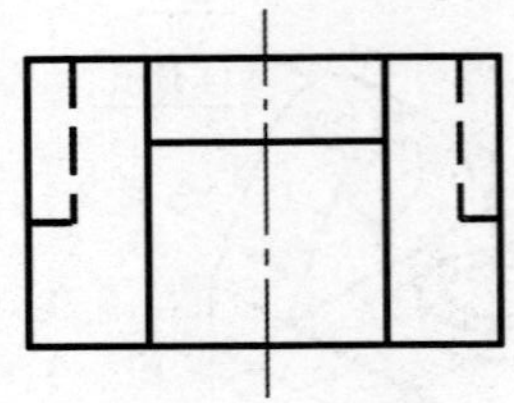

4.

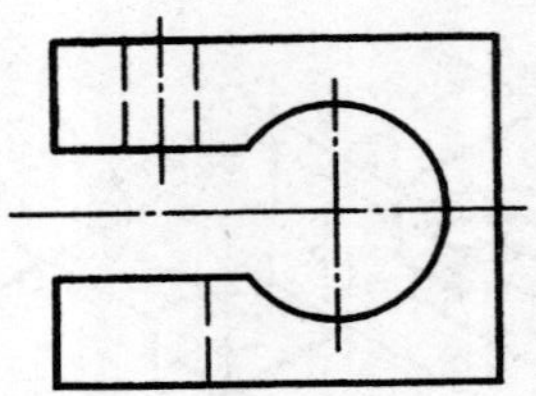

5.

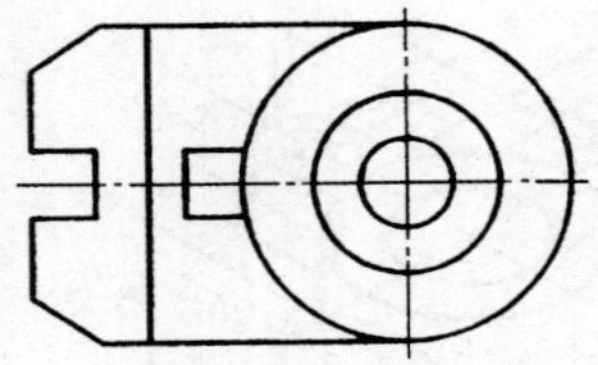

6.

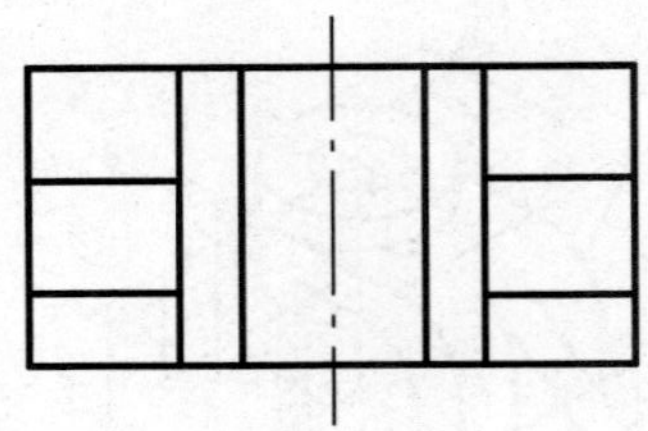

第 4 章　组合体	班级：	姓名：	学号：	审核：

4—11　根据组合体轴测图，绘制组合体的三视图，并标注尺寸

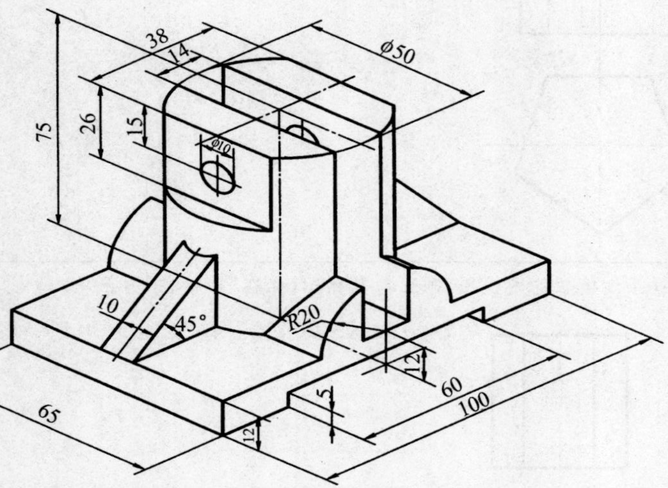

作业指导：组合体

一、目的

1. 掌握组合体的画法，掌握组合体尺寸标注方法。

2. 巩固相贯线的画法。

二、内容

根据轴测图画出组合体的三视图，标注尺寸。

三、要求

1. 采用 A3 图幅，比例 1∶1。

2. 根据选择主视图的要求，将组合体形状与位置特征明显的方向作为主视图投影方向，物体的位置如左图所示。

3. 布图合理，图面要整洁。

四、画图步骤

1. 应用形体分析法分析：组合体可分为四部分，即下面的底板、左右的三角肋板、中间竖直的圆柱和前后方向的半圆柱。

2. 轻画底图：

(1)画 A3 图框和标题栏。

(2)布图，画中心线及定位线。

(3)按底板—中间圆柱—前后半圆柱—三角肋板的顺序画出组合体的底图。

3. 检查底图、修改、擦去多余的线。

4. 加粗描深。

5. 标注尺寸，注意应用形体分析法。

五、注意事项

1. 竖直圆柱和前后半圆柱是相贯的，应画出相贯线。

2. 标注尺寸时，注意标注定形、定位尺寸

第 5 章　基本体的轴测图	班级:	姓名:	学号:	审核:

5—1　根据视图,画正等轴测图

1.

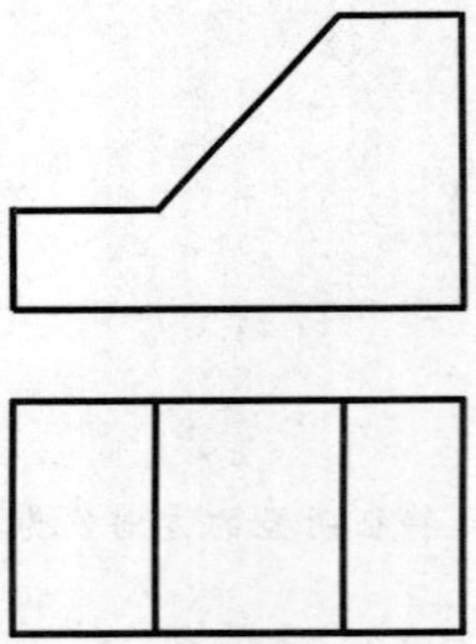

2.

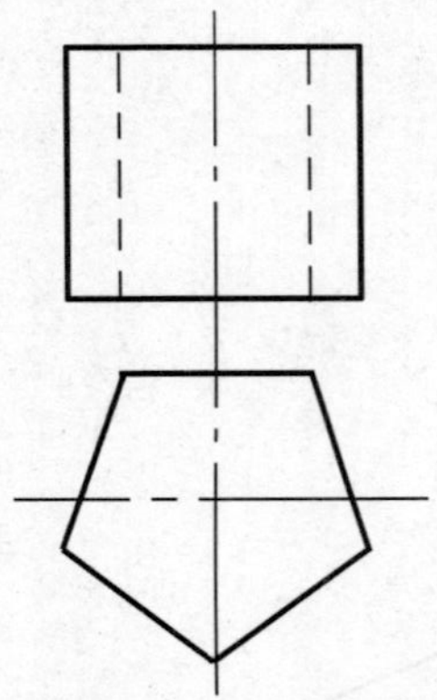

3. 根据圆柱的两视图,画正等轴测图(立在“四棱柱”的正中)。

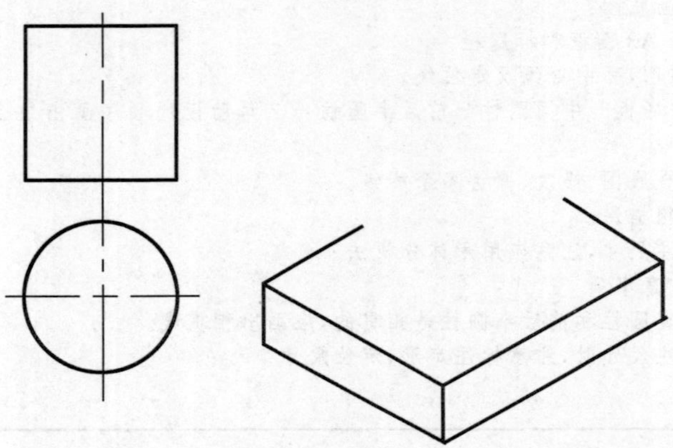

4. 根据正六棱柱的两视图,画正等轴测图(立在"四棱柱"的正中)。

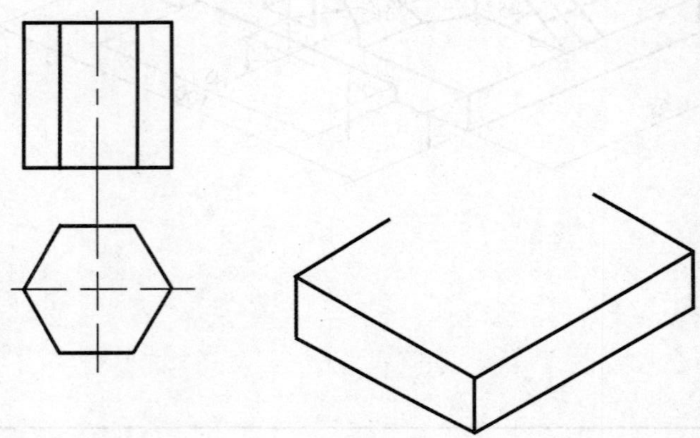

第 5 章　基本体的轴测图	班级：	姓名：	学号：	审核：

5—2　根据视图画正等轴测图

1.

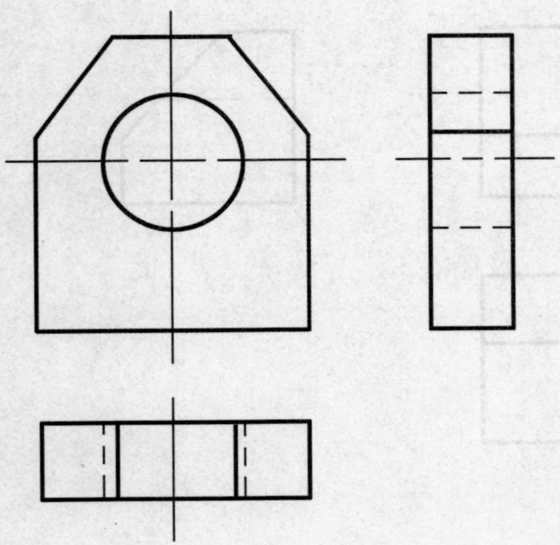

2.

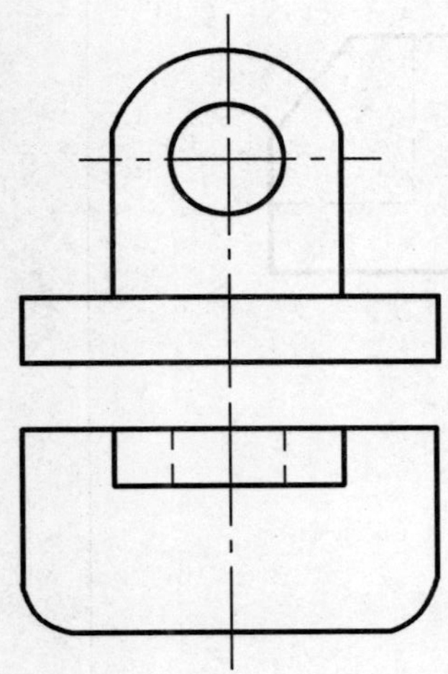

第 5 章　基本体的轴测图	班级：	姓名：	学号：	审核：

5—3　根据视图画正等轴测图

1.

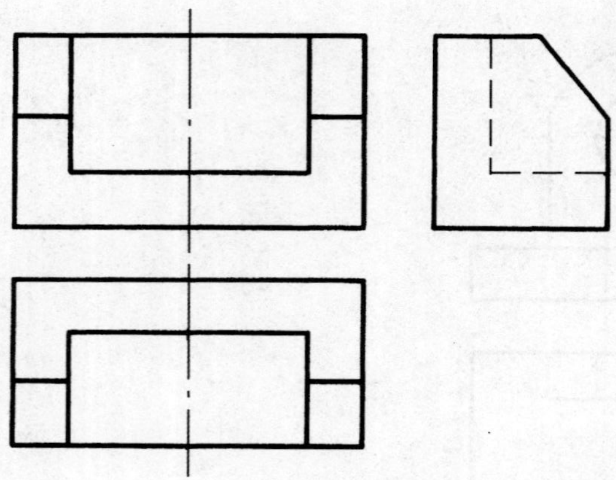

2.

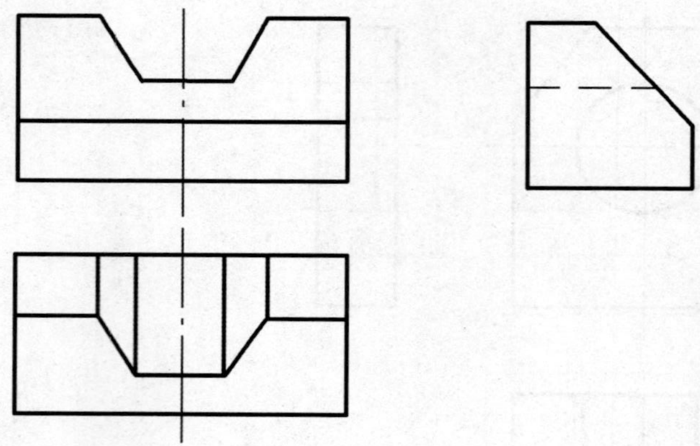

第 5 章　基本体的轴测图	班级：	姓名：	学号：	审核：

5—4　根据视图画斜二轴测图

1.

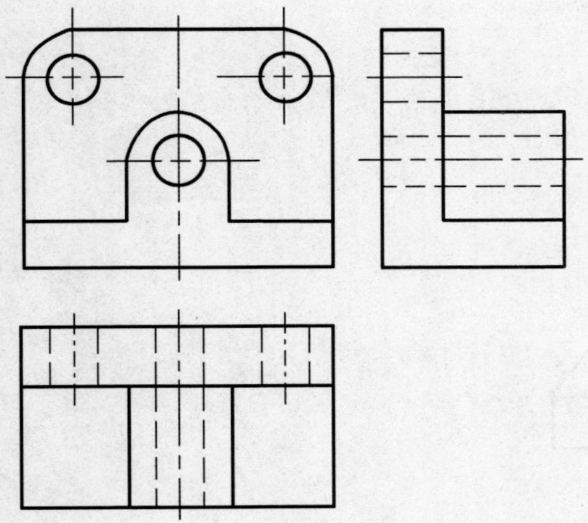

2.

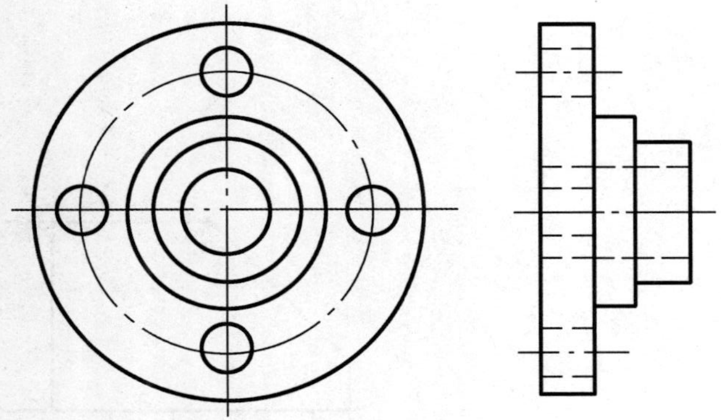

第 6 章　机件的表达方法	班级：	姓名：	学号：	审核：

6—1　根据主、俯、左三视图补画右、后、仰视图

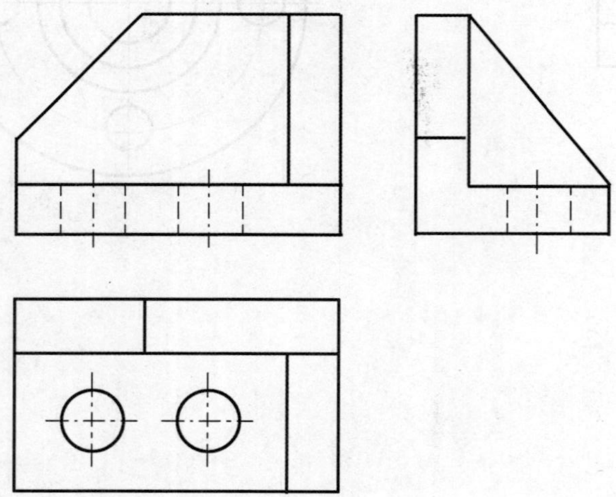

第 6 章　机件的表达方法	班级：	姓名：	学号：	审核：

6—2　画出 A 向和 B 向局部视图

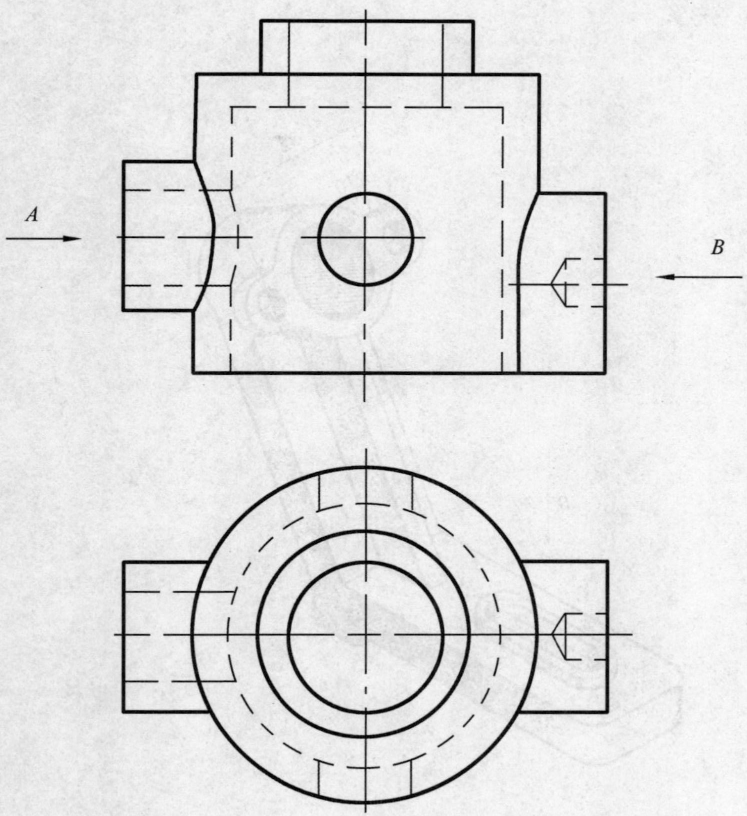

第 6 章　机件的表达方法	班级:	姓名:	学号:	审核:

6—3　画出 A 向斜视图和 B 向局部视图

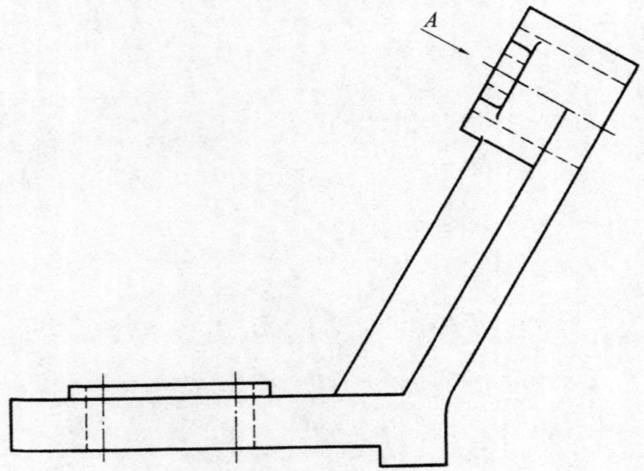

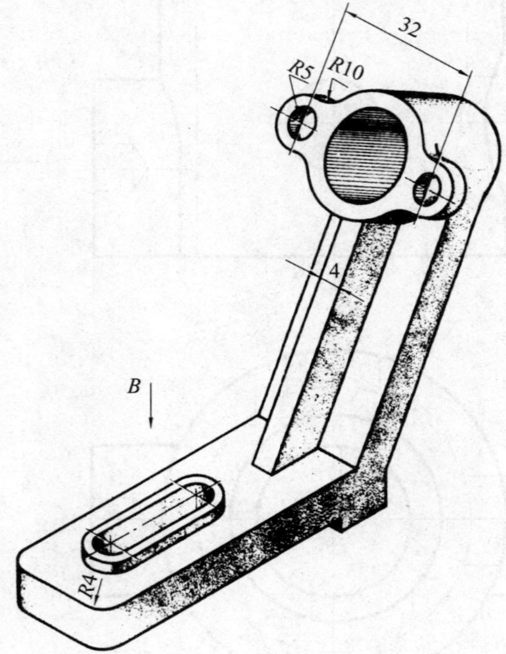

第 6 章　机件的表达方法	班级：	姓名：	学号：	审核：

6—4　补画图中的漏线

1.

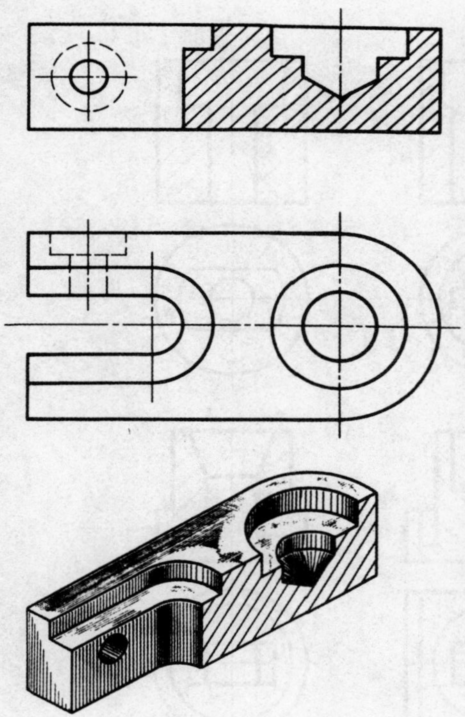

2.

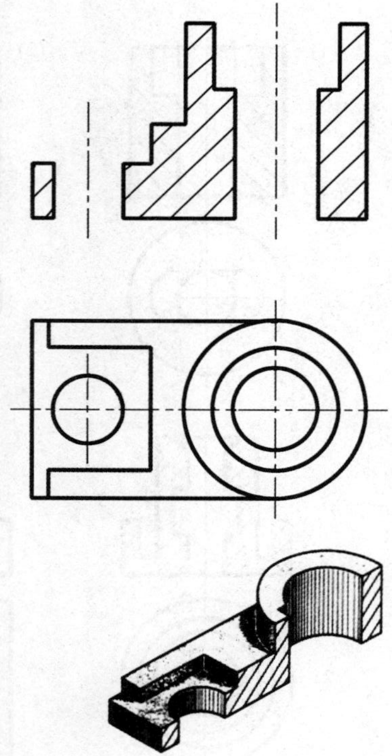

第6章　机件的表达方法	班级：	姓名：	学号：	审核：

6—5　改正剖视图中的错误(将缺的线补上,多余的线上打“×”)

(1)

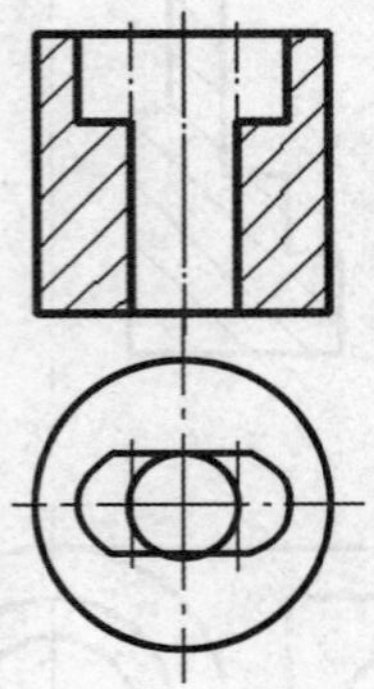

(2)

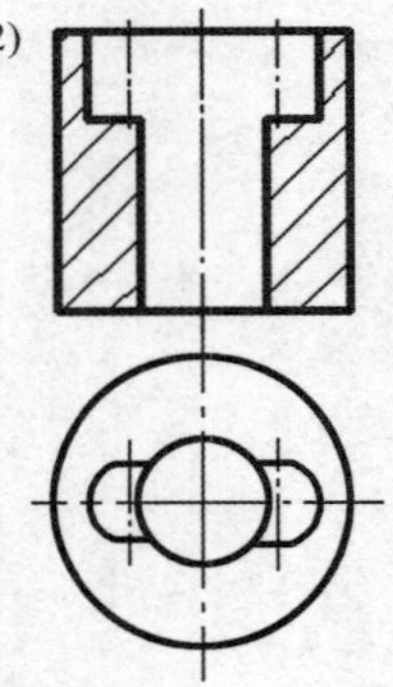

(3)

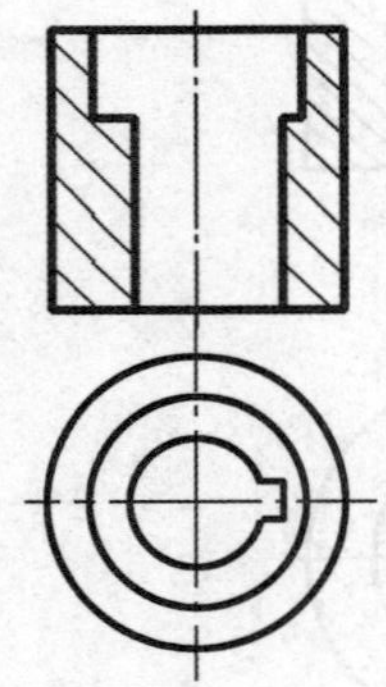

(4)

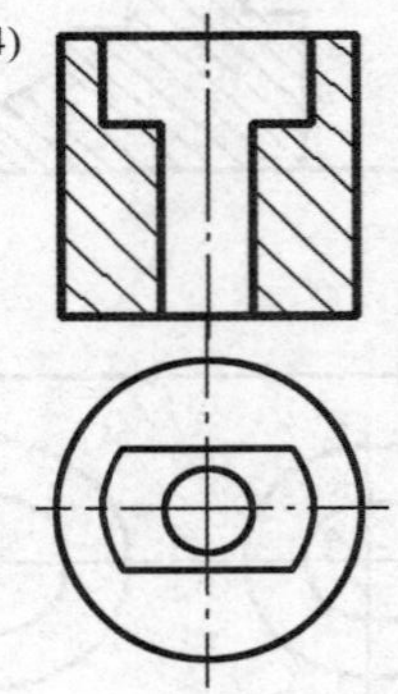

(5)

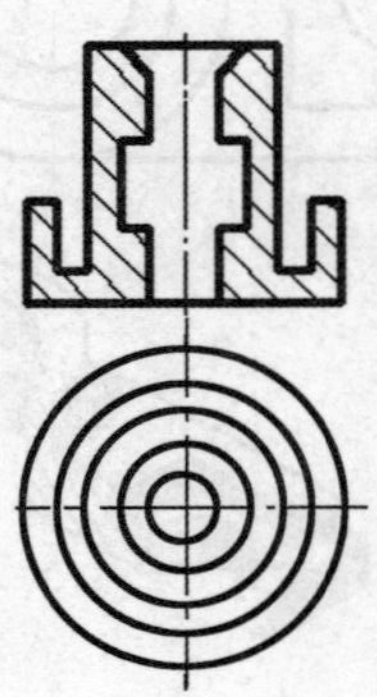

(6)

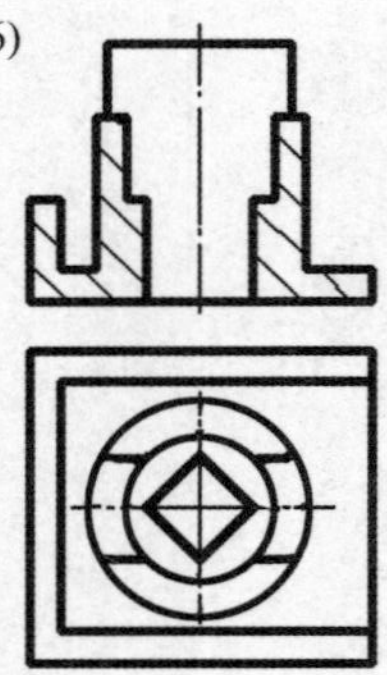

(7)

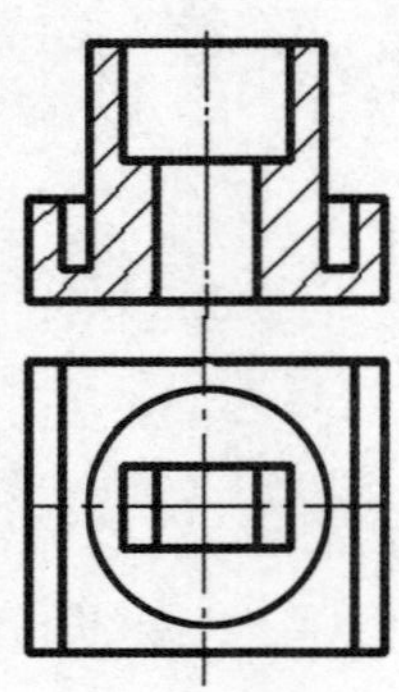

(8)

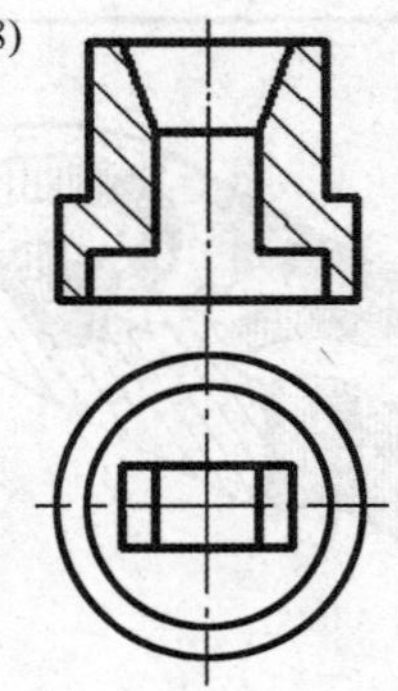

第 6 章　机件的表达方法	班级：	姓名：	学号：	审核：

6—6　将主视图改画成全剖视图(画在中间的线框内)

1.

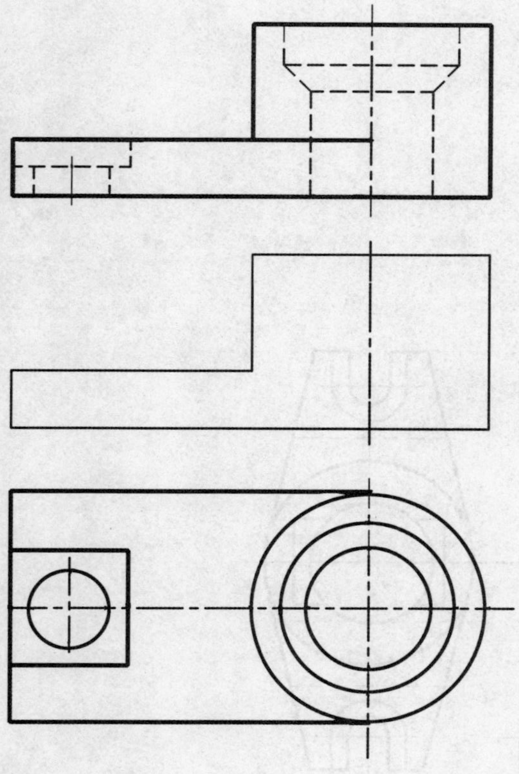

2.

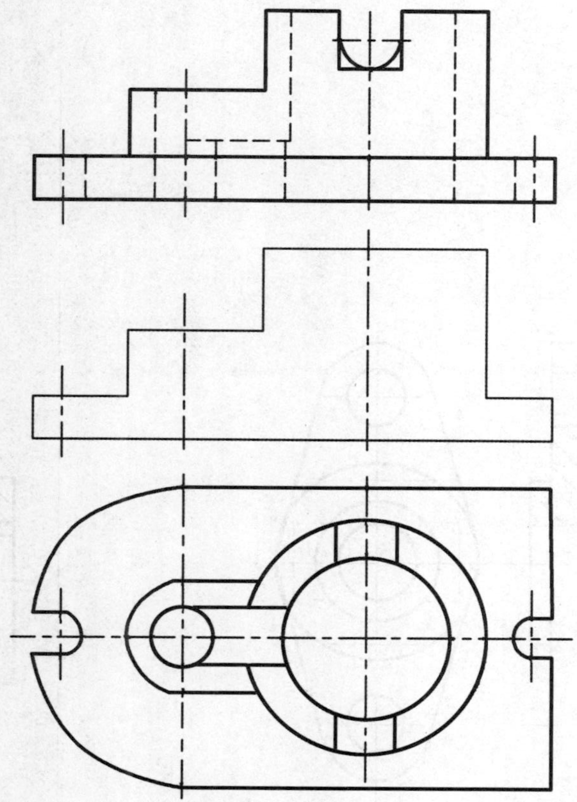

第 6 章　机件的表达方法	班级:	姓名:	学号:	审核:

6—7　求作半剖的左视图

1.

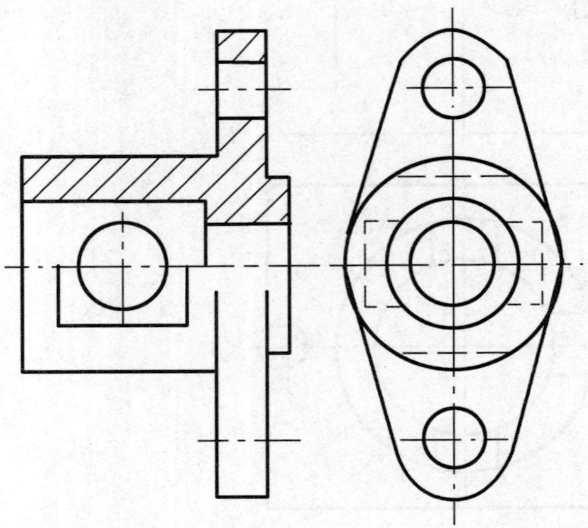

2.

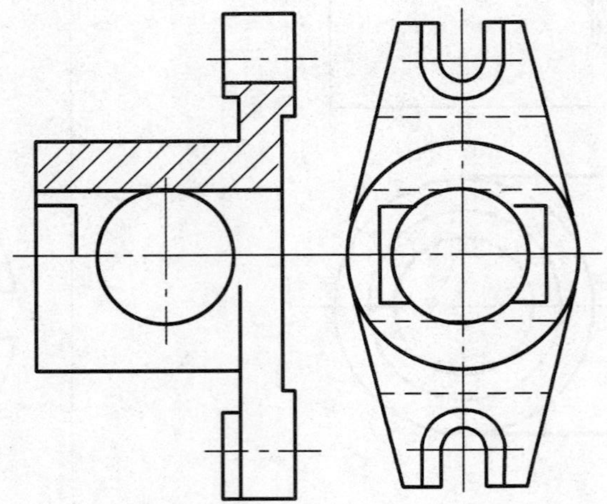

第 6 章　机件的表达方法	班级：	姓名：	学号：	审核：

6—8　判断下面六组剖视图的画法是否正确

(1)

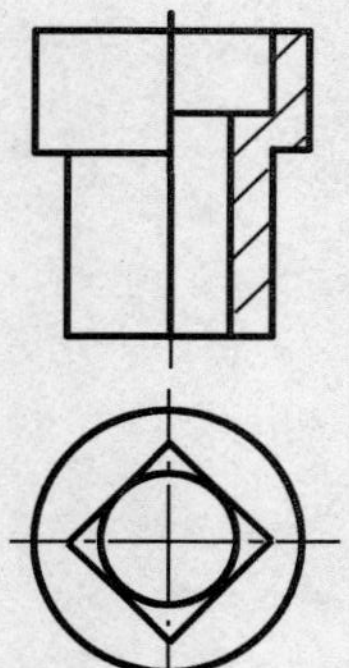

(　　)

(2)

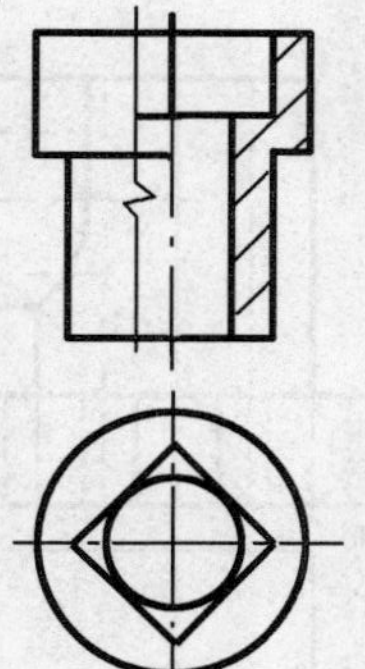

(　　)

(3)

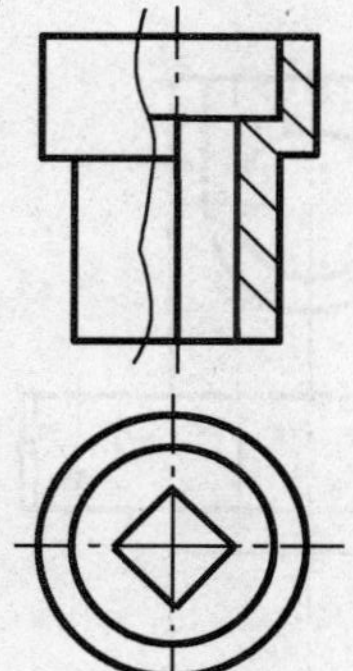

(　　)

(4)

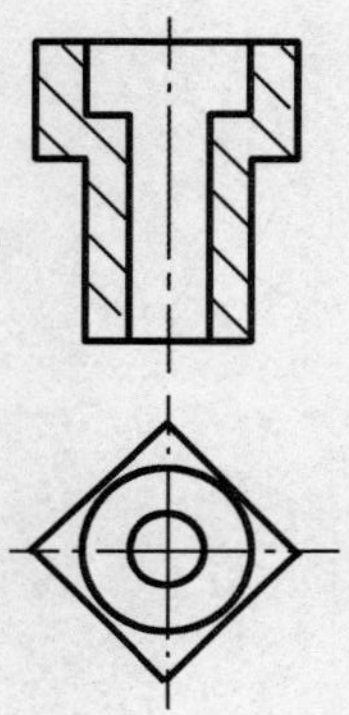

(　　)

(5)

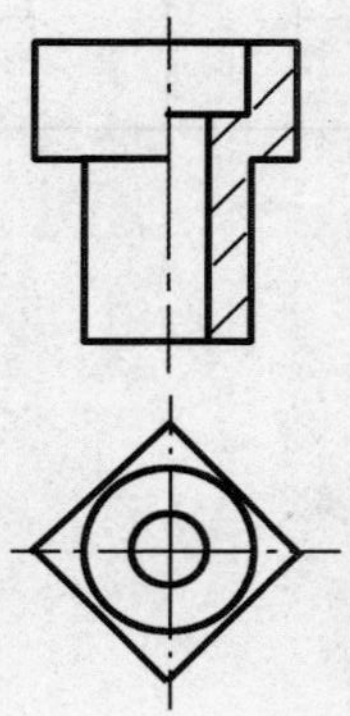

(　　)

(6)

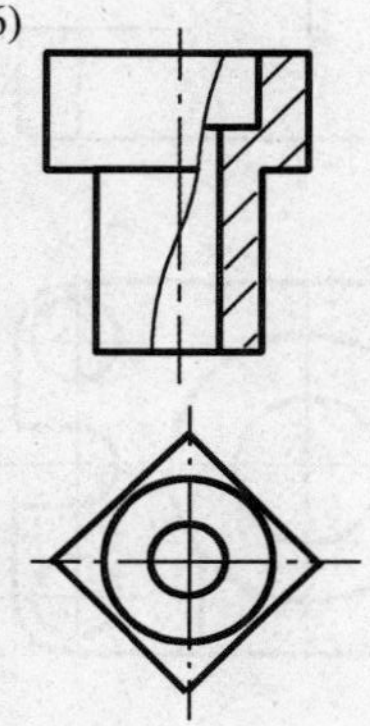

(　　)

6—9　指出局部剖视图中的错误，将正确的画在下面

(1)

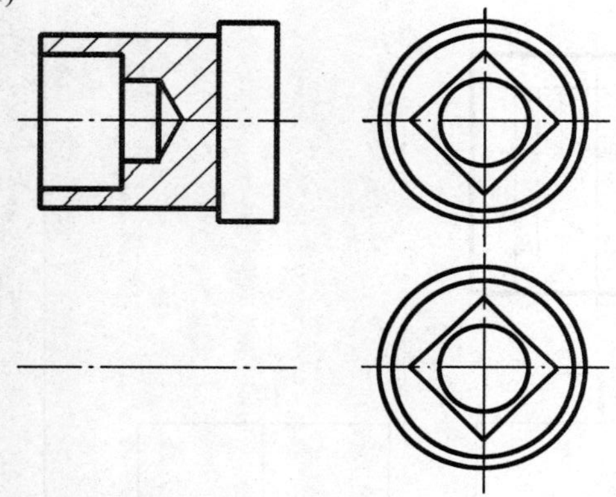

(2)

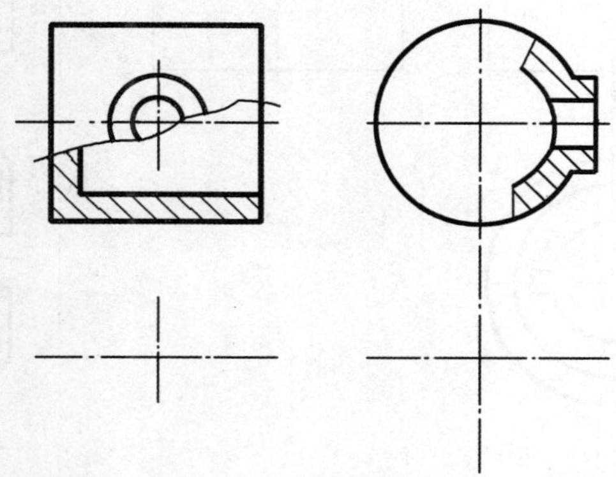

第 6 章　机件的表达方法	班级:	姓名:	学号:	审核:

6—10　将主视图改画成全剖视图,并画出全剖的左视图

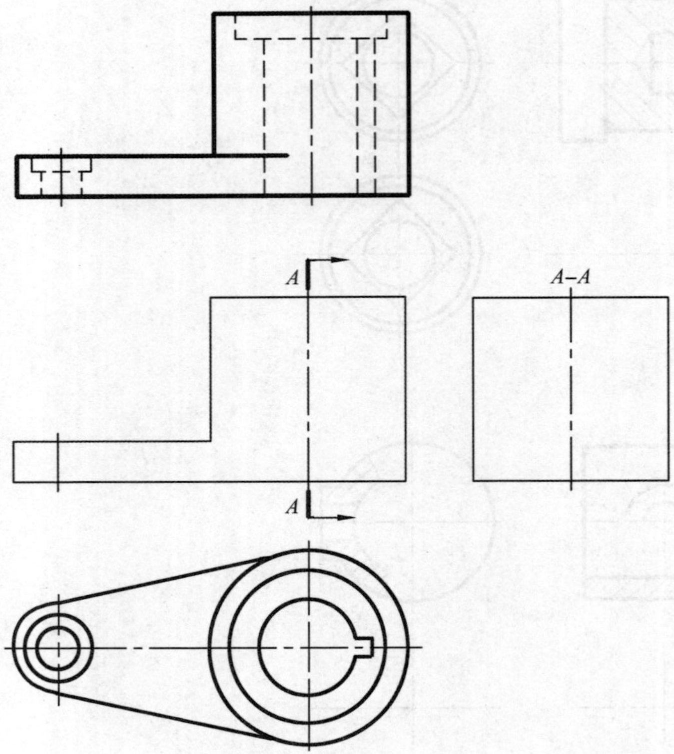

6—11　将主视图改画成半剖视图,并画出全剖的左视图

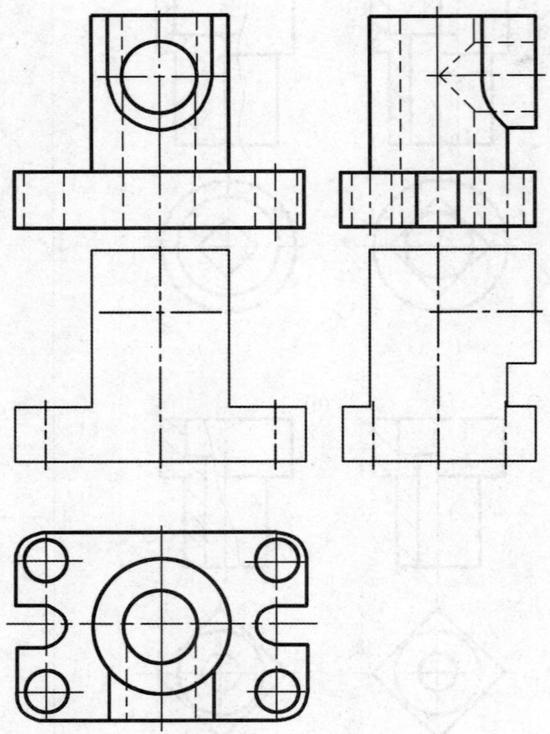

第 6 章　机件的表达方法	班级：	姓名：	学号：	审核：

6—12　根据给定的剖切位置，将主、俯视图改画成局部剖视图

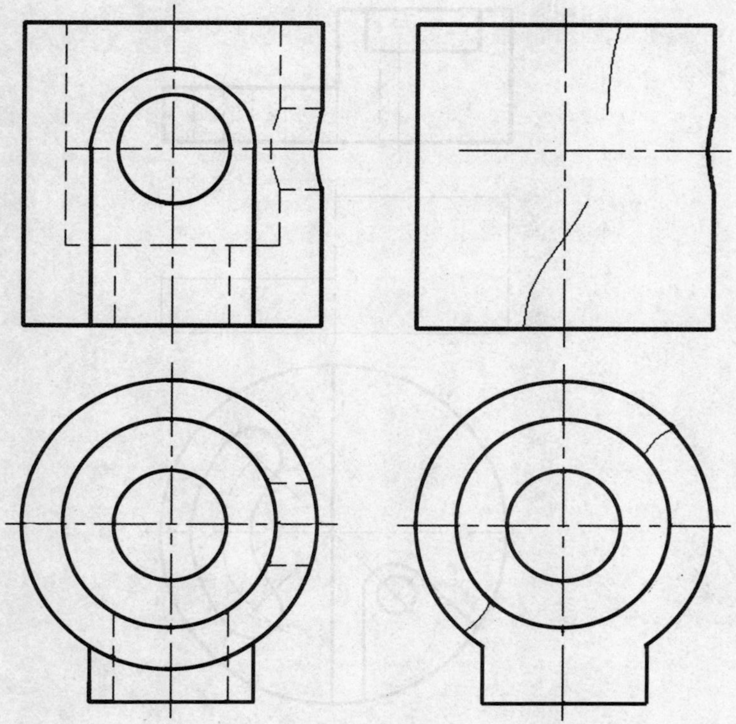

（根据左边的主俯视图把右图改成局部剖视图）

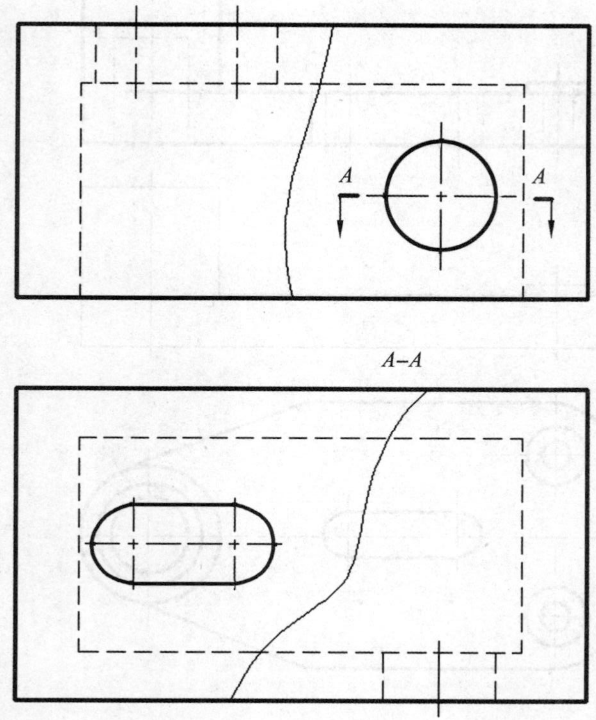

第 6 章　机件的表达方法	班级：	姓名：	学号：	审核：

6—13　将主视图改为合适的剖视图，并进行标注

1.

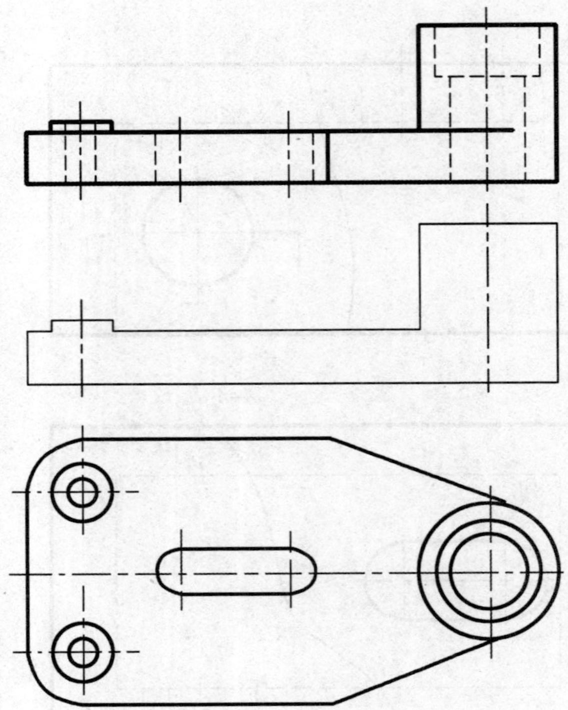

2.

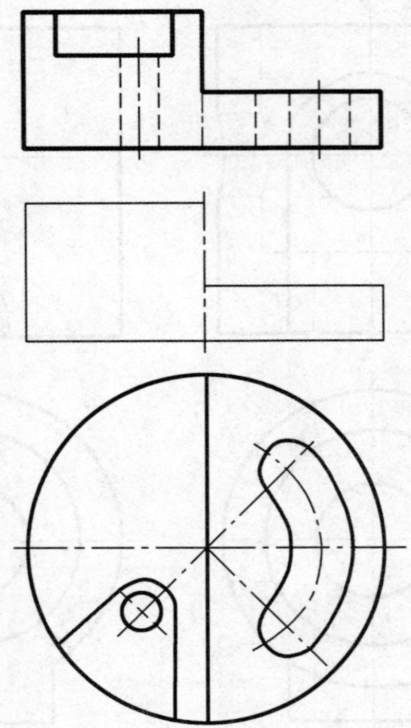

第 6 章　机件的表达方法	班级：	姓名：	学号：	审核：

614　画 A—A 及 B—B 全剖视图

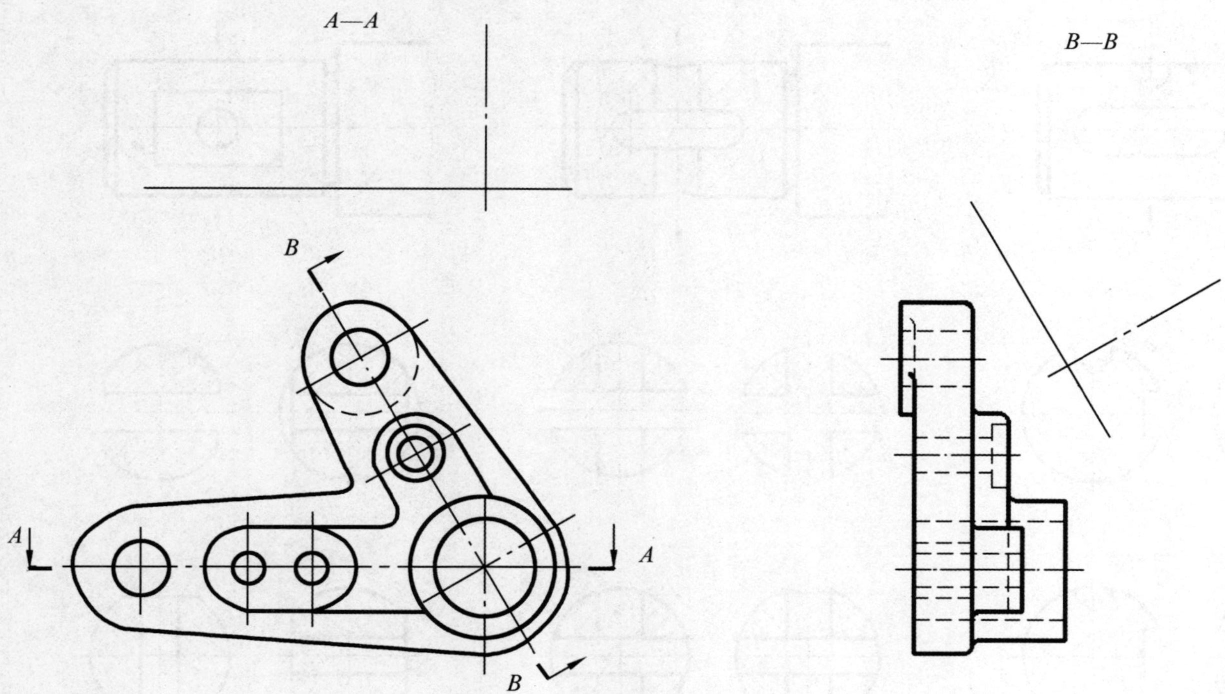

第 6 章　机件的表达方法	班级:	姓名:	学号:	审核:

6—15　选择正确的断面图,并在选定的断面图上方和视图中进行标注

(1)

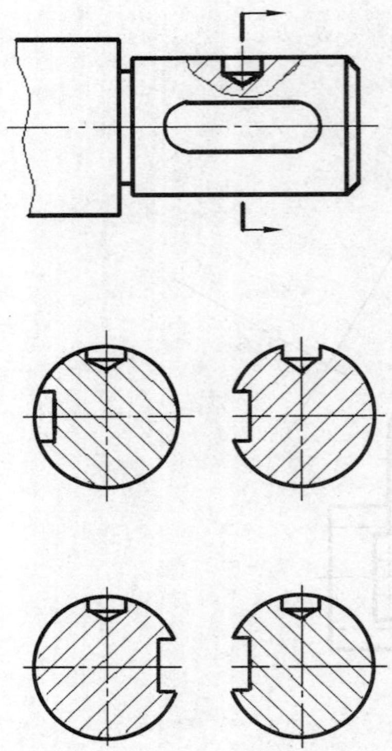

(2)

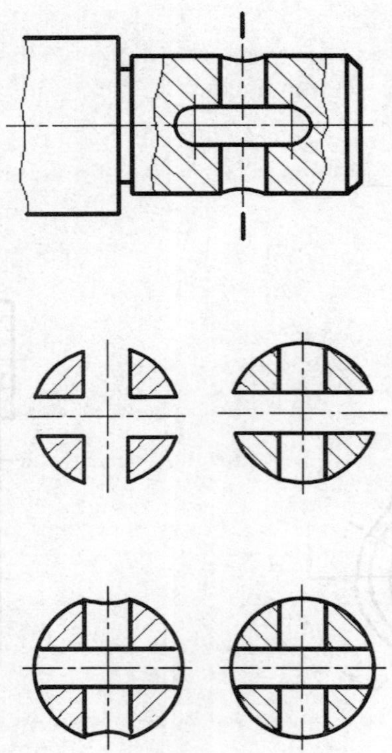

(3)

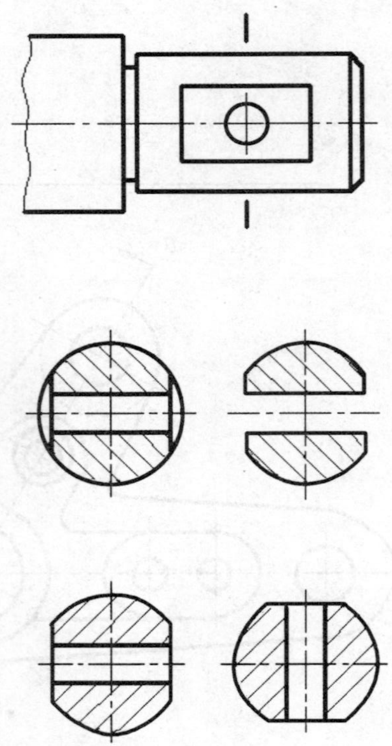

第 6 章　机件的表达方法	班级：	姓名：	学号：	审核：

6—16　在指定位置画出移出断面图并进行标注

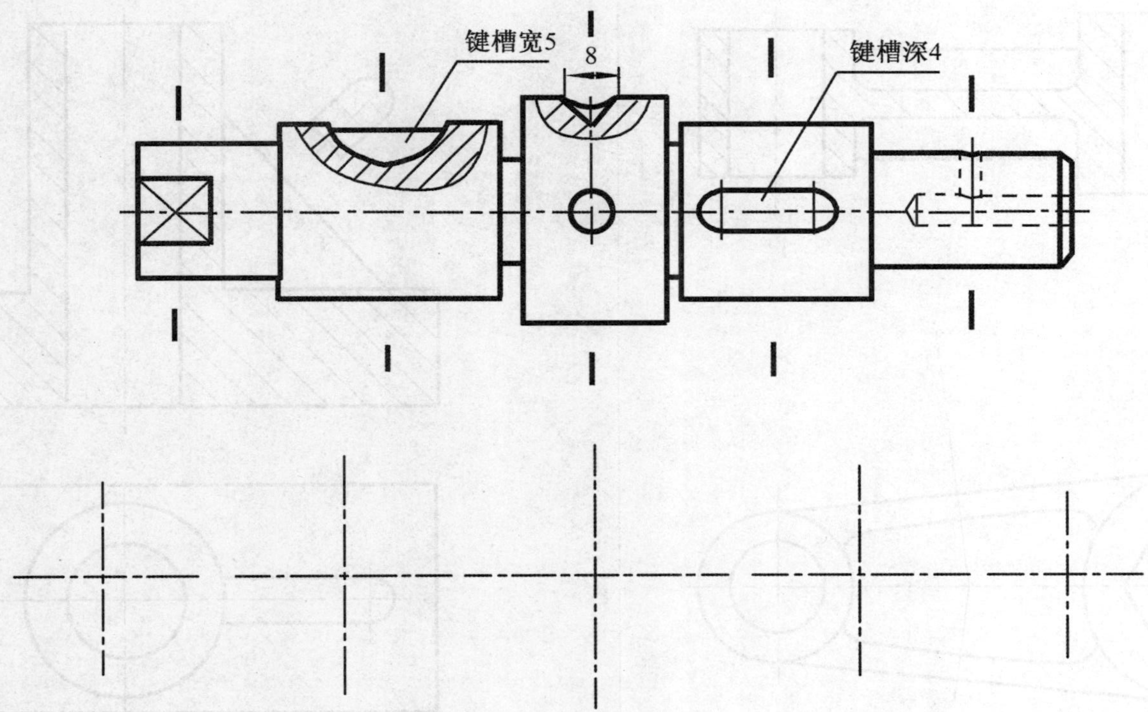

第 6 章　机件的表达方法	班级：	姓名：	学号：	审核：

6—17　在剖切线的延长线上画出移出断面图

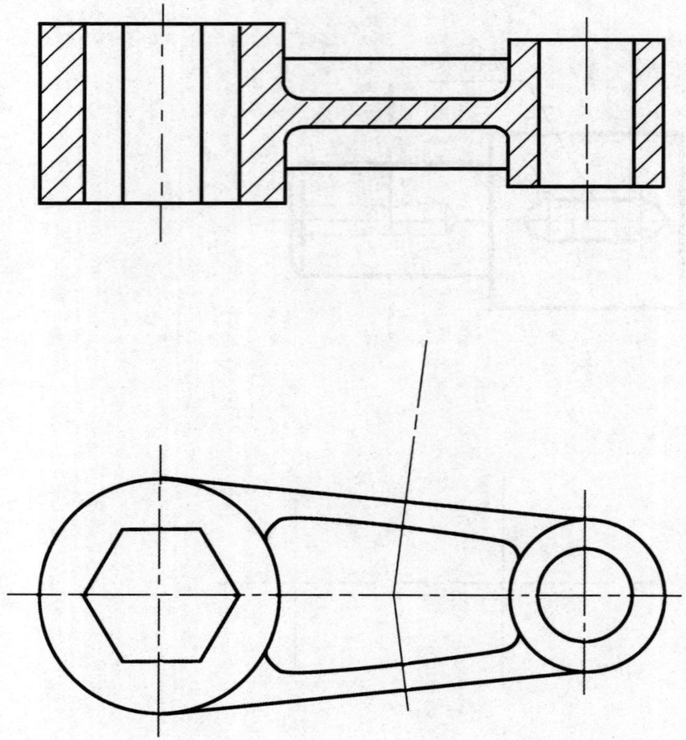

6—18　把移出断面图改为重合断面图

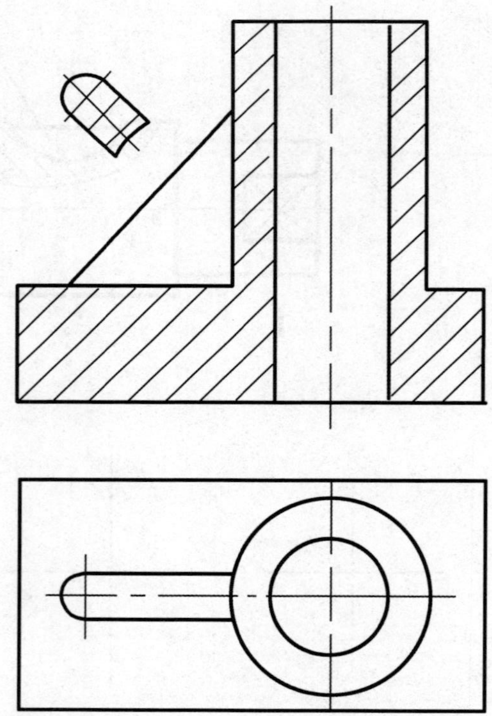

第 6 章　机件的表达方法	班级：	姓名：	学号：	审核：

6—19　按规定画法，在指定位置画出正确的剖视图

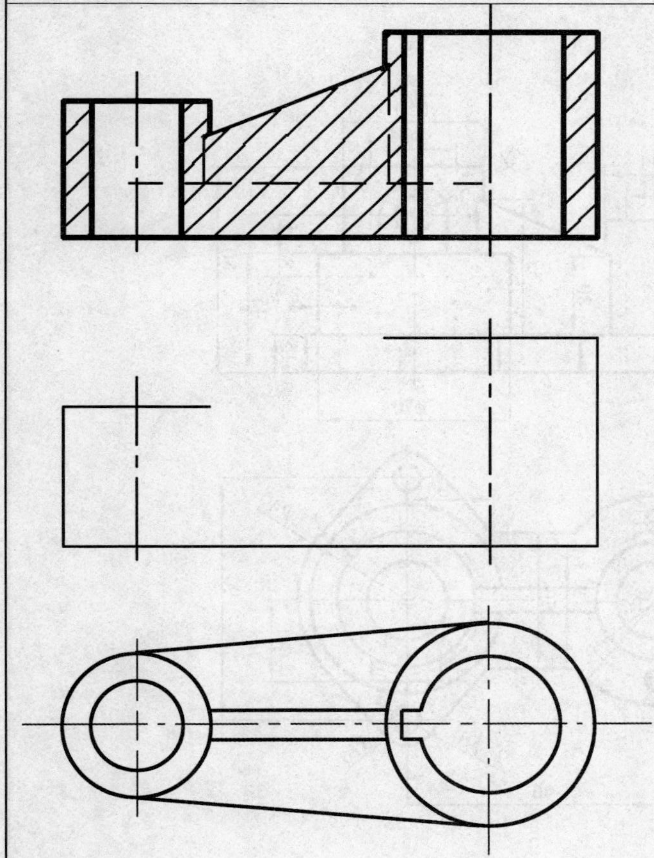

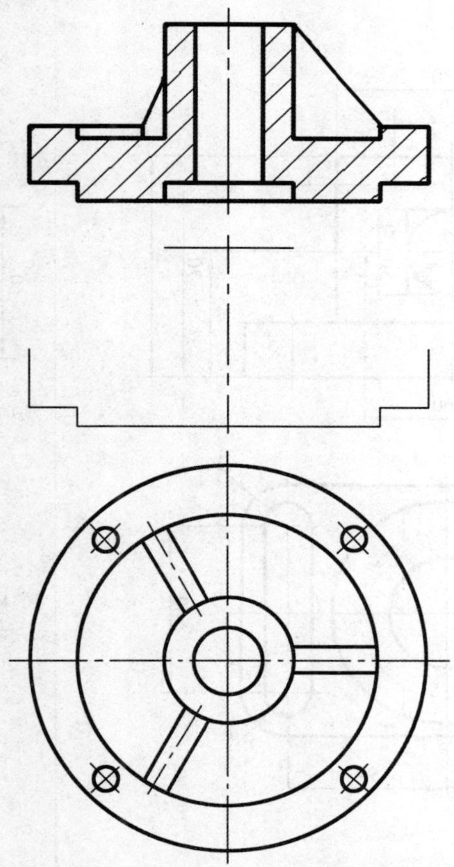

第 6 章　机件的表达方法	班级：	姓名：	学号：	审核：

6—20　用适当的表达方法表达机件

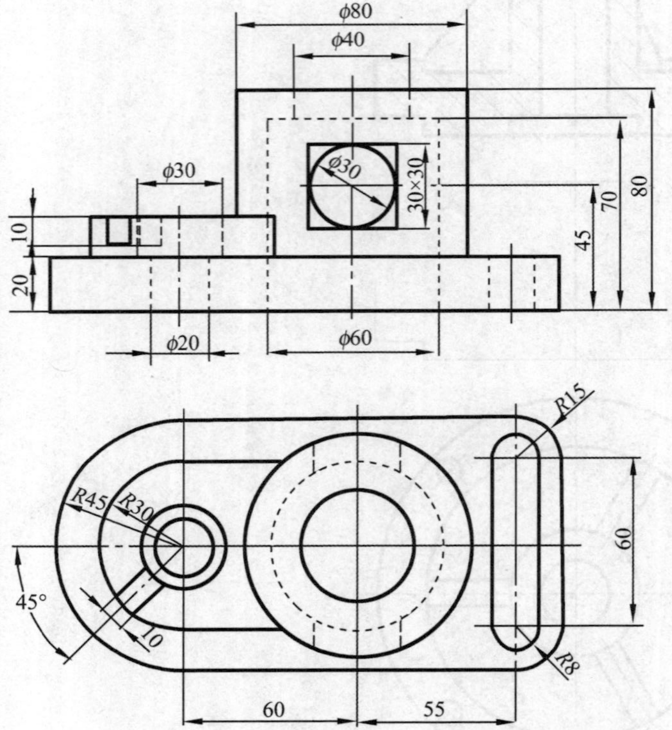

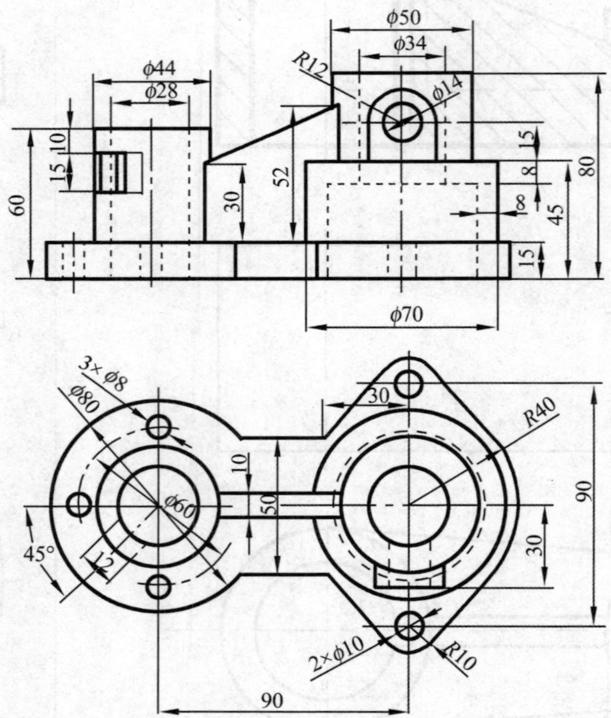

第 6 章　机件的表达方法	班级：	姓名：	学号：	审核：

6—21　机件表达方法综合应用

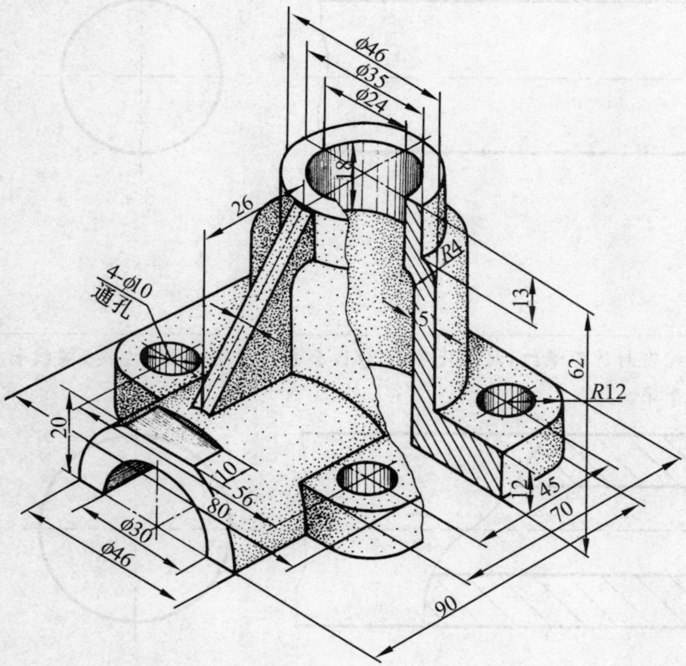

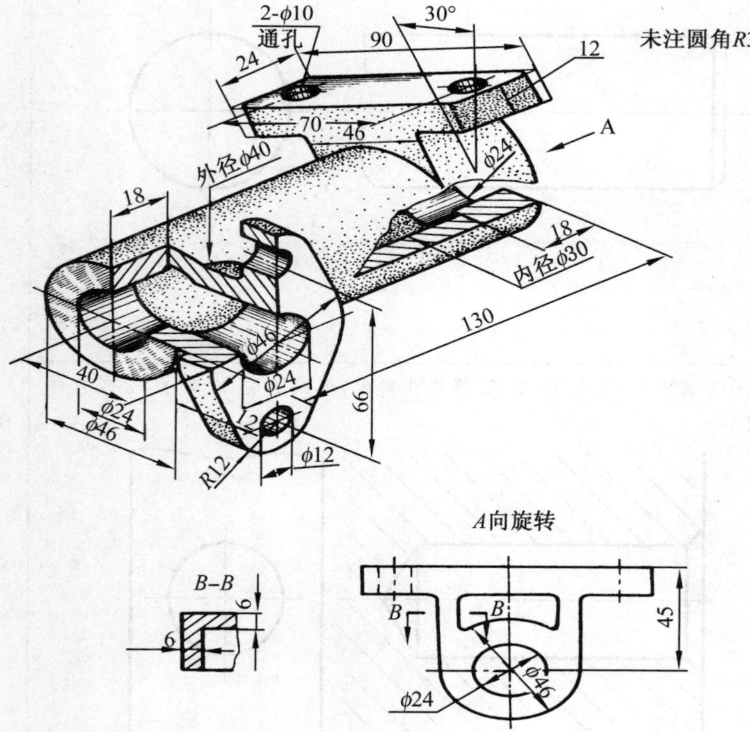

第 7 章　标准件和常用件	班级：	姓名：	学号：	审核：

7—1　画出螺纹，并在视图上标注螺纹的规定代号

(1)普通粗牙螺纹，大径 20 毫米，螺距 2.5 毫米，螺纹长度 40 毫米，中径和大径公差带代号为 5g，中等旋合长度。

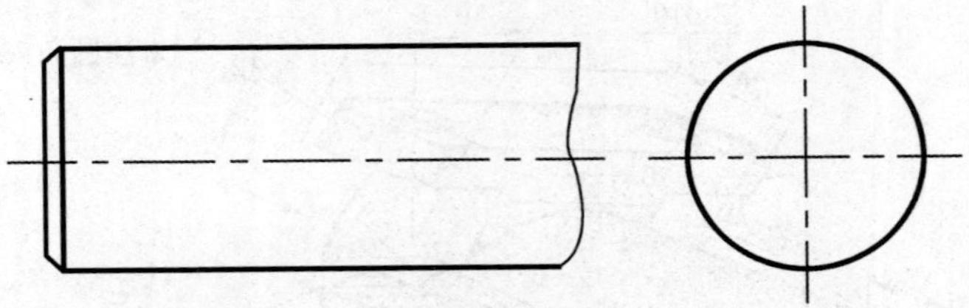

(2)梯形螺纹，大径 20 毫米，导程 8 毫米，线数为 2，左旋，螺纹长度 40 毫米。

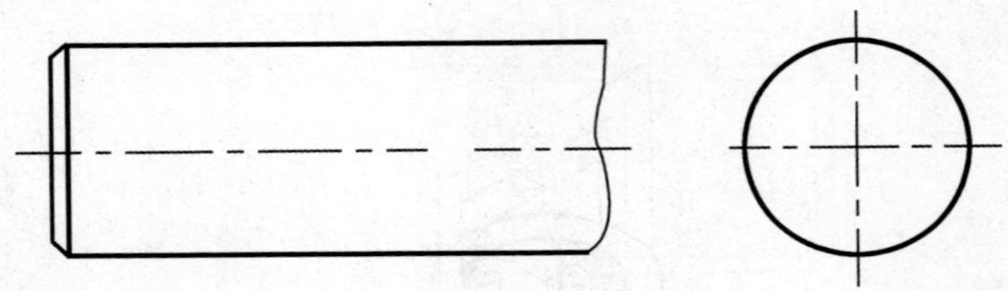

(3)细牙普通螺纹，大径 18 毫米，螺距 1 毫米，螺纹长度 26 毫米，公差代号为 7H。

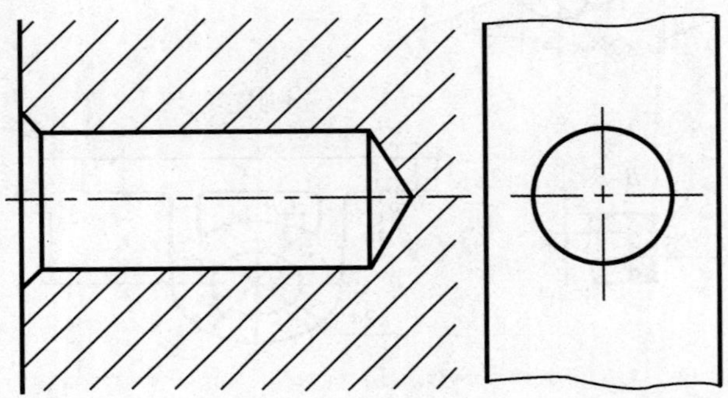

(4)非螺纹密封的管螺纹，尺寸代号为 3/4，公差等级为 B 级，左旋，螺纹长度为 35 毫米。

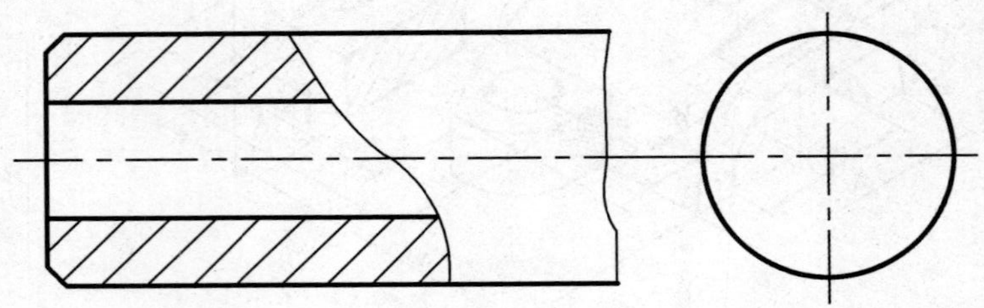

第 7 章　标准件和常用件

班级：　　姓名：　　学号：　　审核：

7—2　标注下列螺纹

① M20-5g6g

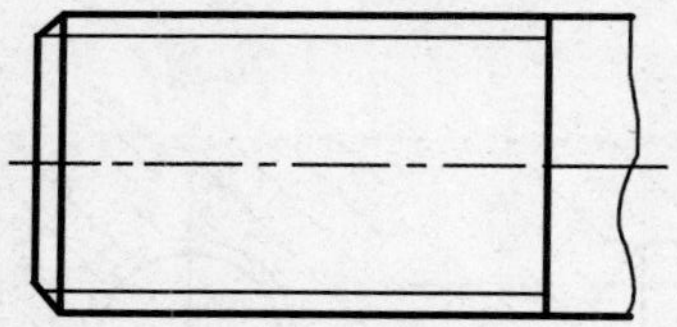

② G1/2

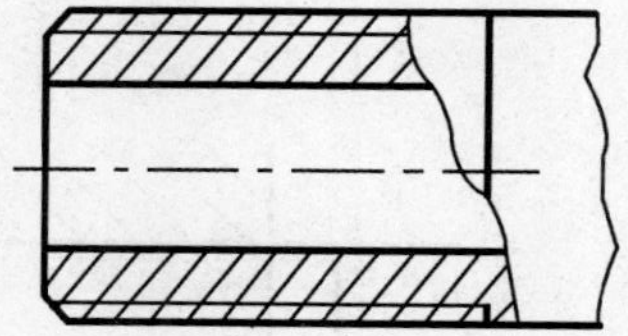

③ M20-7H

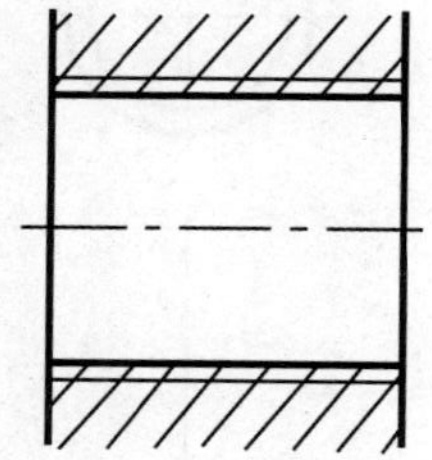

④ Rc3/4

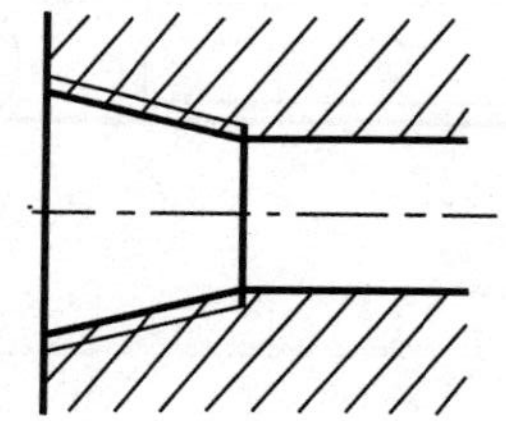

7—3　识别下列螺纹标记中各代号的意义，并填表

螺纹标记	螺纹种类	大径	导程	螺距	线数	旋向	中径公差带	顶径公差带	旋合长
M20LH-6H									
M20×1.5-6g7g									
M36×2.5　LH-6H-S									
G3/8									
G1/2-LH									
Tr40×14(P7)-8e									
Tr40×7-7H									

第 7 章　标准件和常用件　　班级：　　姓名：　　学号：　　审核：

7—4　检查图中画法的错误，按正确画法画在下面

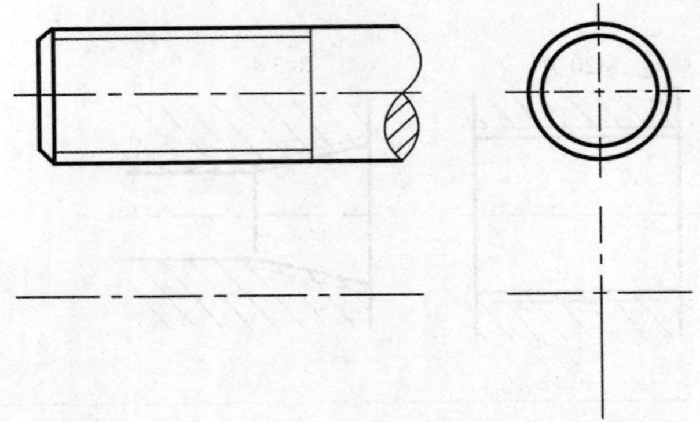

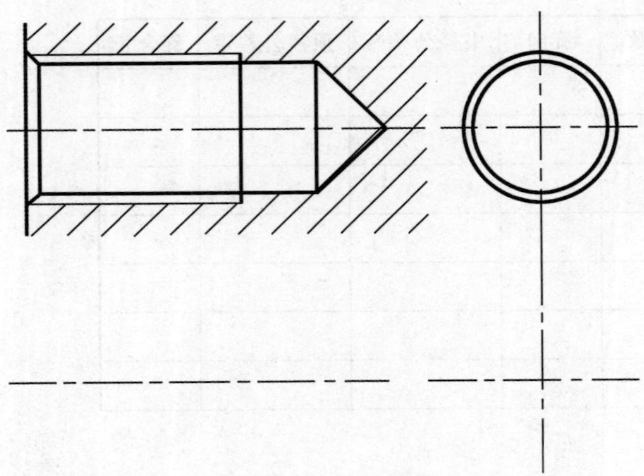

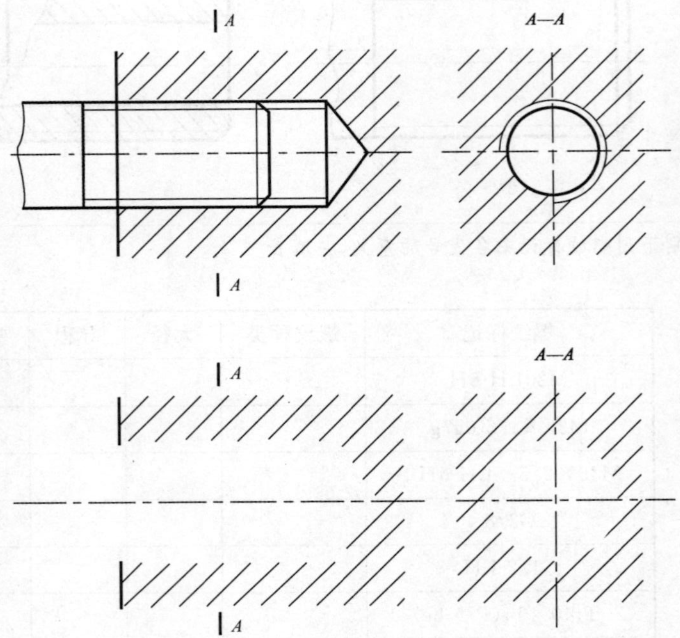

第 7 章　标准件和常用件	班级：	姓名：	学号：	审核：

7—5　查表确定下列各连接件的尺寸，并写出规定标记

(1)六角头螺栓—C 级

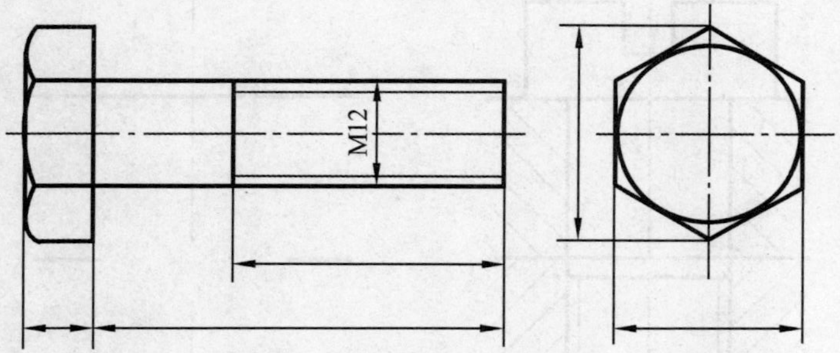

规定标记________

(2) 六角头螺栓—全螺纹—C 级

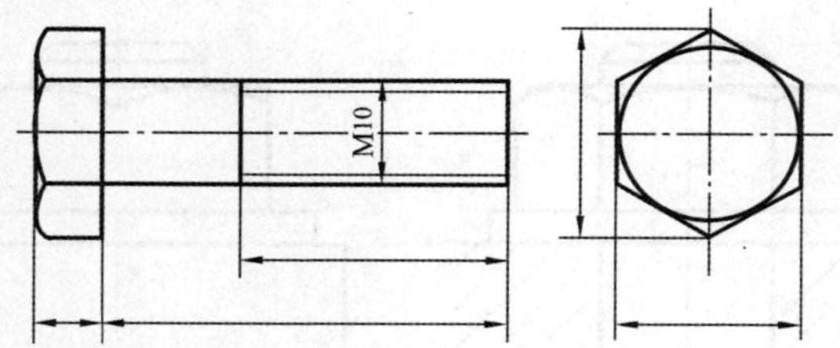

规定标记________

(3)I 型六角螺母—A 级

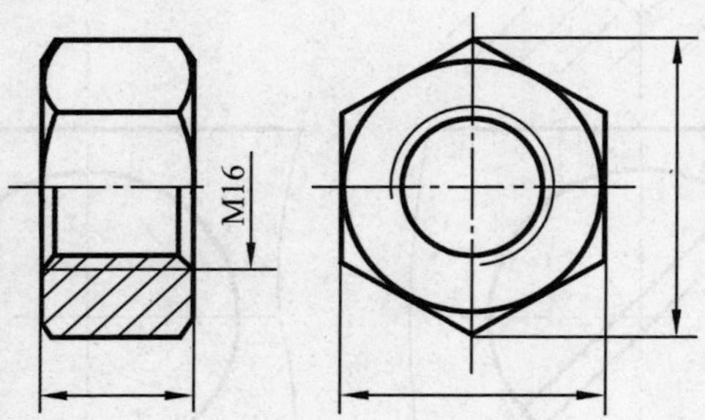

规定标记________

(4)双头螺柱(B 型，$b_m = 1.25d$)

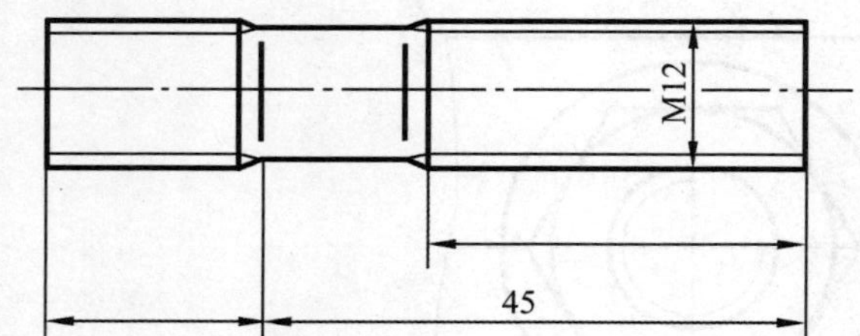

规定标记________

第7章　标准件和常用件	班级：	姓名：	学号：	审核：

7—6　补全螺栓连接视图中所缺的图线

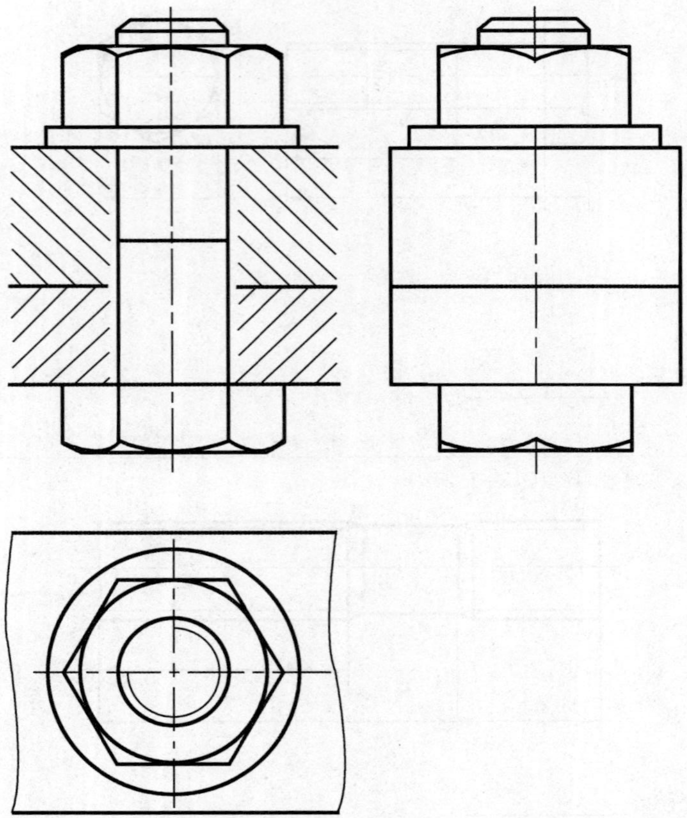

7—7　分析螺钉连接的错误，将正确的图形画在右面

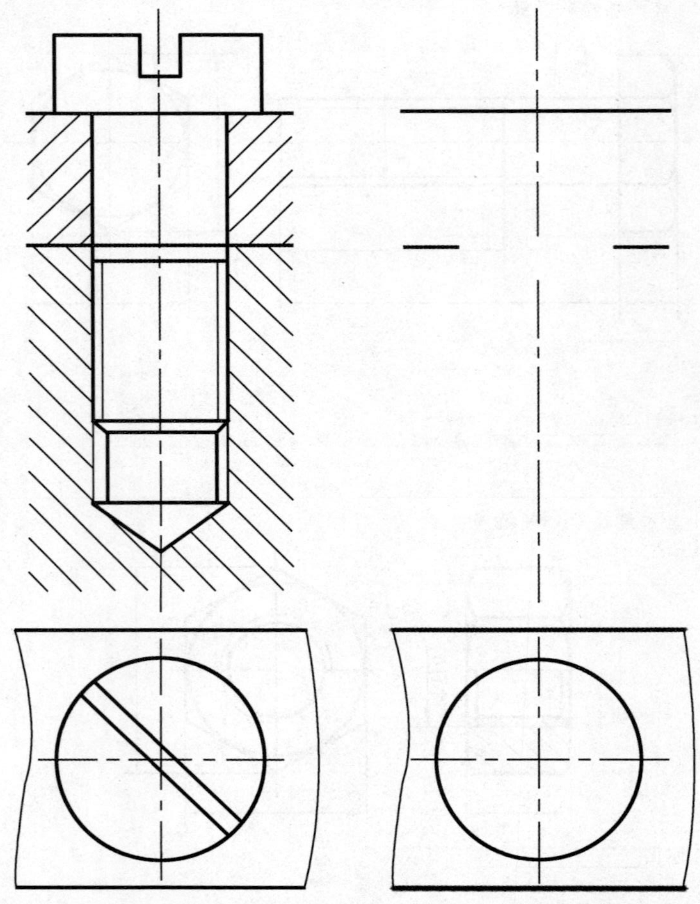

第 7 章　标准件和常用件	班级：	姓名：	学号：	审核：

7—8　用螺栓 GB/T 5780 M16×L 连接两块钢板，已知板厚 $t_1=t_2=$ 16mm；螺母 GB/T 6170 M16；垫圈 GB/T 97.1 16，用比例画法画螺栓连接装配图（画图比例 1∶1），主视图取全剖，俯视和左视画外形。写出螺栓的正确标记（L 计算后取标准值）。

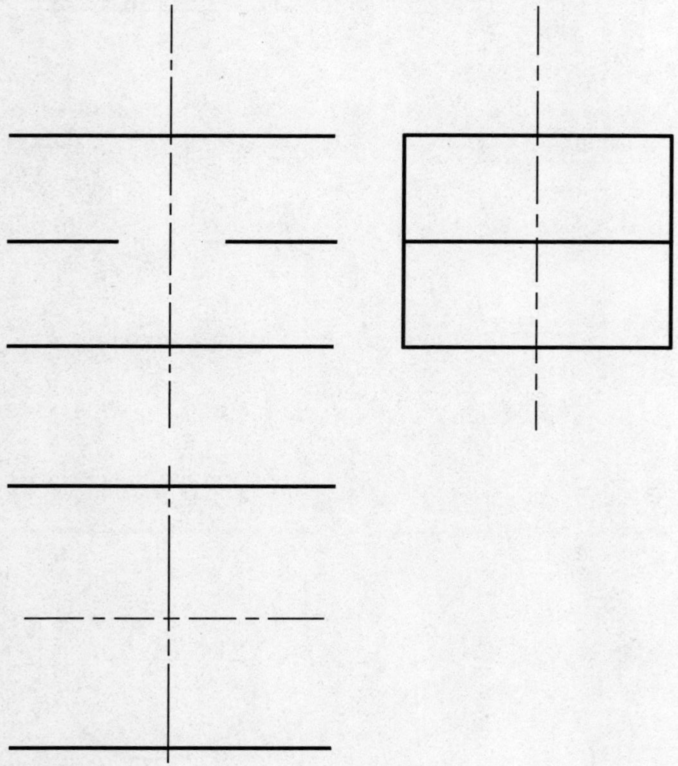

螺栓的标记：________

7—9　用开槽沉头螺钉 GB/T 68 M8×L 连接零件 1（板厚 $t=12$）和零件 2（材料为铸铁），用比例画法画出螺钉连接装配图，主视图取全剖，俯视图画外形（画图比例 2∶1），写出螺钉的正确标记（L 计算后取标准值）。

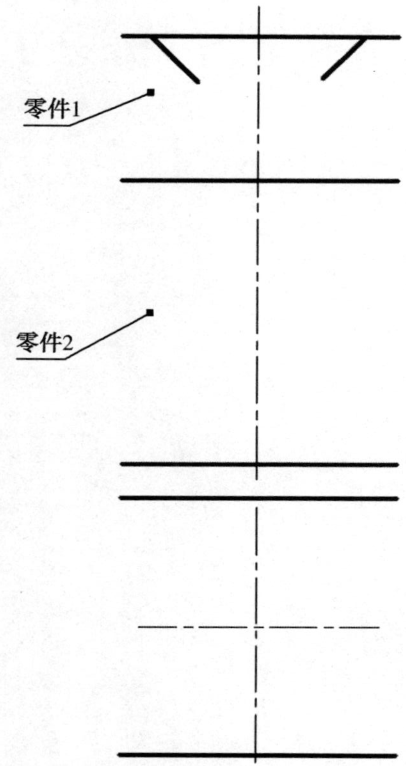

螺栓的标记：________

第 7 章　标准件和常用件	班级:	姓名:	学号:	审核:

7—10　用简化画法画出螺纹连接的三视图,螺母画在上方,比例 1∶1

(1) 画螺栓连接的三视图(主视图取全剖)

螺栓 GB/T 5782-2000 M20×L;螺母 GB/T 6170-2000 M20;

垫圈 GB/T 97.1-2000 20-140HV;t_1=20;t_2=25。

(2)画双头螺柱的连接图,主视图画成全剖视

螺柱 GB/T 898-88 M20×l;螺母 GB/T 6170-2000 M20;

垫圈 GB/T93-87 20;光孔件厚度 t=20mm。

第 7 章　标准件和常用件	班级：	姓名：	学号：	审核：

7—11　键连接

已知齿轮和轴，用 A 型普通平键连接，轴孔直径为 20 毫米，键的长度为 14 毫米。

1. 查表确定键和键槽的尺寸，补全轴和齿轮的图形，并标注键槽的尺寸。
2. 写出键的规定标记。
3. 用键将轴和齿轮连接起来，补全其连接图形。

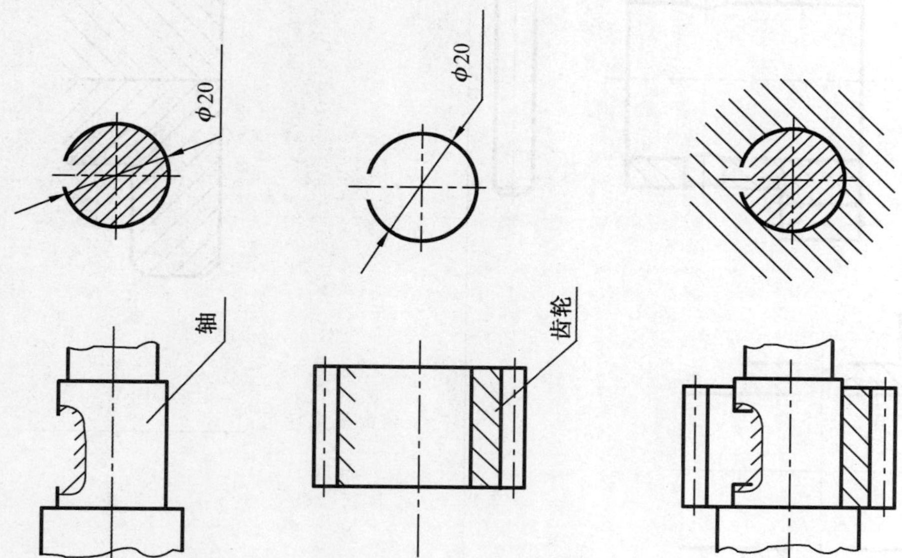

键的标记＿＿＿＿＿＿＿＿＿＿

第 7 章　标准件和常用件	班级:	姓名:	学号:	审核:

7—12　销连接

1. 图(1)为轴、齿轮、销的视图,用销(GB/T 119.1 A5×30)连接轴和齿轮的装配图(2)。

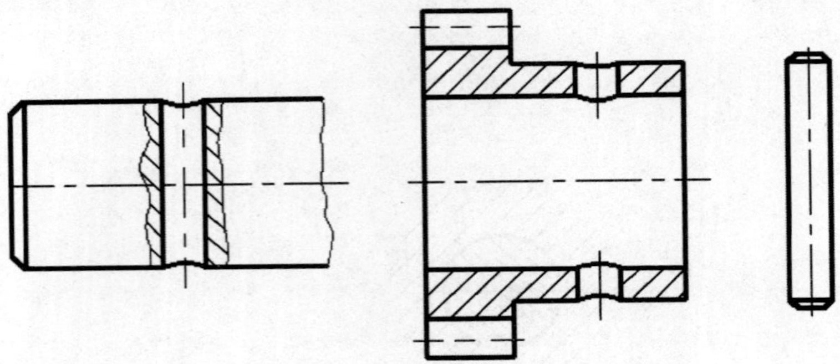

(1)

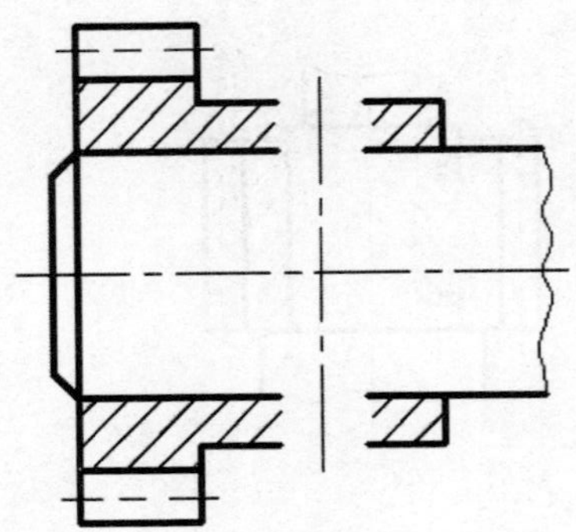

(2)

2. 用 1∶1 的比例,画全 d=6mm,A 型圆锥销连接图,并写出销的标记。

销的规定标记:________________

第 7 章　标准件和常用件	班级：	姓名：	学号：	审核：

7—13　补全直齿圆柱齿轮的主视图和左视图，并标注尺寸（$m=3, z=30$）

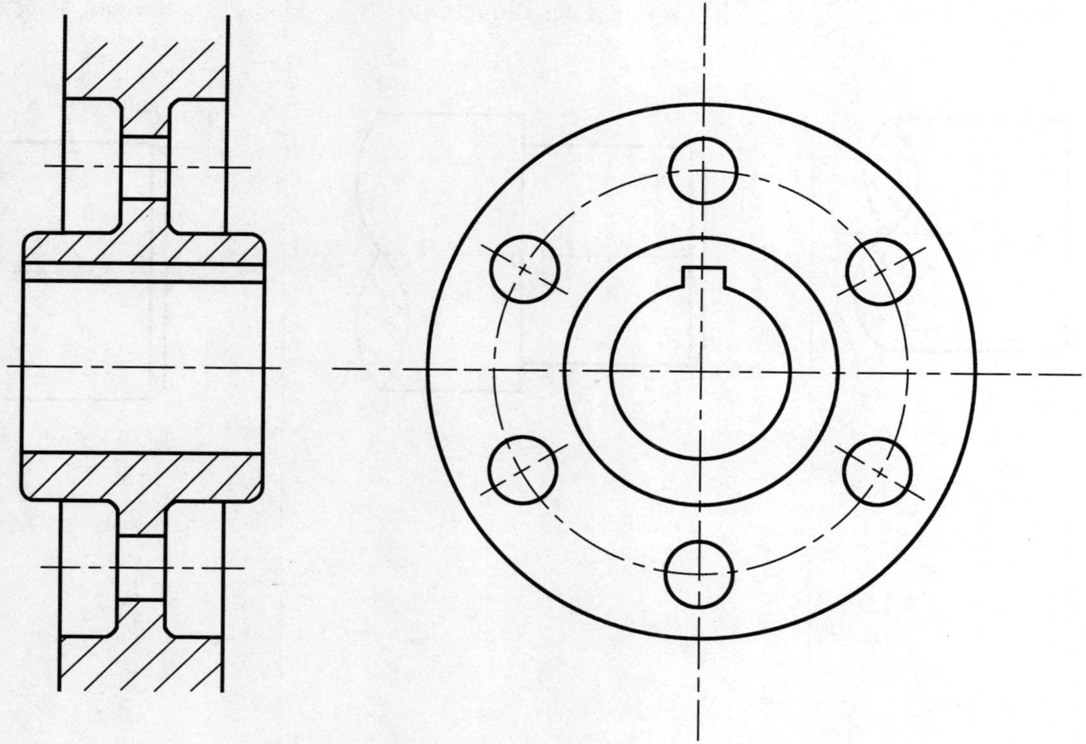

第 7 章　标准件和常用件	班级：	姓名：	学号：	审核：

7—14　用特征画法(画在轴的上方)和规定画法(画在轴的下方)绘制下列滚动轴承

滚动轴承 6305 GB/T 276-94

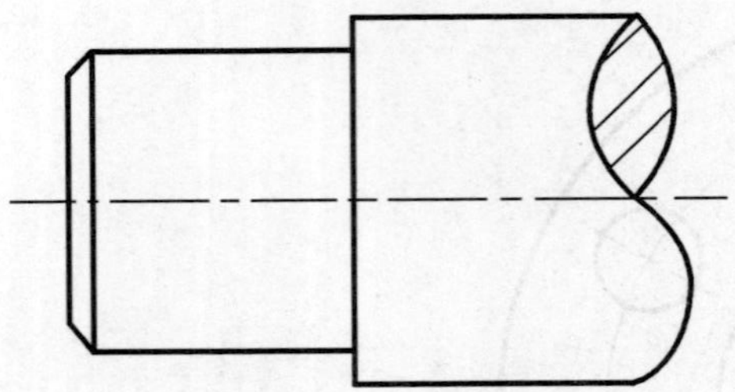

滚动轴承 30306 GB/T 297-94

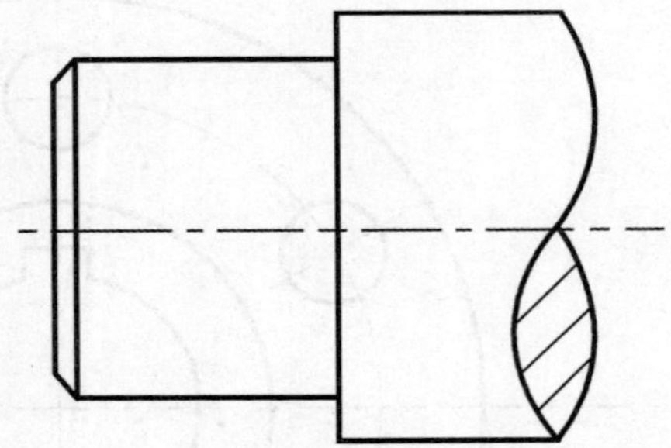

滚动轴承 51208 GB/T 301-95

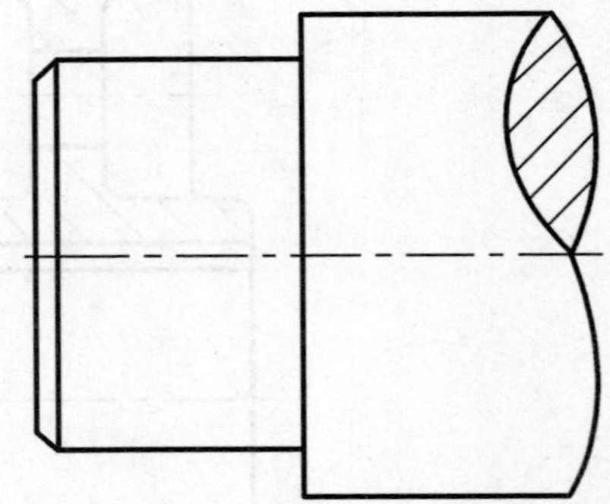

第 8 章 零件图	班级：	姓名：	学号：	审核：

8—1 标注零件表面粗糙度

1.

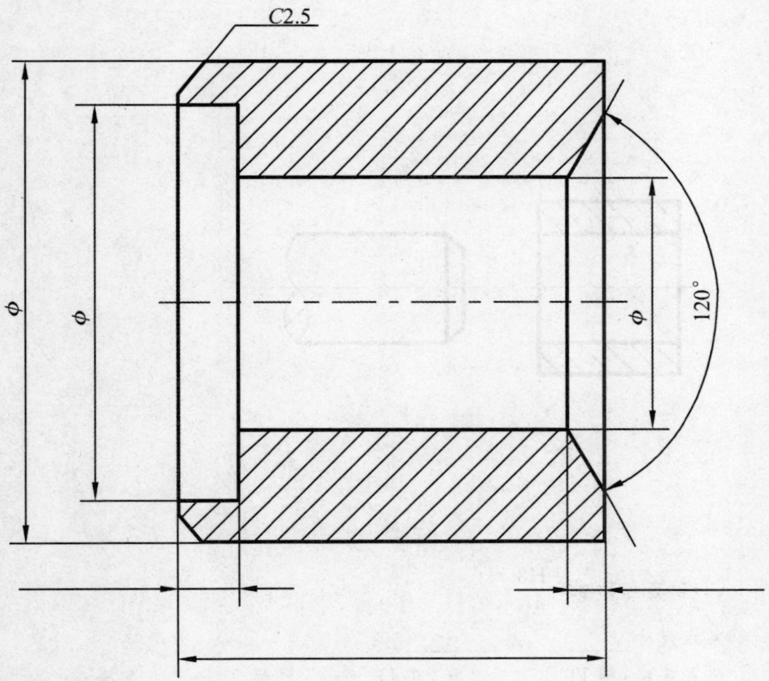

(1)所有圆柱面 Ra 为 6.3μm；

(2)倒角、圆角面 Ra 为 6.3μm；

(3)其余各平面 Ra 为 3.2μm；

2.

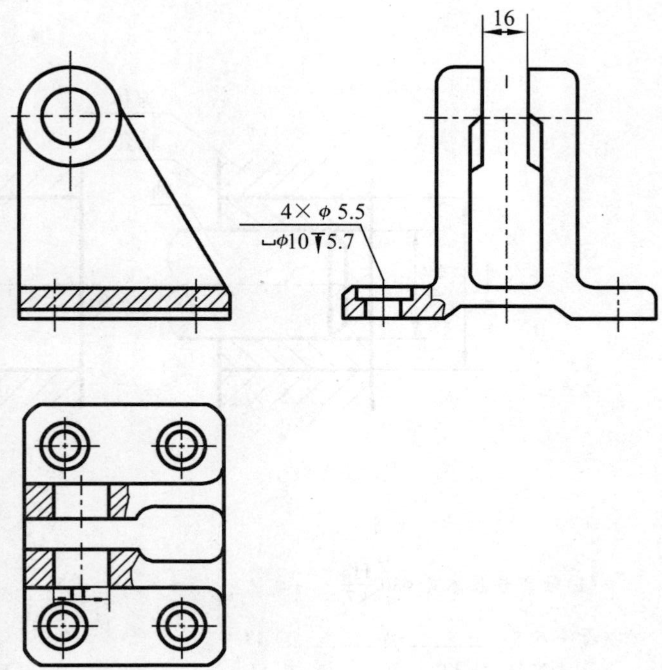

(1)φ15 内孔表面 Ra 为 6.3μm；

(2)两个 φ5.5 圆柱头沉孔为 12.5μm；

(3)间距为 16 两端面与底面 Ra 为 6.3μm；

(4)其余铸造表面不需切削加工。

第 8 章　零件图	班级：	姓名：	学号：	审核：

8—2　解释配合代号的含义，查表得到偏差值后标注在零件图上

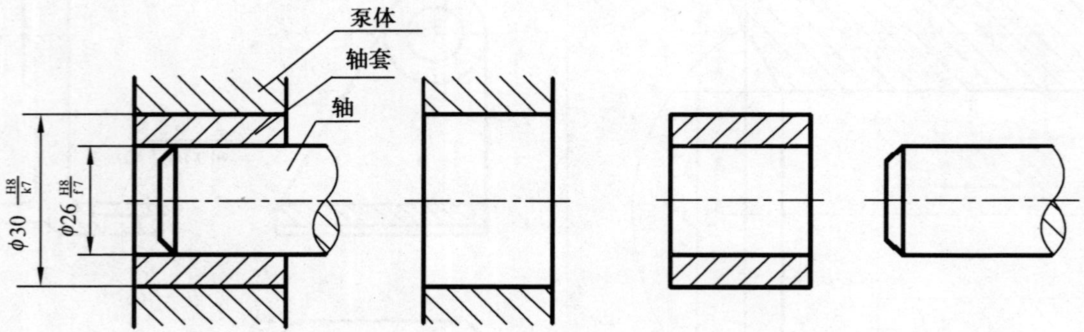

(1)轴套与泵体孔 $\phi30\frac{H8}{k7}$

基本尺寸________，基________制；

公差等级：轴 IT ________级，孔 IT ________级，________配合；

轴套：上偏差________，下偏差________；

泵体孔：上偏差________，下偏差________。

(2)轴套与轴 $\phi26\frac{H8}{f7}$

基本尺寸________，基________制；

公差等级：轴 IT ________级，孔 IT ________级，________配合；

轴套：上偏差________，下偏差________；

泵体孔：上偏差________，下偏差________。

第 8 章　零件图	班级：	姓名：	学号：	审核：

8—3　形状和位置公差

1. 用文字说明图中公差框格标注的含义。

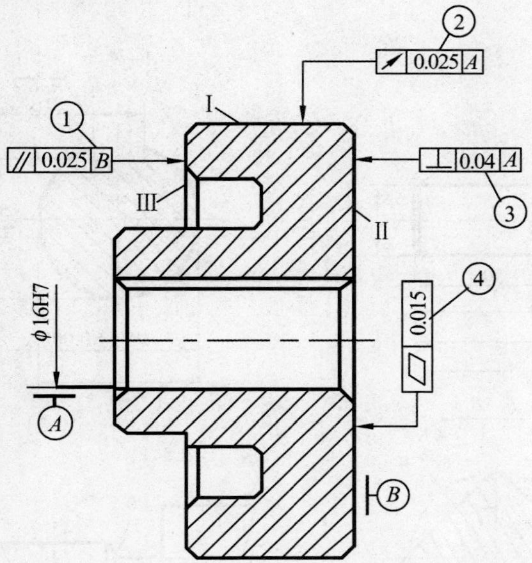

(1)________________

(2)________________

(3)________________

(4)________________

2. 将用文字说明的形位公差改用框格标注在图中。

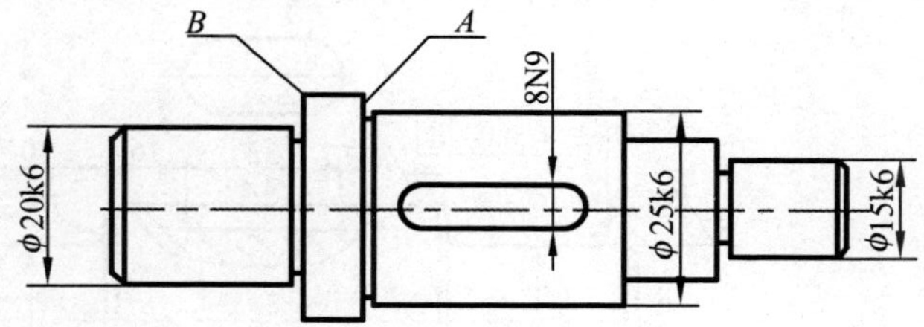

(1)ϕ25k6 轴线对 ϕ20k6 和 ϕ15k6 的公共轴线同轴度公差值 0.025；

(2)A 面对 ϕ25k6 轴线垂直度公差值 0.05；

(3)B 面对 ϕ20k6 的端面圆跳动公差值 0.05；

(4)键槽对 ϕ25k6 轴线对称度公差值 0.01。

第 8 章 零件图	班级:	姓名:	学号:	审核:

8—4 看懂零件图,想象该零件的结构形状,完成填空题

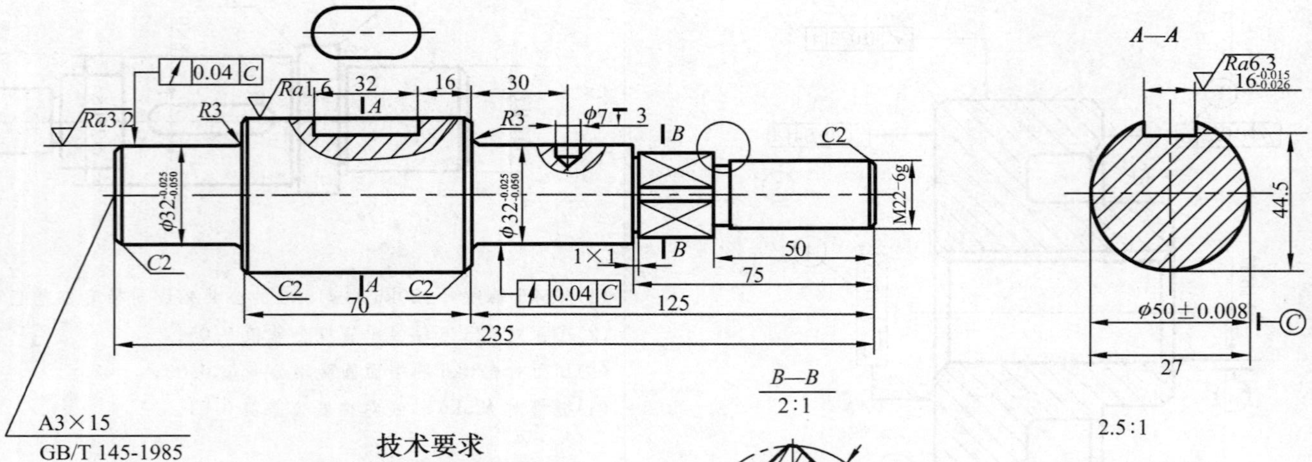

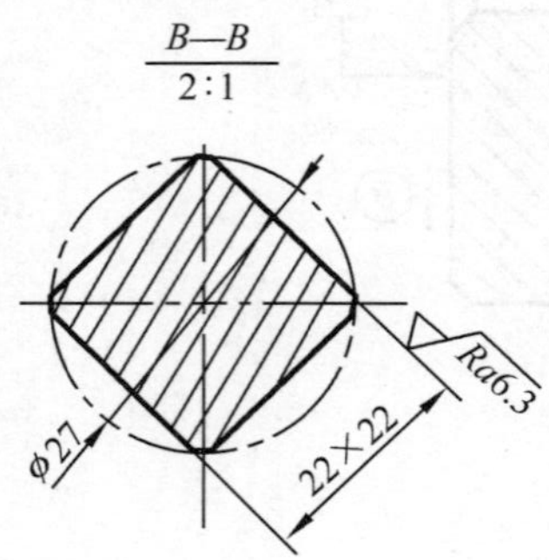

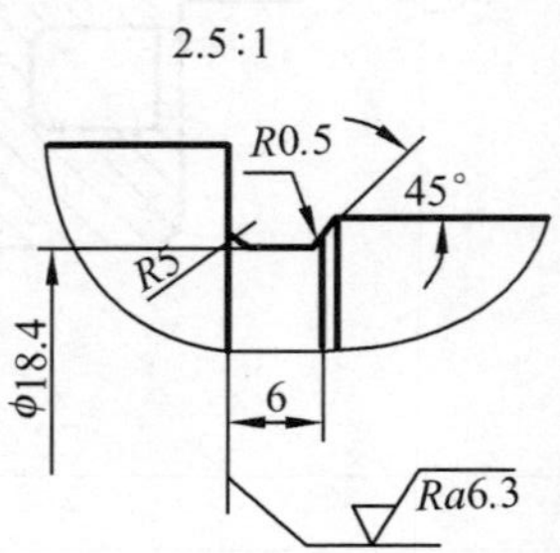

技术要求

1.除螺纹表面外其他部位表面均为45~50HRC。

2.表面处理:发蓝。

填空题:

1.该零件图采用的表达方法有__________。

2.靠右侧的两处斜交细实线是______符号。

3.键槽的定位尺寸是______; 长度______;宽度______;深度______。

4.说明尺寸C2中C表示______; 2表示______; 22×22中22表示______;φ7 ⊤3中的φ7表示______;⊤3表示______。

5.M22−6g中,M22表示______; 6g表示______。

6. | ↗ | 0.04 | C | 表示______两圆柱面对______轴线的公差为______。

Ra12.5 (√)

主　轴			比例	1:1	10-02	
			件数	1		
制图	(签名)	(年月日)	重量		材料	45
描图			(学校名称)			
审核						

第 8 章　零件图	班级：	姓名：	学号：	审核：

8—5　读“拨叉”零件图，标明长、宽、高三个方向的主要尺寸基准，并完成填空题

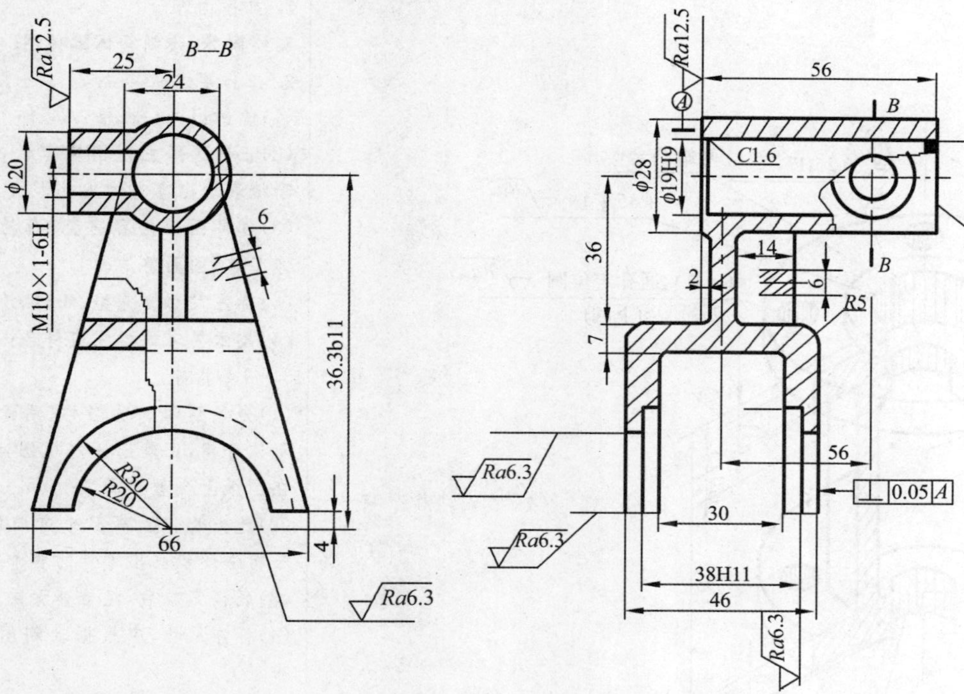

技术要求

1.未注圆角为$R3\sim R5$。
2.铸件不得有气孔、沙眼等缺陷。
3.铸件应退火处理。

填空题

1.38H11表示基本尺寸是________，公差代号_______，公差等级________，基本偏差代号是_______，下偏差为________；
2.M10×1-6H是_______螺纹，螺距是____mm，6H是_______的公差代号。

拨　叉			比例		14-102	
			件数	1		
制图	(签名)	(年月日)	重量		材料	HJ2
描图			(学校名称)			
审核						

第8章　零件图	班级:	姓名:	学号:	审核:

8—6　零件测绘作业

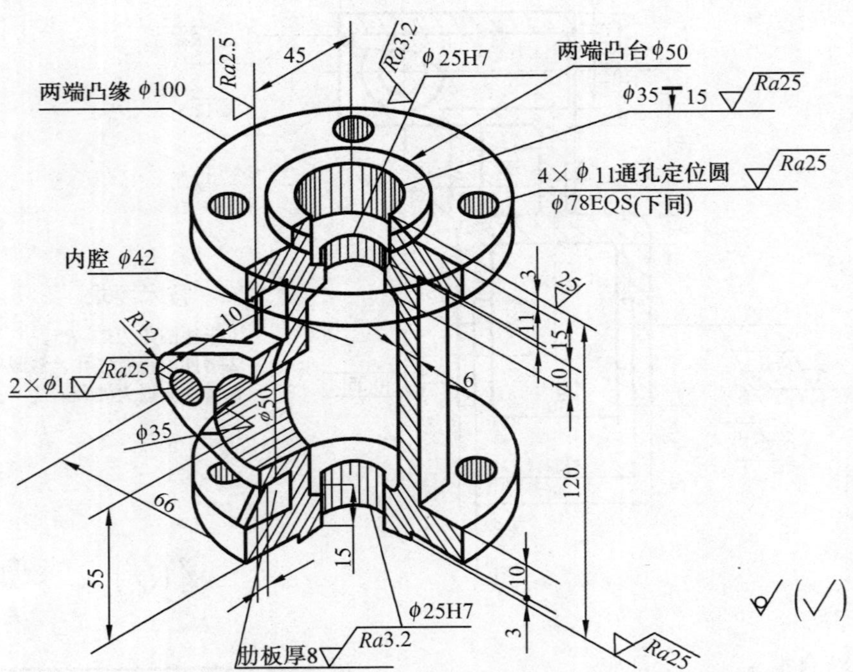

名称:阀体

材料:HT150

1. 工作内容

测绘阀体,绘制阀体零件图

2. 工作要求

(1)比例:1∶1;图幅:A3。

(2)正确选择主视图及零件的表达方案,完整清晰地表达出零件的内外形状。

(3)零件图应内容完整,布局适当、线型分明、字体工整、图面整洁。

(4)标注尺寸要完整、正确、清晰,并力求合理。

(5)技术要求的标注应符合国家标准的规定。

3. 任务指导

(1)先了解零件的名称、用途、材料,对零件进行形体分析,正确选择主视图,按轴测图所示尺寸,在图纸上合理布局。

(2)选择长、宽、高三个方向的尺寸基准,用形体分析法逐步画出零件的各个视图。

(3)底稿完成后,经检查无误,描粗加深。

(4)标注尺寸,应根据轴测图中的尺寸进行合理布置。

(5)标注相关技术要求。

(6)填写标题栏。

第 9 章 装配图	班级：	姓名：	学号：	审核：

9—1 改错

1. 分析下图所示装配图的结构、投影与画法等方面的错误，并在图上改正。

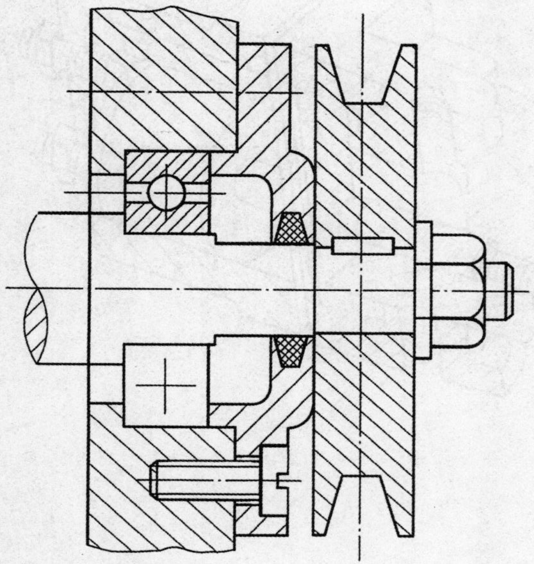

2. 指出下图防漏结构表达上的错误，并在图上改正。

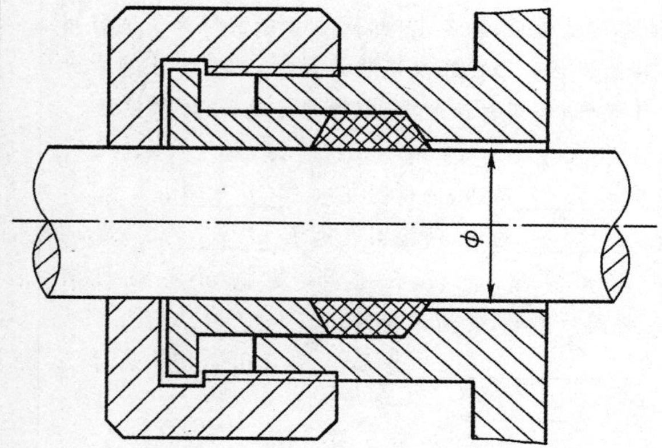

第 9 章　装配图	班级：	姓名：	学号：	审核：

9—2　读停车阀装配图,回答问题

右图所示为停车阀轴测图。

一、工作原理

其工作原理见停车阀装配图。通电时阀片 4 被电磁铁 6 吸引,使进油通道与通往喷油器的油道连通;断电时,阀片 4 在回位弹簧的作用下处于“关闭”位置,停止供油。因此在发电机启动时,应先合上启动开关使之通电,将阀片 4 吸开;停车时应断电,使阀片 4 返回,停供燃油。

二、问题回答

(1)停车阀采用了________画法,俯视图表达了________;

主视图采用了________画法,俯视图表达了________。

(2)当电气系统有故障,电流不通时,要拖动发动机可________将阀片顶开,使油道连通。

(3)装配图中有________外属装配尺寸,外形尺寸为________,规格尺寸为________。

(4)$\phi 7$ H9/f9 是________尺寸,它属于基________制,________配合。

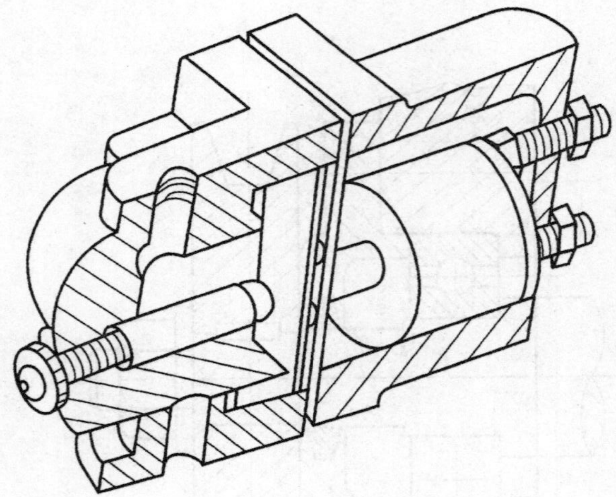

第 9 章 装配图	班级：	姓名：	学号：	审核：

停车阀装配图

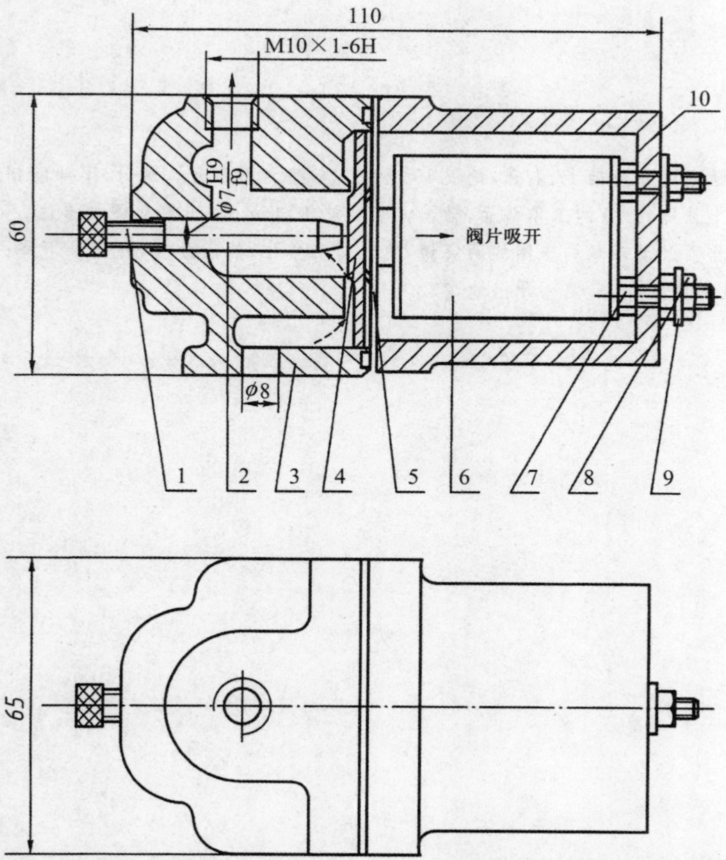

技术要求

1.阀工作时，阀片开关应符合要求，否则调整或更换弹簧。

2.装配后阀片移动灵活。

序号	名称	数量	材料	备注
10	右壳体	1	Q235	
9	垫片	2	Q235	GB/T 95
8	螺母	3	Q235A	GB/T 6171
7	接线柱	2	Q235	
6	电磁铁	1		
5	回位弹簧	1	60SiMn	
4	阀片	1	35	
3	左壳体	1	HT200	
2	顶杆	1	35	
1	螺栓M6	1	Q235A	

停车阀		比例		(图号)
		重量		
班级				
制图		共 张		第 张
审核			(校名)	

第9章　装配图	班级:	姓名:	学号:	审核:

9—3　读千斤顶装配图,回答问题

一、用途

在汽车保修作业时,供举升汽车用的地沟设备。

二、结构与工作原理

1. 结构

主要由动力缸、自锁机构及托重部分组成。

2. 工作原理(见装配图)

先打开气阀,使压缩空气从底座1的气孔进入缸筒3内。推动活塞使升降轴17上升,托板19上的汽车随之而举升。这时,下伸缩锁8的工作斜面与轴承内座圈11的两突销接触,并沿着下伸缩圈的两突销,又接触上伸缩锁16的工作斜面,轴承内座圈被转向 a_1 处,升降轴便被卡住。

当需升降轴下降时,须先充气,升降轴稍向上运动,下伸缩锁工作面触动轴承内座圈的两突销,使之转动移位,然后放气,升降轴下降;当上伸缩锁触动轴承内座圈突销时,又迫使它转到键槽 b 处,汽车随托板下降至最低位置,汽车便可开出地沟。

第 9 章 装配图	班级：	姓名：	学号：	审核：

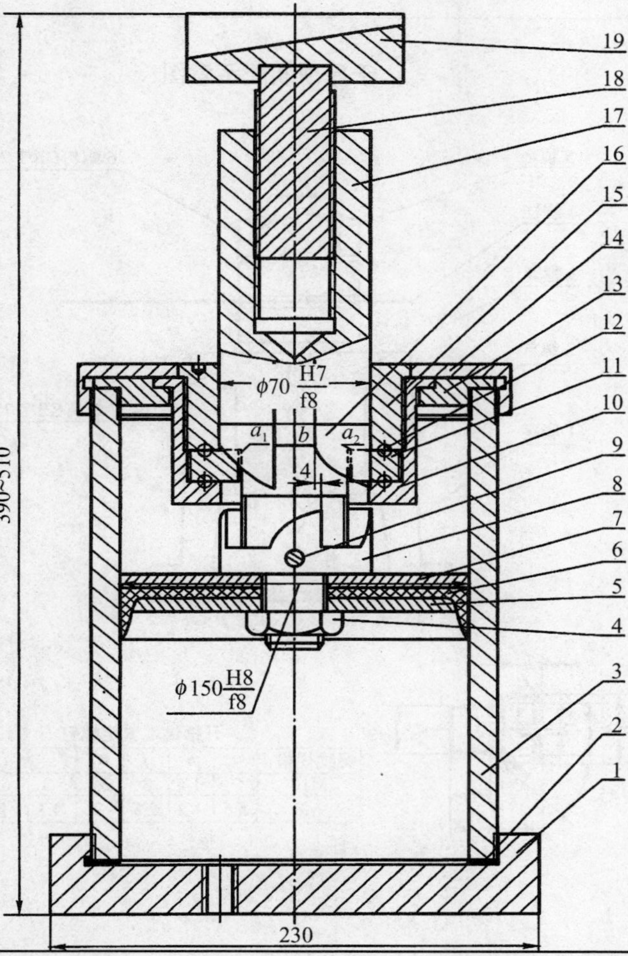

技术要求

1.在无负荷时，不准打开气阀，以免损坏千斤顶上盖和外盖，缩短软管寿命。

2.使用气压为60MPa,最大举重2t。

3.每两个月保养一次，轴承加钙基润滑，皮碗抹刹车油。

序号	名称	数量	材料	备注
19	托板	1	35	
18	丝杆T36×6	1	45	
17	升降轴	1	45	
16	上伸缩锁	1	45Cr	
15	轴承上座圈	1	GCr15	
14	外盖	1		
13	上盖	1	45	
12	钢球φ6.5	78		GB/T308
11	轴承内座圈	1	GCr15	
10	轴承下座圈	1	GCr15	
9	螺钉M5×16	1		GB/T71
8	下伸缩锁		45Cr	
7	皮碗外压板	1	35	
6	皮碗	1		
5	皮碗内压板	1	35	
4	紧锁螺母	1		GB/T41
3	缸筒	1	HT200	
2	密封垫	1		
1	底座	1	HT200	

气动千斤顶			比例		（图号）
班级			重量		
制图			共 张		第 张
审核			(校名)		

第 9 章　装配图	班级：	姓名：	学号：	审核：

9—4　根据零件图拼画装配图

作业目的和要求：

熟悉和掌握装配图的内容及装配图表达方法。仔细阅读千斤顶的每张零件图，并参照本页的装配示意图，拼画出千斤顶装配图。绘图比例及图纸幅面，根据千斤顶零件图的尺寸自己确定。

注意事项：

搞清千斤顶的工作原理及各个零件的装配连接关系。

根据千斤顶的装配示意图及零件图，选定表达方案。要先在草稿纸上试画，经检查无误后再正式绘图。

对标准件要查阅有关标准确定。

注意相邻零件剖面线的方向和间隔要有明显的区别。

千斤顶装配示意图

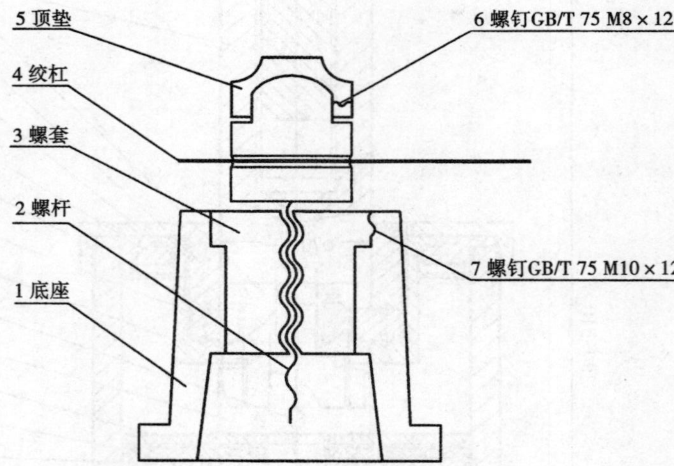

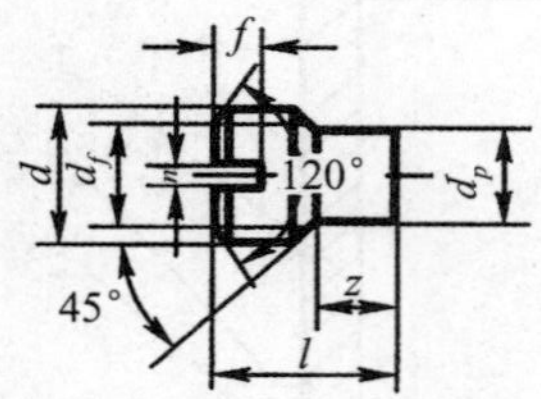

开槽锥端紧定螺钉

螺纹规格 d	d_p	n	f	d_f	z	d_z	l
M10	7	1.6	3	2.5	5.3	6	12
M8	5.5	1.2	2.5	2	4.3	5	12

第 9 章　装配图	班级：	姓名：	学号：	审核：

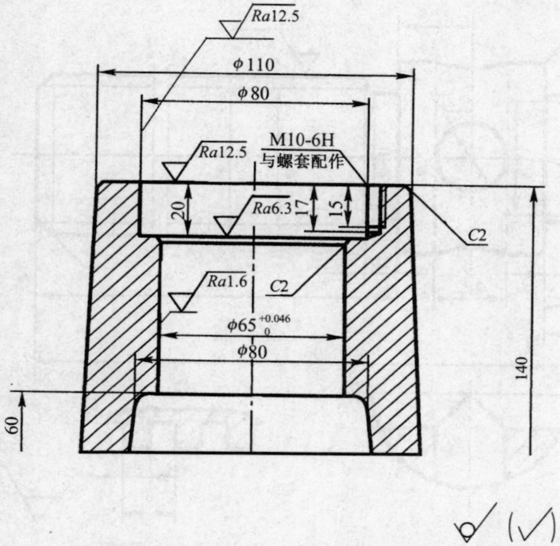

未注圆角 R5。

序号：1　零件名称：底座
数量：1　材料：HT200

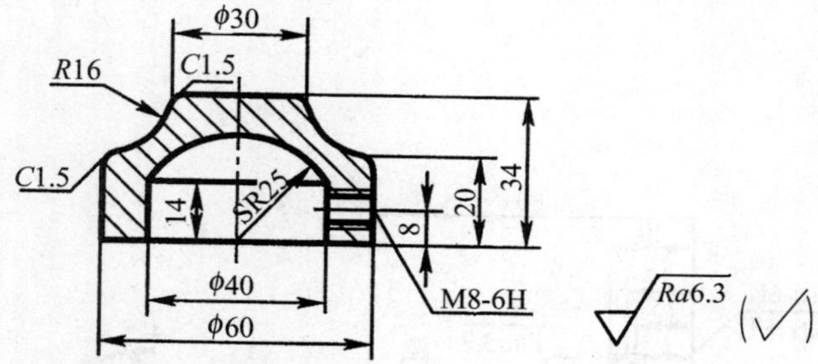

热处理 45～50HRC

序号：5　零件名称：顶垫
数量：1　材料：Q275

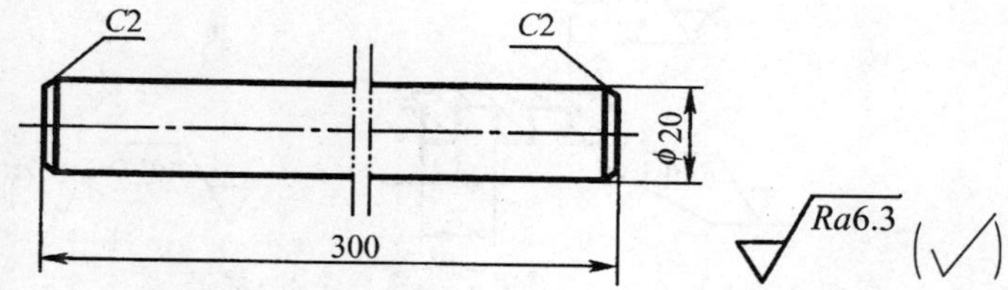

序号：4　零件名称：铰杠
数量：1　材料：35

第 9 章　装配图	班级：	姓名：	学号：	审核：

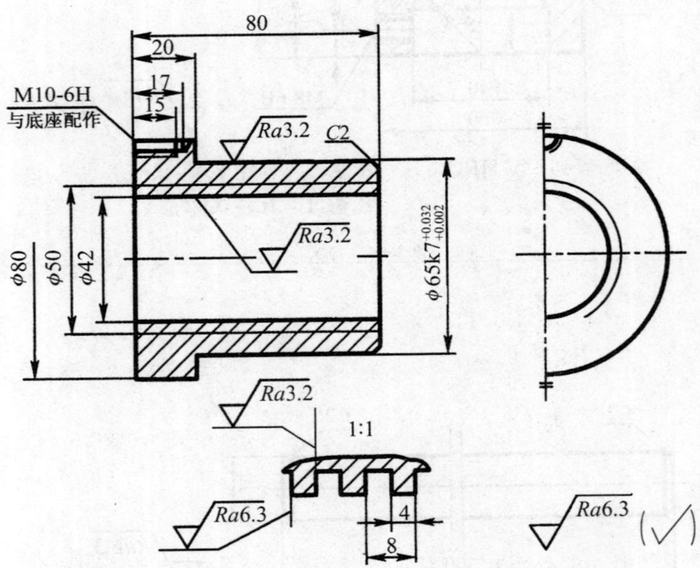

锐边倒角 C1　　序号：3　零件名称：螺套

数量：1　材料：ZcuA110Fe3

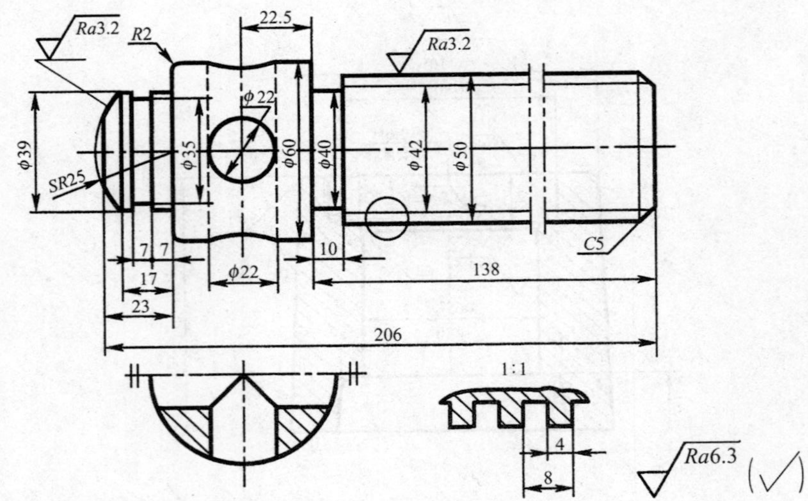

调质处理 250～280HB　　序号：2　零件名称：螺杆

数量：1　材料：35

第 10 章　计算机绘图(AutoCAD 2006 版)	班级:	姓名:	学号:	审核:

10—1　用计算机绘制下列平面图形

1.

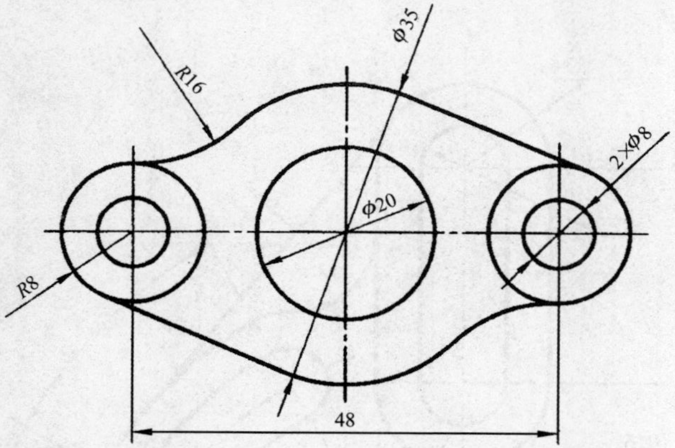

2.

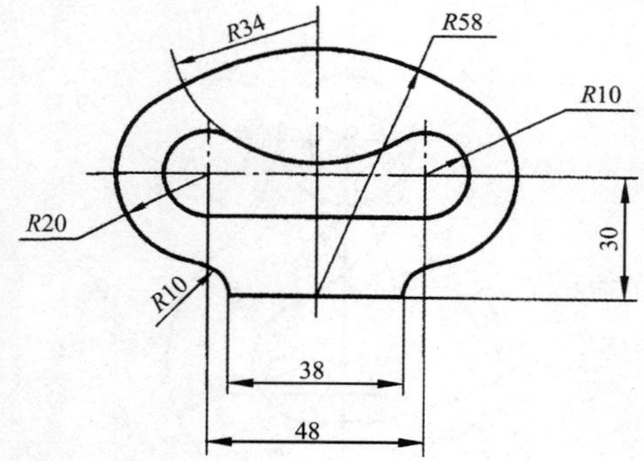

3.

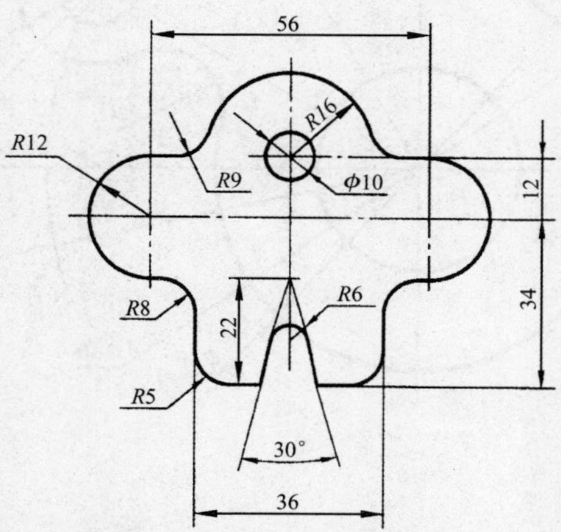

4.

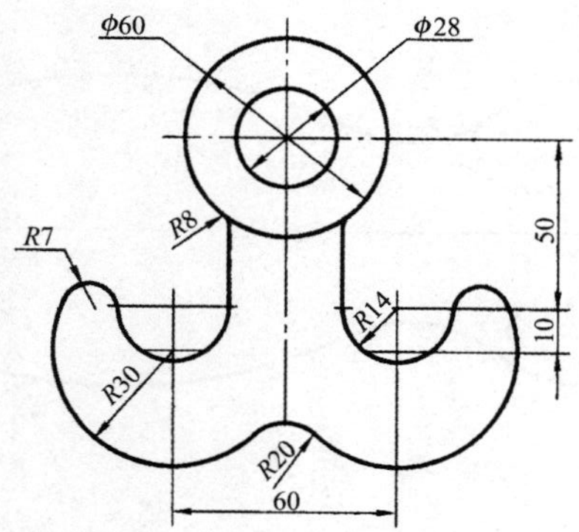

第 10 章　计算机绘图（AutoCAD 2006 版）	班级：	姓名：	学号：	审核：

10—2　用计算机绘制下列平面图形

1.

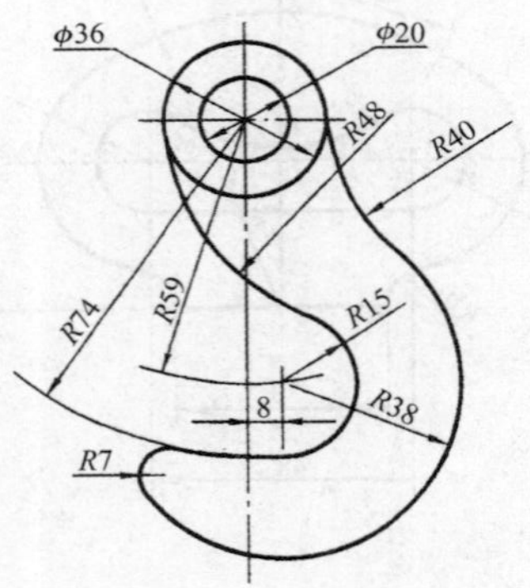

2.

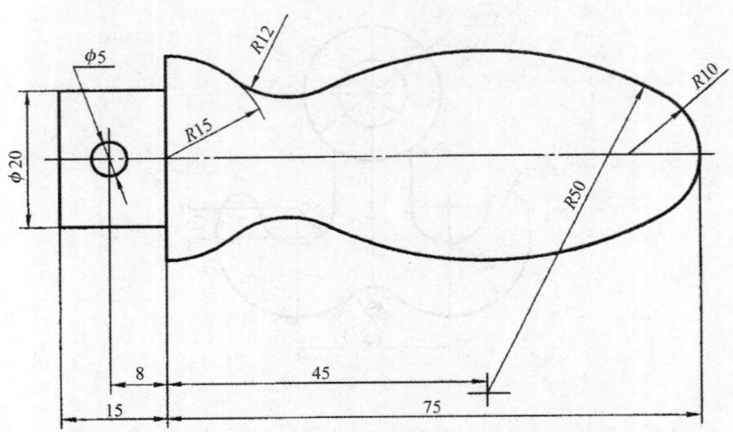

3.

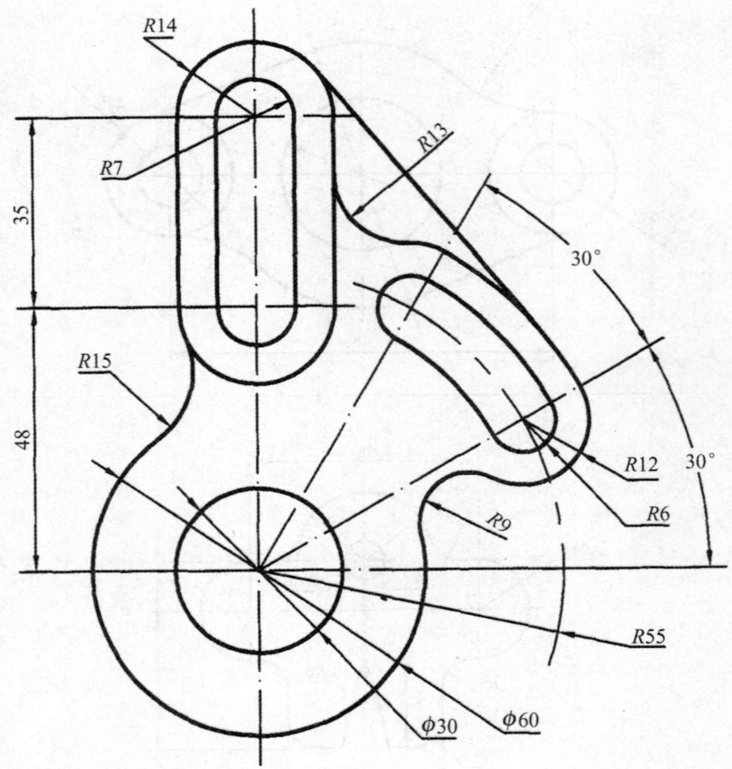

第 10 章　计算机绘图(AutoCAD 2006 版)	班级:	姓名:	学号:	审核:

10—3　用计算机绘制下列三视图

1.

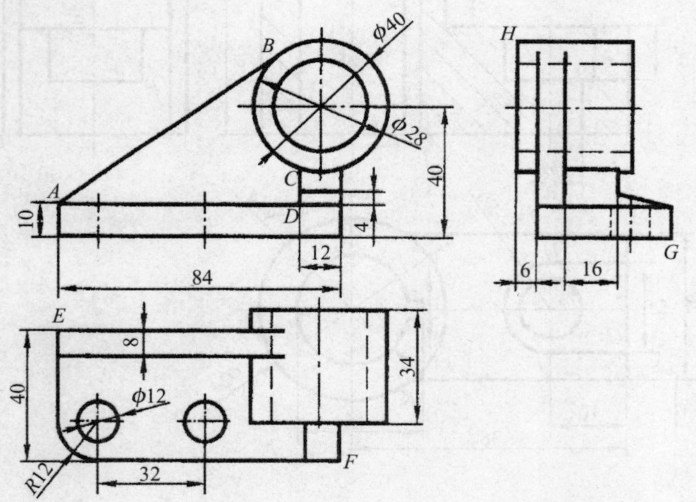

2.

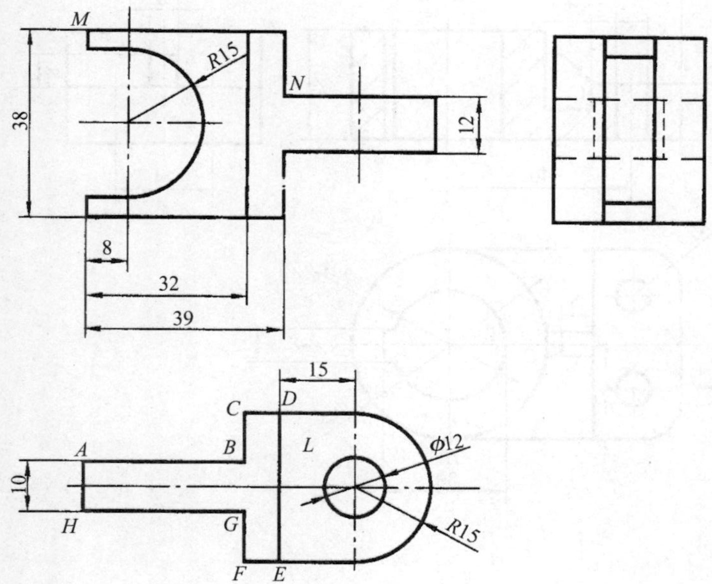

第 10 章 计算机绘图(AutoCAD 2006 版)	班级:	姓名:	学号:	审核:

10—4 用计算机绘制下列三视图

1.

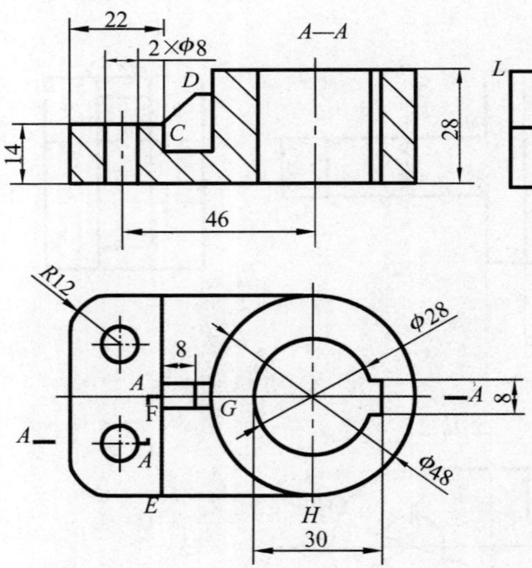

2.

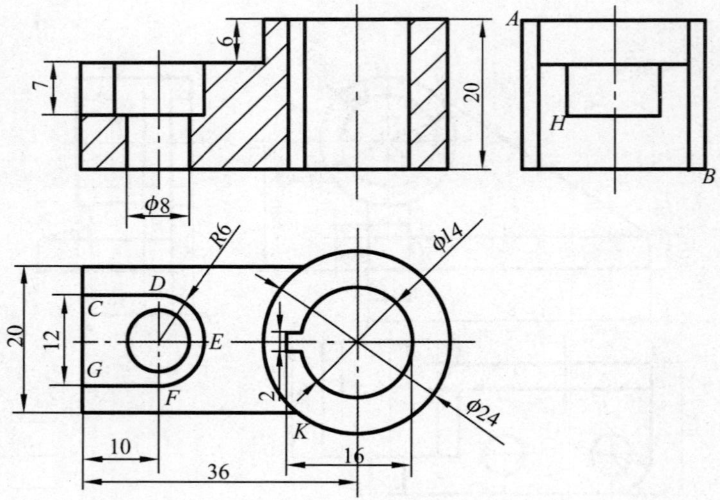

第 10 章　计算机绘图(AutoCAD 2006 版)	班级：	姓名：	学号：	审核：

10—5　用计算机绘制零件图

模　数	2.5
齿　数	22
压力角	20°
精度等级	7-6-6GM

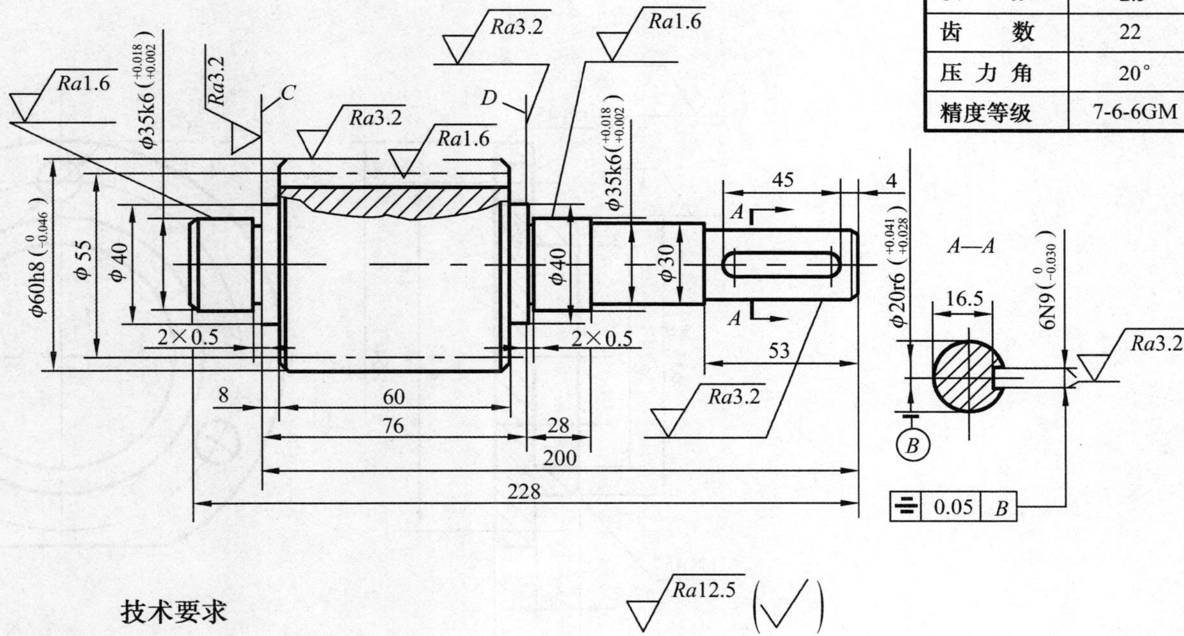

技术要求

1.调质220~250HB。
2.未注倒角均为C2。
3.去锐边毛刺。
4.线性尺寸未注公差为GB/T1804–m。

轮轴			比例		(图号)
			件数	1	
班级		(学号)	材料	45	成绩
制图		(日期)	(校名)		
审核		(日期)			

第 10 章 计算机绘图(AutoCAD 2006 版)	班级:	姓名:	学号:	审核:

10—6 用计算机绘制零件图

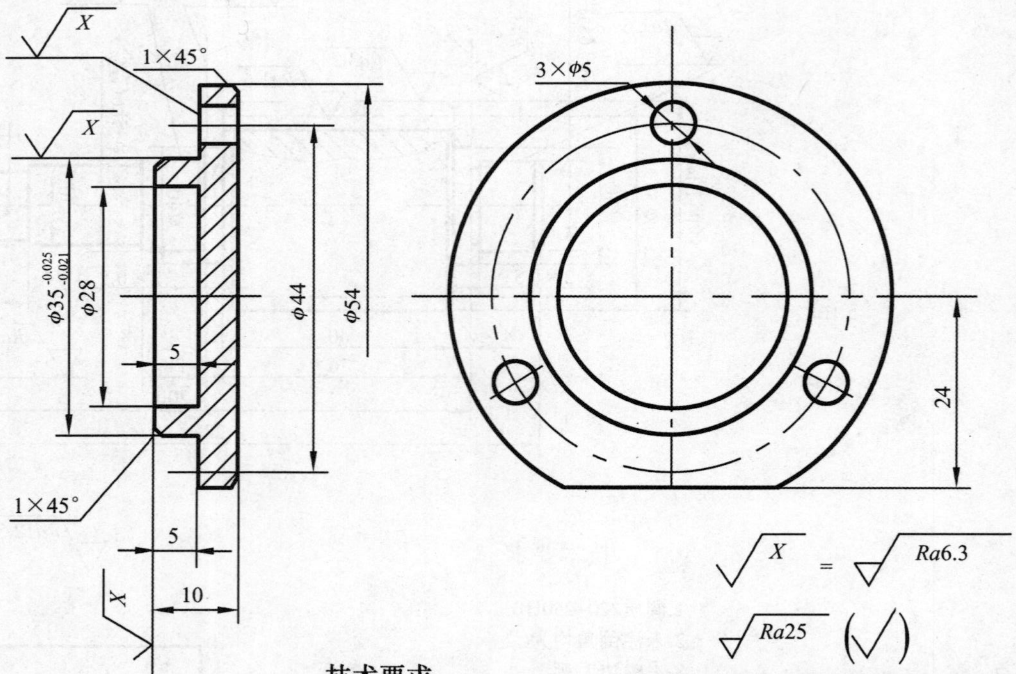

技术要求

表面处理：调质

轴承盖		比例	1:1	
		件数	1	
制图		质量		材料
描图				
审核				

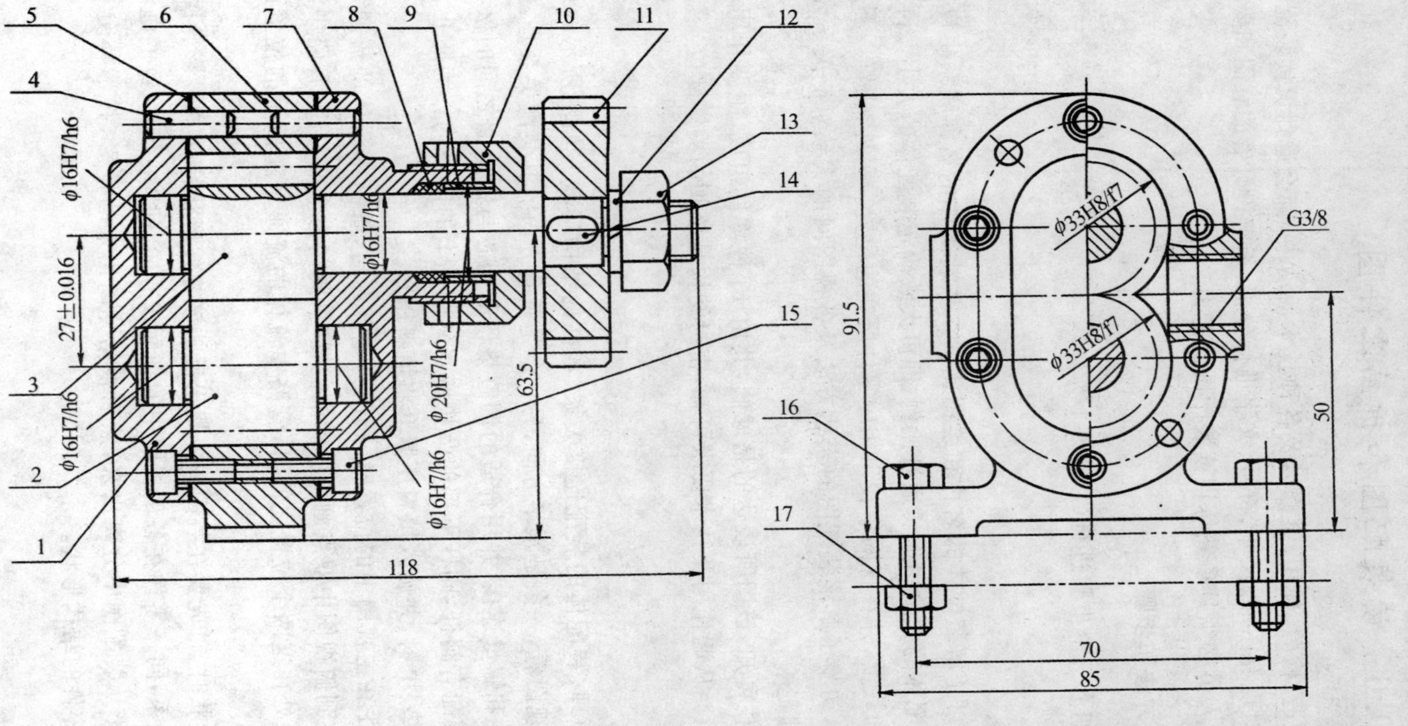

序号	代号	名称	数量	材料	备注
17	GB/T6170	螺母M6	2	6级	
16	GB/T5872	螺栓M6×30	2	6.8级	
15	GB/T70	螺钉M6×12	12	6.8级	
14	GB/T1096	键5×10	1	45	
13	GB/T6171	螺母M12×1.5	1	6级	
12	GB/T93	垫圈12	1	65Mn	
11	04-10	传动齿轮	1	45	
10	04-09	压紧螺母	1	35	
9	04-08	轴套	1	20	
8	04-07	填料	1	油绳	
7	04-06	右端盖	1	HT200	
6	04-05	泵体	1	HT200	
5	04-04	垫片	2	工业纸	
4	GB/T119	销A5 18	4	45	
3	04-03	主动齿轮轴	1	45	
2	04-02	从动齿轮轴	1	45	
1	04-01	左端盖	1	HT200	

齿轮油泵	比例	1:5
	材料	
制图		04-00
审核		

图9-24 齿轮油泵装配图

9.6 读装配图和拆画零件图

在装配体的设计、制造、检验、使用、维修以及各种技术活动中,都会遇到识读装配图的问题。识读装配图是对现有图形、尺寸、符号、文字进行分析,了解设计者的意图和要求的过程。因此,工程技术人员必须具备熟练识读装配图的能力。

9.6.1 读装配图的方法和步骤

读装配图通常可按如下三个步骤进行(以图 9-1 为例):

1.概括了解

首先从标题栏入手,可了解装配体的名称和绘图比例。从装配体的名称联系生产实践知识,往往可以知道装配体的大致用途。通过比例,即可大致确定装配体的大小。再从明细栏了解零件的名称和数量,并在视图中找出相应零件所在的位置。另外,浏览一下所有视图、尺寸和技术要求,初步了解该装配图的表达方法及各视图间的大致对应关系,以便为进一步看图打下基础。

由图中标题栏、明细栏可知,该图所表达的是球阀,共由 13 种零件组成,主要作用是控制管路中流体的流通量。从起作用及技术要求可知,密封结构是该阀的关键部位。

2.详细分析

分析装配体的工作原理、装配体的装配连接关系、零件的结构形状。如图所示的球阀,有两条装配线。从主视图看,一条是水平方向,另一条是垂直方向。其装配关系是:阀盖和阀体用四个双头螺柱和螺母连接,并用合适的调整垫调节阀芯与密封圈之间的松紧程度。阀体垂直方向上装配有阀杆,阀杆下部的凸块嵌入到阀芯上的凹槽内。为防止流体泄露,在此处装有填料垫、填料,并旋入填料压紧套将填料压紧。

球阀的工作原理:扳手在主视图中的位置时,阀门为全部开启,管路中流体的流通量最大。当扳手顺时针旋转到俯视图中双点画线所示的位置时,阀门为全部关闭,管路中流体的流通量为零。当扳手处在这两个位置之间时,管路中流体的流通量随扳手的位置而改变。

分析某零件的结构形状时,首先要在装配图中找出反映该零件形状特征的投影轮廓。接着可按视图间的投影关系,同一零件在各剖视图中的剖面线方向、间隔必须一致的画法规定,将该零件的相应投影从装配图中分离出来,然后根据分离出来的投影,按形体分析和结构分析的方法,弄清零件的结构形状。

3.归纳总结

归纳总结,一般可按以下几个主要问题进行:

(1)装配体的功能是什么?其功能是怎样实现的?在工作状态下,装配体中各零件起什么作用?运动零件之间是如何协调运动的?

(2)装配体的装配关系、连接方式是怎样的？有无润滑、密封及其实现方式如何？

(3)装配体的拆卸及装配顺序如何？

(4)装配体如何使用？使用时应注意什么事项？

(5)装配图中各视图的表达重点意图如何？是否还有更好的表达方案？装配图中所注尺寸各属哪一类？

上述读装配图的方法和步骤仅是一个概括的说明。实际读图时几个步骤往往是平行或交叉进行的。因此，读图时应根据具体情况和需要灵活运用这些方法，通过反复地读图实践，便能逐渐掌握其中的规律，提高读装配图的速度和能力。

9.6.2　由装配图拆画零件图

装配图拆画出零件图是设计过程中的重要环节，是产品设计加工的重要手段。必须在全面看懂装配图的基础上，按照零件图的内容和要求拆画零件图。以图 9-1 所示球阀的阀体为例，介绍拆画零件图的一般步骤。

(1)确定零件的视图表达方案。由装配图上分离出阀体的轮廓，如图 9-25 所示。装配图的表达是从整个部件的角度来考虑的，因此装配图的视图表达方案不一定适合每个零件的表达需要，在拆图时，应根据零件的结构形状，进行全面考虑。

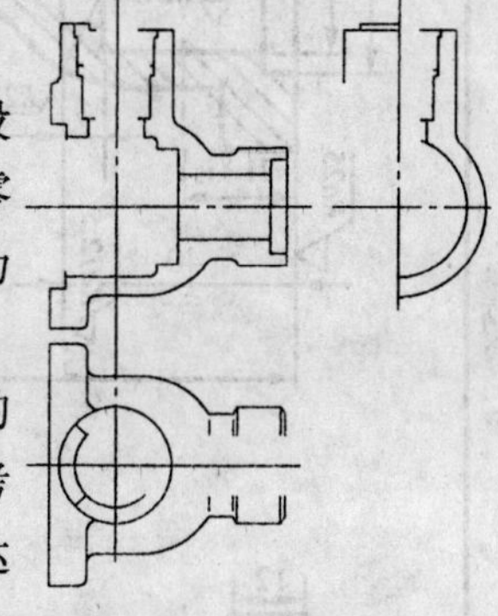

图 9-25　分离出来的阀体轮廓图

(2)尺寸标注。装配图上已有的与该零件有关的尺寸直接照搬，其与尺寸按比例从装配图上量取。标准结构和工艺结构查阅国家相关标准确定。

(3)技术要求标注。零件图上的技术要求，应根据零件的作用，与其他零件的装配关系，以及结构、工艺方面的知识或同类图纸确定。

(4)填写标题栏，核对检查。完成后如图 9-26 所示。

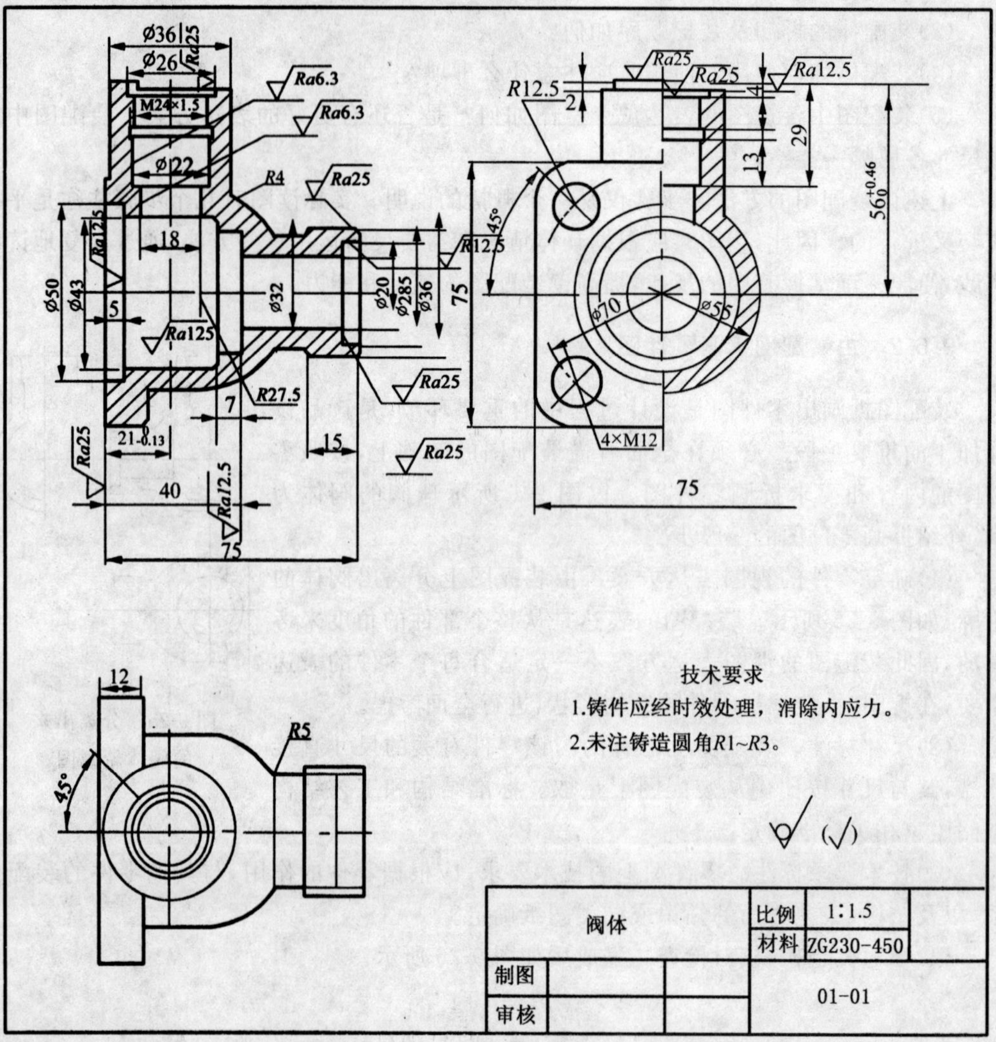

Ø36
Ø26
M24×1.5
Ra25
Ra6.3
Ra6.3
Ø22
R4
Ra25
18
Ø50
Ø43
Ra12.5
5
Ra125
Ø32
Ø20
Ø28.5
Ø36
Ra12.5
75
R27.5
7
Ra25
21-0.13
15
Ra25
Ra25
40
Ra12.5
75
R12.5
2
Ra25
Ra25
Ra12.5
4
29
13
$56^{+0.46}_{0}$
45°
Ø70
Ø55
4×M12
75
12
R5
45°
技术要求
1.铸件应经时效处理，消除内应力。
2.未注铸造圆角R1~R3。
(√)
阀体
比例
1∶1.5
材料
ZG230-450
制图
审核
01-01

图 9-26　阀体零件图

9.7　应用举例

识读活塞连杆总成装配图，如图 9-27 所示。

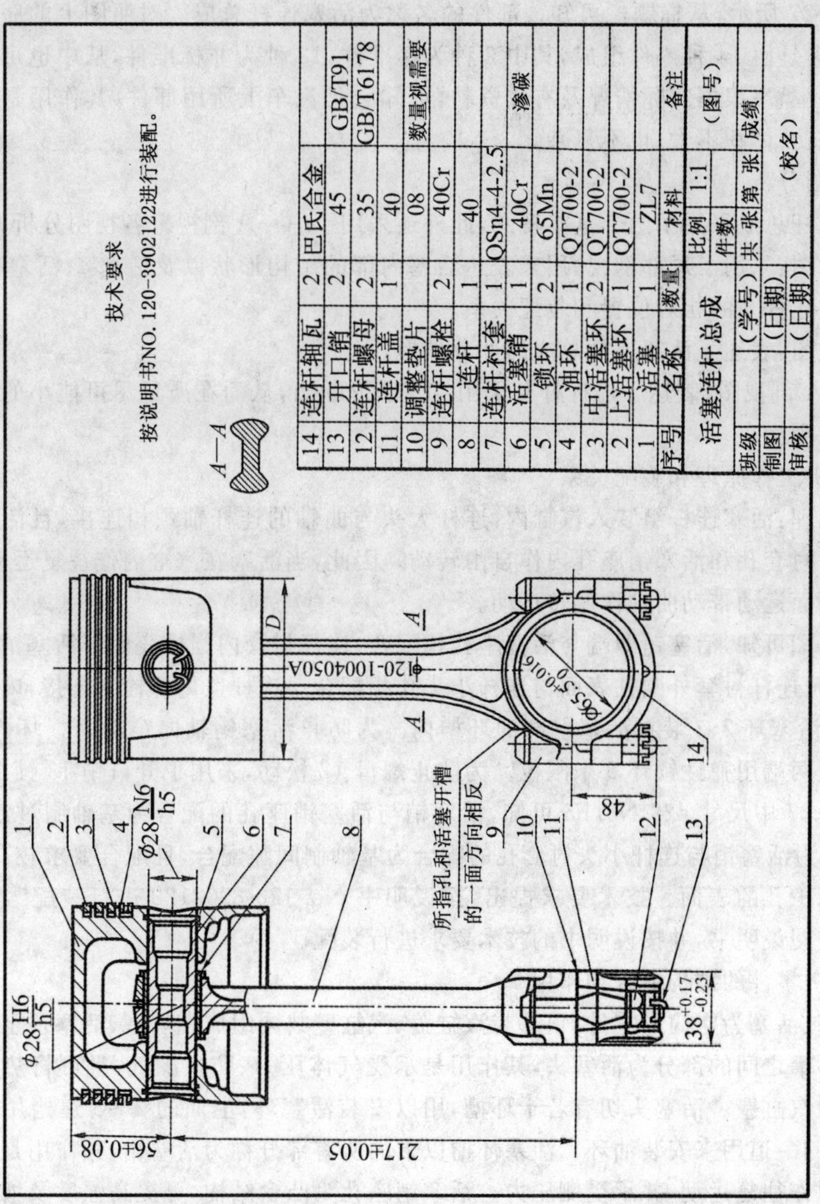

序号	名称	数量	材料	备注
14	连杆轴瓦	2	巴氏合金	
13	开口销	2	45	GB/T91
12	连杆螺母	2	35	GB/T6178
11	连杆盖	1	40	
10	调整垫片	2	08	数量视需要
9	连杆螺栓	2	40Cr	
8	连杆	1	40	
7	连杆衬套	1	QSn4-4-2.5	
6	活塞销	1	40Cr	渗碳
5	锁环	2	65Mn	
4	油环	1	QT700-2	
3	中活塞环	2	QT700-2	
2	上活塞环	1	QT700-2	
1	活塞	1	ZL7	

活塞连杆总成		比例	1:1	（图号）
		件数		
班级	（学号）	共 张	第 张	成绩
制图	（日期）	（校名）		
审核	（日期）			

图9-27　活塞连杆总成装配图

1. 识读装配图目的

(1)，体的性能、功用和工作原理。

(2)了解各零件间的连接形式及装配关系。

(3)了解各零件的主要结构形状和作用；了解装配体的主要尺寸、技术要求和操作方法。

2.识读步骤

(1)概括了解

如图 9-27 所示,从标题栏可知该部件的名称为活塞连杆总成。对照图上的序号和明细栏,可知它是由 14 种零件组成,其中 2 种为标准件,12 种为非标准件,从中也可看出各零件的大致位置;根据实际情况及有关资料,可知它是汽车上所用部件,其作用是利用它维持曲轴旋转;体积不大,也不复杂。

(2)视图分析

活塞连杆总成采用了两个基本视图,此外还采用了 *A—A* 剖视。各视图分析如下:

1)主视图:采用了局部剖视,用来表达活塞内部的结构形状以及活塞 1、活塞销 6、连杆衬套 7 和连杆 8 的相对位置和装配关系。

2)左视图:表达了活塞连杆总成的部分外形。

3)*A—A* 剖视图:表达了连杆杆身采用"工"字形断面,从而在质量尽可能小的情况下提高其抗弯刚度。

(3)分析工作原理和装配关系

工作原理:活塞连杆组装入汽缸内,连杆大头与曲轴的连杆轴颈相连接,且活塞销能在连杆小头衬套孔和活塞销座孔内作自由转动。因此,当活塞在汽缸内作往复运动时,通过连杆的平面运动带动曲轴作旋转运动。

从主视图可知,活塞销两端与活塞座孔相配合;连杆衬套内圆柱表面与活塞销中部外圆柱面配合;连杆衬套外圆柱表面与连杆小头孔相配合。连杆盖用螺栓 9 连接,内孔中装有轴瓦 14,活塞环 2、3 装在活塞上部的环槽内。为防止活塞销轴向窜动而损坏汽缸壁,在活塞销座两端用弹性锁环 5 来限位。为防止螺母 12 松动,采用了开口销 13 锁定。

由图 9-27 中尺寸 ϕ28 N6/h5 可知,活塞销与活塞销座孔的配合为基轴制过渡配合;ϕ28 N6/h5 为活塞销与连杆小头衬套孔的配合为基轴制间隙配合,且配合要求较高,拆卸时应注意保护孔的表面。技术要求提出"按说明书 No. 120-3902122 进行装配",因此装配前必须查阅说明书,并按说明书的技术要求进行装配。

(4)分析零件的结构形状和作用

1)活塞:活塞为空筒形零件,顶部与汽缸盖、汽缸壁共同组成燃烧室,活塞顶至最下面一道活塞环槽之间的部分为活塞头,其作用是承受气体压力、防止漏气,且可将热量通过活塞环传给汽缸壁。活塞头切有若干环槽,用以安装活塞环,上面的 2～3 道槽用来安装气环,下面的一道用来安装油环。活塞环槽以下的所有部分称为活塞裙,其作用是引导活塞在汽缸中作往复运动,并承受侧压力。活塞销座孔为凸台结构,可提高强度及增加配合接触面。

活塞的主要作用是承受汽缸中的燃烧压力,并将此力通过活塞销和连杆传给曲轴。

2)活塞环:按功用不同可将活塞环分为汽环和油环两种。汽环结构形状为环状,其主要作用是密封汽缸中的高温、高压燃气,防止燃气漏入曲轴箱,同时它还将活塞头的热量传给汽缸壁。油环的断面与矩形汽环相似,其作用是刮除汽缸壁上多余的机油,并在汽缸壁上布上一层均匀的油膜。为增强刮油效果，提高对缸壁的压力，在其外圆上切有环形槽，如图 9-27 主视图所示。

3)活塞销：活塞销的功用是连接活塞和连杆小头，将活塞所承受的气体压力传给连杆。活塞销在高温下，承受极大的周期性冲击载荷，润滑条件差。因此，要求活塞销具有足够的强度、刚度和耐磨性，且质量要小。所以，活塞销的结构形状为管状。

4)连杆：连杆可分为连杆小头、杆身和连杆大头三部分。连杆小头用来安装活塞销以连接活塞，连杆小头孔内压有减摩的青铜衬套(见图 9-27)；连杆杆身采用了“工”字形断面(见 *A*—*A* 剖视图)，从而在质量尽可能小的情况下提高其抗弯刚度；连杆大头与曲轴的连杆轴颈相连接。为便于安装，将连杆大头沿着与杆身轴线垂直的方向切开(直切口，多用于汽油机)，做成剖分式，上半部与杆身一体，下半部即连杆盖，二者通过螺栓装合。连杆轴瓦 14 装在连杆大头孔内，用以保护连杆轴颈(曲柄销)及连杆大头孔。为了配合要求，在连杆盖和连杆剖分面装有调整垫片 10。

连杆的功用是将活塞承受的力传给曲轴，推动曲轴转动，将活塞的往复运动转变为曲轴的旋转运动。

(5)综合归纳、想象整体

随着各个零件分析完毕，装配体也就可综合、阅读清楚。经过上述分析、综合归纳，想象出装配体的整体形状。如图 9-28 所示为活塞连杆总成的分解轴测图。

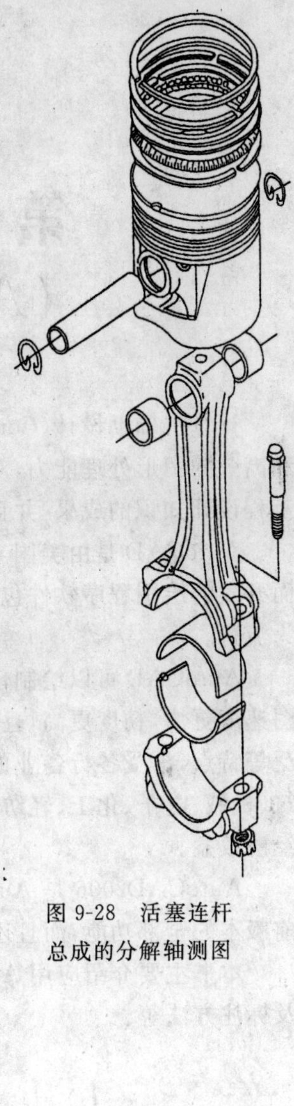

图 9-28 活塞连杆总成的分解轴测图

第 10 章 计算机绘图（AutoCAD 2006 版）

计算机辅助设计(Computer Aided Design，简写为 CAD)，是指用计算机的计算功能和高效的图形处理能力，对产品进行辅助设计分析、修改和优化。它综合了计算机知识和工程设计知识的成果，并且随着计算机硬件性能和软件功能的不断提高而逐渐完善。

AutoCAD 是由美国 Autodesk 公司于 20 世纪 80 年代初为计算机上应用 CAD 技术而开发的绘图程序软件包，经过不断的完善，已经成为强有力的绘图工具，并在国际上广为流行。

AutoCAD 可以绘制任意二维和三维图形。与传统的手工绘图相比，用 AutoCAD 绘图速度更快，精度更高，且便于修改。它具有体系结构开放、操作方便、易于掌握、应用广泛等特点，深受各行各业的工程技术人员的欢迎。AutoCAD 已经在航空航天、造船、建筑、机械、电子、化工、轻纺等很多领域得到了广泛的应用，并取得了丰硕的成果和巨大的经济效益。

AutoCAD2006 是 Autodesk 公司较新推出的计算机辅助绘图版本，该软件保留了先前版本的全部功能，而且还增加了一些功能，使得设计人员工作时更加轻松、高效。

本书主要介绍应用 AutoCAD2006 中文版绘制二维图样，包括环境设置、绘图、编辑及标注方法等。

10.1 AutoCAD 运行环境及基本操作

10.1.1 AutoCAD 2006 中文版的工作界面

AutoCAD2006 中文版的工作界面如图 10-1 所示，主要由标题栏、绘图窗口、光标、下拉菜单栏、工具栏、状态栏、命令行窗口、坐标系图标以及滚动条等组成。

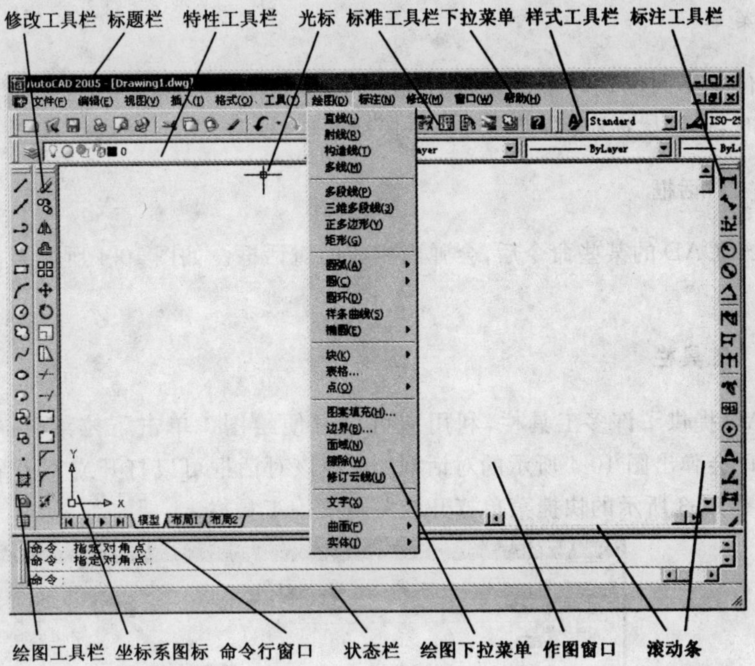

图 10-1　AutoCAD 2006 中文版的工作界面

10.1.2　下拉菜单和快捷菜单

1. 下拉菜单

图 10-1 所示的下拉菜单是主菜单。AutoCAD 将其许多命令放在下拉菜单中。单击主菜单中的某一项,会引出相应的下拉菜单,如图 10-2 所示的"绘图下拉菜单"。

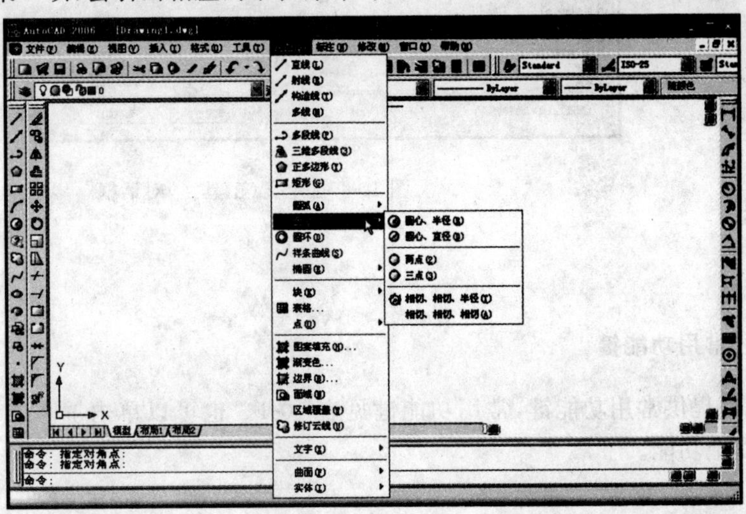

图 10-2　AutoCAD2006 的下拉菜单

2. 快捷菜单

当光标位于不同位置时单击鼠标右键，AutoCAD 会弹出快捷菜单。如当前光标位于工具栏上时，单击鼠标右键，弹出工具栏快捷菜单，如图 10-3 所示。

10.1.3　对话框

执行 AutoCAD 的某些命令后，会弹出相应的对话框。如图 10-4 所示为自定义(工具栏)对话框。

10.1.4　工具栏

AutoCAD 提供了许多工具栏，利用它可以方便绘图。单击下拉菜单：视图→工具栏，AutoCAD 会弹出图 10-4 所示的对话框。利用该对话框可以打开或关闭某一工具栏，也可以利用图 10-3 所示的快捷菜单打开或关闭某一工具栏。

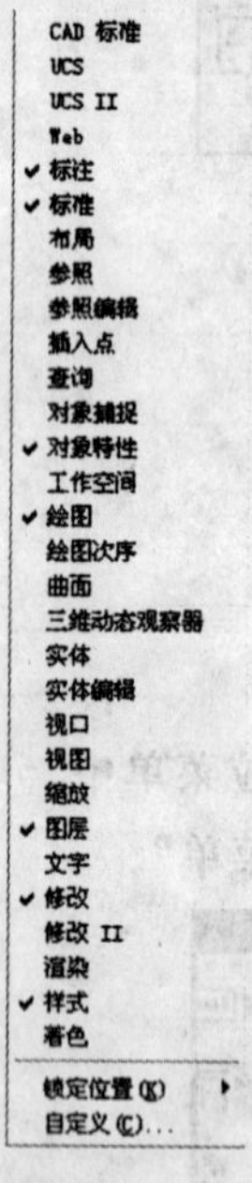

图 10-3 工具栏的快捷菜单

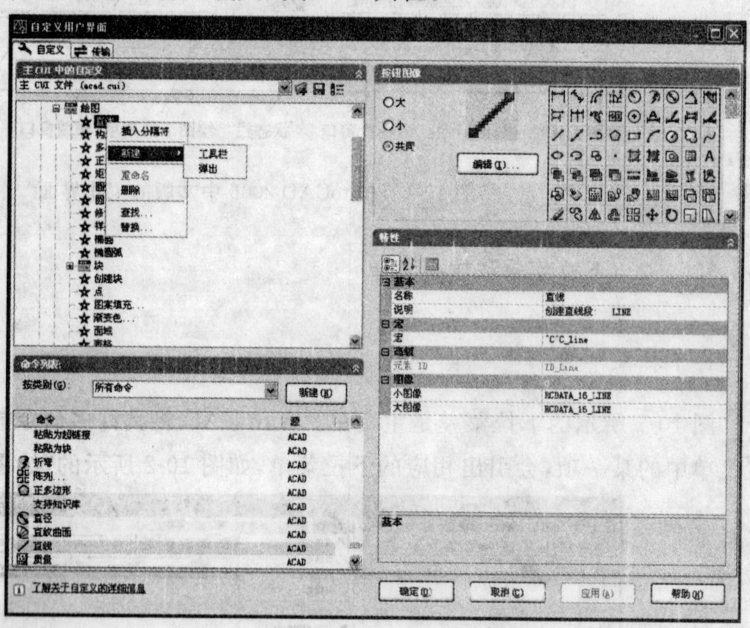

图 10-4 自定义(工具栏)对话框

10.1.5　常用功能键

AutoCAD 提供常用功能键，常用功能键见表 10-1。也可以单击屏幕下面状态栏中的命令实现以上功能。

表 10-1　　常用功能键

键	功　能	键	功　能
F1	调用 AutoCAD 帮助对话框	F6	控制状态行上坐标的显示方式
F2	打开或关闭文本窗口	F7	打开或关闭栅格
F3	打开或关闭对象捕捉	F8	打开或关闭正交
F5	等轴测平面切换	F10	打开或关闭捕捉

10.1.6　AutoCAD 命令的执行方法

可以通过下拉菜单、工具栏、快捷菜单、功能键等执行 AutoCAD 命令,也可以在命令行键入 AutoCAD 命令,然后按回车键执行。本书用"↙"表示回车,以后不再说明。在命令行键入 AutoCAD 命令时,可以用命令的全称,也可用命令的简写方式,见表 10-2。

表 10-2　　常用命令的简写

命令名	简写	命令名	简写
直线	L	移动	M
圆	C	圆弧	A
图形缩放	Z	二维多义线	PL
单行文字	T	多行文字	MT
恢复操作	R	删除	E

10.1.7　图形文件管理

1. 新建图形文件(New)

当需要创建一个新图形文件时,可以使用"新建"命令。命令的输入方式:

下拉菜单:新建文件/新建

单击标准工具栏图标:

快捷键:〈Ctrl〉+〈N〉

命令:New↙

2. 打开图形文件(Open)

已存盘的图形文件需要再次打开时,可以使用"打开"命令。命令的输入方式:

下拉菜单:新建文件/打开

单击标准工具栏图标:

快捷键:〈Ctrl〉+〈O〉

命令:Open↙

3.将图形文件以指定名字存盘或将图形文件换名存盘

命令的输入方式:
下拉菜单:新建文件/另存为
命令:Save as↙
命令:Save↙

4.快速存储图形文件(QSave)

若当前图形文件已命名,不换名继续保存,可以使用“快速存盘”命令。命令的输入方式:
下拉菜单:新建文件/保存
单击标准工具栏图标:
快捷键:〈Ctrl〉+〈S〉
命令:QSave↙

5.关闭图形文件(Close)

调用方法:
下拉菜单:文件/关闭
命令:Close↙

10.2 基本绘图环境与基本绘图工具

在实际绘图时,首先要设置绘图环境,即设置图形界限、计数制、图层、线型等。在绘图过程中,还会经常使用捕捉、栅格、用户坐标、图形显示控制等工具。

10.2.1 设置图形界限

图形界限是指用户所设定的图形的区域的大小。图形界限可以通过 LIMITS 命令随时改变。

LIMITS 命令的功能是:设置绘图区的界限(也就是定义“绘图纸的大小”),控制绘图边界的限制。

命令的输入方式:
下拉菜单:格式/图形界限
命令:LIMITS↙或'LIMITS↙(作透明命令使用)
命令输入后,可根据提示进行设置。

10.2.2 设置图形单位

无论何时开始绘制一个新的 AutoCAD 图形,都应先确定所采用的计数制及其精度、角度制、角度的度量方向等,这些可通过 UNITS 命令的对话框来设置,而且在绘图过程中,用户可以随时更改。若没有设置则采用 AutoCAD 的默认设置。

UNITS 命令的输入方式:

下拉菜单:格式/单位

命令:UNITS↙或 DDUNITS↙

命令输入后,可根据对话框的要求进行设置。

10.2.3　图形显示工具

在绘制图形过程中,经常需要对图形进行放大、缩小、移动以便观察图形的局部、浏览图形整体和观察图形不同部分。

AutoCAD 图形显示命令为透明命令。所谓透明命令,就是在执行某命令时,可插入执行透明命令,执行完后,AutoCAD 又返回,继续执行原命令。AutoCAD 提供了图形显示控制的许多功能,本节将有选择地加以介绍。

1. 图形缩放(Zoom)

(1)功能:放大或缩小屏幕上对象的视觉尺寸,但它的实际尺寸保持不变。

(2)命令的输入方式:下拉菜单:视图→缩放→选择其中的某一选项;工具栏:标准→实时平移、实时缩放、窗口缩放等四个缩放图标;命令:Z↙。

执行该命令后,在命令行中将会出现如下提示信息:

指定窗口的角点,输入比例因子 (nX 或 nXP),或者[全部(A)/中心(C)/动态(D)/范围(E)/上一个(P)/比例(S)/窗口(W)/对象(O)]〈实时〉:(要求选择其中一项)

下面介绍部分实用选项:

1)指定窗口的角点,输入比例因子 (nX 或 nXP):利用窗口的角点或输入比例因子实现图形的缩放。

2)全部(A):显示当前全部图形。

3)动态(D):动态缩放指定图形。执行该选项后,视口显示绿色点线的图框代表当前图形显示的大小范围。在线框中出现"×"时,直接移动鼠标可以平移图形;单击鼠标后再拖动线框的大小,最后单击鼠标右键选择"确认",可以实现图形缩放。

4)范围(E):将当前图形尽可能大地显示在窗口内。

5)上一个(P):恢复上一次显示的图形。

6)窗口(W):窗口缩放指定图形。该选项对应于"标准"工具栏中的图标按钮 。执行该选项后,系统要求用户指定需要缩放区域的两个角点,然后按照该指定区域进行缩放。

7)〈实时〉:实时缩放指定图形。该选项对应于"标准"工具栏中的图标 ,是默认选项。执行该命令后,按住鼠标左键向上移动光标为放大图形,向下移动光标为缩小图形,Enter 键结束命令。

2. 图形平移(Pan)

(1)功能:移动全图,使图纸的特定部分位于当前的显示屏幕中。

(2)调用方法:下拉菜单:视图→平移→实时平移;工具栏:标准→实时平移图标;命令:Pan↙。

执行命令后,屏幕上出现一个小手,用户可以按住鼠标的左键并拖动实施平移。如果按 ESC 键或回车,结束命令。

下拉菜单:视图→平移→其他选项,用户可以根据提示操作即可。

10.2.4 图层的概念

1. 基本概念

图层是 AutoCAD 用户组织图形的最有效工具之一。

一幅图上可能有许多对象(如各种线型、符号、文字等),诸对象的性质可能不同。如果图纸是透明的,且各张纸有完全相同的坐标系,在画图时,把不同性质的对象画在不同的透明的纸上,画完后把各张纸叠在一起,就得到一张完整的图形。这样做的优点是能对图形对象进行分类,便于图形的修改和使用。AutoCAD 的图层技术,就具有这一功能。

在 AutoCAD 中,一个图形可以实现分层管理,可以使得对图形的修改等编辑操作更加方便灵活。可以利用图层的性质如不同的颜色、线型和线宽来区分不同的对象。图层管理功能(打开/关闭、冻结/解冻、加锁/解锁等)可将某一层或几层上的对象全部更换颜色或线型,或关闭不显示,或不绘某几层或只绘某几层。

关于图层的几点说明:

(1)图层没厚度且透明。一幅图有相同的坐标系、绘图界限、显示缩放倍数。各层完全对齐。

(2)一个图形最多有 32000 层,完全能满足所有绘图的需要。每层上绘制的对象数没限制。

(3)同一图层上的对象最好是具有相同性质,如同一种颜色,同一种线型,这样便于管理,提高图形的质量和增加易读性。

2. 图层的特性

每个图层都有一些相关的基本特性,包括图层名、图层的状态(打开、冻结、锁定)和图层的显现形式(颜色、线型、线宽和打印样式等)。用户可以设置图层的特性。

当在图层上绘图时,必须先创建并命名图层。绘制在图层上的新对象的特性(即颜色、线型、线宽等)的默认设置将是“随层”(BYLAYER)表明新对象的特性将由图层的特性确定。用户也可以单独设置图层中对象的特性,单独设置的特性会覆盖对象由层继承来的特性。

10.2.5 图层特性管理器

利用“图层特性管理器”可以方便、快捷地设置新图层、图层的特性及控制图层的状态。可按下述方法之一打开“图层特性管理器”对话框(见图 10-5)。

单击“图层”工具栏中“图层”按钮：

选择下拉菜单：格式/图层…

在命令提示符后键入 LAYER(或 DDLMODES)并按空格键或〈ENTER〉键。

“图层特性管理器”中列出了图层的名称及其特性和状态。在用户没有对“图层特性管理器”进行任何设置时，AutoCAD 会提供默认图层“0”层，其颜色为白色，线型为“连续实线”，线宽为“默认”，打印样式为“普通”，对图层 0 不可以进行删除和重命名操作。

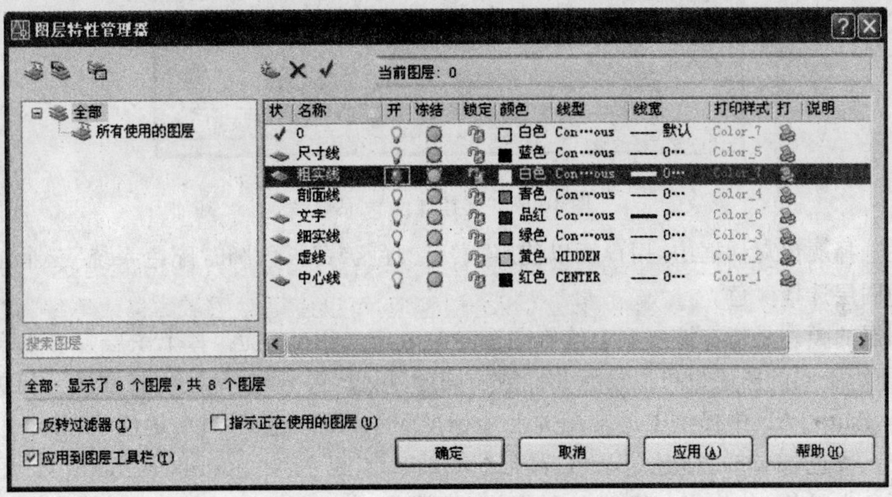

图 10-5 “图层特性管理器”对话框

1. 创建、删除、恢复图层

在“图层特性管理器”对话框中，单击“新建图层”按钮，在图层列表中可创建一个名为“图层×”的新图层。用户可以给图层重命名，如“虚线”等。

如果用户要删除某一图层，需要先选择该图层，然后单击“删除图层”按钮。但是被删除的图层仍然显示在图层列表框中，只是在图层名前面做了删除标记，已经使用的图层不能被删除。

如果要恢复已经删除的图层，先要选择该图层，然后再次单击“删除图层”按钮即可。此时删除标记消失。

2. 设置图层颜色

在图层特性列表框的“颜色”列表中，单击对应图层颜色标记，打开“选择颜色”对话框，如图 10-6 所示。

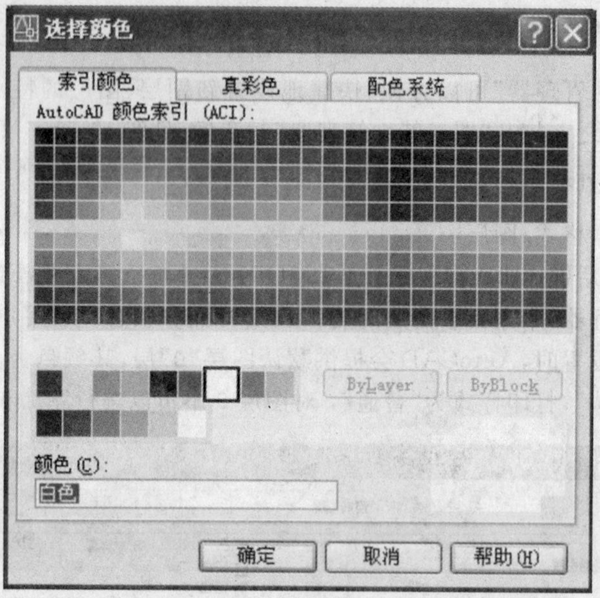

图 10-6 “选择颜色”对话框

在选择颜色对话框中,用户可以使用“索引颜色”“真彩色”和“配色系统”三个选项卡之一为图层选择颜色。

图层的颜色是指在该图层上绘制图形对象时所采用的颜色,每个图层都可以设置各自的颜色,不同的图层也可以设置相同或不同的颜色。另外,颜色还有标准颜色和灰度颜色之分,AutoCAD 中提供了最常用的七个标准颜色,即红色(Red)、黄色(Yellow)、绿色(Green)、青色(Cyan)、蓝色(Blue)、品红(Magenta)、黑色/白色(Black/White)。图层默认的颜色为黑色/白色。一般情况下都将图层颜色设置为标准颜色中的一种以清晰的区别。

3. 设置图层线型

在 AutoCAD 中既有简单线型,也有由一些特殊符号组成的复杂线型,利用这些线型基本可以满足不同国家和不同行业的标准要求。

在“图层特性管理器”对话框中,单击图层列表中对应的图层线型标记“Continuous”,打开“选择线型”对话框,如图 10-7 所示。

在“选择线型”对话框的“已加载的线型”列表框中选择一种线型,然后单击“确定”按钮即可改变图层的线型。

如果在“选择线型”对话框中单击“加载(L)…”,打开“加载或重载线型”对话框,如图 10-8 所示。用户可以从该对话框中选择需要加载的线型。

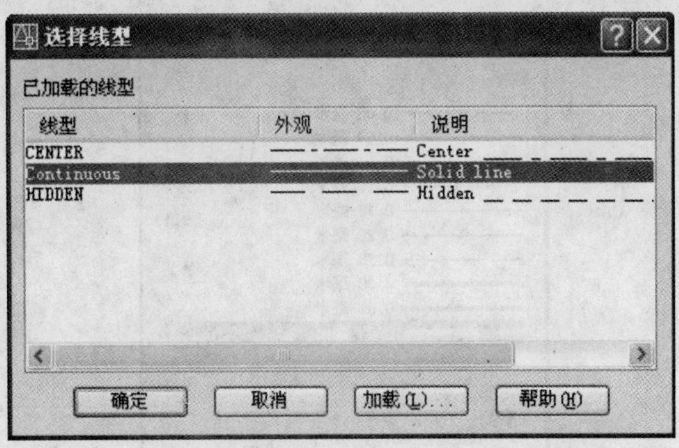

图 10-7　“选择线型”对话框

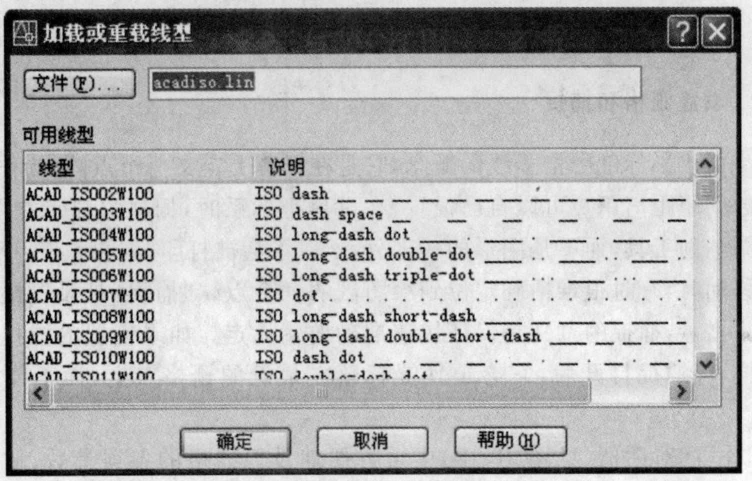

图 10-8　“加载或重载线型”对话框

4.设置图层的线宽

单击“图层特性管理器”对话框中对应的线宽标记“默认(线宽为 0.25)”,打开“线宽”对话框,如图 10-9 所示。在该对话框中选择所需要的线宽值,单击“确定”按钮即可。

5.打印样式和打印

在“图层特性管理器”对话框的图层列表中,用户可以通过“打印样式”确定图层的打印样式,但如果使用彩色绘图仪,则不能改变这些打印样式。单击“打印”中的打印标记,可以设置图层是否打印。打印功能只对可见的图层起作用,即只对打开和解冻的图层起作用。

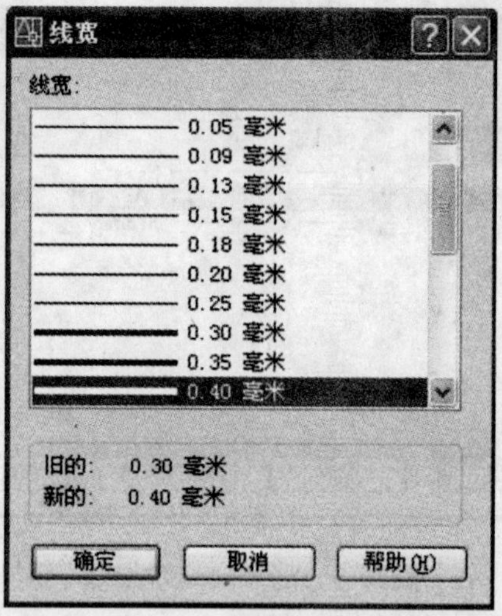

图 10-9 “线宽”对话框

10.2.6 设置栅格和捕捉

“栅格”类似于坐标纸中格子线的概念,它是在屏幕上定义一个点阵,为作图过程提供参考。栅格的间距距离用户可以自己设置,在世界坐标系时,栅格只显示在图形界限内。栅格只是绘图辅助工具,而不是图形的一部分,所以不会被打印。

当鼠标移动时,有时很难精确定位到绘图区的一个点。“捕捉”是设置鼠标移动时每次移动的最小增量,捕捉的意义是保证快速准确的输入点。如果设置的捕捉的间距和栅格的间距一样,当捕捉打开后,它会迫使光标落在最近的栅格点上,而不能停留在两点之间。

在“草图设置”对话框(见图 10-10)中可方便地设置栅格的各项参数、捕捉的各项参数及捕捉的样式和类型。可按下列方式打开“草图设置”对话框。

下拉菜单:工具/草图设置

工具栏:对象捕捉/对象捕捉设置

命令:DSETTINGS↙或 OSNAP↙或 DDRMODES↙

在“捕捉”或“栅格…”按钮上右击,从弹出的菜单上单击“设置”。

注意:虽然上述三个命令都可以打开“草图设置”对话框,但当前的选项卡不一样。

1.“启用捕捉”复选框

打开或关闭捕捉。当捕捉打开后,在屏幕底部的状态栏的“捕捉”按钮将显示为选中(凹陷)状态。

2.“启用栅格”筛选框

打开或关闭栅格。当栅格打开后,在屏幕底部的状态栏的“栅格”按钮将显示为选中(凹陷)状态。

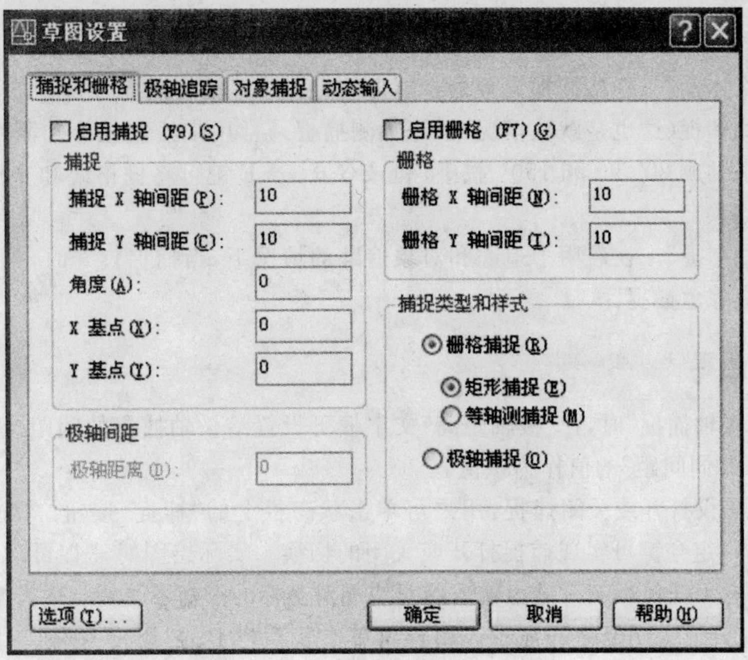

图 10-10　“草图设置”对话框

3.“捕捉”栏

该栏设置捕捉的水平(X)和垂直(Y)间距、旋转角度及基点。

用户在“捕捉 X 轴间距”文字框输入 X 轴方向捕捉间距;在“捕捉 Y 轴间距”文字框输入 Y 轴方向捕捉间距,二者可以相同也可以不同。在绘制机械图时,一般把捕捉间距设置为无。

在“角度”文字框输入捕捉即光标旋转的角度。在绘图时,如果绘制与水平线有一定角度的图形,可设置此项。

在“X 基点”、“Y 基点”文字框输入旋转捕捉基点(旋转捕捉角的原点称为基点)。

4.“栅格”栏

在“栅格 X 轴间距”文字框输入 X 轴方向栅格间距;在“栅格 Y 轴间距”文字框输入 Y 轴间距。

注意:当栅格间距相对图形界限较小时,命令提示区将提示“栅格太密,无法显示”;当值为 0 时,AutoCAD 自动将栅格的间距设置为捕捉间距,而并不是间距为 0(不显示间距)。

在“栅格”栏没有设置栅格旋转和基点的项,这是因为栅格的旋转角度及基点总与捕捉的旋转及基点一致。捕捉和栅格可以同时使用。捕捉间距和栅格间距可以相同也可以不同。

5."捕捉类型和捕捉样式"栏

(1)"栅格捕捉"。栅格捕捉又分为:"矩形捕捉"和"等轴测捕捉"两种。矩形捕捉就是指前面所讲的捕捉(这也是默认情况)。等轴测捕捉通常用来绘制正等轴测图,栅格线及光标线与水平轴成30°、90°和150°,按F5键或〈Ctrl〉+E键可将栅格线和光标在30°、90°和150°之间切换。

(2)"极轴捕捉"。在启用了追踪和对象追踪的情况下,当捕捉打开时,光标沿极轴追踪角和对象追踪角捕捉。

6."极轴间距"栏

当选中"极轴捕捉"时,在"极轴距离"文字框可设置沿极轴捕捉的间距。如果该值为0,则以"捕捉X同间距"的值作为该值。

注意:若是仅打开或关闭捕捉,用户可单击状态栏上的"捕捉"按钮。按〈F9〉功能键或按〈Ctrl〉+B组合键可实现捕捉打开或关闭的切换。实际绘图时捕捉可以随时打开或关闭,它对光标无任何影响。键盘输入绝对或相对坐标的点都不受捕捉的影响。

若是仅打开或关闭栅格的显示。用户可单击状态栏上的"栅格"按钮。按〈F7〉功能键或按〈Ctrl+G〉组合键可实现栅格打开或关闭的切换。关闭后再打开,栅格的间距不变。

10.2.7 设置正交

所谓正交,是在绘图时,指定每一个点后,连接光标和起点的橡皮筋线总是平行于X轴或Y轴,从而迫使第二点与第一点的连线平行于X轴或Y轴。当捕捉为等轴测模式时,正交还迫使直线平行于三个轴中的一个。

正交只有"开"和"关"两种状态。单击状态栏上的"正交"按钮或按〈F8〉功能键可实现打开或关闭正交切换。当打开后,屏幕底部的状态栏上的"正交"按钮显示为被选中状态。

打开正交后,只能在垂直或水平方向画线或指定距离,而不管光标在屏幕上的位置。线的方向取决于光标在X轴方向上的移动距离和光标在Y轴方向上的移动变化。如果X方向的距离比Y方向大,则画水平线,如Y方向的距离比X方向的距离大,则画垂直线。

注意:实际绘图时可随时打开或关闭正交,当画水平线或垂直线时一般要打开正交。

10.3 精确绘图工具

10.3.1 对象捕捉

实际绘图时,有时要精确地找到已经绘出图形上的特殊点,如直线的端点和中点,圆的圆心、切点等,而这些点未必在设置的捕捉点上。要使光标精确地定位于这些点,就要利用“对象捕捉”的各种捕捉模式。

“对象捕捉”是 AutoCAD 提供的能使光标精确定位于已绘对象上的一个几何点的工具。

注意:不论是绘图命令、修改命令及标注尺寸命令,只要 AutoCAD 要求输入一个点时,就可使用对象捕捉模式。

从命令行输入命令 OSNAP,或选择下拉菜单“工具/草图设置”,或用鼠标右击状态栏的“对象捕捉”按钮,从弹出的右键菜单中“设置”,都可打开“草图设置”对话框,选择其中的“对象捕捉”选项卡,如图 10-11 所示。在对话框中选择一种或多种所需的对象捕捉模式,这只要简单地用鼠标点取对话框中的捕捉模式选项即可(注意:每个复选框前面都有一个几何图形,这就是捕捉标记)。在选中“启动对象捕捉”复选框,然后单击“确定”按钮即打开了“运行对象捕捉模式”。如果要全部选取或清除所有的对象捕捉模式,可用鼠标左键单击对话框中的“全部选择”或“全部清除”按钮。

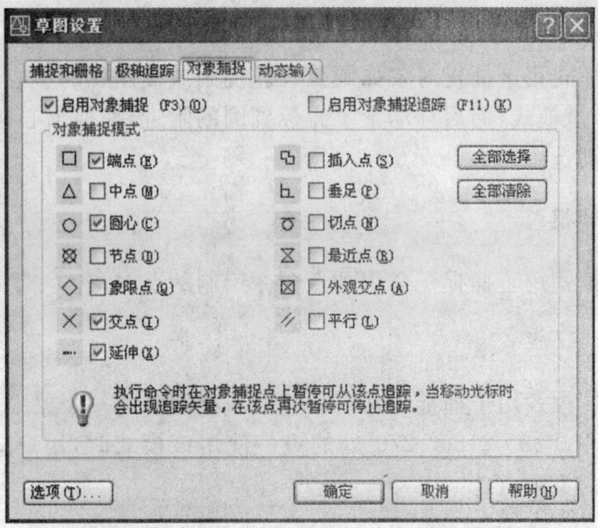

图 10-11　“草图设置”对话框中的“对象捕捉”选项卡

如果已经从“草图设置”对话框中选择好所需的对象捕捉模式,仅仅是打开对象捕捉模式,可单击状态栏上的“对象捕捉”按钮,或按〈F3〉功能键,按〈Ctrl〉+〈F〉组合键运行对象捕捉模式。

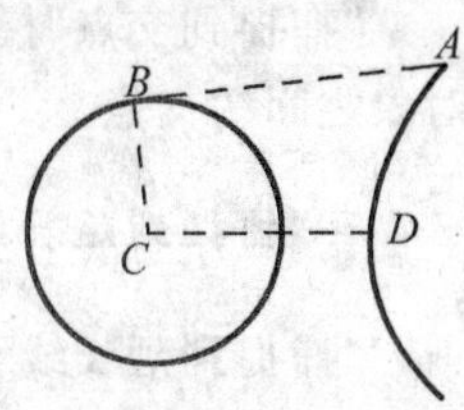

图 10-12　对象捕捉例子

一旦打开“运行对象捕捉模式”,在 AutoCAD 某个命令要求指定一个点时,所设置的捕捉模式就自动起作用,并且根据光标在对象上的位置的不同,自动选择相应的捕捉模式。例如,画图 10-12 中的虚线,在“草图设置”对话框中选中对象捕捉模式“端点”、“切点”、“圆心”、“中点”,在每次输入点之前就不需再输入对象捕捉模式,只要光标接近捕捉点,捕捉标记自动出现。

只要处于对象捕捉模式中,将光标移动到一个捕捉点时,AutoCAD 就将显示捕捉标记和捕捉提示。不同的捕捉模式,捕捉标记也不同。如果在捕捉点上显示出捕捉标记和捕捉提示,就表明所选捕捉模式是有效的。

10.3.2 对象捕捉模式

1."捕捉到端点"模式

捕捉到端点模式用于捕捉直线、圆弧、椭圆弧、多线、多段线或射线的端点,或捕捉多段线矩形、多断线多边行等的最近一个脚点。

2."捕捉到中点"模式

"捕捉到中点"模式用于捕捉对象如直线、圆弧、椭圆弧、多线、多段线、构造线、实体或样条曲线的中点。对于构造线来说,"捕捉到中点"模式将捕捉到定义构造线的第一个点。如果直线或圆弧有宽度,则捕捉到边的中点。

3."捕捉到圆心"模式

"捕捉到圆心"模式用于捕捉对象如圆弧、圆、椭圆或椭圆弧的中心。当命令的提示要求输入点时,先选择该模式,而后移动十字光标到圆的附近,捕捉圆心标记出现,单击鼠标左键,AutoCAD 自动选中圆心。

4."捕捉到节点"模式

"捕捉到节点"模式用于捕捉一个用画点命令绘制的点对象。

5."捕捉到象限点"模式

"捕捉到象限点"模式用于捕捉圆、圆弧、椭圆或椭圆弧的一个象限点。象限点是位于相对于圆或圆弧中心 0°、90°、180°、270°处的点。使用该模式时,用户应移动鼠标到最靠近圆弧上所要捕捉的象限点。

6."捕捉到交点"模式

"捕捉到交点"模式用于捕捉两条或多条直线、圆(弧)、椭圆(弧)、样条曲线、多段线等对象之间的交点。

7."捕捉到延长线"模式

"捕捉到延长线"模式用于捕捉直线、多段线、多线、圆弧、椭圆弧的延长线上的点。

8."捕捉到插入点"模式

"捕捉到插入点"模式用于捕捉所插入的块、文字、行或特性的插入点。如果文字的对齐方式是左对齐,文字的对齐点就是文字的插入点。

9."捕捉到垂足"模式

"捕捉到垂足"模式用来从已知点捕捉与另一对象的垂足点。

10.“捕捉到切点”模式

“捕捉到切点”模式用于捕捉到圆、圆弧、椭圆、椭圆弧、多段线、样条曲线等的切点。

11.“捕捉到最近点”模式

“捕捉到最近点”模式用于捕捉对象上离光标选择位置最近的点。

12.“捕捉到外观交点”模式

“捕捉到外观交点”模式用于捕捉在三维空间中实际不相交的直线、圆、圆弧、椭圆、椭圆弧、多线、多段线、射线、构造线或样条曲线的外观交点。

13.“捕捉到平行线”模式

可用“捕捉到平行线”模式来画已知直线的平行线段。

当要画一条已画直线的平行线时,先输入一点,待命令的提示要求输入另一点时,先输入“捕捉到平行线”模式,而后移动十字光标到已画直线上停顿一会,该对象上将会出现一条捕捉到平行线符号,表明已获取了该直线,再移动十字光标到平行线方向,将出现一条辅助直线(虚线),沿辅助线移动光标,随着光标的移动,在光标右下方显示平行线的角度,并动态地显示平行线的长度,到合适的位置单击鼠标左键,平行线画出。

14.“捕捉自”模式

此捕捉模式不同于其他捕捉几何特征点的模式。其他对象捕捉都是直接捕捉到对象上的几何特征点,而“捕捉自”是以一个临时参考点为基点,从基点偏移一定距离后再输入点。通常,临时参考点都是由其他捕捉模式得到的捕捉点。所以,此模式一般都是与其他捕捉模式一起使用。

10.3.3 自动追踪概念与极轴追踪

1. 自动追踪概念

“自动追踪”也是一种精确定位点的方法。当要求输入的点在一定的角度线上,或输入点与对象有一定的关系(例如,要求输入点与某个图形对象的特殊点在一条水平线或垂直线上),利用“自动追踪”确定点的位置非常有效。

2. 极轴追踪

如果要求输入的点在一定的角度线上,就可以使用极轴追踪功能。使用之前应在“草图设置”对话框的“极轴追踪”选项卡(见图 10-13)中设置极轴追踪。

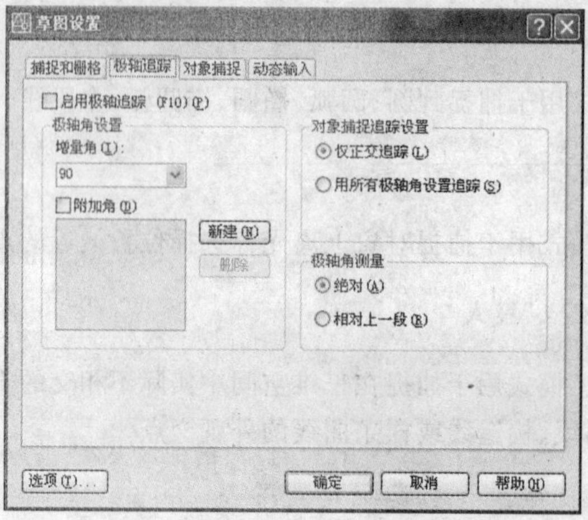

图 10-13 “草图设置”对话框的“极轴追踪”选项卡

10.3.4 对象捕捉追踪

对象捕捉追踪是沿着基于对象捕捉点的对齐路径追踪，也就是选定若干参考点，经过参考点会出现对齐路径，在对齐路径上确定点。像极轴追踪一样，使用之前应设置对象捕捉追踪。

10.3.5 动态输入

动态输入显示是 AutoCAD2006 的新增功能。它可以向用户提示命令执行过程中需执行的选择下一点的操作，还可以用此功能方便地进行待输入点的位置提示，所有提示跟随鼠标在图面上指示点的移动而移动。

打开动态输入方式的方法是单击状态栏上的“DYN”按钮。用鼠标右击状态栏的“DYN”按钮，从弹出的右键菜单中“设置”，可显示如图 10-14 所示的对话框，利用此对话框可设置动态输入时的各种选项。

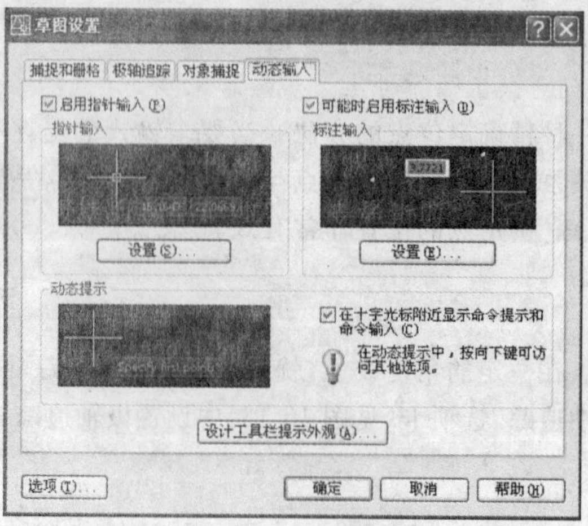

图 10-14 “草图设置”对话框的“动态输入”选项卡

10.4　常用基本绘图命令

AutoCAD 提供了丰富的绘图命令,利用这些命令可以绘制出各种基本图形对象,也可以利用工具栏绘图,如图 10-15 所示。

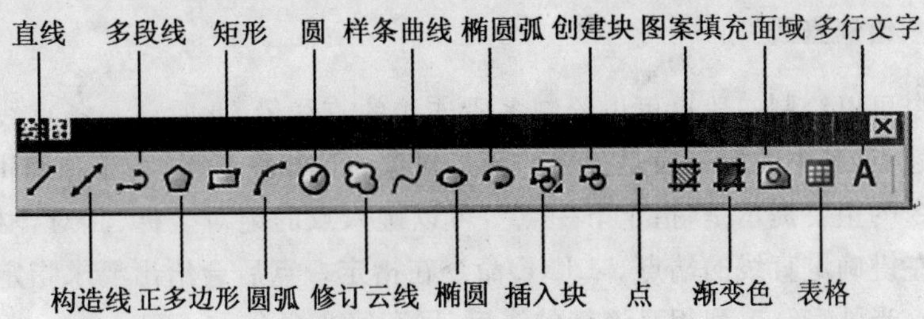

图 10-15　绘图工具栏

10.4.1　AutoCAD 中点的坐标和点的输入

1. AutoCAD 的三种坐标

AutoCAD 可以使用以下三种坐标来确定 XOY 平面内的点的位置坐标。

(1)绝对坐标:在 AutoCAD 中使用绝对坐标,点的坐标以相对原点(0,0)来定位,直接从键盘输入点的 X、Y 坐标即可,X、Y 坐标值之间以逗号分开。

(2)相对坐标:所谓相对坐标,是指沿 X 轴和 Y 轴的位移量(ΔX、ΔY)的大小,不是相对于原点,而是参照前一点的坐标而定。若在 AutoCAD 中利用键盘输入相对坐标来定位点,须采用@标志,输入格式为"@ΔX,ΔY",表示这点坐标是相对前一点坐标的 X 坐标加上 ΔX,Y 坐标加上 ΔY。

例如:用 LINE 命令从 A 到 B 画一条直线,根据提示从键盘输入 A 点的坐标"80,90",而 B 点是从键盘输入"@20,-20"得到,则 B 点在 A 点的右下方,A 与 B 的 X 和 Y 坐标各相差 20,B 点的绝对坐标为(100,70)。

(3)相对极坐标:相对极坐标通过定义某点与已知点之间的距离以及两点之间连线与水平轴(X 轴)的夹角来定位该点位置。若在 AutoCAD 中利用键盘输入相对坐标来定位点,则采用"@D<α"形式,其中@是标志,D 为该点到已知点的距离,α 为两点连线与 X 轴的夹角,距离和夹角之间用"<"号分开。例如,要绘制一条以 A 为起点、距离为 60、与 X 轴夹角为 45°的直线 AB,当 A 点确定后,从键盘键入"@60<45"即得到 B 点。

注意:实际绘图时,从键盘键入点的坐标不要加引号也不要加括号。

2. 点的输入

(1)用键盘输入点

1)输入点的绝对坐标。

2)输入点的相对直角坐标。

3)输入点的相对极坐标。

(2)用鼠标输入点

这是最常用的方法。当命令的提示要求点时,移动鼠标,把十字光标移到所需的位置,按下鼠标的左键即可。当所输入的点为图形对象上的特殊点时,可用“对象捕捉”方式输入特殊位置的点。

10.4.2　绘制直线

直线命令可以绘制一段也可以绘制多段连接的直线段,此时前一条直线的终点是下一条直线的起点,其中的每一段是独立的图形对象,可对每一段进行单独编辑。

直线命令的主要提示是“指定下一点”:可以键入点的绝对坐标、相对坐标,或在屏幕上单击鼠标左键确定直线的端点。LINE 命令在指定一点后会给出要求指定一个新的下一点的提示。当画完一系列相互连接的线后,回车终止命令。

如果是用鼠标定点而不是用坐标,在起点和十字光标之间会显示一根橡皮筋线。这有助于观察线的位置。

命令的输入方式(三种):

菜单:绘图/直线

单击绘图工具栏图标:

命令:LINE↙

命令输入后提示(以绘制 A3 图幅界线为例进行说明):

指定第一点:0,0↙(用绝对坐标指定 A 点)

指定下一点或[放弃(U)]:420,0↙(用绝对坐标输入 B 点,画 AB 直线)

指定下一点或[闭合(C)/放弃(U)]:297↙(打开正交功能,将光标移至 B 点上方,输入 297 回车,画 BC 线)

指定下一点或[闭合(C)/放弃(U)]:@420<180↙(用相对极坐标输入 C 点,画 CD 直线)

指定下一点或[闭合(C)/放弃(U)]:C↙(由 D 点画至起始点 A,封闭线框,结束命令)

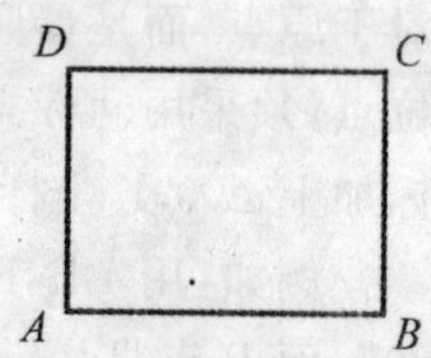

图 10-16　绘制 A3 图幅界线

执行结果如图 10-16 所示。

说明:

(1)闭合(C):对提示键入“C”后回车,可使最后一段直线段的终点与开始一段直线段的起点重合,形成闭合多边形,并结束 LINE 命令。

(2)放弃(U):对提示键入“U”后回车,可取消刚输入的一段,并继续提示输入下一点。

(3)用“直线距离输入”方法定位点:这是一个隐含的、可自动执行的命令选项,它在 LINE 命令的提示中并不出现。开始执行命令并指定了第一个点之后,移动光标到第二点的方向(不要输入点),然后输入相对于第一点的距离后回车即可确定第二点;再移动光标到第三点的方向(不要输入点),然后再输入相对于第二点的距离后回车即可确定第三点……此时直线就以指定的长度和方向绘制出来。这是一种快速确定直线长度的好方法。

10.4.3　绘制圆弧

若设置 AutoCAD 角度测量方向逆时针为正(这也是系统的默认设置),绘制圆弧的默认方向是逆时针方向。

AutoCAD 提供了多种绘制圆弧的方式,默认方式是指定三点画弧。用户还可通过定义包含角度、半径、方向和圆弧长等参数的方法来绘制圆弧。用这些非默认方式绘制圆弧,可通过下拉菜单选择(见图 10-21),这是较简单的方法;可以在工具栏输入命令,或从命令行键入命令后,对命令提示键入关键字选择。命令输入方法:

下拉菜单:绘图/圆弧

单击绘图工具栏图标:

命令:ARC↙或缩写 A↙

图 10-17 中所列各种画圆弧方法如图 10-18 所示。

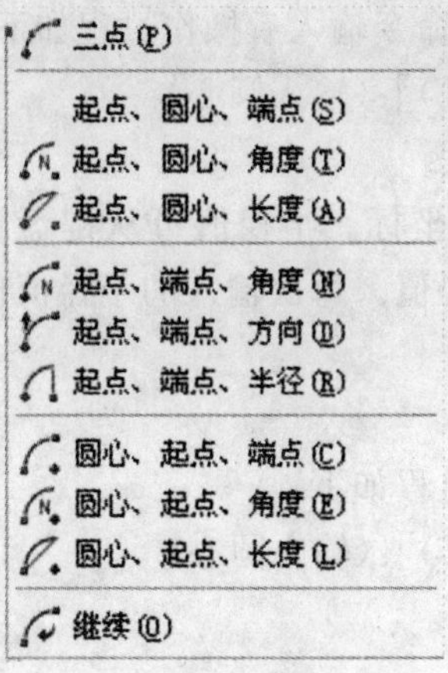

图 10-17　“绘制圆弧”菜单

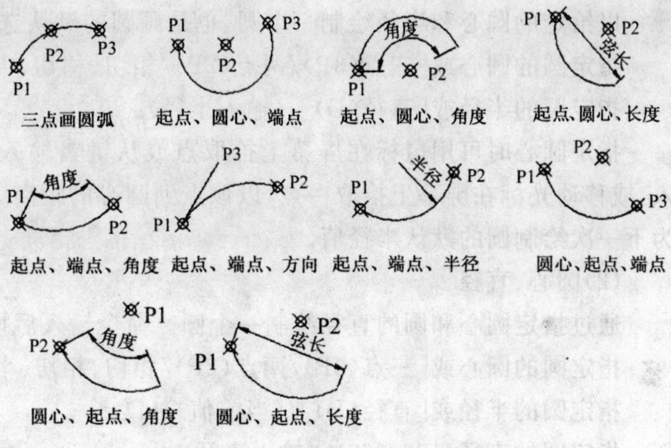

图 10-18　各种画圆弧方法

10.4.4　绘制圆

使用画圆命令可以绘制一个圆。AutoCAD 提供了六种方法绘制圆,可通过下拉菜单选择,如图 10-19 所示,这是较简便的方法;可在工具栏输入命令或从命令行键入命令后,对命令提示键入关键字选择。

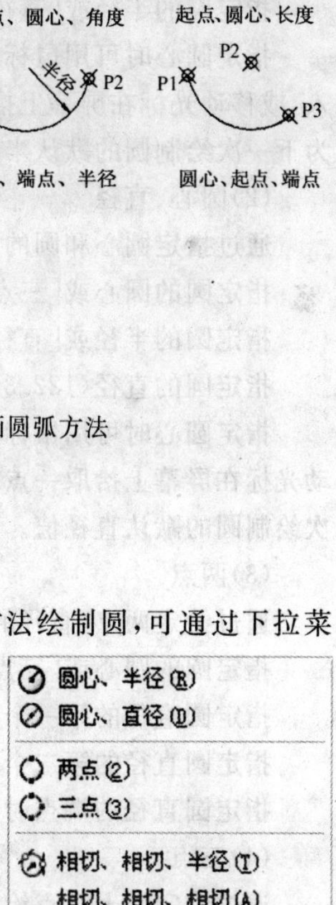

图 10-19　“绘制圆”菜单

输入命令的方法为:

下拉菜单:绘图/圆

单击绘图工具栏图标:

命令:CIRCLE↙

下面对各种方法分别进行介绍,有关图例如图 10-20 所示。

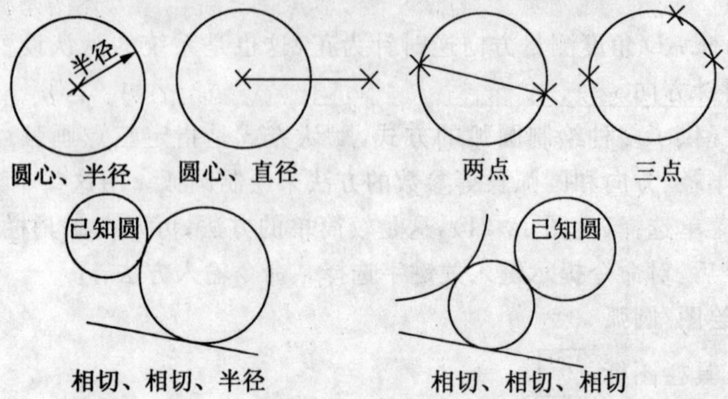

图 10-20 各种画圆方法

(1)圆心、半径

以给定的圆心和半径绘制一个圆,也是画圆的默认选项。命令输入后操作过程如下:

指定圆的圆心或[三点(3P)/两点(2P)/相切、相切、半径(T)]:(输入圆心)

指定圆的半径或[直径(D)]:(输入半径)↙

指定圆心时可用鼠标在屏幕上拾取点或从键盘输入点的坐标。半径值可从键盘输入,或移动光标在屏幕上拾取一点,以该点到圆心的距离为半径值。每次输入的半径值成为下一次绘制圆的默认半径值。

(2)圆心、直径

通过指定圆心和圆的直径绘制一个圆。命令输入后操作过程如下:

指定圆的圆心或[三点(3P)/两点(2P)/相切、相切、半径(T)]:(输入圆心)

指定圆的半径或[直径(D)]〈(当前值)〉:D↙

指定圆的直径〈122.368〉:(输入直径)↙

指定圆心时可用鼠标在屏幕上拾取点或输入点的坐标。直径值可从键盘输入,或移动光标在屏幕上拾取一点,以该点到圆心的距离为半径值。每次输入的直径值成为下一次绘制圆的默认直径值。

(3)两点

通过给定两点(直径的两个端点)绘制一个圆。命令输入后操作过程如下:

指定圆的圆心或[三点(3P)/两点(2P)/相切、相切、半径(T)]:2P↙

指定圆直径的第一个端点:(输入一点)↙

指定圆直径的第二个端点:(输入一点)↙

指定圆直径的端点时,可用鼠标在屏幕上拾取点或输入点的坐标值。

(4)三点

通过给定圆上 3 点绘制一个圆。命令输入后操作过程如下:

指定圆的圆心或[三点(3P)/两点(2P)/相切、相切、半径(T)]:3P↙

指定圆上的第一点:(输入一点)↙

指定圆上的第二点:(输入一点)↙

指定圆上的第三点:(输入一点)↙

指定圆上的三点时,可用鼠标在屏幕上拾取点或从键盘输入点的坐标。

(5)相切、相切、半径

绘制与已知两个目标对象(如直线、圆、或圆弧等)相切的圆。一旦光标移动到相切的对象上,将出现相切标记。例如,要绘制一个与已知一条直线和一个圆相切的圆(如图 10-20 所示),命令输入后操作过程如下:

指定圆的圆心线或[三点(3P)/两点(2P)/相切、相切、半径(T)]:T↙

指定对象与圆的第一个切点:(用光标拾取圆)

指定对象与圆的第二个切点:(用光标拾取圆)

指定圆的半径:〈(当前值)〉:(输入半径)

半径值可从键盘键入;或用光标在屏幕上拾取一点,而后提示"指定第二点:",对其再从屏幕上拾取一点响应,两点间的距离为半径值。

(6)相切、相切、相切

绘制出与三个目标对象相切的一个圆。此选项实际上是三点绘圆选项的调整。一旦光标移动到相切对象上,将出现相切标记,选中三个已知目标对象,AutoCAD 会自动找到三个切点,过该三点生成一个圆。例如,要绘制与一条直线、一个圆弧和一个圆同时相切的圆(如图 10-24 所示),命令输入后操作过程如下:

指定圆的圆心或[三点(3P)/两点(2P)/相切、相切、半径(T)]:3P↙

指定圆上的第一点:tan 到(用光标拾取直线)

指定圆上的第二点:tan 到(用光标拾取圆弧)

指定圆上的第三点:tan 到(用光标拾取圆)

10.4.5　绘制点

点的主要用途是用作标记位置或作为参考点。如标志圆心、端点位置,作为一些编辑命令的参考点等。用户可以设置点的样式和点的大小。

1. 设置点的样式和大小

命令的输入方式:

下拉菜单:格式/点样式

命令:DDPTYPE↙

命令输入后,弹出如图 10-21 所示的对话框,从中选择点的样式和点的大小。

2. 绘制点

用户可以通过点命令绘制单点、多点、等分点和测量点。工具栏输入的 POINT 命令用于绘制多点。

(1)绘制单点 命令的输入方式:

下拉菜单:绘图/单点

命令:PIONT↙

(2)绘制多点 这时命令总提示指定一个点,可连续绘制多个点,要退出命令可按 Esc 键,或转而执行其他命令。命令的输入方式:

下拉菜单:绘图/点/多点

单击绘图工具栏图标:

(3)绘制等分点 绘制等分点是将一段线段(直线段、多段线、样条曲线、圆、圆弧、椭圆、矩形、多边形)分成几段,按当前设定的点的样式绘制出各等分点位置。命令的输入方式:

下拉菜单:绘图/点/定数等分

命令:DIVIDE↙

(4)绘制测量点 这是用户设定一段长度,按此长度在线段(直线段、多线段、样条曲线、圆、圆弧、椭圆、矩形、多边形)上,以当前设定的点的样式依次绘制点标志,但不一定是等分。如直线的长度为 100,设定每段的长度为 30,后一段长度为 10。命令的输入方式:

下拉菜单:绘图/点/定距等分

命令:MEASURE↙

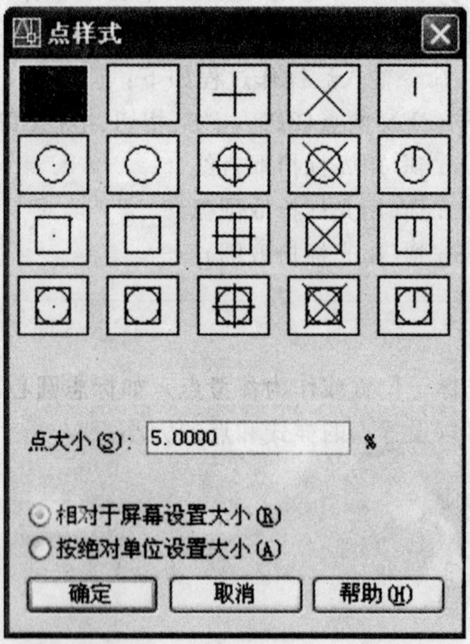

图 10-21 "点样式"对话框

10.4.6 绘制矩形

绘制矩形很方便,只要用户定义矩形的两对角点。命令的输入方法是:

下拉菜单:绘图/矩形

单击绘图工具栏图标:

命令:RECTANG↙或者 RECTANGLE↙

命令输入后提示：

指定第一个角点或[倒角(C)/标高(E)/圆角(F)/厚度(T)宽度(W)]：(输入第一个角点或选择一个选项)

下面对各个选项分别进行介绍。

(1)指定两个对角点

这是默认方式，用两对角点定义矩形，接下来提示：

指定另一个角点或[尺寸(D)]：(输入第二个角点或键入 D 回车)

如果输入第二个角点，命令结束。

如果键入 D 回车继续提示：

指定矩形的长度〈当前值〉：(从键盘键入长度值或在屏幕上指定两点，两点间的距离为长度值)

指定矩形的宽度〈当前值〉：(从键盘键入长度值或在屏幕上指定两点，两点间的距离为宽度值)

指定另一角点或[尺寸(D)]：(输入另一个角点)

角点可用鼠标在屏幕上拾取点或键入点的坐标。

(2)倒角(C)、圆角(F)、宽度(W)、厚度(T)等选项从略。

10.4.7　绘制正多边形

AutoCAD 提供了几种画正多边形的方法。正多边形的边数是 3～1024 的整数。

命令输入方法：

下拉菜单：绘图/正多边形

单击绘图工具栏图标：

命令：POLYGON↙

命令输入后，AutoCAD 首先提示：

输入边的数目〈4〉：(输入所要绘制正多边形边的数目)

输入的多边形的边数将成为下一次绘制正多边形的默认值。接下来提示：

指定多边形的中心点或[边(E)]：(输入中心点或键入 E 回车)

该提示的两个选项介绍如下：

1. 指定正多边形的中心点

这是默认选项，指定多边形中心点，用户可输入点坐标或者用鼠标在屏幕上指定一点。接下来提示：

输入选项[内接于(I)/外切于圆(C)]〈I〉：(键入 I 后回车，或直接回车，或键入 C 后回车)

(1)若键入 I 后回车或直接回车，是画“内接于圆”的多边形(多边形的所有顶点都在一个假想圆的圆周上)，如图 10-22 所示(其中圆的半径为 30)。接下来提示：

指定圆的半径：(输入半径 30)↙

对于假想圆的半径,用户可以直接输入一个半径值,也可用鼠标拾取一个点,该点与中心点的连线长为半径,该点也是正多边形的一个顶点。

(2)若键入C后回车,是画"外切于圆"的多边形(多边形的各边与假想圆相切,而且切点正是多边形的各条边的中点),如图10-22所示。接下来提示:

指定圆的半径:(输入半径30)↙

半径值可以直接键入,也可用鼠标拾取一个点,该点与中心点的连线长为半径,该点也是正多边形一条边的中点。

从图10-22中可以看出,输入同样的半径值,绘制的正六边形的边长不一样,采用外切于圆法边要长。

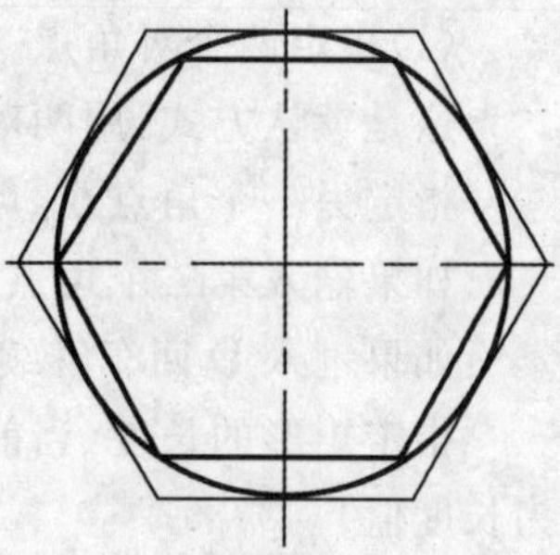

图10-22 正多边形的画法

2.边(E)

若对"指定多边形的中心点或[边(E)]:"的提示输入"E"后回车,表示以正多边形的一条边的方法来绘制正多边形,只要指定一条边的两个点,AutoCAD就按逆时针方向以该边为第一边绘制出一个正多边形。

10.4.8 绘制椭圆和椭圆弧

用户可以使用ELLIPSE命令来绘制椭圆或椭圆弧。命令的输入方法是:

下拉菜单:绘图/椭圆

单击绘图工具栏图标:

命令:ELLIPSE↙

AutoCAD提供了几种绘制椭圆的方法,下面对各种方法予以介绍:

1.轴、端点

以一个轴的两端点和另一个轴半径长绘制椭圆,这是默认方式,命令输入后操作如下:

指定椭圆的轴端点或[圆弧(A)/中心点(C)]:(输入一点)

指定轴的另一个端点:(输入一点)

指定另一条半轴长度或[旋转(R)]:(输入另一半轴长度)↙

椭圆的轴端点可从键盘键入点的坐标,也可用鼠标在屏幕上单击。对另一条半轴长度可直接键入长度值,也可以移动鼠标,在屏幕的合适位置单击另一点,该点到椭圆中心点的距离为另一条半轴长。

2.中心点

以中心点、一个轴的端点和另一个轴半轴长绘制椭圆。命令输入后操作如下:

指定椭圆的轴端点或[圆弧(A)/中心点(C)]:

指定椭圆的中心点:(输入一点)

指定轴的端点:(输入一点)

指定另一条半轴长度或[旋转(R)]:(输入另一半轴长度)↙

轴端点的输入,另一条半轴长度的输入长度值即旋转"选项",同"以一个轴的两端点和另一个轴半轴长绘制椭圆"的解释一样。

3. 椭圆弧

绘制椭圆弧。AutoCAD2006 在绘图工具栏添加了一个绘制椭圆弧的按钮,单击它可以绘制椭圆弧,其使用过程与用椭圆命令 ELLIPSE 绘制椭圆弧的过程类似。

10.4.9 绘制多段线

用多线段命令 PLINE 可以绘出由直线或圆弧组成的逐段相连的整体线段。可以只有一段也可以有若干段,每一段可以是直线,也可以是圆弧。每一段可以具有宽度,各段的宽度可以不同,同一段的宽度也可以不同。可以对多段线整体进行编辑,也可以对单段进行编辑。

使用 PLINE 命令绘制的 0 宽度的多段直线和用 LINE 命令连续绘制的折线外观一样,不同的是多段线的所有段是形成一个整体对象,而用 LINE 命令绘制的折线每一段是一个对象。

命令的输入方式:

下拉菜单:绘图/多段线

单击绘图工具栏图标:

命令:PLINE↙或 PL↙

命令输入后,可按提示绘制所要画的图形。

10.4.10 绘制样条曲线

样条曲线是通过输入一系列的控制点形成一条光滑的曲线。样条曲线常用来绘制曲线,如机械图中的波浪线等。命令的输入方法:

下拉菜单:绘图/样条曲线

单击绘图工具栏图标:

命令:SPLINE↙

命令输入后提示:

指定一个点或[对象(O)]:

该提示有两个选项,分别解释如下:

1. 指定多个点

这是默认选项,输入一系列的点形成样条曲线。命令输入后操作如下:

指定第一个点或[对象(O)]:(输入一点)

指定下一点:(输入一点)

指定下一点或[闭合(C)/拟合公差(F)]〈起始切向〉:(输入一点)

指定下一点或[闭合(C)/拟合公差(F)]〈起始切向〉:(输入一点)

指定起点切向:(定义起始点切线方向)

指定端点切向:(定义终止点切线方向)

回车结束输入点或选择一选项。定义起点和终止点的方向后生成样条曲线,结束命令。也可对切向提示直接回车,起点(终点)的切向由第一点(最后一点)到第二点(倒数第二点)的方向确定。

注意:一般绘图命令在点输入结束后回车即结束命令,但样条曲线命令还要询问起点、终点的切线方向,把这两项回答完毕,命令才结束。如果使用相同的拟合点,但定义不同的起始、终点切线方向,绘制出的样条曲线。

2. 对象(O)

“对象(O)”选项用于将样条拟合的多段线转化为样条曲线。

10.4.11 构造线

构造线命令用于生成两端无限延长的直线。例如,为保证主视图、左视图和俯视图的投影关系,可使用构造线作为辅助线使图形对齐。命令的输入方式:

下拉菜单:绘图/构造线

单击绘图工具栏图标:

命令:XLINE↙

命令输入后提示:(输入一点或选择一个选项)

对各选项分别介绍如下。

1. 指定点

这是默认项,用来绘制通过指定两点的构造线。

2. 水平(H)

“H”选项是通过一点,生成一条过该点的水平构造线。

3. 垂直(V)

与“H”选项类似,用于绘制多条垂直构造线。

4. 角度(A)

该选项用于绘制与水平方向或参考方向成一定角度的多条构造线。

5. 二等分(B)

若角由顶点、起点、端点(即终点)所成,“B”选项用于绘制过该角顶点的角平分线。

6. 偏移(O)

该选项用于绘制一条与以知直线平行，通过一点或与已知直线有一定距离的构造线。

10.4.12 图案填充

命令的输入方式：

下拉菜单：绘图/图案填充

单击绘图工具栏图标：

命令：BHATCH↙

命令输入后，AutoCAD 显示“图案填充和渐变色”对话框，如图 10-23 所示。

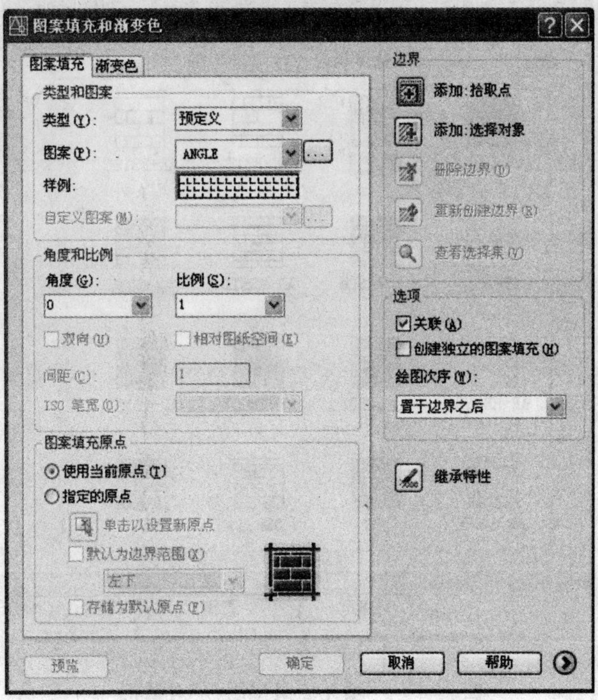

图 10-23 “边界图案填充”对话框

1.“图案填充”选项卡

在“图案填充和渐变色”对话框的“图案填充”选项卡中(见图 10-23)，用户可以定义要使用的填充图案的外观。

(1)类型：在图案填充时，首先要选择一种图案 ，“类型”下拉列表用于设置图案的类型。在下拉列表中有三个选项：“预定义”、“用户定义”和“自定义”。

(2)图案：用户可在“图案”下拉列表中选择填充图案。“图案”下拉例表只有在“类型”下拉列表选择了“预定义”时才有用。在“图案”下拉列表中，列出了所有可用的“预定义”类填充图案，如 ANSI31；用户还可以单击“图案”下拉列表右边的按钮，显示出“填充图案选择板"对话框,如图 10-24 所示。用户可单击其上部的选项卡,再从预览图片区中单击某个图片,然后单击"确定"来选择一个填充图案。

(3)"样例"框 :"样例"框显示了所选中填充图案的预览图片,单击此框也可显示如图 10-24 所示的"填充图案选择板"对话框。

(4)"自定义图案"下拉列表:只有在"类型"下拉例表中选择了"自定义"时才可用否则该选项不可用.

(5)"角度"下拉列表:"角度"下拉例表可以让用户指定填充图案相对于当前用户坐标系 UCS 的 X 轴的旋转角度。

(6)"比例"下拉列表:"比例"下拉列表只有在"类型"下拉列表中选择了"预定义"或"自定义"时才有效,用于设置填充图案的比例因子,以使图案的外观更稀疏或更稠密。

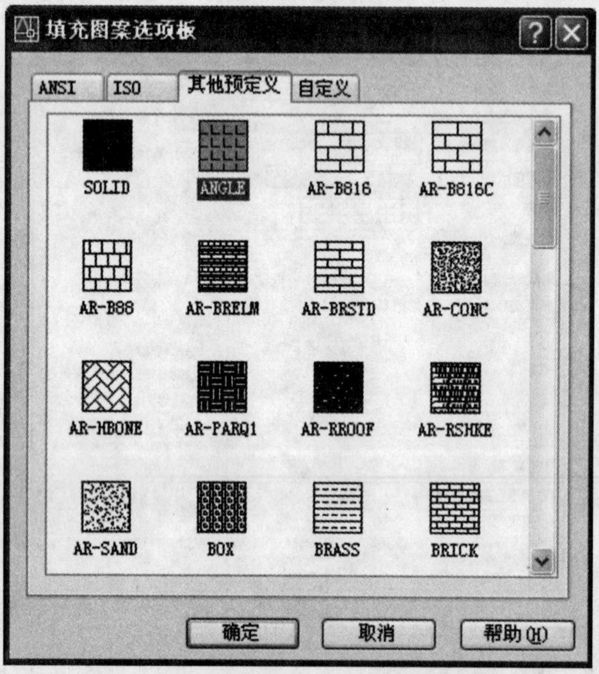

图 10-24 "填充图案控制板"对话框

2."渐变色"选项卡

用于改变实心填充的颜色,定义要应用的渐变填充的外观,如图 10-25 所示。

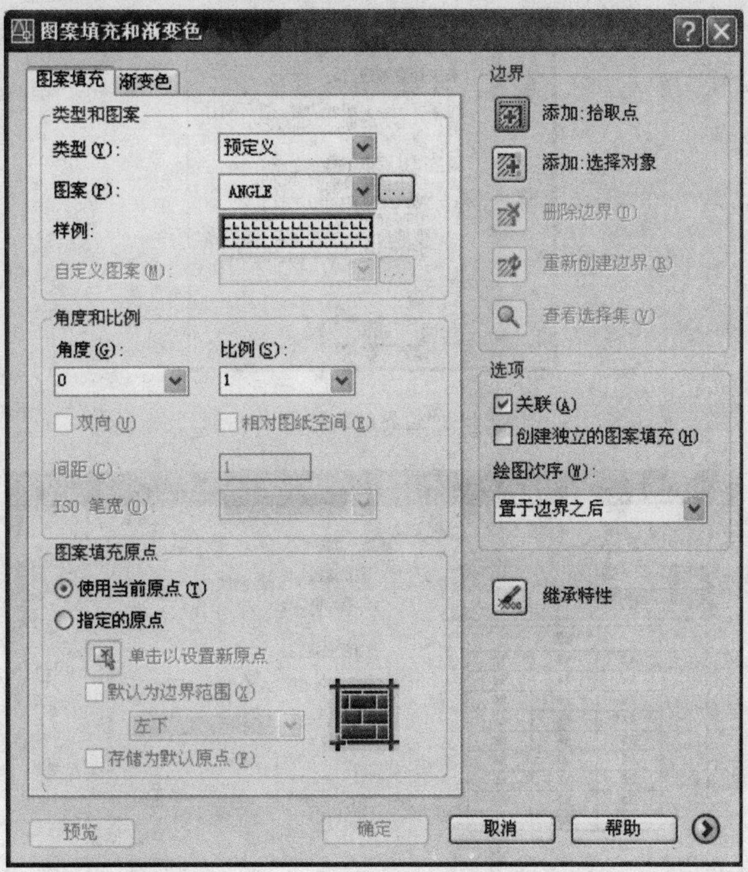

图 10-25　“渐变色”选项卡

3.“拾取点”按钮

单击“拾取点”按钮将暂时关闭“边界图案填充”对话框,AutoCAD 命令行提示在填充区域的内部拾取一点,被选中的区域呈虚线显示。回车后,AutoCAD 返回图 10-23 所示的对话框。确定后,完成图案填充。

如果 AutoCAD 发现所选择的点在边界线外或边界对象并非完全闭合时,将弹出“边界定义错误”提示框,提示未找到有效的图案填充边界,如图 10-26 所示。

4.“选择”按钮

使用该按钮,是通过选择特定的对象作为边界来进行图案填充。

说明:如图 10-27 所示的对话框的操作,可采用默认值,一般不必选择。

10.4.13　表格

可以通过创建表对象来自动创建表,而不必使用单独直线和文字对象手动创建表。创建表后,可以在表单元中输入文字或添加块。这是 AutoCAD2006 新特性。

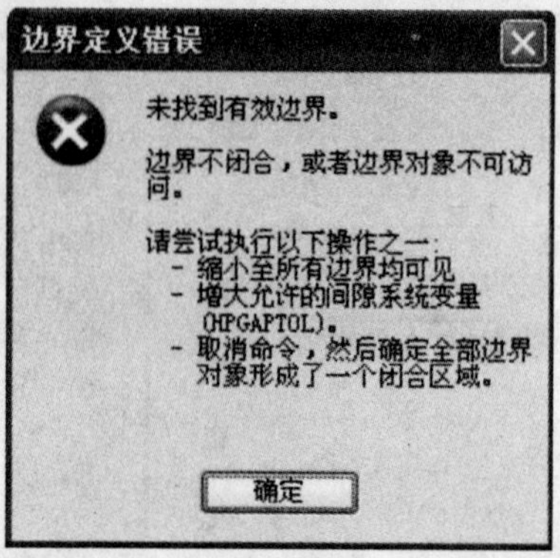

图 10-26 “边界定义错误”提示框

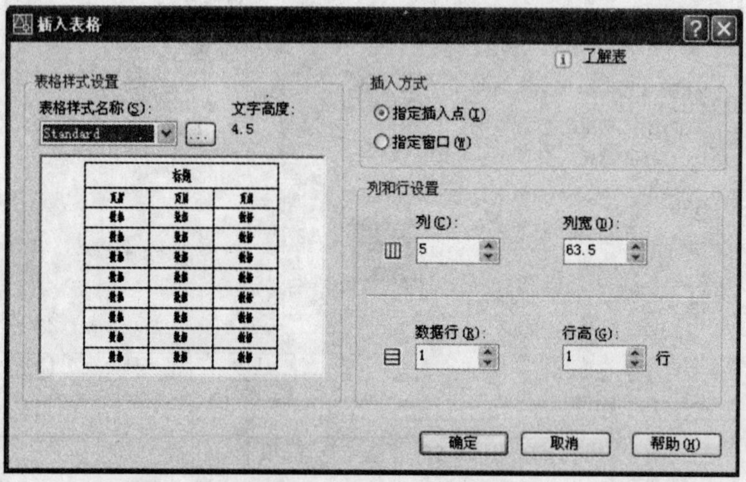

图 10-27 “插入表格”对话框

命令的输入方式：

下拉菜单：绘图/表格

单击绘图工具栏图标：

命令：table↙

命令输入后，AutoCAD显示“插入表格”对话框，如图10-27所示，可以设置其中的参数，并根据提示绘制表格和在表格中书写文字。

10.5 常用图形编辑命令

AutoCAD具有强大的图形编辑(即图形修改)功能，可以帮助用户合理地构造与组织图形，保证作图准确度，减少重复的绘图操作，从而提高绘图效率和图形质量。可以通过下拉菜单、输入命令和选取“修改”工具栏中的相应工具图标进行图形编辑操作，如图10-28所示。

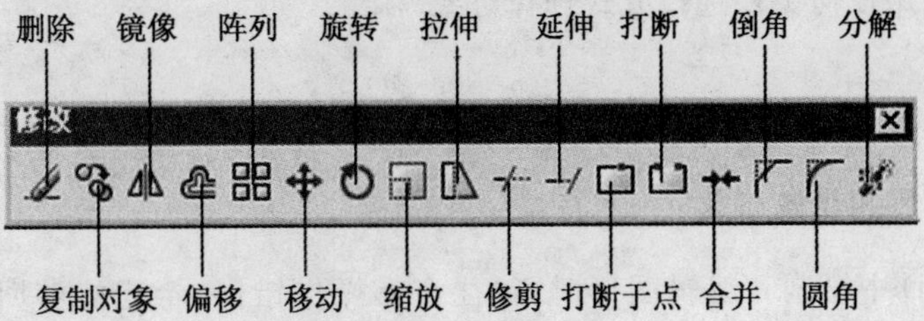

图 10-28　“修改”工具栏

10.5.1　对象选择方式

1. 拾取

一旦执行一个修改命令，命令行将出现提示：“选择对象”，这时 AutoCAD 将用一个小方框代替屏幕十字光标，这个小方框叫拾取框；移动鼠标，将拾取框放在待选对象上并按左键，对象被选中，这就叫拾取。

2. Window 窗口

在“选择对象”提示下，把光标(拾取框)移动到没有图形对象的位置，单击鼠标指定一点，命令行出现提示“指定对角点”，向右移动光标，就会拉出一个实线矩形框，这个框叫“Window”窗口，到合适的位置再单击鼠标指定另一点，则完全在矩形窗口中的对象被选中。

3. Crossing 窗口

在“选择对象”提示下，把光标移动到没有图形对象的位置，单击鼠标指定一点，命令行出现提示“指定对角点”，向左移动光标，就会拉出一个虚线矩形框，这个矩形框叫“Crossing”窗口，到合适的位置在单击鼠标指定另一点，则窗口区域内的及与窗口边界相交的对象都会被选中。

每选择一次对象后，“选择对象”提示重复出现，可用上述三种方法中的任何一种继续选择对象。当选择完毕，在“选择对象”提示下回车(即按鼠标右键确认)，也可以按空格键或〈Enter〉键确认，就表示选择对象完成，退出选择对象状态进行修改命令的下一步。

10.5.2　删除命令

删除命令用来擦除已绘制的对象。

命令输入方式：

下拉菜单：修改/删除

单击修改工具栏图标：

命令：ERASE↙或 E↙

命令输入后操作过程如下：

选择对象:(用任何一种选择方式选择对象)

……

对象选择完后回车。

10.5.3 放弃和重做命令

在 AutoCAD 中绘制和编辑图形时,往往会有操作错误,希望能够回到操作前的状态,即取消前一次命令。还有时取消某一命令后又想恢复该命令。这些就要用到 AutoCAD 的 U 命令和 REDO 命令。这两个命令使用户的操作更灵活、更随意、毫无顾虑。

1. U 命令

U 命令取消最近的一次命令操作,并显示被取消命令的名字。连续地多次使用 U 命令可以取消最近的一系列命令操作,直到回到当前编辑阶段开始时的图形状态(命令行出现"已放弃所有操作")。命令的输入方式:

单击标准工具栏图标:

下拉菜单:编辑/放弃

命令:U↙

快捷菜单:在无命令激活且没有对象被选中时,在绘图区右击鼠标,弹出快捷菜单,从中选中"放弃(U)"。

例如,如果误擦除了有用的图形对象,可使用"U"命令放弃刚才的擦除,恢复图形对象。

注意:如果一个命令有子命令,或者在执行中有使用透明命令,当用 U 命令取消该命令时,整个命令序列都被取消。

2. REDO 命令

REDO 命令用于恢复由 U 命令刚取消的一个命令操作,它必须在 U 命令后立即执行。命令的输入方式:

下拉菜单:编辑/重做

单击标准工具栏图标:

快捷菜单:在无命令激活且没有对象被选中时,在绘图区单击鼠标右键,弹出快捷菜单,从中选中"重做(D)"。

命令一旦输入即被执行。

10.5.4 复制对象

该命令用于将选择的对象可以复制一次,也可以复制多次(即多重复制)。命令输入方式如下:

下拉菜单:修改/复制

单击修改工具栏图标: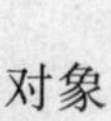

命令:COPY↙

命令输入后操作如下:

(1)指定基点、目标点的复制

选择对象:(用任何一种选择方式选择对象)

选择对象:↙

指定基点或位移:(输入一点作为基点)

指定位移的第二点或〈用第一点作位移〉:(输入一点作为复制的目标点)

指定位移的第二点:用户可继续输入多个点作为复制的目标点进行多次复制,直到回车结束命令。

(2)指定基点、距离复制

选择对象:(选择下面的同心圆及其中心线)

选择对象:↙

指定基点或位移:(输入一点作为基点)

指定位移的第二点或〈用第一点作位移〉:80↙(使橡皮筋与水平方面成 30°)

指定位移的第二点:用户可继续输入多个点作为复制的目标点进行多次复制,直到回车结束命令,如图 10-29 所示。

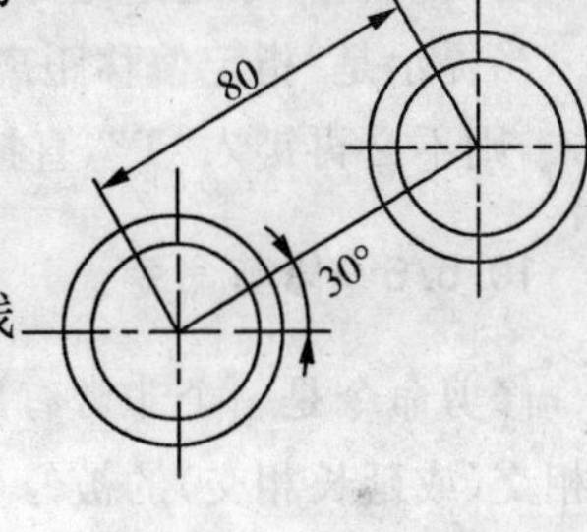

图 10-29　"一次复制"实例

10.5.5　偏移命令

使用 Offest 命令可创建同心圆(弧)、平行线和平行曲线等对象。命令输入方式:

下拉菜单:修改/偏移

单击修改工具栏图标:

命令:Offest↙

偏移命令主要有以下几种使用方式。

1.给定偏移距离和偏移方向等距离偏移

这种方式是先给定偏移距离,然后选择被偏移对象,再指定在被偏移对象的那一侧创建一个新对象,可重复选择相同被偏移对象或不相同被偏移对象进行等距离偏移。操作过程如下:

指定偏移距离或[通过(T)]〈通过〉:(输入一个偏移值)

选择要偏移的对象或〈退出〉:(用光标拾取一个要被偏移的对象)

指定点以确定偏移所在一侧:(用光标在被偏移对象的一侧拾取一点)

……

选择要偏移的对象或〈退出〉:

偏移距离可以从键盘键入,也可以用光标指定两点,AutoCAD 把两点之间的长度作为偏移距离。如果重复选择相同被偏移对象,可生成被偏移对象的一系列相似图形的对象。各图形对象之间等距,如等距同心圆,相似多边形等,如图 10-30 所示。

2. 通过指定点偏移

这是指定偏移后新对象所通过(或延长通过)的偏移点进行偏移。当然要选择提示“指定偏移距离或[通过(T)]”的“通过”选项。命令输入后操作过程如下：

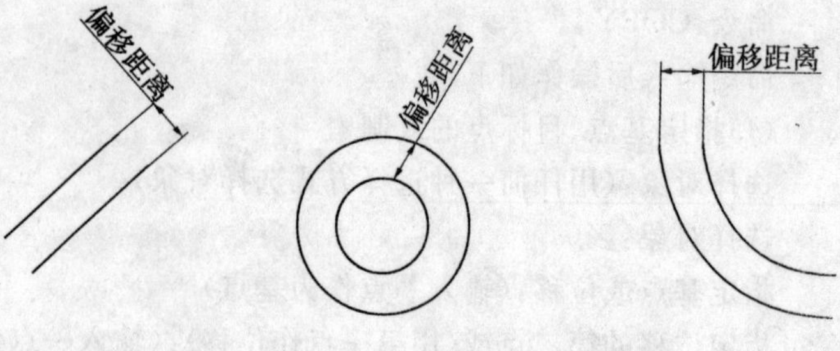

图 10-30 给定偏移距离和偏移方向等距离偏移

指定偏移距离或[通过(T)]〈0.0000〉：T↙

选择要偏移的对象或〈退出〉：(用光标拾取一个要被偏移的对象)

指定通过点：(用光标指定新对象通过的点)

……

选择要偏移的对象或〈退出〉：

若要使新对象通过指定的点，采用这种方式较好。

当提示是“指定偏移距离或[通过(T)]〈通过〉”形式时，若仍采用“通过指定点偏移”方式，则不必再键入“T”，直接回车确认即可。

10.5.6 修剪命令

修剪命令是一个非常有用的编辑命令，它可以一个或多个对象为边界，把图形中与边界相交(或延长相交)的被修剪对象从边界的一侧剪掉。使用修剪命令可以修剪圆、圆弧、椭圆弧、直线、非闭合的二维和三维多段线、样条曲线、构造线等对象。命令输入方式：

下拉菜单：修改/修剪

单击修改工具栏图标：-/--

命令：TRIM↙

TRIM 命令有以下几个选项。

1. 选择要修剪的对象

该选项是默认选项，命令输入后先在命令行显示 TRIM 命令的当前设置，然后提示选择用来修剪对象的剪切边。剪切边可以有多条，回车结束剪切边的选择；再选择被修剪的对象，每选中一个对象，则剪掉对象超出与剪切边相交点(或延长相交点)的部分。每修剪掉一个被剪对象，提示重复，连续选择被修剪的对象，可修剪多个对象，直到回车结束命令。命令输入后操作过程如下：

当前设置：投影＝UCS 边＝无

选择剪切边……

选择对象：(用任何一种选择方式选择对象作为剪切边，或按〈ENTER〉键选择所有对象作为可能的剪切边)

选择对象:↙(结束选择修剪边界)

选择要修剪的对象,按住 Shift 键选择要延伸的对象,或[投影(P)/边(E)放弃(U)]:(用光标拾取方式或“Fence”方式选择要被修剪的对象)

选择要修剪的对象,按住 Shift 键选择要延伸的对象,或[投影(P)/边(E)放弃(U)]:(用光标拾取方式或“Fence”方式选择要被修剪的对象)

选择要修剪的对象,按住 Shift 键选择要延伸的对象,或[投影(P)/边(E)放弃(U)]:↙

注意:在命令的使用过程中,一定要清楚哪个对象是剪切边,哪个对象是要被修剪的对象以及要剪掉剪切边的哪一侧,如图 10-31 所示。

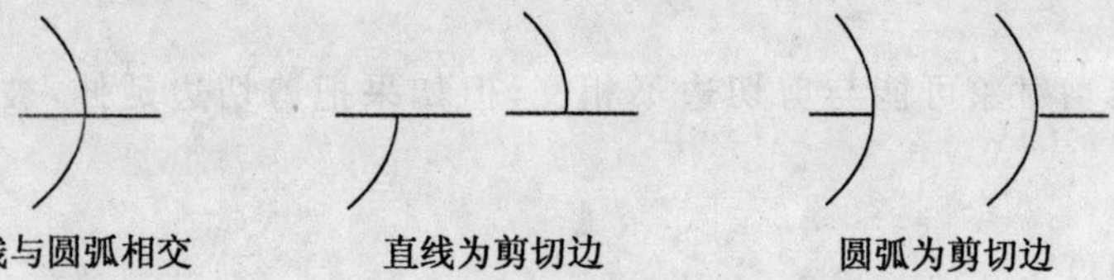

图 10-31　不同的修剪边

由于被修剪对象也可作为剪切边,所以在选择剪切边时,可不分是被修剪对象还是剪切边,一次选中多个对象作为剪切边,如图 10-32 所示。

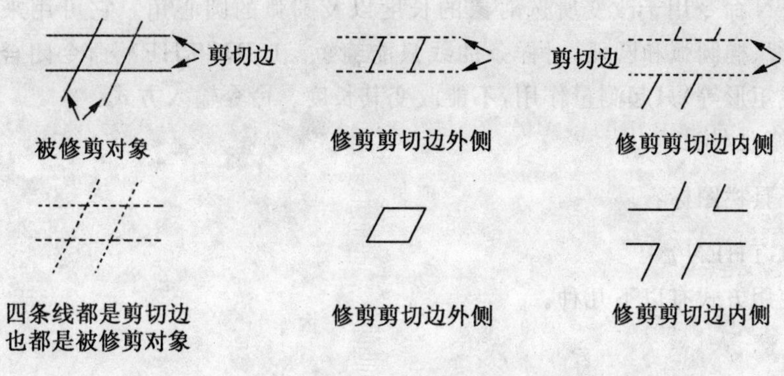

图 10-32　不同的修剪边侧

当修剪一个圆、椭圆、用“矩形”命令画的矩形、用“多边形”命令画的多边形等闭合图形时,它们必须与剪切边有 2 个交点才能使用剪切命令,如图 10-33(a)所示图形不能使用剪切命令。

(a) 剪切边与圆有一个交点　　(b) 剪切边与圆有两个交点

图 10-33　闭合图形的修剪边

2. 按住〈Shift〉键选择要延伸的对象

这是把命令的修剪模式暂时转换为延伸模式,即把剪切边作为延伸边界,而被修剪对象作为被延伸对象。

3. 投影(P)

"投影"选项用于设置修剪对象时 AutoCAD 所使用的投影模式。

4. 边(E)

有些被修剪对象可能与剪切边不相交,但如果把剪切边延伸,被修剪对象就与其相交。

5. 放弃(U)

该选项用于取消 TRIM 最近所作的一次修剪。

10.5.7 拉长命令

LENGTHEN 命令用于改变所选对象的长度以及圆弧的圆心角。它可用来拉长或缩短直线、多段线、椭圆弧和圆弧,对样条曲线只能缩短。LENGTHEN 命令闭合的对象(比如圆、多段线矩形等)只起测量作用,不能改变其长度。命令输入方式:

下拉菜单:修改/拉长

单击修改工具栏图标:

命令:LENGTHEN ↙

该命令的使用方式有以下几种。

1. 选择对象

这是默认选项,起测量作用。当选择了一个对象后,显示其当前长度值,对于圆弧,还显示其包含的圆心角。

2. 增量(DE)

该选项是给定一个长度的增量或角度增量,用来增加减小选中对象的长度或角度。给定的增量为正值则拉长对象;增量为负值,则缩短对象。对象拉长或缩短的方向与选择对象的位置有关。

3. 百分数(P)

"百分数"选项是设置对象长度后相对于原来长度的百分比,来延长或缩短一个对象。百分比大于 100% 为延长对象,小于 100% 为缩短对象。如输入 50,则表示改变后的对象长度为原长度的一半;输入 200,则表示改变后的对象长度比原长度长一倍。

4. 全部(T)

“全部”选项通过定义一个新的总长度(或角度)来延长缩短一个对象，从固端点量起，使它的绝对长度(或角度)等于定义的新长度(或角度)。如果原来总长度(或角度)大于新的总长度(或角度)，则缩短对象；反之，则延长对象。对象将在最靠近选择点的端点处被延长或缩短。

5. 动态(DY)

“动态”选项用于打开动态拉长或缩短模式。对于这种方式，一旦拾取了对象，远离拾取点一个端点固定不变，靠近拾取点的一个端点随光标的移动而移动，从而可动态地改变对象的长度。对于圆弧和椭圆弧，动态改变以后，圆弧的半径及椭圆弧的形状保持不变。

10.5.8　延伸命令

EXTEND 命令用于将某个对象延长到与别的对象相交。该命令可延伸的对象包括：圆弧、椭圆弧、直线、非闭合的二维和三维多段线等。该命令的操作与 TRIM 命令类似，可看作是 TRIM 命令的相反命令。命令的输入方式：

下拉菜单：修改/延伸

单击修改工具栏图标：

命令：EXTEND↙

EXTEND 命令个选项介绍重略，用户可按提示进行操作。

10.5.9　打断

BREAK 命令用于将已经绘制的对象断成两半或剪掉对象上的一部分，可以剪掉对象中间的一部分，也可以把对象的一端剪掉，如图 10-34 所示。BREAK 命令可以断开或剪掉线类样条曲线、矩形、多边形等。

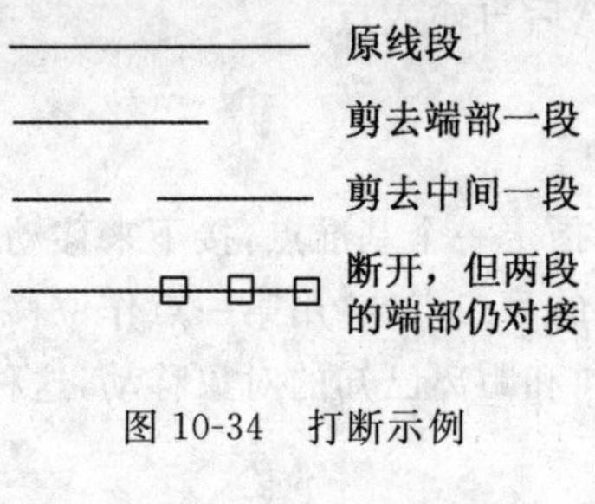

图 10-34　打断示例

命令输入方式：

下拉菜单：修改/打断

单击修改工具栏图标：

使用拾取的选择方法选择对象，拾取点就成为对象上的第一打断点。命令输入后操作过程如下：

选择对象:(在要断开的对象上拾取一点)

指定第二个打断点或[第一点(F)]:(输入另一点)

这是实际绘图的时最常用的方法。

注意:BREAK命令用于圆时,按逆时针方向剪掉圆上的第一断开点到第二断开点的那段圆弧,因而两点选取顺序不同可能导致不同的结果。

10.5.10 移动

若用户希望将绘制好的对象原样不变(指尺寸和方向)地从一个地方移动到另一个地方,可使用"移动"命令。命令输入方式:

下拉菜单:修改/移动

单击修改工具栏图标: 

命令:MOVE↙或M↙

该命令具体操作跟COPY命令非常相似,具体方式如下几种。

1. 指定基点、目标点移动

这是在绘图中最常用的方式。这种方式是先选择要移动的对象,选择好对象后回车确认,然后指定一个基准点,接下来再指定移动的目标点。定义好两点后,对象被移动。命令输入后操作如下:

选择对象:(用任何一种选择方式选择对象)

选择对象:↙

指定基点或位移:(输入一点作为基点)

指定位移的第二点或〈用第一点作位移〉:(输入一点作为移动的目标点)

基点一般选定图形对象的一个特殊点,如角点、圆心等。输入点时,可从键盘键入点的坐标,也可用鼠标在屏幕上拾取。

技巧:为精确定位,用鼠标输入基点,目标点时,可结合使用对象捕捉,即在输入点之前先执行一种对象捕捉方式,然后再输入点。

2. 指定基点、距离移动

这种方式是选择好对象后指定一个基准点,接下来移动光标,使光标橡皮筋的方向为对象移动的方向,对"指定位移的第二点或〈用第一点作位移〉"的提示输入一个数值,而后回车确认,则移动完成。对方向和距离已知的对象移动,这种方法较好。命令输入后操作如下:

选择对象:(用任何一种选择方式选择对象)

选择对象:↙

指定基点或位移:(输入一点作为基点)

指定位移的第二点或〈用第一点作位移〉:(键入一个距离值)↙

3. 以点坐标作为位移移动

这种方式是选择好对象后，对“指定基点或位移”的提示输入一点(可以是直角坐标，也可以是极坐标)，而对“指定位移的第二点或者〈用第一点作位移〉:”的提示直接回车确认。这时，AutoCAD 把在提示“指定基点或位移”后输入的点的直角坐标值，作为相对选中对象的横向和纵向移动距离，把输入的点的极坐标值作为相对选中对象的移动距离和角度。命令输入后操作如下：

选择对象:(用任何一种选择方式选择对象)

选择对象:↙

指定基点或位移:(输入一点)

指定位移的第二点或〈用第一点作位移〉:↙

有了移动命令，绘图时可以使图形的位置在任何地方，可以随时调整图形之间的间距，甚至可以在图形的里边画图。

10.5.11　旋转

使用该命令可将选定的的对象旋转一定的角度。命令的输入方式：

下拉菜单:修改/旋转

单击修改工具栏图标:

命令:ROTATE↙

1. 指定旋转角度

命令输入后操作如下：

UCS 当前的正角方向:ANGDIR＝逆时针 ANGBASE＝0

选择对象:(用任何一种选择方式选择对象)

选择对象:↙

指定基点:(输入一点)

指定旋转角度或[参照(R)]:(输入旋转角度)↙

基点一般选定图形对象的一个特殊点，如角点、圆心等。输入点时，可从键盘键入点的坐标，也可用鼠标在屏幕上拾取。旋转角度可从键盘键入，角度为正值，对象按逆时针旋转；角度为负值，对象按顺时针旋转。对旋转角度也可不从键盘键入，而是移动鼠标，随着光标的移动，选中的对象也旋转，待到合适的位置，在屏幕上拾取一点，旋转完成。

2. 参照(R)

这是给定一个参考角度，以此为基础旋转选中对象。

10.5.12　比例缩放命令

使用 SCALE 命令可将所选中的对象关于某个基准点沿 X 轴和 Y 轴方向以相同比

例放大或缩小,即X、Y方向尺寸缩放比例相同,这样缩放后确保不改变原对象的形状。比例缩放改变图形对象的实际尺寸大小,因而如果一个图形已经标注了尺寸(注意,使用的是AutoCAD自动测量的尺寸),对其使用比例缩放命令后,其标注的尺寸大小也会改变。如图10-35所示,把左边的图放大一倍得到右边的图,尺寸数字也增大一倍。

命令输入方式如下:

下拉菜单:修改/比例

单击修改工具栏图标:

命令:SCALE↙

命令输入后操作过程如下:

选择对象:(用任何一种选择方式选择对象)

……

选择对象:↙

指定基点:(输入一点)

指定比例因子或[参照(R)]:(键入比例值)↙

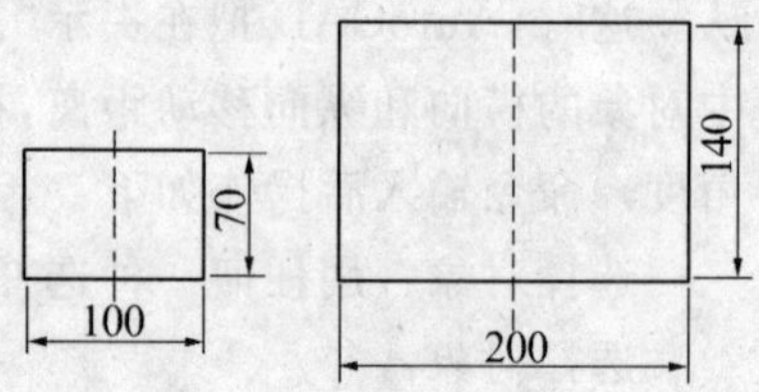

图10-35 “比例缩放”的尺寸改变

比例值小于1,则是将原对象缩小;比例值大于1则是放大原对象。

10.5.13 拉伸命令

拉伸(STRETCH)命令用于拉伸或移动对象。可使用该命令来拉长、缩短对象和改变对象的形状。

命令输入方式:

下拉菜单:修改/拉伸

单击修改工具栏图标:

命令:STRETCH↙

命令调用后也提示选择对象,对STRETCH命令的“选择对象:”提示,必须使用交叉窗口(即“Crossing窗口”)或交叉多边形(“CPolygon窗口”)选择方法来选择要拉伸的对象,AutoCAD可以拉伸与选择窗口相交的圆弧、椭圆弧、直线、多段线段、多线、样条曲线、矩形命令绘制、多边形命令绘制的多边形等,一次可拉伸多个图形对象。拉伸时只移动窗口里面的端点,而窗口外面的端点不变,如图10-36所示。多段线按一段段当作直线和圆弧处理。如果对象被完全包围在交叉窗口或交叉多边形窗口里面,则AutoCAD像使用MOVE命令一样移动选中的对象。

输入命令后操作过程如下:

以交叉窗口或交叉多边形选择要拉伸的对象。

选择对象:↙

指定基点或位移:(输入一点)

指定位移的第二点:(输入一点)

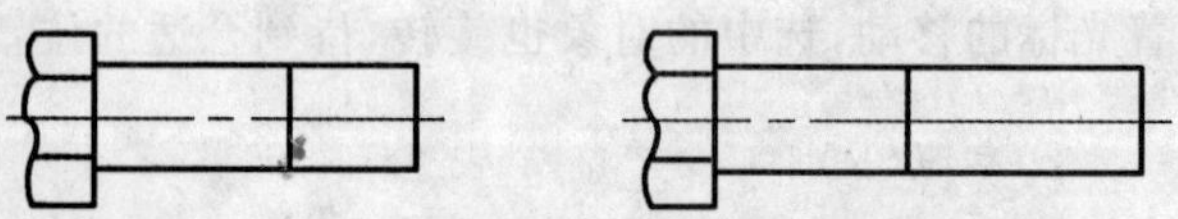

(a) 拉伸前　(b) 拉伸后

图10-36 拉伸示例

实际选择对象时,可不用键入选择方式的关键字(C或CP),而把光标移动到没有图形对象的合适位置，用鼠标指定一点，命令行出现提示“指定对角点”，向左移动光标，就会拉出一个 Crossing 窗口，窗口区域内的及与窗口边界相交的对象都会被选中。

对“对指定基点或位移”及“指定位移的第二点”回答还可采用如下两种方式：

(1)对“指定基点或位移”的提示指定一个基准点后，接下来移动光标，使光标橡皮筋的方向为对象拉伸的方向，对“指定方向位移的第二点”的提示输入一个数值，而后回车确认，则拉伸完成。这时光标橡皮筋的方向是对象拉伸的方向，输入的数值是没橡皮筋方向的拉伸距离。

(2)对“指定基点或位移”是提示输入一个点(可以是直角坐标，也可以是极坐标)，而对“指定位移的第二点或”的提示直接回车确认。这时 AutoCAD 把在提示“指定基点或位移”后输入的点的直角坐标值，作为相对选中对象在选择窗口内的点的横向和纵向拉伸距离；把输入的点的极坐标值作为相对选中对象在选择窗口内的点的拉伸距离和角度。

这两种方式的用法可参考移动命令 MOVE。

10.5.14　镜像命令

MIRROR 命令用于将选定的对象作镜像复制，即绘制出关于某条直线完全对称的图形。因此，当图形对称时，只需绘制图形的一半，另一半作镜像即可，如图 10-37 所示。

命令输入方式：

下拉菜单：修改/镜像

单击修改工具栏图标：

命令：MIRROR↙

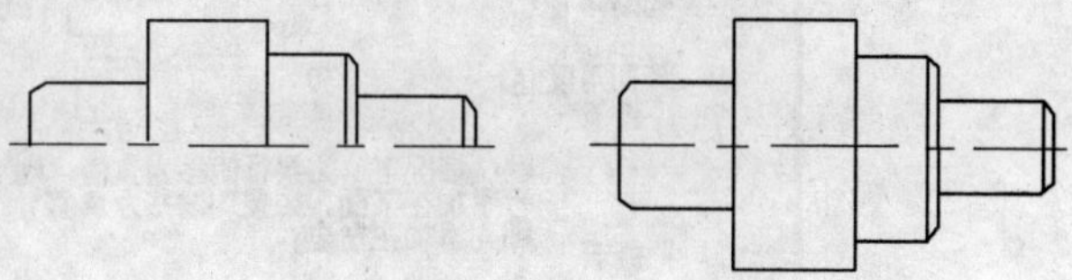

图 10-37　镜像示例

输入命令后，提示用户选择对象和指定镜像线上的两点。为了准确地指定镜像线上的两个点，可以结合对象捕捉，如“捕捉到端点”、“捕捉到最近点”等。

命令输入后操作过程如下：

选择对象：(用任何一种选择方式选择对象)

选择对象：↙

指定镜像线的第一点：(指定镜像线上的一点)

指定镜像线的第二点：(指定镜像线的另一点)

是否删除源对象？[是(Y)/否(N)]〈N〉：

对提示“是否删除源对象？[是(Y)/否(N)]〈N〉”以“N”响应，表示不删除源对象，绘制一个对称的图形，这也是默认选项；若以“Y”响应，表示删除源对象，只留镜像复制的一份对象。

在默认情况下，文字的镜像和对象一样被颠倒，但有时用户想镜像含文字的对象，而又想保证文字可读且没有被颠倒，用户可设置控制文字镜像样式的系统变量 MIRRTEXT。系统变量 MIRRTEXT 可取两个值：

MIRRTEXT＝1：镜像显示文字，文字被颠倒，是默认值。

MIRRTEXT＝0：保持原文字的方向，文字不被颠倒。

注意:尺寸标注不受系统变量 MIRRTEXT 的影响,镜像时总不会颠倒。

10.5.15 阵列命令

使用 ARRAY 命令,可以将对象按"矩形"或"环形"方式进行多重复制。命令的输入方法:

下拉菜单:修改/阵列

单击修改工具栏图标:

命令:ARRAY↙

命令输入后打开如图 10-38 所示对话框。对话框的使用方法如下:

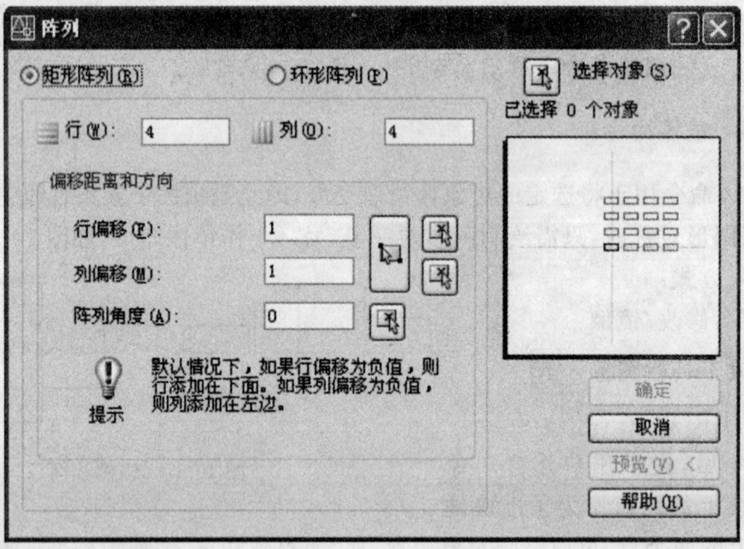

图 10-38 "阵列"对话框

1. 矩形阵列

矩形阵列的步骤是:

(1)选中"矩形阵列"。

(2)单击"选择对象"按钮选择要阵列的对象(这一步也可在 3、4)之间或之后进行。

(3)"行"文字框中输入行数,在"列"文字框中输入列数,行数和列数必须为整数。如果行数为 1,列数至少为 2;反之,如果列数为 1,行数至少 2 行,即至少要复制一个。

(4)在"偏移距离和方向"栏中输入行间距和列间距,在"行偏移"文字框输入行间距,在"列偏移"文字框输入列间距。行间距值大于零时,向上排列复制对象;行间距值小于零时,向下排列复制对象。列间距值大于零时,向右排列复制对象;列间距值小于零时,向左排列复制对象。

(5)如果需要进行旋转了一定角度的矩形阵列,可在"阵列角度"文字框中键入角度

值,也可通过用光标指定两个点来定义旋转角度。其方法是:单击“阵列角度”右侧的按钮,对话框暂时关闭,命令行提示:

指定阵列角度:(输入一点)指定第二点:(输入另一点)

两点间连线与 X 轴的角度就是阵列的旋转角度。两点输入后返回对话框。阵列的方向由第一点向第二点。

(6)如果需要,可单击“预览”按钮观看效果。

(7)单击“确定”按钮,完成阵列。

注意:不管用哪种方法输入行、列间距值,原来对象的高度包含在行间距中,宽度包含在列间距中。

如图 10-39 所示图形是矩形阵列四行三列示例。

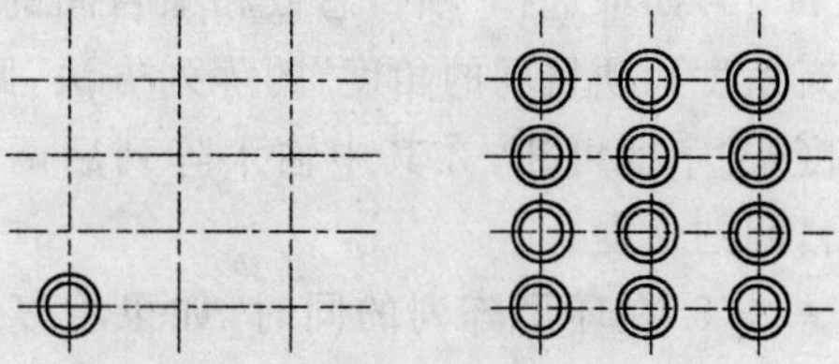

图 10-39　矩形阵列示例

2. 环形阵列

环形阵列的步骤是:

(1)选中“环形阵列”,阵列对话框变为如图10-40所示。

(2)单击“选择对象”按钮选择要阵列的对象[这一步也可以在(3)(4)之间或之后进行]。

(3)在“中心点”文字框输入阵列中心的 X 坐标和 Y 坐标,或者单击其右侧的按钮,用光标在屏幕上指定一点(必要时可结合对象捕捉),这时对话框暂关闭,命令行提示:

指定阵列中心点:(输入一点)

中心点输入后返回对话框。

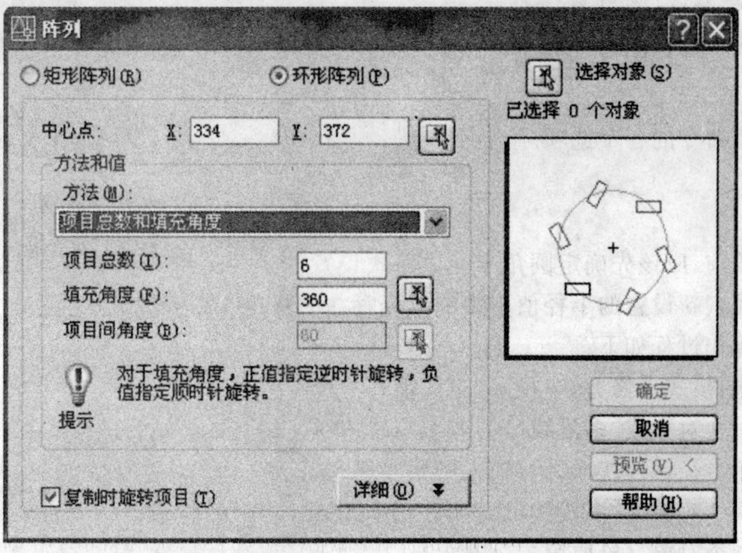

图 10-40　环形阵列

(4)在“方法和值”栏进行以下操作:

1)首先选择阵列的方法。方法有三种:项目总数和填充角度,项目总数和项目间的角度,填充角度和项目间的角度。可单击“方法”下拉列表选择。

“填充角度”指定围绕阵列圆周要填充的总角度。默认的填充角度值是360°,“项目间角度”指阵列后两相邻图形项目之间的角度。

2)在“项目总数”文字框输入要阵列的图形项目数目(包括原对象)。

3)在“填充角度”文字框输入要填充的总角度。如果指定的填充角度是一个正值,表示逆时针方向环形阵列;若负值则按顺时针方向阵列。

4)如果选择“项目总数和项目间的角度”和“填充角度和项目间的角度”的阵列方法,则“项目间角度”文字框可用,在其中输入阵列后两相邻图形项目间的角度。

(5)在环形阵列的同时,如果将复制的每一个对象也旋转,选中“复制时旋转项目”复选框,这是默认选项;如果不选,表示复制后的对象不旋转,这时复制的对象与源对象保持相同的方向。

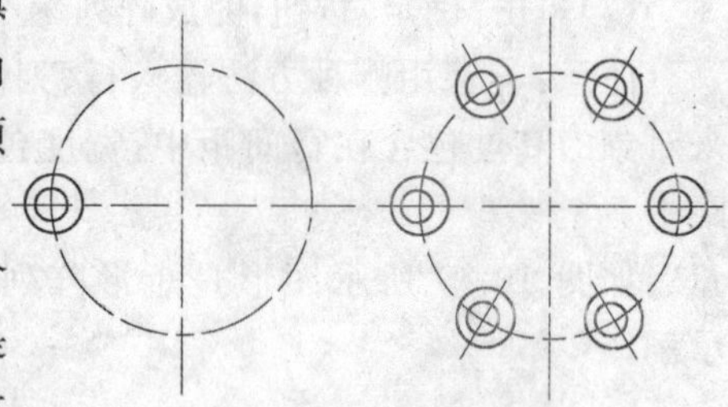

图 10-41　环形阵列示例

(6)如果需要,可单击“预览”按钮观看效果。

(7)单击“确定”按钮,完成阵列。如图 10-41 所示图形是环形阵列示例。

10.5.16　圆角命令

FILLET 命令用将两个对象连接的部分以光滑圆弧过渡,命令执行后在两对象之间新建一段连接圆弧。

命令的输入方式:

下拉菜单:修改/圆角

单击修改工具栏图标:

命令:FILLET ↙

下面介绍命令的各个选项。

1. 半径(R)

进行圆角前,应该先确定圆角半径。每次设置的半径值将作为以后 FILLET 命令的默认圆角半径。新设置的半径值不影响已经存在的圆角。命令输入后先设置圆角半径再进行圆角的操作过程如下:

当前模式:模式=修剪,半径=(当前值)

选择第一个对象或[多段线(P)/半径(R)/修剪(T)]:R ↙

指定圆角半径:〈10.0000〉:(输入圆角半径)↙

选择第一个对象或[多段线(P)/半径(R)/修剪(T)/]:(拾取第一个对象)

选择第二个对象:(拾取第二个对象)

2. 选择第一个对象

这是默认选项。如果用户不用改变圆角半径,直接进行圆角的操作过程如下:

当前模式:模式＝修剪,半径＝(当前值)

选择第一个对象或[多段线(P)/半径(R)/修剪(T)]:(拾取第一个对象)

选择第二个对象:(拾取第二个对象)

FILLET 命令可将两平行直线进行圆角,即把两平行线的两端用半圆闭合,半圆的半径是两平行线之间距离的一半,半径是在用户指定两条平行线后 AutoCAD 自动计算出来的,且半圆的起点从所选的第一直线的端点开始,第二条直线被延长或修剪。

3. 多段线(P)

以"P"响应提示"选择第一个对象或[多段线(P)/半径(R)/修剪(T)]",可将 PLINE 命令画的多段线、RECTANG 命令画的多段线矩形、POLYGON 命令画的多段线多边形进行圆角。

4. 修剪(T)

"修剪"选项用于确定进行圆角后是否保留原对象与圆角相对应的部分。设置为"修剪",则对象或是被剪切或是被延伸到圆弧的端点位置;设置为"不修剪",则原对象保持原样不变,但在它们之间加一条圆弧。命令输入后设置是否修剪的过程如下:

当前模式:模式＝修剪,半径＝20.0000

选择第一个对象或[多段线(P)/半径(R)/修剪(T)]:T↙

输入修剪模式选项[修剪(T)/不修剪(N)]〈修剪〉:(键入 N 或 T 之一后回车,或直接回车不改变设置)

以下又回到提示"选择第一个对象或[多段线(P)/半径(R)/修剪(T)]"。

图 10-42 所示图形是"圆角"示例。

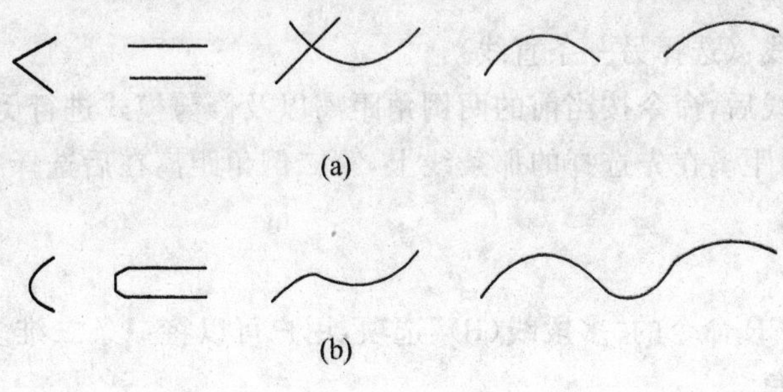

图 10-42　"圆角"示例

10.5.17　倒角命令

CHAMFER 命令可将直线类型的两个不平行的对象(直线、多段线直线、构造线、RECTANG 命令画的多段线矩形、POLYGON 命令画的多段线多边形等)进行倒角。所谓倒角,就是将两个不平行的对象用一条与两对象都倾斜的直线段来连接。特殊情况是将两个不平行的对象延伸或修剪来使之相交。命令输入方式:

下拉菜单:修改/倒角

单击修改工具栏图标:

命令:CHAMFER↙

倒角命令的使用方式与圆角命令的使用方式相似。下面讲述倒角命令的各选项。

1. 距离(D)

进行倒角前应选设置或改变倒角距离。倒角由两对象的交点分别到倒角斜线两个端点的距离(即第一倒角距离和第二倒角距离)决定。选项“距离(D)”就是设置和改变倒角距离。命令输入后操作过程如下:

(“修剪”模式)当前倒角距离 1=10.0000,距离 2=10.0000

选择第一条直线或[多段线(P)/距离(D)/角度(A)/修剪(T)/方法(M)]:D↙

指定第一个倒角距离〈10.0000〉:(输入第一个倒角距离)↙

指定第二个例角距离〈第一个倒角距离〉:(输入第二个倒角距离,或直接回车确认)

第一倒角距离和第二倒角距离可设置为相同或不同值,如图 5-64 所示的 A、B 角。如果 2 个距离相等,则是 45°的倒角。如果把 2 个倒角距离都设置为 0,AutoCAD 将延伸或修剪两对象使之相交于一点形成尖角。输入的倒角距离将成为以后 CHAMFER 命令的默认倒角距离,直至将其改变。

2. 选择第一条直线

这是默认选项,选择两条直线型对象进行倒角。命令输入后操作过程如下:

(“修剪”模式)当前倒角距离 1=10.0000, 距离 2=10.0000

选择第一条直线或[多段线(P)/距离(D)/角度(A)/修剪(T)/方法(M)]:(选择一条直线或直线型多段线)

选择第二条直线:(选择另一条直线)

选定第二条直线后,命令按当前的两倒角距离以及修剪模式进行倒角。

注意:第一倒角距离在先选择的那条线上,第二倒角距离在后选择的那条线上。

3. 多段线(P)

使用 CHAMFER 命令的“多段线(P)”选项,用户可以将一条二维多段线的所有两直线段间的角进行倒角。

4. 角度(A)

“角度(A)”选项是另一种定义倒角的方法,倒角由第一倒角距离和倒角斜线与第一条直线的夹角来定义。第二倒角距离根据夹角自动计算出来,如图 10-43 所示的 *D* 角。

5. 修剪(T)

该选项与圆角命令的“修剪”选项一样,是确定进行倒角后是否保留原对象与倒角相对应的部分,如图 10-45 所示的 *C* 角为不修剪。

6. 方法(M)

前面已经指出了定义倒角可使用两种方法:给定两个倒角距离或指定一个倒角距离和一个倒角斜线角度。“方法”选项实现两种方法之间切换。

图 10-43 所示图形是“倒角”示例。

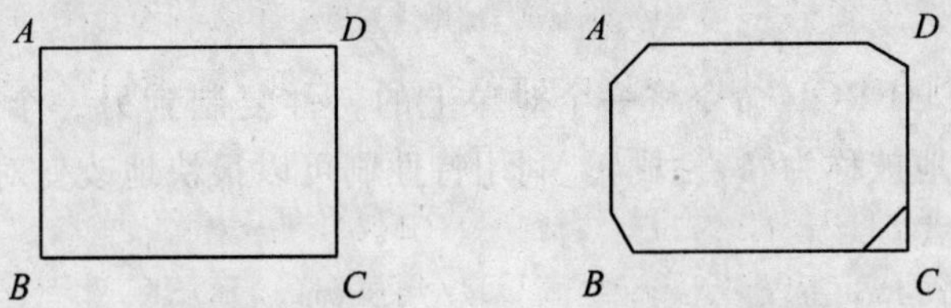

(a) 倒角前　　(b) 倒角后

图 10-43　“倒角”示例

10.5.18　分解

EXPLODE 命令用于分解块参照、填充图案和关联性尺寸标注,使它们变成定义前的各自独立的状态。该命令课使多段线或多段弧线以及多线分解为独立的直线和圆弧对象。

命令输入方式:

下拉菜单:修改/分解

单击修改工具栏图标:

命令:EXPLODE↙

10.5.19　实用命令

1. 查询距离

使用 DIST 命令可以测量两点之间的距离值。两点可以在屏幕上指定,也可以从键盘上键入。

下拉菜单:工具/查询/距离

单击查询工具栏图标:

命令:DIST↙

输入第一点后、输入第二点后,AutoCAD 显示以下数据:两点间的距离(按当前的绘图单位),第一点到第二点的方向与 X 轴之间的角(即 XY 平面中倾角),第一点到第二点的方向与 XY 平面的夹角,第二点相对第一点的 X 增量,Y 增量,Z 增量。

2. 查询点坐标

使用 ID 命令可以查询某个位置点的坐标值。

下拉菜单:工具/查询/点坐标

单击查询工具栏图标:

命令:ID↙

AutoCAD 在命令行显示当前用户工作坐标系中该点的 XYZ 坐标值。

3. 特性匹配

可使用 MATCHPROP 命令将一个对象上的特性复制到另一个对象或更多的对象上。此项功能形象地被称为“特性刷”。利用特性刷可以很快地改变对象的特性。

命令的输入方式:

下拉菜单:修改/特性匹配

单击标准工具栏图标:

命令:MATCHPROP↙或 PAINTER↙

4. 重画和重生成

(1)重画命令

使用 AutoCAD 绘图和编辑图形的时候,在屏幕上指定点时会留下一些十字标记,这些信息标记表明用户已经选择的点,它们并不是图形上的对象元素。为了不影响图形的浏览,用户可使用重画命令除去这些标记并刷新屏幕。另外,当所见到的图形不完整时,也可以使用该命令。例如,两条线重合在一起并擦去了一条,好像另一条也被擦去了,这时应该使用重画命令。

使用重画命令没有提示信息,命令行只显示命令名。命令输入方式:

下拉菜单:视图/重画

命令:REDRAWALL↙或'REDRAWALL↙(透明使用)

命令:REDRAW↙或'REDRAW↙(透明使用)

REDRAW 称为重画命令,REDRAWALL 称为全部重画命令,它们的功能基本相同。只是 REDRAW 命令只刷新当前视口的图形显示,而 REDRAWALL 命令可刷新所有视口,通常用于用户定义了多个视口时的情况。

实际上,缩放命令 ZOOM 和删格显示命令 GRID 等也有重画功能。

(2)重生成命令

1)重生成命令:AutoCAD 使用 REGEN 命令重新生成图形来刷新当前图形。所谓重生成是指 AutoCAD 重新计算所有对象的屏幕坐标并重新生成整个图形,同时对图形数据库重新索引以优化图形显示和对象选择操作。

一般地,如果使用重画命令后仍不能正确地反映图形时使用重生成命令。例如,图形放大很多倍后一些圆、圆弧对象可能显示不光滑,呈棱角显示,使用 REGEN 可使其光滑显示。

重生成命令没有提示信息,命令行只显示命令名。命令的输入方式:

下拉菜单:视图/重生成

命令:REGEN↙

2)全部重生成命令:全部重生成命令 REGENALL 的功能和 REGEN 命令一样,只不过调用该命令后,AutoCAD 重新生成所有视口中的图形对象并重新索引图形数据库。全部重生成命令也没有提示信息。命令的输入方式:

下拉菜单:视图/全部重生成

命令:REGENALL↙

10.6　文字标注与编辑

10.6.1　文字样式

在图样中,有时需要不同形式的文字,如黑体、斜体、字母、汉字等。在添加文字、字母前,要先设置文字样式。文字样式与字体是不同的概念。在 AutoCAD 中,字体是用来绘制文本字符的模式,是由字体文件定义好的;文字样式就是把某种字体进行某种处理(比如倾斜一定的角度、反向、颠倒等)而得到的符号形式。字体决定输入文字的文字样式,同一种字体可以定义多种文字样式。在 AutoCAD 中,有多种字体可供选择,字体可以选用 AutoCAD 的形字体文件(通常后缀为.shx),也可以使用 Windows 系统的真字体(如宋体、楷体)。用户要使用哪种字体应将该字体定义为一种文字样式,并将该文字样式设置为当前样式。

设置文字样式可在"文字样式"对话框(见图 10-44)中进行。

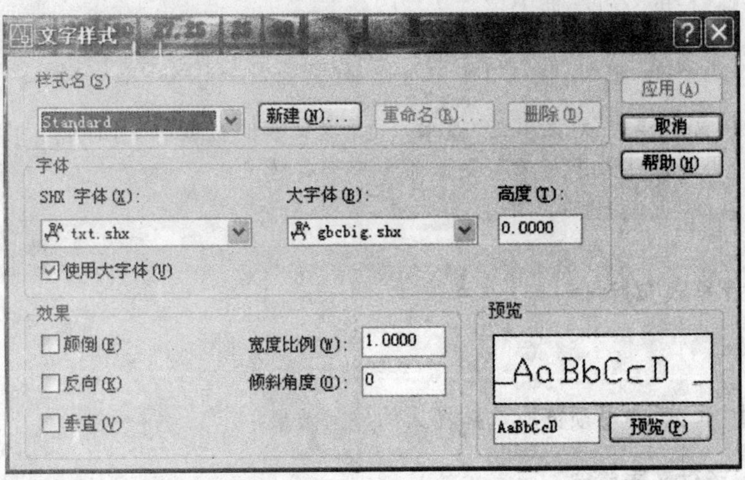

图 10-44　"文字样式"对话框

命令的输入方式:

下拉菜单:格式/文字样式

命令:Style↙(该命令也可以透明使用))

当前文字样式显示在"文字样式"对话框中"样式名"栏的文字框中。在用户没有创建新的文字样式时,对话框的"样式名"文字框显示默认的标准样式名 Standard 使用的字体为 txt. shx 形文件，高度为 0，宽度因子为 1，如图 10-44 所示。

1. 创建新文字样式

要创建一种新文字样式，单击“文字样式”对话框中“字体”栏的“字体”下拉列表，选择一种字体，如果文字样式需要修饰效果，在“效果”栏选中或改变其中的某些项。点击“样式名”栏的“新键”按钮，AutoCAD 弹出“新建文字样式”对话框，如图 10-45 所示。用户可用其默认的样式名，也可输入自己想要的样式名。点击“确定”按钮，回到“文字样式”对话框，一种新文字样式即被创建，这时“样式名”栏文字框中显示的是新建文字样式名。

图 10-45 “新建文字样式”对话框

2. 文字样式改名

从对话框的“样式名”下拉列表中选中要改名的文字样式，使其显示在“样式名”文字框中，然后单击“重命名”按钮，弹出“重命名文字样式”对话框框，输入新的名称单击“确定”按钮即可。

3. 删除文字样式

可从对话框的“样式名”下拉列表中删除一些没用的文字样式。

4. 文字高度

可在“字体”栏的“高度”框中设置文字的高度。

5. 文字效果设置

可以通过“文字样式”对话框的“效果”栏设置文字的宽度比例、倾斜角度、垂直、反向以及颠倒等效果。这些效果对单行文本命令全部有效。

6. “关闭”按钮

关闭“文字样式”对话框。

7. 预览

对话框中“预览”栏可预览所选择样式的显示效果。

10.6.2 多行文字命令

标注文本有两种命令：TEXT 是标注单行文字命令；MTEXT 是标注多行文本命令。两种命令操作方法类似，对于工程制图来讲，使用“MTEXT”标注多行文本较为适宜。本书主要讲解多行文字命令。

命令输入方法：

单击绘图工具栏图标：

单击文字工具栏图标：A

下拉菜单：绘图/文字/多行文字

命令：MTEXT↙

命令输入后，AutoCAD 提示：

当前文字样式："Standard"当前文字高度：2.5

指定第一角点：(指定第一点)

指定对角点或[高度(H)/对正(J)/行距(L)/旋转(R)/样式(S)/(宽度)W]：(指定对角点)

用户定义好文字边界框的位置和大小后，AutoCAD 弹出如图 10-46 所示"多行文字编辑器"对话框。多行文字编辑器相当于一个文字处理软件，通过它可以创建或修改多行文字对象，从其他文件输入或粘贴文字。多行文字编辑器显示一个顶部带有标尺的边框和"文字格式" 工具栏。

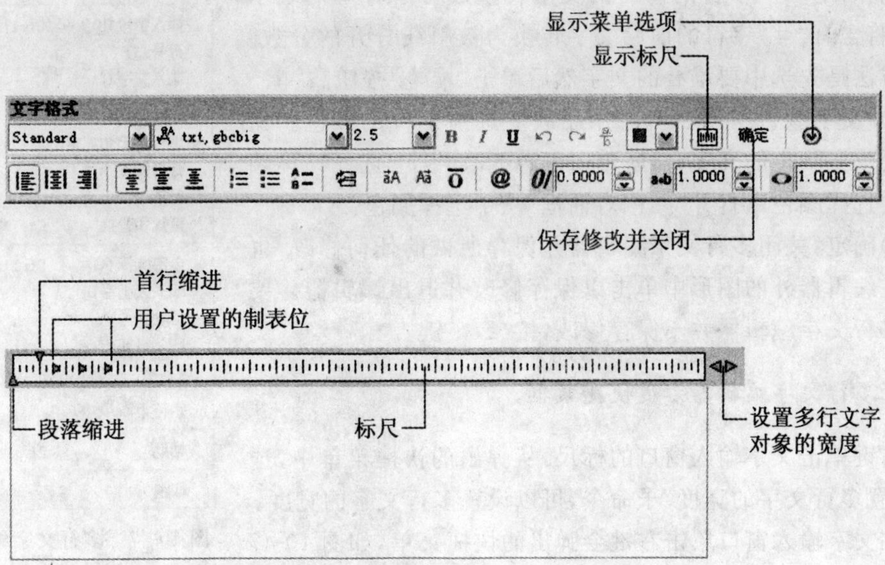

图 10-46　"多行文字编辑器"对话框

1."文字格式" 工具栏

"文字格式" 工具栏控制多行文字对象的字体样式和选定文字的字符格式。如果要改变当前多行文字的格式，必须先选中所要改变的文字。选择文字字符可采用以下方法：

(1)将光标移动到要选择文字的起始处，然后按住鼠标左键拖动到要选择文字的端点处，则光标掠过的文字被选中，被选中的文字呈高亮度显示。

(2)双击某个字则选中该字。

(3)连续三次点击某个段落，则选中该段文字。

1)"文字样式"下拉列表：单击该下拉列表选择一种文字样式，该样式将显示在下拉列表的"文字样式"框中。

2)"字体" 下拉列表:从该下拉列表中选择一种字体,用于给新输入的文字指定字体,或改变所选中文字体。

3)"字体高度"下拉列表:从该下拉列表选择一个高度值或键入一个数值,用于给新输入的文字指定字符高度或改变选中字符的高度。AutoCAD 将该值保留在列表中,直到用户改变它。字体高度的默认值取决于文字样式中设置的高度。

4)"黑体(B)"、"斜体(I)"、"下划线(U)"按钮:用于给选中的字符加黑体、斜体修饰和生成带下划线的文字。但行字体(.shx)不支持粗体和斜体文字。

5)"放弃"按钮:取消前一步对字符的操作,或按〈Ctrl〉+〈Z〉键也可。

6)"堆叠/非堆叠"按钮:该按钮用于创建堆叠文字,即将文字框中含有"^"字符的前后文字转化为上下并排形式重叠显示;将含有"/" 字符的前后的文字转换成分子分母的表示方式;将含有"#"字符的前后文字转换为被斜线分开的分数。堆叠方法是先选中要堆叠的文字然后单击"堆叠"按钮。

7)"文字颜色"下拉列表:用于改变选中字符的颜色。先选中要改变颜色的文字,然后单击颜色列表,从中选择一种颜色,或"选择颜色",打开"颜色对话框"从中选择颜色。

8)确定:关闭多行文字编辑器并保存所做的任何修改,也可以在编辑器外的图形中单击以保存修改并退出编辑器。要关闭多行文字编辑器并不保存修改,按〈Esc〉键。

2. 多行文字编辑器右键快捷菜单

右键单击文字输入窗口的标尺,从弹出的快捷菜单中,选择"设置多行文字的宽度"子命令,可以设置多行文字的宽度。

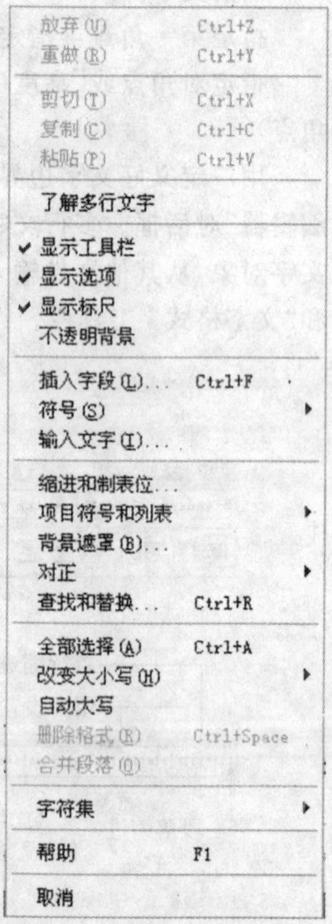

图 10-47 多行文字编辑器右键快捷菜单

在文字输入窗口单击右键会弹出的快捷菜单,如图 10-47 所示。菜单顶部的选项是基本选项:放弃、重做、剪切、复制和粘贴。后面的选项是多行文字编辑器特有的选项。各选项的功能如下:

(1)缩进和制表位:该选项用于设置段落和段落的首行缩进并设置制表位。

(2)对正:设置多行文字对象的对正和对齐方式。

(3)查找和替换:该选项用于快速搜索用户指定的字符或字符串,或者给定的字符串来代替用户搜索到的字符串。

(4)全部选择:选择多行文字对象的所有文字。

(5)改变大小写:改变选定文字的大小写。

(6)自动大小:将所有新输入的文字转换成大写。

(7)删除格式:清除选定文字的粗体、斜体或下划线格式。

(8)合并段落:将选定的段落合并为一段并用空格替换每段的回车。

(9)堆叠/非堆叠:如果输入的文字包含堆叠字符,并且已经把要堆叠文字选中,单击右键,右键菜单中有“堆叠”选项,否则右键快捷菜单中没有该选项。如果输入的文字已经堆叠,并且已经把堆叠文字选中,单击右键,右键快捷菜单中有“非堆叠”选项。如果选定的文字中包含包含堆叠字符则堆叠文字。如果选择的是堆叠文字则取消堆叠。

(10)符号:单击该会弹出符号符菜单,如图 10-48 所示,用户可用它输入一些如度(°)、正负号(±),直径(ϕ)及特殊符号。

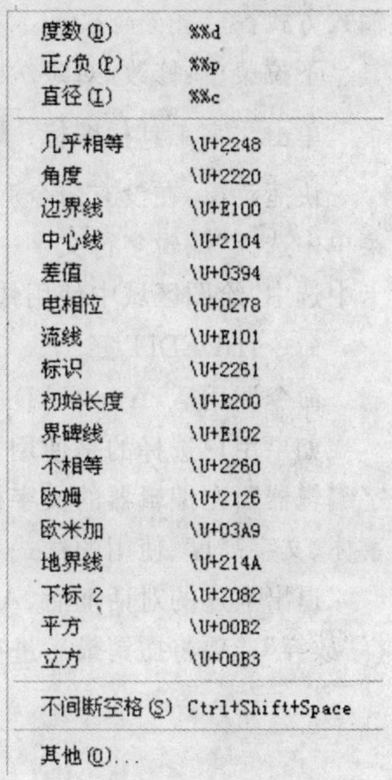

图 10-48　符号菜单

(11)输入文字:对于已经输入到计算机中的“. rtf”和“. txt”类型的文件,可以通过“输入文字”菜单项插入到 AutoCAD 中。

(12)帮助:显示“帮助”系统中的 MTEXT 主题。

10.6.3　绘制特殊字符

在书写文字或尺寸标注常常遇到一些如度(°)、正负号(±)、直径(ϕ)等特殊符号的书写,或给文字加上下划线、上下线等修饰。这些特殊符号不能从键盘直接输入。在 AutoCAD 中提供了各种控制代码来输入这些符号,控制代码由两个“%”号加上一个字符组成。

(1)%%d——度(°);

(2)%%c——直径(ϕ);

(3)%%u——文字下划线开/关;

(4)%%o——文字上划线开/关;

(5)%%p——正负号(±);

(6)%%%——单个百分号“%”

说明:

1)%%u 文字下划线开关总是成对出现,第一次出现是表示下划线开始,第二次出现是表示下划线结束;%%o用法同样。

2)用户在输入这些特殊符号时,在 TEXT 命令结束前屏幕上原样显示控制代码,直到命令正常结束,AutoCAD 才重新生成图形显示特殊符号。例如输入%%d 时,显示“%%d”,命令完成后,%%d 代码被特殊符号“°”所代替。

3)如果要输入单独的字符“%”,例如要书写 50%,应键入“50%”。

10.6.4　编辑文字对象

1. 编辑文字

与对象一样,文字对象也可以移动、旋转、删除、复制及镜像。镜相时,若系统变量 MIRRTEXT=1,镜相后的文字反向排列;若 MIRRTEXT=0,镜相后的文字保持原样。

2. 修改文字内容

如果仅仅是想修改文字的内容等简单特性,可使用 DDEDIT 命令。DDEDIT 命令的输入方式:

下拉菜单:修改/对象/文字/编辑

单击文字工具栏图标:

快捷菜单:在没有命令激活状态下,先选择要修改的文字对象,然后从鼠标右键快捷菜单中选择"编辑多行文字…"选项。(快捷菜单在"选项"对话框的"用户系统配置"选项卡中选中"绘图区域中使用快捷菜单"时才能使用)

命令:DDEDIT↙

命令调用后,AutoCAD 提示序列如下:

如果用户选择的是使用 MTEXT 命令创建文字对象,则 AutoCAD 弹出的是"多行文字编辑器",在编辑器的文字框中显示选中的文字对象内容,用户可对文字的内容、使用的字体、文字高度、使用的样式、宽度等项目进行修改。

退出上述的对话框后,AutoCAD 会继续出现提示"选择注释对象或[放弃(U)]",选择"放弃"选项将撤销最后进行的编辑;直接回车则结束命令提示。

10.7 尺寸标注

一幅图样不仅要反映实物的形状,还要反映物体各部分的真实大小和它们之间的确切位置,这就要对图样尺寸。将正确、合理尺寸标注在制图中是必需的。

在 AutoCAD2006 中,首先要了解尺寸标注的类型,然后设置合理的尺寸标注样式以符合制图标准,再进行尺寸标注。

本节主要介绍尺寸标注类型、尺寸标注样式的设置、尺寸的标注及修改。

10.7.1 尺寸标注类型

标注 AutoCAD 中尺寸标注可分为线性尺寸标注、角度尺寸标注、半径尺寸标注、直径尺寸标注、引线标注、坐标尺寸标注、连续标注、对齐标注等多种类型。用户可根据需要从"标注"下拉菜单或"标注"工具栏中选择相应的命令进行标注,如图 10-49所示。

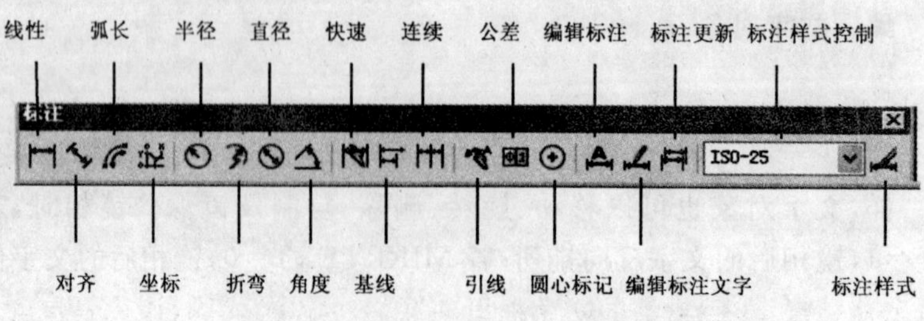

图 10-49 "标注"工具栏

1. 线性标注

线性标注指标注水平尺寸、垂直尺寸和以指定角度旋转的线性尺寸。命令的输入方法：

下拉菜单：标注/线性

单击标注工具栏图标：

命令：DIMLINEAR↙或 DIMLIN↙

命令输入后 AutoCAD 提示：

指定第一条尺寸界线起点或〈选择对象〉：(指定第一条尺寸界线的起点或按直接回车)

在此提示下，可以通过指定尺寸界线起点的方式标注尺寸，也可以直接选择对象的方式标注尺寸。两种方式各有其优点以及其适合的情况。下面对这两种方式作具体叙述。

(1)指定尺寸界线起点

此方法是指定两条尺寸界线的起点。指定一个点后，AutoCAD 以此点作为第一条尺寸界线的起点。接下来提示：

指定第二条尺寸界线起点：(输入第二条尺寸界线的起点)

指定尺寸线位置或[多行文字(M)/文字(T)/角度(A)/水平(H)/垂直(V)/旋转(R)]：(指定尺寸线的位置或键入一个选项的大写字母后回车)

当该提示出现后，光标的一条线与尺寸线重合，移动光标，可动态地带动尺寸线、尺寸数字移动，尺寸界线伸长或缩短。

如果用户指定了同一水平线上的两个点，向该水平线的上方或下方移动光标，到合适的位置按鼠标左键输入一点，则是标注水平尺寸。

如果用户指定了同一垂直线上的两个点，向该垂直线的左边或右边移动光标，到合适的位置按鼠标左键输入一点，则是标注垂直尺寸。

当所指定的两个点既不在同一条水平线上也不在同一条垂直线上时，是标注水平尺寸还是标注垂直尺寸由光标移动的方向确定。

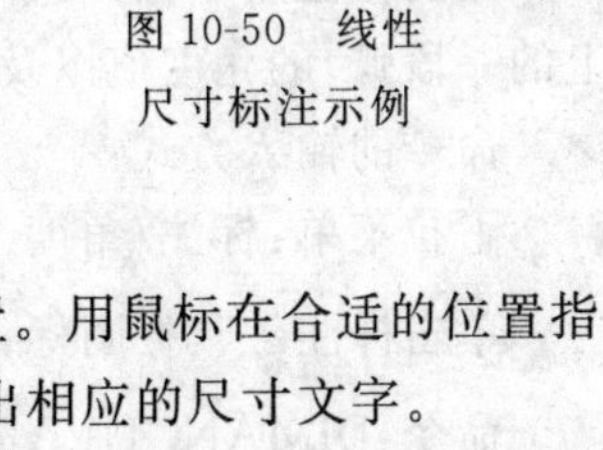

图 10-50　线性尺寸标注示例

图 10-50 所示图形是线性尺寸标注示例。

下面对提示“指定尺寸线位置或[多行文字(M)/文字/(T)角度(A)/水平(H)垂直(V)/旋转(R)]”的各项进行说明。

1)指定尺寸线位置：这是默认选项，要求确定尺寸线的位置。用鼠标在合适的位置指定一点，尺寸线通过该点且 AutoCAD 按自动测量出的长度标出相应的尺寸文字。

如果在尺寸界线间有足够的空间，尺寸文字、尺寸线和箭头是在两条尺寸界线之间还是外部，视标注样式而定；如果尺寸文字在两条尺寸界线之外，则是放置其靠近第二条尺寸界线处。

2)多行文字(M)：使用该选项是打开“多行文字编辑器”来输入文字、设置和改变字体、高度等。默认情况下，编辑器的文字框里关联标注“〈 〉”代码，该代码包含两尺寸界线间的 AutoCAD 自动测量尺寸。用户可以在〈 〉代码前后键入文字给标注添加前缀和后缀，也可以删除该〈 〉代码输入新的文字，即不使用 AutoCAD 自动测量的数字，而改用用户输入的数字。

3)文字(T)：该选项跟"多行文字"选项类似，用于输入用户自己所需的尺寸文字，只是尺寸文字是在命令行输入，且以单行的文字来替代 AutoCAD 自动测量的数字。

4)角度(A)：用于设置尺寸文字的旋转角度值。输入一个正值后尺寸文字由竖直方向逆时针方向旋转一个角度；输入一个负值后尺寸文字由竖直方向旋转一个角度。

5)水平(H)：选择该选项限定只进行水平尺寸标注，而不管尺寸线定位于什么位置。

6)垂直(V)：选择该选项限定只进行垂直尺寸标注，而不管尺寸线定位于什么位置。

7)旋转(R)：使用该选项，用户可以创建一个旋转特定角度的旋转尺寸标注。

(2)选择标注对象

若在提示"指定第一条尺寸界线起点或〈选择对象〉"时直接回车，则是按选择对象的方式来进行尺寸标注。

2. 对齐标注

若要标注一个有一定倾斜角度、不平行于 X 轴或 Y 轴的对象时，应该使用对齐标注方式。对齐标注的是 2 个尺寸界线起点之间的真实距离，因而两条尺寸界线总是等长。

对其标注的操做和线性标注相似，所以可仿照线性标注操作。

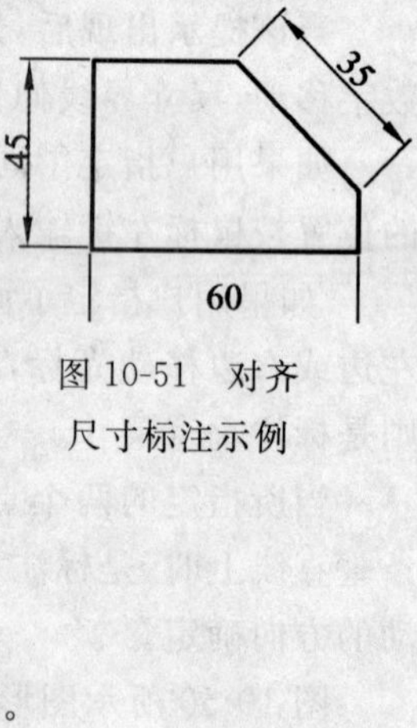

图 10-51 对齐尺寸标注示例

命令的输入方式：

下拉菜单：标注/对齐

单击标注工具栏图标：

命令：DIMALIGNED↙

图 10-51 所示图形是对齐尺寸标注示例。

3. 角度标注

角度标注用于标注两条非平行直线的夹角、圆弧(可以是圆上的一段弧)的角度值以及三点(一个角顶点和两个点)确定的角度。

命令的输入方式：

下拉菜单：标注/角度

单击标注工具栏图标：

命令：DIMANGULAR↙

图 10-52 所示图形是角度尺寸标注示例。

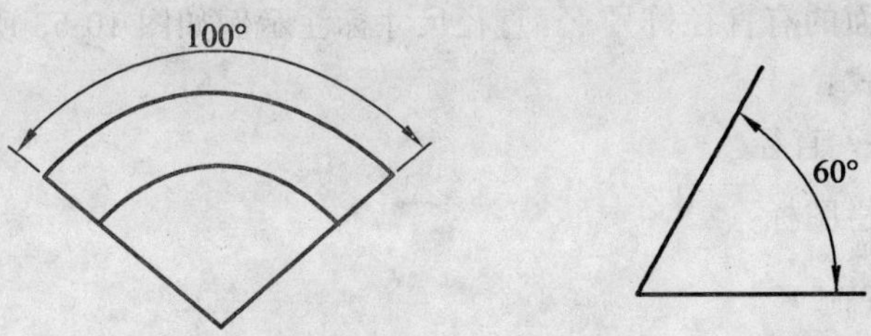

图 10-52　角度尺寸标注示例

4. 基线标注

在标注图样时，可能需要以同一个点作为标注尺寸的起点，也就是说，若干个尺寸有相同的第一尺寸界线起点，各个尺寸线相互平行，呈“并联标注”形式。

命令的输入方式：

下拉菜单：标注/基线

单击标注工具栏图标：

命令：dimbaseline ↙

5. 连续标注

连续标注和基线标注类似，不同的是基线标注是基于相同的标注起点，而连续标注是把前一尺寸的第二条尺寸界线作为下一个连续标注的第一条尺寸界线，并且所有尺寸线在同一直线上，呈“串联标注”形式。

命令的输入方式：

下拉菜单：标注/连续

单击标注工具栏图标：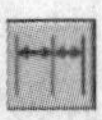

命令：dimcontinue ↙

6. 半径尺寸标注

半径尺寸标注用来标注圆或圆弧的半径值。半径尺寸标注由带一个箭头指向圆或圆弧的半径尺寸线和一前面带有字母 R 的尺寸文字组成，R 表示半径标注。半径尺寸标注示例如图 10-50 所示。

命令的输入方式：

下拉菜单：标注/半径

单击标注工具栏图标：

命令：dimradius ↙

7. 直径尺寸标注

直径尺寸标注用来标注圆或圆弧的直径值。直径标注与半径标注相似，只是直径尺寸文字在数字的前面的有直径符号 ϕ。直径尺寸标注示例如图 10-53 所示。

命令的输入方式：

下拉菜单：标注/ 直径

单击标注工具栏图标：

命令：dimdiameter↙

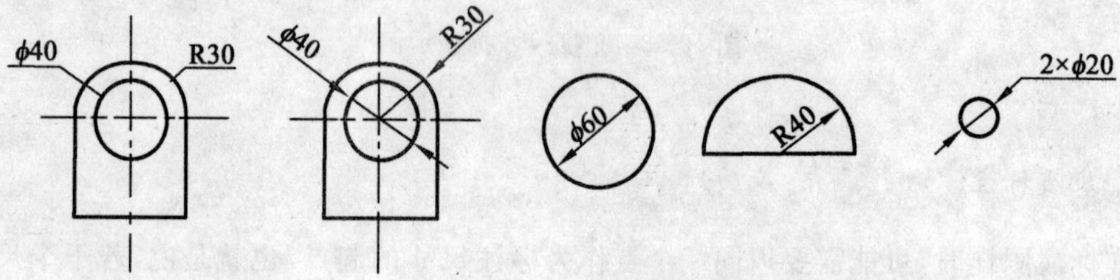

图 10-53　半径、直径尺寸标注示例

8. 尺寸公差标注

在机械设计中，公差和配合将决定加工后的零件能否正确地装配，所以尺寸公差的标注也是很重要的。尺寸公差的标注形式主要有极限偏差、极限尺寸、对称偏差和基本尺寸等。尺寸公差的标注是随着尺寸的标注一起标注的。

是否标注尺寸公差及公差的形式和公差值可通过“标注样式管理器”来设置。

要注意的是，如果图中带有相同公差要求的尺寸较多，应该单独设置一种公差标注样式，以便标注快捷。如果图中带有相同公差要求的尺寸不多，可以用“标注样式管理器”的“替代”按钮建立临时的标注样式。也可以不设置公差标注样式，而是在标注尺寸时直接利用标注命令“多行文字”选项，打开“多行文字编辑器”，输入尺寸及公差。对于对称形式的公差，可利用“符号”下拉列表中的“%%P”标注正负号；对于极限偏差和极限尺寸，在上下偏差(或最大、最小极限尺寸)之间键入一个“Λ”，先选中它们，再单击“堆叠”按钮，也能标注极限偏差和极限尺寸。

9. 快速引线标注

图形中可能有一些说明或解释，并需要用引线将其同被说明部位连接起来，快速引线命令可以实现这一功能。命令输入方式：

下拉菜单：标注/引线

单击标注工具栏图标：

命令：QLEADER↙

命令输入后提示：

该提示的两个选项解释如下：

(1)指定第一条引线点

这是指定指引线的第一点(即箭头起点)，是默认选项，开始进行指引线标注。接下来提示：

在上述的操作中，默认的指引线为三点确定(即两折)，对于“指定文字宽度＜0＞”的提示，可以输入一个宽度值，也可以指定一点，该点到指引线的最后一点的距离为文字宽度；若直接回车，默认文字宽度为 0，则是文字宽度“不换行”，即不限定文字宽度。

对于“输入注释文字的第一行〈多行文字(M)〉”提示，直接输入文字则是在命令行输入文字；若是直接回车，则弹出多行文字编辑器，可以使用编辑器输入注释文字，文字输入完毕确定后不再出现“输入注释文字的下一行”的提示。

(2)设置(S)

在提示“指定第一个引线点或[设置(S)]〈设置〉”时直接回车或键入 S 回车，则是进行引线设置，AutoCAD 显示出“引线设置”对话框，如图 10-54 所示。

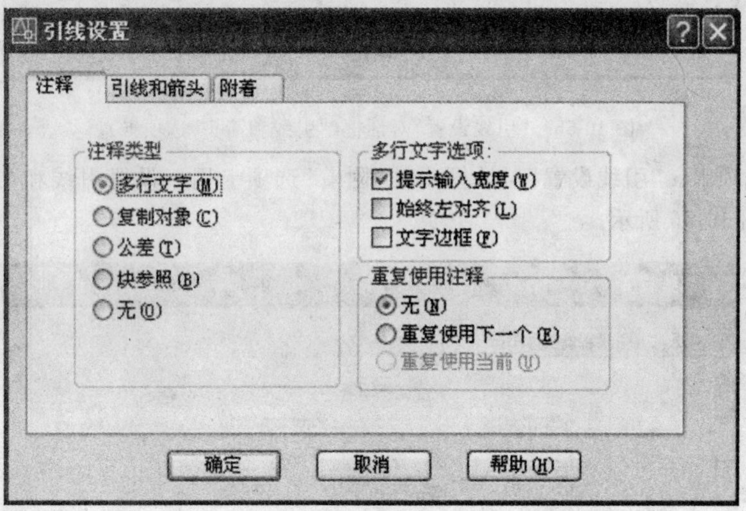

图 10-54　“引线设置”对话框“注释”选项卡

下面对对话框中的各选项卡功能进行介绍。

1)“注释”选项卡。通过该选项卡，用户可设置注释文字的类型，定义多行文字选项，并指明是否重复使用前一标注文字。

2)“引线和箭头”选项卡。选择“引线设置”对话框中的“引线和箭头”选项卡，该选项卡用于设置引线和箭头的样式，如图 10-55 所示。

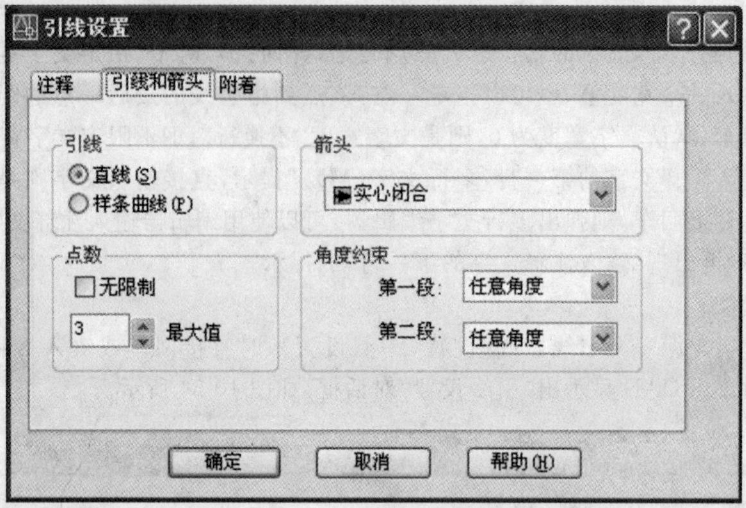

图 10-55 “引线设置”对话框(“引线和箭头”选项卡)

3)“附着”选项卡。“引线设置”对话框中的“附着”选项卡用于设置引线和文字注释的位置关系,如图 10-56 所示。

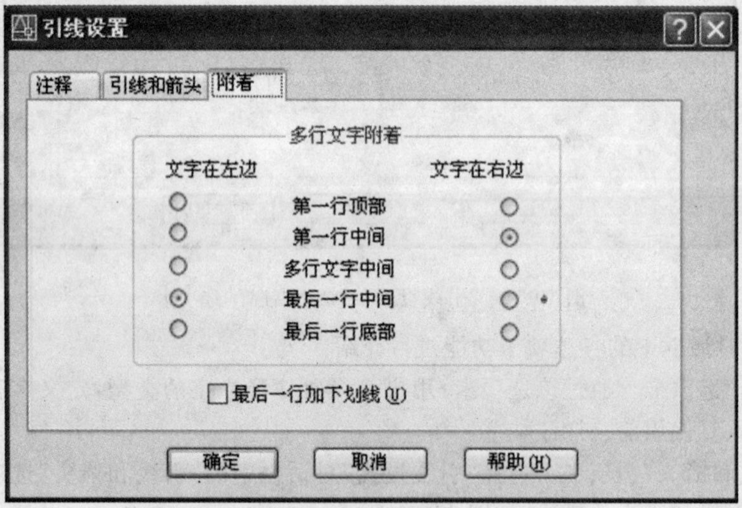

图 10-56 “引线设置”对话框(“附着”选项卡)

10. 形位公差标注

形位公差反映了零件的各部分的几何形状和相对位置与其理想形状和相对位置的变动量,如果零件有要求,也必须注出。

如果形位公差的标注不包括指引线,命令的输入方式如下:

下拉菜单:标注/公差

单击标注工具栏图标:

命令:TOLERANCE↙

命令的输入后,显示形位公差对话框,如图 10-57 所示。

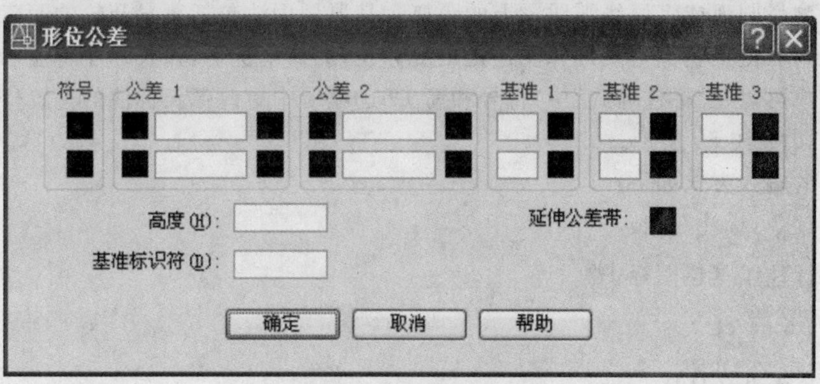

图 10-57　形位公差对话框

该对话框实际上是一个放大了的形位公差框,包含了一个形位公差的全部组成。其使用方法如下:在"符号"栏选择形位公差符号,单击黑框,AutoCAD 显示出特征符号选择对话框,如图 10-58 所示。在其中选择一个符号或点取其中的空白框可关闭此对话框。

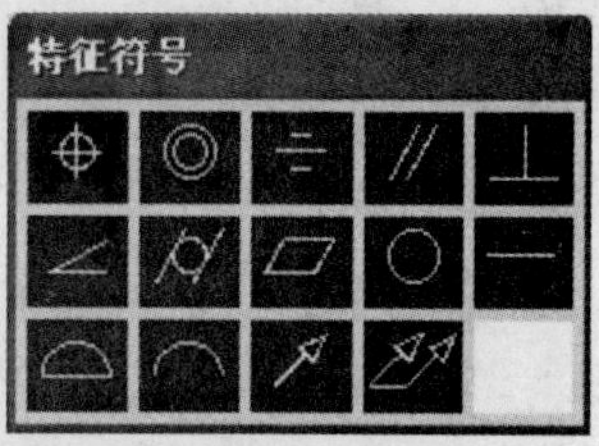

图 10-58　形位公差符号选择对话框

在"公差 1"栏输入公差值。单击左边黑框加入直径公差带符号。如果需要,单击右边黑框给公差添加有关符号,弹出"包容条件"对话框,选择一个符号或点取其中的空白框可关闭此对话框。对"公差 2"栏同样操作。

在"基准 1"、"基准 2"或"基准 3"框中,键入位置公差基准字母,若需要的话单击右边黑框加上基准有关符号。

"高度"、"投影公差带"、"基准标识符"在我国公差标准中不用。

11. 坐标标注

坐标标注是基于原点(称作基准点),标注图形当中任意点的 X 或 Y 坐标值,即所有标注都是相对于一个基准点而言,因而也称为数值标注。

12. 圆心标记和中心线

用户可以使用圆心标记命令来指明圆或圆弧的中心位置,或给圆或圆弧绘制圆心标记和中心线。

13. 快速标注

所谓快速标注是指,只要进行连续简单的选择对象,就可自动地给多个对象一次性进行尺寸标注。快速标注是一个交互式、动态、自动化的尺寸标注生成器,通过命令的选项或快捷菜单可选择连续、基线、坐标和包容等标注方式。

14. 弧长标注

用于测量圆弧或多段线弧线段上的距离。其典型用法包括测量凸轮的距离或表示电缆的长度。为区别它们是线性标注还是角度标注，默认情况下，弧长标注将显示一个圆弧符号。用户可以在“标注样式”中“符号和箭头”选项卡中更改弧长标注的位置样式。弧长标注示例如图 10-59 所示。

命令的输入方式如下：

下拉菜单：标注/弧长

单击标注工具栏图标：

命令：dimarc↙

15. 折弯半径标注

当圆弧或圆的中心位于布局外并且无法显示在其实际位置时，使用者可以创建折弯半径标注，也称为“缩略的半径标注”。可以在更方便的位置指定标注的原点。用户可以在“标注样式”中“符号和箭头”选项卡中控制折弯的默认角度。折弯半径标注示例如图 10-59 所示。

命令的输入方式如下：

下拉菜单：标注/折弯

单击标注工具栏图标：

命令：dimjogged↙

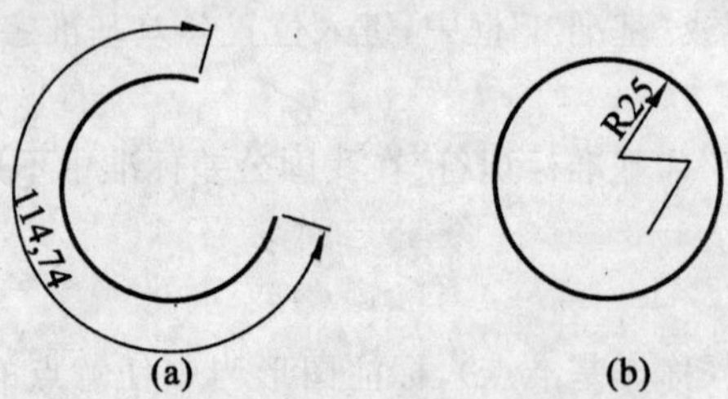

图 10-59　弧长和折弯尺寸标注示例

10.7.2　尺寸标注样式的设置

1. 标注样式管理器

实际标注尺寸时，应该首先设置尺寸标注样式。标注样式指使用什么样的标注文字字体、文字位置、文字高度、箭头样式和大小、尺寸界线的偏移距离以及超出尺寸线的延伸量，是否有尺寸公差等尺寸标注的特性。用户通过“标注样式管理器”对话框来设置和管理标注样式，AutoCAD 中默认的尺寸标注样式是 ISO－25。一般来说，一张图样应该设置几种标注样式。

打开"标注样式管理器"的方法是:

下拉菜单:格式/标注样式

单击标注工具栏图标:

命令:DIMSTYLE↙

"标注样式管理器"对话框如图 10-60 所示,它用于预览和编辑标注的各项特性。在对话框中包含样示预览窗口,对标注样式作出的更改可以实时快捷地通过"预览"窗口反映出来,方便了用户的操作。除此之外,使用"标注样式管理器"可以创建新标注样式、修改已存在的标注样式、替代某一标注样式、比较不同的标注样式、重新命名标注样式及删除标注样式等。

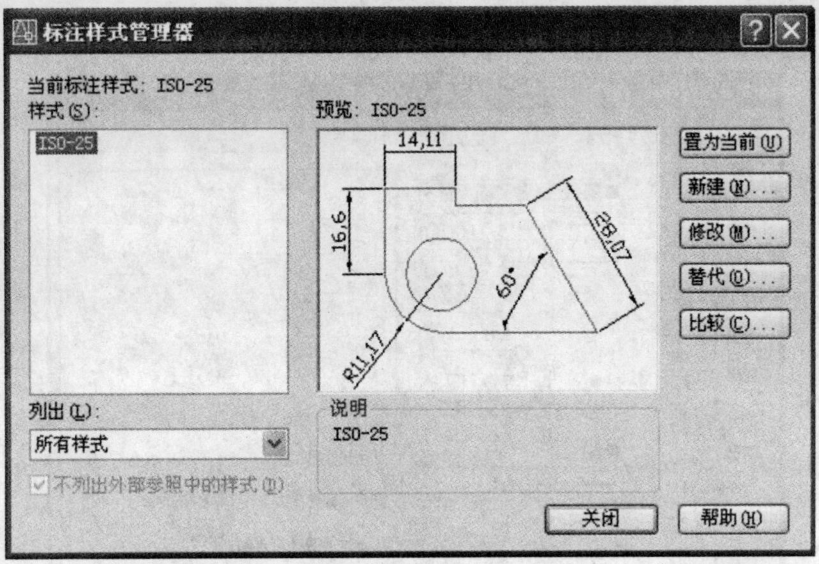

图 10-60　"标注样式管理器"对话框

下面具体介绍"标注样式管理器"。

(1)当前标注样式:显示当前正在使用的标注样式。

(2)"样式"列表框:在"样式"列表框中显示所有的样式名称,醒目显示的是当前标注样式。若要改变当前样式,可用鼠标左键单击另外一种样式,再单击"置为当前"按钮。

把光标移动到一个样式名上,单击鼠标右键,弹出快捷菜单,用鼠标左键单击其中的一项,可以实现标注样式的"置为当前"、"重命名"或"删除"。

(3)"列出"下拉列表:在该下拉列表中确定在"样式"列表框显示的样式种类,默认是显示"所有样式",还有一种显示方式是"正在使用的样式"。

(4)"不列出外部参照中的样式":该复选框控制是否在"样式"列表框中显示外部引用当中的标注样式。

(5)"置为当前"按钮:单击该按钮将选中的样式作为当前使用的标注样式。

(6)"新键"按钮:单击该按钮,弹出"创建新标注样式"对话框,如图 10-61 所示,可新建一种标注样式。可在“新样式名”文字框中输入新样式的名称，默认的样式名是在当前标注样式的基础上创建新样式的副本。

注意：为方便应用，新建的标注样式名最好还是输入有一定意义的名字。

在“基础样式”下拉列表中选择以哪个样式为基础创建新样式。

在“用于”下拉列表中选择新建样式应用于哪种标注类型，默认的是应用于所有尺寸标注。

做完以上操作后，单击“继续”按钮弹出如图 10-62 所示，可进行样式的各种特性设置。

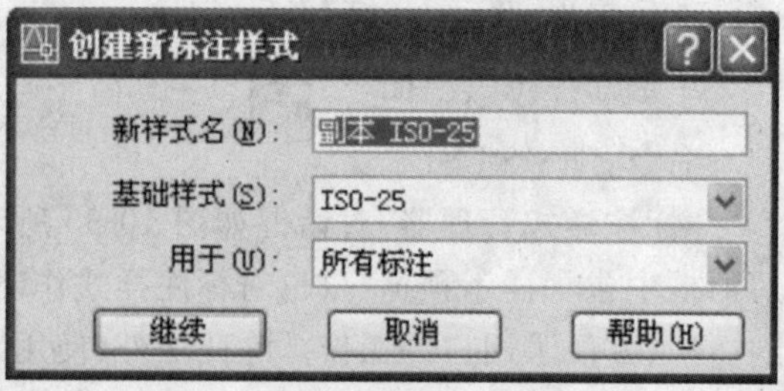

图 10-61 “创建新标注样式”对话框

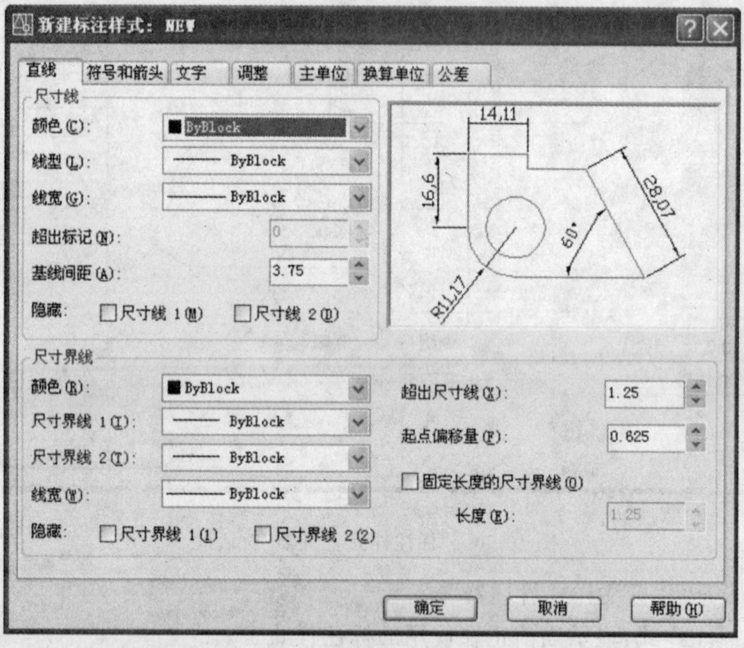

图 10-62 “新建标注样式”对话框

(7)“修改”按钮：选择该按钮将显示“修改标注样式”对话框，对选中的标注样式进行修改。

(8)“替代”按钮：选择该按钮弹出“替代当前样式”对话框，创建临时的标注样式，用来临时替代当前尺寸标注样式中的相应设置，而不会改动当前所选样式中的设置。

(9)“比较”按钮：选择该按钮，显示“比较标注样式”对话框，可以比较两个已存在的标注样式的特性参数的不同，或查看一个样式的特性。

2.“新建标注样式”对话框

“新建标注样式”对话框、“修改标注样式”对话框、“替代标注样式”对话框分别是由单击“标注样式管理器”中的“新建”按钮、“修改”按钮、“替代”按钮得到。虽然是三个对话框，但它们除了标题不同外，其余完全一样。因此，下面以“新建标注样式”对话框为例说明对话框的操作。

“新建标注样式”对话框(见图 10-62)包含有 6 个选项卡：直线和箭头、文字、调整、主单位、换算单位和公差。用户可以通过这 6 个选项卡来设置标注样式的特性。

(1)“直线和箭头”选项卡：用户可以通过“直线和箭头”选项卡来设置尺寸线、尺寸界线、箭头以及圆心标记的格式和位置等特征，如图 10-62 所示。

(2)“文字”选项卡：通过“文字”选项卡(见图 10-63)来设置尺寸标注文字格式、放置以及对齐方式等特性。

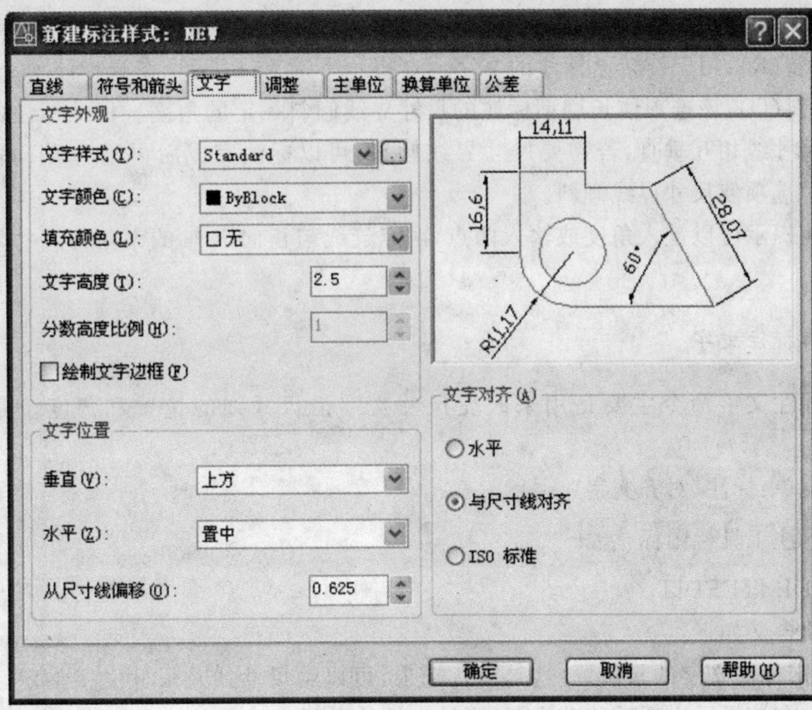

图 10-63　“新建标注样式”对话框“文字”选项卡

(3)其他选项卡：“调整”选项卡控制尺寸标注文字、箭头以及尺寸线放置；“主单位”选项卡设置尺寸标注单位的精度和格式，并可给标注文字设置前缀和后缀；“换算单位”选项卡，AutoCAD 可以对图形标注两种单位(例如既标注毫米，又标注英寸)，这通过“换算单位”选项卡来设置；“公差”选项卡控制尺寸标注文字公差的显示和格式。

10.7.3　尺寸的编辑和修改

已经标注的尺寸的文字位置、内容、标注样式、尺寸公差等都可以编辑和修改。

1. 编辑标注

编辑标注命令用于修改尺寸文字，恢复尺寸文字的定义位置，改变尺寸文字的旋转角度及使尺寸界线倾斜。

命令的输入方式：

下拉菜单：标注/倾斜

单击标注工具栏图标：

命令：DIMEDIT↙

各项说明如下：

(1)默认(H)：这是默认选项。如果已经改变了文字的位置，使用该选项将尺寸文字移回到标注样定义的默认位置。

(2)新建(N)：该项可以用新的尺寸文字替代已标注的尺寸文字。选择该选项后，AutoCAD显示“多行文字编辑器”，输入新的文字后选择“确定”按钮关闭编辑器。

(3)旋转(R)：用于旋转已标注的文字。在提示下键入“R”后回车选择该项。

(4)倾斜(O)：该选项使长度型标注的尺寸界线倾斜一定的角度。尺寸标注的尺寸界线通常与尺寸线相互垂直，若需要尺寸界线倾斜，可以标注完成后再用DIMEDITDE命令的“倾斜”选项使尺寸界线倾斜。

若对该提示可以键入角度或输入两点，两点连线与正向X轴的夹角为尺寸界线的倾斜角度。

2. 编辑标注文字

编辑标注文字命令主要是用来改变尺寸文字沿尺寸线的位置和角度。命令输入方式：

下拉菜单：标注/对齐文字

单击标注工具栏图标：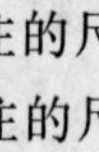

命令：DIMTEEDIT↙

各选项含义如下：

(1)指定标注文字的新位置：这是默认选项，可以给尺寸线及尺寸文字指定一个新的放置位置。在该提示出现后移动光标，可动态地拖动尺寸线及尺寸文字到一个新的位置。

(2)左(L)：将已经标注的尺寸文字沿尺寸线靠近左边一条尺寸界线对齐。

(3)右(R)：将已经标注的尺寸文字沿尺寸线靠近右边一条尺寸界线对齐。

(4)中心(C)：将尺寸文字沿尺寸线居中放置。

(5)默认(H)：该选项是将尺寸文字移回到标注样式定义的默认位置。

(6)角度(A)：这是旋转已经标注的尺寸文字的角度，含义同DIMEDIT中的“旋转(R)”选项。

3. 标注更新

该命令用于修改某种标注样式、列出尺寸变量等。

命令输入方式：

下拉菜单：标注/更新

单击标注工具栏图标：

命令:DIMSTYLE↙

10.8　块及其属性

在 AutoCAD 中,为了方便用户对某些特定对象集合进行操作,可以将这些对象定义成一个块来操作。一旦将一个块插入,AutoCAD 将把块作为一个单一的对象来处理,用户单击块上的任何一个地方,整个块被选中,并呈现高亮显示。用户可以用删除、复制、拷贝、移动以及镜像等命令对块进行操作。另外还可以在块中再嵌套块,使作图更加方便。

块的基本操作有:块的定义,将一个已有的块插入到图形中,将一个定义的块存储起来以及块的嵌套等。

10.8.1　块的定义

在块应用之前必须先定义块。块可以包含一个或多个对象。要定义块,组成块的对象在屏幕上必须是可见的,即进行块定义的对象必须已经被画出。

块定义的命令输入方式:

下拉菜单:绘图/块/创建

单击绘图工具栏图标:

命令:BLOCK↙

命令输入后,屏幕弹出如图 10-64 所示的"块定义"对话框。

下面对"块定义"对话框进行说明。

1."名称"下拉列表

在此输入一个块名来定义新的块。单击其右侧的"▼ ",可列出当前主图形中所有块名。

2."基点"栏

基点即块插入时的基准点,它也是块在插入过程中旋转或缩放的基点。

用户可在屏幕上指定插入点,或在对话框中的"X:"、"Y:"、"Z:"编辑框中输入插入点的 X、Y 和 Z 坐标值。如要在屏幕上指定插入点,可单击该区域中的"拾取点"按钮,AutoCAD 将暂时关闭对话框并提示:

指定插入点:

在指定了基点后,又重新显示"块定义"对话框。

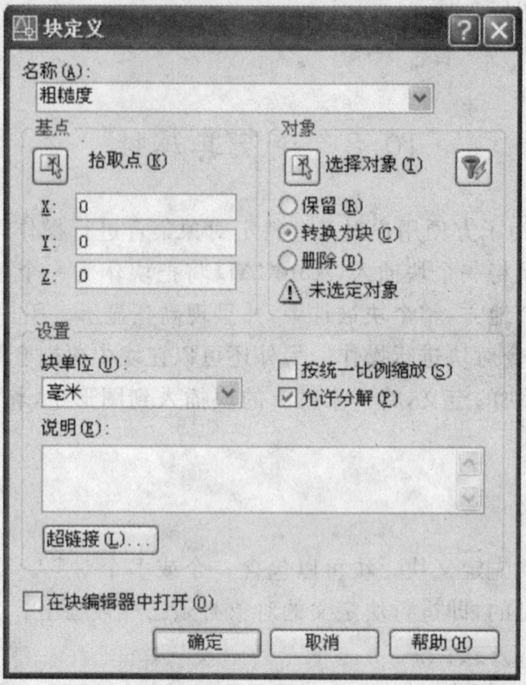

图 10-64 “块定义”对话框

3.“对象”栏

(1)“选择对象”按钮:单击此按钮后,将暂时关闭对话框,AutoCAD 提示选择要定义为块的对象:

选择对象:(用选择对象的方式选择要定义为块的对象,回车结束选择)

对象选择完成后,回到“块定义”对话框。

(2)“快速选择”按钮:单击此按钮后,AutoCAD 将显示出“快速选择”对话框并通过该对话框来构造一个选择集。

(3)“保留”单选按钮:选中此选项后,AutoCAD 在完成块定义后,仍在图形中保留构成块的对象(不是块)。

(4)“转换为块”单选按钮:选中此选项,在完成块定义后,AutoCAD 将把原构成块的对象作成图形中的一个块,且仍保留在图形中。

(5)“删除”单选按钮:选中此选项,在完成块定义后,AutoCAD 将把原构成块的对象从图形中删除。

4.“预览图标”栏

在“预览图标”栏,可确定是否将一个预览图标保存在块定义中。

5.“插入单位”下拉列表

在该下拉列表中,可以指定从 AutoCAD 设计中心把一个块插入到当前主图形中时,该块缩放的单位。

6.“说明”编辑区

在该编辑区中,可以键入与块定义相关的描述信息。

完成所有的设置后,单击“确定”按钮将关闭对话框,块定义的操作完成。

如果新的块名与已有的块名重名,则 AutoCAD 将显示警告对话框。

10.8.2　块的插入

块定义的目的是为了应用,使用 INSERT 命令可以将先前定义好的图块插入到当前主图形中。插入块操作就是将已定义的块按照用户指定的位置、图形比例和旋转角度插入到图中。

命令的输入方式:

下拉菜单:插入/块

单击绘图工具栏图标:

命令:INSERT↙

命令输入后,屏幕弹出如图 10-65 所示的“块插入”对话框。

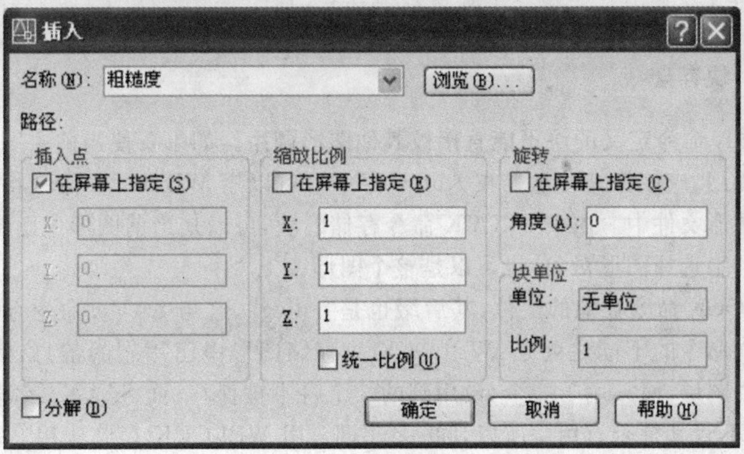

图 10-65　“块插入”对话框

块插入的简单过程:

确定要插入的块或图形文件;指定插入点;确定插入块的缩放比例;确定插入块的旋转角度,单击“确定”按钮完成块插入。

下面对“插入”对话框进行说明。

(1)“名称”下拉列表:在“名称”下拉列表中,用户可以指定要插入的块的名称或要作为块而插入的图形文件的名称。

(2)“浏览”按钮:如果插入的不是当前图形中的块,而是图形文件,则要单击该按钮,打开“选择图形文件”对话框,从中选择文件。而后文件的路径显示在“名称”下拉列表的“路径:”后边。

(3)“插入点”栏:该栏用于指定块插入的基点。可以在“X:”、“Y:”和“Z:”编辑框中,输入插入点的 X、Y 和 Z 坐标值,从而确定插入点。

也可以选中“在屏幕上指定”复选框,这时是用鼠标直接在图形区域中拾取一点作为插入点。选择了此复选框后,就不能再用指定坐标值的方法来确定插入点。

(4)“缩放比例”栏:该栏用于确定块插入时的缩放比例。

(5)“旋转”栏:该栏用于确定块插入时的块旋转角度。可以在“角度”文字框输入一个正或负的角度值。也可以选中“在屏幕上指定”复选框,用光标在屏幕上指定旋转角度。0°角的方向为当前 UCS 的 X 轴方向。

(6)“分解”复选框:“分解”复选框用于将构成的对象分解开,而不是作为一个整体来插入。选择了该复选框后,用户只能指定 X 方向的比例系数(也是全局比例系数)。

图 10-66 所示为块插入示例。

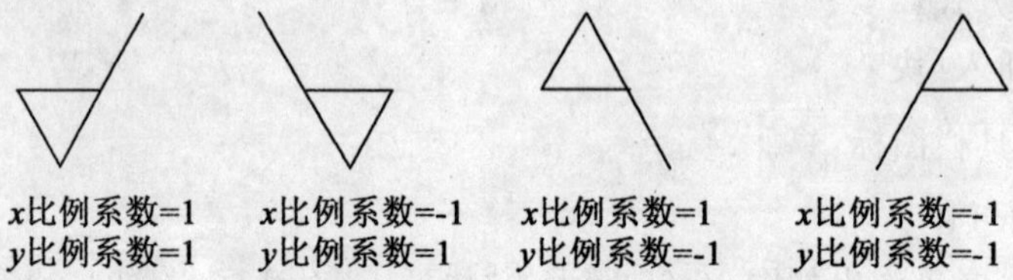

图 10-66 块插入示例

10.8.3 块存盘

用 BLOCK 命令定义的块不能直接被其他图形调用。如果要使当前主图形中定义的块能被图形调用,应该将其存盘。在 AutoCAD 中,可以用 WBLOCK 命令将对象或图形保存到一个图形文件中。用 WBLOCK 命令存储的块,可以是当前图形中已定义的块,也可在当前图形中选择图形对象,也可以是整个图形。

用 WBLOCK 命令存储的文件,其后缀也是“.dwg”,这与 SAVE 命令存储的文件格式相同。两个命令的不同之处是:WBLOCK 只存储图形中已用到的信息,例如,一个图形建立了 6 个图层,而只用了 3 个,没用到的 3 个将不被保存;而 SAVE 命令则存储图形中所有信息,不管其是否有用。所以,同一个图形,用 WBLOCK 存储比用 SAVE 存储文件容量要小。

命令的输入方式:

命令:WBLOCK↙

命令输入后,AutoCAD 将显示如图 10-67 所示的“写块”对话框。下面进行说明:

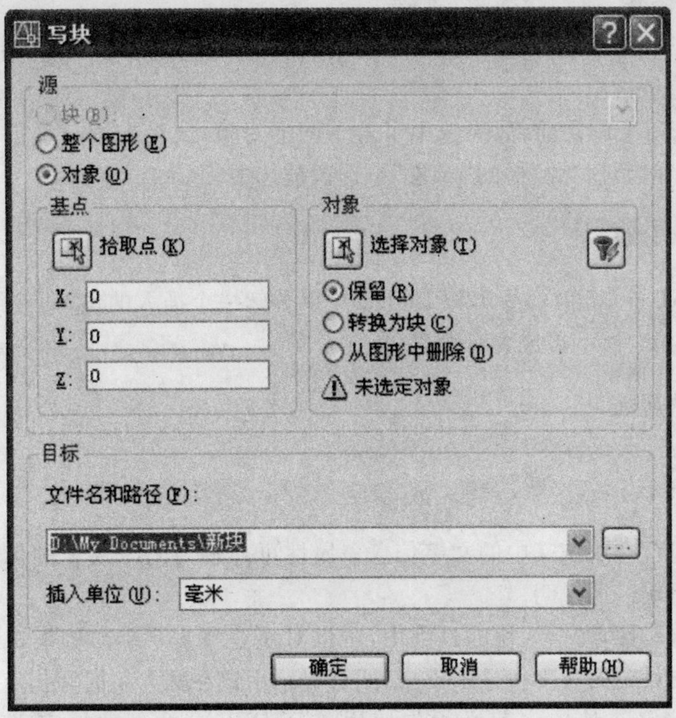

图 10-67 “写块”对话框

1.“源”栏

在该栏中,用户可以指定要存盘的对象或图块以及插入点。其选项的功能如下:

(1)“块”单选按钮:选中该按钮是把当前主图形中已定义的块保存到磁盘文件中。可从右边的下拉列表中选择一个图块名,这时“基点”和“对象”栏都不可用。

(2)“整个图形”单选按钮:选中该按钮是把整个当前主图形作为一个图块存盘。这时“块”右边的下拉列表和“基点”和“对象”栏都不可用。

(3)“对象”单选按钮:从当前主图形中选择图形对象定义成块,并将其保存到磁盘文件中。这时“块”右边的下拉列表不可用,而“基点”和“对象”栏都可用,定义块的过程与 BLOCK 命令一样,不在重述。

2.“目标”栏

该栏是用于指定输出的文件的名称、位置及文件的单位。

(1)“文件名”编辑框:指定对象或块要存盘的文件的名称。

(2)“位置”下拉列表:从该下拉列表中指定文件保存的路径。单击其右侧的“…”按钮,可从中选择另外的文件保存路径。

(3)“插入单位”下拉列表:指定块插入时的单位。

在必要的设置完成后,单击“确定”按钮,即在磁盘上存储了一个图形块。

以上是先输入命令,后确定块图形。实际上,用 WBLOCK 命令存储图块,也可以先

选图形,后输入命令:

在输入 WBLOCK 之前,如果选中了一个图块,命令输入后显示的"写块"对话框"源"栏的"块"单选框被选中。

在输入 WBLOCK 之前,如果选中了若干图形对象,或没有进行任何选择,命令输入后显示的"写块"对话框"源"栏的"对象"单选框被选中。

10.8.4 块分解

在 AutoCAD 中,分解命令 EXPLODE 可以分解一个插入的块,即使组成块的各个对象成为独立的对象,而不再成为一个整体。

10.8.5 块属性

1. 块属性概念

块属性是包含在块定义中的文字信息。属性可理解为附于块上的标签,用来描述块的某些特征或对块进行说明。

如果块带有属性,在插入块的过程中,可以对块注释文字串。依据定义属性的方式,可以自动地预先设定的文字串显示出来,或者提示用户在插入块时写出字符串。

属性在被定义进块内之前必须先使用 ATTDEF 命令创建性定义。而后,在使用 BLOCK 命令创建块时,将其作为块定义中的定义来选择,则块就具有了属性。如果块中已包含属性定义,只要插入块,AutoCAD 就会提示为属性指定文字串。以后这个块的每个引用都可以为属性指定不同的文字串。如果要使一个块同时有几个属性,需分别创建每个属性定义,然后将它们包含在同一个块中。

2. 属性定义命令

使用 ATTDEF 命令创建属性定义,属性定义描述了属性的特性,包括标记、提示、值的信息、文字格式、位置以及可选模式。

命令输入方式:

下拉菜单:绘图/块/定义属性

命令:ATTDEF(或_ ATTDEF)↙

命令输入后,屏幕弹出如图 10-68 所示的"属性定义"对话框。

对话框的各项说明如下。

(1)"模式"栏:在对话框的"模式"栏可选择一个或多个模式。

(2)"属性"栏:"属性"栏用于设置属性数据,在编辑中输入属性的标签、提示、和默认值。

(3)"文字选项"栏:"文字选项"栏用于设置属性文字的对正、样式、高度和旋转。

(4)"在上一个属性定义下对齐"复选框:此复选框用于在前面所定义的属性下面直接放置属性标记。若没有预先定义一个属性,那么这个属性不可用。

设置好各个选项后,单击"确定"按钮,关闭"属性定义"对话框,此时属性标记就出现

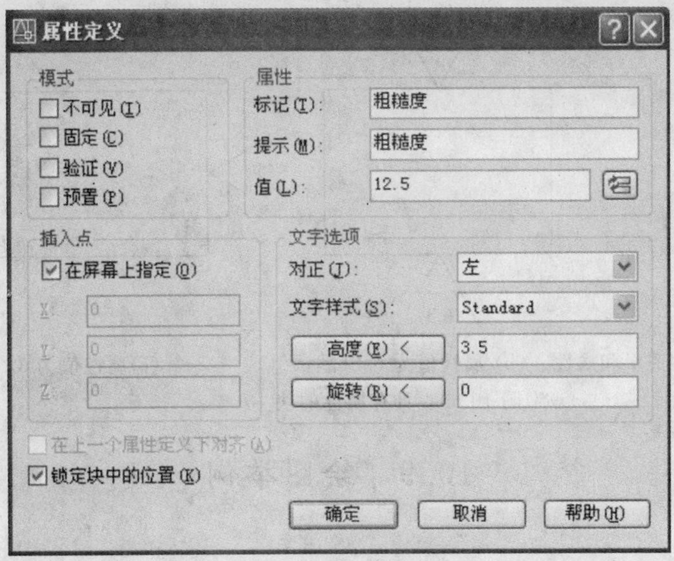

图 10-68　“属性定义”对话框

在图形中。重复有关过程可以定义属性。

3. 创建一个具有属性的块

如图 10-69 所示,创建具有属性的粗糙度块的步骤如下:

(1)用直线命令 LINE 命令画图形部分。

(2)用属性定义命令创建属性“粗糙度”。如图 10-68 所示,在“属性定义”对话框中输入属性标记“粗糙度”,输入属性提示:“粗糙度”输入属性默认值为“6.3”,选择文字的对正方式为“左”,文字样式为“样式 1”,文字高度为“3.5”;单击“拾取点”按钮,在图形中指定属性的插入点。单击“确定”按钮,属性创建完成。

(3)用 BLOCK 命令创建具有属性的块。在“块定义”对话框中,输入块名称“粗糙度”,单击“拾取点”按钮,在图形中指定块的插入点。单击“选择对象”按钮,在屏幕上把图形和属性都选中。单击“确定”按钮,名称为“粗糙度”、具有属性“粗糙度”的块创建完成。

4. 插入一个带有属性的块

插入一个带有属性的块与插入一个一般的块的方法是一样的。如果块中包含非固定值的属性,那么在插入块时,命令行将提示为每一个属性输入一个值。

如果块中有多个非固定值的属性,则在插入块时有多个要求输入属性值的提示。

若将系统变量 ATTDLA 的值设定为 1,则在命令行不在出现属性输入值的提示,而是在屏幕上出现“输入属性”对话框,用户在对话框中输入属性值。

插入后的块如图 10-69(b)(c)所示。

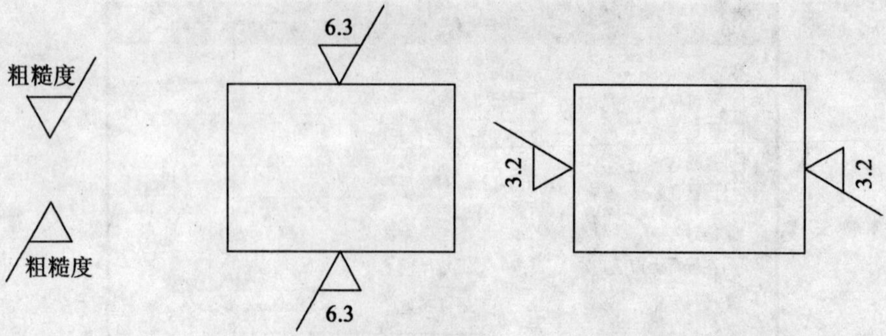

(a) 块的图形和属性　(b) 属性值为 6.3(默认值)　　(c)属性值为 3.2

图 10-69　具有属性的块

10.9　绘图举例

10.9.1　设置图层、字体,并绘制 A3、A4 图幅及标题栏

1. 设置图层

(1) 粗实线:白色,线宽 0.4mm。
(2) 中心线:红色,线宽 0.15mm。
(3) 细实线:绿色,线宽 0.15mm。
(4) 虚线:黄色,线宽 0.15mm。
(5) 剖面线:青色,线宽 0.15mm。
(6) 文字:紫色,线宽 0.25mm。
(7) 尺寸:蓝色,线宽 0.15mm。
线型按机械制图国家标准。

2. 文字设置

(1)汉字:代号—H ,字体—仿宋体,宽高比:0.7,字高—0。
(2)数字和字母:代号—S,字体—ISOCP,宽高比—0.7,字高—0。

3. 按以上设置绘制 A3、A4 图幅及标题栏:

具体要求参见表 1-1 图纸幅面、图 1-2 需要装订图样的图框格式、图 1-3 简化标题栏。

10.9.2　绘制平面图形

调用按上述设置绘制的 A4 图幅,绘制如图 10-70 所示图形。

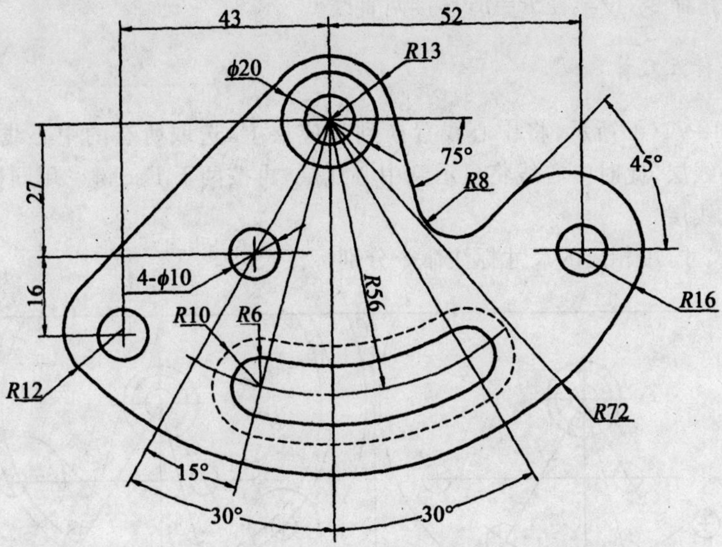

图 10-70　平面图形示例

1. 画已知线段

(1)如图 10-71(a)所示，用直线命令画定位线，画斜线时可设追踪角度为 15。

(2)用圆命令画圆。利用对象捕捉模式确定圆心，以保证 $\phi10$、$\phi20$、$R13$、$R72$。

(3) 用复制命令复制 $\phi10$ 圆，以圆心为基点，以交点为目标点。

(4) 用圆命令画 $R6$ 圆，并用剪切命令修剪至图示样。

2. 画中间线段

(1)如图 10-71(b)所示，用圆命令，以 $\phi20$ 圆的圆心为圆心，$R72-R12=R60$、$R72-R16=R56$ 为半径，作两辅助圆分别与 $\phi10$ 中心线相交，从而得到 $R12$、$R16$ 两圆弧圆心。

(2)用圆命令分别画 $R12$、$R16$ 圆。

(3) 用直线命令画 75°切线，起点用对象捕捉切点捕捉 $R13$ 圆切点，终点输入 @33<-75。

(4) 用直线命令画 45°切线，起点用对象捕捉切点捕捉 $R16$ 圆切点，终点输入 @33<-135。

3. 画连接线段

(1) 如图 10-71(c)所示，用擦除命令擦除辅助圆。

(2) 用直线命令画 $R13$ 与 $R12$ 圆的公切线，起点及终点均用捕捉切点。

(3) 用圆弧命令画两 $R6$ 半圆之间圆弧，用起点(S)、圆心(C)、终点(E)方式作图，应按逆时针方向选取起点、终点。

(4)用偏移命令，设偏移 4，分别选取 4 段圆弧向外复制。

(5) 用圆角命令，设半径 $R=8$，连接两直线。

4. 整理并标注尺寸

(1)如图 10-71(d)所示，将中心线置换到相应层上，选取所有的中心线，在图层下拉列表中选中心线层，此时中心线将显示到中心线层，再按两下 Esc 键。用同样的方法将细虚线置换到虚线层。

(2)标注尺寸，用相应的尺寸标注命令分别标注尺寸。

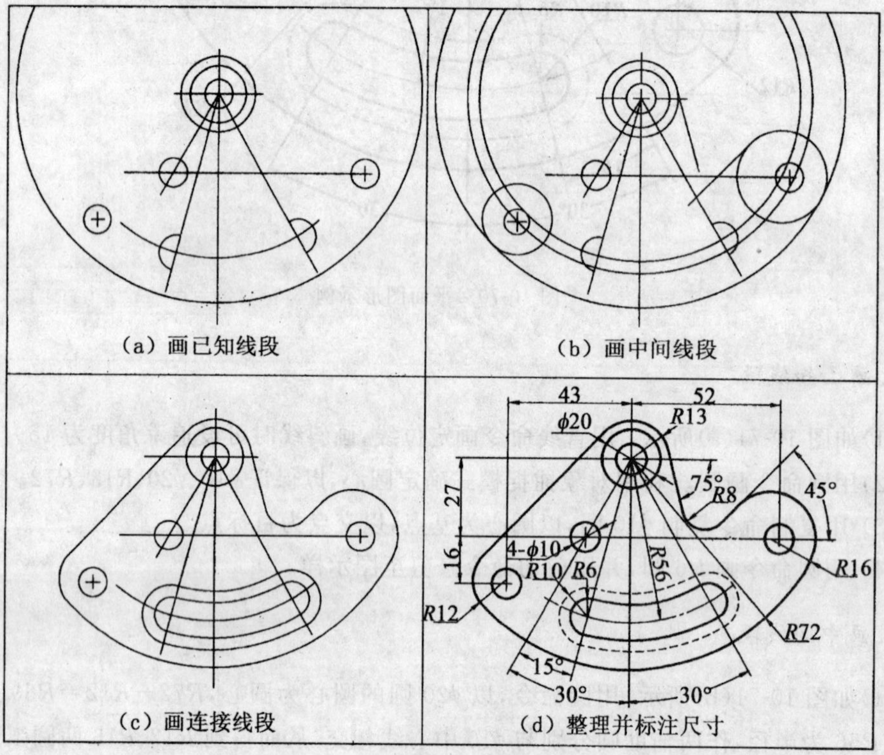

图 10-71　绘制平面图形的步骤

10.9.3　绘制轴的零件图

调用按上述设置绘制的 A3 图幅，绘制如图 10-72 所示的顶杆零件图。

(1)利用绘图工具栏上的各种命令(如直线、圆、圆弧、矩形等)绘制基本图形；同时可利用修改工具栏上的各种命令(如删除、移动、复制、镜像、偏移等)对图形进行修改，画出完整的零件轮廓图，如图 10-73 所示。

(2)利用绘图工具栏上的图案填充命令对图中的剖视部分进行填充，如图 10-74 所示。

(3)利用标注工具栏的各种命令和绘图工具栏上的文字命令标注零件的基本尺寸、形位公差以及文字注释。对于表面粗糙度，可先定义图块和属性，然后进行标注，如图 10-72 所示。

(4)填写标题栏,保存图形或打印输出,如图 10-72 所示。

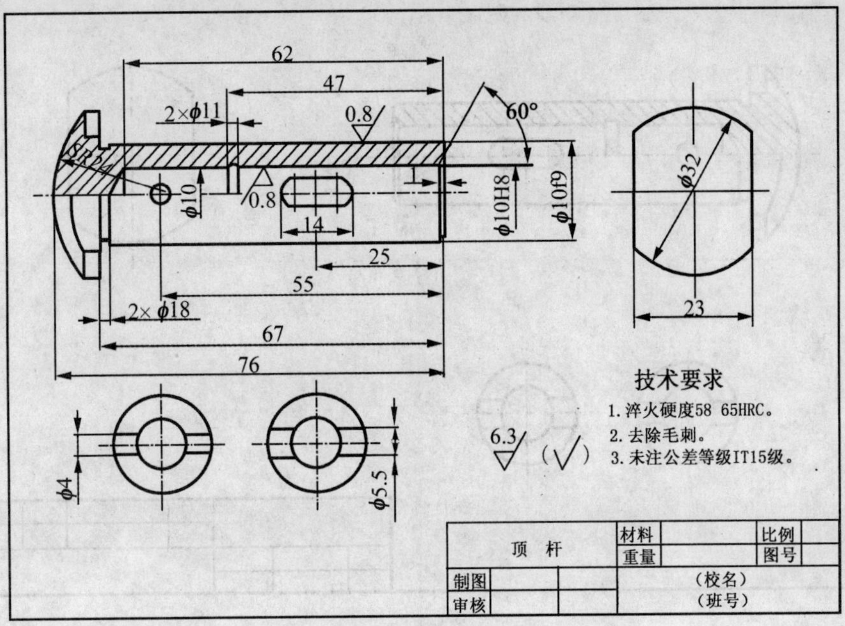

图 10-72　顶杆的零件图

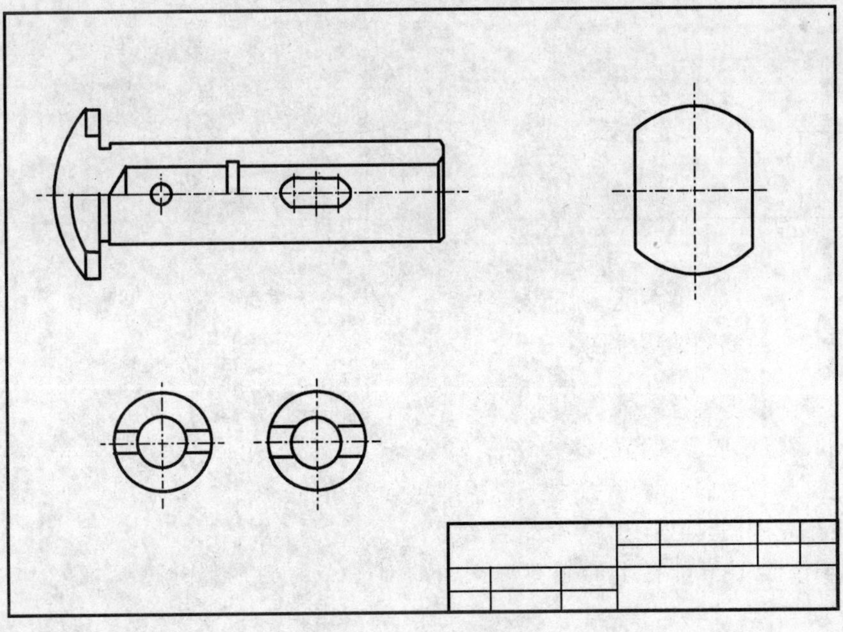

图 10-73　顶杆轮廓图

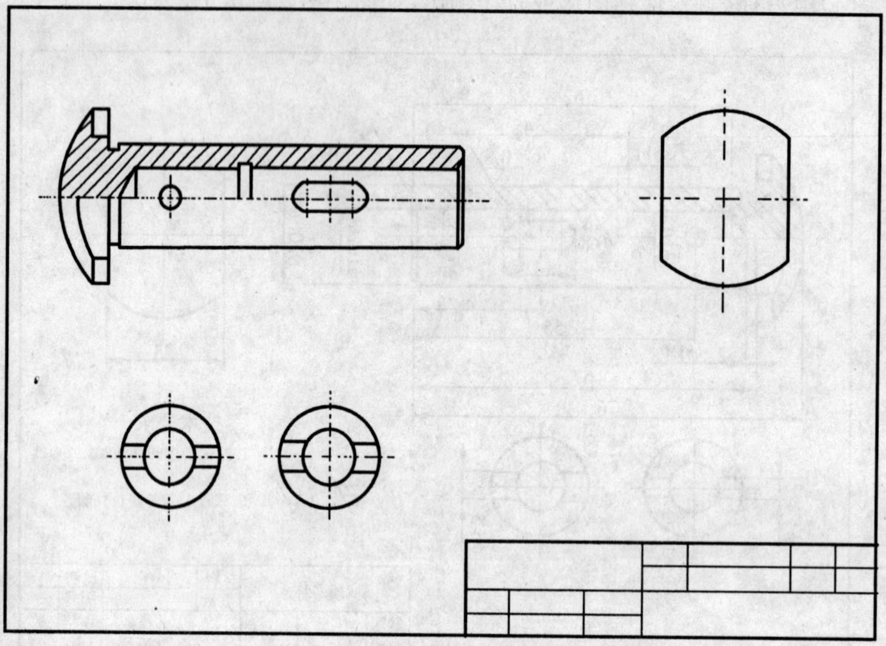

图 10-74　对剖视部分进行图案填充

附 录

附录1 螺 纹

附表 1-1　　普通螺纹直径与螺距（GB/T193-2003，GB/T196-2003）

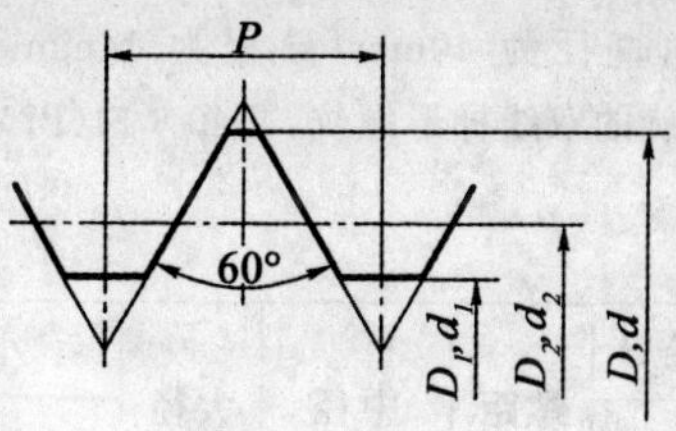

标记示例

公称 24mm，螺距为 3mm 的粗牙右旋普通螺纹：M24

公称直径 24mm，螺距为 1.5mm 的细牙左旋普通螺纹：M24×1.5LH

mm

公称直径 D、d		螺距 P		粗牙小径 D_1、d_1	公称直径 D、d		螺距 P		粗牙小径 D_1、d_1
第一系列	第二系列	粗牙	细牙		第一系列	第二系列	粗牙	细牙	
3		0.5	0.35	2.459		22	2.5	2、1.5、1、(0.75)、(0.5)	19.294
	3.5	(0.6)		2.850	24		3	2、1.5、1、(0.75)	20.752
4		0.7	0.5	3.242		27	3	2、1.5、1、(0.75)	23.751
	4.5	(0.75)		3.688	30		3.5	(3)、2、1.5、1、(0.75)	26.211
5		0.8		4.134					
6		1	0.75、(0.5)	4.917		33	3.5	(3)、2、1.5、(1)、(0.75)	29.211

续表

8		1.25	1、0.75、(0.5)	6.647	36		4	3、2、1.5、(1)	31.670
10		1.5	1.25、1、0.75、(0.5)	8.376		39	4		34.670
12		1.75	1.5、1.25、1、(0.75)、(0.5)	10.106	42		4.5	(4)、3、2、1.5、(1)	37.129
	14	2	1.5、(1.25)、1、(0.75)、(0.50)	11.835		45	4.5		40.129
16		2	1.5、1、(0.75)、(0.50)	13.835	48		5		42.587
	18	2.5	2、1.5、1、(0.75)、(0.5)	15.294		52	5		46.587
20		2.5		17.294	56		5.5	4、3、2、1.5、(1)	50.046

注:1. 优先选用第一系列,括号内尺寸尽可能不用。第三系列未列入。

2. M14×1.25 仅用于火花塞;M35×1.5 仅用于滚动轴承锁紧螺母。

附表 1-2　　梯形螺纹直径与螺距(GB/T 5796.1-5796.4-1986)

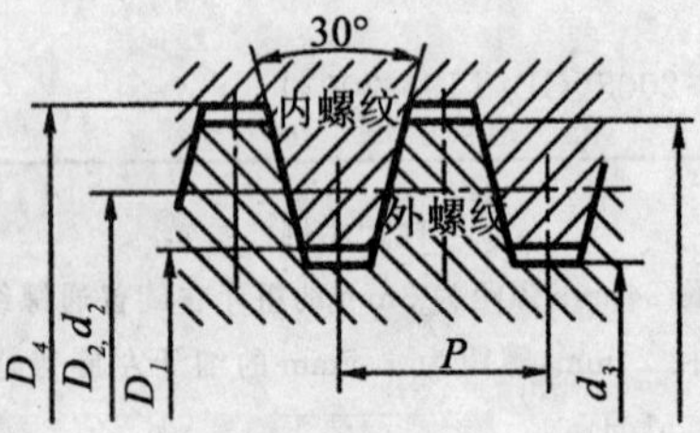

标记示例

公称直径为 40mm,螺距为 7mm,右旋的单线梯形螺纹:Tr40×7

公称直径为 40mm,导程为 14mm,螺距为 7mm,左旋的双线梯形螺纹:Tr40×14(P7)LH

mm

公径直径 d 第一系列	公径直径 d 第二系列	螺距 P	中径 $d_2=D_2$	大径 D_4	小径 d_3	小径 D_1	公径直径 d 第一系列	公径直径 d 第二系列	螺距 P	中径 $d_2=D_2$	大径 D_4	小径 d_3	小径 D_1
8		1.5	7.25	8.3	6.2	6.5	28		5	25.5	28.5	22.5	23
	9	2	8	9.5	6.5	7		30	6	27	31	23	24
10		2	9	10.5	7.5	8	32		6	29	33	25	26
	11	2	10	11.5	8.5	9		34	6	31	35	27	28
12		3	10.5	12.5	8.5	9	36		6	33	37	29	30
	14	3	12.5	14.5	10.5	11		38	7	34.5	39	30	31
16		4	14	16.5	11.5	12	40		7	36.5	41	32	33
	18	4	16	18.5	13.5	14		42	7	38.5	43	34	35
20		4	18	20.5	15.5	16	44		7	40.5	45	36	37
	22	5	19.5	22.5	16.5	17		46	8	42	47	37	38
24		5	21.5	24.5	18.5	19	48		8	44	49	39	40
	26	5	23.5	26.5	20.5	21		50	8	46	51	41	42

注:1. 本标准规定了一般用途梯形螺纹基本牙型,公称直径为 8～300mm(本表仅摘录 8～50mm)的直径与螺距系列以及基本尺寸。

2. 应优先选用第一系列的直径。

3. 在每一个直径所对应的诸螺距中,本表仅摘录应优先选用的螺距和相应的基本尺寸。

附表 1-3　　非螺纹密封的管螺纹（GB/T 7307-2001）

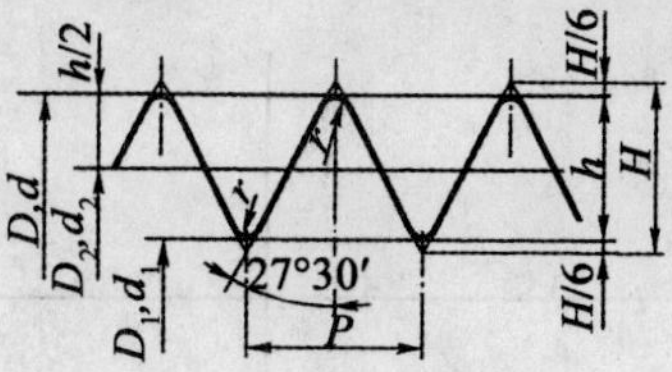

标记示例

内螺纹 G1　1/2

A 级外螺纹　G1　1/2A

B 级外螺纹　G1　1/2B

左旋　G1　1/2B-LH

$P=\frac{25.4}{n}$　　$H=0.96091P$

mm

尺寸代号	每 25.4mm 内的牙数 n	螺距 P	牙高 h	圆弧半径 r	基本直径		
					大径 $d=D$	中径 $d_2=D_2$	大径 $d_1=D_1$
1/16	28	0.907	0.581	0.125	7.723	7.142	6.561
1/8	28	0.907	0.581	0.125	9.728	9.147	8.566
1/4	19	1.337	0.856	0.184	13.157	12.301	11.445
3/8	19	1.337	0.856	0.184	16.662	15.806	14.950
1/2	14	1.814	1.162	0.249	20.955	19.793	18.631
5/8	14	1.814	1.162	0.249	22.911	21.749	20.587
3/4	14	1.814	1.162	0.249	26.441	25.279	24.117
7/8	14	1.814	1.162	0.249	30.201	29.039	27.877
1	11	2.309	1.479	0.317	33.249	31.770	30.291
1 1/8	11	2.309	1.479	0.317	37.897	36.418	34.939
1 1/4	11	2.309	1.479	0.317	41.910	40.431	38.952
1 1/2	11	2.309	1.479	0.317	47.803	46.324	44.845
1 3/4	11	2.309	1.479	0.317	53.746	52.267	50.788
2	11	2.309	1.479	0.317	59.614	58.135	56.658
2 1/4	11	2.309	1.479	0.317	65.710	64.231	62.752
2 1/2	11	2.309	1.479	0.317	75.184	73.705	72.226
2 3/4	11	2.309	1.479	0.317	81.534	80.055	78.576
3	11	2.309	1.479	0.317	87.884	86.405	84.926
3 1/2	11	2.309	1.479	0.317	100.330	98.851	97.372
4	11	2.309	1.479	0.317	113.030	111.551	110.072
4 1/2	11	2.309	1.479	0.317	125.730	124.251	122.772
5	11	2.309	1.479	0.317	138.430	136.951	135.472
5 1/2	11	2.309	1.479	0.317	151.130	149.651	148.172
6	11	2.309	1.479	0.317	163.830	162.351	160.872

附录2 常用标准件

附表 2-1 六角头螺栓

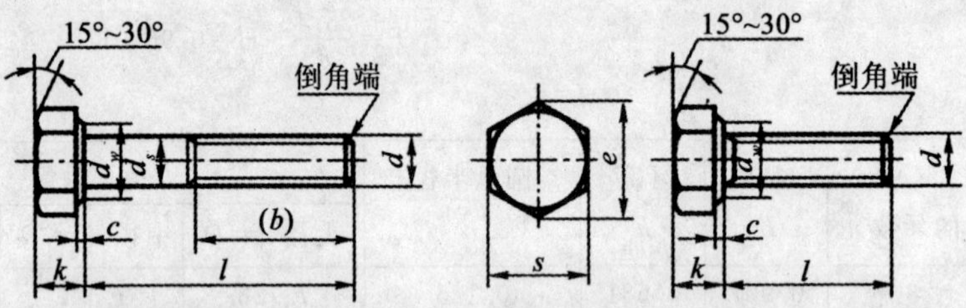

六角头螺栓——A和B级（GB/T 5782-2000）　　六角头螺栓——全螺栓——A和B级（GB/T 5783-2000）

标记示例

螺纹规格 d=M12，公称长度 l=80mm，性能等级为 8.8 级，表面氧化，A 级的六角头螺栓：

螺栓 GB/T5782-2000 M12×80

螺纹规格 d=M12，公称长度 l=80mm，性能等级为 8.8 级，表面氧化，全螺纹，A 级的六角头螺栓：

螺栓 GB/T5783-2000 M12×80

mm

<table>
<tr><th>螺纹规格</th><th>d</th><th>M4</th><th>M5</th><th>M6</th><th>M8</th><th>M10</th><th>M12</th><th>M16</th><th>M20</th><th>M24</th><th>M30</th><th>M36</th><th>M42</th><th>M48</th></tr>
<tr><td rowspan="3">b
参考</td><td>l≤125</td><td>14</td><td>16</td><td>18</td><td>22</td><td>26</td><td>30</td><td>38</td><td>46</td><td>54</td><td>66</td><td>78</td><td>—</td><td>—</td></tr>
<tr><td>125<l≤200</td><td>—</td><td>—</td><td>—</td><td>28</td><td>32</td><td>36</td><td>44</td><td>52</td><td>60</td><td>72</td><td>84</td><td>96</td><td>108</td></tr>
<tr><td>l>200</td><td>—</td><td>—</td><td>—</td><td>—</td><td>—</td><td>—</td><td>57</td><td>65</td><td>73</td><td>85</td><td>97</td><td>109</td><td>121</td></tr>
<tr><td colspan="2">c_{max}</td><td>0.4</td><td colspan="2">0.5</td><td colspan="3">0.6</td><td colspan="5">0.8</td><td colspan="2">1</td></tr>
<tr><td colspan="2">K</td><td>2.8</td><td>3.5</td><td>4</td><td>5.3</td><td>6.4</td><td>7.5</td><td>10</td><td>12.5</td><td>15</td><td>18.7</td><td>22.5</td><td>26</td><td>30</td></tr>
<tr><td colspan="2">d_{max}</td><td>4</td><td>5</td><td>6</td><td>8</td><td>10</td><td>12</td><td>16</td><td>20</td><td>24</td><td>30</td><td>36</td><td>42</td><td>48</td></tr>
<tr><td colspan="2">s_{max}</td><td>7</td><td>8</td><td>10</td><td>13</td><td>16</td><td>18</td><td>24</td><td>30</td><td>36</td><td>46</td><td>55</td><td>65</td><td>75</td></tr>
<tr><td rowspan="2">e_{min}</td><td>A</td><td>7.66</td><td>8.79</td><td>11.05</td><td>14.38</td><td>17.77</td><td>20.03</td><td>26.75</td><td>33.53</td><td>39.98</td><td>—</td><td>—</td><td>—</td><td>—</td></tr>
<tr><td>B</td><td>—</td><td>8.63</td><td>10.89</td><td>14.2</td><td>17.59</td><td>19.85</td><td>26.17</td><td>32.95</td><td>39.55</td><td>50.85</td><td>60.79</td><td>72.02</td><td>82.6</td></tr>
<tr><td rowspan="2">d_{wmin}</td><td>A</td><td>5.9</td><td>6.9</td><td>8.9</td><td>11.6</td><td>14.6</td><td>16.6</td><td>22.5</td><td>28.2</td><td>33.6</td><td>—</td><td>—</td><td>—</td><td>—</td></tr>
<tr><td>B</td><td>—</td><td>6.7</td><td>8.7</td><td>11.4</td><td>14.4</td><td>16.4</td><td>22</td><td>27.7</td><td>33.2</td><td>42.7</td><td>51.1</td><td>60.6</td><td>69.4</td></tr>
<tr><td rowspan="2">l
范围</td><td>GB 5782</td><td>25～40</td><td>25～50</td><td>30～60</td><td>35～80</td><td>40～100</td><td>45～120</td><td>55～160</td><td>65～200</td><td>80～240</td><td>90～300</td><td>110～360</td><td>130～400</td><td>140～400</td></tr>
<tr><td>GB 5783</td><td>8～40</td><td>10～50</td><td>12～60</td><td>16～80</td><td>20～100</td><td>25～100</td><td>35～100</td><td colspan="4">40～100</td><td>80～500</td><td>100～500</td></tr>
<tr><td rowspan="2">l 系列</td><td>GB 5782</td><td colspan="13">20～65(5 进位)、70～160(10 进位)、180～400(20 进位)</td></tr>
<tr><td>GB 5783</td><td colspan="13">8、10、12、16、18、20～65(5 进位)、70～160(10 进位)、180～500(20 进位)</td></tr>
</table>

注：1. P——螺距。末端按 GB/T2-1985 规定。

2. 螺纹公差：6g；力学性能等级：8.8。

3. 产品等级：A 级用于 d≤24 和 l≤10d 或者≤150mm(按较小值)；

B 级用于 d>24 或 l>10d 或>150mm(按较小值)。

附表 2-2

双 头 螺 柱

$b_m=1d$(GB/T 897-1988) $b_m=1.25d$(GB/T 898-1988)

$b_m=1.5d$(GB/T 899-1988) $b_m=2d$(GB/T 900-1988)

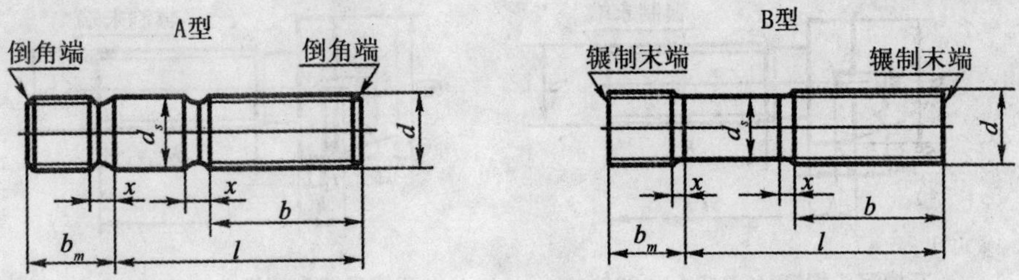

标记示例

两端均为粗牙普通螺纹，$d=10$mm，$l=50$mm，性能等级为 4.8 级，B 型，$b_m=1d$ 的双头螺柱：

螺柱 GB/T897-1988 M10×50

旋入一端为粗牙普通螺纹，旋螺母一端为螺距 $P=1$mm 的细牙普通螺纹，$d=10$mm，$l=50$mm，性能等级为 4.8 级，A 型，$b_m=1d$ 的双头螺柱：螺柱 GB/T897-1988 AM10-M10×1×50

旋入一端为过渡配合的第一种配合，旋螺母一端为粗牙普通螺纹，$d=10$mm，$l=50$mm，性能等级为 8.8 级，B 型，$b_m=1d$ 的双头螺柱：螺柱 GB/T897-1988 GM10-M10×50-8.8

mm

螺纹规格 d		M4	M5	M6	M8	M10	M12	M16	M20	M24	M30	M36	M42	M48
b_m	GB 897	—	5	6	8	10	12	16	20	24	30	36	42	48
	GB898	—	6	8	10	12	15	20	25	30	38	45	52	60
	GB899	6	8	10	12	15	18	24	30	36	45	54	65	72
	GB900	8	10	12	16	20	24	32	40	48	60	72	84	96
d_s		A 型 d_s = 螺纹大径 B 型 d_s ≈ 螺纹中径												
x		1.5 p												
l/b		16～22/8	16～22/10	20～22/10	20～22/12	25～28/14	25～30/16	30～38/20	35～40/25	45～50/30	60～65/40	65～75/45	70～80/50	80～90/60
		25～40/14	25～50/16	25～30/14	25～30/16	30～38/16	32～40/20	40～55/30	45～65/35	55～75/45	70～90/50	80～110/60	85～110/70	95～110/80
				32～75/18	32～90/22	40～120/26	45～120/30	60～120/38	70～120/46	80～120/54	95～120/60	120/78	120/90	120/102
						130/32	130～180/36	130～200/44	130～200/52	130～200/60	130～200/72	130～200/84	130～200/96	130～200/108
											210～250/85	210～300/97	210～300/109	210～300/121
l 系列		16、(18)、20、(22)、25、(28)、30、(32)、35、(38)、40、45、50、(55)、60、(65)、70、(75)、80、(85)、90、(95)、100、110、120、130、140、150、160、170、180、190、200、210、220、230、240、250、260、280、300												

附表 2-3 **螺 钉**

开槽圆柱头螺钉 (GB/T 65-2000)

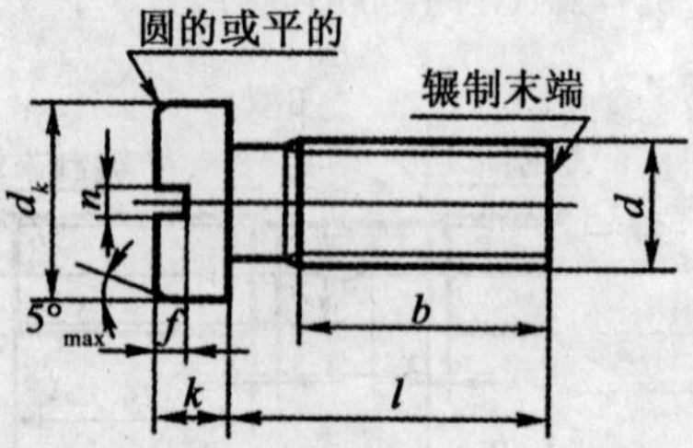

开槽盘头螺钉 (GB/T 67-2000)

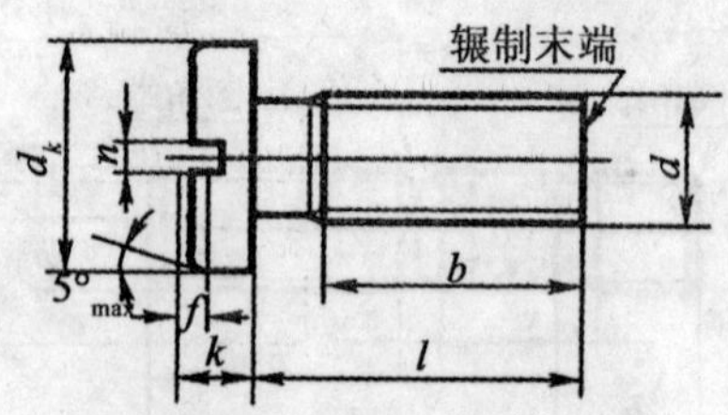

开槽沉头螺钉 (GB/T 68-2000)

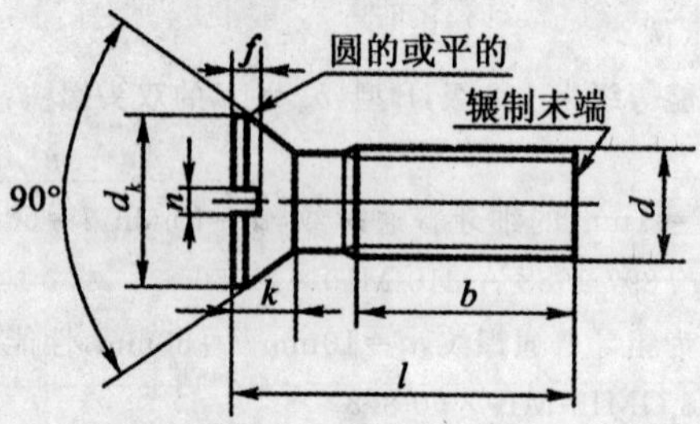

开槽半沉头螺钉 (GB/T 69-2000)

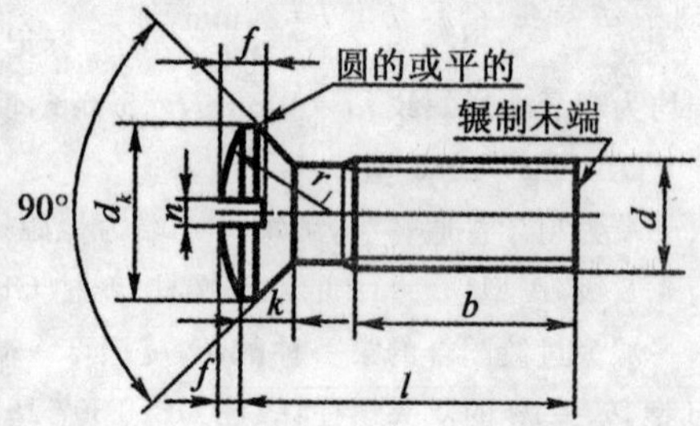

无螺纹部分杆径≈中径或＝螺纹大径

标记示例

螺纹规格 d=M5,公称长度 l=20mm,性能等级为 4.8 级,不经表面处理的开槽圆柱头螺钉:

螺钉 GB/T65-2000 M5×20

mm

螺纹规格 d	P	b_{min}	n 公称	f	r_f	k_{max}			d_{kmax}			t_{min}				l 范围
				GB 69	GB 69	GB 65	GB 67	GB68 GB69	GB65	GB67	GB68 GB69	GB65	GB67	GB68	GB69	
M3	0.5	25	0.8	0.7	6	1.8	1.8	1.65	5.6	5.6	5.5	0.7	0.7	0.6	1.2	4～30
M4	0.7	38	1.2	1	9.5	2.6	2.4	2.7	7	8	8.4	1.1	1	1	1.6	5～40
M5	0.8	38	1.2	1.2	9.5	3.3	3.0	2.7	8.5	9.5	9.3	1.3	1.2	1.1	2	6～50
M6	1	38	1.6	1.4	12	3.9	3.6	3.3	10	12	11.3	1.6	1.4	1.2	2.4	8～60
M8	1.25	38	2	2	16.5	5	4.8	4.65	13	16	15.8	2	1.9	1.8	3.2	10～80
M10	1.5	38	2.5	2.3	19.5	6	6	5	16	20	18.3	2.4	2.4	2	3.8	12～80
l 系列				4、5、6、8、10、12、(14)、16、20、25、30、35、40、50、(55)、60、(65)、70、(75)、80												

附表 2-4　　**内 六 角 圆 柱 头 螺 钉**（GB/T 70.1-2000）

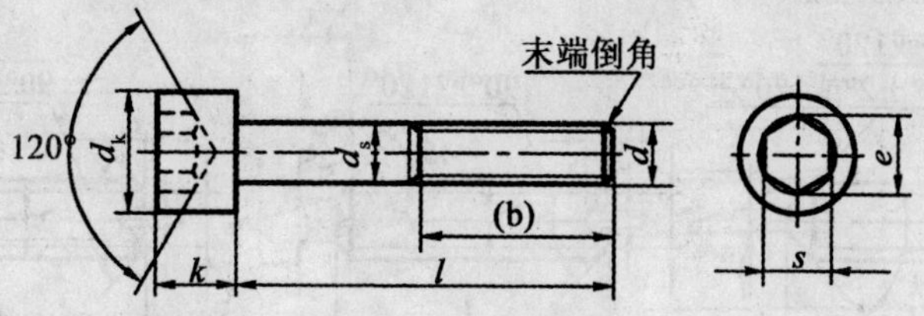

标记示例

螺纹规格 d=M5，公称长度 l=20mm，性能等级为 8.8 级，表面氧化的内六角圆柱头螺钉：

螺钉 GB/T70-1985 M5×20

mm

螺纹规格 d	M3	M4	M5	M6	M8	M10	M12	M14	M16	M20	M24
P（螺距）	0.5	0.7	0.8	1	1.25	1.5	1.75	2	2	2.5	3
b 参考	18	20	22	24	28	32	36	40	44	52	60
d_{kmax}	5.5	7	8.5	10	13	16	18	21	24	30	36
k_{max}	3	4	5	6	8	10	12	14	16	20	24
t_{min}	1.3	2	2.5	3	4	5	6	7	8	10	12
s 公称	2.5	3	4	5	6	8	10	12	14	17	19
e_{min}	2.87	3.44	4.58	5.72	6.86	9.15	11.43	13.72	16.00	19.44	21.73
d_{smax}	$d_s=d$										
l 范围	5～30	6～40	8～50	10～60	12～80	16～100	20～120	25～140	25～160	30～200	40～200
l≤表中数值时，制出全螺纹	20	25	25	30	35	40	45	55	55	65	80
l 系列	5、6、8、10、12、(14)、(16)、20、25、30、35、40、45、50、(55)、60、(65)、70、80、90、100、110、120、130、140、150、160、180、200										

注：括号内规格尽可能不采用。

附表 2-5　　紧定螺钉

开槽锥端紧定螺钉(GB/T71-1985)　开槽平端紧定螺钉(GB/T73-1985)　开槽长圆柱端紧定螺钉(GB/T75-1985)

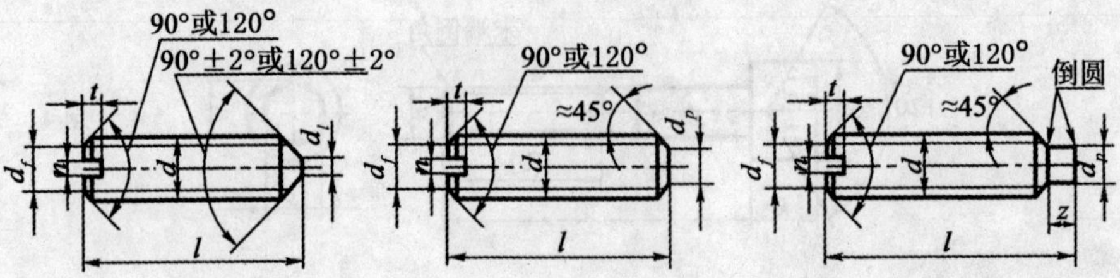

标记示例

螺纹规格 d=M10,公称长度 l=20mm,性能等级为 14H 级,表面氧化的开槽锥端紧定螺钉:

螺钉 GB/T71-1985 M10×20

mm

螺纹规格 d	P	d_f≈	$d_{t\max}$	$d_{p\max}$	n公称	l min	l max	$Z_{\min}$	l公称
M3	0.5		0.3	2	0.4	0.8	1.05	1.5	4~16
M4	0.7		0.4	2.5	0.6	1.12	1.42	2	6~20
M5	0.8		0.5	3.5	0.8	1.28	1.63	2.5	8~25
M6	1	螺纹小径	1.5	4	1	1.6	2	3	8~30
M8	1.25		2	5.5	1.2	2	2.5	4	10~40
M10	1.5		2.5	7	1.6	2.4	3	5	12~50
M12	1.75		3	8.5	2	2.8	3.6	6	14~16
l系列	4、5、6、8、12、(14)、16、20、25、30、40、45、50、(55)、60								

附表 2-6　　　　Ⅰ形六角螺母

Ⅰ形六角螺母——A和B级(GB/T6170-2000)　　Ⅰ形六角螺母——C级(GB/T41-2000)

允许制造的形式

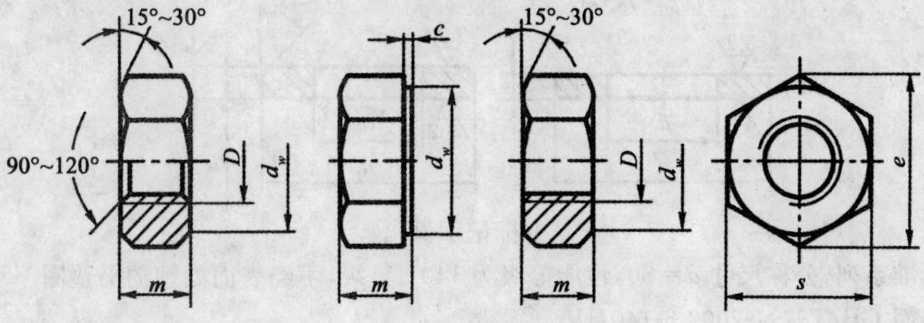

A和B级　　　　C级

标记示例

螺纹规格 D=M12,性能等级为 10 级,不经表面处理,A 级的Ⅰ形六角螺母:螺母 GB/T6170-2000 M12

螺纹规格 D=M12,性能等级为 5 级,不经表面处理,C 级的Ⅰ形六角螺母:螺母 GB/T41-2000 M12

mm

螺母规格 D		M4	M5	M6	M8	M10	M12	M16	M20	M24	M30	M36	M42	M48
c		0.4	0.5			0.6				0.8			1	
s_{max}		7	8	10	13	16	18	24	30	36	46	55	65	75
e_{min}	A、B级	7.66	8.79	11.05	14.38	17.77	20.03	26.75	32.95	39.55	50.85	60.79	72.02	82.6
	C级	—	8.63	10.89	14.2	17.59	19.85	26.17	32.95	39.55	50.85	60.79	72.02	82.6
m_{max}	A、B级	3.2	4.7	5.2	6.8	8.4	10.8	14.8	18	21.5	25.6	31	34	38
	C级	—	5.6	6.1	7.9	9.5	12.2	15.9	18.7	22.3	26.4	31.5	34.9	38.9
d_{wmin}	A、B级	5.9	6.9	8.9	11.6	14.6	16.6	22.5	27.7	33.2	42.7	51.1	60.6	69.4
	C级	—	6.9	8.7	11.5	14.5	16.5	22	27.7	33.2	42.7	51.1	60.6	69.4

注:1. A 级用于 $D\leqslant16$ 的螺母;B 级用于 $D>16$ 的螺母,C 级用于 $D\geqslant5$ 的螺母。

2. 螺纹公差:A、B级为 6H,C 级为 7H;力学性能等级:A、B级为 6、8、10 级,C 级为 4、5 级。

附表 2-7　　平垫圈

平垫圈——A级(GB/T97.1-2002) 平垫圈 倒角型 A级(GB/T97.2-2002)

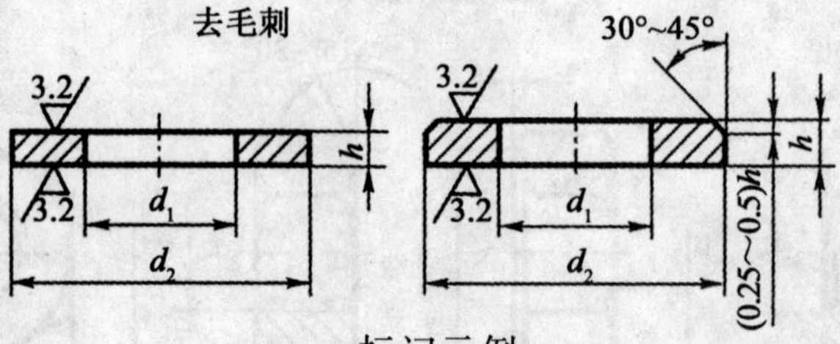

标记示例

标准系列,公称尺寸 d=80,性能等级为 140HV 级,不经表面处理的平垫圈:

垫圈 GB/T97.1-2002 8-140HV

mm

公称尺寸(螺纹规格)d	3	4	5	6	8	10	12	14	16	20	24	30	36
内径 d_1	3.2	4.3	5.3	6.4	8.4	10.5	13	15	17	21	25	31	37
外径 d_2	7	9	10	12	16	20	24	28	30	37	44	56	66
厚度 h	0.5	0.8	1	1.6	1.6	2	2.5	2.5	3	3	4	4	5

附表 2-8　　　　标准型弹簧垫圈 (GB/T 93-1987)

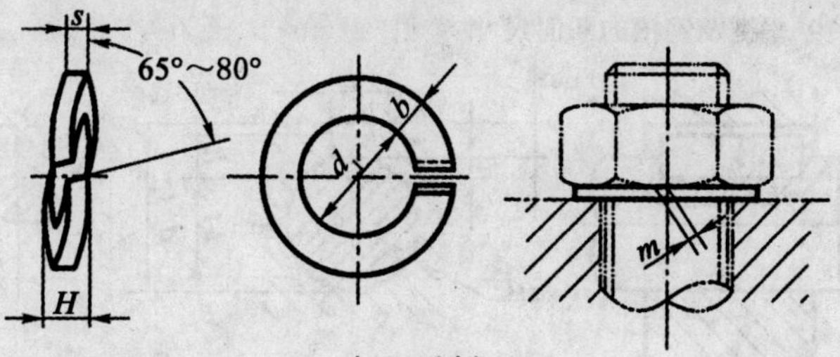

标记示例

规格 16mm，材料为 65Mn，表面氧化的标准型弹簧垫圈：

垫圈 GB/T93-1987 16

mm

规格(螺纹大径)	4	5	6	8	10	12	16	20	24	30	36	42	48
$d_{1\ min}$	4.1	5.1	6.1	8.1	10.2	12.2	16.2	20.2	24.5	30.5	36.5	42.5	48.5
$S=b$ 公称	1.1	1.3	1.6	2.1	2.6	3.1	4.1	5	6	7.5	9	10.5	12
$m\leqslant$	0.55	0.65	0.8	1.05	1.3	1.55	2.05	2.5	3	3.75	4.5	5.25	6
H_{max}	2.75	3.25	4	5.25	6.5	7.75	10.25	12.5	15	18.75	22.5	26.25	30

附表 2-9　　　　普通平键

GB/T 1095-1979 平键及键槽的断面尺寸

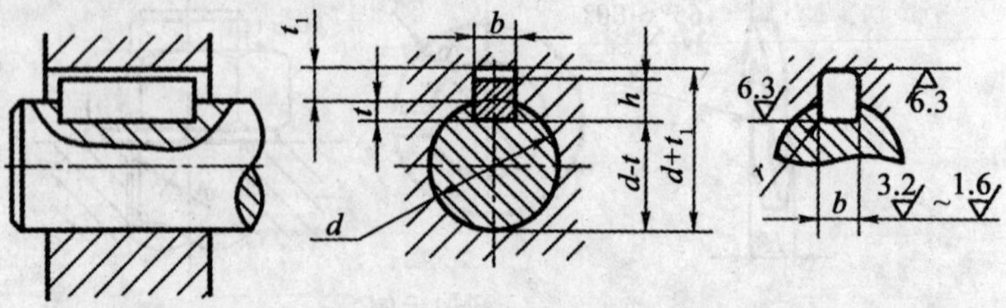

GB/T 1096-1979 普通平键形式尺寸

标记示例

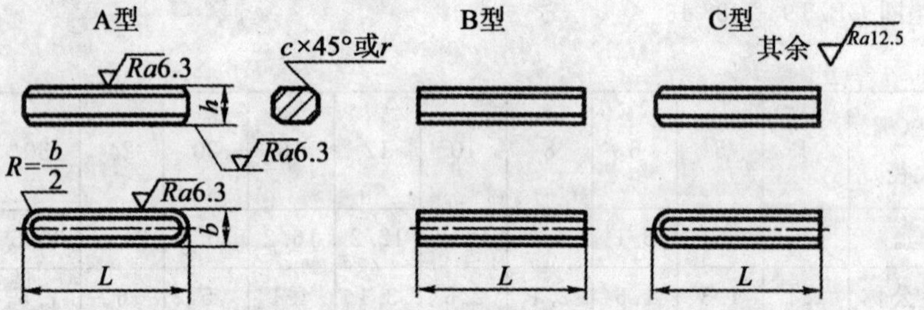

平头普通平键, B型, *b*=16mm, *h*=10mm, *L*=100mm: 键B16×100 GB/T 1096-79

mm

轴径 *d*	键的公称尺寸			键槽											
				宽度 *b*						深度				半径 *r*	
				b	偏差					轴		毂			
					较松键连接		一般键连接		较紧键连接						
	b	*h*	*L*		轴 H9	毂 D10	轴 N9	毂 JS9	轴和毂 P9	1	偏差	11	偏差	最小	最大
6～8	2	2	6～20	2	+0.025 0	+0.060 +0.020	−0.004 −0.029	±0.0125	−0.006 −0.031	2		1			
>8～10	3	3	6～36	3						1.8		1.4		0.08	0.16
>10～12	4	4	8～45	4						2.5	+0.1 0	1.8			
>12～17	5	5	10～56	5	+0.030 0	+0.078 +0.030	0 −0.030	±0.015	−0.012 −0.042	3.0		2.3			
>17～22	6	6	14～70	6						3.5		2.8		0.16	0.25
>22～30	8	7	18～90	8	+0.036 0	+0.098 +0.040	0 −0.036	±0.018	−0.015 −0.051	4.0		3.3			
>30～38	10	8	22～110	10						5.0		3.3			
>38～44	12	8	28～140	12						5.0	+0.2 0	3.3	+0.2 0		
>44～50	14	9	36～160	14	+0.043 0	+0.120 +0.050	0 −0.043	±0.0215	−0.018 −0.061	5.5		3.8		0.25	0.40
>50～58	16	10	45～180	16						6.0		4.3			
>58～65	18	11	50～200	18						7.0		4.4			
l 系列	6、8、10、12、14、16、18、20、22、25、28、32、36、40、45、50、56、63、70、80、90、100、110、125、140、160、180、200														

注:($d-t$)和($d+t_1$)的偏差按相应的 t 和 t_1 的偏差选取,但($d-t$)的偏差值应取负号。

附表 2-10　　圆 柱 销(GB/T 119.1-2000)

A型 $d_{公差}$:m6　　B型 $d_{公差}$:h8　　C型 $d_{公差}$:h11　　D型 $d_{公差}$:u8

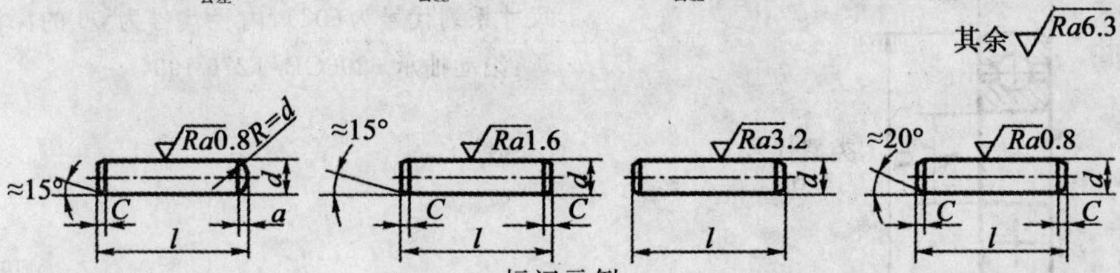

标记示例

公称直径 d=8mm，长度 l=30mm，材料 35 钢，热处理硬度 28～38HRC，表面氧化处理的 A 型圆柱销：

销 GB/T119.1-2000 A8×30

公称直径 d=8mm，长度 l=30mm，材料 35 钢，热处理硬度 28～38HRC，表面氧化处理的 B 型圆柱销：

销 GB/T119.1-2000 8×30

mm

d 公称	2	2.5	3	4	5	6	8	10	12	16	20
$\alpha\approx$	0.25	0.3	0.4	0.5	0.63	0.80	1.0	1.2	1.6	2.0	2.5
$c\approx$	0.35	0.40	0.50	0.63	0.80	1.2	1.6	2.0	2.5	3.0	3.5
l(商品范围)	6～20	6～24	8～30	8～30	10～50	12～60	14～80	16～95	22～140	26～180	35～200
l 系列	6、8、10、12、14、16、18、20、22、24、26、28、30、32、35、40、45、50、55、60、65、70、75、80、85、90、95、100、120、140、160、180、200										

附表 2-11　　圆 锥 销(GB/T 117-2000)

A型　　B型　　其余 $\sqrt{Ra6.3}$　　$R_1\approx d$　　$R_2\approx d+\frac{l-2a}{50}$

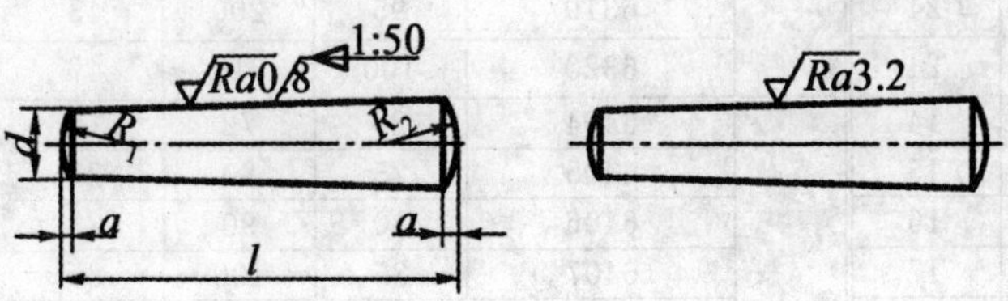

标记示例

公称直径 d=10mm，长度 l=60mm，材料35钢，热处理硬度28～38HRC，表面氧化处理的A型圆锥销：

销GB/T 117-2000A10×60

d 公称	2	2.5	3	4	5	6	8	10	12	16	20
$\alpha\approx$	0.25	0.3	0.4	0.5	0.63	0.80	1.0	1.2	1.6	2.0	2.5
l(商品范围)	10～35		12～45	14～65	18～60	22～90	22～120	26～160	32～180	40～200	45～200
l 系列	10、12、14、16、18、20、22、24、26、28、30、32、35、40、45、50、55、60、65、70、75、80、85、90、95、100、120、140、160、180、200										

附表 2-12　　**深沟球轴承(GB/T276-1994)**

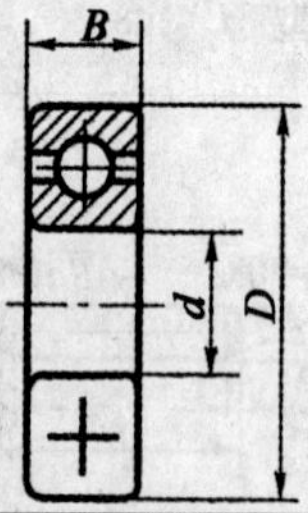

类型代号
6

标记示例

尺寸系列代号为(02),内径代号为 06 的深沟球轴承:滚动抽承 6206GB/T276-1994

mm

轴承代号		外形尺寸			轴承代号		外形尺寸		
		d	D	B			d	D	B
01系列	6004	20	42	12	03系列	6304	20	52	15
	6005	25	47	12		6305	25	62	17
	6006	30	55	13		6306	30	72	19
	6007	35	62	14		6307	35	80	21
	6008	40	68	15		6308	40	90	23
	6009	45	75	16		6309	45	100	25
	6010	50	80	16		6310	50	110	27
	6011	55	90	18		6311	55	120	29
	6012	60	95	18		6312	60	130	31
	6013	65	100	18		6313	65	140	33
	6014	70	110	20		6314	70	150	35
	6015	75	115	20		6315	75	160	37
	6016	80	125	22		6316	80	170	39
	6204	85	130	22		6317	85	180	41
	6018	90	140	24		6318	90	190	43
	6019	95	145	24		6319	95	200	45
	6020	100	150	24		6320	100	215	47
02系列	6204	20	47	14	04系列	6404	20	72	19
	6205	25	52	15		6405	25	80	21
	6206	30	62	16		6406	30	90	23
	6207	35	72	17		6407	35	100	25
	6208	40	80	18		6408	40	110	27
	6209	45	85	19		6409	45	120	29
	6210	50	90	20		6410	50	130	31
	6211	55	100	21		6411	55	140	33
	6212	60	110	22		6412	60	150	35
	6213	65	120	23		6413	65	160	37
	6214	70	125	24		6414	70	180	42
	6215	75	130	25		6415	75	190	45
	6216	80	140	26		6416	80	200	48
	6217	85	150	28		6417	85	210	52
	6218	90	160	30		6418	90	225	54
	6219	95	170	32		6419	95	240	55
	6220	100	180	34		6420	100	250	58

附表 2-13　　**圆锥滚子抽承**(GB/T297-1994)

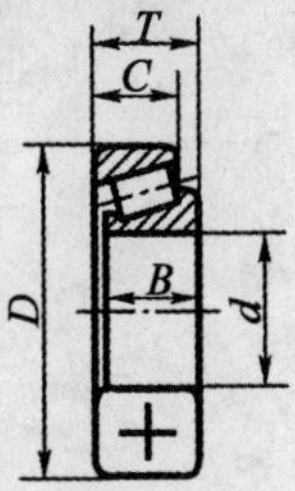

类型代号
3

标记示例

尺寸系列代号 03,内径代号为 12 的圆锥滚子轴滚子轴承:

滚动轴承 30312GB/T297-1994

mm

轴承代号		外形尺寸					轴承代号		外形尺寸				
		d	D	T	B	C			d	D	T	B	C
	30204	20	47	15.25	14	12		32204	20	47	19.25	18	15
	30205	25	52	16.25	15	13		32205	25	52	19.25	18	16
	30206	30	62	17.25	16	14		32206	30	62	21.25	20	17
	30207	35	72	18.25	17	15		32207	35	72	24.25	23	19
	30208	40	80	19.75	18	16		32208	40	80	24.75	23	19
	30209	45	85	20.75	19	16		32209	45	85	24.75	23	19
	30210	50	90	21.75	20	17		32210	50	90	24.75	23	19
02	30211	55	100	22.75	21	18	22	32211	55	100	26.75	25	21
系	30212	60	110	23.75	22	19	系	32212	60	110	29.75	28	24
列	30213	65	120	24.75	23	20	列	32213	65	120	32.75	31	27
	30214	70	125	26.25	24	21		32214	70	125	33.25	31	27
	30215	75	130	27.25	25	22		32215	75	130	33.25	31	27
	30216	80	140	28.25	26	22		32216	80	140	35.25	33	28
	30217	85	150	30.50	28	24		32217	85	150	38.50	36	30
	30218	90	160	32.50	30	26		32218	90	160	42.50	40	34
	30219	95	170	34.50	32	27		32219	95	170	45.50	43	37
	30220	100	180	37	34	29		32220	100	180	49	46	39
	30304	20	52	16.25	15	13		32304	20	52	22.25	21	18
	30305	25	62	18.25	17	15		32305	25	62	25.25	24	20
	30306	30	72	20.75	19	16		32306	30	72	28.75	27	23
	30307	35	80	22.75	21	18		32307	35	80	32.75	31	25
	30308	40	90	25.25	23	20		32308	40	90	35.25	33	27
	30309	45	100	27.25	25	22		32309	45	100	38.25	36	30
	30310	50	110	29.25	27	23		32310	50	110	42.25	40	33
03	30311	55	120	31.50	29	25	23	32311	55	120	45.50	43	35
系	30312	60	130	33.50	31	26	系	32312	60	130	48.50	46	37
列	30313	65	140	36	33	28	列	32313	65	140	51	48	39
	30314	70	150	38	35	30		32314	70	150	54	51	42
	30315	75	160	40	37	31		32315	75	160	58	55	45
	30316	80	170	42.50	39	33		32316	80	170	61.50	58	48
	30317	85	180	44.50	41	34		32317	85	180	63.50	60	49
	30318	90	190	46.50	43	36		32318	90	190	67.50	64	53
	30319	95	200	49.50	45	38		32319	95	200	71.50	67	55
	30320	100	215	51.50	47	39		32320	100	215	77.50	73	60

附表 2-14　　**推力球轴承**(GB/T301-1995)

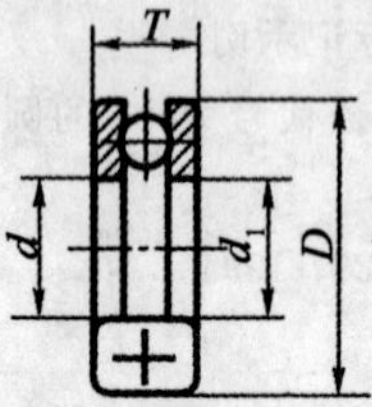

类型代号
5

标记示例

尺寸系列代号 13，内径代号为 10 的推力球轴承：

滚动轴承 51310GB/T301-1995

mm

轴承代号		外形尺寸				轴承代号		外形尺寸			
		d	D	T	$d_{1\min}$			d	D	T	$d_{1\min}$
11系列	51104	20	35	10	21	13系列	51304	20	47	18	22
	51105	25	42	11	26		51305	25	52	18	27
	51106	30	47	11	32		51306	30	60	21	32
	51107	35	52	12	37		61307	35	68	24	37
	51108	40	60	13	42		51308	40	78	26	42
	51109	45	65	14	47		51309	45	85	28	47
	51110	50	70	14	52		51310	50	95	31	52
	51111	55	78	16	57		51311	55	105	35	57
	51112	60	85	17	62		51312	60	110	35	62
	51113	65	90	18	67		51313	65	115	36	67
	51114	70	95	18	72		51314	70	125	40	72
	51115	75	100	19	77		51315	75	135	44	77
	51116	80	105	19	82		51316	80	140	44	82
	51117	85	110	19	87		51317	85	150	49	88
	51118	90	120	22	92		51318	90	155	50	93
	51120	100	135	25	102		51320	100	170	55	103
12系列	51204	20	40	14	22	14系列	51405	25	60	24	27
	51205	25	47	15	27		51406	30	70	28	32
	51206	30	52	16	32		51407	35	80	32	37
	51207	35	62	18	37		51408	40	90	36	42
	51208	40	68	19	42		51409	45	100	39	47
	51209	45	73	20	47		51410	50	110	43	52
	51210	50	78	22	52		51411	55	120	48	57
	51211	55	90	25	57		51412	60	130	51	62
	51212	60	95	26	62		51413	65	140	56	68
	51213	65	100	27	67		51414	70	150	60	73
	51214	70	105	27	72		51415	75	160	65	78
	51215	75	110	27	77		51416	80	170	68	83
	51216	80	115	28	82		51417	85	180	72	88
	51217	85	125	31	88		51418	90	190	77	93
	51218	90	135	35	93		51420	100	210	85	103
	51220	100	150	38	103		51422	110	230	95	113

附录3　标准结构

附表 3-1　紧固件通孔及沉头座尺寸(GB/T 152.2～152.4-1998 GB/T 5277-1985)

<table>
<tr><td colspan="4">螺纹规格 d</td><td>4</td><td>5</td><td>6</td><td>8</td><td>10</td><td>12</td><td>14</td><td>16</td><td>20</td><td>24</td></tr>
<tr><td colspan="2" rowspan="3">通孔直径 d_1/GB/T5277-1985</td><td colspan="2">精装配</td><td>4.3</td><td>5.3</td><td>6.4</td><td>8.4</td><td>10.5</td><td>13</td><td>15</td><td>17</td><td>21</td><td>25</td></tr>
<tr><td colspan="2">中等装配</td><td>4.5</td><td>5.5</td><td>6.6</td><td>9</td><td>11</td><td>13.5</td><td>15.5</td><td>17.5</td><td>22</td><td>26</td></tr>
<tr><td colspan="2">精装配</td><td>4.8</td><td>5.8</td><td>7</td><td>10</td><td>12</td><td>14.5</td><td>16.5</td><td>18.5</td><td>24</td><td>28</td></tr>
<tr><td rowspan="3">六角头螺栓和螺母用沉孔</td><td rowspan="3">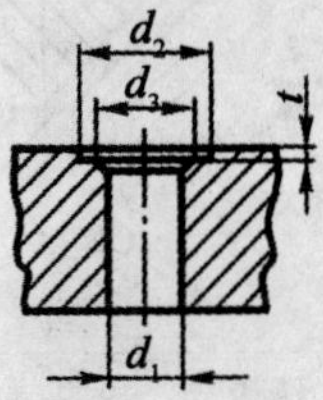
GB/T152.3-1988</td><td rowspan="3">用于螺栓及六角螺母</td><td>d_2 (H15)</td><td>10</td><td>11</td><td>13</td><td>18</td><td>22</td><td>26</td><td>30</td><td>33</td><td>40</td><td>48</td></tr>
<tr><td>d_3</td><td>—</td><td>—</td><td>—</td><td>—</td><td>—</td><td>16</td><td>18</td><td>20</td><td>24</td><td>28</td></tr>
<tr><td>t</td><td colspan="10">锪平为止</td></tr>
<tr><td rowspan="6">圆柱头用沉孔</td><td rowspan="6">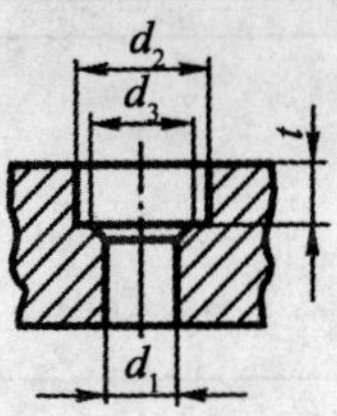
GB/T152.3-1988</td><td rowspan="3">用于内六角圆柱头螺钉</td><td>d_2 (H13)</td><td>8</td><td>10</td><td>11</td><td>15</td><td>18</td><td>20</td><td>24</td><td>26</td><td>33</td><td>40</td></tr>
<tr><td>d_3</td><td>—</td><td>—</td><td>—</td><td>—</td><td>—</td><td>16</td><td>18</td><td>20</td><td>24</td><td>28</td></tr>
<tr><td>t(H13)</td><td>4.6</td><td>5.7</td><td>6.8</td><td>9</td><td>11</td><td>13</td><td>15</td><td>17.5</td><td>21.5</td><td>25.5</td></tr>
<tr><td rowspan="3">用于开槽圆柱头及内六角圆柱头螺钉</td><td>d_2 (H13)</td><td>8</td><td>10</td><td>11</td><td>15</td><td>18</td><td>20</td><td>24</td><td>26</td><td>33</td><td>—</td></tr>
<tr><td>d_3</td><td>—</td><td>—</td><td>—</td><td>—</td><td>—</td><td>16</td><td>18</td><td>20</td><td>24</td><td>—</td></tr>
<tr><td>t(H13)</td><td>3.2</td><td>4</td><td>4.7</td><td>6</td><td>7</td><td>8</td><td>9</td><td>10.5</td><td>12.5</td><td>—</td></tr>
<tr><td rowspan="2">沉头用沉孔</td><td rowspan="2">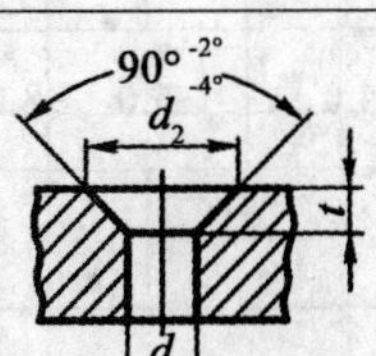
GB/T 152.2-1988</td><td rowspan="2">用于沉头及半沉头螺钉</td><td>d_2 (H15)</td><td>9.6</td><td>10.6</td><td>12.8</td><td>17.6</td><td>20.3</td><td>24.4</td><td>28.4</td><td>32.4</td><td>40.4</td><td>—</td></tr>
<tr><td>$t\approx$</td><td>2.7</td><td>2.7</td><td>3.3</td><td>4.6</td><td>5</td><td>6</td><td>7</td><td>8</td><td>10</td><td>—</td></tr>
</table>

注:尺寸下带括号的为其公差带。

附表 3-2　　倒角和倒圆(GB/T 6403.4-1986)

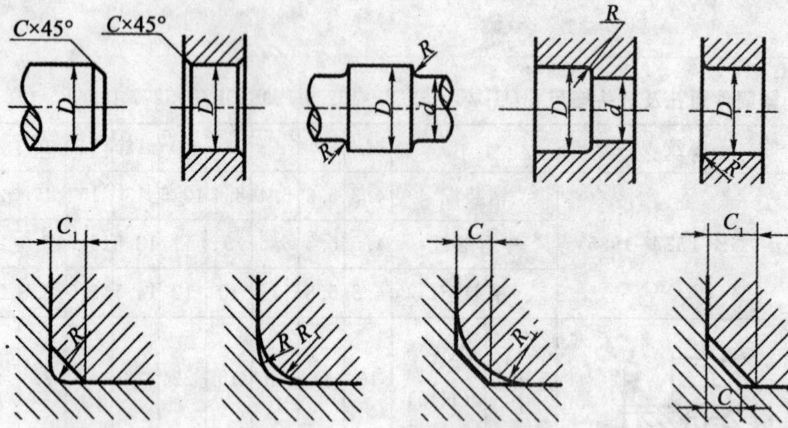

$C_1>R$　　$R_1>R$　　$C<0.58R_1$　　$C_1>C$

mm

直径 D	>3～6	>6～10	>10～18	>18～30	>30～50	>50～80	>80～120	>120～180
R 或 C	0.4	0.6	0.8	1	1.6	2	2.5	3
R_1 或 C_1	0.8	1.2	1.6	2	3	4	5	6

注:倒角一般采用45°,也可采用30°或60°。

附表 3-3　　砂轮越程槽(GB/T 6403.4-1986)

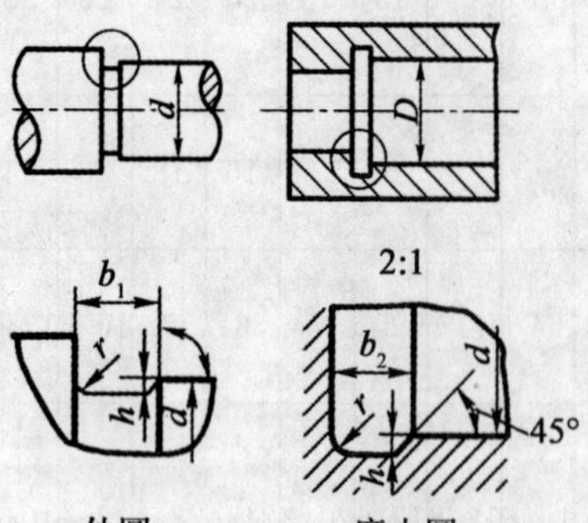

外圆　　磨内圆

mm

d	~10			>10~15		>50~100		>100	
b_1	0.6	1.0	1.6	2.0	3.0	4.0	5.0	8.0	10
b_2	2.0	3.0		4.0		5.0		8.0	10
h	0.1	0.2		0.3	0.4		0.6	0.8	1.2
r	0.2	0.5		0.8	1.0		1.6	2.0	3.0

附表 3-4　　　　**普通螺纹退刀槽和倒角(GB/T 3-1997)**

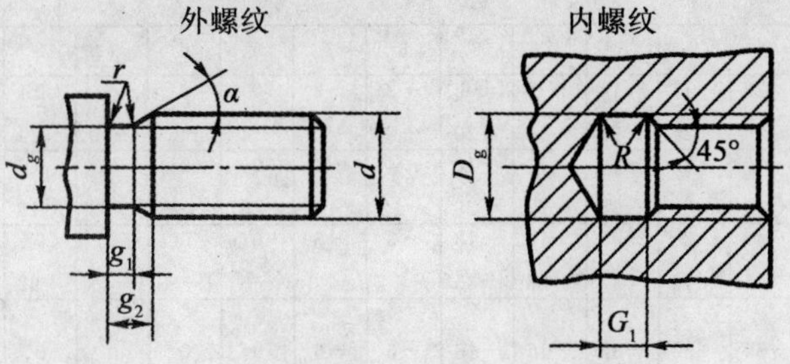

mm

	螺距 P	0.5	0.6	0.7	0.75	0.8	1	1.25	1.5	1.75	2	2.5	3
外螺纹	g_{2max}	1.5	1.8	2.1	2.25	2.4	3	3.75	4.5	5.25	6	7.5	9
	g_{1min}	0.8	0.9	1.1	1.2	1.3	1.6	2	2.5	3	3.4	4.4	5.2
	d_g	d−0.8	d−1	d−1.1	d−1.2	d−1.3	d−1.6	d−2	d−2.3	d−2.6	d−3	d−3.6	d−4.4
	$r\approx$	0.2	0.4	0.4	0.4	0.4	0.6	0.6	0.8	1	1	1.2	1.6
	始端端面倒角一般为 45°,也可采用 60°或 30°;深度应大于或等于螺纹牙型高度;过渡角 α 不应小于 30°												
内螺纹	G_1	2	2.4	2.8	3	3.2	4	5	6	7	8	10	12
	D_g	$D+0.3$					$D+0.5$						
	$R\approx$	0.2	0.3	0.4	0.4	0.4	0.5	0.6	0.8	0.9	1	1.2	1.5
	入口端面倒角一般为 120°,也可采用 90°;端面倒角直径为(1.05～1) D,其中 D 为螺纹公称直径代号												

附录 4　极限与配合

附表 4-1　　　　**基本尺寸小于 500mm 的标准公差(μm)**

基本尺寸	公差等级																			
(mm)	IT01	IT0	IT1	IT2	IT3	IT4	IT5	IT6	IT7	IT8	IT9	IT10	IT11	IT12	IT13	IT14	IT15	IT16	IT17	IT18
3	0.3	0.5	0.8	1.2	2	3	4	6	10	14	25	40	60	100	140	250	400	600	1000	1400
>3～6	0.4	0.6	1	1.5	2.5	4	5	8	12	18	30	48	75	120	180	300	480	750	1200	1800
>6～10	0.4	0.6	1	1.5	2.5	4	6	9	15	22	36	58	90	150	220	360	580	900	1500	2200
>10～18	0.5	0.8	1.2	2	3	5	8	11	18	27	43	70	110	180	270	430	700	1100	1800	2700
>18～30	0.6	1	1.5	2.5	4	6	9	13	21	33	52	84	130	210	330	520	840	1300	2100	3300
>30～50	0.7	1	1.5	2.5	4	7	11	16	25	39	62	100	160	250	390	620	1000	1600	2500	3900
>50～80	0.8	1.2	2	3	5	8	13	19	30	46	74	120	190	300	460	740	1200	1900	3000	4600
>80～120	1	1.5	2.5	4	6	10	15	22	35	54	87	140	220	350	540	870	1400	2200	3500	5400
>120～180	1.2	2	3.5	5	8	12	18	25	40	63	100	160	250	400	630	1000	1600	2500	4000	6300
>180～250	2	3	4.5	7	10	14	20	29	46	72	115	185	290	460	720	1150	1850	2900	4600	7200
>250～315	2.5	4	6	8	12	16	23	32	52	81	130	210	320	520	810	1300	2100	3200	5200	8100
>315～400	3	5	7	9	13	18	25	36	57	89	140	230	360	570	890	1400	2300	3600	5700	8900
>400～500	4	6	8	10	15	20	27	40	68	97	155	250	400	630	970	1550	2500	4000	6300	9700

附表 4-2　　基本尺寸至 500 mm 优先常用配合轴的极限偏差表(μm)

代号	c	d		e		f		g		h							js
基本尺寸/mm	公差等级																
	11	8	9	7	8	7	8	6	7	5	6	7	8	9	10	11	6
≤3	−60 −120	−20 −34	−20 −45	−14 −24	−14 −28	−6 −16	−6 −20	−2 −8	−2 −12	0 −4	0 −6	0 −10	0 −14	0 −25	0 −40	0 −60	±3
>3~6	−70 −145	−30 −48	−30 −60	−20 −32	−20 −38	−10 −22	−10 −28	−4 −12	−4 −16	0 −5	0 −8	0 −12	0 −18	0 −30	0 −48	0 −75	±4
>6~10	−80 −170	−40 −62	−40 −76	−25 −40	−25 −47	−13 −28	−13 −35	−5 −14	−5 −20	0 −6	0 −9	0 −15	0 −22	0 −36	0 −58	0 −90	±4.5
>10~14 >14~18	−95 −205	−50 −77	−50 −93	−32 −50	−32 −59	−16 −34	−16 −43	−6 −17	−6 −24	0 −8	0 −11	0 −18	0 −27	0 −43	0 −70	0 −110	±5.5
>18~24 >24~30	−110 −240	−65 −98	−65 −117	−40 −61	−40 −73	−20 −41	−20 −53	−7 −20	−7 −28	0 −9	0 −13	0 −21	0 −33	0 −52	0 −84	0 −130	±6.5
>30~40	−120 −280	−80 −119	−80 −142	−50 −75	−50 −89	−25 50	−25 −64	−9 −25	−9 −34	0 −11	0 −16	0 −25	0 −39	0 −62	0 −100	0 −160	±8
>40~50	−130 −290																
>50~65	−140 −330	−100 −146	−100 −174	−60 −90	−60 −106	−30 −60	−30 −76	−10 −29	−10 −40	0 −13	0 −19	0 −30	0 −46	0 −74	0 −120	0 −190	±9.5
>65~80	−150 −340																
>80~100	−170 −390	−120 −174	−120 −207	−72 −107	−72 −126	−36 −71	−36 −90	−12 −34	−12 −47	0 −15	0 −22	0 −35	0 −54	0 −87	0 −140	0 −220	±11
>100~120	−180 −400																
>120~140	−200 −450	−145 −208	−145 −245	−85 −125	−85 −148	−43 −83	−43 −106	−14 −39	−14 −54	0 −18	0 −25	0 −40	0 −63	— −100	0 −160	0 −250	±12.5
>140~160	−210 −460																
>160~180	−230 −480																
>180~200	−240 −530	−170 −242	−170 −285	−100 −146	−100 −172	−50 −96	−50 −122	−15 −44	−15 −61	0 −20	0 −29	0 −46	0 −72	0 −115	0 −185	0 −290	±14.5
>200~225	−260 −550																
>225~250	−280 −570																
>250~280	−300 −620	−190 −271	−190 −320	−110 −162	−110 −191	−56 −108	−56 −137	−17 −49	−17 −69	0 −23	0 −32	0 −52	0 −81	0 −130	0 −210	0 −320	±16
>280~315	−330 −650																
>315~355	−360 −720	−210 −290	−210 −350	−125 −182	−125 −214	−62 −119	−62 −151	−18 −54	−18 −75	0 −25	0 −36	0 −57	0 −89	0 −140	0 −230	0 −360	±18
>355~400	−400 −760																
>400~450	−440 −840	−230 −327	−230 −385	−135 −198	−135 −232	−68 −131	−68 −165	−20 −60	−20 −83	0 −27	0 −40	0 −63	0 −97	0 −155	0 −250	0 −400	±20
>450~500	−480 −880																

续表

k		m		n		p		r		s		t		u	v	x	y	z
公差等级																		
6	7	6	7	5	6	6	7	6	7	5	6	6	7	6	6	6	6	6
+6	+10	+8	+12	+8	+10	+12	+16	+16	+20	+18	+20	—	—	+24	—	+26	—	+32
0	0	+2	+2	+4	+4	+6	+6	+10	+10	+14	+14			+18		+20		+26
+9	+13	+12	+16	+13	+16	+20	+24	+23	+27	+24	+27	—	—	+31	—	+36	—	+43
+1	+1	+4	+4	+8	+8	+12	+12	+15	+15	+19	+19			+23		+28		+35
+10	+16	+15	+21	+16	+19	+24	+30	+28	+34	+29	+32	—	—	+37	—	+43	—	+51
+1	+1	+6	+6	+10	+10	+15	+15	+19	+19	+23	+23			+28		+34		+42
															—	+51	—	+61
+12	+19	+18	+25	+20	+23	+29	+36	+34	+41	+36	+39	—	—	+44		+40		+50
+1	+1	+7	+7	+12	+12	+18	+18	+23	+23	+28	+28			+33	+55	+56	—	+71
															+39	+45		+60
												—	—	+54	+60	+67	+76	+86
+15	+23	+21	+29	+24	+28	+35	+43	+41	+49	+44	+48			+41	+47	+54	+63	+73
+2	+2	+8	+8	+15	+15	+22	+22	+28	+28	+35	+35	+54	+62	+61	+68	+77	+88	+101
												+41	+41	+48	+55	+64	+75	+88
												+64	+73	+76	+84	+96	+110	+128
+18	+27	+25	+34	+28	+33	+42	+51	+50	+59	+54	+59	+48	+48	+60	+68	+80	+94	+112
+2	+2	+9	+9	+17	+17	+26	+26	+34	+34	+43	+43	+70	+79	+86	+97	+113	+130	+152
												+54	+54	+70	+81	+97	+114	+136
								+60	+71	+66	+72	+85	+96	+106	+121	+141	+163	+191
+21	+32	+30	+41	+33	+39	+51	+62	+41	+41	+53	+53	+66	+66	+87	+102	+122	+144	+172
+2	+2	+11	+11	+20	+20	+32	+32	+62	+73	+72	+78	+94	+105	+121	+139	+165	+193	+229
								+43	+43	+59	+59	+75	+75	+102	+120	+146	+174	+210
								+73	+86	+86	+93	+113	+126	+146	+168	+200	+236	+280
+25	+38	+35	+48	+38	+45	+59	+72	+51	+51	+71	+71	+91	+91	+124	+146	+178	+214	+258
+3	+3	+13	+13	+23	+23	+37	+37	+76	+89	+94	+101	+126	+139	+166	+194	+232	+276	+332
								+54	+54	+79	+79	+104	+104	+144	+172	+210	+254	+310
								+88	+103	+110	+117	+147	+162	+195	+227	+273	+325	+390
								+63	+63	+92	+92	+122	+122	+170	+202	+248	+300	+365
+28	+43	+40	+55	+45	+52	+68	+83	+90	+105	+118	+125	+159	+174	+215	+253	+305	+365	+440
+3	+3	+15	+15	+27	+27	+43	+43	+65	+65	+100	+100	+134	+134	+190	+228	+280	+340	+415
								+93	+108	+126	+133	+171	+186	+235	+277	+335	+405	+490
								+68	+68	+108	+108	+146	+146	+210	+252	+310	+380	+465
								+106	+123	+142	+151	+195	+212	+265	+313	+379	+454	+549
								+77	+77	+122	+122	+166	+166	+236	+284	+350	+425	+520
+33	+50	+46	+63	+51	+60	+79	+96	+109	+126	+150	+159	+209	+226	+287	+339	+414	+499	+604
+4	+4	+17	+17	+31	+31	50	+50	+80	+80	+130	+130	+180	+180	+258	+310	+385	+470	+575
								+113	+130	+160	+169	+221	+242	+313	+369	+455	+549	+669
								+84	+84	+140	+140	+196	+196	+284	+340	+425	+520	+640
								+126	+146	+181	+190	+250	+270	+347	+417	+507	+612	+742
+36	+56	+52	+72	+57	+66	+88	+108	+94	+94	+158	+158	+218	+218	+315	+385	+475	+580	+710
+4	+4	+20	+20	+34	+34	+56	+56	+130	+150	+193	+202	+272	+292	+382	+457	+557	+682	+822
								+98	+98	+170	+170	+240	+240	+350	+425	+525	+650	+790
								+144	+165	+215	+226	+304	+325	+426	+511	+626	+766	+936
+40	+61	+57	+78	+62	+73	+98	+119	+108	+108	+190	+190	+268	+268	+390	+475	+590	+730	+900
+4	+4	+21	+21	+37	+37	+62	+62	+150	+171	+233	+244	+330	+351	+471	+566	+696	+856	+1036
								+114	+114	+208	+208	+294	+294	+435	+530	+660	+820	+1000
								+166	+189	+259	+272	+370	+393	+530	+635	+780	+960	+1140
+45	+68	+63	+86	+67	+80	+108	+131	+126	+126	+232	+232	+330	+330	+490	+595	+740	+920	+1100
+5	+5	+23	+23	+40	+40	+68	+68	+172	+195	+279	+292	+400	+423	+580	+700	+860	+1040	+1290
								+132	+132	+252	+252	+360	+360	+540	+660	+820	+1000	+1250

附表 4-3　　基本尺寸至 50 mm 优先常用配合孔的极限偏差表(μm)

代号	C	D		E		F		G		H						
基本尺寸/mm	公差等级															
	11	9	10	8	9	8	9	6	7	6	7	8	9	10	11	12
≤3	+120 +60	+45 +20	+60 +20	+28 +14	+39 +14	+20 +6	+31 +6	+8 +2	+12 +2	+6 0	+10 0	+14 0	+25 0	+40 0	+60 0	+100 0
>3~6	+145 +70	+60 +30	+78 +30	+38 +20	+50 +20	+28 +10	+40 +10	+12 +4	+16 +4	+8 0	+12 0	+18 0	+30 0	+48 0	+75 0	+120 0
>6~10	+170 +80	+76 +40	+98 +40	+47 +25	+61 +25	+35 +13	+49 +13	+14 +5	+20 +5	+9 0	+15 0	+22 0	+36 0	+58 0	+90 0	+150 0
>10~14 >14~18	+250 +95	+93 +50	+120 +50	+59 +32	+75 +32	+43 +16	+59 +16	+17 +6	+24 +6	+11 0	+18 0	+27 0	+43 0	+70	+110	+180 0
>18~24 >24~30	+240 +110	+117 +65	+149 +65	+73 +40	+92 +40	+53 +20	+72 +20	+20 +7	+28 +7	+13 0	+21 0	+33 0	+52 0	+84 0	+130 0	+210 0
>30~40	+280 +120	+142 +80	+180 +80	+89 +50	+112 +50	+64 +25	+87 +25	+25 +9	+34 +9	+16 0	+25 0	+39 0	+62 0	+100 0	+160 0	+250 0
>40~50	+290 +130															
>50~65	+330 +140	+174 +100	+220 +100	+106 +60	+134 +60	+76 +30	+104 +30	+29 +10	+40 +10	+19 0	+30 0	+46 0	+74 0	+120 0	+190 +0	+300 0
>65~80	+340 +150															
>80~100	+390 +170	+207 +120	+260 +120	+126 +72	+159 +72	+90 +36	+123 +36	+34 +12	+47 +12	+22 0	+35 0	+54 0	+87 0	+140 0	+220 0	+350 0
>100~120	+400 +180															
>120~140	+450 +200															
>140~160	+460 +210	+245 +145	+305 +145	+148 +85	+185 +85	+106 +43	+143 +43	+39 +14	+54 +14	+25 0	+40 0	+63 0	+100 0	+160 0	+250 0	+400 0
>160~180	+480 +230															
>180~200	+530 +240															
>200~225	+550 +260	+285 +170	+335 +170	+172 +100	+215 +100	+122 +50	+165 +50	+44 +15	+61 +15	+29 0	+46 0	+72 0	+115 0	+185 0	+290 0	+460 0
>225~250	+570 +280															
>250~280	+620 +300	+320 +190	+400 +190	+191 +110	+240 +110	+137 +56	+186 +56	+49 +17	+69 +17	+32 0	+52 0	+81 0	+130 0	+210 0	+320 0	+520 0
>280~315	+650 +330															
>315~355	+720 +360	+350 +210	+440 +210	+214 +125	+265 +125	+151 +62	+202 +62	+54 +18	+72 +18	+36 0	+57 0	+89 0	+140 0	+230 0	+360 0	+570 0
>355~400	+760 +400															
>400~450	+840 +440	+385 +230	+480 +230	+232 +135	+290 +135	+165 +68	+223 +68	+60 +20	+83 +20	+40 0	+63 0	+97 0	+155 0	+250 0	+400 0	+630 0
>450~500	+880 +480															

续表

JS		K		M		N		P		R		S		T		U
公差等级																
7	8	6	7	7	8	6	7	6	7	6	7	6	7	6	7	6
±5	±7	0 −6	0 −10	−2 −12	−2 −16	−4 −10	−4 −14	−6 −12	−6 −16	−10 −16	−10 −20	−14 −20	−14 −24	—	—	−18 −24
±6	±9	+2 −6	+3 −9	0 −12	+2 −16	−5 −13	−4 −16	−9 −17	−8 −20	−12 −20	−11 −23	−16 −24	−15 −24	—	—	−20 −28
±7	±11	+2 −7	+5 −10	0 −15	+1 −21	−7 −16	−4 −19	−12 −21	−9 −24	−16 −25	−13 −28	−20 −29	−17 −32	—	—	−25 −34
±9	±13	+2 −9	+6 −12	0 −18	+2 −25	−9 −20	−9 −23	−15 −26	−11 −29	−20 −31	−16 −34	−25 −36	−21 −39	—	—	−30 −41
±10	±16	+2 −11	+6 −15	0 −21	+4 −29	−11 −24	−7 −28	−18 −31	−14 −35	−24 −37	−20 −41	−31 −44	−27 −48	—	—	−37 −50
														−37 −50	−33 −54	−44 −57
±12	±19	+3 −13	+7 −18	0 −25	+5 −34	−12 −28	−8 −33	−21 −37	−17 −42	−29 −45	−25 −50	−38 −54	−34 −59	−43 −59	−39 −64	−55 −71
														−49 −65	−45 −70	−65 −81
±15	±23	+4 −15	+9 −21	0 −30	+5 −41	−14 −33	−9 −39	−26 −45	−21 −51	−35 −54	−30 −60	−47 −66	−42 −72	−60 −79	−55 −85	−81 −100
										−37 −56	−32 −62	−53 −72	−48 −72	−69 −88	−64 −94	−96 −115
±17	±27	+4 −18	+10 −25	0 −35	+6 −48	−16 −38	−10 −45	−30 −52	−24 −59	−44 −66	−38 −73	−64 −86	−58 −93	−84 −106	−78 −113	−117 −139
										−47 −69	−41 −76	−72 −94	−66 −101	−97 −119	−91 −126	−137 −159
±20	±31	+4 −21	+12 −28	0 −40	+8 −55	−20 −45	−12 −52	−36 −61	−28 −68	−56 −81	−48 −88	−85 −110	−77 −117	−115 −140	−107 −147	−163 −188
										−58 −83	−50 −90	−93 −118	−85 −125	−127 −152	−119 −159	−183 −208
±23	±36	+5 −24	+13 −33	0 −46	+9 −63	−22 −51	−14 −60	−41 −70	−33 −79	−68 −97	−60 −106	−113 −142	−105 −151	−157 −186	−149 −195	−227 −256
										−71 −100	−63 −109	−121 −150	−113 −159	−171 −200	−163 −209	−249 −278
										−75 −104	−67 −113	−131 −160	−123 −169	−187 −216	−179 −225	−275 −304
±26	±40	+5 −27	+16 −36	0 −52	+9 −72	−25 −57	−14 −66	−47 −79	−36 −88	−85 −117	−74 −126	−149 −181	−138 −190	−209 −241	−198 −250	−306 −338
										−89 −121	−78 −130	−131 −193	−150 −202	−231 −263	−220 −272	−341 −373
±28	±44	+7 −29	+17 −40	0 −57	+11 −78	−26 −62	−16 −73	−51 −87	−14 −98	−97 −133	−87 −144	−179 −215	−169 −226	−257 −293	−247 −304	−379 −415
										−103 −139	−93 −150	−197 −233	−187 −244	−283 −319	−273 −330	−424 −460
±31	±48	+8 −32	+18 −45	0 −63	+11 −86	−27 −67	−17 −80	−55 −95	−45 −108	−113 −153	−103 −166	−219 −259	−209 −272	−317 −357	−307 −370	−477 −517
										−119 −159	−109 −172	−239 −279	−229 −292	−247 −287	−337 −400	−527 −567

主要参考文献

[1] 李俊武:《工程制图》,北京:机械工业出版社 2006 年版。
[2] 金大鹰:《机械制图》,北京:机械工业出版社 2008 年版。
[3] 国家技术监督局:《技术制图与机械制图》,北京:中国标准出版社 1996 年版。
[4] 王槐德:《机械制图新旧标准代换教程(修订版)》,北京:中国标准出版社 2004 年版。
[5] 张信群:《机械制图》,合肥:合肥工业大学出版社 2005 年版。
[6] 姚民雄、华红芳等:《机械制图》,北京:电子工业出版社 2009 年版。
[7] 邓晓刚:《机械制图》,北京:人民交通出版社 2005 年版。
[8] 郑家骧、陈桂英:《机械制图及计算机绘图》,北京:机械工业出版社 2003 年版。
[9] 董继明、苗全生:《机械制图与 CAD》,北京:北京理工大学出版社 2008 年版。
[10] 霍振生:《汽车机械制图》,北京:高等教育出版社 2002 年版。
[11] 寇世瑶:《机械制图》,北京:高等教育出版社 2004 年版。
[12] 高培森:《AutoCAD2006 中文版基础教程》,北京:机械工业出版社 2004 年版。
[13] 薛炎、盛太和:《中文版 AutoCAD2006 基础教程》,北京:清华大学出版社 2004 年版。